U0938807

SOUTH CHINA EDUCATION REVIEW

南方教育评论

2019中国南方教育高峰年会思维盛宴

广东省教育研究院　编

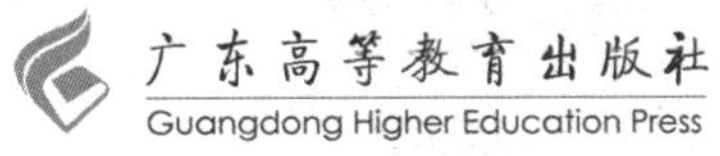

·广州·

图书在版编目（CIP）数据

南方教育评论：2019 中国南方教育高峰年会思维盛宴/广东省教育研究院编．—广州：广东高等教育出版社，2020.1

ISBN 978 - 7 - 5361 - 6701 - 8

Ⅰ．①南…　Ⅱ．①广…　Ⅲ．①教育学 - 文集　Ⅳ．①G40 - 53

中国版本图书馆 CIP 数据核字（2019）第 300699 号

NANFANG JIAOYU PINGLUN：2019 ZHONGGUO NANFANG JIAOYU GAOFENG NIANHUI SIWEI SHENGYAN

出版发行	广东高等教育出版社 社址：广州市天河区林和西横路 邮编：510500　　营销电话：（020）87554153 http://www.gdgjs.com.cn
印　刷	广东信源彩色印务有限公司
开　本	787 毫米 ×1 092 毫米　1/16
印　张	38.25
字　数	907 千字
版　次	2020 年 1 月第 1 版
印　次	2020 年 1 月第 1 次印刷
定　价	150.00 元

《南方教育评论——2019中国南方教育高峰年会思维盛宴》

编辑委员会

前　言

建设教育强国是中华民族伟大复兴的基础工程，教育现代化既是社会主义现代化和中华民族伟大复兴的战略支撑，又是社会主义现代化和中华民族伟大复兴的重大标志。2019 年 2 月，中共中央、国务院印发《中国教育现代化 2035》，聚焦教育发展的突出问题和薄弱环节，立足当前、着眼长远，重点部署了面向 2035 的教育现代化的十大战略任务。

在这样的背景下，第七届中国南方教育高峰年会于 2019 年 9 月 21—22 日在广州举行。本届峰会围绕“面向 2035 的教育现代化：新时代 · 新使命 · 新路径”主题，邀请内地及港澳地区众多专家学者为面向 2035 的教育现代化建言献策。

出席本届峰会的有广东省人民政府副秘书长陈岸明，中国教育发展战略学会执行会长孙霄兵，中国教育学会副秘书长高书国，中共广东省委教育工委书记、广东省教育厅厅长景李虎，中共广东省委教育工委副书记、广东省教育厅副厅长邢锋，广东省高等教育学会会长魏中林，广东省教育研究院院长、党委书记汤贞敏，香港高等教育评议会秘书长周文港，澳门中华教育会理事长郑洪光等。来自全国各地特别是粤港澳的 300 多位知名专家学者、教育行政部门负责人、教育科研机构负责人、大中小学校长代表和论文作者代表、行业企业负责人参加峰会。峰会设 2 场综合论坛和基础教育、职业教育与培训、高等教育 3 场平行论坛，45 位专家学者发表主旨演讲和主题演讲，近 60 人次与主题演讲嘉宾对话研讨。峰会汇集优秀论文 91 篇。峰会以多种形式直播研讨交流盛况，近 86 万人次收看和参与互动交流。

经过一天半的研讨，与会专家学者认为：面向 2035 加快推进教育现代化，要确立新时代教育现代化方向与路径，构建新时代教育对外开放合作新格局，强化新时代信息技术对教育现代化的支撑作用；面向 2035 打造优质基础教育，要大力振兴乡村教育，扎实推进粤港澳大湾区基础教育合作发展，以教育信息化助推基础教育创新发展，建设基础教育高素质专业化创新型教师队伍；面向 2035 构建现代职业教育和培训体系，要清醒把握职业教育和培训的定位、行动目标与路径，强化落实职业教育和培训立德树人根本任务，建立完善面向未来的资历框架，提升职业教育和培训的区域与院校治理水平；面向 2035 发展一流高等教育，要加快推进粤港澳大湾区高等教育合作发展，着力推动地方普通高校向应用型本科院校转变，面向未来深化高等教育改革。

本届峰会在专家学者们精彩激烈的思想碰撞、与会者积极主动的探讨互动中落下帷

幕，取得的丰硕成果是在为面向 2035 的教育现代化构筑理论高地、提供理念引领，是在为体现教育在民族振兴、国家富强、人民幸福中的地位作用迸发思想动力。因而，这既是现实所需，又富有战略意义。我们把专家学者们的真知灼见汇编成《南方教育评论——2019 中国南方教育高峰年会思维盛宴》，期待让一切关心、支持教育现代化的人们分享这一重要成果，宣传推广这一重要成果，实践验证这一重要成果。

我们将致力于把峰会打造成一个独特的品牌、一种共享的荣耀、一个崇高的理想、一篇华丽的乐章，让推进教育改革发展及人才培养的政府官员、专家学者和教育实践工作者在这个舞台上散发智慧魅力，为我国及南方的教育改革发展及人才培养更好更多地贡献智慧与力量！

中国南方教育高峰年会组委会

2019 年 11 月

目录

CONTENTS

锐意进取　开拓创新　加快推进广东教育现代化
——在第七届中国南方教育高峰年会上的主旨演讲
…………………… 中共广东省委教育工委书记　广东省教育厅厅长　景李虎（1）

教育综合类

面向2035的教育对外开放与治理 …………… 中国教育发展战略学会　孙霄兵（7）
面向2035的高素质教师队伍 ………………………… 香港教育大学　李子建（12）
科学培养“三农”工作队伍　助力乡村振兴
…………………………………………… 中国教育科学研究院　吴霓　王学男（14）
基于湖南实践的新时代乡村教师队伍建设的思考
…………………………………………… 湖南省教育科学研究院　石灯明（21）
振兴乡村教育要有高站位宽视野大格局
…………………………………………… 湖北省教育科学研究院　朱爱国（27）
数字化转型与教研创新发展
——基于广东的实践探索 …………… 广东省教育研究院　汤贞敏　胡军苟（33）
新技术与教育实践创新发展
——以课程与教学论为例 …………………… 云南省教育科学研究院　罗文（39）
技术创新推进教育向智慧化迈进
………………………………………………… 珠海市教育研究中心　张立云（47）
智慧教育时代下的教育数据治理 ………………………… 腾讯公司　徐勇群（53）
如何用AI赋能传统教育 …………………………………… 网易有道　金磊（56）
利用现代信息技术促进教育改革发展
………… 拓维信息系统股份有限公司、深圳市海云天科技股份有限公司、
深圳市教育大数据应用技术工程实验室　刘彦（58）
“互联网＋教育”精准扶贫视域下薄弱学校发展路径研究
…………………………………………… 广东省教育研究院　詹春青　姚轶洁（61）

澳门教育的生态审视与粤港澳大湾区教育合作展望
…………………………… 澳门中华教育会 郑洪光 澳门城市大学 周鸿（72）
启航扬帆 合作发展
——面向 2035 的粤港澳大湾区教育合作发展 …… 澳门广大中学 陈建邦（80）
先行示范区建设与深圳教育未来发展 ………… 深圳市教育科学研究院 叶文梓（84）
粤港澳大湾区公民教育与社群认同构建 …………… 深圳大学 陆春萍 李臣之（89）
治理与自理之间：社区教育实施方式思考 ……… 肇庆市教育局教研室 李志雄（100）
以人才评价促进新时代教师队伍建设
——面向 2035 的高素质专业化创新型教师队伍建设改革
…………………………… 广州市南方人力资源评价中心有限公司 邓仕平（107）
乡村人才振兴从外推转向内生的必要性和路径
——以湛江乡村振兴发展为例 ………… 广东农工商职业技术学院 洪雨萍（113）

基础教育类

建设基础教育强国：新时代中国基础教育发展战略问题研究
………………………………………………………… 中国教育学会 高书国（129）
粤港澳大湾区基础教育协同发展的机制创新
………………………… 华南师范大学政治与公共管理学院 赵敏 黄明亮（144）
面向 2035 的基础教育“三商共育”新样态的理论初步构建
………………………………………………… 深圳市龙岗区清林小学 蒋磊
深圳市龙岗区体育与健康教研室 陈晨
深圳市龙岗区清林小学 刘钰 薛建东（148）
传统文化与现代教育的有机结合 ……………… 华南师范大学附属小学 张锦庭（155）
教育为公 其命维新
——澳门培正中学迈向 2035 教育愿景 ………… 澳门培正中学 陈敬濂（159）
“扶志 + 扶智”
——思维导图在乡村教育中的运用探索 …… 华南师范大学附属小学 江伟英（168）
面向 2035 教育现代化 乡村教育振兴不可缺位
………………………………… 佛山市南海区西樵泰和幼儿园 陈晓敏（179）
面向 2035 乡村教育振兴目标下学生创新精神培养有效策略研究
——以中学化学实验探究为例 …………… 汕头市达濠中学 吴以庆（185）
新时代基础教育教研员的使命与担当 ………… 广东省教育研究院 鲍银霞（192）

"全纳教育"理念下的高素质专业化创新型教师队伍建设策略探究
……………………………… 中山市教育教学研究室　何晋中　张华　郭跃辉（198）
面向2035的高素质专业化创新型教师队伍建设的意义、内涵、路径与建议
…………………… 深圳大学　于紫薇　深圳文华教育投资有限公司　李军花（204）
指向2035高中教师专业成长的教育科研发展路向
……………………………………………… 广东实验中学高中部珠海学校　王涛（210）
建设高素质专业化教师队伍由中层领导开始 ………………… 香港粉岭救恩书院（217）
中山市教师信息技术应用能力均衡发展的策略研究
……………………………………………………… 中山市特殊教育学校　兰腾（220）
面向信息科技年代的自主学习
——数学教育的实践 ………………………………………… 香港粉岭救恩书院（225）
基于校本专业支援促进粤北山区小学数学教师专业发展的研究与实践
——以小学数学为例 ……………… 韶关市浈江区教育局教研室　邓莹源（228）
香港新高中课程中资优教育范畴的创新部分及亮点：追求卓越
…………………………………………………… 香港资优教育教师协会　杨定邦（237）
常态化开展中小学财经素养教育有效路径的广东探索
……………………………………………………… 广东省教育研究院　许世红（240）
基础教育新样态视域下培育中学生责任素养的实践探索
…………………………………………………… 广州市第一一三中学　程印贵（245）
落实立德树人　创建未来课程
——东莞未来学校课程研究的思考与探索
……………………………………………… 东莞市教育局教研室　黄远　刘翥远（251）
"灵动教育"特色办学的行动研究 … 东莞市长安镇金沙小学　陈志平　麦作南（265）
浅析智慧教育背景下的中小学校本评价
……………………………………………… 广东省教育研究院　耿丹青　许世红（274）
基于模糊线性加权的学生道德品质综合评价
…………………………………………………… 珠海市教育研究中心　熊志权
珠海市香洲区教师发展中心　李自立（280）
广州市幼儿园信息化现状调查分析及对策研究 …… 广东省教育研究院　刘景容（287）
警惕幼儿园"国学化"现象
——幼儿园传统文化教育方法之初探
………………………………… 深圳市龙岗区坪地街道中心幼儿园　范小兰（306）
面向2035的全纳教育与全民学习
——学前特殊儿童教育干预的亲师合作实践研究
……………………… 广州市康纳学校（广州儿童孤独症康复研究中心）

王宇霞　伍瑟玑　黄丽樱　陈小欢　冯冠佳　徐三娥（313）
STEM 教育理念与小学科学教学的整合探析
……………………………………………… 东莞市寮步镇西溪小学　李定宇（322）
在小学思政课中培育学生健康手机媒介素养的探索
…………… 清远市连山壮族瑶族自治县禾洞镇中心学校　黎福艳　林召宇（327）
基于生态体验观的初中德育课程一体化实践
——以广东实验中学为例 ……………………………… 广东实验中学　石晓芸（334）
适切教研视角下的公民办初中英语教师团队协作发展途径
——以东莞市“双师”教研项目试点 L 镇为例
……………………………………………… 东莞市寮步镇香市中学　吴洁滢（339）
基于教育现代化背景下大数据对高中体育课多元教学影响的探究
………………………………………………… 茂名市第十七中学　吴冬冬（346）
虚拟技术和大数据在校园足球领域中的运用和探讨
…………………… 惠州市第一小学　杨远泽　惠州市潼湖中学　钟国番（349）

职业教育和培训类

面向 2035 高等职业教育发展的问题视角
……………………………………………… 云南省高等教育评估中心　刘康宁（357）
面向教育现代化 2035 的高职人才培养模式优化路径研究
……………………………………………… 广东省社会政策研究会　汪振纲（360）
面向教育现代化推进粤东西北高职院校质量工程建设的策略研究
……………… 广东省教育研究院　吴晶　广东省外语艺术职业学院　袁洪（367）
面向 2035 的高职思想政治理论课改革创新
…………………………… 广州番禺职业技术学院马克思主义学院　曹群（373）
教育现代化视域下高职院校新型智库特征与定位的思考
……………………………………………… 广东环境保护工程职业学院　范薇（376）
广东高职教师均衡发展的问题、对策及案例剖析 …… 广东省教育研究院　万达（382）
校企共建职业人才标准，服务制造行业转型发展
……………………………………………… 广东机电职业技术学院　漆军（390）
产教融合：内涵、动因与推进策略 …………… 湖南省教育科学研究院　欧阳河
中山职业技术学院　戴春桃（394）
产教融合理念下 MR 在高校“德学”教育上的应用及探究
…………………… 广州工商学院　武汉大学　黄鹏　武汉大学　李燕萍
广东华南经济研究院区域与产业经济研究所　杨久炎（401）

技术转移视角下粤港澳大湾区高端科教与职业教育的合作发展
……………………………………… 汕头经济管理干部学校　张安娜
综合开发研究院（中国·深圳）　赵圣慧（411）
创业创新型高职建设
——面向 2035 的岭南职院方案
……………………………………… 广东岭南职业技术学院　劳汉生（420）
面向 2035：高职创新创业教育与工商管理专业教育的融合发展研究
………… 揭阳职业技术学院经济管理系　孙警　吴樱子　黄湞斌　张利雄（423）
“数字化”和“微时代”下的职业教育“学材化”思考
……………………………………… 广东食品药品职业技术学院　杨晓雯（429）
“互联网 +”时代大学英语口语信息化教学模式实证研究
……………………………………… 河源职业技术学院　朱蓝辉（437）

高等教育类

高等教育的深圳探索与中国特色社会主义先行示范区建设
……………………………………… 广东省教育厅高等教育处　郑文（447）
面向 2035 的一流应用型本科教育发展
……………………………………… 暨南大学、广东省高等教育学会　魏中林（450）
我国高等教育现代化必须突破的六大难题
……………………………………… 华南师范大学教育科学学院高教研究所　李盛兵（456）
粤港澳大湾区高等教育发展与建议 …… 华南理工大学公共政策研究院　李海滨（460）
面向粤港澳大湾区，打造一流财经本科教育
……………………………………… 广东财经大学　于海峰　梁宏中（463）
应用型本科高校产教融合的理念与机制
……………………………………… 广东技术师范大学职业教育研究院　黄崴（472）
公费定向师范生和广东乡村教育的未来
——基于岭南师范学院的调查数据
……………………………………… 岭南师范学院　兰艳泽　刘惠卿　周明俊（475）
面向教育现代化 2035 的粤港澳大湾区高等教育人才培养方案标准化
研究 ……………………………………… 广州工商学院　邝邦洪（478）
面向教育现代化 2035 的粤港澳大湾区高校与中小企业深度融合创新
路径研究 ……………………………………… 广州工商学院　易露霞　尤彧聪（487）
面向 2035：粤港澳大湾区应用型高校合作发展的路径研究
……………………………………… 广东科技学院　周二勇（496）

粤港澳大湾区建设背景下高等教育集群发展路径研究
…………………………………………… 广东食品药品职业学院　付晓春（503）
粤港澳大湾区高等教育合作的先锋和典范：北师港浸大的办学成就及其质量保障体系的建设 …… 北京师范大学－香港浸会大学联合国际学院　李建会（509）
创新工科人才培养机制，助推教育现代化建设
——新工科人才培养协同与综合模式的探索
…………………………………………… 中山大学智能工程学院　蔡铭（516）
地方理工类高校新工科建设的改革与实践
——以东莞理工学院为例 …………………… 东莞理工学院　马宏伟（519）
面向 2035 的高校“书院制”改革的探索与创新
…………………………………………… 广东工程职业技术学院　胡新（524）
大思政背景下高校党建标准化考核机制设计与应用
………………………………… 佛山科学技术学院　曾峥　卢建红　戴漳棋（531）
基于强调实践教学类工科课程的高校青年教师教学能力培养
——以工程测量课程教学为例
…………………………… 深圳大学土木与交通工程学院　蒋志律　李伟文
刘军　丁小波　王险峰（536）
对我国金融科技本科专业设置的理论分析 …… 北京大学教育学院　曹帆　蒋承（542）
工匠精神融入工科生创新技能培养的探索 ……………… 华南师范大学　李英哲（549）
面向 2035：民办高校现代化建设的若干思考……… 广州大学松田学院　李江凌（555）
应用型民办高校一流本科教育改革与实践研究
——以广东技术师范大学天河学院为例
………………………… 广东技术师范大学天河学院　谭海鸥　张世梅（561）
民办本科院校毕业生就业与招生状况分析
——以广东培正学院为例 …………………… 广东培正学院　骆乐生（566）
关于高校教师教学评价的一些思考
——以中山大学新华学院为例 ………… 中山大学新华学院　陈宝琪　李倩（576）

肩负新使命　探索新路径　加快推进新时代教育现代化
——第七届中国南方教育高峰年会闭幕词
………………………………… 广东省教育研究院院长、党委书记　汤贞敏（584）
面向 2035 的教育现代化：新时代·新使命·新路径
——第七届中国南方教育高峰年会综述
…………………………………………… 广东省教育研究院　田锋　蔡炜（589）

后记 ………………………………………………………………………（598）

锐意进取　开拓创新
加快推进广东教育现代化

——在第七届中国南方教育高峰年会上的主旨演讲

中共广东省委教育工委书记　广东省教育厅厅长　景李虎

（2019 年 9 月 21 日）

来自全国各地的专家学者、教育管理部门领导、大中小学校长、有关行业企业负责人相聚在羊城广州，参加第七届中国南方教育高峰年会，探讨教育现代化问题。我谨代表中共广东省委教育工委、广东省教育厅对峰会的召开表示热烈的祝贺！对各位嘉宾和新老朋友的光临表示热烈的欢迎！

教育是国之大计、党之大计。在这里，我就教育现代化问题，特别是推进广东教育现代化的思考，讲几点建议，和大家交流分享。

一、全面贯彻落实全国教育大会精神，准确把握推进广东教育现代化的前进方向

党的十九大明确提出，建设教育强国是中华民族伟大复兴的基础工程，必须把教育事业放在优先位置，深化教育改革，加快教育现代化，办好人民满意的教育。去年，全国教育大会隆重召开。习近平总书记在大会上发表重要讲话，系统回答了关系教育现代化的重大理论和实践问题，对加快教育现代化、建设教育强国、办好人民满意的教育做出全面部署，向全党全国全社会发出加快教育现代化的动员令，为新时代教育提供了根本遵循。今年 2 月，中共中央、国务院印发《中国教育现代化 2035》和《加快推进教育现代化实施方案（2018—2022 年）》，部署我国教育现代化的战略布局和目标任务，绘制新时代我国加快推进教育现代化、建设教育强国的宏伟蓝图。今年 4 月，广东省委召开全省教育大会，深入学习贯彻习近平总书记关于教育的重要论述，贯彻落实全国教育大会精神，研究部署广东教育工作。习近平新时代中国特色社会主义思想和习近平总书记关于教育的重要论述，是加快推进广东教育现代化的根本遵循。习近平总书记在全国教育大会上的重要讲话精神，是指导教育现代化的前进方向，党对教育工作的全面领导是教育现代化的旗帜、教育现代化的指南针。省委在全省教育大会上的工作部署，是加快推进广东教育现代化的施工图，加快推进广东教育现代化要充分发挥各级党委总揽全局、协调各方的作用，牢牢掌握教育领域意识形态工作领导权、主动权，使各级各类学校和全社会切实解决培养什么人、怎样培养人、为谁培养人这一教育根本问题，落实立德树人这一教育的根本任务，坚持社会主义办学方向不动摇，培养德智体美劳全面发

展的社会主义建设者和接班人，造就能够担当民族复兴大任的时代新人，为实现教育为人民服务、为中国共产党治国理政服务、为巩固和发展中国特色社会主义制度服务、为改革开放和社会主义现代化服务而奋斗。

二、服务“四个走在全国前列”、当好“两个重要窗口”，准确把握加快推进广东教育现代化的时代使命

在十三届全国人大一次会议上，习近平总书记对广东提出“四个走在全国前列”、当好“两个重要窗口”的要求。全面贯彻落实习近平总书记对广东的重要讲话和指示批示精神，落实党和国家的战略决策，教育必须充分发挥战略支撑作用，必须把优先发展教育事业作为各项事业发展的重要先手棋，加快推进教育现代化。广东要加快教育现代化，一要构建推动教育高质量发展的制度框架，助力构建推动经济高质量发展的体制机制。以新发展理念为引领，遵循教育规律，坚决破除一切不符合教育高质量发展要求的思想观念、体制机制和管理方式，充分激发教育体制机制的生机活力，实现教育质量变革、效率变革、动力变革，在推动经济高质量发展中充分显示教育根本作用。二要构建创新发展的动力机制，以完善现代教育体系，助力建设现代化经济体系。坚持创新第一动力，着力完善更加协同的教育结构体系、更加高水平的教育培养体系、更加主动的教育开放体系、更加科学的教育治理体系；着力瞄准国际科学前沿和战略必争领域，构筑高素质人才培养与基础研究、应用基础研究支撑体系；着力实现前瞻性基础研究、引领性原始创新重大突破，推动产业升级换代居于世界前列；着力发展中国特色世界一流职业教育、本科教育、研究生教育，为推进产业结构转型升级和建设现代化经济体系培养输送高素质人才队伍。三要推进全省人民共享教育改革发展成果，助力营造共建共治共享社会治理格局。坚持以人民为中心的发展思想，完善人民群众参与教育治理和共享教育改革发展成果的制度，充分调动社会各界、行业企业、千家万户支持教育改革发展，实现产教融合、校企合作的积极性、主动性，形成安全稳定、公平公正、法治优良的教育发展环境，使教育既生机勃勃又井然有序，不断提升人民群众获得感、幸福感。

三、立足建设粤港澳大湾区战略部署，准确把握加快推进广东教育现代化的独特定位

建设粤港澳大湾区是习近平总书记亲自谋划、亲自部署、亲自推动的重大国家战略，是中央在改革开放 40 周年之际赋予广东在新时代新起点上开创改革发展新局面的重大机遇，是我们广东特有的重大机遇。我们要充分认识粤港澳大湾区建设对于广东的全局性、牵引性的重大意义，充分认识粤港澳大湾区建设对于广东的独有性、特殊性，充分认识粤港澳大湾区建设对于广东加快推进教育现代化的独特定位、特殊任务。全省教育系统要抓紧做实，把建设粤港澳大湾区作为广东改革开放的大机遇、大文章。立足建设粤港澳大湾区战略部署，一要做好全省教育改革发展的顶层设计，做好教育发展规划。以目标为引领，充分研究透彻加快推进广东教育现代化的环境、基础、条件、优势和预期；以问题为导向，分析加快推进广东教育现代化的短板、困难、问题和制约因素；以机制创新为突破点，充分整合好、利用好各方资源条件乘势而上，打造中国南方

教育高地和国际教育示范区，为建设国际一流湾区和世界级城市群提供强大的人才支持和智力支撑。二要把深化体制机制改革摆在首位，推动湾区高等教育融合发展。创新粤港澳高等教育交流合作体制机制，推动粤港澳高等教育工作统筹规划协调，推动湾区高校结构布局调整优化，推动湾区合作办学、人才流动、交换培养、科研攻关深入发展。要充分发挥湾区各类教育联盟作用，深化管理体制、办学体制、培养模式、教学管理、保障机制等领域交流合作，不断提高港澳高校师生的国家认同感和传承弘扬中华优秀传统文化的社会责任感。要建立湾区合作办学、专业认证、学分互认、学位互授、课程资源和学术资源共用、科研成果分享转化流通系统，探索更加开放、多元的考试招生制度，支持高校实行更加灵活的交换生安排。三要发挥高校学科优势，优化高等教育结构布局，打造湾区国际教育示范区，助推建设湾区国际科创中心。推动高等教育空间布局与世界级城市群总体布局相呼应，广州、深圳着力建设成为世界一流高等教育中心城市，珠海、佛山、东莞等地市要着力建设成为国内一流高等教育中心区域性城市。加快建设中国特色世界一流大学群，加快推进粤港澳大湾区大学等落地建成，以“双一流”“双高”建设为引领，带动湾区涌现更多扎根中国、心系全球的世界一流大学。要推动整合粤港澳高校优质资源，在高端人才引进、培养、管理、服务等方面大胆创新，吸引和造就一批具有国际水平的科技领军人才、青年科技人才和创新团队。明确将提升基础研究、应用基础研究能力和水平作为世界一流大学建设发展的重要任务和评价标准，创新高校科研成果转化和产业化机制。深入实施粤港澳高校联合实验室建设计划，建设一批高精尖研究中心和产学研用一体化创新中心。推进整合高校优势学科与大科学装置、大科学平台，充分发挥中国散裂中子源、超算中心等国际前沿重大科学装置及湾区各高校有关优势学科的作用，以共性、关键、核心技术联合攻关项目带动为主要方式，加快产出大科学成果，加快培养高端人才和创新团队。四要加强“一带一路”教育行动和中外人文交流，以教育对外开放服务广东省对外开放大局。以优质教育资源“请进来”、职业教育“走出去”为重点，加强与“一带一路”沿线国家在人才培养、师生交流、科研创新等领域交流合作，积极传播优秀中华传统文化，打造“留学广东”品牌，进一步提高广东教育的影响力。

四、支持深圳建设中国特色社会主义先行示范区，精准选择加快推进广东教育现代化的着力点、突破点

支持深圳建设中国特色社会主义先行示范区，是习近平总书记亲自谋划、亲自部署、亲自推动的又一重大国家战略，是以习近平同志为核心的党中央做出的重大战略决策，是总书记、党中央赋予广东、深圳的重大使命、重大任务、重大机遇。我们要深刻认识深圳建设先行示范区对广东新时代改革开放再出发、对推进治理体系和治理能力现代化的重大历史和现实意义；要深刻理解深圳建设先行示范区的全局意义、战略高度、实践担当和在区域经济社会发展中的重要地位；要准确把握深圳建设先行示范区的战略任务、改革开放重任、时代使命和政治责任。全省教育系统要将支持深圳建设先行示范区与建设粤港澳大湾区有机统合，形成“双区驱动效应”，精准选择加快推进广东省教育现代化的着力点、突破点，引领带动全省各级各类教育在新时代新征程上继续走在前

列。一要支持深圳充分利用特区立法权和创新机制，率先推进教育治理体系和治理能力现代化。要紧紧围绕治理什么、如何治理、由谁治理等根本性问题，充分发挥政府、学校、家庭、社会组织、行业企业等多元主体作用，深化教育“管办评”分离和“放管服”改革，健全教育法律法规政策制度体系及实施与监督机制，打造多元共治教育共同体，实现科学治教、民主治教、依法治教，提升教育资源要素组合的效率与效益，切实增强加快推进教育现代化驱动力。二要支持深圳加快打造开放式创新型的一流高等教育高地，加快创建世界一流大学和世界一流学科。要支持深圳加快推进高校集群发展，在新设高校数量、布局及办学模式、建设国际科教城和高起点、高标准组建与区域经济社会发展需求相适应的高水平、多科类高校等方面给予更多更大支持。三要支持深圳充分发挥高等职业教育领头标杆院校的示范带动作用，打造世界一流现代职业教育体系，辐射粤港澳大湾区、服务“一带一路”。四要支持深圳探索实施更灵活的中外合作办学模式，积极争取优化中外合作办学项目和办学机构审批备案流程，创新体制机制和人才培养模式。五要支持深圳高质量发展基础教育，加快推进“全国义务教育优质均衡发展区”创建工作，在民办教育分类管理、品牌提升等方面取得新突破。

“四个走在全国前列”、当好“两个重要窗口”和粤港澳大湾区战略部署、支持深圳建设中国特色社会主义先行示范区，是总书记、党中央对广东的要求，也为广东教育现代化发展指明了方向和道路。“四个走在全国前列”、当好“两个重要窗口”，这是对全省而言的；粤港澳大湾区建设是对珠三角九市和香港、澳门来讲的；支持深圳建设中国特色社会主义先行示范区是对深圳而言的。从“全国最好”到“世界一流”，再到“全球标杆”，这个定位越来越精准，要求越来越高。在这样的大背景下，全国最好的教育应该是什么样的？世界一流的教育应该是怎样的？全球标杆的教育又是怎样的？这为广东教育现代化展示了广阔的探索和创新空间。三个目标有机统一、联动支撑、层层递进，通过深圳这个点的突破，可以引领大湾区这一片的提升，通过大湾区这个核心片区的带动，可以辐射支撑全省加快发展。反过来讲，广东全省应该全力支持大湾区建设，支持深圳建设中国特色社会主义先行示范区，深圳的做法、大湾区的经验反过来可以激发、带动全省加快发展。因此，在这样的大背景下，在这么好的机遇下，我们要用全局的眼光、辩证的思维、联系的方法来看待这三个目标和点、片、面的关系，在教育领域改革发展、现代化综合设计方面形成合力和相辅相成、能量互换、相互促进的良好局面。

同志们！面对新时代，广东教育必将把握新形势、勇挑新重担，使广东教育现代化同广东经济社会高质量发展的要求相适应，同广东人民群众对美好生活的向往相契合，同广东的综合实力和地位相匹配，为我国全面实现教育现代化做出广东应有的贡献！

我由衷地欢迎大家为加快广东教育现代化建言献策。预祝本届峰会圆满成功！祝愿大家身体健康、生活愉快、工作进步！

教育综合类

面向2035的教育对外开放与治理

中国教育发展战略学会　孙霄兵[*]

摘　要：文章提出要做好面向2035中国教育对外开放与治理工作，就要做到“四个认真”，即认真总结中华人民共和国70年来的教育对外开放成绩和经验，认真准备修改WTO教育规则，认真梳理研究贯彻我国对外开放教育的政策法律，以及认真研究并积极推动我国对外开放教育的实践创新。

关键词：教育对外开放与治理

2019年2月，中共中央、国务院印发《中国教育现代化2035》，并要求各地区各部门结合实际认真贯彻落实。要做好面向2035中国教育对外开放与治理，工作就要做到“四个认真”。

一、要认真总结中华人民共和国70年来的教育对外开放成绩和经验

今年是中华人民共和国成立70周年，教育对外开放是从70年的历程走过来，因为从中华人民共和国成立开始我们整个国家就是对外开放的，只是开放的导向不同，应当说20世纪50年代我们的对外开放包括教育的对外开放，主要就是面对苏联和东欧国家。1978年以后，教育对外开放也面向西方国家，所以70年中国教育的对外开放是没有问题的。那么，70年我们教育的对外开放有哪些重要的成绩和经验呢？

第一，坚持中国特色社会主义教育发展道路，作为我国教育事业对外开放的基本指导思想。在教育对外开放中坚持国家的教育方针，坚持社会主义办学方向，强调立德树人，尊重学生身心发展特点和教育规律，促进学生全面发展，吸收世界各国优秀教育文化科学技术资源，促进相互交流，促进我国教育国际化，使我国教育对外开放成为我国教育事业不可或缺的有机组成部分。不能只管国内的教育不管对外开放，这样的教育不是一个整体。

第二，要坚持服务国家经济社会建设和教育改革发展为根本动力。70年来，党中央、国务院审时度势，把握社会和教育发展规律，适时对教育对外开放工作作出新的部署和战略性调整，使教育对外开放更好地服务我国经济社会发展和现代化建设需要，服务我国教育改革发展和人才培养需要，使参与教育对外开放的学校、教师、学生和社会各方始终具有高度积极性，走出了一条具有中国特色的教育对外开放之路。

---

[*] 作者简介：孙霄兵，国家督学，中国教育发展战略学会执行会长，教育部政策法规司原司长，教授。

第三，坚持以服务国际国内两个大局，以“引进来”和“走出去”相结合为基本途径。教育事业的发展离不开各国之间的文化互通、文明互鉴和教育经验共享。坚持通过我国教育对外开放加强与世界各国的教育和人文交流，扩大了中国教育的国际影响力，促进了我国教育水平和质量的提高，为世界教育贡献了中国方案、中国智慧和中国途径，优化了全球教育治理结构。

第四，坚持以培养优秀人才为我国教育对外开放的核心任务。中华人民共和国成立初期，国家的科研机构和科研人员稀缺，科技成果寥寥无几，新型学科仍然空白，发展教育和培养人才就成为我国一项重要而紧迫的任务。70 年来，我国教育对外开放，如派遣留学人员，从国外引进优质教育资源，发展中外合作办学，成为我国快速培养各行各业急需的具有国际视野和先进科学文化技术的优秀人才的重要模式和主要途径。我国各条战线的领军人才和顶尖科学家、学者基本上都有出国留学经历。特别是党的十八大以来，为满足我国外交战略需要和“一带一路”行动倡议，培养非通用语种人才、国际组织人才、国别和区域研究人才、拔尖创新人才和来华杰出人才等这“五类人才”的力度不断加大，取得了丰硕成果，为各行各业的改革发展和国家现代化建设全局做出了突出的贡献。

第五，坚持以法律法规政策为我国教育对外开放的重要推动和坚实保障。70 年来，我国坚持依法推进和保障教育的对外开放，实行依法治理，重视制度建设，不断创新教育对外开放机制，为我国教育对外开放、走向世界、建立国际教育相互合作发展规范提供了坚实保障。国家出台了《中华人民共和国教育法》（以下简称《教育法》）、《中华人民共和国民办教育促进法》（以下简称《民办教育促进法》）、《中华人民共和国中外合作办学条例》（以下简称《中外合作办学条例》）、《中华人民共和国中外合作办学条例实施办法》（以下简称《中外合作办学条例实施办法》）等一系列法律法规，以及《国家中长期教育改革和发展规划纲要（2010—2020 年）》《中国教育现代化 2035》《关于做好新时期教育对外开放工作的若干意见》《推动共建“一带一路”教育行动》等全局性、综合性和专门性文件，形成了教育对外开放的一系列有效规范，为我国教育对外开放提供了政策法律依据，对我国教育对外开放事业的健康快速发展起到了指导推动作用，形成了我国教育对外开放事业的科学性、规范性和持续性进程，促使我国教育对外开放逐步走上依法发展、优质发展、内涵发展的道路。北京外国语大学国际教育研究院总结编写了《中国国际教育发展报告 2019》，拟于近期出版。

二、要认真准备修改 WTO 教育规则

由于国际环境的变化，WTO 规则面临新的修改任务。我们要认真应对，提出方案，做好修订准备。国家制定新的《中外合作办学条例》和《中外合作办学条例实施办法》可能需要予以反映。一是反映国内法律的变化和实践的变化，二是需要反映 WTO 规则的变化。中国在 WTO 模式下承诺境外消费、商业存在、自然人流动、跨境交付，可能会出现新的变化。商业存在就是指中外合作办学，中外合作办学在 WTO 模式下就是商业存在。当然我们的商业存在是中外合作的，不是独资的国外学校来办的学校。这里需要指出的是，在世界大国，我们是最开放的，世界其他国家，如美国、俄罗斯乃至欧洲

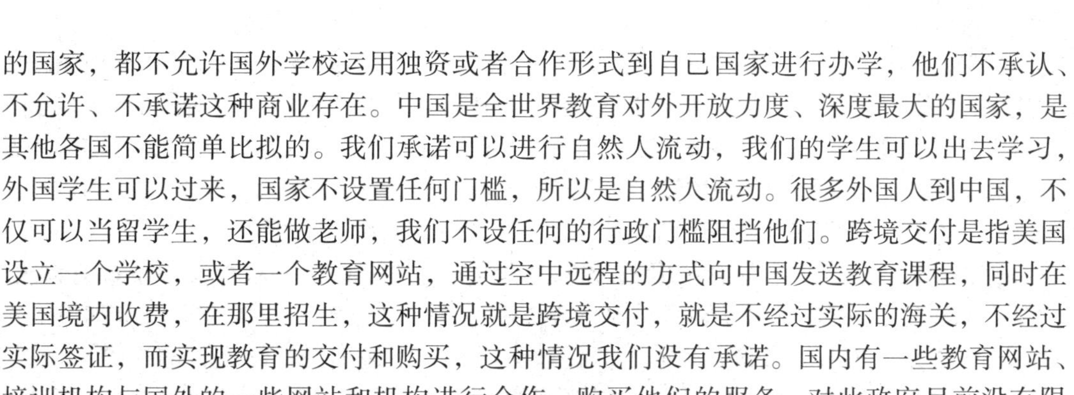

的国家，都不允许国外学校运用独资或者合作形式到自己国家进行办学，他们不承认、不允许、不承诺这种商业存在。中国是全世界教育对外开放力度、深度最大的国家，是其他各国不能简单比拟的。我们承诺可以进行自然人流动，我们的学生可以出去学习，外国学生可以过来，国家不设置任何门槛，所以是自然人流动。很多外国人到中国，不仅可以当留学生，还能做老师，我们不设任何的行政门槛阻挡他们。跨境交付是指美国设立一个学校，或者一个教育网站，通过空中远程的方式向中国发送教育课程，同时在美国境内收费，在那里招生，这种情况就是跨境交付，就是不经过实际的海关，不经过实际签证，而实现教育的交付和购买，这种情况我们没有承诺。国内有一些教育网站、培训机构与国外的一些网站和机构进行合作，购买他们的服务，对此政府目前没有限制。由于我们在 WTO 服务贸易里并没有承诺，政府如果限制，也是符合国际法规则的。

三、要认真梳理研究贯彻我国对外开放教育的政策法律

我们要依法开放、依法办学，那么我们的法律是哪些呢？这里必须要给大家讲清楚。

首先，法律法规。涉及我国对外开放教育的法律规定主要有以下三点。

第一，1995 年的《教育法》“第八章对外交流与合作”的规定。一共有四条，第 67、第 68 条、第 69 条、第 70 条，强调中国可以进行教育的对外开放与合作，可以引进优质资源，中外合作办学、发展国际教育服务、培养国际化人才，但是不得损害中国的主权。可以到国外留学、研究、交流、任教，这就是 WTO 规则的自然人流动。外国、境外个人，留学生、教师，可以到中国进行学习、研究、任教，权益受到中国法律保护。中国和国外教育机构要进行学历、学位和其他学业证书的互认，目前已经有国家和我们国家进行了学历学位的互认。

第二，2016 年后，我们对《民办教育促进法》进行了修订，目前“民办教育促进法实施条例”正在等待国家的颁布。这非常重要，因为《民办教育促进法》是《中外合作办学条例》的上位法律，中国教育对外开放的法律是以《民办教育促进法》为制度核心，在 2016 年修订以后，我国中外合作办学、对外开放要受《民办教育促进法》及其实施条例的规制。我国教育不仅是开放力度最大的一项事业，而且是改革力度最大的一项事业，也就是说按照过去的《民办教育促进法》要求，中外合作办学是非营利的事业。按照新的《民办教育促进法》要求，中外合作办学不仅可以引进国外的学校来办学，而且还可以引进公司办学，中外合作办学机构可以成为营利性机构，这就是最大的教育改革。我们的教育事业、对外开放事业将会变成全世界改革力度、开放力度最大的。从法律上来讲，是教育法与公司法的结合创新；从国际上讲，是 WTO 规则与国内法的改革结合创新，更全面、更彻底地体现了 WTO 的“商业存在”模式创新，更是机构与项目、独立法人与非独立法人的结合创新，中外合作办学机构可以成为独立法人。在这样一种国际和国内法的环境下，在 WTO 规则和《民办教育促进法》修改实施的情况下，中国教育的对外开放，对整个中国教育，包括高等教育，乃至于世界教育，都会产生重大的影响。

第三，研究修订《中外合作办学条例》。新的《民办教育促进法》以及实施条例的规定，对于民办学校的奖励与扶持措施适用于中外合作办学机构。在这样的新情况下，中外合作办学如果不在教育法的渠道解决，也可能走入新的商法渠道解决，目前国内已经有很多这样的案例。比如美国的公司不能直接来办学，但是它可以通过控制国内的中外合作、合资企业来控制中国的学校，已经有不少的案例。

其次，政策文件。我国对外开放教育的政策文件历来在主要教育文件中都有体现，比如 1985 年《中共中央关于教育体制改革的决定》，1993 年《中国教育改革和发展纲要》，1999 年《中共中央国务院关于深化教育改革，全面推进素质教育的决定》，2010 年中共中央国务院《国家中长期教育改革和发展规划纲要（2010—2020 年）》《推动共建“一带一路”教育行动》等，特别是《中国教育现代化 2035》。还有许多文件未能公开解密，如《关于做好新时期教育对外开放工作的若干意见》。我们研究学习这些文件，一定要综合地进行。比如在《国家中长期教育改革和发展规划纲要（2010—2020 年）》提出我国的教育要进行教育国际化，这样的一个提法在新的文件里没有出现，过去的文件是合法的，也是中央的精神，所以大家要结合起来使用、结合起来贯彻实施。

四、要认真研究并积极推动我国对外开放教育的实践创新

除了法律政策文本的贯彻实施，我们更要从实践来创新。

第一，扩大国际教育合作深度和范围，以国际一流水平为目标办好我国的教育。教育部长陈宝生提出，未来中国教育要成为世界一流教育，要成为最好的教育。要通过对外开放教育，带动国内教育水平的全面提升，开创国际国内教育同步发展的新模式。深化出国留学、来华留学、人文交流、“一带一路”国际教育交流等重大举措，一些教育对外开放中的问题，例如办学课程、教师聘任等问题，要认真研究解决。

第二，要深化中外合作办学与企业的合作，实施中外合作办学制度创新。现在有新的制度机制，因此中外合作办学可以与公司及其相应的社会机构合作，教育部在广东的高校、地方高校可以与香港地区、澳门地区的大学以及其他国际知名高校进行中外合作办学，同时也可以与公司合作办学。我认为可以与华为、苹果等国际著名公司合作办学，办职业学校和大学，突破原有的合作办学机制和模式，形成重大的制度创新，直接形成新的高科技与产学研办学的模式，直接评审获得博士学位授予权，设立相关的学院、研究生院和研究院及专业。

第三，创新对外开放教育新机制。2019 年 7 月，教育部《关于支持海南深化教育改革实施方案》有空前力度的突破，海南可以办国际高中和国际幼儿园，实施国际教育。我们所讲的国际高中和国际幼儿园，是指招收外国人入学的，至于同不同意招收中国人，我们还可以再研究。过去国际学校是以外国人主体来举办的，显然这个规定是以中国人为主体来举办。还要试点国外的工科大学、职业院校在海南独立办学，即不和中国的学校合作，比如哈佛大学、麻省理工学院（MIT）可以在海南办该校的海南学院，这就是独立办学的意思。支持海南设立独立法人的医学健康类中外合作办学机构，就是说其他独立法人的中外合作办学机构不批了，这样的一种办学机构，教育部同意可以批成独立法人的大学，这是一个重要的创新，法律法规也要进行相应的修改。

第四，实施地方教育对外开放机制。各地在国际交流合作和教育对外开放中，可以有适应当地情形的特殊地位和作用，可以自己制定相应的对外开放措施。2019 年 9 月，北京出台《首都教育现代化 2035》，提出经过 15 年左右的努力，到 21 世纪中叶北京教育要达到发达国家前列水平，成为具有世界影响力的教育先进城市。北京要成为全球最主要留学中心和世界杰出青年的留学目的地。各地可以制定《中外合作办学实施办法》。广东要瞄准港澳来办教育，首先要超越他们办学，否则我们就没有社会主义制度的优势。建议广东的教育要树立一个具体的针对点，这就是香港，当然也包括澳门。经过批准或者授权，广东可以签订粤港澳教育协议，广东大中小学也可以走出去到港澳办学，让他们看看我们中国社会主义的教育是怎么办的。

总体来说，进入新时代，面对新任务和新要求，对外开放教育要坚持在党的领导下，按照习近平总书记对教育提出的扎根中国、融通中外、立足时代、面向未来的重要指示，以我为主、兼容并蓄，运用国际国内两种资源、两个市场，紧紧围绕国家经济建设和社会发展需要，切实服务教育强国建设和大国外交实践，全面推进教育对外开放事业的整体发展，为实现中华民族伟大复兴，构建人类命运共同体做出更大贡献。

面向 2035 的高素质教师队伍①

香港教育大学　李子建*

摘　要： 文章通过分析未来教育愿景和《中国教育现代化 2035》对教育发展提出的新要求，结合国内外教育环境发展变化和对于未来教师队伍的展望，提出高素质教师队伍持续发展的路径要求教师有灵活的教学设计能力，要使教师能基于实证研究对教学进行反思，鼓励教师进行技术创新，同时建立高校和中小学的伙伴关系。

关键词： 教育现代化　高素质教师　未来教育

针对 2035 高素质教师团队，本文提出一些初步的看法，首先从未来教育愿景和《中国教育现代化 2035》展开。不只是中国，国际上也有很多国家和国际组织面向未来 2030 年或者 2035 年进行考虑。现在已有很多国家开始注意到未来的教育需要并进行规划。未来教育亦因此引起不少热门话题，包括课程和教学方面的变化，许多亚洲教育系统的目标、内容、活动和评估已从统一转向多样化；人工智能、大数据和全球化新技术的影响等。

《中国教育现代化 2035》提出了教育现代化的八大基本概念，要"更加注重以德为先，更加注重全面发展，更加注重面向人人，更加注重终身学习，更加注重因材施教，更加注重知行合一，更加注重融合发展，更加注重共建共享"。粤港澳大湾区在区域经济发展方面不断融合，但是在教育方面，需要不同学校、不同教师、不同思想进行探讨和对话。这个过程中很重要的关键词就是素质，从人的发展和人存资本角度来说素质就是一种竞争力，是怎样配合国家、配合区域的发展。

从《中国教育现代化 2035》文件可以看到国家提出的十大战略任务：一是学习习近平新时代中国特色社会主义思想。二是发展中国特色世界先进水平的优质教育。三是推动各级教育高水平高质量普及。四是实现基本公共教育服务均等化。五是构建服务全民的终身学习体系。六是提升一流人才培养与创新能力。七是建设高素质专业化创新型教师队伍。八是加快信息化时代教育变革。九是开创教育对外开放新格局。十是推进教育治理体系和治理能力现代化。上述十项任务中，对于教师队伍建设强调师德师风，将师德师风作为评价教师素质的第一标准，师德建设长效化、制度化。对于我个人解读来

---

* 作者简介：李子建，香港教育大学课程与教学讲座教授，联合国教科文组织区域教育发展与终身学习教席。

① 本文为 2019 年第七届中国南方教育高峰年会之演讲内容摘要，参考资料从略。本文观点纯属作者个人立场及意见，并不代表联合国教科文组织、香港教育大学及其观点。

说是多层次的，教师队伍和国家发展、区域发展，以及教育发展总体目标的达成，都是环环相扣、息息相关的。

2015 年 9 月 15 日，联合国在韩国仁川举办的世界教育论坛上发表了《仁川宣言》，提出了未来教育新愿景，即迈向全纳、公平、有质量的教育和全民终身学习，这也是国际趋势。教育是实现人权、尊严与社会正义实践的重要平台，经过过去几十年不断的努力，也看到有很大的成果。澳大利亚未来十年的教育战略，强调以学生作为学习中心，增强教师、学校领导和其他相关学习专业人员的能力。

面对未来教育愿景，我们需要怎样的教师？谁将成为学生学习的教师和教育工作者？未来人工智能的发展会对教师工作产生怎样的影响？我们可以看到，一是未来会有转型的学习生态，二是会构建互联网线上线下无缝结合的学习环境，三是 21 世纪的职业分化会产生很多类型、定位的教师，四是教育产业创新如何配合教师教学工作，五是要持续不断地提高教师质量。

可以预见，在未来学生是自主的学习者，教师是引导学习的教练，而在人工智能环境下如何开展学生学习，教师怎么帮助学生成为自主学习者？对于这个问题，经济合作与发展组织（OECD）在 2018 年的文件中指出，为了促进学生学习，教师需要成为伟大的教师和伟大的学习者。电子设备的便利使教师的优势越来越少，因此未来教师不能成为一般的教师，而是专门技能的高素质教师。另一个发展方向就是社交媒体很可能与教法相结合，教学游戏化对于培养学生的软技能将越来越重要。从未来教育创新来说，要培养教师的激情、好奇心、想象力、明辨性思考、毅力，这些不是知识也不是一般的技能，而是思维、思考的技能，是比较高端的技能，同时也嵌入了情感和价值观。未来学校的发展，是要培养教师如何应对这些情况的出现，未来要培养学生做实验和保持对学习的好奇心。

OECD 认为未来教育要培养学生的好奇心和探索力，教育要与科技充分结合，要培养学生跨学科学习的能力和解决实际问题的能力，同时也要培养学生的团队合作精神和沟通能力，这些能力也是 21 世纪人才的必备素质。而要达到学生的培养目标，需要教师有“留白”的能力，即为学生的发展创造自由空间，并需要教师具备终身学习的能力，拓展国际视野，练就“百般武艺”，还要求教师进行职业生涯规划。

最后，高素质教师队伍持续发展的路径，一是需要教师有灵活的设计，能根据学习目标制定教学方法、教材运用，丰富学生的学习活动及体验。二要使教师能基于实证研究对教学进行反思，探索解决教育实际问题。三要鼓励教师进行技术创新，进行跨国、跨学科的研发创新和知识转让。四要使高校和中小学建立伙伴关系，在教师队伍建设方面充分合作，形成共力。

科学培养“三农”工作队伍　助力乡村振兴

中国教育科学研究院　吴霓　王学男*

摘　要： 培养造就一支懂农业、爱农村、爱农民的“三农”工作队伍，这也是实施乡村振兴战略的核心，是推进乡村振兴战略顺利实施的坚强保障。文章从乡村振兴战略对“三农”工作队伍建设的具体要求出发，结合面向 2035 的乡村教育振兴发展目标，分析“三农”工作队伍存在总量不足、质量不高和制度制约的问题，提出立足乡村振兴培养“三农”工作队伍的讨论与建议。

关键词： 三农　工作队伍　乡村振兴

党的十九大报告首次提出实施乡村振兴战略。实施乡村振兴，需要培养造就一支懂农业、爱农村、爱农民的“三农”工作队伍，这也是实施乡村振兴战略的核心，是推进乡村振兴战略顺利实施的坚强保障，是在专业知识与技能、情感态度与价值观上对“三农”工作队伍的建设和发展机制提出了更高的要求，是对乡村建设组织队伍提出了明确的要求。随后，在 2018 年中央一号文件中再次提出“加强‘三农’工作干部队伍培养、配备、管理、使用”。2019 年 2 月，国务院先后印发《中国教育现代化 2035》和《国家职业教育改革实施方案》（国发〔2019〕4 号）（以下简称《方案》，也称“职教 20 条”），标志着进入中国特色社会主义新时代，党中央、国务院对于教育事业发展做出的重大战略部署，牢固树立新发展理念，同时把职业教育摆在教育改革创新和经济社会发展中更加突出的位置，两个文件互为贯彻落实党的十九大精神和全国教育大会精神、加快教育现代化的重要目标和重要举措。

在中国人口结构中，农村地区人口比重仍然很大。务农重本，国之大纲。没有农业、农村和农民生活的现代化，就没有整个国家的现代化。《中国教育现代化 2035》的核心要义就是“教育现代化”，教育现代化的决定性因素就是人的现代化，而决定我国能否在 2035 年实现教育现代化的关键条件在于乡村发展和乡村教育发展。“三农”工作队伍中懂农业、爱农村、爱农民的主力军就是广大农民中的优秀代表，也是中国人才队伍中的重要组成部分。大力加强农村实用人才队伍建设，让“领跑者”真正发挥出引领经济发展的带动作用，要从教育、激励和搭建服务平台等方面入手。

从“新型职业农民”到“三农”工作队伍建设的表述变化，体现了党的十九大对于新时代“三农”发展的战略思考和“三农”相互之间的关系，农民作为主要劳动力，

---

* 作者简介：吴霓，中国教育科学研究院教育发展与改革研究所所长、研究员；王学男，中国教育科学研究院教育发展与改革研究所博士。

是发展农业、建设农村的主力军；从基层人才到干部培养的多层级“三农”工作队伍的体系构建，凸显了人在乡村振兴的过程中的主体地位和能动作用。实施乡村振兴战略，是立足于城乡融合发展，需将工业与农业、城市与乡村、城镇居民与农村居民作为一个整体纳入全面建成小康社会和现代化建设过程中，培育造就一支新时代“三农”工作队伍。

一、乡村振兴战略对“三农”工作队伍建设的具体要求

习近平总书记在2018年全国人大上参加山东代表团审议时指出“要推动乡村人才振兴，把人力资本开发放在首要位置。”在2019年河南团的讲话中，习近平总书记再次对乡村振兴工作做了明确指示：乡村振兴是包括产业振兴、人才振兴、文化振兴、生态振兴、组织振兴的全面振兴，实施乡村振兴战略的总目标是农业农村现代化，总方针是坚持农业农村优先发展，总要求是产业兴旺、生态宜居、乡风文明、治理有效、生活富裕，制度保障是建立健全城乡融合发展体制机制和政策体系。这为做好“三农”工作、培养“三农”工作队伍提供了关键的思想指导。

党的十九大报告明确提出“要坚持农业农村优先发展，按照产业兴旺、生态宜居、乡风文明、治理有效、生活富裕的总要求，建立健全城乡融合发展体制机制和政策体系，加快推进农业农村现代化”的总要求，为乡村振兴战略的顶层政策设计指明了方向。“建立健全城乡融合发展”更加侧重城乡整体发展，强调乡村振兴不仅仅是为了乡村自身的振兴，更是为了城乡协调均衡发展、农业现代化同步发展；现代化的内涵和要求也随之丰富和提高，从农业现代化拓展到以人为核心的农业农村现代化。适应新时代农业农村的发展需求，建设符合更高标准的“三农”工作队伍，才是推动乡村振兴战略的关键所在。

乡村振兴战略的“20字要求”① 从农村经济建设、生态文明建设、文化建设、组织制度建设、社会服务建设五个维度提出具体目标，也是对“三农”工作队伍建设提出了具体要求。

“产业兴旺”是乡村振兴的源头根本和基础前提，需要引导和推动更多优质的资本、技术、人才等生产要素向农业、农村流动，实现第一、第二、第三产业融合发展，促进产生优化升级。这就从经济建设方面对“三农”工作队伍提出了新的要求，尤其是在产业方面需要具备扎实的知识基础和广阔的视野，能够深刻理解产业结构与区域经济发展、农村现代化的重要关系，农村不仅仅要发展第一产业、提供物质和生活资料，还可以发展乡村文化旅游、“互联网＋农业”等新业态，推进农业供给侧结构性改革。因此，“三农”工作队伍必须具备基于乡村实际、科学分析、合理规划产业发展的知识和能力，才能推动农村产业体系转型升级，调动广大农民的积极性、创造性，带动农民就业创业，拓宽增收渠道，激发农业、农村经济发展的活力。

“生态宜居”是乡村可持续发展的基本条件，习近平总书记多次强调“绿水青山就

① 乡村振兴战略的“20字要求”指的是“产业兴旺、生态宜居、乡风文明、治理有效、生活富裕”。

是金山银山"，生动形象地表达了党和政府大力推进生态文明建设的鲜明态度和坚定决心。这就要求"三农"工作队伍必须牢固树立生态绿色发展理念，尊重自然、顺应自然、保护自然，把生态文明建设摆在全局工作的突出位置，贯彻节约资源和保护环境的基本国策。实现生态宜居涉及生产方式、生活方式、思维方式和价值观念的转变，"三农"工作队伍需在绿色生态发展观念、种养殖系统、发展模式方面有所思考，着力解决治理农业生态问题，加大农业生态系统保护力度，建立市场化、多元化的生态补偿机制和监督机制，深入开展环保宣传教育并建立环保宣传工作机制，多途径打造绿色、安全、洁净、美丽又宜居宜业的新乡村。

"乡风文明"早在 2005 年 10 月召开的党的十六届五中全会就提出，是唯一至今未变的内容，也是一项长期而艰巨的历史任务。"三农"工作队伍的重要作用也需在此发挥。在整个乡村振兴发展的过程中，要特别注意避免过去的只抓生产和经济，不抓文化和精神文明的问题。要求处理好城市文化和乡村文化、外来文化与本土文化的相互关系，弘扬农耕文化和优良传统，通过农村文化、艺术、教育、医疗卫生等事业的综合发展，提升农民的综合素质，提高农村的文明程度。同时，注重将扶贫同扶志、扶智相结合，通过有质量的教育让贫困地区的贫困群众掌握知识与技能、转变意识与态度，实现精神脱贫。

"治理有效"是乡村振兴战略的内在保障，还与第二个百年目标的社会主义现代化强国建设中的国家治理体系与治理能力现代化紧密对接。通晓以法治为本的自治、法治、德治"三治融合"的治理体系，是对"三农"工作队伍发挥"关键少数"的骨干作用提出的更高要求：法治是乡村治理的前提，法律知识是乡村治理和行为规范的准绳；德治是乡村治理的基础，是伦理道德规范对村民道德行为的约束；自治是乡村治理的根本，不同的自然历史文化背景下的乡约民规、民俗民风，是实行自主治理和差异化治理的前提。

"生活富裕"是符合广大农民群众日益增长的美好生活需要，实现全面小康、共同富裕的重要目标，与脱贫攻坚相辅相成。"三农"工作队伍需坚持以农民为主体，在实现"产业兴旺、生态宜居、乡风文明、治理有效"的过程基础上实现"生活富裕"的最终目标。帮助农民树立正确的财富观、农村和农业树立科学的发展观，不以牺牲生态环境为代价、不以违法失德为边际、不以短期暴利为目标脱贫致富，让农民成为改革的主要受益者，过上物质与精神层面的"双重富裕"的新生活。

"三农"工作队伍的建设，正是以乡村振兴战略中有机关联的五个维度为依据和目标全面展开。只有"懂农业"才能对农业发展有使命感，把握现代农业发展的方向，做现代农业的推动者；只有"爱农村"才能有深厚的农村情怀，才能够扎根基层，做振兴乡村的实践者；只有"爱农民"才能心系民心，为农民谋福祉，做农民增收的助力者。

二、面向 2035 的乡村教育振兴发展目标

2019 年 2 月 23 日，中共中央、国务院印发《中国教育现代化 2035》以及中共中央办公厅、国务院办公厅印发《加快推进教育现代化实施方案（2018—2022 年）》（以下

简称《方案》)，这是习近平新时代中国特色社会主义思想在教育领域的具体体现，科教兴国战略、人才强国战略将在教育领域得到充分的落实。

《中国教育现代化2035》是国家针对教育发展制定的顶层设计和长期规划，教育现代化是普及、质量、公平、结构等方面整体水平的提升。在战略目标上，提出到2020年教育现代化取得重要进展，2035年总体实现教育现代化、迈入教育强国行列的总体目标。其中，主要发展目标有：一是建成服务全民终身学习的现代教育体系；二是普及有质量的学前教育；三是实现优质均衡的义务教育；四是全面普及高中阶段教育；五是职业教育服务能力显著提升；六是高等教育竞争力明显提升；七是残疾儿童及少年享有适合的教育；八是形成全社会共同参与的教育治理新格局。这八个方面的目标，涵盖了体系结构、普及水平、教育质量、人才培养结构、服务贡献能力等教育现代化的目标要求。同时，还提出了2035年教育事业发展和人力资源开发水平主要量化预期目标。这些目标的确定，以国家现代化建设的总体战略目标为依据，着力深化改革、激发活力、补齐短板、优化结构，更好发挥教育服务国计民生的作用，确保完成决胜全面建成小康社会教育目标任务。

从不同教育阶段来看，教育发展的短板虽集中在乡村，但却各有侧重，学前阶段重在普惠，义务教育阶段重在均衡，高中教育阶段重在普及，特殊教育重点在于全纳；从现代教育体系来看，构建全民终身学习的现代教育体系是未来社会发展的必需品，其重心在于成人学习阶段，地方高等院校和职业院校作为施教机构、知识与技能的高地和集散地，理应在这个进程中为乡村培养中坚力量发挥更大、更直接的作用；从发展目标来看，更加注重教育服务于人民群众和社会发展的能力，重视人民的获得感，其中职业教育和高等教育阶段的教育贡献率转化最为直接；从治理体系来看，要形成全社会共同参与的新格局，对乡村现代治理体系和制度建设提出了新的要求。

教育现代化是国家现代化的基础，在《中国教育现代化2035》和《方案》中，通过发展目标、教育发展、教育体系、服务能力和治理能力五个维度来推进教育现代化。乡村教育发展作为乡村振兴的关键路径，“三农”工作队伍作为乡村振兴的重要人力资本和制度保障，勾画出通过职业教育和继续教育来加强“三农”工作队伍建设、服务乡村振兴的图景。

三、“三农”工作队伍存在总量不足、质量不高和制度制约的问题

乡村振兴战略是对农村发展战略的再提升，将农村发展与城市发展纳入同一水平线和轨道，带来农村发展和建设的提速，同时也对农村人力资本提出了新挑战，对“三农”工作队伍建设提出了新要求。

依据乡村振兴战略的总要求可以看到，“懂农业、爱农村、爱农民”的要求就是针对现有的“三农”工作队伍存在的总量不足、质量不高、结构不合理、体制机制不完善等问题而提出。

第一，“懂农业”主要针对“三农”工作队伍质量水平不高的问题而提出，主要体现在治理管理水平和农业专业技能与知识的不足上。从外援型人员来看，招用模式比较机械与来源构成相对单一是主要原因。“大学生村官”“三支一扶”“大学生志愿服务西

部计划”“新青年下乡”等人才引进工作可以短期有效解决农村人才短缺的问题，但是从根本和长远来看，其数量和质量仍然无法满足农村发展的需要。一方面，大部分大学生虽然拥有本科学历，但是不懂、不会农业知识与技能，所学才能无处施展；另一方面，部分服务农村基层的大学生或青年将其作为退而求其次的暂时性选择或换工作的跳板和条件，服务农村并非他们的首要意愿。与此同时，部分具备农业专业知识与技能、有管理与服务能力的人却不愿意服务农村基层，自愿在农村实现自我的部分年轻人又不符合准入条件，农村农业发展真正需要的人才“不进来”或者“进不来”。从本土型人员来看，农村本地农民在现代农业知识技能体系方面较为匮乏，使用现代农业装备、现代农业技术、现代组织管理方法、现代经营策略、网络信息等的能力有限，在种植、管理、销售、物流等方面的工作能力均亟待补充和更新。

第二，“爱农村”主要针对“三农”工作队伍稳定性不强、总量不足的问题而提出，主要体现在待遇保障低、体制制度不适合、得不到应有的尊重和认可、工作生活环境差、对农村没有归属感。上述问题的主要矛盾点在于城市与农村的比较与差距，“三农”工作队伍的工作和生活条件更加艰苦，但是保障、工资待遇不仅没有提高，反而与城市相比还有一定的差距，并且在城市和农村都得不到应有的尊重和认可。而乡村自治和乡土文化背景下的体制制度有其自己的逻辑，大部分人短时间内难以适应。在外部环境差、外部激励低、内部驱动弱的情况下，人在物质层面和精神层面都无法得到满足，“三农”工作队伍的稳定性不强和总量不足问题不言而喻。人才留不住，农村老龄化、空心化的问题愈发严峻。“三农”工作队伍的待遇保障、服务管理、激励与流动的机制体制都尚未与城镇化进程同步，且与城市化的标准与内涵仍有较大差距。

第三，“爱农民”主要针对“三农”工作队伍贡献度不明显而提出，主要体现在积极性不高、实践性不强以及农村工作与农村文化的适应性弱，对农民身份没有认同感。由于“三农”工作队伍在农业专业技术上不精通，在农业生产方面给农民带不来真正的实惠，对农村乡土文化和社会组织不了解，无法融入农村社会生活参与治理，得不到本地农民的支持和配合，工作无法有效推进。而工作积极性受挫、实质性工作无法落实，又导致工作方式脱离农村实际，难以全部实现政策预期的成效。与此同时，上述三个问题还共同导致了“三农”工作队伍在学历、学科专业、年龄、性别、干部与群众、本地与外援上的结构不合理，严重影响服务与管理的成效，无法将团队协作的效用最大化发挥。

四、立足乡村振兴培养“三农”工作队伍的讨论与建议

党的十九大报告提出两个“优先”：农业农村优先发展，优先发展教育事业。这二者都与乡村振兴战略中的“三农”工作队伍建设息息相关，也再次凸显了教育发展对于“三农”工作队伍建设的积极促进作用，职业教育、继续教育和高等教育将会对破解目前“三农”工作队伍建设的问题和需求大有可为。

首先，加快发展农村职业教育，有效促进“三农”工作队伍的建设与持续发展。学用结合是职业教育的根本宗旨，产教融合、校企合作是职业教育的基本办学模式。这就要求农村职业教育主动适应农村产业发展和社会需求，在有序扩大规模的同时提高职

业教育质量，从源头解决“三农”工作队伍的来源、结构和数量问题。“职教20条”提出，从2019年开始，在职业院校、应用型本科高校启动“学历证书+若干职业技能等级证书”制度试点（以下称“1+X”证书制度试点）工作。试点工作要进一步发挥好学历证书作用，夯实学生可持续发展基础，鼓励职业院校学生在获得学历证书的同时，积极取得多类职业技能等级证书，提高就业创业本领，缓解结构性就业矛盾。2019年李克强总理在作政府工作报告时提出，“改革完善高职院校考试招生办法，鼓励更多应届高中毕业生和退役军人、下岗职工、农民工等报考，今年大规模扩招100万人”。针对当下高职招生的生源和过去不同，因此选才标准也需要进行相应调整。特别是针对农民工、退伍军人可以尝试参考其过去的工作经历，采用申请制的模式。因此也要求职业院校的人才培养模式做出适当的改变，更突出个性化和适应性。比如：与“百万高素质农民学历提升行动计划”配套实施，经过5年的努力，培养100万名接受学历职业教育、具备市场开拓意识、能推动农业农村发展、带领农民增收致富的高素质农民，形成一支“永久牌”乡村振兴带头人队伍。打造100所乡村振兴人才培养优质校，显著提升涉农职业院校培养高素质农业农村人才的质量水平，基本形成遵循乡村振兴带头人成才规律和学习特点的涉农职业教育选才、育才、用才政策机制。在招生、培养与就业三个关键环节实现与“三农”工作队伍建设的深度融合。在招生环节，适当增加“三农”工作队伍的定向招生；在培养环节，针对“20字要求”更新、完善课程体系，突出实用性和推广性，聘请新型职业农民共建双师型师资队伍，开展多种形式的农业技术技能培训，加强深入农村建设、农业生产的工学实践；在就业环节，深化校企合作、校地合作，提供订单式培养和人才输送，拓宽就业渠道。建设多元办学格局，完成由政府举办为主向政府统筹管理、社会多元办学的格局转变，由追求规模扩张向提高质量转变，由参照普通教育办学模式向企业社会参与、专业特色鲜明的类型教育转变，大幅提升新时代职业教育现代化水平，为促进经济社会发展和提高国家竞争力提供优质人才资源支撑。①

其次，深入推进继续教育，建立并完善多层级、精准化、可持续的“三农”工作队伍培养体系。继续教育是针对“三农”工作队伍进入工作阶段后接受的各种各样的教育培训，对其观念、知识和技能进行更新、补充和提升。在培训内容方面，要紧跟农村农业发展和农民需求，讲授实用性的农业知识与技能、产业发展、乡土文化、生态文明、现代管理与营销及法制知识等，逐步提升“三农”工作队伍的专业性和认可度。在培训形式上，可以根据“三农”工作队伍所处的自然环境和发展需求，将国家级培训与地方性培训、团体培训与个体培训、集中培训与分散培训、定期培训与不定期培训、线上培训与线下培训相结合，以解决实际问题为本，开展多种形式的培训。在培训的教学方式方面，应改变传统单一、机械、理论化的技术技能传授方式，积极探索“三农”工作队伍听得懂、学得会、用得上的多样化培养培训方式。在培训制度方面，可以探索建立置换培训的新机制，定期从城市或现代化水平较高的农村选派一定数量的

① “职教20条”释放了什么信号［N/OL］. 光明日报，2019-02-20［2019-10-15］. http://epaper.gmw.cn/gmrb/html/2019-02/20/nw.D110000gmrb_20190220_1-08.htm.

农业生产、科研与管理专业的高层次人才赴农村地区服务，置换出在农村服务3年以上的“三农”工作队伍人员到其所在的地区进行脱产学习，这样在不影响“三农”工作队伍的数量和工作的前提下，既能发挥选派人员的骨干示范作用，通过与服务地的“三农”工作队伍组成团队，共同组织开展研究与实验活动，开展管理与营销等业务的培训与指导，提升“三农”工作队伍的整体水平和服务质量，又可以为扎根农村的“三农”工作队伍提供学习与提升的机会，形成良性循环、城乡互通的培训机制。

再次，大力发展面向“三农”的高等教育，培养高质量、专业化的应用研究型人才。基于高等教育在人才培养、科学研究和服务社会的基本功能，立足服务“三农”及“懂农业”的“三农”工作队伍建设需求，注重应用科技实现农业现代化。普通本科高校向应用型转变，“职教20条”提出，到2022年，职业院校教学条件基本达标，一大批普通本科高等学校向应用型转变，建设50所高水平高等职业学校和150个骨干专业（群）。高校应适当调整学科布局，有意识地向涉农学科与专业倾斜；加强涉农学科与专业的高水平人才和跨学科复合型人才的培养，根据农业发展需求和前沿问题更新课程设置，在以农业学科为主的基础上，辅以数理化、社会科学、经济学、管理学、现代信息技术等课程建设，加大实践与实验比重，旨在培养懂理论、会技术的农业应用型人才；转变科学研究的方式，加强与农村、农业需求的深度结合，以适应农业产业的多样化；提高农业科研的成果意识，注重成果转化的实效性与应用性。

最后，这三个教育阶段结合，完善制度建设，注重建立农村实用人才培训基地，强化机制创新、平台建设与宣传引领。主要做法有：第一，人才培养基地以培养农村实用人才为主，邀请农业局、畜牧局的专业技术人员对农村实用人才进行培训，着力提高农村实用人才的科学文化素质、生产劳动技能和适应市场经济的能力。定期组织农村实用人才赴先进地区进行参观学习，使其进一步开阔视野、拓展思路、提升本领。第二，激发农村实用人才创业活力。对“技能型”致富带头人，鼓励他们做大做强，带领群众共同致富。要强化政策支撑，整合惠农资源，加大对种植业、养殖业的扶持力度，加快土地流转。此外，还要全面推行优秀农村实用人才奖励体制机制，对带动能力强、致富能力强、表现突出的优秀农村实用人才给予适当的物质和精神奖励，充分激发人才的主动性和创造性。第三，强化平台建设和宣传引领，发挥农村实用人才的引领作用。坚持多渠道充分发挥农村实用人才的“传、帮、带”作用，如以优秀农村实用人才为骨干，组建科技宣讲团，定期到农村巡回宣讲，以身边人、身边事和个人的致富经验，对农民群众进行技术指导和致富引导；组织“三农”工作队伍与贫困户一对一结成“脱贫共同体”，充分发挥农村实用人才优势，通过帮思想、帮技术、帮办法，提高贫困户的致富能力，共同走向“小康”。

“三农”工作队伍建设关系乡村振兴的实现与可持续，职业教育、继续教育和高等教育势必要为“三农”工作队伍建设和乡村振兴构建开放融合的新格局。立足农村现代化发展，要在培养结构与层次上不断优化，在培养方式上与农村发展紧密结合，在人才使用上服务当地，力求建成“进得来、留得住、干得长、做得好”的“三农”工作队伍。

基于湖南实践的新时代乡村教师队伍建设的思考

湖南省教育科学研究院　石灯明*

摘要：本文重新阐释了现代化乡村教师队伍建设的目标及内容，结合湖南乡村教师队伍建设现状，提出树立乡村教师队伍建设的现代理念、构建现代化乡村教师培养体系、建立现代化乡村教师队伍建设的支撑体系这三个方面的乡村教师队伍建设路径。

关键词：湖南　新时代　乡村教师队伍

教育是关乎人类未来的神圣事业，教师决定了教育的质量和教育的未来。进入新时代，特别是在加快教育现代化进程中，如何夯实乡村教师这一基础中的基础，补齐这一短板中的短板，成了推进乡村教育现代化进程中亟待解答的难题。结合湖南乡村教师队伍建设的实践经验，本文就现代化乡村教师队伍建设谈几点认识和思考。

一、现代化乡村教师队伍建设的目标及内容

百年大计，教育为本；教育大计，教师为本。国家将乡村教师队伍建设作为基础中的基础来抓，对乡村教师队伍建设工作做出了系列重大决策部署，明确了乡村教师队伍培养目标、培养体系和支撑体系。

（一）新时代乡村教师的培养目标

习近平总书记嘱托广大教师要做“四有”好老师，做学生的“四个引路人”。这是新时代乡村教师培养的方向。《关于全面深化新时代教师队伍建设改革的意见》明确提出，“造就党和人民满意的高素质专业化创新型教师队伍。”《中国教育现代化2035》和《教师教育振兴行动计划（2018—2022年）》均明确提出要建设高素质专业化创新型教师队伍。可见，高素质专业化创新型教师队伍是新时代教师队伍建设的总目标，对于乡村来说，就是要培养造就党和人民满意的高素质专业化创新型乡村教师队伍。湖南唐松龄等教授提出，公费师范生的培养目标是“爱思想、爱乡村、爱儿童、爱教育”的未来乡村教师与乡村教育家。我认为，这“四爱”也是未来乡村教师的培养目标，而“爱思想”是乡村教师培养目标中的“特色目标”，“思想”主要是指习近平总书记关于教育的重要论述和教育哲学思想。

---

* 作者简介：石灯明，湖南省教育科学研究院院长。

（二）新时代乡村教师的培养培训体系

《教师教育振兴行动计划（2018—2022 年）》和《关于全面深化新时代教师队伍建设改革的意见》均提出了“教师培养培训体系基本健全”这个相同的目标任务。通过对政策的梳理，笔者认为培养培训体系主要包括三个方面。一是教师教育体系，即“健全以师范院校为主体、高水平非师范院校参与、优质中小学（幼儿园）为实践基地的开放、协同、联动的中国特色教师教育体系。”二是教师补充体系，即“采取到岗退费或公费培养、定向培养等方式，吸引优秀青年踊跃报考师范院校和师范专业”。深入推进县域内义务教育学校教师、校长交流轮岗，实行教师聘期制、校长任期制管理，推动城镇优秀教师、校长向乡村学校、薄弱学校流动。深入实施乡村教师支持计划、银龄讲学计划、援藏援疆万名教师支教计划。三是教师培训体系，即开展中小学教师全员培训，促进教师终身学习和专业发展。逐步推进县级教师发展机构建设与改革，实现培训、教研、电教、科研部门有机整合。依托全国教师管理信息系统，加强在职教师培训信息化管理，建设教师专业发展“学分银行”。

（三）新时代乡村教师队伍建设的支撑体系

《中国教育现代化 2035》明确要求，“提高教师社会地位，完善教师待遇保障制度，健全中小学教师工资长效联动机制，全面落实集中连片特困地区生活补助政策。加大教师表彰力度，努力提高教师政治地位、社会地位、职业地位。”中央相关政策文件对乡村教师生活待遇、职称评定、学习培训、荣誉表彰等都做了明确要求，而且倾斜性明显，明确提出“在培训、职称评聘、表彰奖励等方面向乡村青年教师倾斜”。关于待遇保障，“确保中小学教师平均工资收入水平不低于或高于当地公务员平均工资收入水平”，并将符合条件的教师纳入当地住房保障范围。关于职称评聘，“适当提高中小学中级、高级教师岗位比例”。关于社会地位，开展国家级教学名师、国家级教学成果奖评选表彰，重点奖励贡献突出的教学一线教师，做好乡村学校从教 30 年教师荣誉证书颁发工作。

二、湖南乡村教师队伍建设现状

目前，湖南乡村学校教职工总数 26. 8 万人，占全省教职工总数的 29%。湖南陆续出台了乡村教师支持计划、城乡义务教育一体化改革、全面深化新时代教师队伍建设改革等一系列打基础、立支柱、定架构的政策，率先实施农村小学教师公费定向培养专项计划，制定集中连片特困地区农村基层人才津贴制度，多项改革措施领跑全国。

农村教师公费定向培养领跑全国。湖南建立了各类型、各学段、各学科全覆盖的农村中小学教师公费定向培养体系，全省共招收培养各类农村教师公费定向师范生 6. 23 万人，已毕业 2. 27 万人，年度招生规模为全国之最。湖南第一师范学院自 2006 年起，率先启动“初中起点五年制小学教师免费定向培养计划”，2010 年创造性实施“初中起点六年制本科层次农村小学教师定向培养计划”。目前学校在校师范生比例达 77. 9%，其中公费定向师范生比例达 70. 3%（10 609 人），是全国最大规模的乡村小学教师公费定向培养高校。

泸溪县尊师重教经验走在全国前列。该县将乡镇、部门主要领导教育履职情况纳入绩效考核，县委、县政府主要负责人连续14年在新年上班第一天深入学校看望慰问教师，到基层能叫得出70%的教师的姓名。每年评选重教乡镇、重教部门、重教个人和优秀教师，并逐年提高奖励标准。将80%的评优评奖、学科带头人指标分配到农村学校，城镇学校教师晋升、评优必须有在农村学校任教一年以上的工作经历。该县走出了一条深度贫困县办优质教育的特色之路。

平江县乡村教师培养补充独具特色。该县建立了“特岗计划补大面、县内定岗补难点、定向培养补长远”的乡村教师招聘计划，启动了“初任教师成长计划”，实施导师负责制和跟踪成长制，对所有新上岗的教师进行连续3年的培养学习和成长指导。

我们发现，湖南乡村教师队伍建设较好的县市区，反而是经济水平一般的，甚至是深度贫困县。这说明经济并不是乡村教师队伍建设的决定性因素。到了新时代，随着社会矛盾的转化，城乡教育之间发展的不平衡以及乡村教育自身发展的不充分成为当前制约乡村教育发展的主要瓶颈，人民群众开始追求更高质量的乡村教育，对乡村教师素质的要求也越来越高，迫切需要打造一支宏大的高素质专业化乡村教师队伍。湖南乡村教师队伍建设还存在三个方面的突出问题。

第一，乡村教师队伍存在不稳定性。随着城镇化进程加快，人口、资源都在向城镇聚集，造成学龄儿童大量向城镇学校聚集，乡村教育日渐萎缩，加之乡村教师待遇权益保障不到位以及人往高处走的大众心理，大量乡村教师逃离乡村。“进不来、留不住、教不好”是当前湖南乡村教师队伍的基本现状。

第二，乡村教师队伍建设存在盲从性。现代化在不同的区域内有着不同的发展阶段和发展水平，城镇教育现代化往往是主导性的。进入城乡一体化发展阶段之后，乡村教育发展进入了以城带乡、城乡互动、弱势补偿的新阶段，乡村教育往往是按照城市教育的样态来设计和发展，这种从属关系使得乡村教师现代化建设具有了盲从性，乡村教师教育理念、模式出现城市化取向，从而导致乡村教师缺少对乡村文明的认同和接纳，缺乏立足乡村教育实际的引领力。

第三，乡村教师队伍发展存在制约性。这种制约性主要表现在治理制约、政策制约和体制制约三个方面。治理制约性是指，与城市教育不同，乡村教育过程中，乡村社会、家庭既是在场的，同时也是缺席的，教师和家长、社会没有一个双向互动的合作关系，教育事务最终转移到乡村教师身上。政策制约性是指，当前关于乡村教师的政策具有短期性、片面性。乡村教师政策大多是以“项目”“计划”“工程”的形式出现，缺乏促进农村教师队伍建设的长效机制。而且这些政策造血功能不强，并不能从根本上解决农村教师队伍发展存在的问题。体制制约性是指，目前有关乡村教师政策体现更多的是一种“中央强制型”政策，地方政府和教育部门在执行过程中往往是照抄照搬，基层教育部门乃至乡村一线教师的诉求难以得到有效体现，这样的政策在实际执行中难免会受到显性或隐性的抵制。

三、现代化乡村教师队伍建设的思考

现代化乡村教师队伍建设是一项艰巨复杂的系统工程，需要长远规划，综合施策，

全面推进，重点突破。结合湖南乡村教师队伍建设的实际，笔者对现代化乡村教师队伍建设提出如下几点思考性建议。

（一）树立乡村教师队伍建设的现代理念

乡村教师队伍建设进入新时代，队伍建设理念、教师发展理念和教师教育理念都发生了革命性变化。

1. 乡村教师角色定位不是单一化，而是多样化。乡村教师之于乡村，已经不是传统意义上的教书匠角色，他们被赋予更多的公共性和社会责任。著名教育家陶行知曾提出："乡村教师是改造乡村生活的灵魂。"他们是乡村人才的培养者、贫困代际传递的阻断者，城乡融合发展的促进者，乡风文明的引领者。这种角色的多样化，决定了乡村教师在新时代乡村振兴过程中所承担的时代使命将更加光荣和艰巨。

2. 乡村教师队伍建设不是城市化，而是乡村化。乡村教师队伍建设的现代化目标不是走向"城市化"，不能完全依附于城市教师发展的理念、模式，但也不能完全脱离城市教师发展这一重要参照，须坚持城乡互喻、城乡结合、城乡并重，立足乡村、面向乡村、服务乡村，形成具有乡村品格的乡村教师队伍建设的现代化之路。

3. 乡村教师教育理念不是同质化，而是特色化。乡村教师需要增强乡土情感认同、乡土文化认同和乡土价值认同，切实将乡村特色融入乡村教师的教育教学全过程。就知识状态而言，农村有广袤原野、山川河流、动植物繁多，还有广大的农民与丰富的乡土文化，这为教师教学提供了取之不尽、用之不竭的素材。就道德状态而言，乡村有传统乡村道德伦理与价值观，有农民勤劳、善良、纯朴的传统美德，还有为国家"三农"建设做出贡献的现代典型，这些都是乡村教师道德力量的源泉。就审美状态而言，农村有风景秀美的大自然及其孕育出的万象生态，有流传千古的风土人情、乡土风俗和村落文化，这些都是农村教师应该关注并开发的审美课程和教材。就农村教师课程观而言，教师教学更应该注重乡村课程开发，渗透有关农业知识的教育，如在化学课程中渗透土壤分析等内容。

（二）构建现代化乡村教师培养体系

要使乡村教师队伍规模、结构、素质能力满足乡村教育发展需要，就必须突出乡村教师的主体地位，在编制管理、培养体系构建、培训体系完善中不断开拓创新。

1. 建立现代化乡村教师编制管理机制。实施教师编制动态管理，省级统筹，市州调剂，县级为主。如辽宁省"无校籍管理"，四川省"岗编适度分离"机制，这些都为乡村教师编制管理探索了有益经验。我们建议大力推行"县管校聘"，明确县编制、人社和财政部门核定全县教师总编制数、各层次的总职称职数、教育经费总数后，再交由当地教育局统一调配管理，给教育部门教师管理自主权。教育局统筹调配城乡学校教师编制岗位，制定教师培养培训计划、业绩考核和绩效工资待遇、人事档案和退休服务管理等政策，组织教师招聘工作。中小学校依法与教师签订聘用合同，负责教师的使用和日常管理。

2. 构建现代化乡村教师培养补充体系。湖南在长期的实践中，探索形成了公费定向培养师范毕业生为主渠道，特岗教师招聘、银龄讲学、"三区支教"为辅助支撑的乡村教师培养补充体系。从湖南实施的现实情况来看，公费定向师范毕业生正迅速成长为乡村教育骨干，相较于特岗教师，稳定性高、专业素质硬、敬业精神强。所以，湖南提出了到2020年确保公费定向培养师范毕业生成为义务教育阶段乡村教师补充主渠道的工作目标。同时，建立刚柔并济的城乡教师双向合理流动机制，灵活运用双向兼职、联合聘用等形式柔性引才用才，推进城镇与农村“校联体”建设，采取定期交流、跨校竞聘、中心校一体化管理、学校联盟、对口支援等方式，重点引导优秀校长和骨干教师向乡村学校流动。积极实施校长教师轮岗交流制度、名师区域内走教制度、“银龄讲学计划”，面向社会公开招募优秀校长、教师、教研员到县镇和农村义务教育学校讲学。强化教师教育基础，构建以师范院校为主体、高水平非师范院校参与的中国特色师范教育体系，坚决防止师范类院校改制发展。

3. 构建乡村教师培训体系。将农村教师培训纳入农村公共服务制度体系，加强国培、省培、市培、县培计划统筹，设计更多针对乡村教师的国培、省培项目，保证各学科均设立乡村教师国培、省培计划。全面推进培训、教研、电教、科研的系统整合，建立以县级教师专业发展机构为主体的教师专业发展支持体系。建立教师培训学分银行，推动教师自主选择培训，辅之以培训项目与机构开放竞争机制的建立，从而形成教师专业发展的有效激励机制。加强乡村教师信息化能力建设，主动适应人工智能、5G等新技术变革和未来教育教学与学习变革的趋势。

（三）建立现代化乡村教师队伍建设的支撑体系

习近平总书记在北京市八一学校考察时强调，“各级党委和政府要满腔热情关心教师，让广大教师安心从教、热心从教、舒心从教、静心从教，让广大教师在岗位上有幸福感、事业上有成就感、社会上有荣誉感，让教师成为让人羡慕的职业”。基于乡村教师的特殊性，让乡村教师成为让人羡慕的职业更加需要加强待遇权益保障。

1. 职业发展方面。目前，全国乡村教师职称定评定聘总体趋势是向农村倾斜，职称评价标准不再以论文等条件论英雄，实行定评定聘。湖南将于近期下发《关于加强乡村教师队伍建设的意见》，其中有一项政策是“建立资深乡村教师职称制度，对在乡村学校从教累计满30年的男教师、满25年的女教师，且申报当年年底距法定退休年龄不足2年，目前还是中级职称、符合评审条件与标准的乡村教师，直接评聘为基层高级教师”。笔者了解到，安徽省规定，在乡村连续任教满30年且仍在乡村学校任教的教师，可不占岗位结构比例评聘相应教师职务；内蒙古在中小学教师职称评审和岗位聘用时，为乡村青年教师单列计划；辽宁省规定，在乡村中小学任中级专业技术职务满10年，仍在教学一线任教的中小学教师，任中级专业技术职务以来年度考核合格的，可直接评聘副高级专业技术职称。这些都是具有重要学习借鉴意义的好举措。

2. 生活待遇方面。乡村教师越来越受中央重视，生活待遇特别是经济收入水平与公务员的差距越来越小，艰苦边远地区津贴与补助等政策基本实现全覆盖。通过对湖南24个县3.9万名乡村教师调研分析发现，乡村教师目前最关心关注的是班主任津贴、乡村寄宿制学校寄宿费收取标准和乡村教师交通补贴标准。广东省明确班主任工作量按当地教师标准课时工作量的一半计入教师基本工作量，云南省明确班主任工作量按照一个教师工作量的50%计算。这些都为我们提供了很好的实践探索。我们建议，制定班主任最低津贴标准按当地教师标准课时工作量的1.5倍计入教师基本工作量，最低标准

不得低于500元/月；按照当地经济发展水平、距离城镇远近情况出台寄宿制学校早晚自习补贴发放政策，制定乡村寄宿制学校寄宿费收取标准和乡村教师交通补贴标准；实施乡村教师安居工程，将乡村教师周转房建设纳入乡村小规模学校和乡镇寄宿制学校建设、教育现代化推进工程预算内，充分改造利用闲置校舍资源，推进“五小工程”（小食堂、小澡堂、小阅览室、小活动室、小卫生间）建设。

3. 社会地位方面。提升教师的社会地位，是世界各国普遍采取的促进教师队伍建设的重要举措之一。进一步加大表彰向农村教师倾斜的力度，做好乡村学校从教30年或25年教师荣誉证书颁发工作，抓好“最美乡村教师”等评选工作，落实中小学教师定期体检制度等优惠政策。在此基础上，我们建议，对乡村教师开辟绿色通道，参照军人优待政策，为其提供交通、旅游、进修等方面的优惠待遇政策。建立健全乡村教师荣誉制度，定期隆重举办乡村教师表彰活动。加大人文关怀力度，建立乡镇、县、市人民政府定期走访、慰问乡村教师工作机制，从而形成全社会尊师重教的浓厚氛围。

四、结语

新时代，乡村振兴战略深入实施，为乡村教育特别是为乡村教师队伍建设创造了伟大历史机遇，乡村教师发展迎来了新的春天。相信在习近平总书记关于教育系列重要论述的指引下，在各级政府和教育部门的高度重视与强力推动下，在广大乡村教师的孜孜以求、默默奉献下，我们一定能够实现乡村教师队伍建设的现代化，培养造就一支党和人民满意的高素质专业化创新型乡村教师队伍。

参考文献

[1] 中共中央国务院关于全面深化新时代教师队伍建设改革的意见［EB/OL］.(2018-01-31)［2019-10-15］. http://www.gov.cn/zhengce/2018-01/31/content_5262659.htm.

[2] 教育部等五部门关于印发《教师教育振兴行动计划（2018—2022年）》的通知［EB/OL］. (2018-02-11)［2019-10-15］. http://www.moe.gov.cn/srcsite/A10/s7034/201803/t20180323_331063.html.

[3] 中共中央、国务院印发《中国教育现代化2035》［EB/OL］.(2019-02-23)［2019-10-15］. http://www.gov.cn/xinwen/2019-02/23/content_5367987.htm.

[4] 湖南省人民政府关于加强乡村教师队伍建设的意见［EB/OL］.(2019-09-25)［2019-10-15］. http://www.hunan.gov.cn/hnszf/xxgk/wjk/szfwj/201909/t20190927_10468595.html.

振兴乡村教育要有高站位宽视野大格局

湖北省教育科学研究院　朱爱国*

摘要：一个世纪前，孙中山先生提出：“教育兴农，复兴国家”。一个世纪后，党的十九大提出“乡村振兴”这一国家战略。如何实施乡村振兴战略？归根到底靠人才、靠教育。乡村教育的落后面貌不改变，乡村振兴战略就无法全面落实。因此，振兴乡村首先必须振兴乡村教育。振兴乡村教育，不能就教育论教育，就乡村论乡村，要有高站位，在服务国家战略大局中发挥教育的特有优势和作用；要有宽视野，着眼城乡教育一体化发展的布局，着力补齐乡村教育办学条件、教学质量、师资队伍的短板；要有大格局，着眼经济社会协调发展的全局，盘活用足乡村教育资源，汇聚吸纳各方力量，形成发展乡村教育的合力。

关键词：乡村教育　国家战略　高站位　宽视野　大格局

根据《中国教育现代化2035》主要精神，办好乡村学校、推动乡村振兴是我国教育现代化发展的重要任务；《加快推进教育现代化实施方案（2018—2022年）》也明确提出，实施乡村振兴战略教育行动，助力乡村振兴。这里释放了两个含有辩证关系的信号：一方面要抓住国家实施乡村振兴战略的机遇，努力好办乡村学校；另一方面要发挥教育作用，为乡村振兴做出教育贡献。这两方面互为因果、相辅相成、共同促进。因此，振兴乡村教育，不能就教育论教育，就乡村论乡村，要有高站位、宽视野、大格局。

一、高站位：着眼服务国家战略的大局，充分发挥教育在助推乡村振兴中的优势和作用，培育乡村教育振兴的新动能

实施乡村振兴是国家战略，首要的是乡村产业振兴。有了产业，就如同有了水，有了水就可以养鱼。没有鱼儿，修池子有何用？同理，乡村有了学龄儿童，才需要办教育，学龄儿童都流失了，你办教育有何用？从20世纪90年代解决“一无两有”到后来的“危改工程”，农村学校投入甚多。可如今，将一座空楼留在破败乡村的不在少数，主要原因是农村产业的衰败，产业的衰败导致农民因收入微薄而逃离农村，农村人口锐减，人口的锐减必然导致农村生源的萎缩和教育的衰败。因此，振兴乡村教育，必须服务国家战略的实施，体现教育的作为和贡献，真正把农村教育办成“在农村”“富农村”“为农民”的教育。

---

* 作者简介：朱爱国，湖北省教育科学研究院战略规划研究室主任，副教授。

（一）着力提高乡村劳动人口素质

乡村教育要转变“离农”理念，树立“进可走出乡村，退可以建设乡村”的教育理念，进一步发挥乡村教育的多元化功能，为乡村社会建设培养各类人才，提高乡村新生劳动人口的文化素质。

1. 办好乡村基础教育。提高义务教育普及水平，逐步普及学前教育、特殊教育、高中教育，不断提高乡村新生劳动力的受教育年限。同时，持续加大农村党员干部培训、农村妇女培训、农村剩余劳动力培训，加强农村老年教育、法治教育，建设“人人皆学、处处能学、时时可学”的学习型乡村。

2. 大力发展面向农村的职业教育。当前，90%以上的中职生来自农村家庭，60%的高职院校毕业生家庭背景为“农民与农民工”。这是面向农村、服务乡村振兴的有效资源。要大力发展中等职业教育，每个县重点建设1所标准化的中职学校。要支持高职院校办好涉农特色专业，培养一批涉农科技人才、经营人才、管理人才。

3. 扩大面向农村的专项招生计划。目前，国家专项计划定向招收贫困地区学生，地方专项计划定向招收各省实施区域的农村学生，高校专项计划定向招收边远、贫困、民族等地区县以下高中勤奋好学、成绩优良的农村学生。今后要通过这3个专项计划的扩大实施，逐步改变“寒门难出贵子”的现象，让更多农村孩子有上重点大学的机会。

（二）着力培养乡村本土人才

在现阶段，乡村人才的培养，主要还是依靠当地人才，依靠本土乡村教育的哺育。通过教育培养乡村振兴需要的人才，即合格的劳动力和有技术、有专长的高素质人才，懂农业、爱农村的人才。这些饱含乡村情感和记住乡愁的人才，是乡村振兴最可依靠的力量。

1. 大力培养新型职业农民。积极发展现代农业职业教育，构建覆盖全国、服务完善的现代职业农民教育网络，建立公益性农民培养培训制度，支持新型农民通过弹性学制接受高等职业教育，尝试推进农民职称评定制度，推进农民职业化发展。

2. 大力开展专业职业培训。顺应村情民意，开展文化、科技、艺术“三下乡”活动，培育一批创新型的农业经营队伍，孕育一批农业职业经理人、经纪人、乡村工匠、文化能人、“非遗”传承人。

3. 大力吸引人才到农村就业。完善政策保障措施，组织实施“大学生村官”、“三支一扶”、志愿服务西部、教师特岗和农技特岗等计划，引导高校毕业生到农村基层就业，形成“专业支撑+产业扶贫”等特色模式，让校村合作、校镇合作成为乡村振兴人才培养的新特点，一批院校成为当地发展的新地标。

（三）着力推进高校教育扶贫

实施高校乡村振兴科技创新行动计划，使高校成为乡村振兴战略科技创新和成果供给的重要力量，让专家学者把学问做在大地上，把论文写在枝头上。

1. 加强决策咨询服务。依托高校智库平台，围绕城乡规划、水资源利用、生态保护等领域，为当地党委政府科学决策提供咨询服务。

2. 助推特色产业发展。组织动员专家教授、科技服务团、博士服务团等专业力量，

深入农村一线，找准高校科研项目与当地资源禀赋、区位优势的结合点，促进科技成果转化落地并产业化。比如，江苏常州市殷村“职教小镇”于2017年5月入选江苏省首批25个特色小镇创建名单，有70%的农业类院校横向与纵向服务到款额在100万元以上，其中江苏农林职业技术学院等5所院校达到1 000万元以上。

3. 提高公共服务水平。多种形式帮助农村地区培养培训医务人员，实施农村订单定向医学生免费培养，为农村地区培养从事全科医疗的医学类本专科学生，助力乡村“非遗”保护，繁荣乡村文化。

二、宽视野：着眼城乡教育一体化发展的布局，着力补齐乡村教育的短板，开创乡村教育振兴的新面貌

当前的城镇化推进战略使乡村教育赖以生存的生态基础发生了重大改变，乡村教育进入一个剧变时期，旧的运行机制正在打破，新的运行机制尚未建立，使得乡村教育生态结构既非传统的乡村生态结构，也非现代的城市生态结构。推进乡村教育振兴，要探索建立“以城带乡、整体推进、城乡一体、均衡发展”的教育发展机制，着力补齐乡村教育短板，让每一所农村学校都成为优质学校，让每一个农村孩子都享受到优质而公平的教育。

（一）补齐办学条件的短板，让乡村孩子在家门口接受优质教育

近年来，国家出台了不少政策，大力支持农村教育事业发展，特别是“全面改薄”和教育现代化推进工程的实施，使农村学校面貌得到明显改善。但乡村教育基础仍然薄弱，发展不平衡不充分的问题仍然突出，一些乡村小规模学校的基本办学条件亟待改善。当务之急是要切实做好义务教育薄弱环节的改善与能力提升工作，在科学调整学校布局的基础上，完成以下三项重点任务。

1. 统筹推进乡村学校标准化建设。要做到硬件、软件一起抓，确保“学校虽小，设施齐全，功能完善，质量上乘”，成为乡村振兴的样板。

2. 统筹办好乡村小规模学校。乡村学校传承乡村文化和乡村文明，联系着教育与农民的感情，是留住乡愁的重要载体和纽带。要以改善乡村学校教学、生活、卫生条件和校园文化环境为重点，将小规模学校办成“小而优”“小而美”的高质量学校，吸引乡村孩子就近入学。比如，海南省五指山市教学点建设全部标准化，孩子们在家门口就能接受优质教育。

3. 统筹推进农村学校信息化。加强乡村学校信息技术基础设施建设，实现乡村学校网络教学环境全覆盖。运用“互联网 + 教育”“人工智能 + 教育”，通过“线上为主，线上线下有机结合”的方式，向农村输送优质教育资源。鼓励乡村教师主动推进信息技术与教育教学的融合创新，构建符合时代发展、满足学生个性化多样化需求、符合教育本质的教育新生态。

（二）补齐教育质量的短板，打造教育发展共同体

质量是教育的生命线。教育质量的高低与空间本没有很大的关系。剑桥大学就办在一个拥有10万居民的英格兰小镇上，20世纪20年代夏丏尊在白马湖畔办的春晖中学就在乡村，陶行知的晓庄师范也在郊区，如今一些大学的新校区多在农村，却没有萧

条。这是为何？关键是人力和资源。如果把北京大学、清华大学搬到大沙漠，学子依旧趋之若鹜，如当日之西南联大。因此，要振兴乡村教育，关键是创新办学模式和育人方式，盘活教育资源，画好三个同心圆，建构教育发展共同体。

第一个圆：学校内部共同体，充分发挥各个要素的参与作用。优化学校内部的决策、执行、管理、监督、保障等运行机制，通过师徒结对、人人参与等方式，建立学校发展共同愿景。密切家校联系，完善家访制度，形成家校育人合力。

第二个圆：区域发展共同体，充分发挥乡镇中心学校的统筹作用。实施小区域整合策略，将区域内的中小学依据发展基础、师资水平、办学质量等分成若干片组，推行“片组结盟”式发展，带动课堂同构、课程同建、教师同训、管理同步，成就一批有影响力的名教师、名课程和名学校。

第三个圆：城乡发展共同体，充分发挥集团化办学的带动作用。按照“以城带乡、资源共享、名校主导、捆绑发展”的思路，组建不同形式的教育集团，开展“名校＋名校”“名校＋分校”“名校＋弱校”的探索，采取结对共建、空中课堂、师资交流等方式，以城区优质学校带动乡村薄弱学校同步发展。

（三）补齐师资力量的短板，让乡村教师更有尊严与精神力量

教师是乡村教育的灵魂，没有农村教师的坚守和素质的不断提升，振兴乡村教育的目标就难以实现。目前，乡村教师面临职业吸引力不强、优秀教师流失、年龄老化、专业弱化等突出问题。一些地方由于乡村学校师资力量薄弱，不少农村家庭不得不送孩子到城镇学校就读。这样一来，导致城镇学校拥挤，又加重农民家庭的教育负担。必须把乡村教师队伍建设摆在优先发展的战略地位，让乡村教师的获得感、幸福感、安全感更加充实、更有保障、更可持续。

1. 资源配置要优化。确保“流得动”：全面推进“县管校聘”改革，加大编制统筹配置和跨区域调整力度。推动“下得去”：推动校长任期交流、优秀年轻干部到农村任职、新入职教师到乡村学校任教、富余教师到农村支教。激励“愿意干”：实施学费“以奖代偿”政策，鼓励优秀高校毕业生到偏远农村地区任教；实施中小学教师银龄讲学计划，遴选一批乐于奉献、身体健康的退休优秀教师到乡村和基层学校支教；探索建立体育、音乐、美术等紧缺学科教师学区管理，实现师资共享。

2. 专业发展要优质。为乡村师资“输血”：招聘本科生、免费师范生、特岗教师、全科教师到乡村学校任教，加强乡村教师定向培养，培养“不走的”本土人才。例如，湖北按照“不求本科但求本地”的思路，省级统筹招聘义务教育学校教师安排到乡镇以下学校任教，较好地改善了乡村教师结构。为乡村师资“换血”：推进城乡教师双向交流，城里教师送教下乡、农村骨干教师到城里跟岗培养。为乡村师资“造血”：通过名师工作室、高效课堂、多级培训，提升教师专业素养。

3. 地位待遇要优越。让乡村教师有“干头”：建立乡村教师荣誉制度，建立农村教师奖励基金，提振乡村教师的职业自尊心和自信心，激发教师奉献乡村教育的使命感和光荣感。例如，湖北设立乡村教师关爱基金和奖励基金，省财政投入 3 000 万元，奖励从教 30 年以上优秀乡村教师 5 955 人，资助大病特困乡村教师 1 132 人。让乡村教师有“想头”：落实乡村教师各项补助和津贴，定期组织教师进行体检和休养，加大乡村

教师周转宿舍建设。让乡村教师有“奔头”：增加农村中、高级职称教师岗位比例，设置乡村教师高级教师和特级教师的专门岗位。

三、宽格局：着眼经济社会协调发展的全局，汇聚多方力量，构建乡村教育振兴的新生态

乡村振兴包括经济振兴、政治振兴、文化振兴、社会振兴和生态文明振兴等“五位一体”建设。教育振兴是社会振兴的首要力量，是一项重大的系统工程，必须在各级党组织的统一领导下，凝聚多方力量，统筹谋划、协同推进。

（一）加大政府统筹，将乡村教育置于经济社会发展全局中通盘谋划

各地在编制经济社会发展总体规划或乡村振兴地方规划和专项规划时，按照“城乡融合、一体设计”的思路，把乡村教育振兴放进大盘子里系统考虑。

1. 研究乡村教育与经济的关系。看看推进农业农村现代化、实现农村经济高质量发展对教育提出了什么新的需求，需要培养什么样的人才，提供什么样的科技服务，有针对性地改革办学模式和人才培养模式，更好地推动农村经济发展的质量变革、效率变革、动力变革。

2. 研究乡村教育与政治的关系。思考教育如何提高青少年思想道德素质，培养听党话、跟党走的时代新人；思考如何为巩固乡镇政权、实行村民自治服务，推进农村治理体系和治理能力现代化。

3. 研究乡村教育与文化的关系。思考如何发挥乡村学校教育对乡村文化建设的引导、培育、促进作用，促进乡村文化的传承和创新。

4. 研究乡村教育与科技的关系。看看人工智能、信息技术等对乡村人才培养的规格、结构提出了哪些挑战，大力实施乡村振兴高校科技创新行动计划，大力实施教育信息化2.0战略，推进科技兴农，提高乡村教育信息化水平。只有认真研究、科学运用这些因素，才能正确定位乡村教育发展的趋势和改革的走向。

（二）盘活乡村资源，发掘各个资源要素的育人功能

乡村是一座“富矿”，乡村学校不论大小都根植于历史深处，置于文化与传统的滋养之中。要挖掘和盘活这些资源要素，为乡村教育服务。

1. 借鉴学习乡村文化中有教育意义的地方元素。对于乡贤文化、好家风、好家训、好村歌、村规民约、传统经典地方戏曲等，要结合当地教育实践进行传承、开发和拓展。

2. 发挥民间技艺的育人功能。发动学校教师、志愿服务组织、校友会等多方力量，挖掘乡村民间艺术和传统技艺，用现代理念凝练升华，借助新型传播手段传承推广，发挥其育人功能。

3. 推进乡村资源共建共享。可以将乡村学校的改建扩建与村医疗室、文化设施、体育设施等同步规划和建设，将学校建成乡村教育文化服务的综合体。也可以将为乡村社会事业服务的工作人员与教师队伍融通使用。比如，乡村医疗服务人员兼任学校的校医，科技人员兼任学校的科技辅导员，而学校的音乐、体育教师可以兼任村文化干部，促进资源共享和交流合作。

（三）吸纳社会力量，让不同主体在乡村教育振兴中有所作为

乡村广阔天地大有作为，乡村教育振兴需要社会各方的倾情投入。要采纳多种吸纳方式，让各个主体都能在乡村振兴中发挥作用，得到可持续发展。

1. 发挥“土专家”的聪明才智。注重发挥农村党员干部、乡村教师、能工巧匠、文化能人、非遗传承人在教育方面的示范引领作用，并将乡村的社会组织、管理、服务系统都赋予教育的职责。

2. 鼓励“热心人”投身乡村教育。吸收一批大学教授和退休的中小学名校长、名教师投入乡村教育改革，吸引一批从乡村走出去的企业家、专家、学者等社会知名人士以各种方式反哺乡村教育。

3. 搭建乡村实践教育“大舞台”。在乡村建立社会实践基地，定期组织城市学校师生到乡村实践基地开展生活教育，接触大自然，体验乡村生活的乐趣，拉近与乡土的距离，在情感上接受、支持和融入乡村教育，有机会能为乡村教育贡献智慧和力量。

四、结语

中国民主革命的先驱者孙中山曾提出教育兴农，复兴国家；中国乡村运动的实践者梁漱溟先生也说过乡村建设不只建设乡村。乡村振兴战略不仅仅是外延式的“土木工程”，更是一场内涵式的素质提升工程。如何在乡村的历史诗意和现实困境之间，重谱乡村教育的意涵？如何在乡村自然生态和乡村人文中，重树乡村教育的坐标？如何在强势的城市文化与脆弱的乡土文化之间，重塑乡村教育的人文肌理？需要我们着眼国家战略实施的大局、城乡一体化发展的布局、经济社会发展的全局，以更高的站位、更宽的视野、更深的情怀、更大的格局，来推进乡村教育大发展、大变化、大调整、大进步，走出一条乡村教育振兴的新路子。可以预见，面向 2035，一幅幅美丽和谐、朝气蓬勃、书声琅琅的乡村教育画卷将在我们面前徐徐展开！

数字化转型与教研创新发展

——基于广东的实践探索

广东省教育研究院　汤贞敏　胡军苟*

摘　要： 面对数字化转型时代经济社会变革，广东省教育研究院积极应对“推进教研供给侧结构性改革”“破除教研投入高受益面窄的瓶颈”“破解传统‘教研闭环模式’”等挑战，切实探索数字化转型背景下教研创新发展的路径与办法，形成了门户网站、微信公众号、“同一堂课”网络教研构成的广东教研矩阵实践路径和“建立教研协同创新机制”“优化教研生态系统”“融合现代信息技术”等基本经验，提出“打造教研融媒体”“促进教研深度介入学习全过程”等新发展方向。

关键词： 数字化　教研　融媒体　教研闭环

随着互联网、大数据、人工智能等先进技术的广泛应用，人们的生活进入了数字化、网络化、智能化时代。这给人类带来经济社会转型发展的新命题。在教育领域，同样面临基于学校的规模化教育向基于人的全面而有个性发展的教育转型发展的新命题。如何充分利用数字化转型机遇支撑基础教育创新发展，是教研工作需要思考和探索的重大课题。

一、数字化转型时代与教研新挑战

数字化转型翻译于英文“digital transformation”。国际商业机器公司（IBM）大中华区前董事长兼首席执行总裁钱大群先生认为，数字化转型 2.0 有三大特征和趋势，即“数字鸿沟正在形成”“规模化愈来愈重要”“平台与生态创新速度倍增”①。其观点具有相当的代表性。因应数字化转型三大特征，结合广东基础教育实际，我们认为教研工作在这个时代正面临重大挑战。

（一）缩小数字鸿沟，推进教研供给侧结构性改革

数字鸿沟②指在全球数字化进程中，在不同国家、地区、行业、企业、社区之间，

---

* 作者简介：汤贞敏，广东省教育研究院院长、党委书记，研究员；胡军苟，广东省教育研究院教学教材研究室技术科研究员，中学高级教师。

① 钱大群，鹿普示．钱大群：数字化转型 2.0 时代的一个预测、三个特征、五点观察［EB/OL］.（2019－07－10）［2019－10－15］. http://www.jnexpert.com/article/detail?id=1414.

② 资料来源于百度百科.

由于对信息、网络技术的拥有程度、应用程度以及创新能力的差别而造成的信息落差及贫富进一步两极分化的趋势。研究表明①，教育发展水平、经济发展水平是形成数字鸿沟的根本性原因。改革开放以来，广东的珠江三角洲地区和粤东西北地区在经济发展水平上的落差不是缩小而是扩大，教育发展水平形成了类似于苏浙沪等先进省份两极现象，其中的数字鸿沟也逐步加大。缩小这一数字鸿沟，促进区域教育均衡优质发展，教研责无旁贷。据统计，广东有中小学教师1 045 000 多人②，专职教研员不足 3 000 人，远低于“编制总数应达到本地区教职工总数的 5‰”（5 200 多人）③ 的要求。因此，缩小数字鸿沟，仅靠教研队伍的力量是远远不够的。升级要素、优化结构是供给侧结构性改革理论的核心关键。为此，要盘活分布于全省名校、名师中的存量教研资源，改变仅靠教研机构和教研员提供教研资源的单一来源结构，丰富教研资源供给，并借助互联网搭建智慧教研平台，实现教育教学需求和教研供给精准、有效对接，探索数字化转型时代教研工作转型升级的实现路径。

（二）重视规模效应，破除教研投入高受益面窄的瓶颈

规模效应④又称规模经济，是一个经济学意义上的概念，即因规模增大带来经济效益提高。但实践也表明，规模过大可能产生信息传递速度慢且容易造成信息失真、管理官僚化等弊端，反而产生“规模不经济”的状况。在传统教研实践中，研讨会、听课评课、上示范课、专项研究、专业化发展引领等是落实教研工作职责与任务的主要途径。准备一场教研活动耗时耗力，省、地市、县（市、区）教研机构和学校骨干教师往往要花费相当多的精力去拟定教研主题、邀请专家、磨课、实施现场教研等，而教研活动的受益范围通常仅局限于现场的参与者，使得教研活动的产出和受益面相当有限。此种手工作坊式的教研模式远远不能适应数字化转型时代规模效应的要求，扩大受益面成为教研工作亟须解决的现实问题。这要求我们抓住数字化转型机遇，全面应用互联网、移动互联网、大数据、云计算、人工智能、虚拟现实和增强现实（VR/AR）等先进技术，提升教研信息化水平，使教研活动既能广泛覆盖、惠及全体教师，又能针对个体提供个性化服务，使教研投入与受益相匹配。

（三）创新平台与生态，破解传统“教研闭环模式”

创新平台与生态，要求事物的发展要有开放的基础，通过打造平台构建丰富而完整的生态圈。美国心理学者 J. A. 亚当斯根据信息论于 1971 年提出闭环理论，认为主体的运动操作活动（反应）本身会产生反馈，并将反馈信息与知觉印迹进行比较，若结果正确，则为主体所接受，使正确的活动达到完美；若反馈信息被知觉印迹认为尚有不足，知觉印迹即将其视为有误差，学习活动就会得以改善⑤。教研活动也存在类似的闭

---

① 薛伟贤，刘骏. 数字鸿沟主要影响因素的关系结构分析［J］. 系统工程理论与实践，2018，28（5）：85－91.

② 资料来源于广东省教育厅规划处《广东省 2017/2018 学年教育事业统计简报》.

③ 资料来源于广东省教育厅.

④ 资料来源于百度百科.

⑤ 林崇德. 心理学大辞典［M］. 上海：上海教育出版社，2003.

环效应。教师会依据教学经验和学生反馈，不断提升自身教学能力和水平。教研员也会依据区域教师的教学现状、教研活动经验来改进教研活动，提升教研水平，助力区域教师教学能力和水平提高，进而提高区域教育质量。但是，这种闭环存在一定的局限性，即教师、教研员往往会把这种反思和经验局限于个体、本学科或者本区域，不会主动跨界、跨区域分享和交流，进而形成一个缺乏开放性的封闭性闭环。这种封闭性闭环不利于将优秀教师、教研员的先进思想、理念、经验显性化，并阻碍其同其他教研员、教师的思想和经验交流、融汇而制约其优化和升级，最终会使得这种经验和思想窄化，难以适应教育教学改革发展需要。我们将这种封闭性的教研称为“教研闭环模式”。数字化转型对人的要求瞬息万变，教育已然难以预期现在培养的人是否符合将来的需要。因此，教研需要变革，需要创新平台与生态，以更好地适应新时代教育改革发展和学生培养要求。

二、数字化转型时代与广东教研新探索

广东省教育研究院自2011年成立以来，紧紧把握数字化转型发展脉搏，立足省级教育智库定位，深刻把握“服务决策、创新理论、指导实践、引导舆论”四大核心要旨，以“智慧教研”为抓手，积极探索数字化转型时代教研新方式和新路径。

（一）设立门户网站

为适应新时期教研工作需要，充分利用互联网，更好更及时地回应社会高度关注的教育政策、教育热点难点问题，更好更充分地宣传和推介教研成果、教研经验，更好更丰富地发展指导教育实践、引导教育舆论的多样态，彰显先进教育思想、普及科学教育方法，广东省教育研究院在多方支持下，于2012年建立了自己的门户网站。门户网站设置本院组织机构简介、本院教研工作动态、本院研究成果、各地各校视点、学术论坛、媒体关注、教研通知公告、课题资料等栏目。网站内容丰富、观点新颖、更新及时，对廓清教育舆论，建立教育决策、理论与实践间有效衔接的通道起到了重要作用。

（二）建设微信公众号

2015年，因应微信等自媒体兴起，广东省教育研究院充分利用微信传播迅速及时、阅读方便、覆盖面广、影响力大等优势，推出“广东教育研究”微信公众号，设“资讯”“关注”“学术”“荐读”“家长学堂”“媒体聚焦”等栏目，并使微信公众号与院门户网站同步更新、同步发布，形成广东教研自媒体阵地。“广东教育研究”微信公众号自开通以来，一直受到各级教育管理部门、各级各类教育教学研究机构、各级各类学校、各教育学术团体和其他有关方面密切关注，读者群体不断壮大，宣传影响力度不断提高，文稿阅读量最高达到一年136万多次，为广东教研营造了良好舆论氛围，产生了显著效益。

（三）探索“同一堂课”网络教研

2017年，为进一步适应数字化转型时代需要，广东省教育研究院决定从教研传统路径和关键环节出发，充分利用互联网技术，深度转变教研模式，逐步探索并创造性地构建了“同一堂课”网络教研模式（见图1）。

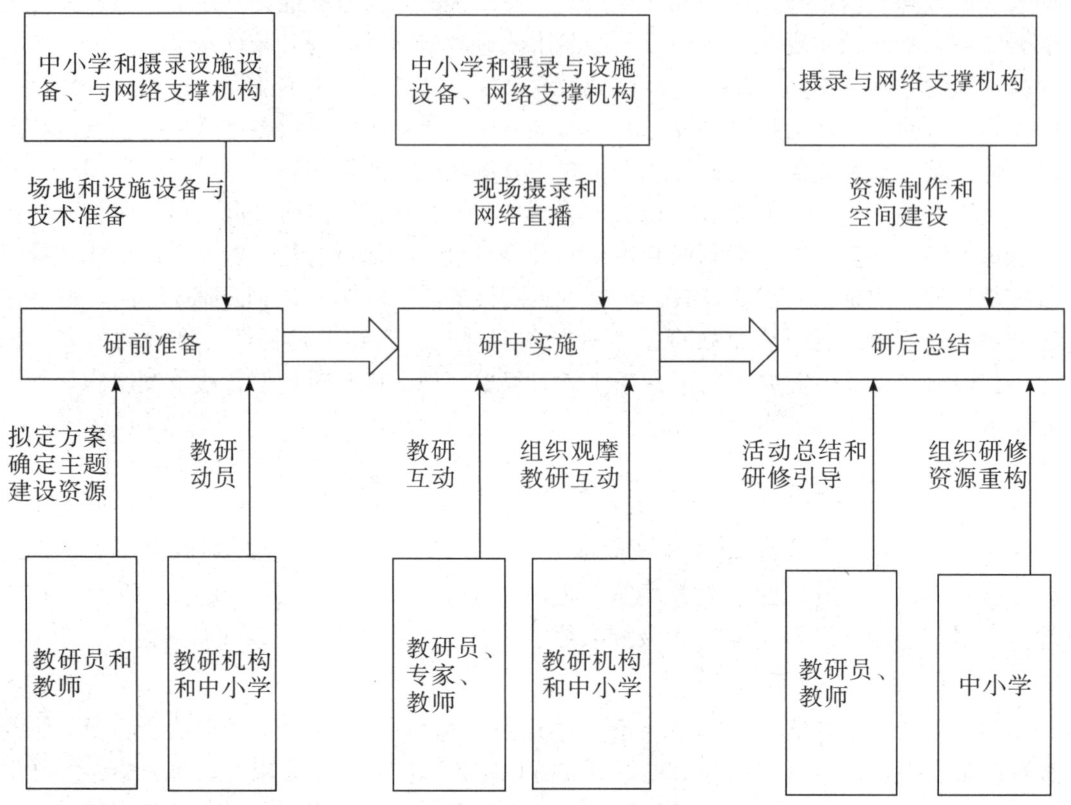

图 1　“同一堂课”网络教研模式

其中，研前准备主要包括拟定网络研讨实施方案；教研员和教师共同确定活动主题并打造优质研讨活动资源；准备网络研讨相关摄录设施设备、网络技术条件等；网络研讨活动人员工作协调；传送相关资源到网络空间供教师观摩学习；网络教研观摩教师动员等。研中实施主要是根据网络教研活动方案同步实施线下教研和线上观摩与研讨。研后总结主要包括对网络教研活动成果、资源进行系统总结和提炼，形成精品化教研资源；展示形成的教研资源，引导在线观摩研讨和相关研究；根据活动实施情况对活动进行经验总结，提出优化活动的建议。

“同一堂课”网络教研活动自 2017 年 9 月开展以来，至今已举办 19 场，覆盖包括小学语文、小学数学、小学英语、初中语文、体育与健康等十几门学科，向全省乃至全国现场直播，显著提升了教研活动受益面，实现了教学、教研参与人员量的飞跃，从开始 9 万多人次发展到最高超 81 万人次，并稳定在 50 万人次以上，体现了大规模、高效率、高质量教学与教研效应。

三、数字化转型时代的广东教研经验

从门户网站、微信公众号到“同一堂课”网络教研，广东对推进数字化转型时代教研工作转型升级、创新发展开展了卓有成效的探索，形成了三个方面的基本经验。

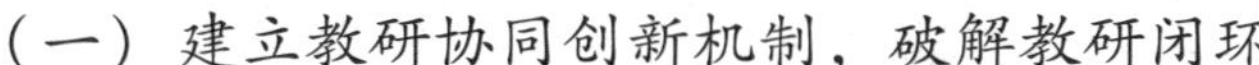

（一）建立教研协同创新机制，破解教研闭环

“同一堂课”网络教研活动探索多机构、多平台、多主体协同网络教研机制，突破了传统教研模式下单兵作战方式的局限，突破了传统意义上班级授课制的局限，“同一堂课”网络教研模式通过网络教研活动任务清单，有效地整合中小学、教研机构、摄录技术支撑机构、网络直播技术支撑机构和中小学教师、教研员、专家学者、技术支撑人员，使各机构、各人员之间任务清晰、分工明确、有效协同，实现了大规模人员协同参与教研；通过引入专家参与教研和网络教研观摩动员机制，有效调动更多教师参与教研活动；通过研前磨课、研中专家点评、研后总结提炼等环节，有效形成优质教研资源建设机制；通过互惠互利原则，达成共同举办网络教研活动共识，形成社会资源参与教研新机制。这种教研机制创新，能够在很大程度上整合更多区域、更多机构和更多教师力量，促进区域间、机构间、教师间的教研交流与分享，更好地将优秀教研成果、先进教研经验和教研智慧在全省甚至全国分享，促进教研成果创新、优化、开放、共享。

（二）优化教研生态系统，丰富教研产出

广东省教育研究院门户网站、微信公众号和“同一堂课”网络教研系列活动共同构成了广东教研矩阵，使教研资源同教师、教研员、专家等参与人员的衔接充分而有效，形成良好的教研生态圈，使教研人流、信息流、资源链完整而有效衔接和流通，促进教研生态系统整体性优化发展，构建教研资源从设计、研发、成品产出、进入教育教学环节、优化完善的完整链条，有助于教研资源优胜劣汰和效益最大化。通过教研矩阵，围绕学科教学主题，针对教学中的重点、难点和创新点，教师、教研员和专家共同打造，形成了覆盖各学科的、体系化的、信息化的教学精品课例资源；通过网络教研虚拟空间，有效地记录和再现教师参与教研活动的行为数据和思维火花，形成了真实、丰富的教研数据资源。尤其是后者，对元教研研究有着重要意义和参考价值，是探索优化教研，以及研究教研如何促进、何以促进教师专业发展等元教研课题的重要数据。也正因为教研生态系统得到优化，使得教研资源的建设模式转型与教学应用深度融合；使得教研资源不仅源于教研现场，更可以突破时空局限；不仅是可见的教研人和物化的资源，还可以是教研大数据资源。

（三）融合现代信息技术，创新教研手段

传统教研实践所采用的技术非常有限，往往停留在早期的“三机一幕”（电视机、电脑、投影机、投影幕）层面上，所能够影响的范围仅限于在场人员，也无法实现精准性的、适应个别群体或者个体需要的教研。在数字化转型时代，教师教学已完成技术手段的信息化和智能化，使教学由经验型向数据型转变、由面向班级向面向全体和关注个体转变，大大提高了育人精准化水平和育人成效。广东在教研活动中创造性地运用互联网技术，有效推进教研技术创新，如“同一堂课”网络教研通过构建网络虚拟空间，丰富空间资源，引导教师基于空间开展研前自主学习探究、研中在线互动研讨、研后利用资源开展研修和教学改进，实现了网络学习空间在教研活动和教师专业发展上的创新性运用；通过整合直播平台社会资源，有效突破自身建构直播平台在用户规模上的局限，创造性地整合和运用了网络直播技术。

四、数字化转型时代的教研创新展望

数字化转型的关键在于数字化。数字化意味着人类将走向智能教育发展新阶段。我们认为，随着人脸识别、语音识别、图像识别、机器翻译、机器学习等人工智能技术在教育领域普及应用，人工智能将深刻冲击并系统变革教育教学。“培养什么人、怎样培养人、为谁培养人”仍将是教育的根本命题，但“教什么，怎么教”将变更为“学什么、怎么学”。“教”与“学”的变更不仅是教学主体性的变更，更是教育结构整体变革与教育功能系统优化，教研也需要从面向“教”的教研转向面向“学”的教研，从平面的教研转向立体的教研。在这个转型过程中，有两个动态值得关注。

（一）打造教研融媒体，推进教研普惠性和个性化发展

“全媒体不断发展，出现了全程媒体、全息媒体、全员媒体、全效媒体，信息无处不在、无所不及、无人不用，导致舆论生态、媒体格局、传播方式发生深刻变化”[①]。富信息、富媒体成为数字化转型时代的重要特征。教研应积极融入融媒体，充分运用融媒体手段，不断创新教研生态，因应“随时、随地、随需”的富媒体环境，面向“人人皆学、处处能学、时时可学”的学习型社会需要，全面打造“教研融媒体”平台，为教师、学生、机构和团体提供普惠性教研资源和教研服务，同时针对个性化发展需要提供个性化教研资源和教研服务，以数字技术支持教育内容、方法和教学实践的组织，从而更好发展、更加公平、更高质量的教育。

（二）研究教研新内容，促进教研深度介入学习全过程

教研员俗称“教师的教师”，研究如何“教好”一直是教研工作的核心议题。在学习个性化凸显的数字化转型时代，教研工作不仅要研究如何“教好”，更应该研究如何“学好”，充分理解和掌握先进的教育思想、教学理论与技术，尤其是脑科学、深度学习、大数据、人工智能最新发展成果，深度研究和介入学生学的过程，掌握学习普遍规律，突破学习过程“黑箱”，使之有迹可循、有理可依、有据可鉴，探索形成数字化转型中的学习模式，反哺教师教学和学生学习，使教与学由经验走向数据创新应用，提升教与学精准化、科学化、智能化水平，促进每个学生取得预期的教育结果。

---

① 唐淑楠. 习近平：推动媒体融合向纵深发展　巩固全党全国人民共同思想基础［EB/OL］.(2019－01－26)［2019－10－15］. http://www.qstheory.cn/yaowen/2019－01/26/c_1124046672.htm.

新技术与教育实践创新发展

——以课程与教学论为例

云南省教育科学研究院　罗文*

摘　要：以互联网、大数据、人工智能为代表的新技术在教育领域的应用，彰显了新技术所具有的教学特性。这些教学特性成为教学的内生要素进入教学过程，必将推进以课程与教学论为代表的教育理论体系的重构和研究范式的转型，深刻改变教育的育人方式和发展方式，加快教育系统性实践创新发展。

关键词：互联网　大数据　人工智能　内生要素　实践创新

《中国教育现代化2035》明确了加快信息化时代教育变革的目标任务，提出“利用现代技术加快推动人才培养模式改革，实现规模化教育与个性化培养的有机结合”；国家教育部印发的《教育信息化2.0行动计划》将教育信息化2.0作为教育系统性变革的内生变量，支撑引领教育现代化发展，推动教育理念更新、模式变革、体系重构；《教师教育振兴行动计划（2018—2022年）》强调教学方法研究的方向在于“充分利用云计算、大数据、虚拟现实和增强现实（VR/AR）、人工智能等新技术……推动以自主、合作、探究为主要特征的教学方法变革”。当教育信息化进入3.0时代时，教育信息化将引领教育的改革创新，支撑实现教育的现代化。当前以互联网、云计算、大数据、人工智能等为代表的新技术是教育信息化的核心技术，这些新技术展示出的教学特性和作为教学过程的组成要素必将推进育人方式的转变，实现教育的系统性变革，成为教育实践创新的重要动力源泉。

一、新技术的教学特性

以互联网、云计算、大数据、人工智能为代表的技术在教育领域的应用，其主要的教学特性见表1。

* 作者简介：罗文，云南省教育科学研究院院长，研究员。

表 1　互联网、云计算、大数据、人工智能为代表的主要教学特性

新技术	教学特性	
互联网	跨界融合	实现人与人相通，人与资源、网络空间相通，具有融合性、共享性、交互性、空间性； 互联网改变教育时间的使用和分配方式，具有时间性； 大数据快速、准确地对教学行为产生的结果做出精准、高效的判断和评价，具有精准性、高效性； 互联网上的真实性资源和增强现实技术使教学过程有了问题情境，且教学过程在学生认知和能力生成发展的过程，具有情境性和生成性； 提供个性化学习方案，获取轻松有效的评价结果，支持技能训练和深度学习具有智能性
	互联互通	
	资源共享	
	规模聚合	
	多元空间	
大数据	快速迭代	
	科学决策	
	精准高效	
人工智能	智能有效	
	标准规范	

新技术教学特性在教学实践中已得到有效应用。

（一）基于互联网的教育资源共享和规模聚会应用

1. 教学点数字教育资源全覆盖教育资源共享。2018 年云南省建成万兆主干、千兆到校、百兆到班，覆盖 1.26 万所学校（其中包含 3 400 多所小规模学校——教学点）、14.25 万个教学班的全光纤义务教育专用网络，利用国家组织实施教学点、数字教育资源全覆盖项目提供的数字教育资源为小规模学校开足开齐课程，其小班化教学资源的应用结构见图 1，小班化教学资源的教学结构见图 2。

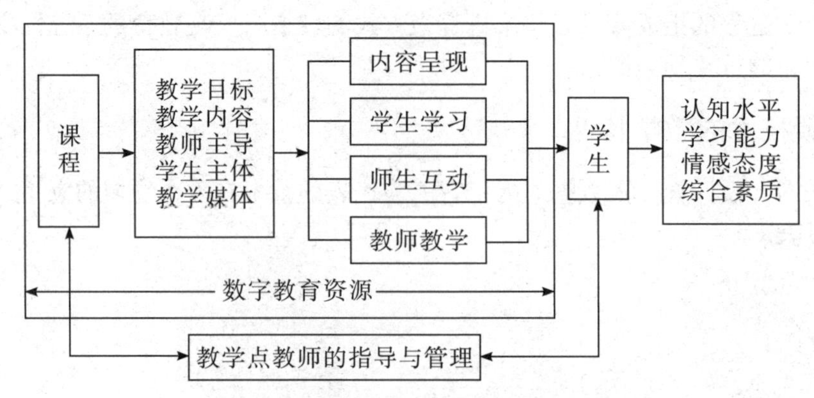

图 1　小班化教学资源应用结构图

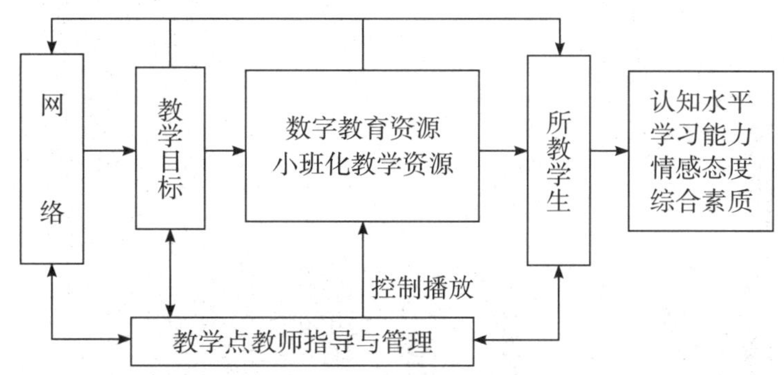

图2　小班化教学资源教学结构图

小班化教学资源（微课程）演放教学方法，一要明确演放目的和教学目标；二要把握演放时机，时间控制合理，有针对性；三要在演放前有说明、有引导，演放中有指导，演示后有点拨；四要在演示完成教学训练任务。

2. 利用互联网推进贫困地区学校教育资源共享和规模聚会。利用云南义务教育专网，实施“1 + N（一校带多校）同步互动课堂”对边远贫困地区的小规模学校（教学点）开齐开足课程，这对促进义务教育均衡发展具有重要作用。“1 + N 同步互动课堂”跨越了地域的限制，让边远贫困地区的孩子能接受优秀教师授课，共同学习、共同交流、共同进步，调动了学生的积极性，提高边远贫困地区学校的办学水平。泸水市上江镇新建完小的音乐老师每周二、周四为全镇的 11 所学校的 370 名学生同时上音乐课，实现了边远贫困地区学校开齐课程和区域优质教育资源共享。

这种“1 + N 同步互动课堂”的创新要素是光纤网络和交互平台以及网络的同步备授课，创新教育资源共享与互动理论，创新目标是开齐课程、推进义务教育均衡发展，创新内容是课程教学资源共享与管理，创新机理是课程开设与教学教研的变革。

（二）教育大数据建设与应用

大数据推动教育科学决策，云南省新高考改革的适应性分析与决策，拟采用“3 + 1 + 2”模式，根据 2018 级 444 所学校的近 29 万名高一学生以及学校基础资源、走班课时标准、教师资源等数据，借助信息平台算法，生成不同的分班方案，依据分班方案、各分班模式下的教师、教室的实际需求、进行资源的准确分析评估，精准预测分析目前的教育资源缺口，确定高考拟采用“3 + 1 + 2”模式的适应性，以供高考改革作科学决策，做法如下。

一是对学生选科志愿组合分析。在新高考“3 + 1 + 2”模式 12 种志愿组合下，全省 289 677 名学生选科分布情况如下，其中物理、化学、生物志愿组合 48 191 人，政治、历史、地理志愿组合 47 416 人，共占全省总人数的 33%，后续随着生涯规划等课程的开展，学生的选科倾向性也会趋于均衡，该比例会有下降趋势，见图 3。

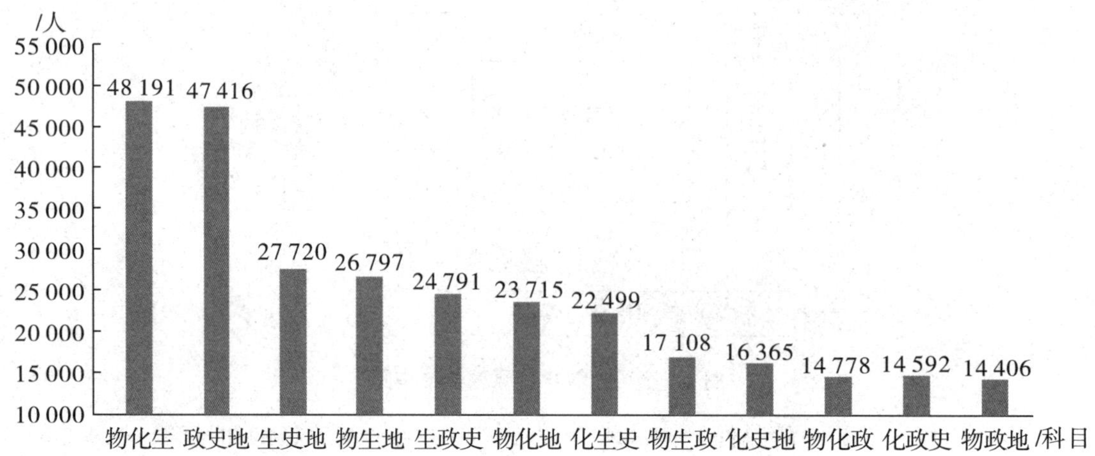

图3　“3 +1 +2”模式下学生选科组合人数一览表

二是对全省选科走班各科教师对比分析。全省普通高中上报的物理、化学、生物、政治、历史、地理六科教师共计 10 388 人，当前教师数量为物理教师 1 941 人，化学教师 1 903 人，生物教师1 696 人，政治教师 1 606 人，历史教师 1 597 人，地理教师 1 645 人，系统通过结合学生志愿、教师资源、教师周课时数进行模拟分班，评估出走班后教师共计需要 13 412 人，即对于全省高一年级，预计走班后教师需加约 3 024 人，见图 4。

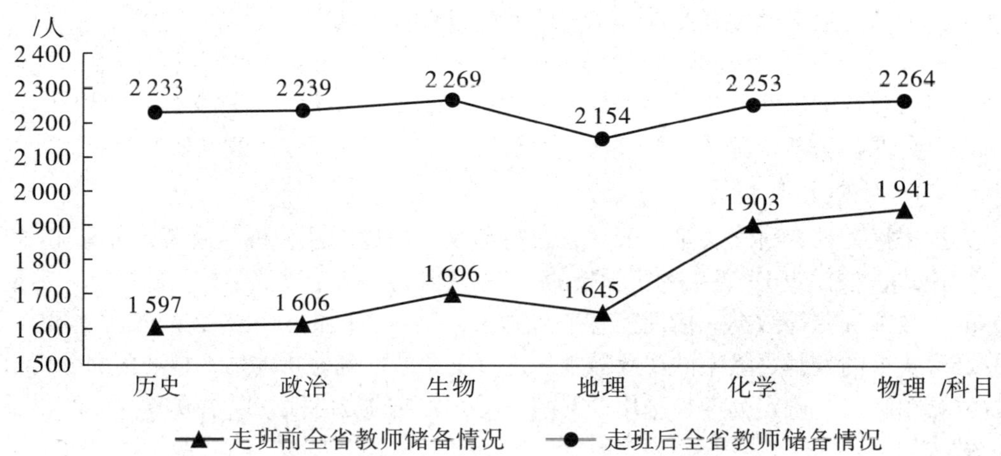

图4　云南省走班前后教师对比分析一览表

根据偏离度情况可以看到，目前全省范围内学科教师需求缺口主要集中在历史、政治、地理、生物四门学科（见图5）。

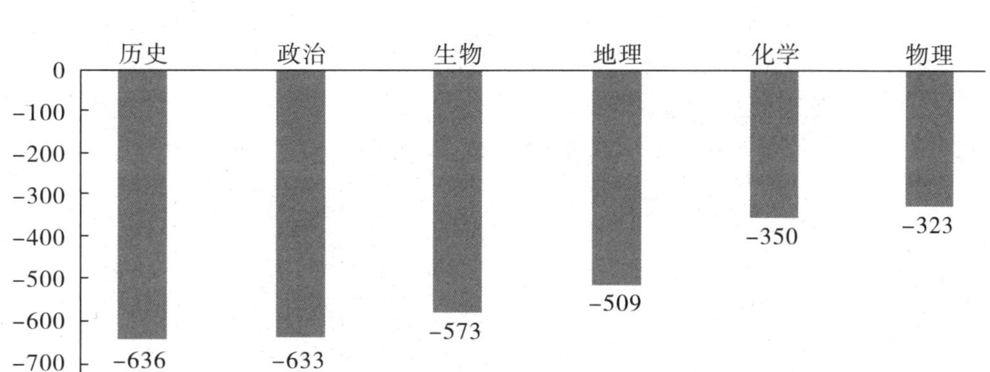

图5 全省教师缺口一览表

三是新高考“3+1+2”模式适应性可行性分析。从新高考“3+1+2”模式下的教学资源变化情况分析，云南省现有教育资源具备新高考改革的启动基础。一是学生志愿满足度上，有261所学校志愿满足度达到100%，占比60%，志愿满足度未达到80%的高中仅占学校总数的9%。二是教师资源在基于100%满足学生志愿的前提下，要增长3 024名教师，其中六科教师共计增长30%，每科平均增长约5%，浮动范围已经在合理范围内。三是教室资源经走班评估，要增加775间。四是物理、化学、生物实验室按教室需求增长比例预估要增长的比例为约6.5%，单科增长率2%，浮动范围在合理范围内。

二、新技术推动课程与教学论的实践创新发展

立足中国办教育，着眼中国教育实践，把互联网、大数据和人工智能为代表的新技术教学特征作为教学要素带进教学过程，必将对课程与教学论的应用和研究产生变革性的影响。新时代对课程与教学论提出了新的发展要求：一是要全面贯彻党的教育方针，落实立德树人根本任务，德智体美劳“五育”并举转变育人方式；二是课程与教学论要推进中国学生核心素养的发展与培养；三是课程与教学论要更多地关注教育实践问题；四是推进课程与教学论发展与重构。[①]

（一）新技术创新课程体系和课程要素

依据落实立德树人目标和学生核心素养培养目标，根据学生的年龄特点、知识能力、兴趣爱好和发展规划等数据分析，利用大数据构建基础、选修、拓展和特色等课程体系。例如，成都市棕北中学构建并实施大数据背景下的“三三六”课程体系[②]，利用互联网的共享资源、平台工具、学习空间和有效数据等作为课程要素，创新课程要素，丰富和发展课程理论（见图6）。

将互联网作为课程要素，利用新技术的融合、共享，能够更好地开发创客课程，同

① 王鉴，安富海，李泽林．“互联网+”背景下课程与教学论研究的进展与反思［J］．教育研究，2017，38（11）：105-116.

② 王鑫．习近平大数据论述引领课程教学改革［J］．课程·教材·教法，2019，39（3）：22-29.

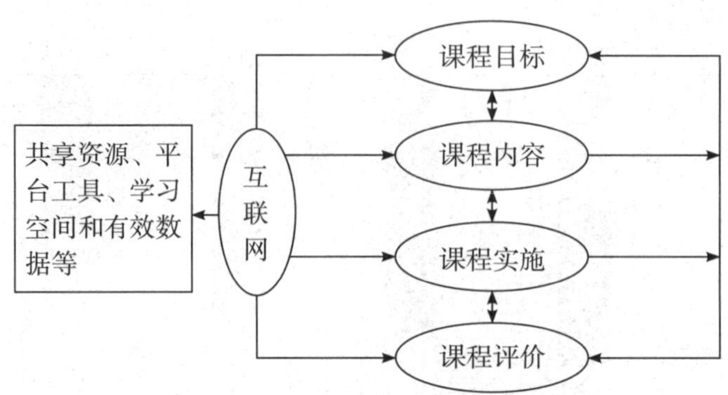

图 6　互联网作为课程要素关系图

时探索研究基础教育的思想政治、语文、历史三个学科相互融合的综合课程（SYL 课程），探索基础教育课程体系的构建。利用新技术的教学特性，开发共享经验性的课程内容，丰富发展课程实施的情境化教学实践和课程评价的发展性评价体系。

（二）新技术推进教学理论的创新发展

2015 年以来，教学理论研究重点关注教学研究范式转型、教学模式、教学评价、教学流派和深度学习等五个方面内容。①

1．新技术对教学理论研究的创新。一是用新技术的教学特性，综合各种教学理论流派的特点，同时克服各种教学理论流派在实践中存在的不足，创立集各教学理论流派优势于一体的实践性教学理论。例如，用新技术的融合性、共享性、交互性、情境性和生成性将有意义学习、建构主义和人本主义教学理论有机融合于一体，研究探索基于情境发展学生核心素养的教学理论。著名教育家陶行知先生倡导的创造教育方法就是要“解放儿童双眼、解放儿童大脑、解放儿童双手、解放儿童的嘴、解放儿童空间、解放儿童时间”，新技术的教学特性能大幅度提升学生的学习成效，拓展学生的学习、生活空间，减少时间和精力消耗，释放学生内心的追求和兴趣爱好，极有利于学生的实践能力和创新精神的培养，研究探索“教育即解放”的教学理论命题，丰富和发展教学理论。

2．新技术对教学模式的丰富发展。任何一个教学模式都具有理论与思想、环境与资源、关系与结构这三个基本的要素。因此，可根据新技术融合与共享的教育特性，将各种教学模式的理论与思想融合，研究创立新的教学模式的理论和思想；用新技术开发新的教学模式的应用条件与应用成效，创新教学环境和资源；新技术教学特性作为教学要素要与其他教学要素进行优化组合，创新教学模式的关系与结构。新技术的教学特性作为教学要素已让许多教学模式得到丰富发展，例如，翻转课堂教学模式、混合式教学模式、智慧课堂教学模式、慕课教学模式、同步互动课堂教学模式等。与此同时，用新技术的教学特性对现有的教学模式进行丰富和发展。目前，根据落实立德树人根本任务

① 王鉴，安富海，李泽林．“互联网＋”背景下课程与教学论研究的进展与反思［J］．教育研究，2017，38（11）：105－116．

和转变育人方式的要求，新技术所提供的环境和资源条件已体现出多样化，且不断升级更新，教学模式的要素组成发生了变化，结合教学实践的问题，围绕激发学生的活力和潜能，培养发展学生的核心素养，发挥新技术的教学特性优势，改造构建新型的教学模式。例如，在十大名师名家教学模式①张思中的十六字外语教学法“适当集中、反复循环、阅读原著、因材施教”，用新技术教学特性，在反复循环阶段融入智慧交互，能更好地激发学生的学习潜能，提高学习的效能，丰富发展该教学模式的环境和资源要素以及要素的结构方式。

3. 新技术推进教学评价创新。教学评价是实现育人目标、提升教师教学智慧和提高教学质量的关键环节，结合新技术精准、高效的特性和测量评价理论开发的评价工具和评价系统来获取学生的准确学习状况数据，基于证据实施个性化教学、差异化教学才能更好地实现因材施教和满足学习者的发展要求②，同时不断提高教师的教学素养。大数据的精准、快速和数据的有效性评价一方面推进教学方式的创新，另一方面促使教师队伍的专业化建设有了新突破。云南省实施普通高中高三年级学业统测，应用数据分析推进个性化、差异化教学，提高教学质量。为采集全省普通高中高三年级学生的学业统测数据，云南省依托义务教育专网建设教学质量管理平台，在全省各县、市、区和有条件的学校建设343个试卷扫描和251个阅卷点；按照《普通高等学校招生全国统一考试大纲》组织专家按照学科需要检测的知识、能力、素养、品质等维度设计双向细目表命题，并在制作试卷的过程中依据学科双向细目表做好试卷的切割；27万多名学生答卷后，在251个阅卷点组织4 000多名教师进行阅卷，阅卷结束，测试数据平台得到各检测点的数据。首先是对区域和学校高三年级的教学水平做出准确分析。根据全省各州市、各县市区和各学校的平均分和标准差分布，各学科知识、能力、素养、品质等维度具体测试点的情况，准确判断每所学校每一个学科的每一个检测点的情况。按照合理的平均分和标准差取值，将学校成绩分为九类，并采用大样本Z检验模型对学校教学水平进行差异检验，确定学校整体的教学水平和学科教学水平。其次是对每个学生的学习情况进行分析。每位高三学生都能获得一份质量分析报告，包括可学学科成绩，薄弱学科分析，每道题目的得分率，知识、能力和素养维度得分率，判断出学生在知识和能力掌握应用上存在的问题，同时能判断学生自己在学校、区域和全省学生中的学习情况，有利于学科教师根据每个学生的学习情况针对性地进行教学，学生自己也可根据质量分析报告进行有针对性的学习，实现学科分层教学和个性化学习，推进因材施教的新突破。

4. 新技术推进深度学习发展。深度学习是学习者能够主动、批判性地整合新知识，并以深度理解为起点、以新情境中的迁移为导向、以解决复杂问题和培养创新能力为目

---

① 程岭. 教学模式创新发展的核心要素：以十大名师名家为例［J］. 教育研究，2016，37(9)：93－97.

② 郑红苹，崔友兴. “互联网＋教育”下循证教学的理念与路径［J］. 教育研究，2018，39(8)：101－107.

标的一种高层次的学习方式。[①] 深度学习强调高层次的教学目标，强调高级思维能力的培养，强调在学习过程中的反思与元认知，注重学习行为方面的高情感投入和高行为投入，成为落实立德树人根本任务、促进学生核心素养发展的重要路径。[②] 新技术的融合、共享、智能空间等教学特性能促进学生高层次教学目标的达成，发展高级思维和元认知能力，翻转课堂、智慧课堂、慕课等教学模式加快着深度学习的发展，研究推动课程与教学论的实践创新发展。

三、新技术创新课程与教学论的研究范式

对课程与教学论的研究多采用思辨、演绎、量化和质性研究范式，其研究范式也存在一些不足。随着新技术教学特性的应用，可以吸收新技术教学特性中有价值的思想资源和实践成效，结合教学实践，采取归纳式的研究范式，在新技术的融合性、共享性、情境性、精准性、高效性、交互性、时间性、空间性、智能性、生成性等教学属性中，研究课程与教学论的课程目标、课程内容、课程实施和课程评价，丰富和发展课程与教学论学科体系。

课程目标：落实立德树人根本任务，推进德智体美劳“五育并举”的育人方式，培养发展学生的核心素养是课程教学论研究的重要立足点。

课程内容：围绕课程目标，充分利用新技术的融合性、共享性、高效性和情境性，有效呈现、丰富发展课程内容。

课程实施：围绕课程目标，充分利用新技术的融合性、情境性、交互性、时间性、空间性和生成性，凸显学生的主体性，深化自主、合作、探究、混合教学模式的认识，构建新型的基于新技术教学特性应用的教与学方式，推进课程实施方式的创新。

课程评价：围绕课程实施，充分利用新技术的精准性、高效性和智能性，提升教学评价，促进学生发展，提高教师水平、改革教学实践的成效，推进教学评价的方法、模式的创新。

用哲学的思想力分析互联网、大数据和人工智能等新技术的教学特性，并作为教学的内生要素，在研究其对课程与教学论的创新发展的问题时，首先是源于新技术的发展以及课程与教学论的现实问题；其次是在对课程与教学论充分认识和理解的基础上，面向未来，从新技术的视角对课程与教学论进行探索。这不仅反映和表达教育改革发展的时代要求，而且将重塑和引领教育新的发展。

---

① 王鉴，安富海，李泽林．“互联网＋”背景下课程与教学论研究的进展与反思［J］．教育研究，2017，38（11）：105－116.

② 郑葳，刘月霞．深度学习：基于核心素养的教学改进［J］．教育研究，2018，39（11）：56－60.

技术创新推进教育向智慧化迈进

珠海市教育研究中心　张立云*

摘　要：教育信息化是教育现代化的显著特征，同时也是教育现代化的重要驱动力。本文从教育均衡的视角探讨了信息技术赋能教育的过程和关键，指出技术创新应用是促进教育基础均衡发展的重要条件，同时也简述了以信息技术为支撑，搭建优质资源共建共享平台，通过技术创新及应用推进教育向智慧化迈进，同时也促进教师专业发展和教育质量的提升。

关键词：教育信息化　科技创新　教育均衡与质量提升

一、科技创新革命促进教育变革发展

2019 年 5 月 16 日，国际人工智能与教育大会在北京召开。国家主席习近平向大会致贺信：人工智能是引领新一轮科技革命和产业变革的重要驱动力，正深刻改变着人们的生产方式、生活方式和学习方式，推动人类社会迎来人机协同、跨界融合、共创分享的智能时代。把握全球人工智能发展态势，找准突破口和主攻方向，培养大批具有创新能力和合作精神的人工智能高端人才，是教育的重要使命。

习近平总书记强调，中国高度重视人工智能对教育的深刻影响，积极推动人工智能和教育深度融合，促进教育变革创新，充分发挥人工智能优势，加快发展伴随每个人一生的教育、平等面向每个人的教育、适合每个人的教育、更加开放灵活的教育。中国愿同世界各国一道，聚焦人工智能发展前沿问题，深入探讨人工智能快速发展条件下教育发展创新的思路和举措，凝聚共识、深化合作、扩大共享，携手推动构建人类命运共同体。

教育公平是社会公平的重要基础。党的十九大报告强调，“建设教育强国是中华民族伟大复兴的基础工程，必须把教育事业放在优先位置，深化教育改革，加快教育现代化，办好人民满意的教育”，“努力让每个孩子都能享有公平而有质量的教育”。推动教育改革发展，是提高国民素质、建设人力资源强国的必然要求。发展教育事业，关键在教师。善之本在教，教之本在师。

---

* 张立云，珠海市教育研究中心副主任，中学化学正高级教师，广东省特级教师。研究领域：基础教育研究、中学化学教学研究、信息技术与学科教学融合研究。

二、技术创新促进基础教育均衡发展

十年前，谁又能预测到当今在全世界推广应用最广泛的“中国的新四大发明”是高铁、扫码支付、共享单车和网购。如今，一个智能手机在互联网顺畅的前提下可以走遍全中国乃至全世界。30 多年前笔者还在上大学，那时候的黑白电视机属于稀罕的“四大件”之一。笔者至今都记得 1981 年 11 月那个让中国大地沸腾的夜晚，我们整个系的学生都在操场上，围着一个不到 20 寸的黑白电视机观看中国女排第一次夺冠的决赛转播。今天，笔者无法预测 2035 年的世界和中国的科技和创新，但可以肯定的是一定远比现在更加先进、更加智能和更加舒适。人工智能时代已经不可阻挡地走进了百姓的工作和生活。

（一）技术创新应用促进教育均衡

在过去的几十年，与众多城市类似，珠海市基础教育同样面临着教育发展不均衡，东西部教育差异明显，主城区教育明显优于较为偏远地区，优质教育不能完全满足百姓需求的问题。随着珠海作为珠江西岸核心城市、“一带一路”交汇对接的重要节点和关键区域地位的确立，尤其在 2018 年 3 月，珠海市教育局与广东省教育研究院签署了《珠海市教育局　广东省教育研究院共同推进珠海教育“提质创优建高地”战略合作协议》，设立了珠海市建设教育新高地的目标，珠海将借助广东省教育研究院的专业指导和研究平台，进一步更新教师观念，助力教师专业发展；进一步完善教育教学评价机制，促进教育科研内涵发展，提高教育教学质量和教育现代化水平。

2013 年，珠海获批成为广东首批“粤教云”示范应用实验区。以此为契机，按照“创设教育环境，扩大优质教育供给”的思路，珠海加强教育信息化基础设施建设，不断改善和优化“边缘穷”地区学校教育软硬件环境。截至目前，珠海建成市级教育资源公共服务平台，服务全市 200 多所学校，10 万名师生；“粤教云”智慧教室累计建成 125 间，覆盖全市 80% 以上的公办中小学校。在智慧教育理念的指导下，珠海以“粤教云”项目为抓手，不断健全智慧教育实施载体，丰富智慧教育实施途径，“一体多模”的智慧教育环境体系基本成型。随着以智慧教室为代表的优质教育资源的大规模供给，珠海区域间学校办学条件的差距日益缩小，信息化硬件设施的不断优化成为该市基础教育均衡发展的重要保障。

（二）技术创新应用促进教学改革

技术创新及资源的优化配置并不能直接促成优质教育。我们时常会看到一些教育欠发达地区出现“高端设备低端使用”的现象，信息化设备与教育资源利用效率不高、应用效果不明显的情况比较普遍。这说明通过外部资源单向输入的方式仅能让教育发展停留在基础硬件均衡的层面，还需要通过加强教育内涵的推动和发展，才能实现由“基础”到“优质”的跃升。教育内涵发展的关键在教师，要将静态的技术、资源、工具动态创造并合理地应用于课堂教学改革的各环节。珠海创造性地提出了智慧课堂应用的三类应用模式——云服务课堂、云互动课堂、云协同课堂，以及面向课堂教学、资源建设、教师研修、精准扶贫四种应用场景。云服务课堂是指以云服务促进优质教育资源班班通，推进教学资源应用的普及化和常态化。云服务课堂教学管理系统基于云计算技

术，整合公有和本地海量资源。云服务课堂主要研究数字教材的规模化、常态化应用以及与其他应用工具的整合应用，核心资源是数字教材和数字教辅，具有立体化、互动化、智能化的特点，实现了丰富的教学和学习功能，同时立体化拓展延伸了教材内容并提供教学设计、评价和管理功能。云互动课堂是指融合云终端、云服务、数字教材、数字内容超市等构建新型教学环境，探索有效提高教学质量的信息化教学模式与方法。云协同课堂是指以云平台汇聚资源与服务，让优质资源通过云服务延伸到农村和城市薄弱学校。

云互动课堂与云协同课堂需要为教师和学生人手配备一台学习终端。在人手一台学习终端的环境下，在云服务课堂环境基础上，为教师和学生配备学习终端，提供云互动课堂教学支撑系统、无线组网与通信关键设备以及核心云服务，创设云端学习环境，支持课堂教学模式创新，转变教与学的方式，提高课堂教学效果。

珠海以云平台汇聚资源与服务，为师生提供云端多媒体移动课堂教学服务于师生互动服务，将名师和名校课程通过云服务延伸到农村和城市薄弱学校，促进教育均衡优质发展。

2017 年 11 月 10 日，广东省“互联网 + 教研”活动在珠海等四市举办。本次活动联合了广州市、珠海市、肇庆市、茂名市四个地市，跨区域同步举办“一师一优课、一课一名师”活动省部级“优课”课例分享和线上线下同步开展教研活动。四个地市同步开展信息化与学科融合的专题研讨论坛，并邀请了教育技术专家、学科专家、学科骨干教师做主题研讨。网络观摩则汇聚了来自全国各地的 6 万名教育工作者，围绕教研主题开展线上观摩、交流。笔者也执教了一节九年级化学第 5 单元第 1 节“质量守恒定律”（第一课时）的网络直播课，充分利用了云服务、云互动上课的模式与网络平台的资源，将化学实验探究教学与信息技术及网络资源进行融合，大大激发了学生的兴趣，高效地完成了教学目标。这是笔者时隔 35 年后再上的一节初中化学教学课例。2017 年 4 月，笔者还上了一节高三复习教学公开课，课题是“基于大数据的高三自主复习——以化学实验复习为例”。从 2002 年开始，笔者几乎每一年都到不同的学校执教公开课，从初三到高三，将课改理念渗透在不同课型中，包括常规课、教研课、实验课、探究课、手持技术应用、信息化与学科融合、复习课、化学科学法讲座等。

笔者认为，一名教研员要引领一线教师，就要坚持学习，就要深入课堂。只有深入课堂，才能更好地践行新课程理念，推动课堂教学改革，也最具说服力。

（三）技术创新运用促进师生发展

“一师一优课、一课一名师”活动是教育部于 2014 年启动的信息技术应用评比活动，旨在以应用为导向，以资源共享为纽带，以教师课堂应用为中心，创新教育教学模式和方法，推动信息技术与教育教学深度融合，促进教师专业发展，提高教育质量，利用教育信息化解决教育均衡发展问题。

珠海市中小学教师积极参加“一师一优课、一课一名师”活动，省、部级“优课”数量和比例一直排在全省前列。据统计，自 2014 年以来珠海市报名教师高达 39 780 人次，100% 的教师参与“晒课”，“晒课”总数达 38 483 节，共推送省级优课 2 446 节，其中 1 525 节获得省级优课，537 节获得部级优课，“部优”“省优”名列全省前茅，为

国家和广东省优质数字教育资源建设贡献了珠海力量和智慧。2015、2016 年，珠海省、部级“优课”数量均列全省第三；2017 年，珠海省、部级“优课”数量均位居全省第二。在 2018 年的活动中，珠海市部级“优课”总数高达 170 节，位居全省第一，在参赛人数仅占全省总数不足 1% 的情况下，获得的省级“优课”占全省总数的六分之一，部级“优课”占全省总数的三分之一，实现了“优课”获奖率和获奖绝对数两个第一的历史性成绩。

“一师一优课、一课一名师”活动仅是珠海教育发展的一个缩影，全市 80% 以上公办中小学配备了“粤教云”智慧教室，较好地体现技术创新及应用带来的优良教育成效。同时，它又以一个独特的视角向人们展示了珠海教育由基础均衡向优质均衡迈进过程中的不断努力与探索，也进一步证实了技术创新推进教育的智慧化进程。表 1 是珠海市非主城区中小学教师参加教育部组织的“一师一优课、一课一名师”活动的人数比与获奖率情况。

表 1　珠海市非主城区中小学教师参加教育部组织的“一师一优课、一课一名师”活动的人数比与获奖率

年份	非主城区教师参赛人数比	省级“优课”获奖率	部级“优课”获奖率
2014—2015 年	38.11%	30.47%	21.43%
2015—2016 年	48.20%	40.68%	35.54%
2016—2017 年	51.15%	35.56%	28.89%
2017—2018 年	59.65%	59.51%	25.29%

表中数据显示：2014—2015 年，非主城区教师参赛人数比仅占全市参赛人数的 38.11%，到 2017—2018 年，这个比例高达 59.65%。在省级“优课”获奖率方面，2014—2015 年仅占全市的 30.47%，到 2017—2018 年，该比例高达 59.51%。在部级“优课”获奖率方面，2014—2015 年仅占全市的 21.43%，到 2017—2018 年则占 25.29%。

（四）技术创新运用提升教育质量

人的发展决定论认为外部环境是影响人发展的重要因素，但不是决定因素，在外部条件相同的条件下，内部因素起决定作用。类似地，决定教育质量优劣的决定因素不在于先进的软硬件环境，而在于教育本身的内容。追踪近年来珠海市在追求高质量教育发展历程中的情况可以发现，技术创新，特别是信息化创造环境在促进基础教育均衡发展中发挥着重要作用，这也必然带动以课堂教学改革为主导的优质均衡。

近几年珠海市参加广东省普通高考的学生均不到 1 万人，占广东省报考学生人数的比例不到 1.2%，在 2019 年高考成绩向考生个人发放时，有媒体专门收集汇总并发布全省文理科前 50 名高考屏蔽学生的分布情况，其中珠海市第一中学（以下简称珠海一中）的学生占了 12 名，无论是按照绝对数还是珠海市普通高考报考人数的比例计算，珠海一中都是广东省公办高中的第一名。取得这样的成绩来之不易。首先，它有赖于珠海市委市政府的高度重视和珠海市教育局的正确领导及大均衡教育观。其次，它有赖于

珠海一中广大师生和珠海市九年义务教育阶段学校师生的支撑，以及全社会的关心和支持。再次，它有赖于市委市政府不断加大对基础教育的投入，注重技术创新，特别是信息化项目的大笔投入，不断推动教育向智慧化迈进。

三、技术创新推动教育向智慧化迈进

技术进步与创新为教育提供新的发展机遇。相关技术的成熟与发展，推动教育产业从电教化向数字化与智能化发展，教育更具有开放性、共享性、交互性与协作性。

5G 时代的到来让我们猝不及防，因此我们要尽快改变观念，尽快去学习，去提升，去适应未来的变化。国家已经出台与教育信息化 2.0 相关的政策，大数据的应用和人工智能很快来临。作为教育研究人员，当然要研究教学质量，而大数据的应用在教学过程和质量的分析当中发挥了很重要的作用：一是教学目标，二是教学过程，三是教学结果。

（一）运用大数据提升教研实效

近期，中央电视台报道一件事情：松鼠 AI 的研发团队推出了一个能帮助学生对知识进行诊断的平台，比如说对某个知识点进行诊断，再结合大数据，把个体和全国的学生对该知识点的掌握情况进行比较，个体的掌握情况即一目了然，非常有针对性。这是大数据给我们的启示：今后要更加重视大数据的运用。珠海市从 2005 年开始，中考采用网上评卷；从 2009 年开始，全市普通高中学生学业质量监测运用网上评卷。珠海市充分利用人数据的支撑进行基础教育质量监测与评价，使得评价结果更加科学、适度、合理。近年来，我们还在组织教研、科研和培训的过程管理时积极运用大数据。

（二）运用“互联网 +”促进共建共享

新一轮考试招生制度改革作为党中央确定的重大政治任务，是党中央、国务院直接领导和推动的重大改革。党的十八届三中全会通过了《中共中央关于全面深化改革若干重大问题的决定》，对考试招生制度改革做出了全面部署，提出探索招生和考试相对分离、学生考试多次选择、学校依法自主招生、专业机构组织实施、政府宏观管理、社会参与监督的运行机制，从根本上解决一考定终身的弊端。新一轮高考综合改革在学生选科方式、招生录取模式等方面进一步优化，扩大了学生的选择权，满足了学生的专业取向和兴趣爱好，有助于逐步打破单纯以考试分数评价学生的方式，促进学生全面健康发展、科学选拔人才、维护社会公平，构建更加公平公正、科学合理的高校考试招生制度。

为了让珠海市广大教师尽快适应新课程、新课标和新高考，珠海市教育研究中心先后举办了多场以教师为主的职业生涯规划培训，指导教师更好地理解新高考改革的“增加学生学习的选择性，特别是选科的自主权”这一内容。2019 年 8 月 29 日，在珠海市 2019 年普通中学学科教师及中等职业学校教师全员培训中，我们还尝试采用现场面授和远程在线直播的方式开展了“新高考背景下的科学选科与生涯教育”的培训，充分发挥“互联网 +”的作用，收到较好的培训实效，深受一线教师欢迎和好评。珠海市将通过公开招标的方式构建全市普通高中教学管理平台，平台将向全市普通高中开放，更好地实现教育教学资源的共建共享。

“互联网 +”、STAEM、人工智能等已经上升到国家的战略。同时，《中国教育现代化 2035》提出，加快推进信息化时代的教育变革，建设智能化校园，统筹建设一体化、智能化教育教学管理与服务平台，利用现代信息技术加快推动人才培养模式改革。珠海市正在探索人工智能进校园的实施路径。相信在不久的将来，机器人项目将会进入全市的中小学，通过开展人工智能启蒙教育，把创造性学习螺旋和游戏化教学理念融合，并将现有的国家课程、校本课程深度融合。

参考文献

[1] 汪基德，刘革. 教育信息化促进教育改革创新发展（笔谈）：教育信息化促进基础教育均衡发展［J］. 教育研究，2017（3）：110－112.

[2] 张伟平，王继新. 信息化助力农村地区义务教育均衡发展：问题、模式及建议——基于全国 8 省 20 县（区）的调查［J］. 开放教育研究，2018，24（1）：103－111.

[3] 李伟胜. 基础教育均衡发展所需的优质资源从哪里来？［J］. 中国教育学刊，2019（7）：29－34.

智慧教育时代下的教育数据治理

腾讯公司　徐勇群*

摘　要：在国家智慧教育发展大政策下，面对教育数据层级多、应用杂，且存在着教育数据来源多、数据少，接口不标准、不统一，数据供需矛盾等问题，本文提出教育数据治理。智慧教育时代，应该是伴随式收集的小数据、大平台，用互联网思维的信任感、获得感和便捷感的运营思路，来打造或者是构建教育的数据治理思路，构建数据应用服务的矩阵。

关键词：智慧教育　教育数据治理

过去几年，腾讯在教育领域一直深入做研究和探索。2019 年 5 月，腾讯第一次战略性地提出了“腾讯教育”的方向和目标，希望在教育领域能够更多发挥腾讯的技术力量，为深圳以及国内的教育做更多的贡献。文章主要讲三个方面的内容。

一、现状分析：大政策小数据

国家最近发布了很多针对教育信息化的文件。2018 年 4 月教育部下发了《教育信息化 2.0 行动计划》，在数据治理方面提出了非常有效的目标，要做到共享共建难度很大，我们在其他行业相对来说已经实现得比较轻松，但是教育这方面研究了很长时间以后，发现没有我们想象的那么简单。国务院在早年发布了促进教育大数据发展行动，提出全网互动的教育资源，包括发挥大数据对变革教育方式、促进教育公平、提升教育质量的支撑作用。这些目标都很到位，其中针对教育数据治理，杨现民教授在他的论文中也有进行梳理。腾讯在教育应用领域开始还认为是比较简单的事情，但是深入之后发现这里的维度、场景、难点和涉及面、纵深面都比较宽。杨教授在论文中提出了五大层级，这在其他行业是很少见的，这是从信息化的角度来思考问题。

这样多的层级、这样多的应用中，我们发现应用也很杂。在层级这么多和应用纵深这么广的情况下，我们看教育现状和趋势，总结下来其实这就是“小场景”。原来我们说教育应该是大数据，其实从我们自己的想法和设想来说，教育更多的其实就是小数据。因为它的应用场景小而细，但是又非常重要。每一个小点就是一个数据场景，不像其他的。比如我们今天说微信十几亿的用户群体有庞大的数据并且是单一的，但是教育多数都是小场景、小数据。未来我们在研究场景的时候，更多是思考如何将小场景、小数据研究好，这才是构建教育治理的方向，也是腾讯研究教育数据治理的一个命题。

* 作者简介：徐勇群，腾讯公司腾讯云教育总监。

这么多的小场景、小数据，到底应该如何去处理、如何去解决，这是需要我们去探索和延展的，当然这也是腾讯希望解决的问题。在小数据的应用场景中，还有一个更大的困难：南山有一位很出名的校长，有一次很生气跟我们提："你看今天我们学校连请假都还要拿一张纸来找校长批。"他还说道，"作为粤港澳企业，你们应该有使命来解决这个问题。"解决这个问题其实从信息化手段上来说不难，如果放在腾讯的体系里可能我们都可以解决，但如果放在教育场景里就太难了，这不是简单用大数据、物联网、云计算就可以解决的。我们深入研究教育之后发现，目前教育的数据仍处于报送式、阶段式收集阶段，这是我们之前没有深入了解的，今天的数据量还是非常微弱，还没有到数据聚合的阶段。教育数据的采集和树立，目前还没有一个清晰的界面，这其实是我们未来要致力于解决的。

再有就是接口不标准、不统一，虽然国家有制定规范，但是真正深入到业务场景的，从来都是小应用，这些小应用没有在统一的标准下做梳理，其实你在做数据治理时就会导致后续业务系统的艰难进行，导致数据的可信度大打折扣。在一定程度上，教育是民生教育，数据不可信会产生更多的民生问题。数据用户多样性，涉及学生、教师、家长，甚至是管理一级的单位，当然也包括了教育的各个不同业务管理和直属部门，来源多、数据少，造成现在教育数据治理的难点。

二、智慧教育数据建设愿景

大家对教育数据的需求其实都很大。从业务部门或者家长、学生的角度，都很希望深圳市教育局或者教师能够提供他们所需要的教育服务清单。而实际上现在大家希望的是随行助手、即需立用，这实际上是与教育数据产生供需矛盾的。那么应该如何解决它？

我们认为，智慧教育在教育信息化 2.0 时代应该依靠伴随式收集的小数据、大平台来实现。这样的愿景目标、这样的一套体系、这样的平台应该像一棵大树，有树枝、有树干，而不是上报式的收集，更多的是小数据的梳理和治理。伴随式收集到底是什么呢？早在 2014 年时就有很多教育专家提出这个理念，也已经写入了《中国教育现代化 2035》中。

传统的数据治理和我们提出的伴随式数据治理有怎样的逻辑关系？从上报方式、上报周期、数据维度、数据处理、数据可信度，包括数据融合、数据应用服务等都是颠覆式的，至少对现在教育的数据治理场景是颠覆式的。那么，如何做小数据大平台的沉淀？我们希望通过运用互联网思维的信任感、获得感和便捷感的运营思路，来打造或者构建教育的数据治理思路。整体上，如果从建设目标的角度，它应该是基于无处不在的随行平台理念，做开放式、标准式、服务式的，甚至是区校共建共治模式，在一定程度上应该是跨部、厅、区、校级的服务体系，这样构建完整的小程序和大平台目标体系。规划的角度上应该有统筹、统建的思路，应该是标准先行，才会有能力解决刚才提出的问题，达到我们设立的目标。

三、智慧教育时代教育小数据治理体系

小数据大平台应用应该要构成数据应用服务的矩阵，这是解决教育数据治理各个场景的关键，比如教研院、信息中心、教育厅、教育部，以及学校的单校场景，应该有小数据的服务矩阵，但是在统一的大平台上构建，才能实现教育数据治理的完善性。在服务框架治理方面，在统一平台的构架上，这就回到了腾讯擅长的领域，目前我们整个技术体系和平台体系其实都是基于现有能力去完善和支持的一些场景。在真正做好教育治理的场景上，应该以大平台为目标，至少应该是区校一级的统筹统建、共治共享，基于空间数据应用搭建组织方式。我们可以分结构来进行构建，在一体化引进的小数据大平台中，有一个很重要的基础和能力场景，是从一个数据运营的角度看问题。平台的建设和数据应用治理服务，有一个很重要的东西就是数据是可被运营的，平台也是可被运营的。可被运营的数据平台应该有超强的延展性和扩展性，具备更强的系统平台的演进和迭代能力，这是目前很多教育系统没能做到的地方。当我构建了一个应用场景，你可以发现建完就建完了。腾讯常常说微信产品版本从 1.0 到 2.0、3.0、4.0，今天已经是上百个版本了，但是体系架构永远都在一个逻辑上，这就是教育数据治理理念未来在系统层面、平台层面需要突破和打破的场景。我们认为应该有总体的架构设计，而这个架构设计应该是可演进、可迭代的数据治理的一套系统设计。我们认为这是未来大的方向场景从信息技术角度上能够解决的一些问题场景。

解决小数据场景应该有自适应的辅助系统，这些辅助系统是迭代系统，可以支撑前端小数据的应用服务。数据分析能够支撑各种应用场景。刚才我们说一套体系不是为了一个场景建设的，而是为了未来所有场景建设的，教育质量的监测、个性化学习的监测、教育管理和教育服务的数据，应该从平台思路来演进、来调用、来收集、来上报，要在统一平台的演进上来做。

其实各地都在做平台演进思路的探索。深圳市龙华区基于信息化角度做了统一一体化平台，基本上覆盖了 100 所学校的全区域场景。南山智慧教育云从教育的舆情监控到其他应用，其 64 个应用全套统一，这个做得很艰难，但也已经初步完成了整体框架。陕西省基于一张地图，将所有数据治理都做了。作为家长，我们其实非常希望有这样的教育服务。

如何用 AI 赋能传统教育

网易有道　金磊*

摘　要：在国家政策高度重视教育信息化、智能化的大背景下，随着人工智能技术的迅猛发展，“AI + 教育”已然成为教育行业未来的发展趋势之一。教育最重要的不仅仅是关注整个群体，而且更加关注个体。网易有道作为教育科技公司，不断加大对 AI 技术落地的探索，以学习者为中心，推出有道智能教育大闭环。

关键词：教育信息化　智能教育　AI 技术

在国家政策高度重视教育信息化、智能化的大背景下，随着人工智能技术的迅猛发展，“AI + 教育”已然成为教育行业未来的发展趋势之一。教育最重要的不仅是关注整个群体，而且更加关注个体，要满足学习者个性化和多样化的学习发展需求，从终身教育转向终身学习。网易有道作为教育科技公司，不断加大对 AI 技术落地的探索，以学习者为中心，推出有道智能教育大闭环。

有道在 2007 年就开始做教育的产品，所以经验也会多一些。在互联网教育领域的布局，就是工具加 To C 的课程，再加 To B 服务，附带一些学习类的智能硬件。有道的在线教育产品覆盖了多年龄段用户的各种学习场景，例如面向少儿用户的有道少儿词典、有道乐读、有道数学、网易卡搭编程，以及覆盖幼稚园至第十二年级（K12）、大学、职场人群的有道精品课、有道词典、有道口语、有道翻译官等。有道词典笔 2.0 是刚刚发布的。除了 C 端的产品，我们 B 端则是通过有道智云输出，如宏观的语音识别、光学字符识别（OCR）、神经网络翻译等，微观的口语练习、作文批改等，都可结合 AI 输出解决方案。

在传统的教育领域里，尤其是在基础教育的领域里，互联网以后就不需要纸笔了，原来会计记账都需要纸笔，但是现在都电子化了。但是传统教育并不是这样的，基于传统纸笔环境如何实现数据电子化，这里 OCR 识别就变得非常重要了。有道做了非常多的工作，包括多语言识别，复杂场景识别，多角度、混合排版，甚至识别小孩手写作业，在教育场景中的公式和表格，有道都能做到非常精准地识别。

解决了用户数据采集这一重要步骤，我们推出了有道智能作业系统，通过联动“达尔文”系统的大数据库以及手写识别和公式识别等 AI 技术，用以实现题目拆分、分组、批量化批改，进而大幅提升作业批改的效率，每天 2 小时批改作业的时间缩短为 20 分钟，为教师释放大量时间。同时作业的自动电子碎片化使得传统的纸质作业可被

---

* 作者简介：金磊，网易有道运营副总裁。

完整采集，相应地形成电子大数据，可实时分析题目、学生、班级、地域的学情报告和知识图谱，成为学生自适应学习系统数据的来源，让学生告别题海战术。

有道作业系统可用于随堂考试和课后作业，学前利用大数据协助制定教学计划，学中结合自主组卷高效批改，学后还可根据薄弱环节进行针对性的练习。该系统目前已经在江西宜春教育局、人大附中西山学校等做了试点合作。我们希望推出新的更好用的系统，在更高频的学习过程中应用到这套系统，让整个教学的过程变得更加数字化和电子化，让人工智能更多地帮助教师和学生。

利用现代信息技术促进教育改革发展

拓维信息系统股份有限公司、深圳市海云天科技股份有限公司、
深圳市教育大数据应用技术工程实验室　刘彦*

摘　要： 要实现教育现代化，除了体制要改革、政策要支持，还需要现代信息技术。在教育技术层面，当前需要面对的是均衡化、效率、个性化问题。文章结合企业多年的实践经验，针对教育均衡化、教育质量提升、教育生态等问题，提出相应的解决方案。

关键词： 现代信息技术　智慧教育　教育大数据

教育改革、教育发展离不开技术。我们的改革一直在发展的过程中，我们一直都在探索，虽然现在全社会诟病最多的依然是教育。2035 年的目标使大家对未来教育现代化和未来的教育充满了期待。但是我们也很清楚，要实现这个目标，除了体制要改革、政策要支持，还需要技术。笔者从事信息技术，从事技术服务。从这个角度，笔者想谈一谈对信息技术助力教育改革的一些理解和探索。

有人认为教育是小数据，但是中国在校学生人数就有 2 亿多，如果加上继续教育、终身教育，中国至少有五六亿人都跟教育有关，这是庞大的数据基础，问题是采集数据比较困难，需要学校、教育局统筹设计和顶层设计。在教育改革现代化的过程中需要解决几个方面的问题，首先就是基于核心素养的评价体系建立，包括学生、教师、学校以及区域教育质量的评价，不仅是过程评价，而是全面评价，这是建立有效教育大数据的基础。同时，我们要实现教育现代化也离不开教育大数据，因为仍有大量的教育数据没有汇集起来。没有统一的数据标准，没有建立可追踪数据库，没有开发数据采集工具，没有进行数据挖掘、分析与提供相应的诊断报告，我们所说的智慧教育和现代化是不可能实现的。在教育大数据的基础上，我们才能够通过智慧化的教育管理与校园服务、智慧课堂上升到基于数据驱动的智慧教育应用。

我们希望通过科技改变教育，通过技术来帮助教育改革。技术层面当前比较重要的、需要面对的问题是均衡化、效率、个性化问题。笔者特别同意深圳市教育科学研究院院长叶文梓说到的公平、质量、生态问题。笔者认为技术手段是可以提供帮助的。关键举措是如何以大数据为驱动，推动基于核心素养的教育质量评价体系的改革，通过技术手段，通过运营支撑，包括引入社会参与、引入第三方机构来推动教育质量的全面提

* 作者简介：刘彦，拓维信息系统股份有限公司副董事长，深圳市海云天科技股份有限公司CEO，深圳市教育大数据应用技术工程实验室主任。

升。说到均衡化，这些年其实大家都很重视教育精准扶贫，解决区域不平衡，但是效果一直不好，甚至教育培训的效果也不是很好。这里很重要的问题就是教育资源和教育内容的精准匹配、优化组合问题。我们推出的解决方案是“基于学习中心＋网络联校”，加上对优质内容进行分层筛选，对受惠学校进行有针对性的测量和评价以及助教支撑服务，这样才有可能解决均衡化问题。高效方面，需要采用最新的信息技术来驱动推动数字校园向智慧校园转化。

如何提高教育质量？这又是一个系统问题。考试是指挥棒，评价是驱动力，而基础是解决课堂的教与学。如果指挥棒的问题没有解决，别说教育信息化，连困扰中国这么长时间的哑巴英语问题都解决不了。其实这个问题很容易解决，首先就是考试改革，如果考试要考听说的话，人工智能就可以解决这个问题，可以自动评卷、自动评分，然后推动校园训练和个人练习。从教与学到评价，再到考试，要系统化推进全面改革，尤其是建立大数据驱动下的教育决策和支撑体系，整个教学的基础结构才有可能变化，尤其是课堂必须进行改革。

到底有没有教育大数据，能不能积累教育大数据？笔者的回答是肯定的。我们奋斗了20多年，海云天科技股份有限公司每年都有2亿人次的大数据处理，超过2亿人次的数据，这应该算是大数据了吧？但我们要清楚数据在哪里，没有数据就会造成教育空心化，很多事情就没有基础了。光有数据也不行，这些数据要有价值，必须推动教育质量的评价体系建设，只有对教育质量全过程进行评价，而且是过程评价，形成性评价，全方位的学生、教师、区域的评价，数据才能打通，才能有价值，诊断后可以通过人工智能精准推送内容，改变课堂教育。还需要有立体服务支撑能力，才能有效保障各项应用和技术理念在教育体系内得到学校、教师的支持和配合，数据才能及时采集到，进行及时的分析挖掘，能够传导到应用环节。

深圳大量研究机构是放在企业，而我们能承担教育大数据的应用技术工程实验室项目，原因是海云天公司每年新增2亿多人次的数据处理，以及这些年在数据处理方面积累的工具、平台和数据的应用经验。我们希望在数据处理方面构建一个新的研究生态和架构，其中有三个生态、两个保障和一个支撑平台，实验室平台架构有开放的应用平台、融合的统一平台、个性化的专属平台。我们希望用大数据进行研究，并得到省里乃至全国教育机构以及兄弟企业的支持。

教育质量要提升，要实现高效，就需要智慧教育的推力。依据我们对智慧教育和智慧校园的理解，智慧校园是目前和未来一段时间校园信息化的高级发展阶段，要依托物联网、云计算、大数据、人工智能等新技术，才能够通过技术的构建对教育环境进行智慧化的改造，对教育服务进行智慧化的提升，对教育资源进行智慧化的整合，对教育管理进行智慧化的提高。腾讯、华为这些深圳最优秀的企业也参与到教育中来，一定会很快形成教育信息化、教育现代化建设的高潮，才可能解决智慧教育需要解决的生态问题。我们和华为有全方位的合作，我们是华为同舟共济的合作伙伴，我们试图将华为本身基础设施的建设能力挖掘出来，为智慧教育做贡献。前几天在上海华为年度全球生态大会上，我们与华为联合发布了两个东西，一个是赋能智慧教育的综合解决方案，另一个是基于鲲鹏生态的智慧校园一体机。这是目前第一个基于鲲鹏生态发布的硬件和软件

结合的产品，是我们针对校园信息化建设，组合了当前华为和海云天公司最新的包括人工智能、边缘计算以及 5G 技术，也包括基于鲲鹏信息安全的新技术架构。我们有几个特殊的设计：业务场景是一体融合的，能克服通常业务场景的孤岛割裂；云上云下的信息安全保障；最后采购交付是一体化、一柜化的。传统的机房建设安装，不算装修，至少也要两个星期，装系统也要两个星期，而这个一体机柜安装只需要 2 个小时，装系统也只需要 2 个小时。

均衡方面，我们能结合提供运维服务体系建设，帮助校园信息化解决当前的各种困惑。教育公平，首先在技术上能够解决和提供帮助的就是在均衡化方面。好学校的课程在其他学校并不一定适用。我们做教育均衡化是基于区域网络学习中心对优质资源进行采集、梳理、分层，用网络联校的方法，还要有助教、支教进行教育资源分析评价，根据学校程度来推送相应层级的教学内容，而且在持续的过程中进行运维支持，否则根本就做不下去，所以这是需要用运维加上服务来保障的。我们有庞大的运维队伍。

生态方面，要做活做大智慧教育产业，需要建立新生态。我们在贵州建设了西南教育大数据中心，就是按照生态概念来做的。我们通过聚焦应用场景，将应用场景和数据开放出来，吸引更多的生态合作伙伴进来，但是前提是场景聚焦、平台数据打通，从教育局一直到学校、到学生个人，最后要关注应用。因为如果没有实实在在的应用，最后大数据也采集不上来，所以需要关注应用场景开放，要有方案解决提供商，最后才能实现会管、惠教、慧学、汇数、惠民。

我们对未来充满期望，相信通过大家的共同努力，2035 年美好愿望一定会实现，包括全民教育、终身教育、泛在学习等。让每一个孩子成就更好的自己，笔者觉得这才是我们教育的目标。

“互联网 + 教育”精准扶贫视域下薄弱学校发展路径研究

广东省教育研究院　詹春青　姚轶洁*

摘　要：在互联网技术与教育领域深度融合实现教育传统行业快速发展的社会新形态背景下，利用“互联网 + 思维和技术”，开展精准扶贫，提升薄弱学校教育教学质量，成为我国教育均衡发展的新方向和新思路。本文从分析薄弱学校的需求入手，分析“互联网 +”的教育功能，厘清“互联网 +”、教育精准扶贫与薄弱学校发展三者之间的关系，并介绍了典型的“互联网 + 教育”精准扶贫的应用案例，在此基础上探索“互联网 + 教育”精准扶贫促进薄弱学校发展的路径，分别是精准构建扶贫共同体、精准识别学校发展需求、精准实施学校供给措施和精准评价学校发展成效，为政府制定推动教育精准扶贫中的薄弱学校建设，促进教育公平、优质、均衡发展提供一定的参考价值。

关键词：“互联网 +”　精准扶贫　薄弱学校　共同体　智慧教学

一、引言

办好义务教育阶段的每一所学校，缩小学校之间的差距，改造薄弱学校，为每一个适龄儿童青少年提供优质教育，这是各级政府的法律责任。1986 年，《中华人民共和国义务教育法》规定：县级以上人民政府及其教育行政部门应当促进义务教育均衡发展，改善薄弱学校的办学条件，促进学校均衡发展，缩小学校之间的差距。经过 30 多年的努力，薄弱学校有了大幅度改进，但步入新时代，普通义务教育学校发展尚且面临优质教育资源不均衡不充分的问题，与广大人民群众上好学的需求以及政府办人民满意的教育政策要求，还存在一定的差距，薄弱学校更是如此。新时期，薄弱学校具有什么表征，其发展需求是什么？如何凭借自身的内生发展动力，借助外部高校专家的智力支持与“互联网 +”的技术支持促进从薄弱到优质的发展呢？

---

* 作者简介：詹春青，广东省教育研究院基础教育研究室助理研究员；姚轶洁，广东省教育研究院基础教育研究室副主任，中学高级教师。

本文系全国教育科学“十三五”规划 2018 年度教育部重点课题“‘互联网 +’教育精准扶贫视域下薄弱学校发展路径研究”（课题编号：DCA180317）的部分研究成果。

二、薄弱学校发展需求分析

（一）何谓薄弱学校

研究薄弱学校，寻求一条适合薄弱学校的发展路径，首先要正确认识薄弱学校。何谓薄弱学校？从官方政策文件来看，教育部于 1998 年出台的《关于加强大中城市薄弱学校建设，办好义务教育每一所学校的若干意见》中指出：薄弱学校是在大中城市的一些中小学校中，或因办学条件相对较差，或因领导班子力量不强，师资队伍较弱以及生源等方面的原因，使得学校管理不良，教学质量较差，社会声誉不高，学生不愿去、家长信不过。从专家学者理论研究来看，薄弱学校表现为硬件和软件的薄弱，硬件体现在校舍、设备设施、图书资料等方面，软件体现在学校管理、师资队伍、生源质量等方面。

本文认为，薄弱学校本身是一个动态发展的概念，是指在某特定时期、特定区域内在办学条件、学校管理、师资水平、生源质量等方面比较薄弱，达不到同级同类学校的基本办学标准，造成教育质量不高、社会声誉不佳、学校生存与发展处境困难的一类学校[①]。

（二）薄弱学校的发展需求分析

有学者认为，广大中小学校是教育信息化推进的主战场、主阵地，是具体的实践场域，应当提出教育信息化推进的具体需求，并积极参与教育信息化推进实践和研究工作，从而变革教育教学过程，提升教育教学质量[②]。那么，薄弱学校的发展需求是什么？本文结合薄弱学校的内生发展需求和外部发展需求进行具体分析。

1. 内生发展需求。内生发展理论是 20 世纪中后期兴起的一种具有重要影响力的社会发展理论。法国经济学家弗朗索瓦·佩鲁（Francois Perroux）于 1983 年提出内生发展理论，他认为内生发展是指一个国家或地区合理开发与利用本地资源、提升内部能力的发展[③]。此后，学者在佩鲁对内生发展理论的原始概念界定基础上有所发展，认为内生发展指一个国家或地区以当地人为发展主体，以本地区的资源、技术、文化为基础，通过人文发展、技术进步、制度创新等措施培育自我发展能力，探索一种适合区域发展的模式[④]。其中自我发展能力的培育是内生发展的关键属性。自我发展能力是指主体充分依靠自身主观努力，最大限度发展自己的内在潜能，自力更生，适应社会环境并满足外在要求的能力。

内生发展被提出来并广泛应用于欧洲农村发展实践，在理论上经历了从内生发展论

---

① 师诺．内生发展：现代教育技术融入边境民族地区薄弱学校的路径研究［D］．重庆：西南大学：2015.

② 左明章，卢强．区域教育信息化协同推进机制创新与实践［J］．中国电化教育，2017（1）：91－98.

③ 佩鲁．新发展观［M］．张宁，丰子义，译．北京：华夏出版社，1987：2－3.

④ 姚永强，范先佐．内生发展：薄弱学校改造路径选择［J］．中国教育学刊，2013（4）：37－40.

到新内生发展论的快速演变，在实践上被广泛应用于对城乡发展不平衡问题的讨论，集中议题是相对后发的农村如何发展内生动力以实现振兴①。处于农村的薄弱学校亦是如此。他们自身渴求进一步良性发展，以实现学校的优质发展甚至跨越式发展。薄弱学校内生发展需求具体体现在：一是主动发展，自主制定学校教育发展规划与教育行政部门的政策支持相结合。二是借力发展，自主开展教学实践与高校专家智力支持相结合。三是充分利用现有教育技术实施设备与企业提供的智慧教育教学技术支持相结合。四是通过自身努力与外部力量，实现优质内涵发展，摘除薄弱学校的标签。

2. 外部发展需求，薄弱学校发展动力一方面源于自身内生发展的需求，另一方面源于国内外对优质教育的需求。具体体现在：一是新时代国际对优质教育的呼唤。国际上大型的教育质量监测项目，如监测学生阅读、数学和科学能力的国际学生评估项目（PISA），监测学生数学和科学能力的国际数学和科学能力测试（TIMMS），以及监测学生科学能力的美国国家教育进步评价（NAEP）等著名的学生评估项目，旨在全面监测学生各方面的学业表现，发现和诊断问题，为制定教育决策提供更好的指引和服务。薄弱学校为了适应和提高教育教学质量，培育适应经济社会发展的人才，必须接受国际和国内的教育质量监测。二是新时期国家教育政策提出教育均衡发展战略任务，对薄弱学校均衡发展提出了新要求。《国家中长期教育改革和发展规划纲要（2010—2020 年）》将推进义务教育均衡发展作为义务教育战略性任务，要求不断缩小城乡教育差距，推进城乡教育一体化发展，重点扶持农村薄弱学校，“努力办好每一所学校，教好每一个学生，不让一个学生因家庭经济困难而失学”。三是新时期人民群众对优质教育的强烈诉求，对薄弱学校内涵发展提出了新要求。目前，人民群众对教育的需求是追求更高质量和更具内涵的教育，因此薄弱学校的改进也从改善办学条件转向提高教育教学质量。在办学条件得到保障的条件下，薄弱学校如何激发内部发展动力，注重内涵发展，提升教育质量是，当前新时期薄弱学校发展的关键。

三、“互联网 + 教育”精准扶贫：新时期薄弱学校发展的有效路径

（一）教育扶贫——阻断贫困代际传递的根本途径

我国政府高度重视并致力于扶贫开发，党的十八大以来，以习近平同志为核心的党中央高度重视扶贫工作，陆续颁布了一系列扶贫政策与行动计划，如《中共中央国务院关于打赢脱贫攻坚战的决定》和《中共中央关于制定国民经济和社会发展第十三个五年规划的建议》，均提到了“精准扶贫、精准脱贫”这一新时期扶贫脱贫工作新理念。此外，习近平总书记对扶贫工作提出了“扶贫先扶志”“扶贫必扶智”“精准扶贫”等重要论断。可见，教育是“扶志”与“扶智”的根本手段，教育扶贫是阻断贫困代际传递的根本途径。

① 张文明，章志敏. 资源 · 参与 · 认同：乡村振兴的内生发展逻辑与路径选择［J］. 社会科学，2018（11）：75 – 84.

（二）“互联网＋教育”精准扶贫——新时期促进薄弱学校发展的有效途径

新时期随着我国教育事业不断发展，在互联网技术与教育领域深度融合，并实现传统教育行业快速发展的社会新形态时代背景下，利用“互联网＋思维和技术”，提升薄弱学校教育教学质量，成为我国促进教育均衡发展的新方向、新思路和新杠杆。

1.“互联网＋教育”功能分析。本文拟从互联网基础设施建设、互联网技术支持系统以及互联网发展思维三个方面进行分析。一是互联网基础设施建设，含无线网络、移动终端设备等，其教育应用是创设移动互联工作环境。二是互联网技术支持系统，含云计算（cloud computing）、大数据（mega data）以及人工智能（artificial intelligence）等。云计算提供动态易扩展、虚拟化的数字资源，其教育应用可实现优质数字教学资源的共建共享；大数据可存储、挖掘和分析海量数据，支持实时记录教学轨迹，可视化教学行为，为过程性教学评价提供数据支持；人工智能技术可利用计算机模拟人的某些计算思维过程和智能行为，可用于计算机辅助教学。三是互联网发展思维，指多维网络状的生态思维，它由节点连接形成圈子或系统，可帮助薄弱学校建立互联网发展思维，开展“互联网＋教育”精准扶贫等行动计划。以上分析见表1“互联网＋教育”功能分析。

表1　“互联网＋教育”功能分析

功能列表		功能描述	教育应用
互联网基础设施	无线网络	采用无线通信技术实现的网络	创设移动互联工作环境
	移动终端设备	可以在移动中使用的计算机设备	
互联网技术支持	云计算	提供动态易扩展、虚拟化的数字资源	数字教学资源库共建共享
	人工智能	利用计算机模拟人的某些计算思维过程和智能行为	计算机辅助教学
	大数据	存储、挖掘和分析海量数据	记录教学轨迹、可视化教学行为，为过程性教学评价提供数据支持
互联网发展思维	多维网络状的生态思维	由节点连接形成圈子或系统	帮助传统教育行业建立互联网思维

2.“互联网＋”、教育精准扶贫、薄弱学校发展三者之间的关系。“互联网＋”是当前信息技术时代的热门应用，发挥“互联网＋”在薄弱学校教育教学的优化和集成作用，应当把“互联网＋”支持度（含基础设施、技术支持和发展思维）与教育扶贫精准度（识别与诊断、设计与实施、评估与反馈）两者有机结合，努力催化“互联网＋”与教育精准扶贫两者产生放大效应，加强与薄弱学校的适切性研究，提升薄弱学校发展质量（由不良发展逐步过渡到良性发展，最终实现优质发展），形成更广泛的“互联网＋”基础设施和技术支持，实现教育发展新样态。“互联网＋”支持度、教育

扶贫精准度、薄弱学校发展度三者之间的关系见图 1。

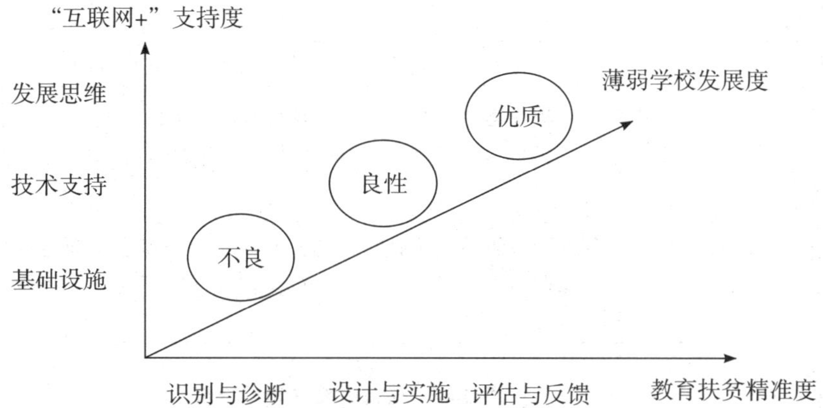

图 1 "互联网 +"支持度、教育扶贫精准度、薄弱学校发展度三者之间的关系

3. "互联网 + 教育"精准扶贫应用案例。刘忠民等以吉林省榆树市的一所薄弱学校武龙中学为例，开展了以"互联网 + 教育"精准扶贫摆脱农村薄弱学校发展困境，提高办学质量的探索与实践①。又有专家学者结合信息技术视域下教育精准扶贫路径选择的核心理念支撑，找准数字资源共建共享、职业技能培训、教师能力提升等在精准扶贫的优势，提出了利用信息技术促进教育精准扶贫路径实施的五个阶段，致力于消除贫困文化②。本文以"双师教学"为案例，具体介绍"互联网 + 教育"精准扶贫应用案例。

"双师教学"项目是由创新人才教育研究会、中国人民大学附属中学、友成企业家扶贫基金会、国家基础教育资源共建共享联盟共同发起的旨在促进教育均衡发展的远程教学模式。"双师教学"项目尝试用远程的方式解决乡村学校师资不足、优秀资源匮乏等问题，从而探索城市优质教学资源补充乡村的可操作性③。双师教学项目的"互联网 + 支持度"和教育扶贫精准度分别见表 2 和表 3。

① 刘忠民，王喆．"互联网 + 教育"精准扶贫助推城乡教育均衡发展：以吉林省武龙中学为例［J］．中国电化教育，2016（8）：98 - 101.

② 葛松莹．双师教学项目评估报告发布会在中央财经大学召开［EB/OL］.（2016 - 12 - 13）［2019 - 10 - 15］. http://www.jyb.cn/china/gnxw/201612/t20161213_689161.html

③ 斐迪南·滕尼斯．共同体与社会：纯粹社会学的基本概念［M］．林荣远，译．北京：商务印书馆，1999：58.

表 2 “双师教学”项目“互联网 +”支持度

“互联网 +”支持度	主要内容
基础设施	由国家基础教育资源共建共享联盟提供城乡交流共享资源的教学平台
技术支持	由正保远程教育集团的东大正保远程教育平台提供全面、完善的技术支持。该平台集互联网技术、多媒体课件技术、教育教学技术、教学管理思想于一体
发展思维	在识别和诊断薄弱学校发展问题和实际需求的基础上，通过构建扶贫共同体，利用慕课教学平台，为薄弱学校提供优质教学资源和开展网络教学，促进薄弱学校发展

表 3 “双师教学”项目教育扶贫精准度

教育扶贫精准度	主要内容
精准构建共同体	共同体：国家基础教育资源共建共享联盟、中国人民大学附属中学、薄弱学校、创新人才教育研究会（研究会成员单位覆盖国内多所著名大学）、友成企业家扶贫基金会、正保远程教育集团
精准识别发展需求	学生需求：接受名校教师的课程讲解，提升学习能力
	教师需求：观摩名师课堂视频，与名师交流互动，学习优秀教学经验，促进专业发展
	学校需求：师生接受优质教育教学资源供给，提升学校课堂教学质量
精准实施供给策略	提升学生能力：该项目以每日远程传输中国人民大学附属中学优质课的形式，为薄弱学校的学生讲授课程，通过网络直播或录播的方式输送课程，让薄弱学校的学生在优质师资的远程指导下进行学习
	促进教师专业化发展：“双师教学”中的“双师”是指每个试验班有两个教师一起开展教学活动，一个是中国人民大学附属中学的老师，负责网络远程主讲；一个是薄弱学校的老师，负责提前备课，整合中国人民大学附属中学的课程资源，选择合适的教学模式，复讲复练，组织本班学生讨论、总结教学重难点，答疑，批改作业，个别辅导等。通过陪伴式的“师傅带徒弟”培训，薄弱学校教师在中国人民大学附属中学教师言传身教的过程中进行观摩学习和提问交流，提升自身素养
	丰富教学资源供给：中国人民大学附属中学将优质课程资源共享于慕课教学平台中，提供给薄弱学校自主选择

续上表

教育扶贫精准度	主要内容
精准评价 改进成效	过程性评价：项目定期让薄弱学校教师撰写反思日志，反馈扶贫效果和问题
	总结性评价：项目经过几年的发展，已从松散式的点状试点发展模式转型为县域、市域和省域的推广模式，中央财经大学中国人力资本与劳动经济研究中心“双师教学项目评估报告”显示，项目在师生比例、教学资源、教学设施、教师素质四个方面对薄弱学校的学生产生了积极影响。评估结果充分体现“双师教学”项目有效提升贫困地区薄弱学校的教学质量，真正实现薄弱学校教育扶贫的目标

四、“互联网＋教育”精准扶贫促进薄弱学校发展的实现路径探索

立足薄弱学校的实际情况，本文从以下四个方面探索“互联网＋教育”精准扶贫促进薄弱学校发展的路径，分别是：多方联动，构建以教育行政部门为行动主导、高校和教科研部门为智力依托、以教育信息化企业为技术支持，以薄弱学校为扶贫对象而开展的教育扶贫共同体；共同体通过精准识别和诊断薄弱学校发展遇到的主要问题和实际需求，有针对性地设计与供给“互联网＋技术”支持服务系统，为师生提供优质的数字化教学资源；开展“互联网＋智慧教学”，提高课堂教学效果；开展线上和线下相结合的混合教研培训，促进教师专业发展；通过评估和反馈，及时发现问题并解决问题，有效推动“互联网＋教育”精准扶贫促进薄弱学校发展。

（一）精准构建教育扶贫共同体

“共同体（community）”一词是“社区”“社群”之意。它作为社会学概念最早由德国著名社会学家和哲学家斐迪南·滕尼斯于19世纪80年代在《共同体与社会：纯粹的社会学的基本概念》一书中提出。他认为“共同体的理论出发点是人的意志完善的统一体，并把它作为一种原始的或者天然的状态”①。“凡是在人以有机的方式由他们的意志相互结合和相互肯定的地方，总是有这种方式的或那种方式的共同体”②。滕尼斯还把共同体分为血缘共同体、地缘共同体和精神共同体，认为“精神共同体是最高形式的共同体”。共同体的概念受到教育领域的关注，最早是著名的美国教育家杜威引入的。他认为，学校即社会，而社会则是由个人之间的互动而产生的思想与感情的共同体。基于共同体的理论与实践研究也逐渐发展起来，实践共同体、学习共同体、经济共同体、人类命运共同体等概念相继而生。从现代意义来说，共同体是指为实现共同目标或愿景而聚集在一起的群体、组织或团体。王继新等人认为，“以信息技术为依托建立

---

① 斐迪南·滕尼斯．共同体与社会：纯粹社会学的基本概念［M］．林荣远，译．北京：商务印书馆，1999：58.

② 斐迪南·滕尼斯．共同体与社会：纯粹社会学的基本概念［M］．林荣远，译．北京：商务印书馆，1999：65.

城乡基础教育均衡发展共同体，不仅可以促进区域优质教育资源的共享，还能够在城乡学校交互、教师交互、学生交互中促进城乡教师、学生和学校的共同发展”①。

薄弱学校的发展仅靠自身努力不够，靠政府支持也是不够的，借鉴共同体具有共同协商、共同参与，促进问题的解决和共同目标的实现这一特质，“互联网＋精准扶贫”视域下薄弱学校的发展共同体精准构建应该加强政府、高校、教学科研机构、企业与薄弱学校自身多方联动，形成高校专家指导、教科研机构人员引导、薄弱学校教师主导、企业技术人员协作与政府支持的方式，在充分发挥各自优势的基础上，构建真正能够有效促进薄弱学校发展的教育扶贫共同体。如此多方协同，深入精准诊断薄弱学校现存问题，并提供适切的实施方案，才能切实为薄弱学校发展“量身定制”，做好顶层设计和过程跟踪。

在扶贫共同体中，不同角色承担不同的工作职责：政府负责统筹总体工作，引领薄弱学校、高校专家、教科研机构、电教企业与社会力量等全程积极参与到教育精准扶贫过程中，同时也为薄弱学校提供相应的政策支持与经费支持；高校专家协同教科研机构提供学术引领、教研指导，为薄弱学校课堂教学质量的提高与改进、教学教研课题的申报与完成提供智力支持；企业根据学校的实际需求，提供教学所需的数字化教学平台以及优质的教育教学资源，同时提供专业的驻点技术支持，及时解决教师在教育技术方面的问题；而社会力量则提供社区服务等社会资源。

（二）精准识别学校发展需求

诊断学校发展问题，识别学校发展需求，是实施学校供给策略的重要环节，关乎教育精准扶贫是否取得显著成效，因此该阶段重点在于采集数据，并应用统计分析法建立用户模型，整合多样化的数据信息，从而分析归纳大数据背后隐藏的整体关联性和内在规律性。一是借助“互联网＋教育”精准扶贫平台采集学校、教师和学生三者的基本数据，并将数据分类存储到平台数据库中。其中，需要采集的数据包括两个部分内容：第一部分为基本信息。以教师为例，教师的基本信息含姓名、性别、年龄、学历、任职学校、授课科目、授课年级、授课薄弱点等。第二部分为需求信息，主要呈现学校、师生的需求。同样以教师为例，需求信息设置多道题目以了解教师的实际需求，部分题目如下：①知识点讲解中需要得到哪些帮助与支持？②课堂教学中需要哪些类型的数字化教学资源？③课后备课需要得到哪些方面的教研帮助与支持？④网络教研中需要得到哪些方面的教学与技术指导？等等。如此，分别向学校校领导、教师、学生了解其真实需求，分别调查学生的学习动机与学习效能，调查对象通过填写个人基本信息、需求单和自主发布需求等方式实现薄弱学校的数据录入，“互联网＋”平台通过大数据分析技术，将数据转化成帮扶需求信息，进而将数据进行归纳、总结和提炼，实现薄弱学校发展需求的准确识别。

本文将薄弱学校可能出现的需求主要归结为三类：第一类是面向师生资源获取与应用的需求，第二类是面向学生教学的需求，第三类是面向教师教研方面的需求。事实

---

① 王继新，吴秀圆，翟亚娟．共同体视域下的区域基础教育均衡发展模式研究［J］．电化教育研究，2018（3）：12－17．

上，薄弱学校的需求是这三个类别无法完全覆盖的，还包括资金投入、设备补充和校园文化建设等方面，但考虑到共同体的能力可及范围和实际可操作性，本文将“互联网＋教育”精准扶贫定位在教学、教研和资源三个方面，其他方面的需求暂不考虑。

（三）精准实施学校供给措施

第一，精准推送优质教学资源。主要包括个性化推送优质教育资源和开展数字化资源应用培训。高校专家协同教研机构教研员共同甄别和筛选有效的、实用的、符合薄弱学校师生需求的优质教育资源，这些数字资源含教学视频、教学设计、测验试题以及微课优课等。薄弱学校的教师根据学生的知识基础、兴趣爱好、学习风格等学情，结合资源浏览、下载记录，以及资源点击量和资源评价，确定资源内容和选取资源类型，为学生推送合适的资源。“互联网＋教育”精准扶贫，能够根据师生的真实需求，个性化推送资源，打破了传统流水线式“漫灌”资源的局面，以扶贫对象为中心，变被动接受为主动获取，变全面铺开为个性化推送，充分调动了师生的主动性和积极性，让他们根据自身需求主动获取，有利于真正实现“滴灌”式资源输送。这种个性化资源配置由“套餐”转变为“自助餐”，满足扶贫对象的个性化需求，有利于充分发挥数字化资源的实效。

为了薄弱学校师生更好地利用数字化资源辅助教学，解决“有建设，无应用”的问题，充分发挥数字化资源的辐射效应，实现扩大优质数字资源扩大面的目标，同时也为了满足薄弱学校师生开展日常教育信息化教学的需求，针对教师开展数字化资源应用培训，培训内容包括数字化资源筛选甄别、数字化资源制作、数字化资源改造、数字化资源辅助教学等，实现“点点用、改改用、创创用”①。

第二，精准开展“互联网＋智慧教学”。针对薄弱学校的学生个体差异大，大部分学生学习基础相对薄弱、学习动力不足、学习专注力较为低下、学习自信心不足，以及教师课堂效率低下，无法同时顾及少数的优秀生和多数的学困生，教学迷茫，干劲不足等劣势，如何既能激发大部分学困生的学习兴趣，提高其学习专注力和学习自信心，又能提高课堂教学效率和教学质量？开展“互联网＋智慧教学”已成为教育技术的新范式，也是一条积极探索促进薄弱学校优质发展的路径。智慧教学是“互联网＋教学”的典型新样态，但怎样的教学能够称之为智慧？纵观国内外近十年的智慧教学，可归纳为两种：一种是教师智慧地教，强调教师的教学机智；另一种是教师利用智能教学技术教，强调教师巧妙地利用智能技术。前者强调教师机智，教学改进就会进入不可言说的默会领域；后者强调智能技术，教学的核心就会失去焦点或是异化为技术论。因此，有必要加强两者的融合，找到两者兼备的教学模式和技术形态，实现教学与技术的深度整合。有学者认为，完备的智慧教学系统应该是集先进理念与操作系统于一体，兼具技术工具和教学价值双重理性，能够提供尊重差异的、多样化的、个性化的学习方式和学习

① 王创．以数字教材规模化应用促进信息时代的“课堂革命”［J］．广东教育（综合版），2019（3）：6－8．

资源，能有效促进学生养成自主学习意识和习惯，提高学生自主学习能力的技术支持系统。[①] 本文所说的“互联网＋智慧教学”指在移动互联教学环境中，教师通过智能教学平台和课堂观察等方式，记录和观察学生的学习行为，根据收集的学习数据进行教学诊断，有针对性地开展分层教学，以满足不同层次学校、不同层次学生的个性化需求的一种教学模式。如教育部在湖南省郴州市苏仙区柿竹园学校和白露塘镇中心小学，以及广东省广州市陈嘉庚纪念中学等薄弱学校开展的“互联网＋智能教学”提升薄弱学校品质提升项目，就是培训教师合理、有效地利用爱迪乐（IDIIL）教学系统[②]进行差异化教学，特别是提升学困生学习能力、促进全体学生进步的有益尝试。

第三，精准开展线上与线下相结合的混合教研。混合教研是基于优秀教师、高校专家和教科研人员帮扶薄弱学校教师的理念，通过智能学习平台为薄弱学校教师教研提供一个动态交流对话的空间，提供线上培训和线下教研两种方式促进薄弱学校教师能力的提升。其中，线上培训是定期或不定期组织高校专家、教科研人员与薄弱学校教师通过UMU[③] 等智能教学平台开展实时的线上培训活动，包括线上讲座、线上答疑、交流互动等活动；线下教研包括深入课堂观摩研讨课例、集体备课、同课异构等活动，薄弱学校教师可以将教案等内容发布到教学平台，帮扶人员及时答疑与指导，在交互中将优秀教学理念、方法等潜移默化地传授给薄弱学校的教师，不断地促进其专业发展。

（四）精准评价学校改进成效

学生能力的提升和教师专业的发展是一个持续、系统的发展过程，这个特点直接决定了教育精准扶贫效果评价的复杂性和动态性，因此，需要以“动态、实时”为核心对扶贫效果进行评价。这个环节采用不同的手段和方式分别对师生资源、教学和教研扶贫进行动态跟踪。一是采用问卷、量表法了解学校师生对资源使用的需求与满意度，并进行跟踪评价；二是采用问卷、访谈法了解学校教师、学生对教学质量、效率与满意度的看法，并进行跟踪评价；三是通过教师的教学日志、反思等方式了解教师对教研质量与其满意度的看法，并进行跟踪评价，及时调整和修正扶贫策略。学校师生每个月或每个学期结束后定期进行评价，并把相关数据和信息记录到平台中。随着教育扶贫实践的积累，每一所薄弱学校的师生数据都会不断增加，并记录在学校数字化档案里，不断更新档案中的数据，完整记录每位师生在帮扶过程中的发展过程与成长。通过这些相关的评价数据，可以直观、科学地呈现出整个“互联网＋教育”精准扶贫的效果，也可以及时地发现新的问题，若发现问题就反馈给精准实施阶段进行“病因诊断”，然后再循

---

① 卓晴君，邓立言．智能教学系统引导下的教学范式变革：以柿竹园学校初一课改试验为例［J］．中国电化教育，2017（10）：103－108．

② IDIIL 是美国爱迪乐教育研究院以麻省理工学院物理学教授徐启天博士带领团队研发的智能教学系统。IDIIL 是 5 个核心教学理念：个别化学习（individualized learning）、发现式学习（discovery－based learning）、互动式引导（interactive guidance）、渐进式发展（incremental development）、主体式学习（learner－centered instruction）的英文词组的第一个字母。

③ UMU 是“互联网＋时代知识分享与传播的学习平台”，可用于企业学习、学校教学等不同场景。

环到动态跟踪阶段，进行分类治疗与问题解决，如此循环往复的评估反馈和修正完善过程，能够提高扶贫的精准性，从而实现“互联网＋教育”精准扶贫促进薄弱学校的发展的目的。

五、总结与展望

利用“互联网＋教育精准扶贫”促进薄弱学校发展的研究已取得一定的成果，但是大部分研究仍处于教育扶贫的资源供给阶段。鉴于教师专业内生发展与建设，以及学生学习能力的提升是一个复杂、系统、动态发展的过程，本文引入共同体和智慧教学的概念，它有助于打破传统个体知识建构的局限，将薄弱学校的发展置于师生个体发展与社会经济发展的实践场域之中，同时借助“互联网＋时代”的技术力量和发展思维，跟随教育学和认知科学的实践和研究趋势，开展适切的智慧教学，引领学生的学习方式发生变革，教师教学流程再造，为学生提供有针对性的个性化学习，促进薄弱学校迈向优质发展是技术回归教育本质的实践。

澳门教育的生态审视与粤港澳大湾区教育合作展望

澳门中华教育会　郑洪光　澳门城市大学　周鸿*

摘　要：教育生态学为分析和认识澳门教育提供了一种生态审视的视角。研究澳门教育应该区分"在澳门的教育"和"澳门教育"。澳门教育有过剧烈、动荡不平衡的时期，但总体上具有持续性。澳门教育系统功能的实现具有特殊性，引导、保障的主体是社团，因此造就了澳门办学主体的多元化特性；课程决定权归属学校；校园文化多元；继承开拓群具有鲜明的澳门精神特征，确保澳门中华文化的主流地位。在社会功能的实现方面，澳门教育的政治功能、文化选择功能优势突出，科技创新功能则面临挑战。澳门高等教育生态系统构建较晚，面临诸多发展的困境；非高等教育在义务教育年限、课程选择、文化传承方面具有优势，但师资培训、课程建设、教学评估方面面临改革。粤港澳大湾区教育合作有利于澳门教育优势的发挥和传播；也有利于澳门走出生态困境，获得更大的发展空间，使系统更加健康。未来粤港澳大湾区的教育合作一定会打破现有生态系统限定，实现能量和师资、学生在湾区内无障碍流通。

关键字：澳门教育　生态　粤港澳大湾区　教育合作

2019 年，必将写在粤港澳大湾区建设史册上。2019 年 2 月 18 日，中共中央、国务院印发《粤港澳大湾区发展规划纲要》，明确了大湾区建设目标及总体思路；7 月，广东省委、省政府制定《关于贯彻落实〈粤港澳大湾区发展规划纲要〉的实施意见》和《广东省推进粤港澳大湾区建设三年行动计划（2018—2020 年）》，形成广东省推进粤港澳大湾区建设的"施工图"和"任务书"。《国家中长期教育改革和发展规划纲要（2010—2020 年）》明确对澳门做出"一中心"（世界旅游休闲中心）、"一平台"（中国与葡语国家经贸合作服务平台）、"一基地"（以中华文化为主流、多元文化共存的交流合作基地）的定位。对澳门的定位，建立在澳门历史的基础上，充分展现澳门的经济、地理和文化特色。

粤港澳大湾区的发展以科技为龙头，科技以创新为生命，创新以人才为根本，人才以教育为来源。为培养科技创新人才，《国家中长期教育改革和发展规划纲要（2010—2020 年）》提出，粤港澳大湾区要建成国际教育示范区。如今，教育领域的湾区合作正如火如荼地进行，特别是高等教育合作达到了新的高度；在非高等教育领域，粤港澳校

* 作者简介：郑洪光，澳门中华教育会理事长，澳门商训夜中学校长，教育学博士；周鸿，澳门城市大学教育学在读博士。

际互动频繁。粤港澳大湾区教育的合作与发展，真正体现了港澳和内地三地同胞“共担民族复兴的历史责任，共享祖国繁荣富强的伟大荣光”。本文拟从教育生态健康发展的角度审视澳门教育，尤其是现代教育的发展历程，明确澳门在大湾区教育合作中可以贡献的力量与澳门对教育改革的渴求，对未来湾区教育提出作者的愿景。

一、教育生态学考察教育的理论视角

教育生态学是一门综合性的边缘社会科学，位于教育学和生态学的交叉地带，除了融合教育学、生态学的基本原理，还渗透了心理学、社会学、经济学、管理学、系统工程学、教育史学等学科知识，是系统论、资讯理论、控制论横向学科思想指导下形成的一门新型学科。其理论体系还处于构建之中。但由于其构筑在教育学和生态学基础之上，所以最基本的原理是清楚的，那就是教育学的原理和生态学的原理（吴鼎福 & 诸文蔚，2004）。

“生态学”早在19世纪六七十年代出现时的本意指环境对生物影响的研究，后来被用来指一切动植物与环境之间关系的研究，再后来生态学的观点扩展到人类社会学领域，出现了人类社会生态学，研究人类与环境之间、人类与人类之间的关系。生态学的基本原理有两条：一是生态系统原理，二是生态平衡原理。生态系统指生物群体与其环境组成的自然体。

“环境”是相对于某一主体的概念，指的是围绕主体的外部世界。而人类生态环境有三种：自然环境、社会环境和文化环境。教育生态学即是研究教育主体所处的这三种环境及为实现教育生态平衡和生态系统的稳定发展所应采取的教育措施和方法的科学。也有人特别指出，教育生态学是依据生态学的原理，特别是生态系统、生态平衡、协同进化等原理……研究各种教育现象及其成因，进而掌握教育发展规律，揭示教育发展趋势和方向的科学（范国睿，2000）。综合不同概念所指，教育生态学是运用生态学的理论原理，是研究教育系统现象的一门教育科学（吴鼎福 & 诸文蔚，2004）。范国睿（2000）从文化、人口、环境及教育资源入手，对教育生态的影响因素加以分析。同时他还对学校的分布、校园环境进行生态学的分析。他把课堂也进行生态学的研讨，把教室的物理环境、座位编排、班级规模等因素都作为教育生态的组成部分。但他忽视了教育是人在从事的针对人的活动，这才是生态分析最关键的因素。吴鼎福等（2004）提出，教育的生态环境包括自然环境、社会环境和规范环境，还包括教育对象的生理和心理环境。他们认为，教育的生态环境呈现出多维镶嵌性；而教育的生态结构包括宏观和微观两个不同的层面；同时，教育生态与生物生态一样，都具有层次结构，也有水准结构。他还提出了一系列的教育生态基本规律，认为教育生态也具有演替和演化的一般原则，并对教育生态的评估和评价提出了自己的见解。这样的理论建构更有实用价值，也体现了教育生态学在短短几年时间的巨大进展。

依据理论研究成果，下文对澳门教育系统进行教育生态学的审视，发掘其教育的优势，明确其生态缺陷，并将它与粤港澳大湾区的其他城市进行比较，探讨粤港澳大湾区教育合作的路径和前景。

二、澳门教育的生态审视

澳门虽然陆地面积狭小，但历史悠久；其独特的发展历史，使教育形成了独特的生态体系。我们首先对澳门教育系统加以分析，然后按照教育分段分级的生态层次分析，最后把澳门教育与粤港澳大湾区其他城市的教育简要对比分析。

（一）澳门教育系统的生态特征

教育是社会的一个组成部分，同时它也自成系统；全人类的教育构成一个大的系统，不同地域的教育构成相对的小系统；澳门的教育也自成一个小系统。

教育生态学认为，教育系统与生态系统一样，分为多种层次，每个层次形成一种耗散结构。系统与外界进行着物质、能量、资讯等的交流和回馈，在时间和空间的维度上保持着有序的存在。社会系统还具有目的性，但教育系统是目的系统而不是自发系统。正常的教育系统处于动态的平衡之中，当系统的波动较大的时候，平衡就被打破，可能给系统带来危害。教育系统有它内在和外在的生态功能，其功能的实现依赖教育的三大功能：引导保障群、传导开发群、继承开拓群。它们之间的传递除了能量流、物质流、资讯流之外，还有价值流、知识流、能力流等；教育系统的外在功能包括对政治的服务、对经济的奠基、对科技的创造和传承、对文化的选择。

澳门教育之所以容易给人造成错觉，一个重要的原因是我们长期没有区别清楚“在澳门的教育”和“澳门教育”。这两个出现在澳门的“教育”所指迥然。何谓“在澳门的教育”？从 16 世纪中期起，葡萄牙人出于他们传播宗教的需要，1594 年在澳门建立了亚洲最早的高等教育机构——圣保禄学院（李向玉，2000）；19 世纪中后期强占澳门后，开办的所谓“公办学校”，仅为葡萄牙人和少数外国人服务，也不是为澳门公众服务的。基于这样的事实：葡萄牙人在澳门开办的高等教育、非高等教育既不属于澳门人民，也不为澳门服务，它是葡萄牙教育系统在澳门的派生，本质上属于葡萄牙教育系统，却在澳门出现，我们把这种教育叫“在澳门的教育”。当然，“在澳门的教育”并非仅是葡萄牙教育，还包括中华传统教育。但是澳门自古就是中国的领土，所以在澳门一直存在的中华传统教育。

何谓“澳门教育”？我们认为，应该是在澳门产生或延续，并服务于澳门社会的教育才是澳门教育。据此认识，澳门教育可以分为两个部分：第一部分是指虽从澳门以外的地区传入，但在澳门发展，其功能是服务于澳门的教育；第二个部分是指澳门本地产生的教育。这两个部分就构成了澳门教育的系统。前者又包括了长期在澳门存在、从未中断的中华传统教育；也包括虽从葡萄牙进入，但后来培养本土葡萄牙人和极少量华人的葡式教育。后者指不同主体在澳门开办的、服务于澳门的各类教育。笼统地把澳门回归前的教育称为“奴役性殖民教育体系”（冯增俊，江健，郭华邦，周红莉，邹一戈，2010），我们认为值得思考。当然，澳门回归后，澳门政府发挥其主体作用，制定了《澳门教育制度》《澳门高等教育法》等政策法规，这是完善和壮大澳门教育生态系统的一大举措。

正是外来的教育与澳门本土产生的教育，共同构成了澳门教育系统。这个系统在与教育之外的社会系统进行物质、能量、资讯、价值、知识、能力交流的时候，不同的历

史时期，呈现出不同的特点。葡萄牙人主办的教育，为少数本土葡萄牙人和少数外国人服务，但由于当时葡萄牙人占据统治地位，反而具有充分的物质条件，传递葡萄牙人的价值理念，丰富葡萄牙人的知识和能力；而传统华人教育长期沿袭着华人私塾的教育模式，由于华人在澳门居于被统治地位，所以教育随时面临着中断的危险，在物质、能量的交换中处于不利地位。但是，正是华人在教育上的坚持，才使中华民族的传统价值观念、中华文化在澳门地区保存并发扬光大，这是澳门教育不应该被忽略或藐视的原因之一。

澳门教育系统的构成预示了它剧烈的波动性。当华人受到严重打压或在经济上、政治上遭受挫折时，华人的教育就会受到影响，比如私立学校难以生存。这实质是教育内部的生态被破坏、平衡被打破的一种表现。澳门教育给人的印象是时断时续，就是由此引起的，这是澳门教育系统的又一原因：历史上有过剧烈的动荡时期。

澳门教育的第三个明显特征是，三大功能群的特殊性。从某种意义上来讲，教育的引导保障群，决定了教育系统的发展方向和性质，也决定了教育功能的发挥。在澳门，由于葡萄牙人长期“只取不建”的殖民掠夺思想，以至于对华人教育没有更好的引导和保障，这一功能自然地落到了民间，所以形成了直至今日澳门教育的又一大特色：澳门的民间社团开办和管理着大量的教育机构，特别是中小学，有90%以上由教会、中华教育会、街坊总会等社团兴办。因为私立学校的主办者多为民间自发的社团，所以在如师资的培训、教学内容的选择、教学的组织形式等方面水准参差不齐，难以进行统一的评价活动。这就造成了澳门教育的再一个特点：办学主体多元，课程决定权归属于学校；校园文化丰富，特色明显。

无论社会如何动荡，周遭环境如何改变，一代代澳门人，在澳门这块土地上，继承了中华文化中忍辱负重、坚贞不屈、顽强拼搏的民族精神，使澳门迈过被占领殖民的专制时代，直到回归以后，走向欣欣向荣。澳门继承开拓群体的特色也是鲜明的。

除了培养人才的内在功能，教育系统还有为政治服务、为经济奠基的功能。澳门教育在为政治服务方面，经历了一条曲折却光辉的历史。对中国人民和中华民族来说，最大的政治就是祖国统一和民族团结，不管是哪个历史时期，澳门教育主流坚定地站在中华民族一边，确保了政治功能的实现；澳门以弹丸之地，成为世界发达地区，人均经济水准居于世界前列，这与澳门教育密切相关（刘祖云 & 孙秀兰，2012）；文化选择方面，在自由多元的环境下，选择中华文化更突显了澳门教育的智慧和正能量。但是，科技创新方面，澳门教育仍面临巨大的挑战。

以上是从教育生态学的角度对澳门教育整体的认识。下面将从高等教育和非高等教育两个层面，对澳门教育进行简要分析。

（二）澳门高等教育和非高等教育的生态审视

在澳门，高等教育发展历史悠久，但真正的澳门高等教育迅猛发展是最近三四十年的事。澳门被葡萄牙人强占后举办的官办教育，包括高等教育，仅是为葡萄牙人和少数外国人服务的机构。占澳门绝大多数人口的华人则被排除在高等教育之外。私塾教育华人子弟，教育内容和方式谈不上现代高等教育（于汝霜 & 陈小红，2009）。这种局面延续到20世纪70年代。

从教育生态学的视角分析，这段时期澳门的高等教育既与社会治理结构相适应，又与社会需求相矛盾。教育生态学认为，教育作为社会的一种构成，其环境因素有三种：自然环境、社会环境、规范环境（文化环境）。自然环境指的是地理空间、人口结构、各种自然资源等。澳门的地理空间狭小，但由于葡萄牙人占领，逐渐发展成为沟通中西贸易的港口，海港成为重要的自然资源；而其人口结构主要为社会底层的华人和统治者葡萄牙人。社会环境指社会阶级阶层、行政制度、种族差异、社会资源配置、政治经济制度等。葡萄牙人处于社会上层，其高等教育为葡萄牙人服务；华人处于社会底层，常被忽略、被漠视，得不到高等教育资源。从这方面考察，这段时期的高等教育状况与社会治理结构是相适应的。规范环境又指文化环境，指的是民族思维方式、意识形态、价值观念、风俗习惯、道德观念和情感等。澳门华人族裔长期以来勤俭耐劳，沿袭中国传统的教育理念，重视道德教育和实用科目（比如一般生计中的算术、书写等），对现代高等教育缺少强烈的要求和渴望。但是，随着澳门经济的发展，这种不正常的高等教育体制严重限制了澳门经济的进步。从生态学层面来讲就是“限制因数”。限制因数遵循李比希最小量定律，指的是某些因数会成为生物发展的关键限制因素，如果环境中限制因数的量低于最小含量，生物发展就会受到限制。澳门经济长期不振，除了澳葡政府“只取不建”的政策外，更重要的原因就是高等教育的缺失，导致澳门引领性人才的严重匮乏，不管是传统行业，还是现代行业，不管是生产领域还是学术领域，澳门长期落后于与它关系密切的西方社会，甚至落后于命运类似的近邻香港（刘祖云 & 孙秀兰，2012）。

1974 年，葡萄牙发生了所谓的康乃馨革命，建立了共和国，承认澳门的主权属于中国，也承认澳门更多的发展权，澳门的发展逐渐受到重视。社会环境的改变，也改变了澳门高等教育发展的局面。1981 年，几位港商在澳门兴建了东亚大学，这是澳门第一所现代化大学。1987 年《中葡联合声明》发表，澳门回归中国已成定局。出于社会和政治的种种考虑，澳葡政府收购东亚大学，澳门从此有了第一所公立大学。1991 年，东亚大学本部更名为澳门大学，其理工学院独立出来成为澳门理工学院。接下来的 20 年时间里，澳门建立了以澳门大学为龙头，公立和私立兼备的高等教育体系。但也有人认为，政府控制高等教育是一种调节社会流动的手段（冯增俊，1999；刘羡冰，1999）。从教育生态的角度看，是控制着教育系统能量流的输入输出，以实现对社会系统的控制（贝磊 & 古鼎仪，2006）。澳门回归 20 年来，其高等教育蓬勃发展，正在充分利用和发挥国际自由港口、东西文化交汇地带的优势，完善自己的体系，扩张自己的领域。

从教育生态学的角度来看，澳门高等教育生态的建立，既有政府的作用，又与政府的放任政策紧密相关。其建立来自澳葡政府对后殖民时期安排的政治考虑；但正是由于澳葡政府放任自由的政策，使私立高等教育在澳门生根发芽。回归后，特区政府有意识地从法律法规、政策优惠等方面促进高等教育的发展。而澳门高等教育的发展，为澳门培养本土化人才创造了条件。昔日没有本地高等学校，澳门居民只有去香港、台湾地区，甚至到东南亚、欧美国家接受高等教育，造成资源的流失，不利于澳门经济的发展，也不利于社会的进步。本地高等教育的发展，为“一国两制”下的“澳人治澳”提供了人才基础。

1. 澳门高等教育生态特点。澳门高等教育的生态特点是：构筑在多元文化的基础上，充满爱国爱澳的活力。但从教育生态学的角度分析，澳门高等教育受到一系列限制性因素的影响，主要体现在以下几个方面。

（1）经济总量的规模限制了澳门高等教育的发展。从历史上看，经济并不是高等教育发展的绝对且决定性因素。但正如生态学原理所述：在某些条件下，一些因素会成为生物体发展的决定性因素，这些决定性因素被称为限制性因素。当澳门的经济总量达到一定程度时，其地域和人口总量限制了其经济总量的突破，而经济总量从就业总人数、需求总量等方面限制高等教育的发展。

（2）产业结构限制了高等教育的发展。据相关研究显示，澳门人才集中在旅游度假方面，而其他方面均远逊于粤港澳大湾区的其他城市。这与澳门长期以来的产业结构单一紧密相关。

（3）研究环境限制了专家人才的集聚。由于产业结构的影响，许多决定着未来的专业人才难以在澳门建立实验室或难以形成产学研一体的现代学术集成。高等教育的许多专业也缺少国际舞台领军人才。

（4）就业环境的单一限制高等教育的发展。博彩业是澳门吸引就业人数最多的产业，但博彩等服务行业所需人才的门槛较低，待遇较好，本地青年不需要完成高等教育也可以得到令其满意的工作，促使本地青年接受高等学校的积极性不高。

（5）周边地区高等教育发展对澳门高等教育形成挑战。近几年来，澳门临近地区高校增多，开放程度加大，招生政策灵活，使澳门原有的地理位置优势和文化区位吸引力渐渐失去（于汝霜 & 陈小红，2009）。

以上这些问题正是在粤港澳大湾区教育合作中，可以逐渐得以解决的。

2. 澳门非高等教育生态特点。澳门教育被称为世界一“奇”，“奇”在几百年被西方国家占据，却保留着深厚的中华文化传统，东西方文化和谐共生于弹丸小城；“奇”在公私立并存，私立为主，共为民众生活服务。从生态环境的角度分析，这些所谓的“奇”并不奇，一切都是由于独特的环境造就。

葡萄牙人寄居澳门后，已在文化环境埋下了中西合璧的基因。16 世纪八九十年代，在利玛窦来澳前后，各天主教团体在澳门兴建教堂、修道院，接纳华人入教者学习，加强西方文化的传播力度；同时来华传教的人士要在澳门接受华语及中华文化的训练，加强了西方人对中华文化的了解。澳门教育的萌芽建立在宗教的基础上，其目的也是为宗教服务。

从明朝后期到清朝，传教士在澳门的活动连续不绝，在澳华人兴办传统私塾教育子弟也颇受人们称颂。前者的出路在传教，后者的出路在科举。创办私塾断断续续，有的传教士在其基础上建立近代澳门西方教育模式的正规学校。

鸦片战争后，清政府同意五口通商，澳门与西方商贸往来的地位降低，逐渐被香港、上海所取代，以普通沿海商贸城市进入资本主义时代。随着人口结构的改变，教育出现了历史新样态。葡萄牙的历史地位逊于英国，在澳的葡萄牙人口相对减少，华人相对增加。葡萄牙人官方只管葡文教育，而无视绝大多数华人的教育，华人被迫以社会团体私立学校的形式承担起华人教育的责任。这种传统一直延续到澳门回归，甚至回归以

后，非高等教育中的私立学校很多仍然属于社会团体。

民国初年，在澳门的一些热心人士办起了新式幼稚园、小学和中学，进一步完善了澳门的非高等教育生态系统。同一时期，会计、英语等职业教育学校也兴办起来（郭锋，1999）。

但是，由于澳葡政府对澳门采取“只取不建”的政策，对教育尤其是华人教育不关心，教育经费支出占财政开支很少，而这些经费也仅用于官办的几所学校；绝大多数私立学校不能得到政府的扶助，非高等教育生态处于一种自生自灭、畸形发展的状态。直到 20 世纪 70 年代中葡萄牙建立共和国后，澳葡政府才成立私立教育辅导处，对私立学校发放津贴，但与公立学校相比仍然很少。80 年代末到 90 年代初，占澳门学校总数 5% 的官办学校可得总资助经费的 70% 以上，而占总数达 95% 的私立学校能得到的不足总经费的 30% 。可见，那段时期澳门的非高等教育生态处于一种畸形状态。

除了学校的官私立差异较大，在课程设置、教材选用、学业水准等方面，非高等教育差异也较大。在此时期，澳门没有统一的课程要求，各学校根据自己的办学情况提出升级、毕业水准，所以学生的学业成绩差别较大。加之缺少统一的升学标准，非高等教育的品质不稳定。

进入 20 世纪 90 年代中期以后，澳葡政府出于种种考虑，开始从支助私立学校入手，建立公共教育网路。如 1995 年开始实行普及 7 年免费教育；1997 年开始普及 10 年免费教育，并开始推行回归教育计划，回补未达到小学和中学水准的人达成相应的教育水准。

澳门回归祖国 20 年来，澳门非高等教育总体保持以私立为主、私立官助的形式，教育生态保持稳定繁荣的局面。

澳门非高等教育具有“办学自由，宗旨多元，私立为主，课程丰富”的特质。但正如生态学原理揭示的，任何一项因素，如果超过了一定的程度，就可能成为生物体发展的限制性因素。下面从教育生态学的几条原理来认识澳门非高等教育发展的限制性因素。

（1）最适度原则。生态链中，每一个环节都有它最适度的表达，当这种“适度”遭到破坏时，生态系统就变得不稳定。澳门非高等教育中，课程的设置及实施，缺少大家都认可的标准，办学的自由程度触及最适度原则的底线。

（2）生态位法则。在生态系统中，每种生物都有自己的“生态位”，即亲缘关系接近的物种不在同一个地方竞争同一生存空间。而澳门的非高等教育结构中，私立学校和公立学校处于相同的生态位，其竞争越来越激烈，如何面对这种状况是对办学者智慧的考验，也是对教育系统持续健康发展的考验。

（3）结构原理。生态系统由不同的成分构成，各成分之间有不同的比例关系配置。澳门非高等教育各部分之间比例并不是最佳状态，尤其是中学毕业生与高等学校之间的比例关系，造成了学生学习动力不足、学习要求降低等现象。另外，幼儿园、小学和中学的层次结构也是需要考察的内容。

三、粤港澳大湾区教育合作展望

基于以上对澳门教育的生态审视，结合大湾区建设的历史机遇，我们相信，澳门教育的特色值得粤港澳大湾区其他地方借鉴；参与粤港澳大湾区教育合作，也能缓解澳门教育的生态危机。这主要体现在以下几个方面。

1. 教育系统必将更加开放，交换能量，形成互补。澳门受地域限制，人口总体保持稳定，但流动人口呈自然增长态势，引发教育结构危机。非高等教育各学段之间、非高等教育和高等教育之间、高等教育各专业之间、普通高等教育和职业教育之间都有结构矛盾之忧。同时，广东高校和粤港澳大湾区其他城市也存在着类似矛盾和问题。从表现上看，澳门教育的结构正好可以与广东形成互补。非高等教育若能突破现阶段而建立“姊妹学校”，更进一步在课程交换、课程考核、成绩互认甚至学生交流方面合作，能促进澳门和粤港澳大湾区教育生态更加平衡完善。

2. 高等教育的合作，必将突破目前的异地办学，集中粤港澳大湾区各地高等院校优势科目，举办粤港澳大湾区示范院校，既能突出澳门和内地院校的地位，又取得更多创造创新性成果。尤其是产学研结合，突破澳门和内地的法律障碍，走向全面的开放，全面实现教育的外在功能。

3. 非高等教育各学段必将实现无障碍流动，实现生态系统内外能量、智慧、物质的自由交换，保持两地教育生态的活力。

教育是事关粤港澳大湾区人才培养的关键环节。希望两地教育界及社会各界的人士都来关心它，都毫无保留地提出自己的见解，推动粤港澳大湾区教育合作向更高层次、更有效率地开展。

参考文献

[1] 贝磊，古鼎仪. 香港和澳门的教育：从比较角度看延续与变化［M］. 北京：人民教育出版社，2006.

[2] 范国睿. 教育生态学［M］. 北京：人民教育出版社，2000.

[3] 冯增俊. 澳门教育概论［M］. 广州：广东教育出版社，1999.

[4] 冯增俊，江健，郭华邦，等. 澳门回归十周年教育发展战略与未来走向［J］. 教育研究，2010（1）：69－74.

[5] 郭锋. 澳门教育发展的回顾与展望［J］. 比较法研究，1999（1）：125－135.

[6] 李向玉. 圣保禄学院在中西文化交流中的作用及其对我国近代教育的影响［J］. 清史研究，2000（4）：77－82.

[7] 刘羡冰. 澳门教育史［M］. 北京：人民教育出版社，2002.

[8] 刘祖云，孙秀兰. 澳门经济结构与教育结构失衡研究［J］. 亚太经济，2012（5）：144－148.

[9] 吴鼎福，诸文蔚. 教育生态学［M］. 南京：江苏教育出版社，1995.

[10] 于汝霜，陈小红. 高等教育生态学视野中澳门高等教育的发展［J］. 理工高教研究，2009，28（3）：108－118.

启航扬帆　合作发展

——面向 2035 的粤港澳大湾区教育合作发展

澳门广大中学　陈建邦*

摘　要：习近平总书记在党的十九大提出中国 2035 年基本实现社会主义现代化；中共中央、国务院先后印发《中国教育现代化 2035》《加快推进教育现代化实施方案(2018—2022 年)》。2018 年 10 月 24 日港珠澳大桥正式通车。2019 年 2 月 18 日中共中央、国务院印发《粤港澳大湾区发展规划纲要》。如何培养人才配合国家发展，粤港澳大湾区教育界任重道远，须探讨教育合作发展有效机制。

关键词：2035　粤港澳大湾区　教育合作发展

一、新时代

党的十九大报告提出了中国发展新的历史方位，中国特色社会主义进入了新时代。党的十九大报告中提出，综合分析国际国内形势和我国发展条件，从 2020 至 21 世纪中叶，可以分两阶段：第一阶段为 2020 年至 2035 年基本实现社会主义现代化。即我国的经济实力、科技实力将大幅跃升；跻身创新型国家前列，人民平等参与，平等发展权得到充分保障，法治国家、法治政府、法治社会基本建成；各方面制度更加完善，国家治理体系和治理能力现代化基本实现；社会文明程度达到新的高度，国家软实力显著增强，中华文化影响更加广泛深入；人民生活更加富裕，中等收入群体比例明显提高，城乡区域发展差距和居民生活水平差距显著缩小，基本公共服务均等化基本实现，全体人民共同富裕迈出坚实步伐，现代社会治理格局基本形成，社会充满活力又和谐有序；生态环境根本好转，美丽中国基本实现。第二阶段从 2035 年至 21 世纪中叶，在基本实现现代化的基础上，再奋斗 15 年，把我国建成富强、民主、文明、和谐、美丽的社会主义现代化强国。

党中央为国家发展绘出蓝图，教育工作者助力实现愿景，既是神圣使命又是义不容辞的责任，是新时代赋予的新使命。

---

* 作者简介：陈建邦，现任澳门广大中学（附小幼部）校长，澳门中华教育会副秘书长，澳门特别行政区第五任行政长官选举委员会委员，安徽海外联谊会理事。先后任职于澳门公立、私立中学（均涵盖正规教育及成人教育），曾连任两届澳门非高等教育委员会委员，任职于澳门特区政府教育暨青年局十余载，曾连续两年任教澳门监狱在囚人士课程。

二、新使命

2019 年 2 月，中共中央、国务院印发《中国教育现代化 2035》，其中明确了八项“更加注重”，十大战略任务，到 2035 年，总体实现教育现代化，迈入教育强国行列，推动我国成为学习大国、人力资源强国和人才强国，为到 21 世纪中叶建成富强、民主、文明、和谐、美丽的社会主义现代化强国奠定坚实基础。《中国教育现代化 2035》为教育指明发展方向，明确科技兴国、人才强国战略，提出教育现代化的八大基本理念（包括推进教育现代化的总体目标，其主要发展目标是建立服务全民终身学习的现代化教育体系；普及有质量的学前教育；实现优质均衡的义务教育；全民普及高中阶段教育；职业教育服务能力显著提升；高等教育竞争力明显提升；残疾儿童少年享有适合的教育；形成全社会共同参与治理的新格局）。

国家部署面向教育现代化的十大战略任务，同时明确了其实施路径和三个方面的保障措施，其意义重大，影响深远，是教育发展的指路明灯。继印发《中国教育现代化 2035》，中共中央、国务院印发《加快推进教育现代化实施方案（2018—2022 年）》（以下简称《实施方案》），提出十项重点任务：一是实施新时代立德树人工程。二是推进基础教育巩固提高。三是深化职业教育产教融合。四是推进高等教育内涵式发展。五是全面加强新时代教师队伍建设。六是着力推进教育信息化。七是实施中西部教育振兴发展计划。八是推进教育现代化区域创新试验。九是推进共建“一带一路”教育行动。十是深化重点领域教育综合改革。

《中国教育现代化 2035》及《实施方案》拉开了我国教育现代化进程的序幕，吹响了改革前行的号角。这是新时代教育界的新使命。履行新使命，须拓新路径。

三、新路径

2019 年 2 月，中共中央、国务院印发《粤港澳大湾区发展规划纲要》（以下简称《纲要》），为面向 2035 年的粤港澳大湾区教育合作发展给予政策支持，构筑实施平台，提供落地保障。

粤港澳大湾区教育交流合作、共谋发展，有着良好的先天条件：首先是语言相通（粤语为主，普通话为辅）；其次是地域相邻，交通极为方便；再次是大湾区的文化、教育、经济、产业发达（2017 年 GDP 总值达 15 134. 2 亿美元），国内四座一线城市粤港澳大湾区占据一半（深圳、广州）。改革开放 40 多年来，高端人才移民令区域内人口质素优于内陆，更重要的是有国家政策扶持，以《纲要》为标志的一系列利好政策均有利于大湾区教育在全面深入交流合作、谋求发展基础上，实现教育现代化，进而成为全国亮点、标杆、领头羊。与此同时，培育科技创新人才，助力实现一流湾区的创新发展集群化，经济发展高端化，营商环境优质化，基础设施一体化，产业分工协作化，方能使澳门处于新时代，履行新使命，拥有新思维，开拓新路径，不负中央政府厚望，回应新时代呼唤。

1. 粤港澳大湾区在高校层面的教育合作发展：粤港澳合作办学，共建优势学科、实验室和研究中心，资源共享，提升区域内高校整体水平，促使科研成果分享转化；以

三地高校联盟为平台，探索互认特定课程学分，实施灵活的交换生安排，促进人才流通；鼓励、支持港澳青年到内地就读，对持港澳居民来往内地通行证者，给予与内地居民身份证同等待遇；善用港澳窗口，在大湾区建设国际教育示范区，引入世界知名大学和特色学院，促成名校建立。

充分发挥澳门中葡双语人才培训基地的作用，以及旅游教育培训（以澳门旅游学院、澳门理工学院为代表）和旅游发展的经验优势，构建粤港澳大湾区旅游教育培训基地，发挥香港大学等香港几所世界著名高校之优势，引领湾区高校发展，培养面向2035 年所需专才，在金融、贸易、航运、医药、服务等方面向粤港澳大湾区作经验分享。而深圳、广州等地区更是高新科技、科技创新、文创产业的大平台，绝对可以助力粤港澳大湾区教育合作发展。

粤港澳大湾区九市和两个特别行政区中，九市拥有充足地域、人口，且具产业基础，可在职业教育招生就业、培养培训、师生交流、职业竞赛等方面广泛合作，创新内地与港澳合作办学方式，实现各类职业教育实训基地交流合作，共建共享一批特色职业教育园区。这对港澳特别是澳门的确是福音：解决了澳门这方面的多年瓶颈之困。

2. 粤港澳大湾区在非高等教育方面的教育合作发展：大力加强基础教育交流合作，以粤港澳三地中小学校缔结“姐妹学校”为契机，在学校管理、课程设置、教学教研、师资培训、学生交流等方面广泛、恒常地展开交流合作，优势互补，资源共享，共同发展。

粤港澳三地幼儿园探索缔结“姐妹园”，在幼儿教育活动设置、教育理念等方面相互借鉴。特别是港澳地区中小幼“一条龙”学校，在办学特色与经验、国际课程等多与九市同行分享。而内地幼儿教育同行在区域活动、主题教学、体能课程方面，也向港澳业界传授，携手共进。

3. 粤港澳大湾区在人才交流培训方面的教育合作发展：研究、探索试行，进而实施粤港澳大湾区中小学教师、幼儿教师到九市考取教师资格并任教，同时开辟九市名校长、优秀教师以访问学者身份短期进驻港澳学校，以实地面对面、手把手的交流，助力师资队伍的成长。我们有理由相信，港澳与九市互派校长、骨干教师跟岗，效果必彰。

活化、扶持粤港澳大湾区各级各类教育人才培训交流，澳门、香港应善用九市强大且雄厚的教研力量，在师资培训方面“借鸡生蛋”，投入少，收益大。

广东七市可借鉴港澳经验做法，吸引国际高端人才，完善国际化人才培养模式，加强人才国际交流合作，推进职业资格国际互认。澳门则须加大创新型人才和专业服务人才的引进力度，优化、提升人才结构。

4. 粤港澳大湾区在青少年交流方面的教育合作发展：加强粤港澳大湾区青少年交流，作为重点项目的“粤港澳青年文化之旅”、香港“青年内地交流资助计划”、“澳门千人计划”行之有效，宜继续之。在粤港澳大湾区为青年提供创业、就业、实习等工作机会，举办粤港澳大湾区青年高峰论坛，促进粤港澳大湾区青年人交往、交流，扶持港澳青年融入国家，参与建设。强化粤港澳大湾区青少年爱国教育，加强法治意识，使之了解国家历史。共建一批研学游学基地，持续开展青少年研学旅游合作，推动粤港澳大湾区青少年认识中华文化，培养家国情怀，提高“四个自信”。

四、结语

《中国教育现代化 2035》部署面向教育现代化的十大战略任务。其中立德树人、义务教育公平、全民终身学习、提高教师地位等方面澳门特区政府做出了较好成绩，而在提升一流人才培养创新能力，现代职业教育，建设高素质专业化创新型队伍，加快信息化时代教育变革，开创教育对外开放新格局，推动教育治理体系和治理能力现代化等方面，善采他山之石，取长补短，完成历史重托。

面向 2035 年，对教育工作者而言，关键在于认清形势，坐言起行，千方百计培养未来人才。

在工业革命 4.0 的新时代，数字经济已经成为主流。资料显示，近 30 年来，全球市值前十位的公司，由 1990 年金融（银行）占 60%，至 2019 年互联网软件占 70%（其中美国 50%、中国 20%）。高科技专业、创新成为强国必要前提。我们培养的人才必须是有正确价值观、深厚的中华文化底蕴、家国情怀、终生学习能力、勇于开拓、全人发展的创新型人才。面对机遇与挑战，我们粤港澳大湾区教育工作者，当勇立潮头，担起育人重任。

在为实现“两个一百年”奋斗目标和“中华民族伟大复兴的中国梦”的时代背景下，教育者将面临更多机遇。在此历史节点上，各位须认清形势，不断学习，修齐治平。身为粤港澳大湾区的一分子，我们豪情满怀，启航扬帆，合作发展，面向 2035，培养人才，共赢未来。

参考文献

[1] 中国共产党第十九次全国代表大会关于十八届中央委员会报告的决议［EB/OL］.(2017－10－24)［2019－10－15］. http://www.xinhuanet.com//politics/19cpcnc/2017－10/24/c_1121849794.htm.

[2] 中共中央、国务院印发《中国教育现代化 2035》［EB/OL］.(2019－02－23)［2019－10－15］. http://www.xinhuanet.com/politics/2019－02/23/c_1124154392.htm

[3] 中办国办印发《加快推进教育现代化实施方案（2018—2022 年）》［EB/OL］.(2019－02－24)［2019－10－15］. http://pohitics.people.com.cn/n1/2019/0224/c1001－30898641.html.

[4] 中共中央国务院印发《粤港澳大湾区发展规划纲要》［EB/OL］.(2019－02－19)［2019－10－15］. http://politics.people.com.cn/n1/2019/0219/c1001－30804105.html.

先行示范区建设与深圳教育未来发展

深圳市教育科学研究院　叶文梓*

摘　要：文章分析了深圳教育先行示范的背景与内涵，设想了三个阶段的主要目标，提出深圳教育要先行先试，必须要解决公平、质量和教育生态三大问题，要切实加强党对教育的全面领导，加强学习和研究，聚焦教育体制改革和制度变革，推动各级各类教育高质量发展，大力推进教育法治建设，扩大国际教育交流与合作以及全力推进智能教育。

关键词：先行示范区　深圳教育

2019 年 8 月 19 日，党中央、国务院发布了《中共中央　国务院关于支持深圳建设中国特色社会主义先行示范区的意见》（以下简称《意见》），围绕这个主题就深圳教育先行示范给大家做一个汇报。

一、深圳教育先行示范的背景与内涵

深圳从一个小渔村发展到现在确实不容易，作为深圳人也是心怀感恩。先行示范区是国家又一个重大战略，是改革开放的新高度，是中国特色社会主义的新征程，是深圳的责任和使命。《意见》要求教育实现“幼有善育，学有优教”，提出“支持深圳在教育体制改革方面先行先试，高标准办好学前教育，扩大中小学教育规模，高质量普及高中阶段教育。充分落实高等学校办学自主权，加快创建一流大学和一流学科。建立健全适应‘双元’育人职业教育的体制机制，打造现代职业教育体系”。我们怎么理解深圳教育先行示范，又如何做到先行示范？这是我们需要思考的。

建设先行示范区，其实是一个过程，应该要放到特定的时代背景下来理解。我觉得有四个背景需要关注。第一，这是百年未有之大变局，在这个大变局下我们必须坚定走中国特色社会主义道路，致力于培养社会主义建设者和接班人，这是由大变局的不确定性对我们所提出来的。第二，我们在这个阶段奋力于两个百年目标和民族复兴，就要求我们必须坚持发展是硬道理，必须全面走向高质量发展的道路，全力建设创新中国，必须致力于培养各类创新人才。没有创新人才、没有发展，中国肯定不可能振兴。第三，我国正加快教育转型发展，2018 年召开了全国教育大会，党中央、国务院颁布一系列有关教育的重要文件。这样一个教育大背景就要求我们更加重视尊重教育规律，按照教育规律办事，真正像办教育一样办教育，不要像办工厂、办企业这样办教育。第四，深

---

* 作者简介：叶文梓，深圳市教育科学研究院院长，研究员，博士生导师。

圳建市已经40年，四十不惑，又适逢粤港澳大湾区战略全面实施。这四个时代背景，决定了先行示范的内涵。

先行示范不只立足深圳，而是立足全国。先行示范不是对标国内，而是对标全球。先行示范不仅仅是解决当前的问题，而是为了谋划未来。先行示范不是要你循规蹈矩来做，而是允许你、鼓励你甚至期待你突破边界。笔者认为深圳先行示范区有三种类型。第一类是国家有方向和目标，但是路径不明确，希望深圳率先实践，走出一条路。比如我们说要培养创新型人才，这是国家期待的，但是路径不清楚，那么深圳率先走出一条路。第二类是教育实践已超越现有的规章制度，甚至超越现有的法律法规，希望深圳率先突破，形成新规章、新制度、新法律。第三类是未来发展需要，但这一类目前还无人触及，政府希望深圳率先创新，走出一条通向未来之路。

二、深圳教育先行示范的主要目标

在追问目标是什么的前提下，最根本的就是怎么追问目标。深圳先行示范的目标，首先就是要体现先行示范的性质，要回应人民的教育需求，要适应教育的未来发展趋向，要与深圳先行示范区建设的目标相适应。用这样的思路来追问先行示范的目标，可以与深圳先行示范区建设三个阶段相适应，把深圳教育先行示范的目标也设想为以下三个阶段。

第一阶段，到2025年，与深圳建成现代化国际化创新型城市相适应，教育要成为民生幸福的标杆，深圳要成为国内教育的先进城市。这一阶段，深圳教育要以解决公平问题为重点，超常规加快学位建设，保障学位供给；要在促进原特区内外的教育均衡上取得实质性突破；要在促进公办与民办教育均衡发展方面有显著成效；要在促进户籍学生与非户籍学生教育公平方面有根本性改变；要进一步夯实教育发展基础，关注每一个孩子；要在办人民满意的教育上迈出实质性步伐。经过这一阶段发展，深圳教育要从当前居于全国教育发展第一方阵稍后位置提升到全国教育发展第一方阵的前沿位置。

第二阶段，到2035年，与深圳成为我国建设社会主义现代化强国的城市范例相适应，深圳要成为全球教育发达城市。这一阶段，深圳教育要以解决高质量发展为重点，各级各类教育要全面实现高质量发展：要有一批高质量发展的示范幼儿园和中小学，要有几所国际一流大学和一批国际高水平学科；要形成国内一流、世界先进的教育高质量发展的深圳标准。经过此阶段发展，深圳教育要实现从国内教育第一方阵迈向全球教育第一方阵的跨越。

第三阶段，到21世纪中叶，与深圳成为竞争力、创新力、影响力卓著的全球标杆城市相适应，深圳教育要成为教育现代化全球标杆，要成为全球教育现代化先锋城市。这一阶段，深圳教育要以构建良好的教育现代化生态为主要任务，要为全球教育现代化贡献新思想、新实践、新范例；要为中华民族伟大复兴提供强大的人才支撑和知识支撑；要为世界文明多样化发展和构建人类命运共同体发挥强大的引领作用。经过这一阶段的发展，深圳教育要从全球教育发展第一方阵稍后位置迈向最前沿位置，充分彰显中国特色社会主义教育现代化的无限生机和活力。

这三个目标有三个特点。首先它的社会性质是人民的，其次它的质量要求是高质量

的，再次时代主题是现代教育。从现在到 21 世纪中叶，我们国家教育发展的主题仍然是教育现代化，但是这个教育现代化和以往不一样，和西方的教育现代化也不一样。与西方比较，我们的教育现代化是人民的；与以往的教育现代化比较，先行示范的教育现代化是高质量的。因此，深圳教育先行示范，就其目标而言，就是要大力发展人民的高质量的现代教育。

三、深圳教育先行示范的问题与路径

那么，我们围绕着这些目标要做什么呢？现在深圳教育要先行先试，必须解决三大问题：一是公平问题，二是质量问题，三是教育生态问题。要解决这三大问题，就必须清楚地意识到这是一个艰难的过程。当前的教育改革与以往的教育改革有很多不同的地方，有很多新的特点。当前，要认真思考改革动力从哪里来，改革的凝聚力从哪里来，改革的资源保障从哪里来。所以，一方面，我们觉得建先行示范区绝不是那么轻松的，一定要对艰难性有清晰的认识；但另一方面，我们还要有自觉性，我们没有时间和理由等待和懈怠，唯有风雨无阻，奋力前行。

1. 行动上要切实加强党对教育的全面领导。我们应该加强党对教育事业的全面领导，不是形式主义的，而是切切实实的。在全国教育大会上，习近平总书记强调，坚持党对教育的全面领导，是办好教育的根本保证。为此，要用习近平新时代中国特色社会主义思想武装头脑，将其作为教育先行示范的根本指导思想；要加强政治建设，引导广大干部师生牢固树立“四个意识”（政治意识、大局意识、核心意识和看齐意识），不断坚定“四个自信”（道路自信、理论自信、制度自信、文化自信），坚决做到“两个维护”（坚决维护习近平总书记党在中央和全党的核心地位，坚持维护党中央权威和集中统一领导）；要推进高等学校院系、中小学校、民办学校、中外办学机构党组织建设全面覆盖，加强教育系统的党组织建设，压实各级党委的教育责任；要狠抓意识形态，落实意识形态工作责任制，建立完善意识形态风险评估机制，形成意识形态工作敢抓敢管、善抓善管的良好局面。坚持党对教育事业的全面领导，还必须把党的优良传统和作风贯彻到教育先行示范的全过程。为此，要坚持实事求是的工作作风，重视调查研究，真正做到从实际出发；要坚持独立自主，把教育发展的主动权抓在自己手上，要虚心学习世界各国教育发展的先进经验，但不迷信别人的经验，坚定信心走教育自主发展之路；要坚持群众路线，真正做到依靠人民办教育，办好教育为人民，努力办人民满意的教育，着力培养社会主义建设者和接班人。

2. 加强学习和研究，不断促进思想解放。先行示范区怎么建？这是一个持续探索和实践的过程。这就需要我们学习和研究。历史上一切伟大的变革都是从思想解放开始的。思想越解放，行动越有力量，变革就越有成效。中国改革开放如此，世界变革也未尝不是如此。我们要学习新的教育理念、新的教育方法、新的教育技术等。我们要虚心向世界各国学习，同样重要的是要向实践学习，向广大人民学习，坚持“从群众中来、到群众中去”的方法论要求，把深圳教育先行示范的过程变成激发广大教育工作者创新热情的过程，变成大胆探索实践的过程，变成汇聚众智的过程，变成一个持续不断的系统深入且广泛的学习研究过程。

3. 聚焦教育体制改革和制度变革。中国改革开放40多年，一个非常重要的结论就是体制做好了其他东西都能做好，体制做不好其他问题就不好做。我们要有心态的转换。我们可以学习西方，必须学习西方，但是不能跟着西方跑，不能以西方的是为是、以西方的否为否，必须坚持走中国特色社会主义的道路。我们要有制度自信，要通过深圳教育先行示范，证明中国特色社会主义教育制度"行"，中国特色社会主义教育制度"好"。我们要有文化自信，要构建基于中华民族优秀传统文化和时代先进文化基础上的现代教育体制机制，要全面提升教育治理的现代化水平，全面提升教育治理能力，释放出中国特色社会主义教育体制机制的无限活力和生机。在深化教育体制改革方面有四大任务：一是废除。现实中有很多旧的已经过时的制度仍然在大行其道，该废没废的旧体制、旧制度要改革，当废的则要废。二是优化。现实中仍然存在但其正当性在弱化的，对于这些我们要优化。比如大学教师的编制管理。编制管理是不是代表着未来？绝不代表未来。但现在能不能全部废掉？不行。对这一类体制机制，我们要不断完善，发挥出其现实的积极作用，待条件成熟之后再逐步废除。三是完善。已经在运行了，且代表着未来发展方向，但现在还不够完善的，比如现在进行的总量控制的职员制改革，这肯定是今后大学教师管理的方向，但与之相配套的养老、社保等都不完善，我们就要赶快完善。四是创新。怎样才能最好地适应未来发展？面向未来最好的就是创新，只有创新才能不断地走向前面。因此，我们要适应未来教育的发展需要，创新教育体制机制，从而构建起适应未来发展需要的新的教育体制机制。

教育体制机制改革还有几个方面要重点关注：一要深化办学体制改革。教育是属于社会的，那就应该推动多元主体办学。二要进行教育治理体系改革，因为管理水平决定了发展水平，治理水平也决定了发展水平。三要深化资源供给体系改革，比如对科研经费的科学管理。四要强化教育质量监督体系改革。

4. 推动各级各类教育高质量发展。要高质量发展基础教育。不管是基础教育、高等教育、职业教育，都需要选择一批项目来带领它的发展。比如，我们经常探讨一个问题：中考为什么只能考英语？如果中考同时配套考其他的外语，那可能整个外语教育的局面就改变了。再如，现在高中是分层发展，但是高中将来一定要走向分类发展，高中教育要回归人的本性，人的天赋是不一样的，就应该用不同的教育适合人的不同天赋发展。再如，现在的教育是从3岁开始，但是实际上0~3岁的教育很重要。中国俗话说："3岁看小、7岁看老。"因此，我们要高度重视0~3岁的教育。我们要根据时代发展不断优化城市教育体系。

深圳要办好现有大学，如深圳大学、南方科技大学。要建设一批新大学，如海洋大学、创新创意设计学院等。深圳要发挥大学对城市发展的贡献。深圳近些年引进了很多名校办学，但是笔者曾经说过两句话：引进名校办学不等于办成了名校。笔者还有另外一句话是"办大学不是深圳的目的，让大学发挥作用、推动经济社会发展，才是深圳的追求。"我们要更大力度地促进大学自主办学，放手让各个大学发展成为高水平大学，为深圳城市发展做出更大贡献。另外，我们要大力发展现代职业教育和终身教育。

5. 大力推进教育法治建设。深圳能不能率先探索学校条例的立法工作？我国现有教育法律中没有学校法，但这是教育法治体系中的实体法，它就相当于经济法治体系中

的公司法。这是很重要的基础。另外，我国社会力量办学与国外的私立教育不同。国外私立教育是捐资办学，我们的民办教育是投资办学。然而，我们至今没有构建起教育产权制度。教育产权制度缺失，举办者怎么可能会有明确预期，怎么可能会有长远投入？这些方面都需要进行探索。深圳教育先行先试，要把构建健全高效的教育法治体系作为重要内容和根本保障。

6. 扩大国际教育交流与合作。习近平总书记说我国的开放大门只会越来越大，绝不会关上。不管是东方的历史还是西方的历史，都证明了开放有活力、开放有未来。教育的改革开放跟经济的改革开放不一样，尽管不一样，仍然要开放。我们要全面开放，不只是对发达国家开放，更要高度重视对“一带一路”沿线国家开放。不但要对外开放，也要对内开放，要做好粤港澳大湾区各城市之间的教育开放协同工作，要做好深圳对北京、上海、广州等国内其他城市的开放工作。要通过对内对外的开放，汇聚更多的优势教育资源，不断优化深圳教育先行示范的社会环境和国际环境。

7. 全力推进智能教育。信息化对教育发展具有革命性作用，但是这个革命化作用目前还远远没有发挥出来。深圳一定要在这个方面先行先试。要加快现代学校建设，把今后新建的中小学和高校一律建成高水平的未来学校。要加快现有学校的改造升级。要全面提升广大师生的现代信息技术的应用水平，鼓励各学校、各教师和广大企业积极探索智能教育的方式、路径和制度，努力探索智能教育的新方式、新路径、新制度。深圳教育先行示范，必须抢占智能教育的制高点。唯其如此，深圳才可能成为未来教育的引领者。

各位领导、各位朋友、各位教育同仁，深圳教育先行示范，绝不是靠深圳就能建成的。深圳城市发展历史一再表明，深圳不是深圳人的深圳，深圳是全国的深圳，是世界的深圳。希望深圳教育先行示范得到各位领导、各位专家、各位朋友的大力支持。有党和国家的正确领导，有大家的支持，有深圳全体教育同仁的共同努力，我们相信，深圳教育先行示范一定能够创造出新时代的新辉煌。我们不负时代，我们创造未来。

粤港澳大湾区公民教育与社群认同构建

深圳大学　陆春萍　李臣之*

摘　要：粤港澳大湾区是一个社群共同体。社群认同的载体是公民教育，社群认同能增强公民对国家的认同。本文分析了粤港澳大湾区公民教育发展现状、问题与挑战；阐述了社群和社群认同概念的内涵与维度。最后在社群主义者的视野中构建粤港澳大湾区公民教育，通过共同的公共善、美德、正义促进共同利益和群体归属感，建立有人情味的公共生活，营造持久具有创新活力的共同体。新时代的中国，一切形式的公民教育，终须放置到促进国家治理体系和治理能力现代化的视野中，都必须坚持社会主义核心价值观的指导。

关键词：粤港澳大湾区　公民教育社群　认同

一、问题的提出

2019 年 2 月 18 日中共中央、国务院印发了《粤港澳大湾区发展规划纲要》（以下简称《纲要》），其中粤港澳大湾区发展的战略定位是“宜居宜业宜游的优质生活圈。坚持以人民为中心发展思想，加强多元文化交流融合，建设生态安全、环境优美、社会安定、文化繁荣的美丽湾区”，“共建人文湾区”，“构建开放型区域协同创新共同体”，因此，湾区不仅是一个地理概念，更是一个社群共同体。党的十九大把“坚持推动构建人类命运共同体”作为新时代建设中国特色社会主义的基本方略，建设持久和平、普遍安全、共同繁荣、开放包容、清洁美丽的世界。同时，“一带一路”作为新时期推动构建人类命运共同体的重要战略，教育部也制定了《推动共建“一带一路”教育行动》，中国作为“一带一路”的发起者，率先垂范，携手沿线各国，共同开展教育互联互通合作和人才培养培训合作，共建丝路合作机制，谋求共同利益、直面共同命运、勇担共同责任，聚力构建“一带一路”教育共同体。① 国家层面的这些战略部署服务的基点是公民，国家是以组成它的公民为基础的，“命运共同体”“教育共同体”“区域创新共同体”终究通过公民来实现。德国著名社会学家费迪南·滕尼斯（F. Tonnis）在其著

* 作者简介：陆春萍，社会学博士，深圳大学湾区教育研究院教授；李臣之，深圳大学师范学院教授，副院长。

本文系国家社会科学基金（教育学）一般课题“粤港澳大湾区中小学国家认同教育课程协同共生研究”（课题编号：BHA190130）。

① 冯建军. 推动构建人类命运共同体：教育何为［J］. 教育研究，2018（2）：37－57.

作《共同体与社会》中提出，共同体是自然意志形成的社会有机体。它通常包括地缘、血缘和精神共同体等三种结合形式。其从人类社会本质的角度揭示了共同体构成的核心特征：共同的生活方式、存在形态和个体对共同体的依附性，如归属感、权威、意向一致。人类共同体不仅仅是指一群人，更是一个家园共同体。① “共同体中的成员身份”指的便是“社群”，社群是个多取向、多向度的概念。只要基于某些共同分享的东西，人们就可以相互捆绑在一起，引起互动，形成社群。这些东西可以是土地、血缘、宗教信仰或风俗习惯，也可以是利益、享受，或感情。这种群体中个人积极性与改善全体利益的相互关系相得益彰。② 社群主义者追求共善或共享的优良生活方式，目的就在于奠定社会团结的基础。因为社群主义认为，如果公民共享一种生活方式，他们就会愿意生活在同一国家，团结在一起。公民必须感觉到他们属于一个政治共同体，他们必须要有在一起共同生活和共同治理的愿望，要有共同分担命运的愿望。2010 年《国家中长期教育改革和发展规划纲要（2010—2020 年）》指出：“加强公民意识教育，树立社会主义民主法治、自由平等、公平正义理念，培养社会主义合格公民。”公民意识的树立关乎国家稳定、民族团结；关乎国家民主政治的发展、进步；关乎民族复兴中国梦的实现，是维系国家治理现代化向前推进的重要支撑力量。粤港澳大湾区共同体的建立需要合格的公民参与和对本社群的认同，公民是社群的基础，公民教育是促进国家认同和身份认同的有效途径。社群主义公民教育就是要培养关注公共福祉，积极参与公共生活，具有责任感、义务感、忠诚感、奉献精神和行动能力的积极公民。

然而，粤港澳大湾区中的香港和澳门，都经历过殖民时代的无根教育，国家认同、身份认同的困境古已有之。回归后，尤其是香港在国民教育风波后曾引发了国家认同危机，因此带有强烈的政治社会化举措，在某种程度上会让港民反感，但是在以粤文化为根基的粤港澳大湾区社群共同体的建设中，会吸纳更多的湾区人民对本社群的认同。而社群认同的载体是公民教育，在新时代的中国，一切形式的公民教育，终须放置到促进国家治理体系和治理能力现代化的视野中，都必须坚持社会主义核心价值观的指导。社会主义核心价值观与我国公民身份的价值准则和追求具有天然的共洽性，社会主义核心价值观是公民教育的合法性基础。二者合理的融合既实现了个体的自由充分发展，为现代国家建设创造理性自主的“好公民”，又能增强公民对国家的认同。

二、粤港澳公民教育发展的现状与挑战

公民教育一般指国家或社会根据有关的法律和要求，培养其所属成员具有忠诚地履行公民权利和义务的品格与能力的教育。公民教育是一种重要的政治社会化形式。本研究认为，在粤港澳大湾区公民教育可以界定为：由政府主导的对粤港澳大湾区公民进行国家认同、中华民族共同体认同，以使之具备相应的权责意识、法治意识、道德意识、

① 滕尼斯. 共同体与社会：纯粹社会学的基本概念 [M]. 林荣远，译. 北京：商务印书馆，1999：95.

② 贝拉，等. 心灵的习性：美国人生活中的个人主义和公共责任 [M]. 周穗明，翁寒松，翟宏彪，译. 北京：中国社会科学出版社，2011：260.

政治生活参与意识等符合社会主义核心价值观要求，顺应国家治理现代化潮流的一系列能力的教育实践活动。旨在提升公民在社会公共事务中扮演角色质量的教育，即培养国家需要，能够为自身、家庭及社会发展做出积极贡献的“好公民”的教育。

公民是集权利和义务于一身的社会存在体，是个人与国家、个人与社会权责关系的反映。即国家的每一位公民都应当平等地享有法律赋予的一切权利，平等地参与国家政治生活和社会公共活动，并且自觉地履行自己所肩负的责任与义务。“国家”构成了公民身份的前提条件，被看作是公民身份赖以存在和运作的平台。现代社会中，“公”对“民”的承认方式是国家在制度层面赋予个体以平等的公民资格，同时又为个体的权利、义务提供法律保障。

公民身份是法律规定的，因而具有某国国籍的公民，在法律规定上属于一个特定的国家。公民必须要以国家成员的身份享受权利、承担义务。因为公民的权利需要国家予以保护，国家也需要公民忠诚于自己的祖国，热爱自己的国家，遵守和维护现有的法律制度，这一切都要求公民对现存政权的认同。公民教育与国家的关系就更为紧密了，在黑格尔看来，“国家的活动是同个人发生联系的。个人之所以有权处理国家事务，并不是由于他们天生的关系，而是由于他们的客观特质。能力、才干、品质都属于一个人的特殊性。他必须受过教育和特殊职能的训练”①。个人只有接受教育才能成为国家的公民，而国家事务需要通过接受了公民教育的人来处理。

我国还没有统一的、专门的学校公民教育课程，但其许多教育内容已经在“品德与社会”“道德与法治”以及中学政治课等课程中进行了讲授，侧重以爱国主义和法律意识为主的公民身份意识培养。虽然公民道德教育不等于公民教育，但它是公民教育的核心，更重要的是中国大陆公民教育的特色。② 但现实中，公民教育所要传递的公共价值观念，包括正义、平等、自由、公共理性、社会参与等，与现实的学校生活难以产生有效的联结，与学生的生活世界出现了严重的分裂与疏离。③

笔者梳理了改革开放以来香港公民教育政策的变迁（见表1），香港公民教育的特色之一是融入课程建设中。例如，香港高中的“通识教育”科旨在帮助学生在学习过程中联系各科的知识，从多角度研习不同的议题，构建与学生身处的多元文化世界直接相关的知识体系，培养学生独立学习以及跨学科思考的能力。相比于澳门高中的“品德与公民”课，“通识教育”课程更加明确强调培养学生对国家的认同感、对多元文化的尊重与理解以及终身学习的能力和技能。而“品德与公民”课更倾向于社会生活经验对学生发展的作用与影响，肯定社会生活与社会交往的广泛性与历练性。

---

① 黑格尔. 法哲学原理［M］. 张启泰，范扬，译. 北京：商务印书馆，2012：293.

② 钟凯，刘霞. 20世纪中国公民观的变迁［J］. 学海，2018（6）：57－61.

③ 叶飞. 公民教育：从“疏离”走向“参与”［J］. 全球教育展望，2011（8）：65－69.

表 1　改革开放后粤港澳大湾区"公民教育"政策

时间	香港	澳门	珠三角"九市"
20世纪80年代	1985 年香港颁布《学校公民教育指引》重视公民教育，培养学生的公民意识。 1986 年成立公民教育委员会，推广公民教育	1989 年澳门东亚大学师范课程教师编辑《公民教育多媒体教材》，这是澳门公民教育教材编辑的开始	1980 年教育部发布《关于改进和加强中学政治课的意见》制订《全日制五年制小学思想品德课教学大纲（试行草案）》。 1985 年国家规定进行"五讲四美""五爱"和社会主义公德教育。 1986 年国家教委制订《中学思想政治课改革实验教学大纲（初稿）》和《全日制小学思想品德课教学大纲》。 1988 年发布了《初级中学（公民）改革实验教学大纲》
20世纪90年代	1996 年香港推出新的《学校公民教育指引》（简称《九六指引》），强调国家民族教育。 1996 年 11 月，香港教育统筹委员会发表第七号报告书——《优质学校教育》，强调学校对施行公民教育的重要性，"使每个学士接受学校教育后，都能履行公民责任及达致合乎社会标准的道德水平。"	1991 年颁布《澳门教育制度》，为各级学校教育做出整体规划，初步绘制了对公民教育的蓝图，指明澳门各级学校培养学生成为良好公民的一些原则。 此后，政府开始重视道德及公民教育，并以正规而有系统的方式进行规范	1992 年制订《九年义务教育全日制小学思想品德课教学大纲（试用）》。 1993 年国家教委制订了《九年义务教育全日制初级中学思想政治课教学大纲试用》和《全日制高级中学思想政治课教学大纲（试用稿）》。 1995 年，国家教委颁布《中学德育大纲》，明确规定学校德育工作的基本任务，公民教育开始受到重视。 1996 年、1997 年，国家教委先后编订《全日制普通高级中学思想政治课课程标准（试行）》和《九年义务教育小学思想品德课和初中思想政治课课程标准（试行）》

续上表

时间	香港	澳门	珠三角"九市"
21世纪以来	2000年颁布《香港教育制度改革建议》，进一步深化参与式公民教育。 2001年香港地区的《学会学习：课程发展路向》，提出"培养学生的国民身份认同"，将其作为"德育与公民教育"的核心价值之一。 2002年设立"德育及公民教育专责委员会"，香港地区课程发展议会编订的《基础教育课程指引——各尽所能，发挥所长》将"德育及公民教育"列为四个重要项目之一。 2008年香港地区教育局课程发展处德育及公民教育组发布了《新修订德育及公民教育课程架构》。 2012年发布《德育及国民教育科指引》，引发游行，政府撤回"指引"。 2014年推出《基础教育课程指引》提出公民教育课程架构	2006年澳门特区政府修订了《非高等教育制度纲要法》，以法律形式规定了学生在品行方面所要达致的要求。 2008年11月颁布了《澳门特别行政区非高等教育范畴德育政策》（简称《德育政策》）。 2009年颁布了《初中品德与公民教育基本学力要求》。 2014年《非高等教育发展十年规划（2011—2020年）》，提出了十年内的教育方针和落实方案，"爱国爱澳"是其中的重要内容。 2015年澳门特区政府颁布了《本地学制正规教育基本学力要求》系列行政法规。上述法律法规为澳门特区开展国情国史教育及爱国爱澳教育奠定了制度基础	2001年中共中央颁布了《公民道德建设实施纲要》，提出建立公民道德规范，强调自我权利和承担社会责任统一。 2004年颁布《中小学开展弘扬和培育民族精神教育实施纲要》。 2007年党的十七大报告"加强公民意识教育，树立社会主义民主法治、自由平等、公平正义理念"。 2010年《国家中长期教育改革和发展规划纲要（2010—2020年）》，提出"坚持德育为先，加强公民意识教育，树立社会主义民主法治、自由平等、公平正义理念，培养社会主义合格公民"，对公民教育发展具有重要意义

但是，香港的公民教育仍然存在问题和挑战。香港至今仍然在国家认同上面临难题。长期的殖民统治不仅造成了领土的割占，而且意味着由此造成的心灵割占，以至于自我认同的变化慢慢地将领土割占正当化。香港大学民意研究计划通过对1997—2006年调查数据的分析指出，香港的国家认同难题并未随着回归而得以真正解决。一方面，尽管香港民众在经济、市场领域的国家认同程度有所提升，但在政治、民主领域的国家认同与内地民众的差距却正在拉大；另一方面，尽管香港人对"中国"这一概念的历史性认同和文化性认同水平较高，但政治性认同和法律性认同水平却较低。2018年12月香港大学民意研究计划对香港市民的调查显示，认同自己是"中国人"和"中华人民共和国公民"身份的人在持续走低。"香港人"这个群体就是迁移与扎根、被殖民与去殖民的历史。因此，在关于香港人身份和文化认同的讨论中始终贯穿着殖民、反殖民

和后殖民政治与文化批评的主题。① 此外，为了解全香港中学生对世界议题的认知、态度及行动，并探讨如何把青少年培育成为“世界公民”，香港进行了一项“谁是世界公民”调查。显示受访的中学生表示普遍不留意国际新闻，关心世界的氛围淡薄；对世界性问题知识多、行动少；对改善世界性议题的参与局限于环保，缺乏关注并支持世界和平及尊重多元种族文化。②

同样，有关研究表明，近年来在澳门特区低龄人群中出现了国家认同不强的情况。澳门教育暨青年局在 2014 年通过了澳门特别行政区第 15/2014 号行政法规《本地学制正规教育课程框架》，该框架针对澳门公立学校和本地学制的私立学校，就幼儿园、小学、初中和高中各教育阶段的“品德与公民”课程框架做了详细规定。③ 澳门在推进公民教育过程中的挑战和困难主要集中在：推行公民教育难度大；政府的引领作用不强；课程内容和设置有待加强；公民教育课程专职师资紧缺。④

改革开放后，粤港澳大湾区公民教育方面的相同点都是以政府为主导，进行顶层设计，道德教育是公民教育的核心内容。不同点是香港重视在各学科中渗透公民教育，各种社会力量参与到公民教育的行动中去，重视公民的参与式学习。⑤ 通过教材、课堂、生活、情感多元渗透模式与教育衔接。香港和澳门更加重视道德和社会性培育，内地（珠三角 9 市）则更加强调政治教育的重要性。我们认为公民教育是一种将个人培养成品德高尚而又能促进个人与政府和社会关系的教育，应是道德、社会性及政治教育的混合体。

我们认为，粤港澳大湾区有共同的历史文化、共同的心理习惯，同属一个社群。社群是历史文化的存在，但社群最核心的是共同的价值观或公共善，政治社群尤其如此。国家作为现代政治社群，不同于民族对公民具有天然的感情，国家必须以核心价值观和公共善凝聚公民。所以，作为社群和国家，必须确立和宣传自己的核心价值观，使之成为公民文化和生活的一部分，内化为公民的价值观和自觉行动。对于认同感的形成来说，教育固然重要，但简单的宣教容易引起反感，而公民文化滋养能够起到“润物细无声”的作用。⑥ 遵从文化—心理进路，作为公民认同的国家是那个可以寄托情感、展开想象、满足归属的集空间领土（包括家园故土、祖国山河）、历史文化遗迹、祖国同胞、父老乡亲于一体的家国共同体，因为国家共同体能给人们一种归属感，一种在家的感觉。正是这种情感归属逻辑，支撑了文化—心理公民身份、国家共同体和归属性国家

---

① 黎熙元．全球性、民族性与本土性：香港学术界的后殖民批评与香港人文化认同的再建构［J］．社会学研究，2005（4）：189－206．

② 王岚．香港地区中小学校公民教育及其启示［J］．基础教育，2017（2）：6－8．

③ 澳门教育暨青年局．《本地学制正规教育基本学力要求》行政法规正式颁布［EB/OL］(2015－07－21)［2019－10－15］．https://www.gcs.gov.mo/showCNNews.php?DataUcn=90854&PageLang=C.

④ 赵联飞，陈志峰．澳门中小学国情国史及爱国爱澳教育研究［J］．中国青年社会科学，2018，37（6）：129－135．

⑤ 王世伟，黄崴．参与式公民学习：香港公民教育政策的新动向［J］．清华大学教育研究，2010，31（4）：87－92．

⑥ 冯建军．社群主义公民身份与公民教育［J］．社会科学战线，2013（11）：202－209．

认同的逻辑匹配关系。① 因此，应加强非政治化的道德教育倾向，侧重公民意识、公民素质、公民价值观的培养。

三、社群、社群认同的概念内涵与维度

在不同的语境下“社群”具有不同的含义，小至家庭，大到国家，诸如社区、阶级、团体、民族等也都可称为社群。实质上，社群主义者心目中的理想社群，是为了达到最大和最高的善而组成的人类团体—政治社群，而政治社群就是代指国家。有学者甚至将社群主义视为“国家道德主义”或“国家中心主义”。在社群主义的眼中，国家是最重要的政治社群。第一个对社群做出论述的德国社会学家滕尼斯指出，社群是基于如情感、习惯、记忆等自然意志，以及血缘、地缘和心态而形成的有机体。在他看来，社群的主要标志不是契约和利益，而是人们的出身、地位、习惯和认同。丹尼尔·贝尔（D. Bell）把社群分为地域的、记忆的和心理的，也说明了一个社群是因为成员间地理共在，有共同的历史文化记忆，有共通的心理情感体验。这样的社群就是桑德尔（M. Sandel）所倡导的“构成性意义的社群”。社群的“构成性意义”是双向的，社群构成了成员的身份，成员身份也构成了社群，可谓“物以类聚，人以群分”。此外，社会理论家涂尔干（É. Durkheim）提出了机械团结和有机团结的概念。传统社会根本特点是同质性与未分化性，需要同质性的价值情感和信仰来维系整个社会的机械有序性并实现社会整合，涂尔干把它称为“集体意识”。他发现，在工业社会中正是差异性所导致的分工形成了社会团结的基础，社会和劳动分工在两个人或多个人之间形成的互补造成了一种团结的感觉。因此，“它一定具有道德特征，因为对秩序、和谐和社会团结的需要，一般被认为是符合道德的”②。

中国社会从血缘关系出发，建立家庭，由家及国。在中国文化中，“群”是一个精神性概念，群是家的扩充，又区别于以礼法规定权利义务的“国家”。荀子的“人能群，彼不能群也”，《战国策·齐策》的“物以类聚、人以群分”，都说明中国人的“群”区别于西方的“社会”，是基于血缘关系或地缘关系建立的熟人团体。由于社群主义强调社会共善，相较于自由主义重视的个人自主，更与东方传统的“品格教育”接近。强调“集体共善”的社群主义，有助于公共利益的培育。社群主义修正自由主义偏颇的自我观，不仅希望在政治上借个人与社群的整合，重振集体的共善；也期待在道德含义上，不只是规范的客观建立，更能让人获得幸福，身心安顿。社群主义所强调的集体共善，标榜借着德行以获人生幸福的诉求，对于促进公民积极性的行为具有导向功能。

另外，关于社群和社群认同产生的论述方面。第一种是原生论，认为社群特性起源于特定的社会存在，如血缘、语言和习俗，它们在特定的人群中具有高度的一致性，由此形成了一定的社群。第二种是工具主义理论，认为社群认同只是策略施展的面具，是

---

① 肖滨. 公民认同国家的逻辑进路与现实图景：兼简答对“匹配论”的若干质疑［J］. 中山大学学报（社会科学版），2011，51（4）：160－168.

② 涂尔干. 社会分工论［M］. 渠东，译. 北京：生活·读书·新知三联书店，2000：42.

具有共有经济利益的人们尤其是精英为了促进实现自身利益而推行的政治手段。桑德尔（M. J. Sandel）认为，所谓社群就是那些具有共同的自我认知的参与者组成的，并且通过制定形式得以具体体现的某种安排，其主要特征就是参与者拥有一种共同的认同。桑德尔提出了三种不同的社群：工具观念上的社群；情感观念上的社群；构成观念上的社群。并着重强调了构成观念上的社群，指出这种个人所属的社群在一定程度上构成个人的自我认同，是社群决定了“我是谁”，而不是“我”选择了“我是谁”。如果我们理解人是谁，就必须考察寓于社群历史文化背景中的目的和价值。[①]

认同是人们在社会生活中产生的一种感情和意识上的归属感，把自己当作是某一阶级的成员、某一党派的党员或某一政治活动的参与者。社会认同是指个体知晓他或她归属于特定的社会群体，而且他或她对所获得的群体资格会赋予其某种情感和价值意义。[②] 国家认同，是一个国家公民对自己民族的归属感，对国家的政治制度、历史文化和社会形态的认同。国家认同的源泉是身份认同，一个人对自己身份的认同决定他是否承认自己的国家。社会认同论认为，自我认同包括个人身份、社会身份两个相对独立的亚系统。个人身份（个人认同）标示个人的具体特质，社会身份（社会认同）来自于社会范畴中成员资格。个人身份利用个性把自己辨认出来，社会身份则用群性把自己和他人分开。社会认同论者认为，人们会用自己或他人在某些社群的成员资格来建构自己或他人的身份。依据社群成员资格来建构的身份被称为社会身份，而依据个人的独特素质而建构的身份被称为个人身份。[③] 社会认同令个体内化社群的规范，遵守纪律，并在社群的声誉和安全受损时挺身而出，捍卫社群的利益。

此外，社群认同是由多元解释或多重因素动态构成的。社群是一个能将历史过程、文化环境和政治挑战包容在内的概念。它承认每个社群都是站在自己特殊的立场上发言，都是基于某种特殊的历史和经历而发表自己的观点，而且“我们的”社群认同决定着“我们是谁”的主观感受。这里的差异并不是对嵌入沉积于传统之中的预先给予的社群特性的反映，而应被理解为根据客观发展的主观协调的复杂过程。这就打开了传统认同的空间，我们正是通过这些空间来抑制和联结社群认同的差异性的。国家认同中的界限感才是有生命力的、生成性的、动态的和包容性的，没有连续性的差异性没有任何意义。所以，国家认同应该是对过去、现在和未来关系的整体性的把握。公民身份与国家认同之间实际上是一种“动态匹配”“多元认同”和“双向建构”的关系。然而，全球化对认同的连续性和差异性造成了前所未有的冲击，在这一时期，人们的时空观发生了很大的改变。人们越来越不被某个特定的地点所局限，人们总是处于流动之中，这使得人们原有的、特定的连续性或历史感逐渐淡漠起来，自觉或不自觉地模糊了自己的国家特性或国家认同。

因此，伴随全球化的发展，粤港澳大湾区公民不仅要满足本国的发展需要，也要满

---

① 俞可平. 社群主义［M］. 北京：中国社会科学出版社，2015：75.

② 豪格，阿布拉姆斯. 社会认同过程［M］. 高明华，译. 北京：中国人民大学出版社，2011：9.

③ 赵志裕，温静，谭俭邦. 社会认同的基本心理历程：香港回归中国的研究范例［J］. 社会学研究，2005（5）：202－227.

足世界的发展需求。在全球化时代，公民的教育问题既是一个本国问题，也是一个全球性话题。“一带一路”倡议、“人类命运共同体”的提出，都标志着中国正在迈向世界性大国，共同构建各国人民共有共享的人类命运共同体。正如亚里士多德在《政治学》开篇中指出，每一个城邦都是一种社会共同团体，其共同目的是实现社会最高理想的“至善”，“善性”和“德性”是政治共同体的内核，是“城邦”的旨归。全球化创造出了超越民族国家的新型经济、社会和文化空间，正在促成超越民族国家界限的新的身份认同和动员模式。①

四、社群主义视野中的粤港澳大湾区公民教育构建

社群主义强调社群对个人的优先性，社群不仅是个体社会生活的一种形式，而且是人类生活最高的善——“公共的善”。个人的善势必与社群的善结合在一起，真正的善就是个人之善与社群之善有机结合在一起，即个人在实现自己的私人利益时，同时也实现社群的公共利益。② 因此，社群主义批评自由主义把自己的理论建立在个人权利和个人自由的基础上，忽视了社会的共同利益。社群主义者认为自由主义是建立在一种与外界隔离的自我观之上，是一种“原子式的个人主义”，无法建立团体的独特价值，很容易造成自我与外世界的疏离，既无助于个人自我认同，也没有办法建立社会之共善。相对于自由主义，社群主义更多强调的是公共美德，诸如认同感、忠诚、合作、和谐、友谊、信任、责任、奉献、爱国主义等。因而把社群主义的理论建立在人对社群的依赖上，社群的公共利益是最高的善，也是优良生活的实质，社群主义鼓励公民走向公共利益的善，把共同利益置于个人自由之上，为公共利益做贡献。在社群主义看来，人不可能脱离生存环境而遵循另外的生活方式，人必然归属一定的社群，与社群的福祉密切相关。社群或共同体总是认同产生的基础。公民的美德和善行是促进公共利益的基础，但公民的美德不是生来就拥有的，也不是自发地产生的，而是在成长中形成的，是通过教育而获得的。当前，学校教育是公民教育的一个重要途径。而公民教育只有从思想基础与培养目标上发生转变，以公共精神和公民意识教育为诉求，培养更加富有责任性、更具有包容与理解的新型公民。除了公民知识的传授之外，更多地应注重学生公民意识的养成和公民实践品性的培养。具体而言，围绕现代公民的培养，公民教育在目标定位上主要侧重于独立人格、民主意识、人道情怀、人权理念、公共理性和公共责任。公民教育是作为社会—政治共同体培养合格成员的一种教育，必须处理好民族主义与民主主义、权利与义务之间动态平衡的关系。因此，公民教育需要根据国家和社会发展的需要做出相应的调整。具体而言，现代公民教育内容的重点一般包括多元维度：身份与认同、人道与人权、德性与责任、民主与法治、和平与理解、环境与生态等。

因此，在国家治理体系现代化的视域下，粤港澳大湾区公民意识的形成与公民政治身份的建构必须以认同国家政权合法性为前提。以国家治理体系现代化为目标，培育具

① 联合国教科文组织．反思教育：向“全球共同利益”的理念转变？［M］．联合国教科文组织总部中文科，译．北京：教育科学出版社，2017：57.

② 俞可平．社群主义［M］．北京：中国社会科学出版社，2015：116.

有民族精神和国家意识的现代公民并使之坚守和践行社会主义核心价值观。认同个人与国家的一体性关系，自觉生发“爱国心”，把国家的根本利益和民族的伟大复兴作为个人行动的出发点和归宿。对于粤港澳大湾区的公民教育，需要从坚持社会主义价值观、继承中国传统文化以及积极吸收世界先进文明三个角度进行培育。

首先，党的十八大报告明确提出“社会主义核心价值观”，强调要“倡导富强、民主、文明、和谐，倡导自由、平等、公正、法治，倡导爱国、敬业、诚信、友善”。党的十九大报告强调“深入实施公民道德建设工程，推进社会公德、职业道德、家庭美德、个人品德建设，激励人们向上向善、孝老爱亲，忠于祖国、忠于人民”。因此，要秉持以社会主义核心价值观教育为主要内容的公民道德教育，并且有效地开展社群运动。社群运动是居民自发自愿发起的互助互爱运动，提倡为社区服务，为他人做好事，使所有人感到社区的温暖，提出的口号是“和睦的邻里关系对预防犯罪和互补余缺起着重要作用”“友善的邻里关系能促进本单位、本街区的同舟共济”①。党的十六届六中全会提出“把社区建成管理有序、服务完善、文明祥和的社会生活共同体”，社区教育则是现代公民教育的组成部分。因此，教师与家长应该引导学生积极参与公共生活，深入了解社区，争做主动参与的公民。学校公民课程与社区活动相连接，为学生提供了更广泛的社区联系及合作的机会，并能够增强学生的学习动机。例如，在当地社区做志愿者；发展对地方、国家甚至国际问题的兴趣；建立学校、社区和社会组织之间的联系；参加重要文化组织活动或展览。学生通过参与当地社区志愿服务来表达自己对社区应该具有的责任和义务，同时了解社区成员面临的问题，帮助他人解决问题，成为积极参与、理性负责的主动公民。

其次，粤港澳大湾区既要重视法治、自由、平等、民主等现代价值观念，也要重视仁、义、礼、信、孝、廉、勤等中华传统美德，使现代文化与中国传统文化相互融合。培养粤港澳大湾区学生的文化归属感，进而增强其国民意识、国民精神，提升其国家主人翁意识。正如蔡元培提出的以“养成共和国健全人格”为根本目标，“五育并举，以公民道德为中坚”的教育方针，既汲取西方独立、自由公民人格思想，又继承中国传统教育的重德精神，是一种以公民道德培养为核心，“中西合璧”的公民教育思想体现。习近平总书记指出：“没有文明的继承和发展，没有文化的弘扬和繁荣，就没有中国梦的实现。”港澳与南粤文化同源、人缘相亲、民俗相近，为粤港澳大湾区文化建设奠定了坚实的历史和心理基础。中华民族历史悠久，中华文明源远流长，中华文化博大精深，粤港澳大湾区建设既是续谱中华文明中浓妆重抹的一笔，也会因为传承中华文化而生机勃勃。《纲要》提出：支持“粤港澳青年文化之旅”、香港“青年内地交流资助计划”和澳门“千人计划”等重点项目的实施，促进大湾区青少年交流合作。② 开展青少年研学旅游合作，例如，澳门教育暨青年局每年定期组织的“国防教育营”和毕业旅行，以及其他组织开展的澳门中小学生和青少年一代前往内地参观考察与交流学习活

① 俞可平. 社群主义［M］. 北京：东方出版社，2015：145.

② 刘洪一. 促进青年发展是大湾区建设重中之重［EB/OL］.（2019－06－05）［2019－06－24］. http://www.takungpao.com/opinion/233119/2019/0605/299104.html.

动，如“爱我中华，祖国之旅”“千人计划，百团出行”等活动。通过研学旅行和实践增强对祖国传统历史文化的了解，认同共同祖先、共同语言、共同文化、共同历史记忆，增强其民族自豪感，坚定其国民身份认同。

最后，作为世界湾区之一，我们要有世界公民的意识，增进国际理解。所谓“世界”最根本的就是人与他人的“共在”中所展开的生存空间与生活境遇。社群主义认为，以“个人”“自我”作为唯一的价值根据无疑是一种虚妄。与此相对，追求共同体普遍的、共同的善或美德，就应成为每个人的自觉归宿，正是在共同体中，并通过共同体与其他成员实现了主体间的一致性，并真实地体验到一种休戚与共的“共同感”①。每个人的人生叙事都无法脱离某个既定的社群，任何人都只有在社群关系中才能理解自己本身，社群中存在的共享观念规定了个体人生叙事的形式、内容和背景。基于社群主义这种观点，公民教育培养的终极价值是使学生懂得人性、理性、道德、责任、博爱等；促进人与自然的可持续发展；开展全球伦理教育，培育全球公民责任意识，引领人类应对全球挑战的全球责任，实现全球共同利益，与时俱进，共建人类命运共同体。

① 贺来．“关系理性”与真实的“共同体”[J]．中国社会科学，2015（6）：22－24.

治理与自理之间：社区教育实施方式思考

肇庆市教育局教研室 李志雄*

摘 要： 社区教育发展疲软乏力成为当前社区教育的“阿喀琉斯之踵”。在社会治理的背景下，将社区教育“交集”“交融”于社区治理顺时应势，即以社区治理之道破解社区教育疲乏之困，以社区治理之翼为社区教育增进动能。但在“两区”交融高涨的呼声里，尤需厘清二者辩证统一的关系：社区教育发展在社区治理的背景下，既借力又发力，既借势又用势，既交集交融又相对独立。那种“两区”“老死不相往来”或者“一方托付终身不求独立”的说法、做法都有失偏颇。由此，运用治理思维推进和改善社区教育自身运作的治理能力，从而促进社区教育从治理走向自理。

关键词： 社区教育 社区治理 增进动能 相对独立性 自理

一、引言：从社区教育的“阿喀琉斯之踵”说起

我国从20世纪80年代开始探索社区教育，从此拉开了中国特色社区教育发展这一教育新形态的大幕。从理论到实践，其发展势头和取得的成就令人惊叹。据统计，1980—1992年起步阶段，研究成果共有期刊论文85篇，年平均量只有6.54篇，专业学术著作极少；到1999—2015年，这一时期学术著作近200部，期刊论文4 240篇，年平均量达246.7篇，且在不断增长。① 从2001年11月教育部公布了全国第一批28个社区教育实验区建设名单起，全国开展了社区教育试验区建设（目前6批共达223个）。2008年2月，教育部又公布了首批全国社区教育示范区34个。可见，社区教育在我国虽起步晚但已快速、有序地开展起来。然而在快速发展的背后，遇到的问题和困难也同样突出，其中之一便是社区教育“爬坡过坎”愈显疲软乏力。有学者曾用格式塔学语中的那个“缺口”来形容社区教育这种难以言语的缺憾，即种种疲软乏力现象，如社会组织包括社会机构、社会团体等缺乏，每每咨询研讨时往往只见来自教育系统的领导者、组织者，而运作的主角、实际的操作人员往往又是教育系统“独家独户”的局面；政府热，居民冷，老面孔多，参与率低。② 学者们亦坦承，居民参与率低一直是社区教

---

* 作者简介：李志雄，广东省肇庆市教育局教研室教研员，主要从事教育社会学、教师教育、社区教育研究等。

① 邵晓枫. 中国社区教育研究30年：回顾、反思与展望［J］. 河北师范大学学报（教育科学版），2016（6）：60－67.

② 高志敏. 迈向交集：论社区治理与社区教育［J］. 教育发展研究，2015（23）：67－76.

育的一个难题①，一方面是广度上参与率低，另一方面是深度上参与程度低。② 这种状况与笔者遭遇的一些地方为了提高社区教育所谓“上座率”而发放油、米、面、电话卡，甚至补贴什么误工费等现象遥相呼应，这也揭示了当前社区教育“繁荣”背后着实难掩疲软乏力的尴尬之态。这一致命软肋，无疑成了当今社区教育的“阿喀琉斯之踵”。只有根治乏力疲态，犹如根治希腊神话英雄阿喀琉斯的脚踝弱点那样，才能让社区教育这个“东方英雄”始终立于不败之地。

二、以社区治理之翼为社区教育增进动能

学界对于如何攻克社区教育的“阿喀琉斯之踵”展开了不遗余力的探索，其中呼声高涨而首屈一指的无疑是将社区教育融入社区治理的解决方式，换言之，以社区治理之道破解社区教育疲乏之困，以社区治理之翼为社区教育增进动能。

社区教育融入社区治理呼声高涨。笔者以《人大复印资料·成人教育学》从2015年至2018年1—8月近4年来刊载的社区教育文章按主题分类做一统计，即可窥一斑而知全豹。

表1大体显示了近四年来我国社区教育文献主题分布情况。在搜集的42篇文章中分列了16个研究主题，学者们对社区教育开展了多方位立体研究，涉猎广泛，视野开阔；其中，占比前3位的主题分别是：融合治理（19.0%）、国外借鉴（11.9%）、学习共同体、数字化学习、资源整合（均为9.52%）。

表1　近四年来我国社区教育文献主题统计表（以《人大复印资料·成人教育学》为例）

项目	政策执行/篇	课程开发/篇	教育方式/篇	城镇化新市民/篇	老年人闲暇/篇	顶层示范区/篇	实施载体/篇	本质特征/篇	学习共同体/篇	国外借鉴/篇	融合治理/篇	数字化学习/篇	资源整合/篇	参与主体/篇	师资队伍/篇	研究综述/篇	小计/篇
2015年	1		1	1	1	1	1	1	2								9
2016年					2			1		2	2	1	1				9
2017年	1		1	1					2	3	1	1	2			1	13
2018 1—8月		1									5	2	1	1	1		11
合计	2	1	2	2	3	1	1	2	4	5	8	4	4	1	1	1	42
总占比/%	4.76	2.38	4.76	4.76	7.14	2.38	2.38	4.76	9.52	11.90	19.00	9.52	9.52	2.38	2.38	2.38	
前3位									3	2	1	3	3				

具体来看，“学习共同体、数字化学习、资源整合”可以说是社区教育研究主题中

① 李宜芯，李盛聪，李瑞雪．社区教育促进社区治理：意义、问题及路径［J］．职教论坛，2018（3）：113－121．

② 周小援．居民参与社区教育的主体性问题研究［J］．职教论坛，2017（30）：68－71．

的常客，“学习共同体”几乎同义于“学习型组织”“学习圈”“学习互助小组”等，是社区教育可持续发展的中坚力量，因而受到研究者持续关注；“数字化学习”无疑体现了时下互联网信息化时代的特征；“资源整合”更是社区教育中的一种“标配”。同样，“国外借鉴”对于初级阶段乃至整个发展阶段中我国社区教育而言都是不可或缺的。而高居榜首的是“融合治理”，比前两者分别高出约 9.48 和 7.1 个百分点，且呈逐年上升之势：2015 年为 0 篇（当年占比为 0），2016 年 2 篇（当年占比 22.2%），2017 年 1 篇（当年占比 7.7%），2018 年 5 篇（当年占比 45.5%），当年占比由 2015 年的 0，陡然上升到 2018 年的 45.5%，几乎占到 2018 年前 8 个月全文转载量的一半，大有异军突起并方兴未艾之意。

（二）社区教育融入社区治理顺时应势

综上文所述，社区教育融合社区治理的呼声高涨，学界纷纷论证建言，如“社区教育与社区治理迈向交集①”“在社区治理中提升社区教育力②”“社区教育融入社区治理的机理③”“社区教育促进社区治理④”，等等。可见，社区教育融入社区治理顺时应势，二者互鉴互济，相得益彰。就其论述要点，笔者不厌其烦试整理归纳如下。

一方面，从社区治理为社区教育增进动能角度看，助益至少表现在，其一，真实形成主体的多元构成。改变相关政府、教育机构久成“老面孔”、久唱“独角戏”，以及多元主体只是纸上谈兵的名单而无实质角色发挥的局面。其二，坚持良好有效的合作协调。以包容开放的姿态创立、发展各种合作网络，并在共同愿景下，形成一定机制约束，致力于学习型社区创建。其三，创上下呼应彼此互动格局。消弭发号施令惯性，塑造人性化和具有亲和力政府形象；多方培育和支持各种社会力量参与到共同创建中来，达成合作共赢。其四，推进多层次法律体系建设。推进各类社会主体自我约束、自我管理、自我服务。

另一方面，从社区教育裨益社区治理来看，至少表现如下：一是关注学习权益主体。让人真正突显出来，权益诉求主体得到重新认识、重新重视和充分关切，改变只见社区不见人的局面。二是不断丰富教育公共物品。社区教育本身作为社区公共事物，可更多运用治理思维，与社区问题和社区需要对接起来，有助于社区和谐幸福。三是发挥社区教育的多重功能。社区教育的充分开展，功能的充分发挥，必将作用于社区治理创新。四是社区教育是社区治理和建设的重要组成部分，也是社区治理的重要内容和方式。五是社区教育通过教育人，实现以“人”达“仁”的显性功能：以“魂”铸人、以“德”树人、以“文”化人、以“技”助人、以“情”聚人。六是社区教育的隐形功能：培训各种社会组织和学习团体、构建社区居民议事平台、促进政府职能转变。

---

① 高志敏. 迈向交集：论社区治理与社区教育［J］. 教育发展研究，2015（23）：67－76.

② 庞庆举. 社会治理视野中的社区教育力及其提升研究［J］. 教育发展研究，2016（7）：23－30.

③ 程仙平. 社区教育融入社区治理的机理与策略［J］. 河北师范大学学报（教育科学版），2017（3）：67－71.

④ 李宜芯，李盛聪，李瑞雪. 社区教育促进社区治理：意义、问题及路径［J］. 职教论坛，2017（3）：113－121.

可见，社区教育“交集”或融入社区治理，有着诸多异曲同工、殊途同归之妙，恰如为疲态乏力中前行的社区教育注入一剂“强心针”，极大增进其动能，特别对于蹒跚起步的社区教育这种新教育形态来说，弥足珍贵和及时。

三、在交融中保持社区教育的相对独立性

随着“两区”交融的呼声日渐增高，二者的序位关系似乎发生了脱胎换骨的变化：从初创时社区教育自身的踽踽独行，到社会治理背景下互相借鉴互相促进，到“两区”交集、交融，再从“融入”到“融合”。此间，甚至有学者断言社区教育要“转向”①：社区教育应强化和发挥衍生功能，即服务社区发展；即由原先服务于社区内成员教育需求发展目标，转向以实现全社区成员的学习公共利益最大化，实现社会成员的终身学习，促进和谐社会建设的目标发展体系。事实上，社区教育前行困难险阻，可持续发展力不从心，但又何尝不与理论界学者莫衷一是或未经论证的言说而使人在实践中变得无所适从，有时甚至对一些概念的内涵与外延的界定都不够严谨，随意窄化或泛化。由此，对于上述社区教育融入社区治理，在目标层次、价值追求、发展阶段、内容侧重、实现方式、遵循逻辑、政府定位等方面予以梳理，促进“两区”在发展中既互鉴互济又各得其所，既交集交融又相对独立，真正实现“真教”“善治”，和谐共荣。

（一）民众性质是社区教育相对独立性的前提

社区教育的性质决定了贯穿社区教育始终的是民众性，民众性是社区教育的基础之一。始终坚持民众性是社区教育保持相对独立性和可持续发展的重要标志和根本保证。从社区教育的概念来看，虽可谓林林总总，浩如星海，但对民众性几乎都众口一词。国家标准化管理委员会在2006年12月对社区教育（community education）做过如下定义：“在社区中，开发、利用各种教育资源，以社区全体成员为对象，开展旨在提高成员的素质和生活质量，促进成员的全面发展和社区可持续发展的教育活动”②。在这一概念表述中，3次提到成员，其“民众性质”殷殷可鉴。

在学界，对“民众性”较早予以专章论述的当属日本学者小林文人、末本诚与中国学者吴遵民的合作成果。他们认为，中国社区教育的本质特征可有两个方面：一是它的自下而上性；二是它的自发性和自主性。所谓自下而上性，指的是中国的社区教育虽然有政府机构及其他职能部门积极参与和推进，但它的基本动力和形式仍表现为是由地区民众自发产生和形成的。换言之，政府机构及其他职能部门只是起支持、倡导和推进作用，社区教育的真正主体力量是地区住民。自发性和自主性的特征则显示中国社区教育是由地区住民自发形成，并以地区住民为主体而自主开展的一种学习活动。③

---

① 程仙平. 社区教育融入社区治理的机理与策略［J］. 河北师范大学学报（教育科学版），2017（3）：67－71.

② 国家标准化管理委员会. 社区服务指南（第三部分）：文化、教育、体育服务［M］//叶忠海. 社区教育学研究. 上海：同济大学出版社，2011：22.

③ 小林文人，末本诚，吴遵民. 当代社区教育新视野：社区教育理论与实践的国际比较［M］. 上海：上海教育出版社，2003：16.

由此，不难看出上述论者在论证本质特征背后强调或者隐忧的两个问题：其一是政府行为在社区教育中的作用和定位。强调行政权力起支持、倡导和推进作用，采取支持、促进和援助立场。其二是社区住民在社区教育中的主体地位。这关系到终身教育理念下保障人的学习权的基本原则，也是建立学习型社会的基础和路径，即具有自主及自发学习意识的社会全体成员，“将通过自我判断来决定自己一生的学习进程”[①]。事实上，前一特征侧重社区教育实施方式的独特性，后一特征侧重社区教育实施主体的群众性，两者实际是一体之两面，实质是教育在民。只有始终把握社区教育的这一根本性质或本质特征，无论采取怎样开放多元的实施模式或机制，都将会弥散出社区教育的独特魅力和中国风格。

（二）社区教育交集社区治理是当前发展的阶段性特征

前文已述，社区治理理念正切合了社区教育当前发展的阶段性特点，即社区民众以社区主人翁的姿态与政府合作开展社区治理，这种政府到位又不越位，合作引导而不发号施令的治理理念，正迎合了社区教育的现实需要。这种政府角色的辩证关系具体表现在以下两个方面。

一方面，当前政府的角色无可替代。对此，厉以贤先生已多次反复强调[②]，如在谈到筹建各级社区教育委员会时“一贯强调”，在当前，我国推进社区教育，需要加强和重视政府行为，由政府统筹，建立各级社区教育委员会。作者同时也强调，由政府统筹的社区教育委员会，一旦形成了整合和协调机制，就需要逐渐过渡，过渡到民众自我管理的社区教育委员会。又如，他在谈到培育社区教育中介组织时认为，在我国，培育社区教育中介组织，在起始阶段，需要政府的扶助，需要政府在政策上、甚至经济上的支持。可见，社区教育的起始阶段，政府的统筹、扶持不可或缺、无可替代。

另一方面，政府需认清自我角色定位。上文有论者已明确指出，在社区教育发展中，政府机构及其他职能部门只是起支持、倡导和推进作用，采取支持、促进和援助立场。厉以贤先生更是以教育行政部门为例，具体列举其功能作用：为政府发展社区教育决策充当参谋者和智囊团；发挥教育行政部门对于社区教育工作的指导作用，包括加强对社区教育理论的学习、方法上的具体指导，以及承担着社区教育力量的培训和输送任务等。

可见，社区教育当前正处于起初发展的阶段，特别需要政府倾力引导帮扶，尤其借助社区治理思维，借势社区治理方式，助推社区教育深入开展。

（三）社区教育在社区治理大势下保持相对的独立性

由以上论述我们可知，社区教育与社区治理是在辩证统一中发展的，既借力又发力，既借势又用势，既交集交融又相对独立。那种“两区”“老死不相往来”或者“一方托付终身不求独立”的说法、做法都是在理论上不求甚解、随意曲解甚至混淆视听，实践上无所作为、敷衍塞责甚至处处碰壁的代名词和现实折射。由此，需要进一步阐明

---

① 小林文人，末本诚，吴遵民．当代社区教育新视野：社区教育理论与实践的国际比较［M］．上海：上海教育出版社，2003：16.

② 厉以贤．社区教育原理［M］．成都：四川教育出版社，2003：178－179.

的是社区教育在社区治理大势下保持相对独立性的理由，兹列出如下几个方面的依据。

其一，目标层次有别。前者以满足社区民众教育需求，提高社区民众素质和生活质量，获取人生幸福，这是第一位的原初的目标，而后推动社区发展，达到和谐善治。后者是政府转变传统管理理念，培育公民社会，协调各方，合作共治，实现和谐安定，成就社区善治，达到和谐幸福。

其二，价值追求有异。前者依托终身教育理念和建设学习型社会理想：自 1970 年以后，这种教育理念和理想便成为世界主导性的教育思潮，进入 20 世纪 90 年代，在发达国家开始走向实施，其价值追求在于终身学习和学习型社会；后者价值追求在于：通过各方民主协商机制，对现实问题和突出矛盾寻求解决之道，形成各方共识，达致稳定和谐。

其三，功能各有所长。二者在社区发展中均有无可替代的作用。如前者在涵养社区文化方面独具功能，社区文化表现为社区成员的生活方式，包括物质和精神两个方面。物质方面主要指人们的衣食住行、休闲娱乐等，精神方面主要指人们的追求、期望、信仰、行为规范、人与人之间的关系、社会风尚等。显然，这种良好的社区文化不会从天而降，也不会自然形成，而是通过社区教育引领、塑造、磨炼而成。又如社区成员的再社会化以及参与意识、角色意识、社区意识和社区归属感也是在社区教育的过程中培养而来。后者则在社区问题协调和矛盾化解机制上无疑实现了观念上的突破和实践上的创新。

其四，实现方式不同。前者是一种施教和学习的过程，注重的是育人过程，遵循的是教育规律，特别是民众自主自发，通过“自我判断来决定自己一生的学习进程”，通过求知求真达到提高素质和能力，更多的是一种建构问题；后者直面繁杂纠纷，多方联动，解决现实问题，化解社区矛盾，特别是控制社区重大社会稳定风险，达到共治共享，更多的是一种结构问题。

其五，政府定位变化。前者在发展初期，政府统筹不可或缺，即政府通过倾力扶持，牵头组织，大力培育各种学习型社会组织，推动教育开展，然后逐渐过渡到民众自我管理，从牵头者、组织者隐退转型为服务者、咨询者，突出民众自主教育。后者注重政府与民众尤其是社会组织合作共治，政府角色由管理者转型为合作者，强调共同“在场”，突出主权在民，民主协商，多元共治。

其六，内容侧重不同。前者包括社区民众的所有教育需求，即旨在提高社区民众素质和生活质量的内容皆可纳入其中，社区为所有社区成员的教育需求提供课程“菜单”，使社区成员在任何时候、任何地方都能找到自己所需的学习内容。后者提供的不是课程，而是机制，是解决社区问题的联动协调机制，确保“使群众问题能反映、矛盾能化解、权益有保障”。

四、以社区治理之力促进社区教育民众自理

从上述依据可见，“两区”相互依存又相互区别的关系。保持社区教育的相对独立性是教育规律使然，是民众性质使然；社区治理为其发展增进动能，特别是运用治理思维推进和改善社区教育自身的治理能力，促进社区教育从治理走向自理。这里的自理至

少包括两层含义：一是社区教育不再是政府大包大揽，而是由层出不穷的社会组织来承担、推展，实现各类贤者、能者、愿者为师，从而达到社区教育自主自理；二是社区民众自选课程内容，自定终身学习进程的自主自理。

当然，通过社区教育治理实现社区教育自理，这是一个漫长的过程，不可能一蹴而就。但始终把握一些基本的规律和方向，保持一种久久为功的定力，是理论工作者也是实践工作者思考和践行的原则。比如以下部分要点，依笔者浅见，值得遵循。

其一，始终相信民众自我解放的力量。事实上，社区教育民众参与率低，很大程度上与不相信民众觉醒、不了解民众需求有直接联系。我们知道，我国正经历着迄今为止人类社会史上规模最大、速度最快的经济、政治和社会结构的变迁。这种社会转型带来直接后果之一就是人的转型。这种人的转型，在社会学结构功能论看来可以理解为："人是由规范和包括这些规范的制度所决定的产物……而这些强制和规范几乎没有创造和选择的余地"。作为社会化主体和承受者的个体被视为被动的角色。此后，上述假设受到了"互动论"建设性的批判，他们提出"互动中的人们才是组成社会的人"的主张，强调人与环境互动的性质。至此，人的社会化被动的性质得以撼动。[①] 今天，人的自主性、开创性、适应性和建设性态度被前所未有地激发出来。可见，人的转型必将促使社区教育成为人们的一种内在需求、自主追求。

其二，始终坚持社区教育民众性质。社区民众性是社区教育区别于其他正规教育、正式教育的标志性特征。民众是社区教育生生不息的源泉；社区教育部署得再完美，组织得再周密，设计得再合理，如果没有了民众，就如皮之不存毛将焉附。只有始终坚持民众性，才能坚守社区教育的独特性，才能保持社区教育的相对独立性和绵绵活力。

其三，始终大力培育扶持多样性学习型社会组织。在西方发达国家，社区教育的推展，主要通过民间的社区教育中介组织，依靠民众的力量。[②] 纵观国内外的发展历程，培育好、扶持好、激励好社区教育中介组织，让各种学习型社会组织和实体平台，包括社区教育指导委员会、社区教育中心（社区学院）、学习圈、学习共同体、学习研究会、专业协会、行业组织等竞相奔涌，才能让民众学习的欲望和需求得到充分释放，从而获得满足，这也是社区教育发展的必由之路。

---

① 张人杰. 学生道德社会化构成要素研究：进展与困惑［J］. 教育发展研究. 2006（16）：1－8.

② 厉以贤. 社区教育原理［M］. 成都：四川教育出版社，2003：178－179.

以人才评价促进新时代教师队伍建设

——面向2035的高素质专业化创新型教师队伍建设改革

广州市南方人力资源评价中心有限公司　邓仕平*

摘　要： 根据中共中央办公厅、国务院办公厅印发的《关于分类推进人才评价机制改革的指导意见》和教育部颁布了《关于全面深化新时代教师队伍建设改革的意见》（以下简称《改革意见》）的文件精神，结合本人的工作经历及体会，就如何依托人才评价工具来推进面向2035的高素质专业化创新型教师队伍建设改革提出建议。

关键词： 人才评价　高素质专业化　创新型教师队伍

一、教育事业的成绩

教育是民族振兴、社会进步的重要基石。自中华人民共和国成立尤其改革开放以来，我国教育事业取得巨大的成绩。2016年我国成为《华盛顿协议》① 中第18个正式成员，全球工程教育改革发展的参与者、贡献者及引领者。2018年我国高中阶段毛入学率达48.1%，排名全球第八、亚洲第一，中国高等教育整体进入世界第一方阵。中国在2018年全球创新指数位居17名。

教育大计，教师为本。在“六卓越一拔尖”计划2.0② 中，卓越教师是其中重要的一个内容。据统计，全国现有各级各类专任教师超1 600万人，分布在50多万所学校和幼儿园，为近3亿在校生传道授业③，支撑起了世界上最大规模的教育体系。

师德师风建设成效显著。立德树人，师德为范。教育部出台加强中小学教师和高校师德建设长效机制的文件，构建了覆盖大中小学教师的师德建设制度体系。另外，还制定各类教师职业行为准则，提出了教师职业行为倡导标准和禁行底线。

协同育人新机制逐步建立。教师是立教之本、兴教之源。严控师范院校改制、摘帽，师范院校稳定在181所左右，其他参与教师教育的院校稳定在380所左右，教师教

---

* 作者简介：邓仕平，广州市南方人力资源评价中心有限公司副总经理，职业指导师、经济师，担任广州市高新技术企业服务中心创业导师等。

① 华盛顿协议［EB/OL］.［2019－10－15］. https://baike. baidu. com/item/华盛顿协议/3555069? fr = aladdin.

② 教育部办公厅. 关于召开“六卓越一拔尖”计划2.0启动大会的通知［EB/OL］.（2019－04－17）［2019－10－15］. http://www. moe. gov. cn/srcsite/A08/s7056/201904/t20190423_ 379238. html.

③ 数据来源：http://news. sina. com. cn/o/2018－11－04/doc－ihnknmqw5908016. shtml.

育专业数量大约5 000个。[①]

教师国培体系日趋完善。自党的十八大以来，中央财政累计投入教师“国培计划”[②] 专项经费超过130多亿元，培训教师超过1 200万人次，有力地带动了教师全员培训。

推进教师编制配备改革。国家规范和统一了城乡中小学教职工编制标准，实施生师比与班师比相结合的教师配备标准。同时，通过定期交流、学区一体化管理、教师走教等方式，引导优秀教师合理流动。

二、教师队伍管理存在问题及分析

（一）存在问题

面对新方位、新征程、新使命，教师队伍建设还不能完全适应。在看到我国教师队伍建设取得重大成就的同时，也要深刻认识教师队伍建设面临的问题。当前，教育工作面临的外部环境和内在需求都发生了深刻变化，教师队伍在数量和质量等方面存在的矛盾愈发突出。

1. 有的地方政府在教育事业发展中重硬件轻软件的现象还比较突出，对教师队伍建设的支持力度亟须加大。教师特别是中小学教师职业吸引力不足，地位待遇有待提高。准入、招聘、交流、退出等管理体制机制还不够完善。

2. 师范教育体系有所削弱，对师范院校支持不够，教师培养还不充分、不完善。有的教师素质能力难以适应新时代人才培养需要，思想政治素质和师德水平需要提升，专业化水平需要提高。教师城乡结构、学科结构分布也不尽合理。

（二）成因分析

1. 全社会还没有形成对教师职业的崇尚、关爱的浓厚氛围。教师队伍的选拔和成长起步于高考。高考成绩出来了，考生根据高考成绩和排名填报志愿。高分而优秀的考生首选的不一定是师范院校，有些是在不得已的情况下不得不填报，逼迫选择教师职业。一方面，在填报志愿或者是高中阶段就把教师作为终身追求的更是寥寥无几。被迫选择填报师范专业的考生，多是因为家里人的强烈要求，而有教育家情怀的则不多。另一方面，行政部门缺乏对师范毕业生足够的关心。比如，因专业代码问题没法报考教育岗位的例子不在少数。出现专业代码不规范的责任不在于考生，他们也是受害者，这本身就是学校招生与专业设置机制滞后所导致。

2. 在教师队伍的人才选拔上，缺乏有针对性的筛选机制。单凭一个成绩是不足以说明一切，而只能说明考生具有较好的学习能力。而学习能力只是教师综合素质评价的一个环节，更多地需要教师的情怀和品德。学习能力一般通过考试评估得到，最难的是如何把一些具有教育情怀和“为人师表、教书育人”的品德挖掘出来。教师队伍是专

① 数据来源：http://news.sina.com.cn/o/2018-11-04/doc-ihnknmqw5908016.shtml.

② 中华人民共和国教育部，中华人民共和国财政部. 教育部 财政部关于实施“中小学教师国家级培训计划”的通知［EB/OL］.(2010-06-30)［2019-10-15］. http://www.moe.gov.cn/srcsite/A10/s7034/201006/t20100630_146071.html.

业性很强的知识型人才，进入了师范学校师范专业学习，毕业后还不一定能担任教师一职，这是当前师范生就业的现状。能不能进入教师岗位，还需要经过入职考试。假如不能通过，这几年的教师课程就白读了，还要在社会上另寻出路。所以，在大学里面，师范专业的学生并不能全心全意去掌握教育学的理论和技能，因为他们还要学习其他求生技能。

三、人才测评技术发展

人才测评技术[①]，是以现代心理学和行为科学为基础，通过心理测验、面试、情景模拟等科学方法对人的价值观、性格特征以及发展潜力等的心理特征进行客观的测量与科学评价。根据测评目的可以分为以下五种类别。

1. 选拔性测评。选拔性测评以选拔优秀人才为目的，它具有五个特点：一是强调测评的区分功用；二是测评标准的刚性最强；三是测评过程强调客观性；四是测评指标具有选择性；五是选拔性测评的结果或是分数或是等级。

2. 配置性测评。配置性测评以人事合理配置为目的，是人力资源管理中常见的一种测评形式。它具有针对性、客观性、严格性、准备性等特点。

3. 开发性测评。开发性测评是以开发人员素质为目的的测评，它为人力资源开发提供了科学性与可行性依据，具有勘探性、配合性、促进性等特点。

4. 诊断性测评。诊断性测评是以服务于了解素质现状或素质开发问题为目的，它有四个特点：一是测评内容没有统一规定；二是诊断性测评要寻根问底；三是测评结果不能公开；四是测评具有较强的系统性。

5. 考核性测评。考核性测评以鉴定与验证某些素质是否具备或者具备程度大小为目的，穿插在选拔性测评与配置性测评之中。它有四个特点：一是测评结果是对求职者素质结构与水平的鉴定；二是考核性测评侧重于求职者现有素质的价值与功用；三是一种总结性的测评，具有概括性；四是要求测评结果具有较高的信度与效度。

人才测评技术在中国发展了十多年，应用的人才测评工具种类繁多，各种测验量表信度、效度日趋成熟。笔者认为，从工具特点、测评岗位、测评对象、测评目的四个方面匹配相应的人才测评工具，并对测评工具进行有效地组合，可达到比较好的人岗匹配的目的。

四、意见建议

在教师队伍建设上，我们要以习近平主席提出的政治要强、情怀要深、思维要新、视野要广、自律要严、人格要正的“六要”新要求，切实增强师德自律意识、不断提升教学能力，确保教育事业全面、协调、可持续发展。

坚持党对教育的领导，以“办人民满意教育”为出发点和落脚点，进一步完善教育管理制度的顶层设计。

---

① 张爱卿. 人才测评［M］. 2版. 北京：中国人民大学出版社，2011.

（一）完善新时代教师选拔任用制度，严把入口关

学高为师，德高为范。教师的言行举止潜移默化地影响着每一个学生的成长。教师的立场观点、政治态度、思想境界直接影响学生的未来和发展。因此，抓师德教育，在于激励教师爱国、爱岗、敬业，始终把提高教师的选拔任用放在首要的位置。

根据事业单位考核办法，教师只要通过笔试、面试及试教等环节，即可进入教师队伍，但品德的甄别关注不够。归根结底，品德的甄别是一个长期的系统工程，教师选拔任用时已经是成品了，整个教育系统基本没有道德评价这一操作环节，学校个体无法改变这种状况。但在国家层面，完善新时代教师选拔任用制度，是可行的。《改革意见》也指出，加大入校后二次选拔力度，鼓励设立面试考核环节，考查学生的综合素养和从教潜质，招收乐教适教善教的优秀学生就读师范专业。

综合素质评价①是2006年教育部对全国普通高中招生制度的改革，测评展现了素质教育的实质。综合素质评价指的是在每个学期的期末或每个学年的期末，全国各地的中等学校组织的一次对全体在校生全面的综合素质和能力评价的测评任务。综合素质评价一般分为七个维度，分别是道德品质、公民素养、学习能力、交流合作与实践创新、运动与健康、审美、表现能力。综合素质评价结果的好坏完全取决于该学生平时在学校的表现。这也是高等院校招生的一项重要指标，不可忽视。综合素质评价来自于平时的素质教育记录，评价结果是由大数据云计算获得，可以保证其公正性。

德才兼备，以德为先。有了公正的评价数据，我们就可以将大家公认为优秀教育工作者所具备的因素，分类分权重构建优秀教师选拔任用评价模型及指数。达到指数线以上的学生，纳入教师选拔任用备选库。对有志于从教的学生进行跟踪、定期测评，形成其职业成长电子档案。各地教育部门、学校与高三学生本人、家属进行谈心谈话、家访等，摸清从事教育工作的意愿。只要其高考成绩符合录取分数线，即可进入师范学校深造。让学科知识扎实、专业能力突出、具有教育情怀的优秀学生脱颖而出，实现“教学梦”。从选材到培养、派遣，尽可能排除干扰，净化教育环境，还教育净土。

（二）完善新时代师范专业及师范院校的管理机制，严把培养关

师范类院校在我国的设置历史最为悠久，主要是指培养各类师资力量的高等院校，但就现代意义来讲，它不仅担负着培养高水平的师资使命，随着社会的发展，师范类院校正由过去比较单一的培养文、理、工、教人才向更为全面的综合性大学拓展。正因为这样，一些师范类院校发展偏离了主业，非师范学生的比例逐年增长，“大而全，却不专”的现象比较突出。同时，我国重点的师范类院校数量不多，截至2017年，全国共有师范类高等院校181所，其中有影响力的只有北京师范大学、华东师范大学、华中师范大学、西南大学、东北师范大学、南京师范大学、湖南师范大学、陕西师范大学和华南师范大学等9所高校，即95%的全国师范类院校仍处于低水平的发展，其师范毕业生的综合素质和能力显然难以满足人民群众对教育的美好需要。

---

① 中华人民共和国教育部．教育部关于积极推进中小学评价与考试制度改革的通知［EB/OL］.(2012-12-18)［2019-10-15］. http://www.moe.gov.cn/srcsite/A26/s7054/200212/t20021218_78509.html.

立足于广东省的经济社会发展的实际，一是以华南师范大学为龙头，兼并全省不同档次的师范类院校，把幼儿、小学、中学、大学各个阶段的教师培养形成华南师范大学体系，做大做强，打造华南师范大学教育体系的“领航标”。二是引进国内外知名师范院校办学，继续培育和发展1～2个师范类院校的集团军。总之，不求多只求精，集中全省资源聚焦教师培养主业，改进教师培养机制、模式和课程，加强教师教育体系建设。全程监控学生就读过程中的言行举止，在即将毕业时形成客观的评价报告。学校作为用人单位，可通过评价报告数据库，物色学生直接面试和试教，并确定录用名单。创新符合教育行业特点的教师招聘办法，有助于选拔那些“有理想信念、有道德情操、有扎实知识、有仁爱之心”① 的优秀师范毕业生进入教师队伍。

（三）建立健全新时代教师队伍建设的动态管理体制

当前，教师的属性归学校，即教师的职业生命都只贡献给一个单位。表面上是忠诚度极高，但折射出用人机制的滞后，不利于人才的成长与流动，甚至影响教育的公平。名校，是因为名师的集中度高而成为名校。老百姓想方设法把自己的儿女送进名校，衍生了“捐书助学”“学位房”等社会问题。要打破学校界限，对现有教师资源进行合理配置，按学校实际情况核定教师编制，按学科、依专业配备教师，以教学班数量、课程设置等学校实际为依据，采取师生比和班师比相结合的编制核定方式，科学、合理地核定和使用教师编制，促进教师资源的均衡配置。

目前，出现小学、初中教师严重不足，高中出现1个教师带几个学生的“准大学”培养方式。高中教师不愿意到初中任教，也没有这种流通机制。鉴于地区教育系统总编制数量受限，导致小学、初中无法招聘新教师。要打破编制的束缚，每个学校的教师岗位与招生人数都得调整。为此，建议设立市级以上的教师资源管理中心，打破教师资源过于集中和归属问题，激发教师资源的活力和生命力。教师资源管理中心统筹全市教师岗位数量，定期招收、储备热爱教育事业、有崇高职业理想和职业规范的毕业生，集中岗前培训。根据各个学校学科教师的岗位需要，负责选派不同层次和等级的学科教师到岗任教，而且学科教师每2～3年交流一次。学科教师满足任职年限并具备相应的职业能力，教师资源管理中心统一进行职称评定。音乐、美术、体育等专业课程，教师资源管理中心可以通过购买服务的方式，向相关的专业组织和机构聘请专业人士进行授课，不再单独招收此类教师，减少财政资金的负担。

坚持科学的人才成长规律，以人才评价等科学手段和方法提升教师队伍培养质量。首先，提高创新水平，将创新教育活动贯穿于队伍建设的全过程并纳入学校的文化建设、作风建设中去。通过创新素质评价模型，加强教师创新能力建设，提高教师队伍的创新力、凝聚力。全体教师要牢固树立创新意识，充分发扬创新精神和敬业精神，大力培养创新型骨干教师和学科带头人，通过建立新老教师结队帮助等操作机制，加强新老教师之间的交流和协作，强化“传帮带”，积极引领广大教师和新课程共同成长。其次，加强教师继续教育的针对性和时效性，促进教师掌握现代教育理论，转变教育教学

① 白羽. 习近平号召全国广大教师做党和人民满意的好老师［EB/OL］.（2014－09－09）［2019－10－15］. http://www.xinhuanet.com/politics/2014－09/09/c_1112412989.htm.

观念，更新专业知识结构，提高广大教师运用现代教育技术和开展创新教育实践的自觉性和能力水平。教师是第一身份，教书是第一工作，上课是第一责任。应充分利用测评理论和工具，构建新时代教师胜任力模型，通过比对，找出差距，运用现代远程教育网络，采取多种途径和方法，开展岗前培训、在岗培训和全员继续教育工作，鼓励教师积极自主参加相关的培训学习，提高现代教育手段的运用能力，提升实施新课程的能力，提高适应素质教育和教育改革与发展要求的能力。比如，教师胜任力模型测评就好像是医院的医生，测评结果就相当于医生的处方。根据测评结果选择相应课程提升自己的教学能力，就相当于根据医生处方来吃药，快速恢复健康。当前教师的继续教育更多是为完成“拿学时”任务，而不是从根本上提升自身的综合能力和水平，完全背离了继续教育工程的初心。

利用心理测评工具动态掌握和关注教师心理健康，多关注教师的生活。受社会大环境的影响，教师急功近利的思想、浮躁情绪日益严重，精神压力也比较大，因此，学校必须关注教师的精神健康，定期进行心理辅导，开展有益于身心健康的文体活动，缓解教师身上的压力。教师心理健康才会增进培养人才的能力，教师心理健康水平提高，就会懂得尊重学生、宽容学生、平等对待学生。这将有利于建立一种新型师生关系，创造一种轻松的学习氛围，使学生能够在心理上健康地发展。教师心理健康水平提高了，就会清楚掌握学生的心理特征，发现其隐藏的心理症结，更全面地了解学生，把握学生的思想脉搏，预测学生的心理动态和发展倾向，及时调整，使其向好的方向迈进。

五、结语

《改革意见》是中华人民共和国成立以来党中央出台的第一份专门面向教师队伍建设的里程碑式政策文件，标志着我国教育事业进入了一个需要教育家并且为教育家的健康成长奠定了良好制度环境的时代。“十年树木，百年树人”，我们要按照党中央“五位一体”总体布局和“四个全面”战略布局要求，落实新发展理念，围绕实施教育强国战略和创新驱动发展战略，以科学分类为基础，以激发教育人才创新创业活力为目的，加快建立与中国特色社会主义制度相适应的教育人才评价制度，使优秀教育苗子脱颖而出，不断壮大我们教育家队伍。

参考文献

[1] 张仁贤. 教师十大素养［M］. 天津：天津教育出版社，2008.

[2] 杨鼎家，唐杨，张小冰. 教师职业道德规范与素质修养［M］. 北京：中国言实出版社，2012.

[3] 经柏龙. 教师专业素质［M］. 北京：中国社会科学出版社，2012.

[4] 张爱卿. 人才测评［M］. 2 版. 北京：中国人民大学出版社，2011.

[5] 张怀春. 教师心理健康［M］. 北京：北京大学出版社，2016.

乡村人才振兴从外推转向内生的必要性和路径

——以湛江乡村振兴发展为例

广东农工商职业技术学院　洪雨萍*

摘　要：在实施乡村振兴战略的背景下，农业乡村现代化的推进与实现依赖于建立在人力资本开发基础上的制度体系的达成。从人力资本开发视角切入探索乡村振兴“何以可能”，有助于厘清农业乡村现代化推进与实现的基础与关键环节。对广东湛江乡村振兴的案例进行考察表明：湛江全面启动全域乡村人居环境整治取得新成效，乡村生态环境质量有了新提升，但目前乡村振兴主要还是依靠外推力量，“等、靠、要”思想仍然非常严重，内生的人才支撑体系未能建立起来，相关的激励和服务不配套，广大农民学习农业科技知识、发展新型农业不主动不积极，直接影响到湛江农业农村现代化进程。乡村人才振兴实现从外推转向内生，促进农业农村现代化农民主体提高能力素质成为自觉，必然为乡村振兴提供可能和奠定持续发展基础。

关键词：乡村振兴　农业农村现代化　人才振兴

一、问题提出与文献述评

实施乡村振兴战略，以产业兴旺、生态宜居、乡风文明、治理有效、生活富裕为总要求，以实现“农业强、农村美、农民富”为长期目标任务。改革开放以来，中国农村经历了各种变革，人民公社瓦解、农村土地制度与经济体制变革、农村治理组织形式变化，农业农村面貌得以焕然一新。但是，目前我国城乡发展还不均衡，二元经济结构差别仍然明显，城乡现代化程度差异较大，城乡居民收入差距依然较大。第二、第三产业城市集聚，城市就业岗位远远多于农村；城市交通、水电、通信等基础设施建设以及教育、医疗、养老、消费等公共服务普遍优于农村。城市舒适的生活环境，良好的就业机会，稳定的社会保障，对农村人才、青壮劳动力有着巨大的虹吸效应。从而促使农村劳动力大量涌入城市，推动着工业化、城镇化发展；流出农村的优秀人才及青壮劳动力，使农业农村现代化缺少相应支撑。如何为乡村振兴提供人才支撑，已经成为一个非常重要的现实问题。对这一问题，学术界和政策界形成了以下三个主要观点。

（一）“新乡贤”参与路径

这一路径的研究把乡村振兴战略置于中国现代化的“大历史”中并加以审视，力

* 作者简介：洪雨萍，广东农工商职业技术学院经济学讲师，主要研究方向为经济学相关问题。

图以历史上的“乡贤”概念显现乡村振兴战略的丰富内涵。“乡贤”一词最早见于东汉，是指国家对有作为的官员或为社会做出贡献的社会贤达去世后给予表彰的纪念性称号。1949 年后“乡贤”概念开始与“乡绅”同义，指曾经为官、离职后在乡间居住的绅士。改革开放后，随着城市化进程加快，当人们关注农业、农村、农民“三农”问题时，以阐释“乡贤”来谈论新农村建设、乡村振兴论题，出现了“现代乡贤”或“新乡贤”概念。① 这些概念不再仅仅是外出有成就的政府官员，还有在外从商的成功商人和才学深厚的专家学者等。由于这些“新乡贤”自身的物质和文化禀赋，可以把他们作为带动农业农村现代化发展的“有效资源”加以运用。② 这一路径也被放大，解释为发挥“能人”中坚力量的农业农村现代化发展路径，如发挥农村基层党政干部、种粮大户作用，鼓励农村经商人员、进城务工人员、大学生等返乡创业。

（二）人才引进路径

这一路径研究，是鉴于农业科技人才区域分布不均的历史空间现实而考虑的。大量农研机构集中在大都市，偏远市县较少甚至没有农业科研机构。③ 这就造成基层农业科技人才严重短缺与大城市农业科技人才相对过剩的不均衡状态，因此，让大城市农业科技优势向基层延伸，鼓励科技人才下乡，便成为适应农业农村现代化发展现实需要的一种政策引导。

（三）新型职业农民培育路径

自 2012 年中央一号文件提出“培育新型职业农民”至今，这一路径一直是研究热点。与传统农民相比，新型职业农民，所谓的“新型”主要表现为如下三个方面的含义：一是掌握先进农业生产技术或具有一定农产品经营能力，其职业选择是自我选择与市场选择共同作用的结果；二是它作为一种职业具有一定开放性和流动性，可以是本地农民，也可以是外地农民，甚至可以来自城镇。新型职业农民，有生产经营型（如种植养殖大户、家庭农场主、农民专业合作社骨干等），也有专业技能型（如从传统农民逐步转变而来的专业人员、外出务工或学习之后获得各种农业技能的返乡农民工、专业军人或回乡务农的大学生等），还有社会服务型（如农业信息员、动植物防疫员或检疫员、农产品经纪人、农机手以及专门从事农业金融、保险、电商、物流的专业人才等）。当前我国新型职业农民总体规模已突破 1 500 万人，发展目标是到 2020 年预计达到 2 000 万人。加快构建一支有文化、懂技术、善经营、会管理的新型职业农民队伍，作为一种政策导向，意在为乡村振兴提供人才支撑。

以上三种路径从各自的视角解答应对乡村振兴的人才支撑“何以可能”的问题，回应了农业农村现代化主体的目标愿景构成。从乡村振兴战略实施的长期目标来看，前

① 萧子扬，马恩泽. 乡村振兴战略背景下的新乡贤研究：一项文献综述［J］. 世界农业，2018（12）：76 – 80.

② 张福如. 论乡贤资源的有效运用：以实施乡村振兴战略为视角［J］. 岭南学刊，2018（2）：18 – 22.

③ 黄跃成，唐卫东. 构建科技人才支撑体系　努力促进乡村产业振兴［J］. 四川农业科技，2018（11）：53 – 55.

两种路径仅因应当前现实的农村人才需求，仍不足以回应农业农村现代化的持续推进的本源。“新乡贤”治理路径目前主要偏重“官富乡贤”（如退休干部为招商引资牵线搭桥、企业家回乡投资设厂、捐资建设等），其局限在于可能出现“亲帮亲”，且忽视“文明乡贤”，导致人们对“新乡贤”概念的理解仍停留在“有权有钱”的认识偏见上，甚至产生“仇富仇官”的情绪。人才引进路径限于单一的“农业科技人才短板”克服，不仅因投入少待遇差而难以留住人才，而且项目与市场不接轨导致烧钱快赚钱难。第三种无疑是一种可持续发展之路，但为乡村振兴提供人才支撑毕竟是一个非线性过程，尚需要经历较长时间，才能变成一种制度化路径。这需要以新型城镇化的人才优势为农业农村现代化提供帮助，统筹城乡人才资源布局，提升以工促农、以城带乡、工农互惠、协调发展能力，也需要政府为培育新型职业农民提供有效的配套政策和制度，以便充分发挥市场在人力资源配置中的决定性作用。因此最终要回答乡村振兴的人才支撑“何以可能”问题，从人力资本开发的角度给予审视幸能寻找乡村振兴的长效机制。

二、理论基础与分析框架

人力资本开发视角下，厘清什么是人力资源、如何促进人力资源转变为人力资本、强化人才支撑与乡村振兴之间的关系是本文研究的学理基础。所谓人才（talents）是拥有一定潜力、技能、动机和知识的人，他通过创造性劳动达到预定目标，完成任务甚至比预期的目标更好，从而对社会产生实质性影响或做出重要贡献。所谓人力资源（human resource）是指能够推动整个经济社会发展、具有劳动能力的人口总和，也即一个国家或地区总人口减去丧失劳动能力的人口之后的人口数量。人才属于人力资源范畴，较高能力和素质的人才资源在社会价值创造过程中能够起到关键作用。也就是说，人才是人力资源的优质部分，人才是优质人力资源。

我国农村地区拥有自然资源（如农业生态、生态系统、农村生产潜力和其他自然遗产的经济资源等）、市场级差地租优势（如是否接近销售市场、基础设施是否得到利用、是否获得金融资本支持等）和人力资源等各种优势，这些优势对农业农村长期持续发展以及农村地区生产和社会人口结构性复兴具有重要意义，能够确保农业农村、城郊乡村的人力资源发展获得更好平衡。农业农村现代化本身以一定数量的人力资源为先决条件，但需要适应物质资料生产程度。人力资源数量如果超过物质资料生产，就会出现剩余。据统计数据显示，2018 年我国乡村人口为 5.64 亿，占全国总人口数量的 40.42%。[①] 推动农业农村现代化的人力资源优势并不在于其农村劳动力人口数量庞大，关键在于拥有知识、生产经验、科技文化潜力（特别是农业经营、生物科技更具有决定性意义）的人才资源支撑。

那么，如何将农村这个巨大的人力资源转换为人才资源优势呢？这就要诉诸人力资本开发（human capital development）。人力资本是劳动者执行劳动产生经济价值所需要的知识、经验、社会能力存量，是经过投入所获得的产出积累。这一概念最早追溯到亚

① 中华人民共和国中央人民政府. 2018 年国民经济和社会发展统计公报［EB/OL］.（2019－02－28）［2019－10－15］. http://www.gov.cn/shuju/2019－02/28/content_5369270.htm.

当·斯密，它的现代理念为贝克所推广，其基本思想是：一是资本由物质资本和人力资本构成，人力资本是一种人力资源投资形式，主要有教育培训、医疗保健、劳动力迁移等，其中以教育投资为人力资本开发核心途径；二是在现代经济条件下，人力资本投资重于物质资本投资，教育投资回报率高于物质资本投资回报率，最终决定一个国家经济社会发展程度的不是自然资源和物质资本存量多少，而是社会拥有人力资本规模和水平。人力资本与人力资源都是存量概念，表现为教育投入在人身上的价值凝结，但与人力资源不同，人力资本也是一个流量概念，表现为因为投入而产生的技能、经验积累。也就是说，人力资本将能够提升人力资源对经济增长的价值和意义。

人力资本理论尽管主要限于工业企业的经验观察和研究，但它对劳动力过剩的国家或农业领域具有更重要的意义。舒尔茨较早强调人力资本对农业经济增长的重要意义，认为对农业劳动者的教育培训是提高农业生产率和农业收入的重要手段。① 以后韦尔奇就提高农业生产率区分出三种人力资本开发途径——农民通过教育改善劳动质量、较好适应和理解农产品市场价格信号以及主动选择最佳农业生产和经营投入。② 教育对农业生产起着传动器作用，它能够帮助农民寻找和获得市场信息，使农民借助信息优势做出最佳决策，从而改善农业经营、资源配置和产品服务创新能力。

目前人们对农业人力资本开发的研究，多限于一般目的和农场企业目标。最近的研究是吉本和沃尔德曼提出了“任务专有的人力资本”（task - specific human capital）概念类型，强调人力资本必须要根据任务的性质或技能而定。③ “任务专有的人力资本”概念，不仅适合于农业专业化工作设计，而且也可用于农业劳动力供给、农业经营战略等。

新时代我国做好农村、农业、农民“三农”问题以乡村振兴战略为总抓手，把人力资本开发置于首要位置，培育新型职业农民，加强农村专业人才队伍建设，吸引更多社会人才投身乡村建设，这必然是一个“任务专有的人力资本”投入产出过程。进一步说，人力资本理论对于解决“三农”问题包括如下三个指向：一是与农业物质资本投入（如项目推进等）相比，农村人力资本投入更为重要，也即要把人力资本开发置于首要位置；二是乡村人才振兴是一种“任务专有的人力资本”投入产出过程，致力于乡村振兴战略目标任务实现；三是农村人力资本开发对发达国家农场制度并不存在外推和内生之分，但在我国目前主要限于外部推动，因此在外推基础上实现内生转向必然成为乡村人才振兴的未来方向。本文通过对广东省湛江市乡村振兴实践进行案例研究，追溯其改革开放后的乡村发展进程，揭示人力资本开发之于乡村振兴战略的任务专有意义，通过检视人才振兴外部推动的公共绩效困境，然后从政策、制度、项目和家庭四个层面讨论乡村人才振兴的内生路径。

---

① THEODORE W S. Investment in human capital [J]. The American Economic Review, 1961, 51 (1): 1 - 17.

② WELCH F. Education in production [J]. Journal of Political Economy, 1970, 78 (1): 35 - 59.

③ ROBERT G, MICHAEL W. Task -specific human capital [J]. The American Economic Review, 2004, 94 (2): 203 - 207.

三、案例：湛江乡村人才硬支撑潜力

湛江位于我国大陆最南端雷州半岛，广东省西南部，东濒南海，南与海南隔琼州海峡相望，西临北部湾背靠大西南。湛江属广东农业大市，耕地面积（759 万亩，1 亩 = 666.67 平方米）全省最大，约占全省面积的 1/6，农用土地占全市（1.32 万平方公里）77.1%，农村户籍人口占全市（838.94 万人）66.1%，共有建制行政村（居委会）1 721 个，辖有 20 户以上自然村11 732 个，“三农”工作为重中之重。考察湛江实施乡村战略进展情况表明，在财政项目推动下已显现较大公共绩效情况下，目前人力资本开发对乡村振兴战略实施有着巨大的潜在意义。

（一）改革开放后的湛江乡村发展轨迹

秦始皇统一中国时，今湛江辖地归属象郡，汉代设徐闻县辖雷州半岛，徐闻港成为“海上丝绸之路”最早始发港之一。1899 年，现市区范围的“广州湾”为法国强租，20 世纪初期成为与香港、澳门齐名的国际市场。中华人民共和国成立后，湛江港、黎湛铁路、湛江民航机场陆续建成，湛江成为我国南方重要港口城市。改革开放后，湛江凭借其独特的地理优势于 1984 年被确定为全国 14 个沿海开放城市之一。恰在这时遇到地市合并，这种市带县的新体制使湛江从港城变成农业大市，当时农业人口占到全市 86%，“三农”问题骤然变得非常突出，全市工作重点自然也转向县域经济和农村工作。

1. 湛江乡镇企业崛起。湛江在历史形成过程中，形成了一批市场经济较为发达的城镇。特别是吴川人在改革开放前都照样经商、耕自留地和私自养牛，改革开放后全县大办个体企业、乡镇企业，形成“吴川模式”。在“吴川模式”影响下，湛江各地乡镇企业迅速崛起，坡头区、廉江市等地出现乡镇企业热潮。这无疑加快了湛江市场化进程，推动了农村经济发展。但是，随着时代变化，湛江乡镇企业经营者多数没有接受现代企业理念而未能升级换代。20 世纪 80 年代末 90 年代初，吴川曾办起一批糖酒企业和后来的林屋机械厂，起点比较高，但企业经营者不能跳出家庭作坊模式，无法使企业走向现代经营模式。对于这一弊端，即使在吴川模式高潮时期，也有学者有所提示，说当时“吴川乡镇企业的从业人员达 41 442 人，但真正接受过教育训练的人员不足 0.1%。由于企业人员素质低，不仅影响了致富门路和生产规模的拓展，而且影响了产品质量的提高和产品的更新换代。随着卖方市场逐渐向买方市场转化以及在这种转化过程中市场竞争日益激烈，尤其是随着人们的消费结构和消费水平逐渐向高档、耐用、美观等方面的转化，这种以低档和价廉来获得市场的做法毕竟不是长远之计”①。不能升级换代，吴川模式也渐趋衰落。

2. 新农村建设的湛江经验。进入 21 世纪后，中央 2005 年“新农村”政策为湛江农村发展提供了新机遇。以农民诉求为切入点，将创建文明村与建设新农村统一起来推动乡村发展，形成了新农村建设的“湛江经验”或“湛江模式”。主要做法是：一是加

① 吴泗，伍志清. 吴川县乡镇企业的发展模式与思考［J］. 中国农村经济，1987（11）：60－63.

大财政支持力度，改善农村生产生活基本条件。例如，投入 10 亿多元实施雷州半岛西南部改水治旱工程和建设南亚热带示范区，投入 17.9 亿元修建镇通村硬底道路 6 997 公里，投入 11 亿元推进农村电网改造工程，投入 11.3 亿元改造茅草房（危房）3.7 万户，等等。二是以建设生态文明村为载体，因地制宜探索农村建设模式。到 2011 年，全市已建成 7 536 个县级以上生态文明村，占全市自然村总数的 60.4%。三是加快推进农业产业化进程，提高龙头企业和农民专业合作社的示范带动能力。龙头企业和农民专业合作社可以实现小农户和大市场的有效对接，在农业经济发展和农户收入提高中起着关键作用。在新农村发展过程，湛江以生态文明村创建为切入点，特别重视“新乡贤”参与农村建设，形成了比较成熟的三种模式——在外工作的国家干部“回乡型”徐闻模式、外出创业人员捐资建设家乡的“回报型”吴川模式和“乡企合作型”的遂溪、廉江模式。① 这种“新乡贤”参与新农村建设路径虽然能够减轻地方政府的财政压力、能够带动乡村文明发展，但这种路径即使能够健康发展，也只是局部的、分散的，因此并不是解决人才振兴问题的最终途径。

3. 湛江乡村发展进入新时代。党的十八大以后，我国乡村发展进入新时代，湛江集中各类资源、各级力量和各方智慧，形成了全面建成新农村态势。全面推行河长制、湖长制，强化乡镇饮用水源保护区规范化建设。实施绿化造林大行动，增加森林绿地面，完成生态控制线划定，空气质量连续 5 年保持全国前列。注重打造农业产业园、工业公园、农村产业融合示范区、特色海水产业国家农业科技园等现代农业亮点，新型农业经营主体迅速发展，粮食、蔬菜、水果等作物产量和面积位居全省首位。从 2012—2017 年，湛江农村居民人均可支配收入年均增长 11.0%，较全市 GDP 年均增速超 1.4%。湛江农村居民通过粮食综合补贴、农机具补贴、贷款贴息、扶贫攻坚工程等一系列支农惠农政策获得转移净收入。借助农村低保与扶贫开发政策的有效衔接机制，20 万余建档立卡贫困户人口获得城乡居民基本医疗保险个人缴费全额资助。当然，进入新时代后，湛江在乡村发展过程中仍然存在诸多问题，农业发展的结构性矛盾突出，农业供给质量亟待提高，农村基础设施和民生保障工作有待加强，等等。坚持在发展中保障与改善民生，加快补齐湛江农村民生发展短板，不断改善农民生活条件、完善农村公共服务，提升乡村治理水平，以更好地满足农民群众日益增长的美好生活需要，解决群众最关心、最直接、最现实的利益问题，不断增强农民群众的获得感、幸福感，这些便成为湛江实施乡村振兴战略努力的方向。

（二）湛江乡村振兴人才硬支撑意义

党的十九大后，湛江在全国率先制定市一级乡村振兴战略实施方案，提出两个阶段的长期目标：一是到 2035 年，乡村振兴取得决定性进展，农业农村现代化基本实现；二是到 2050 年，乡村全面振兴，农业强、农村美、农民富全面实现。为达到这一长期目标，湛江从 2018 年开始全面实施乡村振兴战略，提出未来 10 年工作路线图，如到 2020 年，乡村振兴取得重大进展，政策体系基本形成；又如到 2022 年，乡村振兴见到

---

① 周春霞，帅学明．论湛江新农村建设中面临的主要问题及对策 [J]．南方农村，2009 (1)：56 - 59.

显著成效，农村人居环境明显改观；再如到 2027 年，乡村振兴取得战略性成果，农村落后面貌实现根本改变。着眼于近期目标，致力于实现产业兴旺、生态宜居、乡村文明、治理有效和生活富裕，目前主要依靠财政项目推进基础设施建设。为全面启动“三清理三拆除三整治”，2018 年湛江共投入市级财政资金 5. 44 亿元，调动社会和金融资本投入约 12. 57 亿元，建成生活垃圾无害化处理设施 6 座、垃圾转运站 107 座、农村垃圾收集点 18 936 个，建成城镇污水处理厂 11 个、农村污水处理设施 117 座，县城（镇）周边村庄污水纳入城镇污水处理系统，全域农村人居环境整治初见成效。

必须要看到，以上工作推进主要是一种以财政项目为抓手的自上向下推动，这种推动本身是受到财政不足限制。湛江属于广东西部经济欠发达地区，市县级财力难以满足全市农村项目巨大资金需求，省生态宜居美丽乡村建设资金奖补范围又不能覆盖有人居环境整治任务的所有行政村，以行政村为单位进行奖补（平均 1 000 万元）则无法满足各行政村差异较大（有的只有 1 个自然村，有的辖有多达 30 余个自然村）的实际需求，有限的国家农业补贴很难落实到落后的农业基础设施改善上。

继续强化财政项目推动无疑是推动乡村振兴的重要路径，但它作为一种外部援助会受到各种财政条件约束。鉴于此，我们不能忽视的是农民首创，以人力资本开发为抓手增强乡村自我发展能力，这将是乡村振兴的持续发展之路。正如习近平总书记指出：“要推动乡村人才振兴，把人力资本开发放在首要位置，强化乡村振兴人才支撑，加快培育新型农业经营主体，让愿意留在乡村、建设家乡的人留得安心，让愿意上山下乡、回报乡村的人更有信心，激励各类人才在农村广阔天地大显身手，打造一支强大的乡村振兴人才队伍，在乡村形成人才、土地、资金、产业汇聚的良性循环。”① 把人才振兴作为乡村振兴战略专有的人力资本开发途径，使人力资本与物质资本成正向关系。充分挖掘人力资源开发潜力巨大，实现人才振兴硬支撑意义重大。

1. 人力资源提升潜力巨大。湛江全市共有建档立卡贫困户 85 247 户，贫困人口 239 997 人，为广东全省扶贫任务最繁重地级市。在自上而下的政策帮扶推动下，2016—2017 年，全市共实现 152 601 名贫困群众预脱贫，2018 年达到脱贫标准人数 55 266 人，到 2020 年剩余 32 130 名贫困人口也将摆脱贫困。这样脱贫的人口在失去外力帮扶之后是否会返贫，取决于能否通过人力资源开发提升农民的自我发展能力。这种能力提升具有巨大潜力：一方面湛江农村劳动力整体文化水平较低，从湛江农业生产经营人员 166. 72 万人受教育程度来看，未上过学的占 2. 9%，小学毕业的占 27. 1%，高中或中专毕业的占 10. 8%，大专及以上学历的仅占 1. 1%，初中毕业的为多数占 58. 1%，但另一方面农村居民教育文化娱乐、交通通讯等人力资本投入，呈现出良好的增长势头（见表 1）。

① 习近平. 乡村振兴战略是一篇大文章［EB/OL］.（2018 - 03 - 09）［2019 - 10 - 15］. http://www.xinhuanet.com/mrdx/2018 - 03/09/c_137025846.htm.

表 1　湛江 2014—2017 年农村居民人均消费支出①

项目	2014 年	2015 年	2016 年	2017 年
食品/元	3 962	4 256	4 582	4 944
衣着/元	299	311	329	248
居住/元	1 372	1 541	1 720	1 921
生活用品及服务/元	465	480	509	545
交通通信/元	851	899	892	935
教育文化娱乐/元	793	836	954	1 066
医疗保健/元	604	671	753	780
其他/元	170	186	184	194

2. 实现人才振兴意义重大。“三农”问题的核心是农民问题，乡村振兴活力源自人才振兴。有学者基于 1983—2013 年数据对湛江经济增长与人力资本关系进行实证分析表明，湛江经济规模报酬递增的情形，在于假定人力资本投入保持不变，增加 1% 的物质资本投入平均导致产出仅增加约 0. 27%，而假定物质资本保持不变，增加 1% 人力资本投入平均导致产出则增加约 4. 05%，人力资本对湛江经济增长起着重要作用。② 2017 年末全市户籍总人口 8 389 362 人，18 ~60 岁人口占 60. 15%。湛江目前农业生产经营人员 166. 72 万人，年龄 35 岁及以下的占 24. 3%，55 岁及以上的则占到 32. 4%，36 ~54 岁之间的占 43. 3%。发挥人力资本对湛江经济增长的作用，对实现乡村振兴有着深厚的人力资源基础。

增强农业农村发展活力关键在于激发农民自身活力，只有推动农民身份向职业化转变，才能促进农业农村现代化转型。农业现代化离不开高新技术和先进农业装备，离不开高效管理和组织模式，这就需要培养与之相适应的高素质和高水平职业农民。实现农民收入持续增长是农业农村现代化的主要目标之一，到 2022 年湛江城乡居民收入差距比缩小到 2. 38 : 1 以内。而农民收入水平与其自身所具备的农业科技知识和综合素质能力密切相关，培育新型职业农民就是要使每个接受培训的农民有针对性地学到相应的现代农业实用技术和增收致富的本领。培育一支科技文化素质高和创新创业能力强的新型职业农民队伍，能够不断提高农业创新力、竞争力和全要素生产率，加快农业新旧动能转换，率先实现农业现代化，推动乡村生活富裕。

四、湛江乡村人才振兴外推困境分析

在乡村振兴战略背景下，为使农业农村现代化转型蓝图变为现实，让农民成为有吸引力的新型职业，这在湛江这个农业大市始终是一个热点话题。培养新型职业农民是一

① 资料来源于《2018 湛江统计年鉴》.

② 李康健. 人力资本对湛江经济增长贡献的实证分析 [J]. 广东石油化工学院学报, 2015 (5): 48 -51.

个复杂问题，通过仔细梳理发现湛江乡村人才振兴面临的困境主要包括如下三个问题。

（一）乡村人力资源流失严重，严重影响乡村振兴实现

我国新时代社会主要矛盾发生重要转变，转化为人民日益增长的美好生活需要与不平衡不充分发展之间的矛盾。应该看到，发展最不平衡的是城乡发展不平衡，发展最不充分的是农村发展。[①] 乡村在道路交通、基础生活设施、医疗教育、文化休闲等领域发展滞后，极大地削弱了乡村对人才的吸引力，乡村人力资源流失非常严重。湛江作为农村人口集中大市，城乡人口比例为42：58，乡村人口尤以雷州廉江吴川三市、徐闻遂溪两县和市辖坡头麻章两区最为集中。2017 年全市迁出人口 73 539 人，高于迁入人口 29 866 人，三市两县迁出人口比接近66%（见表2）。这种情况突出表现在以下两个方面：一是升学流失，农村孩子考入大学后很少再回到农村；二是劳务输出，农村城镇化进程加快，使大量农村剩余劳动力，特别是许多有一技之长的高素质人才纷纷涌入城市，参加农业劳动的以50 岁以上人群为主。这就导致农村人才“空壳化”，“农忙时缺人手、现代农业缺人才、农业生产缺人力”等问题十分突出，严重制约着湛江现代农业发展。从整体上看，包括农业社会化服务、农村科教文卫保障、农民居家美化及康养等与涉农发展密切相关的技能型、带动型、经营型、服务型、社会型人才明显偏少，特别是优质无公害化生产、产品后续加工、市场营销、企业经营、农村经纪人、专业合作组织带头人等人才更少。这种情况与乡村振兴战略实施的现代农业人才队伍建设要求相差甚远，湛江不足的农村实用人才难以发挥在乡村振兴中的服务、支撑与引领带动作用。

表2　湛江 2017 年各区（市县）人口迁入迁出情况[②]

区（市县）	迁入			迁出		
	合计/人	省内/人	省外/人	合计/人	省内/人	省外/人
合计	29 866	13 594	7 499	73 539	43 563	17 430
市辖区	8 773	6 232	2 541	12 546	9 195	3 351
赤坎区	3 122	2 584	538	2 540	1 943	597
霞山区	1 528	866	662	3 313	2 517	796
坡头区	729	393	336	2 798	2 122	676
麻章区	538	199	339	2 190	1 361	829
开发区	2 856	2 190	666	1 705	1 252	453
吴川市	3 609	2 664	945	7 253	6 138	1 115
徐闻县	938	523	415	4 494	3 708	786
雷州市	1 883	1 213	670	11 554	9 892	1 662

① 吴波．小岗精神与乡村振兴“融”机制的建构［J］．广东行政学院学报，2018（6）：14－20.

② 资料来源于《2018 湛江统计年鉴》.

续上表

区（市县）	迁入			迁出		
	合计/人	省内/人	省外/人	合计/人	省内/人	省外/人
遂溪县	2 027	1 178	849	7 563	5 170	2 393
廉江市	3 863	1 784	2 079	17 583	9 460	8 123

（二）农村人才培训存在“供需双缺”，人才振兴尚未从外推转向内生

实施乡村振兴战略是开启建设现代化强国新征程的必然选择，农业农村走向现代化迫切要求农民素质现代化。湛江市自 2002 年颁布《关于大力发展农村职业教育的意见》后致力于培训农村初级、中级职业技术人才，越来越重视农村实用人才培训。2016 年湛江廉江市良垌镇作为农业大镇出台《良垌镇农村实用人才“十百千”工程实施方案》邀请农技专家为广大农村实用人才授课；2018 年湛江开办农村实用人才带头人和大学生示范培训班。但是，从实际培训情况来看，存在着培训“供需双缺”的现象。

一方面，“培训需求”存在不足。已有培训仍然停留在“要我学”阶段，还没有向“我要学”转变。农村农民、人才特别需要农业科技、企业经营管理、医疗卫生技术、法律和政策、社会保障、行政管理、乡村社区管理、社区规划与社区建设、农村治理等的知识培训。但是，由于农村居民收入不高，农村实用人才观念落后，“等、靠、要”思想严重，这些“知识赤字”不能表现为培训需求，农民自觉参加培训学习意识不够。湛江每年开展“科技下乡”活动，一些农民对科技含量高的新型农业发展存在抵触心理，大多数农民仍然存在看热闹的多、脚踏实地愿意去干的少。

另一方面，农村实用人才“培训供给”不足。20 世纪 90 年代，每个县（市）都办农校，培养农村人才，但后来农校停办。现在以农业技术推广中心及乡镇农业技术推广站为主体的服务机制，部分工作人员积极性不高，履职能力不强，工作效果有限，难以取得农民信任。现有乡村人才开发主要依赖体制内专家培训，没有将农村实用人才纳入到人才管理范畴。由于乡村人员分散、农业技术种类繁多、涉及行业杂乱，因此培训场所不好固定，培训时间不好固定，参加人员不好固定，学习教材不好选定，对有关农村市场经济、新农产品推广使用、特色种植养殖等方面的信息了解不够全面，已有培训内容和培训方式设置与农民实际需求存在脱节现象，培训成本较大，效果较差。更为重要的是培训经费无法保障，基层政府对各级各类农村管理人才、实用人才、农业产业人才开发经费投入严重不足，无法形成留人育人的政策环境，不能建立起一套制度化、规范化、系统化的实用人才培养使用长效机制。

在农村人才培训“供需双缺”情况下，近年来湛江在政府主导下加大了向乡村输入人才的力度：一是开展“十百千”干部回乡促脱贫攻坚，鼓励引导优秀党员干部下基层服务乡村振兴。例如，“组团式”选派一批机关干部到农村，由市四套班子成员及法检“两长”挂钩联系全市 11 个县（市、区），挂点整顿 25 个软弱涣散村，110 名处级干部联系原籍镇（街），从市县两级选派 1 104 名科级及以下干部回乡驻村，为推动乡村振兴出谋出智出力。二是鼓励引导社会力量积极投身乡村振兴，出资出劳参与农村

人居环境综合整治、新农村示范村建设。例如，吴川市塘缀镇瑚琳杨赤里村乡贤捐资1亿元对该村重新统一规划，整村拆旧建新，建造别墅赠送村民，为家乡建设生态宜居美丽乡村注入新活力、新动力。三是推进志愿服务乡村振兴，实现农村志愿服务活动常态化、制度化。例如，徐闻县成立志愿服务联合会，以自然村为单位推进“一村一志愿者队伍”建设，以“三清理三整治三拆除”等人居环境整治任务作为主要服务内容，积极组织开展“给力农村共建美好家园”等志愿服务活动。但是，正如财政项目推动一样，这类“新乡贤”参与乡村振兴，仍然不属于人才振兴内生制度。据调研情况看，少部分干部在参加结对帮扶致富、领富带富方面积极性、主动性不强，所谓帮扶也仅仅局限于“亲帮亲”，真正起作用的人只占少数，外推人才发挥作用不够普遍。这种外部力量参与时间较短，容易沦为走马观花、短期镀金行为，治标不治本，不能有效应对乡村人才队伍建设滞后局面，难以从根本上改变乡村人才队伍建设低效和不稳定状态。

（三）传统“去农文化”影响根深蒂固，留人育人政策环境无法形成

长期存在的城乡二元制管理结构，差别较大的城乡居民待遇，形成了中国特有的“去农文化”状态。① 无论是城里人还是农民自身，都普遍认为“农”就是“土”“乡下人”“小气”“无前途”。农村家长教育孩子的目的就是“将来离开农村”，导致大学生毕业后不愿意回农村，有能力的人尽可能逃离农村。乡村基层党政人才队伍是乡村人才振兴的中坚力量，但在现实中大多数村干部很难转化为严格意义上的国家行政人员，晋升机制缺失必然影响广大干部工作的积极性和创造性。这种城乡人才区隔，不仅表现为农村人不愿意留在农村，农村人力资源外流，农村实用人才留不下，而且也表现为城里人不愿意到农村落户创业，吸引不了外来人力资源。

既然“去农文化”短期内不会得到扭转，也就无法形成留人育人的经济社会环境。湛江目前具备一定农业知识的年轻人很少，即便有学农的毕业后也选择留在大城市，而现有的农村实用人才在发展现代农业方面也未能发挥示范推广作用。人才培训、评定职称等不健全，农村实用人才不能获得任何国家职业等级认证，因此有效的制度激励不足。个别单位和部门不是及时、准确地去帮助农民解决资金投入、财产安全等问题，而是一味追求和强调部门利益最大化，忽视农村实用人才的地位和作用，致使他们在生产、生活上陷入困境。受经济条件制约，农村实用人才的待遇和优惠政策不落地，影响和制约农村实用人才在发展现代农业方面的积极性。部分人返乡后，发现农村市场环境、社会形态与想象中不同，或因创业发展遇阻，或因生活不适应，不少“归来燕”无法在乡村“筑巢安家”，又“飞”回城市。针对农村实用人才开发方面的政策较少，培养、利用农村实用人才的相关配套政策缺乏，资金扶持不够，经费投入不足，难以适应乡村振兴需要。

五、讨论与人才内生路径

本文以上分析表明，人才振兴之于湛江乡村振兴潜力巨大，湛江为落实国家乡村振

① 张慧娜，耿相魁．乡村振兴战略视野的农村人力资源开发研究［J］．农村经济与科技，2018(13)：53－55.

兴战略任务逐级成立机构加强引导，逐层传导压力落实责任，把破解人才瓶颈制约作为关键问题来抓，认识到如何培育造就一代爱农业、懂技术、善经营的新型职业农民是乡村振兴人才支撑的关键。但是，湛江目前乡村人才振兴主要还只限于外部力量推动，这一路径所遇到的困境在于：它是临时的、局部的政策安排或激励，而农村人才总量短缺甚至匮乏则是一个长期存在的历史问题，以一种临时的、局部的外部力量参与并不能从根本上解决长期存在的人才短缺问题。我们必须要看到，农村人才存量现状不佳不限于湛江地区，也是全国一个通病。这就要回到前文提到的如何回应农村振兴的人才支撑“何以可能”的问题？本文认为，农村人才振兴外部推动虽然能够起到一定作用，有利于实现短期目标，但农村振兴的人才支撑问题是一个复杂的非线性问题，涉及农村管理体制改革、保障机制创新、政策配套措施和农村干部管理甚至家庭文化等问题。因此在目前鼓励社会各界参与农村振兴的基础上，如何尊重农民意愿，调动农民积极性、主动性、创造性，真正把农民对美好生活的向往化为推动乡村振兴的内生动力，培育和激励各类人才在农村广阔天地施展才能、大显身手，便成为实施乡村振兴的长远持续发展课题。在这种意义上，本文着眼于乡村振兴战略任务专有的人力资本开发观念，本着培养人才、留住人才的内生导向，尝试从政策、制度、项目、家庭四个方面提出一些建议，以便建立起用才、育才、惜才的人才振兴长效机制。

（一）在政策层面，建立起开放灵活的乡村人才教育培训体系

落实乡村人才振兴战略，政府要发挥主体作用，吸引涉农院校科研机构和企业参与，建立起开放灵活的乡村人才教育培训体系。这方面我国具备充分的条件：一是多数涉农院校和科研机构都是公共部门，有为实施乡村人才振兴战略提供教育服务的义务；二是乡村振兴战略实施的农村政策，越来越吸引着今天的企业转向乡村投资。地方政府在财力不足的情况下，一方面要尽可能保证农村中小学基础教育和农村职业教育培训财政投资，另一方面也要吸引社会资本进入乡村教育培训体系，特别是要鼓励乡贤捐资和企业投资向农村实用人才培训倾斜，形成政府、涉农院校、科研机构与社会投资之间的良好合作氛围，形成“政产学研”合作新机制。一个典型例证是，湛江与广东农工商职业技术学院创建产学研校企合作新模式，成功地打造了湛江市博袍村。

把农业生产企业带头人、种植养殖大户、各类农民专业合作社成员、大学生村干部等的职业高潜质农民，通过对这一群体的先培训先引导，使他们在引入现代科技、生产方式和经营模式方面起到示范带动作用。但是，要认识到农业现代化生产主体是整个农民群体。从长远考虑，教育培训对象要从中老年为主的农村人群转向 80 后、90 后甚至 00 后的后继力量，把培育新型职业农民重点放在现有初高中的农业职业技术教育加强上，把他们作为农业农村现代化储备人才加以培育，这是乡村振兴战略的长远之计。对于目前农村剩余劳动力而言，要注重将培训与就业结合起来进行，因此教育培训计划和课程要针对农村正在面临的技术、经营问题进行设计制定。推行“政府 + 院校 + 企业 + 农户”的产业联动教育培训模式，鼓励培训教师下乡、教育资源进村、人才培养入户，让农业龙头企业、农民专业合作社吸收新型职业农民就业，大力扶持新型职业农民创业。乡村人才教育培训体系必须要能使农村人才供给与农民职业需求达到平衡，要适应不同环境完善教学计划，以有效的技能培训满足乡村振兴的职业需求。

（二）在制度层面，注重形成乡村吸引人才氛围

经过教育培训的乡村人才能否留得下、干下去？这是乡村振兴发展的可持续性问题？为解决这个问题，一些地方政府为了鼓励更多青年人扎根农村，使新型职业农民、农业职业经理人成为未来农业经济领域发展的带头人，为他们购买了养老保险和医疗保险并出台很多激励政策。对于优秀的大学生村干部、农村帮扶志愿者提出“升得上”政策，把他们吸收到农业农村管理干部队伍中，让优秀人才走上治理村务、发展经济的重要岗位。不仅要感情留人，更制度留人。对于从事农业产业振兴的人才，可将其纳入新型职业农民培育工程，在教育培训、职业资格认证、社会保障、金融服务上提供服务。对于基层干部、科技人员、乡村教师等，可探索挂职交流、定向培养、挂包服务等方式，妥善考虑他们在生活保障、后续发展等方面的诉求。解决“安居”问题，让有购买力的人购买商品房，买不起房的人住廉租房，为那些愿意返乡置业的青年人才打下坚实基础。补齐农村基础设施建设短板，加快推动城镇基础设施向农村延伸，逐步消除城乡基础设施差异，改善农村生产生活环境，让农村生活成为一种享受。在农村也能感觉到跟城市差不多的便捷和浪漫，才能让年轻人待得下、留得住。

把人才留住的问题，实际上是一个阻止扭转乡村空心化、农户空巢化、农民老龄化加剧趋势、聚集乡村人气以增加乡村发展活力和动力的问题。这就“需要围绕涉及户籍制度的农村土地、公共服务、集体经济组织形式、社会参与等进行制度创新”①。在坚持农村土地集体所有的条件下，以所有权、承包权、经营权“三权分置”为农民流动和土地规模经营提供保障，探索农村宅基地所有权、资格权、使用权“三权分置”，以盘活农村闲置宅基地和闲置农房为农民增收创造条件。创新户籍制度，增强农村对青壮年的吸引力，使他们愿意留在家乡建设家乡，同时吸纳并平等对待外来人口。与法律规定的户籍相比，农村人口的“村籍”是乡村民约决定的。这种“村籍”有很强的封闭性和排他性，所以要通过探索新的户籍制度，保护村庄原住民利益，也确保外地人员权益，让他们共享乡村振兴成果。随着新型城镇化发展和乡村振兴战略实施加快，必须要针对有些村庄要搬迁、有些村庄要撤并、有些村庄要改造提升的新形势新情况，通过户籍制度改革妥善处理乡村变迁中的各种复杂利益关系，淡化“户籍”特别是“村籍”身份，促进不同乡村村民之间以及外地人员与本地人员的社会融合，为吸引留住人才奠定良好的制度基础。

（三）在项目层面，促进项目与人才培养融合发展

我们必须要看到，目前以外推为特点的延伸式正式和非正式教育培训课程很难持续，对其实际效果也很难给予追踪和评估。必须要把培育新型职业农民作为扶贫工作焦点加以开展，将人才振兴与精准扶贫工作有机结合起来，用好精准扶贫项目，着力从贫困人口中培养一批新型职业农民。乡村振兴发展项目需要以培训农民技能和提高农民素质为导向，促进乡村劳动力通过实际的项目掌握生物科技、电商技术、经营管理、风险

① 龚维斌．从历史维度看乡村振兴过程中的户籍制度改革［J］．国家行政学院学报，2018（3）：19－25．

管理和市场营销等广泛知识。财政支持要集中到农业科技成果转化的示范项目上，以优厚的待遇促进科研人员通过农业品牌推广吸引农民广泛参与，提高农民科技创新意识。推动乡村产业融合发展项目不仅能提高农民收入，而且还可以借此有意识地提升农民素质，既可以通过推动当地优势农产品（粮油、畜禽、果蔬、药材、水产品、茶叶等）推广项目为农民普及种植栽培科技知识，也可以通过农业旅游示范点、示范村、民宿（农家乐）经营户、休闲观光农业园区（点）、乡村旅游精品线路等项目向农民传播产业链知识、品牌市场营销技巧和社会化服务管理方法。大力发展乡村电商，鼓励企业入乡推进电商扶贫项目发展，打造电商助农扶贫新模式，借助电商销售、网店等途径引导培育赋能新型职业农民，促进农民特别是年轻乡村人才依靠互联网高效接受新政策、新技术和新思路。

（四）在家庭观念层面，形成乡村社区教育引导机制

中国人家庭观念极强，对人力资源流动有着直接影响。改革开放以来，农民工流动已经出现了老一代农民工与新生代农民工的鲜明代际差异。如果说老一代农民工外出务工是为了谋生、赚钱和增加家庭收入的话，那么随着城乡二元结构松动和革新，新生代农民工更加向往城市文明、城市生活方式和城市人身份，闯世界、长见识、求发展、学技术成为新生代农民工追求大势。但是，农民工流动并非完全出于个人意愿，谁外出谁留守、城乡不断往返与其家庭分工担当角色有密切关系，因此整体上出自复杂的家庭决策系统①。这种家庭决策，固然要考虑外出流动对家庭的“成本—收入”约束（即只有增加家庭总收入时才会支持家庭成员外出），但同时也会考虑目前国家诸如扶贫、低保、社会救助、儿童和老人福利、社会保险、个人所得税等以家庭为单位的社会政策收益。实施乡村振兴战略，要用好乡土资源，加强乡村社区教育引导，促进农民家庭归属感和乡土认同，充分发挥家庭教育、家庭保障等多方面功能，以乡风文明建设凝聚乡村人力资源，增强乡村振兴对人才的吸引力。

---

① 周飞舟，吴柳财，左雯敏，等．特邀栏目：城镇化的社会学研究——从工业城镇化、土地城镇化到人口城镇化：中国特色城镇化道路的社会学考察［J］．社会发展研究，2018（1）：41－64．

基础教育类

建设基础教育强国：新时代中国基础教育发展战略问题研究

中国教育学会　高书国*

摘　要：本文分析了当前世界发达国家基础教育发展战略与重大措施，以及我国基础教育发展主要成就及其不平衡、不充分发展问题，说明我国需要构建与教育强国地位相适应的现代化基础教育体系。通过对现代化基础教育资源配置问题的深入研究，文章有针对性地提出我国未来基础教育发展的重大战略建议。

关键词：基础教育　新时代　发展战略

2018 年 9 月 10 日，党中央、国务院召开全国教育大会，习近平总书记发表重要讲话强调："坚持改革创新，以凝聚人心、完善人格、开发人力、培育人才、造福人民为工作目标，培养德智体美劳全面发展的社会主义建设者和接班人，加快推进教育现代化、建设教育强国、办好人民满意的教育。"党的十九大报告明确提出"建设教育强国是中华民族伟大复兴的基础工程"，标志着中国教育特别是基础教育发展正在步入建设教育强国的新时代。教育部党组统一部署，决定在教育系统组织实施"奋进之笔"攻坚行动。受教育部委托，中国教育学会承担了"新时代中国基础教育发展战略问题研究"任务，深入思考、研究和探讨新时代中国基础教育的发展目标、战略重点和推进策略。

随着中国经济进入高质量时代，日趋激烈的国际竞争对人才质量提出更高要求，人民群众对优质教育的迫切需求越来越旺盛，教育发展面临着前所未有的挑战。新时代、新使命、新征程要求我们必须站在更高层次和更高水平上，重新思考新时代中国基础教育发展战略问题，重新思考处于教育体系基础性、先导性地位的基础教育，如何准确把握经济社会和教育发展的大趋势进行科学定位？如何构建与教育强国地位相适应的现代化基础教育体系？如何发展世界水平的高质量基础教育？如何在遵循教育发展规律和人才成长规律的原则下，应对新技术革命对于基础教育带来的机遇和挑战？如何结合时代发展特色，树立起先进的教育观和教育价值观、多样化的人才观和质量观，科学谋划中国基础教育今后一个时期的改革与发展。

---

* 作者简介：高书国，中国教育学会副秘书长，教育部教育发展研究中心战略室原主任，研究员。

一、新时代基础教育发展特点与趋势研究

根据党的十九大精神和部党组统一安排，着眼于建设教育强国，重点研究和分析基础教育发展的阶段性特征以及不平衡、不充分发展在基础教育中的表现。

（一）当前世界发达国家基础教育发展战略与重大措施

1. 经济合作与发展组织（以下简称OECD）发布《2030教育：共同愿景》。2018年入学的儿童将是2030年世界经济社会发展的参与者。面对一个越来越不稳定、不确定、复杂和模棱两可的世界，在一个以科学知识的新爆炸和越来越多的复杂社会问题为特点的时代。《2030教育：共同愿景》的发布，致力于帮助每个学习者作为一个整体发展，发挥他或她的潜能，并帮助塑造一个建立在个人、社区和地球福祉之上的共同未来。教育的目标不仅仅是让年轻人为工作环境做好准备，还需要使学生具备成为积极、负责任和主动参与的公民所需的技能。

2018年2月，OECD启动了“2030年教育和技能的未来”项目，形成的《教育促进更美好世界：经合组织2030年学习框架》报告提出“为2030而学习”的共同愿景，号召致力于帮助每个学习者作为一个整体发展，发挥他或她的潜能，并帮助塑造一个建立在个人、社区和地球福祉之上的共同未来。

2. 2017年OECD启动了“2030年教育和技能的未来”项目，旨在帮助各国在两个重大战略问题上找到答案。OECD将四个议题整合进2030年的关键能力框架中：一是加速发展与变革传统学科课程，设计适应21世纪的知识和理解；二是重新思考塑造人类行为的技能、态度和价值观；三是每一个学习者应该掌握反思自己学习的能力；四是每一个学习者应该努力获得一套关键能力，例如自主行动的能力。能力能够调动知识、技能、态度和价值观，以及反思学习的过程，其中态度和价值观主要包含尊重、信任、责任、自信、成长型思维等。①

3. 美国国家研究院在2012年发布《为了生活和工作的学习：在21世纪发展可迁移的知识与技能》报告，探讨深度学习与21世纪技能融合的战略性问题。报告将21世纪技能分为认知、自我、人际三大领域能力，并指出深度学习是其形成必不可少的过程。深度学习的本质是形成可迁移的知识，其过程包括建立事实、概念、程序、策略、信念五类知识的相关网络，可从使用合理的教学手段、重塑课堂设计以及以评促学、转变评估方式三个维度促进。

将21世纪技能与深度学习联系在一起的正是“迁移”这一经典概念，即使用先前所学知识来支持学习新知识或在相关文化情境中解决问题的能力。深度学习强调知识内化及知识迁移能力形成的过程，是培养学生21世纪技能的重要途径，也是信息化时代智慧教育发展所需要的核心支柱。②

---

① 邓莉，彭正梅. 迈向2030年的课程变革：以美国和荷兰为例［J］. 湖南师范大学教育科学学报，2018，17（1）：99－108.

② 孙妍妍，祝智庭. 以深度学习培养21世纪技能：美国《为了生活和工作的学习：在21世纪发展可迁移的知识与技能》的启示［J］. 现代远程教育研究，2018（3）：9－18.

4. 全球公开出版发行的《世界智慧：如何构建21世纪的学校体系》(*World Class: How to Build a 21st – Century School System*) 中，“PISA 之父”、OECD 教育与技能司司长安德烈亚斯·施莱克尔（Andreas Schleicher）先生强调指出：过去10年间，尽管西方社会投入教育的经费增长接近20%，但其学生学习表现并未得到明显改善。这令很多教育改革者沮丧。在深入研究全球70多个国家和地区的教育改革实践后可以看到，越南和爱沙尼亚最弱势的家庭的学生学业表现不亚于拉丁美洲最富有的家庭的学生，甚至与欧洲国家和美国的学生平均学业水平相当。

未来社会特别是未来学校构想与建设过程中，教育制度设计要以学习者为中心。教育改革者需要告别过去那些完全站在教育工作者和教育行政人员的立场设计教育体系的模式，转变观念，以学习者为中心，结合社会变革进行政策制定，并且通过积累的社会信任来开展有效教育变革。未来学校要充分利用科技优势，将学习者与知识源连接起来。要加强对教育改革的整体设计，施莱克尔特别强调，教育能改变命运和社会，教育改革不只是一门艺术，更是一种科学。

5. 2018年世界银行报告关注学生学习危机。世界银行于2017年9月26日发布《2018年世界发展报告：学习以实现教育的承诺》(*World Development Report* 2018: *Learning to Realize Education's Promise*)。该报告称，全球教育面临“学习危机”——上学却没学到知识，这不仅是浪费发展机遇，也是对全世界儿童和青少年的巨大不公。该报告指出，如果学不到知识，教育就无法实现消除极端贫困并为人人创造共同机会与繁荣的承诺。这一学习危机正在扩大而不是缩小社会差距。该报告分析了“学习危机”的三个主要成因。第一，家庭教育投入是影响教育结果的重要因素，家庭教育质量不仅影响学生婴儿时期大脑的生理发育，更决定学生在进入学校后的学习效果。第二，造成学习危机的各种直接原因，通过各种方式使学校的教与学关系失灵。第三，更深层的系统性原因。有效地运行一个教育系统提出了重大的技术层面的挑战：系统的各部分协同一致并与学习这个目标保持一致，各级的参与者必须具备良好的执行能力。①

6. 未来基础教育发展趋势分析。以互联网大数据为依托是新时代中国教育改革的技术逻辑。未来人工智能会不会取代所有人的工作？按照美国学者雷·库兹韦尔（Ray Kurzweil）的说法，到2035年，人工智能将超越一个人的智慧；到2045年，人工智能将会超越全人类的智慧。面对机器人为代表的现代科学技术的冲击，学校要着重培养学生三个方面素养：数据素养（data literacy）、技术素养（technological literacy）和人性素养（humanics）。②

伴随互联网与人工智能的发展，未来学校构想、建设和发展成为全球关注的热点话题，从物理空间延伸到虚拟空间是未来学习的特征，物理空间与虚拟空间的结合也成为未来学校发展的一个重要标志。2006年，美国费城学区和微软共同创建了世界上第一所以“未来学校”命名的学校，即费城未来学校。同一年，新加坡信息通讯发展管理

---

① 世界银行. 2018年世界发展报告：学习以实现教育的承诺［EB/OL］.（2017－09－30）［2019－10－15］. https://www.sohu.com/a/195646892_810912.

② 胡敏. 拥有哪些能力不被机器人取代［N］. 中国教育报，2018－11－22（10）.

局与新加坡教育部联合发起了为期 10 年的“智慧国 2015”项目。该项目在教育方面的具体规划体现为“未来学校”计划，旨在鼓励学校充分利用高科技信息通信技术手段，扩大学校教学和学习的内涵与外延，为学生提供优质高效的学习体验，提升学习的成效，不断提高学生的技能，以面对未来的挑战。

总之，通过研究与分析发达国家基础教育战略规划和发展趋势，我们可以清晰地看到：进入 21 世纪，发达国家在更高层次和更高水平上持续推进基础教育改革和发展。一是提出 2030 年的关键能力框架，加速发展与变革传统学科课程，设计适应 21 世纪的知识和理解；重新思考塑造人类行为的技能、态度和价值观。二是更加重视对学生未来能力的培养，学校要着重培养学生三个方面素养：数据素养、技术素养和人性素养，重点培养学生的学习与创新技能，信息、媒体与技术技能，生活与职业技能。三是伴随互联网与人工智能的发展，更加重视互联网背景下基础教育未来学校的探索。基础教育改革的重心整体向学校倾斜，重视学习环境的人性化和个性化。学校建筑要实现与社区共享，面向学习者开放，成为社区学习中心。四是重视深度学习，强调知识内化及知识迁移能力形成的过程。甚至将深度学习作为培养学生 21 世纪技能的重要途径和信息化时代智慧教育发展的核心支柱。与此同时，克服中小学校广泛存在的学习危机，成为教育公平的重要内涵。

（二）我国基础教育发展主要成就及其不平衡、不充分发展问题分析

1. 基础教育不平衡、不充分发展的问题分析。当前我国社会主要矛盾就是人民日益增长的美好生活需要和不平衡、不充分的发展之间的矛盾。我国已形成全球规模最大的中产阶级群体，人均 GDP 到 2020 年预期将突破 10 000 美元。人民群众对于高水平高质量的教育需求更加迫切，特别是高质量家庭教育的需要日益旺盛。但另一方面，基础教育发展不平衡、不充分的问题依然存在，其主要表现如下。

（1）区域之间办学条件与水平差距依然巨大。由于自然地理、文化历史、经济水平的差异，东中西部、城乡之间学校办学条件存在差异，中西部有些地方办学条件不足，部分东部地区学校办学水平还有一定提升空间。区域教育发展不平衡依然是今后一个时期基础教育发展面临的基础性问题。

（2）教师队伍整体素质需要进一步提升。尽管中小学教师队伍在学历层面有很大改善，但在师德建设、教育理念、教学能力等方面还需要进一步提高。未来教育发展特别是人民群众对于高水平、高质量教育的需求，对教师队伍的素质和能力提出了新要求、新挑战。

（3）质量公平成为人民群众对教育的新诉求。高水平、高质量是基础教育强国的必然要求。近年来特别是党的十九大以来，教育公平取得了巨大成就。在教育机会公平基本实现之后，教育质量差距成为教育公平面临的主要矛盾，也成为未来基础教育工作的战略重点。

（4）家庭教育需求旺盛与供给不足同时并存。家庭教育对于人的发展和教育质量的影响日益明显，社会对于家庭教育的需要日益旺盛。家庭教育的立法、政策、投入和资源建设不能适应需求，家庭教育机构发展更需要政策引导、制度规范和发展壮大。

（5）教育经费支出结构与教育强国建设不相适应。教育投入不仅见物，更要见人，

一切为了人，一切为了学生的全面发展。建设基础教育强国，需要有与之相适应的教育体系、教育制度、教育治理模式，更需要有与之相适应的资源配置方式。要把更多的教育资源配置到提高教育质量上来，要建立投资于教师、投资于学生就是投资于教育质量的观念、制度和政策机制。

2. 基础教育改革发展面临的战略性挑战。进入21世纪后，互联网和人工智能等新兴技术正加速将人类带进到从未面临过的新趋势：即个人的智力被非人类全面超越，这导致教育的核心需求产生了千百年来最大的一次转变，即从知识传授转为创新能力培养，且这一转变的到来促使其速度和范围都远远超过预期。未来10~20年，人类会受到人工智能和机器人技术的猛烈冲击，机器人和人工智能技术对教育包括基础教育将产生颠覆性作用。同时，人工智能是引领未来的战略性技术，也是未来国家经济和教育发展的重大战略挑战和战略机遇。

基于大数据智能的个性化教育、跨媒体学习、终身学习等，将推动教育目标、培养模式和学习方式，乃至整体教育体系，特别是基础教育体系的改革创新。以知识点积累为目的的现行教育体制已经过时，已经无法适应新时代需求的学校发展和人的发展。如何培养学生具有人工知识和机器人不具备的能力，才是未来学校发展和教育教学的关键所在。①

（1）教育资源配置方式面临挑战。传统的教育资源配置方式是适应教育公平和规模发展的方式，需要转变为适应提高教育质量和学习质量的资源配置方式。规模发展需求投入，提升教育质量更需要投入。实现教育改革模式转变是建设教育强国必须跨越的“门槛”。建设人力资源强国，需要转变教育发展模式，需要从“低投入—高产出—高效益—低质量”向“高投入—高产出—高效益—高质量”方向转变。坦诚地说，我们还没有找出一条适应规模增长向质量提升转变的战略资源、政策资源、人力资源和财政资源配置方式。

（2）中国特色基础教育理论创新面临挑战。对于中国古代和现当代优秀教育思想理论学习、借鉴和挖掘不够，特别是对于中国教育的书院精神借鉴不足，对于改革开放40多年教育改革和发展经验总结不够，对于中小学教研理论和方法总结提升不够；教育理论创新还出现“赶时髦”和“碎片化”倾向，缺少中国特色教育基础理论的大家和大师。教育理论研究过于宏大和粗放，缺少长期的实践基础和实证方法，不能用别人听得懂的语言和愿意接受的方式讲好中国教育故事。

（三）新时代中国基础教育的典型标志

1. 中国基础教育从大到强，建设基础教育强国的新时代。教育强国是教育综合实力、培养能力、国际影响力和竞争力具有突出地位和强大世界影响的国家。我国教育发展目标是，到2020年，全面落实《国家中长期教育改革和发展规划纲要（2010—2020年）》，实现全面建成小康社会的教育目标，比国家现代化提前15年基本实现教育现代化，基本形成学习型社会，进入人力资源强国行列，基础教育发展的主要指标达到高收

① 蒋里. 斯坦福大学的未来教育探索［N］. 中国教育报，2018-07-06（5）.

入国家水平。到 2035 年，教育质量和教育竞争力、影响力全面提升，比建成现代化强国提前 15 年基本建成现代化教育强国、进入人力资源强国先进行列。教育综合实力、竞争力和影响力全面提升，将更多地承担国际教育责任，参与国际教育治理。

教育兴则国兴，教育强则国强。建设教育强国是中华民族的百年梦想。党的十九大报告提出："建设教育强国是中华民族伟大复兴的基础工程。"经过近 70 年特别是近 40 年的发展，我国已经成为全球第一教育大国，教育发展水平达到世界中等收入国家领先水平，但仍然不是一个教育强国。要推进和实现中国教育从大到强，建设教育强国，需要教育体系、教育制度、教育资源和发展方式上加强战略布局、整体谋划和精心实施。

2. 中国人民享受世界水平现代化基础教育的新时代。中国教育普及水平和质量整体达到世界水平，构建起世界最大规模的现代化教育体系，人人学习、处处学习、时时学习的学习型社会日趋成熟，社会主义教育体系和教育制度进入成熟阶段。新增劳动力人均受教育水平将进入世界第一梯队。到 2035 年高中阶段教育普及率达将到 98% 左右；高等教育毛入学率达到 60% 以上；新增劳动力受教育年限将达到 15 年左右，实现与最发达国家同起点、高质量发展。

从 2020—2035 年，人民平等参与发展权利得到充分保障，人民生活更加富裕，中等收入人群比例明显提高，城乡区域发展差距和居民生活水平差距显著缩小，基础公共服务均等化基本实现，全体人民共同富裕迈出坚实步伐。中国新增劳动力人均受教育水平将进入世界第一梯队，这对拥有 14 亿人口的中国特色社会主义国家具有里程碑性的重大意义，对于世界人力资源开发同样也具有里程碑性的意义。

3. 中国基础教育服务于经济社会高质量发展的新时代。中国教育现代化和人的全面现代化，将全面提高国家现代化水平。中国人力资源总量将继续保持世界第一，受过高等教育的人口规模将有望超过 23 个发达国家的总和，并将成为唯一一个有可能进入人力资源强国的发展中国家。到 2035 年，中国人力资源开发将进入高层次开发阶段，人均受教育年限有望达到 12 年以上；全国主要劳动人口中高等教育文化程度者的比例达到 35% ~40%，为经济发展带来"第二次人口红利"和创新动力。基础教育的服务能力、服务水平和服务质量全面提升，保障经济社会稳定、健康、高质量发展。

4. 中国基础教育走向世界教育舞台中央的新时代。习近平总书记在全国教育大会上明确指出，坚持扎根中国大地办教育。教育发展水平要同我国综合实力和国际地位相匹配。世界教育中心城市发展是一个逐渐成长的过程，作为一个拥有 5 000 年文明史的中华民族，需要有世界级的教育中心城市。我们预测，到 2035 年，在北纬 30° ~45°之间，将形成以德国（柏林）、英国（伦敦）、美国（纽约—华盛顿）、日本（东京）和中国为主的 21 世纪世界教育中心城市带，共同引领和带动世界教育发展。北京将代表国家成为世界级教育中心，上海、天津、广东、成都将率先成为区域性国际教育交流与发展中心。中国将实现从战略追赶向战略自信的转变，中国基础教育发展经验、发展道路、发展模式和发展理论将为解决世界教育基础发展问题提供中国智慧和中国方案，为发展中国家提供典范，真正实现战略自信、道路自信、理论自信、制度自信和文化自信。

二、构建与教育强国地位相适应的现代化基础教育体系

教育体系是教育的基本框架、基本制度、治理模式的总称，包括学校体系、标准体系、培养体系、课程体系、评价体系和管理体系。从宏观上把握新时代基础教育发展战略定位，深入研究面向21世纪现代化基础教育体系，包括管理体系、制度体系、标准体系和治理模式现代化等问题。

基础教育从“有学上”到“上好学”，从规模增长到质量提升，从外延扩张到内涵发展，关键是要有好的教育教学内容，开发立足现在、面向未来、培养实践能力和创新能力的课程，这是以需求为导向的中国教育改革的内在要求。《国家教育事业发展“十三五”规划》指出：“必须把教育的结构性改革作为主线，主动适应经济社会发展和人民群众的需求。统筹利用好、布局好各类教育资源，突出保基本、补短板、促公平，公共教育资源配置向薄弱地区、薄弱学校、薄弱环节和困难人群倾斜，推动区域、城乡协调发展，着力提高基本公共教育服务的覆盖面和质量水平。”

1. 构建与教育强国相适应的现代化基础教育体系。立足于中国特色社会主义的本质特点，建设适应未来国家发展和人的全面发展需要的现代化基础教育公共服务体系。一是面向未来构建以公办幼儿园为引领、以普惠性幼儿园为主体、以民办幼儿园为支撑的现代学前教育体系，实现城乡学前教育体系全覆盖，确保每一个儿童接受学前教育。逐步构建家庭教育服务体系，适时发展0～3岁儿童教育。二是完善高水平高质量的义务教育体系，进一步推进区域教育均衡发展，实现优势均衡的义务教育，提高义务教育办学水平和教育质量，办好人民满意的义务教育，使中国义务教育成为最好的教育。三是依据人口规模确定高中阶段学校整体布局，2020年左右形成成熟稳定的高中阶段教育体系。探索形成多样化、特色化的高中教育发展模式，为培养创新性人才奠定坚实基础。

2. 构建德智体美劳全面培养的教育体系。习近平总书记在全国教育大会上指出，要努力构建德智体美劳全面培养的教育体系，形成更高水平的人才培养体系。“德智体美劳”是学生发展和人才成长的新时代要求。坚持党性、国家性和人民性的统一是中国特色社会主义教育培养目标的根本特征和内在规律。坚持以人民为中心的发展思想、坚持社会主义方向、坚持党对教育工作的全面领导，是新时代中国特色社会主义教育的本质内涵。要落实立德树人根本任务，把立德树人融入思想道德教育、文化知识教育、社会实践教育各环节，德、智、体、美、劳各个系统相互连接、相互贯通、相互作用，形成体系，形成合力。

教育是塑造未来的事业。要学习借鉴发达国家基础教育发展经验，瞄准世界基础教育先进水平。面向未来的中国基础教育要着重增长学生的学习与创新技能，信息、媒体与技术技能，生活与职业技能。在培养学生基础知识和基本技能的过程中，强化培养生活能力、实践能力、合作能力、创新能力，激发学生创新动机，养成学生创新人格。

3. 形成高水平、高质量、体现中国特色的现代化课程体系。课程是实现教育目标的基本途径和载体，是培养人才蓝图的具体体现。合理的课程设置对促进学生身心发展起着决定作用。依据党和国家教育方针政策，构建适合学校的融国家、地方、校本三级

显性课程与学校隐形课程为一体的完整课程体系。进一步突出国家课程的指导作用，形成体现国家意志、科学精神、个性发展、未来需要的课程体系。关注地方课程开发，保护和传承优秀传统文化和地方文化。同时，依据学校育人目标和学生需要，加强校本课程建设，变课程建设中的零散探索为系统构建，使国家、地方和学校三级课程形成育人上的实质性互补。

4. 形成以教育质量为核心、以全面育人为导向的教育评价体系。习近平总书记强调指出："办好教育事业，家庭、学校、政府、社会都有责任。"要把立德树人的成效作为检验学校一切工作的根本标准，真正做到以文化人、以德育人。要把立德树人内化到学校建设和管理各领域、各方面、各环节，做到以树人为核心，以立德为根本，形成家庭、学校、社会共同育人的良好机制，促进青少年全面健全发展。要建立以质量评价为核心的新的评价体系，建立立德树人的组织保障、政策保障、制度保障和资源保障机制。教育评价要实现三个转变，一是从教育供给评价到教育需求评价，实现教育评价多样化、个性化、现代化；二是要以互联网大数据为基础，实现从基于经验到基于数据的评价；三是要面向未来，实现从封闭的自我评价向开放的社会参与转变，更多地考虑满足未来社会需求。

三、现代化基础教育资源配置问题研究

在学习借鉴发达国家基础教育先进经验的基础上，如何改变"以规模增长"为主的教育资源配置方式，建立"以质量提升"为导向的教育资源配置方式，实现基础教育发展模式的战略转变，需要重点研究基础教育经费资源、教师资源配置的现状与存在的问题。

（一）教育经费配置问题分析

随着教育改革逐步进入"深水区"，在教育经费配置模式，尤其是基础教育经费配置方面，还存在着教育经费投入不足、教育经费支出低效、教师工资待遇过低等一系列问题，亟待进行改革。

1. 基础教育经费配置现状。一是全国基础教育经费投入总量在逐步提升。在 40 年的不断努力下，2017 年，全国教育经费总投入达 42 557 亿元，同比增长 9.43%。其中，国家财政性教育经费为 34 204 亿元，比上年增长 8.94%。动态来看，2012—2016 年全国教育经费总投入呈高增长趋势，但增速逐步放缓，同比增长率分别为 16.03%、9.64%、8.04%、10.13%和 7.64%。2016 年，全国一般公共预算安排的教育支出为 28 073 亿元，为第一大支出，占比达到 15%。同时，2012 年以来，财政性教育经费占 GDP 比例均超过 4%。二是财政性教育经费比重持续增加并趋于稳定。自 2005 年以来，财政性教育经费占全国教育经费总投入比重持续上升。2005 年为 61.30%，2017 年增至 80.37%（近 5 年基本稳定于 80% 水平）。三是教育经费主要投入义务教育与高等教育。2017 年，全国义务教育经费总投入为 19 358 亿元，同时，全国幼儿园、普通小学、普通初中、普通高中人均经费支出分别为 9 770 元、12 177 元、17 547 元、18 575 元。

全国公共财政一般性预算支出中，地方财政支出的比例在逐渐提高。2015 年，中央财政支出比例为 14.52%，我国地方公共财政预算内教育经费支出比例达到了

92.52%，远远高于全国教育财政支出中中央财政所占比例。目前全国各省市地方公共财政预算内教育经费支出中，生均公共预算内教育经费支出差异的绝对数和比例数都在拉大，地区间教育差异和城乡间教育差异亟须解决。地方财政是我国教育经费的主要供给主体，省际财政收入水平差异很大，中央财政教育财政责任过小，是不合理的。在地方教育财政体制中，县级教育财政的压力过大，在中西部地区的非国家级或省级贫困县的教育财政压力更大，是需要注意的问题。

2. 基础教育经费配置问题。教育投入总量不足与经费支出低效并存。我国教育投入的总量依然偏低，2013 年我国人均教育经费为 360 美元，教育总投入占 GDP 的比例是 5.3%，而美国 2009 年人均教育经费是 3 300 美元，教育总投入占 GDP 的比例是 7.3%，OECD 组织国家 2009 年人均教育经费是 2 200 美元，教育总投入占 GDP 的比例是 6.3%（胡耀宗，刘志敏，2018）。经费支出效率低效的体现，一是财政专项配套政策不完善，政策目标发生偏离，难以产生效益。比如部分教育建设项目未能在立项阶段完成教育部门与财政、国土等部门的协调，导致规划落空，财政资金闲置；“免收课本费”补助专项中免费课本循环使用率低、政策执行效果差。二是教育经费使用范围过窄或过宽，或重复投入，或闲置浪费，或因“撒胡椒面式”的支出方式导致资金使用低效甚至无效。

教育经费在区域间、校际间配置不均，见表 1。改革开放以来我国社会经济发展呈现快速增长的趋势，但是教育资源仍然短缺，教育资源配置呈现出明显的不均衡状态。由于中国教育资源稀缺的状况并未改变，人民对优质教育资源需求增加与优质教育资源供给不足这一对矛盾的存在导致区域间、校际间以及群体间在教育资源的占有和分配等方面存在较大差距。

表 1　2017 年北京上海天津重庆四城市教育经费投入比较

类别	地区	生均教育事业费/元	生均公用经费/元
普通高中	北京	49 021	15 239
	上海	38 966	11 327
	天津	34 528	8 078
	重庆	12 848	3 628
普通初中	北京	39 247	12 960
	上海	30 573	9 423
	天津	30 950	5 015
	重庆	14 692	4 322
普通小学	北京	27 701	9 390
	上海	20 677	6 474
	天津	18 684	3 649
	重庆	10 533	3 163

教育经费法律体系不完善，执法不严格。教育财政治理现代化与治理能力现代化的

关键在于法治，法制建设是基础。教育经费绩效提升有赖于完备的法律法规体系，包括高效的法治实施体系、严密的法治监督体系和有力的法治保障体系。但长期以来，我国教育经费法制建设不完善，违法惩处机制未能真正建立并实行，法律法规约束力有限，法制对于教育经费充足性乃至效率性的保障功能未能体现。

（二）教育经费结构性矛盾明显

建设教育强国需要强有力的资源特别是财政资源支撑，实现教育资源配置方式转变、改善教育投入结构是提高教育质量、培养高质量人才和建设教育强国的必备条件。中国教育经费总额已经从2000年的2 700亿元，增长到2016年的38 888亿元，占GDP比例为4.26%，增长了13.4倍。其中，2001年全国义务教育经费总投入达2 179亿元，2016年全国义务教育经费总投入上升为17 603亿元，增长了7.07倍。全国教育经费总量达到前所未有的历史高度，为教育事业发展提供了较为可靠的支撑保障能力。另一方面，人民群众对于更高水平更高质量的教育的需求也在日益增长。从教育经费配置结构分析，表现出来的突出问题有以下五点。

1. 教育经费投入不平衡、不充分的矛盾日益突出。以办学硬件条件为主的经费投入模式，不适应教育质量提高的新要求。近十年，项目投入是教育经费增长的重要渠道。有些项目实施多年，如农村薄弱初中学校改造项目，一方面大部分农村地区学校办学条件得到整体改善，另一方面在城镇化持续加快的大背景下，农村学龄人口快速向城镇聚拢，对农村薄弱学校持续投入多年后在投入方向、建设重点上不甚明确，有的地方甚至造成新的浪费。

2. 教育发展的“新领域”经费结构性短缺和不充分现象严重。习近平总书记在全国教育大会上指出：以基础教育、高等教育和职业教育为主要对象的原有投入渠道不能适应现代化教育发展的需要。学前教育、终身教育、学习性社会建设、家庭教育机构建设、社区教育缺少基本的教育经费。同时，就教育教学内容分析，德育、美育、劳动教育都需要增加教学内容、增设教育资源和增添经费投入。所以，有必要调整基础教育经费结构，构建德、智、体、美、劳全面培养的教育体系。

3. 教育经费配置不合理，结构性矛盾日益突显。对办学条件、教学硬件的投入持续增长，对教师工资的投入比例持续下降。一些地区有的小学每年得到教育基础建设经费，可以建设地下停车场，却不能给加班的教师发加班费，更不用说普遍提高教师工资。西部地区新入职教师月工资只有2 900元，很难说是一个体面的职业，这严重影响教师队伍素质和教师工作积极性。

4. 教育制度建设投入不平衡、不充分。成熟的制度是教育现代化的必然要求，也是新时代社会主义教育的内在品质。教育强国需要建立世界一流的教育质量标准、需要研究新时代社会主义教育理论、需要讲好中国教育故事。而目前，教育支出结构中对体制、机制和制度建设的投入不充分，对宏观教育发展战略研究投入不充分。

重硬件投入，轻软件投入；对物的投入容易，对人的投入难，依然是我们教育经费投入与资源配置的常态。财政部门、教育行政部门、学校校长和教师似乎也越来越习惯于这种投入体制和配置机制。

5. 教师人事工资管理制度亟待改革。2018年1月，中共中央、国务院发布的《关

于全面深化新时代教师队伍建设改革的意见》将教育和教师工作提到了前所未有的政治高度，以及近日不断出现的教师群体讨薪事件对尽快摸清绩效工资政策实施的现状、成效及问题提出更为迫切的要求（宁本涛，孙会平，2018）。教师工资普遍低于同级别公务员工资；近半数教师认为绩效工资提升了工作积极性，但分配合理性欠缺、分配总额偏小、激励方式单一；教师对绩效工资考核方案的满意度一般；学校绩效工资考核重视工作量、学生成绩和行政职务，对教师绩效工资团队考量不足。十年绩效工资改革陷入进退两难的困境，其原因在于政策模糊性与执行者自由裁量权交互作用下的政策异化；绩效工资总量不足，且没有形成完善的增长机制。

新时代中国教育发展面临的主要矛盾是人民群众日益增长的对于高水平高质量教育的需求与教育不平衡、不充分的发展之间的矛盾。教育发展已经从规模增长为主要矛盾转为质量提升为主要矛盾的新阶段，但是我们的教育战略、教育政策、教育管理和资源配置方式依然停留在传统模式，没有形成和建立有利于全面提高教育质量、促进人的全面发展和个性发展的教育政策体系和教育治理方式。因此，必须主动适应新时代教育发展的新趋势、新特点和新需求，建立“投入于人就是投资于质量”的新的发展观。

（三）基础教育经费配置模式调整的基本思路

基础教育经费配置模式的调整过程，就是将对基础教育经费的需求完全转化为基础教育经费供给的过程，需要一系列体制改革的支撑，中国的改革与开放为其调整提供了制度空间。基础教育经费模式调整是一项综合性工程，既要考虑教育发展长期性，又应兼顾财政“用在刀刃上”的高效支出理念，同时不可忽视法制建设的艰巨性，做好顶层设计，凝聚共识，分步到位。

从教育投入总量方面，以制度规范保障政府教育投入财政性教育经费占 GDP 4% 的目标历经 19 年才实现，实现的手段主要是自上而下的政策和行政手段。今后不宜采取财政性教育经费与国内生产总值和财政收入“双挂钩”措施，而应以制度规范约束和保障政府教育经费投入。与生产总值挂钩不具操作性，国内生产总值和财政性教育支出均为事后统计的结果。从基础教育事权与支出责任划分方面，在确定层级政府间教育事权与支出责任划分基础上，明确中央与地方政府间的教育支出责任。在编制各级政府财政支出预算时，将教育支出纳入全国和各级财政预算，经全国和各级人大通过后即可保障政府教育支出。

从教师的经费投入方面，现行教师工资改革方向为：逐步要求教师工资水平不低于或高于当地公务员工资水平。2006 年起施行的《中华人民共和国公务员法》第七十四条规定：“公务员工资包括基本工资、津贴、补贴和奖金。公务员按照国家规定享受地区附加津贴、艰苦边远地区津贴、岗位津贴等津贴。公务员按照国家规定享受住房、医疗等补贴、补助。公务员在定期考核中被确定为优秀、称职的，按照国家规定享受年终奖金。”据此规定，教师与公务员之间比较的“实际收入水平”也应包含基本工资、津贴、补贴和奖金。

（四）基础教育经费配置模式调整的主要建议

1．制定教育投入动态标准，确保投入总量充足。由于未来具有不确定性，财政性教育经费或政府教育支出占 GDP 的比例不具操作性，不宜再继续采取以未来目标年财

政性教育经费或公共教育支出（即政府教育支出）占 GDP 的百分比来保障。新时代要探寻教育财政投入的新标准，需要实现由“以收定支”向“充足保障”的思路转变，通过教育投入产出绩效确定教育经费投入标准，需要重新确定教育生均经费充足的核算方法，保障省级及以上教育财政投入对教育的投入，建立政府教育投入持续稳定增长的长效机制。由于缺少科学的标准核算和监督管理手段，对于教育经费的投入标准尚未建立科学合理的拨款机制，无法解决教育经费到底需要投入多少才能使经费充足高效地用于教育事业发展。为了建立更加合理的教育财政经费核算标准，应建立完善各级政府根据本地教育发展特点与需求的教育财政经费需求测算方法，以此解决教育财政政策实施不到位和教育经费短缺的难题。改革教育财政制度，通过建立政府教育投入的长效机制予以保障。

2. 制定公共财政对基本教育服务的保障标准。在实施了免费教育政策的学段，通过科学和精细的教育成本测算，同时按照个性化需求应由个人付费的原则满足学生的受教育需求。同时，对民办教育财政激励制度体系进行完善，建立公立学校拨款标准、民办学校财政补贴标准的联动机制，对民办学校的生源和收费施以适当的监管，鼓励更多的公益性、普惠性以及创新性导向的民办学校。

3. 合理配置事权财权，厘清政府职能边界。从法律层面上理顺中央与地方之间、地方与基层之间教育事权与财权的界限，建立细化的、“钱随人走”的经费保障机制（廖逸儿，2018）。只有每个层级政府的财权与事权相互匹配，才能保障各级政府的权责相互对应，各自承担管理的成本与责任，提供的公共服务才能有效满足社会公众的需求。在我国现行制度规范中，事权和支出责任与财力划分不明确、不合理。当前中央政府承担事权较小财权较大，地方政府虽财力较弱却承担了大部分事权。合理配置中央政府、地方政府与各政府部门之间事权与财权的划分，明确清晰界定中央与地方支出责任边界，是推进我国教育高质量发展的前提与保障。首先要将教育事权与财权的具体内容厘清，分项目按比例明确中央、省和市县三级政府共担教育事权与财权的体制框架，包括对人员经费的支出责任、学校基本建设支出项目、义务教育营养餐改善计划等，并分省确定中央和省的支出责任。重点重申各级政府在教育财政政策推进中所承担职责，明确规划各级政府的经费负担比例，并将转移支付资金的投入、使用与管理都落实到具体责任人，实行领导人责任制。

4. 建立正常的增长机制，提高教师基本工资待遇。要建立投资于教师就是投资于教育，就是投资于教育质量的观念，将经费更多地配置给人。首先要遏制教师工资特别是中小学（幼儿园）教师工资收入水平占整体教育经费比例逐步下降的趋势，确保教师工资随教育经费增长而增长；第二，“确保中小学教师平均工资水平不低于或高于当地公务员平均工资水平”，全面缩小各地区、各层级教师与当地公务员工资收入水平的差距。第三，建立乡村教师补贴机制。可借鉴北京等地方的经验，在考虑到地区、物价等因素，划分为城市、近郊区、远郊区、山区、边远山区等给予不同的补贴。第四，考虑到地方公务员在阳光工资外新增住房补贴、公务用车补贴、年度目标考核奖等项目，建立教师与之相似的项目，缩小教师与公务员工资水平差距。

四、研究初步结论及重大建议

经过初步调查研究，深入思考，我们对于新时代中国教育发展特别是基础教育发展的阶段性特征、发展战略和主要目标得到一些初步结论和建议。

（一）研究的初步结论

1．新时代中国教育的基本特征。这个新时代是中国教育实现从大到强、建设教育强国的新时代，是中国教育更加主动地服务于高质量发展的新时代，是中国人民享受世界水平现代化教育的新时代，是中国更加自信地走向世界教育舞台中心的新时代。

2．实现基础教育发展方式转变。中国基础教育呈现高入学率、高毕业率和低辍学率的特点，普及水平接近或达到发达国家平均水平。未来基础教育应该从机会公平、过程公平向质量公平转变，办世界水平现代化基础教育、迈向基础教育强国，应该成为下一个百年中国基础教育的转型方向和发展目标。

3．投资于教师就是投资教育质量。我国基础教育经费同时存在数量不足和结构性矛盾与问题，要树立投入于人、投资于教师就是投资于教育质量的观点，适应基础教育发展战略转变，为基础教育经费配置结构与投资模式做出新的制度安排。

4．家庭教育将成为教育改革发展的新增长点。伴随人民生活改善，教育普及水平提升，家庭教育需要日益增长，并将成为下一波教育改革发展的新增长点。需要改变传统的单一维度的家庭教育观，树立基于互联网、终身教育思想的多维、持续和终身的家庭教育观，构建家校一体化的育人体系和终身学习体系。

（二）未来基础教育发展的重大战略建议

1．加强党对基础教育工作的领导。加强党对基础教育的领导，是把握学校办学方向、实现培养目标的根本保障，是确保学校中国特色社会主义办学方向的根本所在。要把培养社会主义建设者和接班人作为根本任务，培养一代又一代拥护中国共产党领导和我国社会主义制度、立志为中国特色社会主义奋斗终生的有用人才。发挥中小学、幼儿园党组织战斗堡垒和联系群众的重要作用，激发广大教师教书育人和教育改革发展的积极性、创造性。

2．发展世界水平的现代化基础教育。新时代基础教育的新使命、新责任是发展世界水平的现代化基础教育，培养社会主义建设者和接班人。一是要整体提升基础教育现代化的发展理念，实现从基础教育大国向基础教育强国转变。二是要转变发展思路、发展模式和评价方式，实现从学习借鉴、实践创新，到制度创新、模式发展和理论创新为主转变，更加重视内涵发展和质量提升，办出中国风格、中国气派的现代化基础教育。三是要建设一支世界水平的现代化教师队伍，形成一支理念先进、品德高尚、素质一流的高水平教师队伍。四是要推进育人模式改革，更加突出立德树人，更加突出德智体美劳全面发展，更加突出公共意识、公民意识和为社会主义现代化建设的服务意识。

3．构建现代化的基础教育治理体系。构建完善成熟的制度体系是新时代教育改革的治理逻辑。未来一个时期，我国要建立更加完善的教育法律法规体系，形成比较完整的中国特色的教育法律体系；要健全完善具有世界水平的教育质量评估指标体系，覆盖全国各级各类教育质量监测评估体系；要完善学校内部质量控制机制，推进学校不断改

进教学过程；要建立教育教学监测反馈机制，实现常态化的人才培养质量跟踪监测；要完善标准化、制度化、法治化的教育投入保障机制；要高度重视治理能力建设，建立多元参与、共建共享的协同治理新机制。

4. 构建促进基础教育强国建设的资源配置机制。建设基础教育强国，需要转变教育发展模式，需要从“低投入—高产出—高效益—低质量”向“高投入—高产出—高效益—高质量”方向转变。在进一步提高教育投入水平、扩大教育资源、补齐中小学、幼儿园基本条件建设短板的同时，将未来基础教育资源的战略重点放到优化配置上来。从长期而言，要改变传统的教育资源配置方式，构建与教育强国相适应的投资体制；改变以规模增长为主的传统教育投资方式，建立以人的发展为主的教育投资模式。

要适应发展世界水平现代化基础教育的需要，教育改革和发展的战略重点要回归学校、回归课堂、回归教师、回归学生，将更多的资源、经费和教师力量投入到提高教育教学质量上来，教育资源主要应投向教育教学改革、师资队伍建设、学生综合素质提升上来。投资于教师就是投资于教育质量。要进一步提高教师准入标准，提高教师队伍整体素质。加强教师队伍培训，使教师率先成为终身学习者。进一步改革教师有效激励机制，建立能进能出的退出机制。提高教师工资总额占教育经费的比例，进一步提高教师待遇，实现不低于或高于当地公务员收入的目标。紧密结合互联网、大数据、信息化发展趋势，进一步提升中小学、幼儿园建设标准，建设好现代化学校。

5. 总体规划、全面振兴乡村教育。教育兴则乡村兴。乡村教育是人类教育的重要形态，是创造人类文明、持续推进人类进步的重要载体。乡村教育与城市教育都是人类创造的教育形态，对于社会文明、科技进步、经济发展和人的可持续发展具有同等重要的价值及不可替代性。

（1）加强农村教育与人力资源开发投入。特别是要在发展战略、政策支撑和资金投入方面加大对乡村教育的投入，为乡村教育改革发展创造有利的宏观环境和政策条件。

（2）扩大农村教育公共服务标准和范围。将农村学前教育纳入教育公共服务范围，对农村特别贫困人群实行免费学前教育。

（3）实现学校布局与乡村振兴战略一体化发展。全面提升乡村学校教育现代化、信息化水平，全面加强乡村小规模学校和乡镇寄宿制学校建设。

（4）全面加强农村教师队伍建设。学习和推广北京提升农村教师待遇的经验，建立乡村教师增资机制，整体提高乡村教师待遇，从根本上解决“留得住、教得好”的问题。

（5）重视乡土教材开发、保留乡土文化。鼓励地方教育行政部门和中小学开发本土教材，让乡村学校听得到乡音、看得到乡愁、读得懂乡情。

（6）重点发展乡村家庭教育。乡村教育是中国教育发展中的最短板，要动员教育、妇联以及其他社会机构，以家庭教育为抓手，作为农村教育精准扶贫的重要内容和途径，整体提高乡村教育水平，促进学校教育质量提升。

6. 创新理论，用别人听得懂的语言讲好中国基础教育的故事。建议教育部实施“中国基础教育理论创新计划”，立足中国，放眼世界，科学总结中华人民共和国成立

70 年、改革开放 40 多年中国教育发展经验和成功实践。同时，针对中国和世界基础教育发展的重大理论问题进行深入研究，提高教育理论研究的科学性、系统性和完整性，重点提升理论的可接受性，要用别人听得懂的语言、愿意接受的方式把中国基础教育的故事讲出去，从而提升中国特色社会主义基础教育理论自信。要从中国基础教育改革发展实际出发，发掘教育改革实践规律，总结改革经验，形成改革理论。建议以中华人民共和国成立 70 年为契机，组织编辑《讲好故事：中国基础教育 70 年》，全面回顾和总结中国基础教育发展历史、经验和模式。进一步扩大基础教育开放，推进“双向教育国际化”，制定和完善中国基础教育学校建设标准、课程标准、教师标准、课堂标准和质量标准，为世界教育质量提供范本。

粤港澳大湾区基础教育协同发展的机制创新

华南师范大学政治与公共管理学院　赵敏　黄明亮*

摘　要：《粤港澳大湾区发展规划纲要》指出，增进粤港澳大湾区教育合作发展，把湾区建设成为教育高地和人才高地。文章探讨了粤港澳大湾区基础教育协同发展的整体优化、功能互补和差异发展，针对目前教育协同发展的现状和问题，提出粤港澳大湾区基础教育协同发展在机制创新方面应构建教师教育合作平台与联动机制，拓宽青少年交流的内容与形式，完善湾区基础教育体制协同，积极培育湾区基础教育第三方评价机构。

关键词：粤港澳大湾区　基础教育　协同发展　机制

2019 年 2 月 18 日，国家发布了《粤港澳大湾区发展规划纲要》（以下简称《纲要》）。《纲要》指出，增进粤港澳大湾区（以下简称湾区）教育合作发展，把湾区建设为教育高地和人才高地。在基础教育方面，提出了下面几个具体的措施。

第一，加强基础教育交流合作，鼓励粤港澳三地中小学校结为“姊妹学校”，在广东建设港澳子弟学校或设立港澳儿童班并提供寄宿服务；第二，探索粤港澳三地幼儿园缔结“姊妹园”；第三，开放港澳中小学教师、幼儿教师到广东考取教师资格并任教；第四，加强学校建设，扩大学位供给，进一步完善跨区域就业人员随迁子女就学政策，推动实现平等接受学前教育、义务教育和高中阶段教育，确保符合条件的随迁子女顺利在流入地参加高考；第五，赋予在珠三角九市工作生活并符合条件的港澳居民子女与内地居民同等接受义务教育和高中阶段教育的权利；第六，支持各级各类教育人才培训交流。

《纲要》传递出湾区基础教育公平公正、互利共赢、开放合作的发展理念，也体现了粤港澳基础教育通过协同发展共同提升教育质量的共同心声，为湾区基础教育协同发展提供了政策的支持，也为湾区基础教育协同发展提供了契机。

什么是协同和湾区基础教育协同发展？协同这个词源自希腊语，是协同学的基本概念，它指“在一定条件下，系统中各要素间或各子系统中通过相互作用而产生的一种协同效应、整体效应或合作效应，形成一种自组织结构，从而达到优化整体系统的结构和功能的过程”。“湾区基础教育协同发展”是指湾区基础教育的各子系统在共同目标下通过协同作用产生自组织结构以优化教育整体系统结构和功能，从而使教育整体系统实现有序发展的动态过程。

---

* 作者简介：赵敏，华南师范大学政治与公共管理学院教授；黄明亮，华南师范大学政治与公共管理学院博士研究生。

湾区基础教育协同发展包括三层含义：一是整体优化，二是功能互补，三是差异发展。这三层含义可以做很多具体的解释，但是这里简单归纳一下，即总体来说，这三层含义的核心要点是指湾区基础教育协同发展不是齐步发展、同质发展、均衡发展或是同步发展，而是一种在个性发展、特色发展和差异发展的基础上，通过功能互补、利益互惠、资源共享和信息共用而实现的一种“1 +1 +1 >3”的整体优化式发展。

教育协同发展的关键是系统中子系统或各要素之间的协同作用，而协同作用的产生则由“序参量”决定，即系统中的关键子系统或关键要素决定。“序参量”是系统中相对稳定的关键变量，关乎系统协同作用的产生。由此，要实现湾区基础教育协同发展，关键是要找出“序参量”，即找出影响湾区基础教育协同发展的关键因子。有哪些关键因子呢？笔者做了以下分析。首先，教育的对象是人，教育的组织者也是人。毫无疑问，湾区基础教育协同发展的关键因子之一是粤港澳三地基础教育中的人，特别是该系统中的教师与学生。其次，体制具有导向、协调和规范的功能，能使湾区基础教育各子系统或要素置于一个平台上进行无障碍合作与交流，能指引或保证湾区基础教育协同发展的方向。最后，湾区基础教育协同发展得如何，需要粤港澳三地共同认可的评价标准，尤其是第三方评价。因此，从协同学来看，湾区基础教育协同发展的“序参量”是教师、学生、体制和评价四个方面。由此，要实现湾区基础教育协同发展，主要是实现教师、学生、体制和评价四个方面的协同发展，一切的创新都要围绕这些关键因子来展开。因此在下面湾区基础教育协同发展的现实图景和创新思考中，笔者都是从上述四个关键变量或者四个“序参量”来进行观照的，包括教师协同发展、学生协同发展、体制协同发展和评价协同发展四个方面。

对于湾区基础教育协同发展的现实图景，总的来说，湾区基础教育的协同发展应该说现在还处于探索的初级阶段，该阶段的主要特征是湾区基础教育协同发展主要是依托于一些交流合作项目而进行的，比如在教师方面，主要是粤港澳三地的教师教育项目；在学生方面主要是粤港澳三地的姊妹学校缔结项目和交流互访项目；在制度和政策方面主要有粤港澳合作联席会议制度和教育交流与合作协议；在评价方面，粤港澳三地教育评价协同明显薄弱，有待进一步发展。

具体来说，在教师协同发展，湾区教师协同发展是依托于粤港澳教师教育合作项目而进行的，且由来已久，尤其是粤澳的教师教育合作更为频繁与紧密。有数据显示，截至 2015 年，澳门 70% 以上的中小学教师接受过华南师范大学的培训。在粤港教师教育合作方面则要薄弱得多，进展相对缓慢，其主要开展的是短期培训项目的合作，教师交流互访和会议形式的交流。如举办香港中小学中国语文教师语文教育研习班，以及广东派专家、校长和教师赴香港开展中小学观课、评课等现场培训活动等。

如果要总结一下在教师协同发展方面所取得的成就，可以总结为五个方面。第一，程序精简化。这些年我们做出了努力，精简了合作培训中教师出境审批程序。第二，组织灵活化。如在深圳、珠海设置了合作教学点。第三，合作对象多元化。除了与港澳特区政府合作办学以外，还与港澳普通高校、港澳社会团体、成人教育培训机构合作办学，如澳门教师业余进修中心、澳门中华教育会、香港的青年联合会等。20 世纪 90 年代的时候，笔者曾经去澳门好几次，每次都待半个月，那时候华南师范大学与澳门中华教育会合作办学，办得非常成功。第四，合作形式多样化。有进行教师的学历提升、互

访交流培训的合作，还有各种各样的研修形式。比如今年由澳门教育暨青年局主办、澳门业余进修中心协办、华南师范大学组织的 2019 年澳门小学教育信息化应用骨干教师赴粤研修班非常成功，得到了澳门方组织者黄进校长的高度评价。第五，课程逐渐适切化。结合港澳实际删减与增加了一些课程，如删减了德育课，增加了“中国传统文化与现代化”课程等。

但是在这里面，我们也存在很多的难题。总体来看，湾区教师间的交流与合作并未形成一个常态化机制，粤港澳教师合作发展的沟通协商、资源共享和学术合作机制等重要机制并未形成，有待进一步创新发展。比如在整体优化方面，这些年，湾区的教师质量得到了一定程度的提升，特别是澳门，但总的来看还有很大的优化空间。在功能互补方面，粤澳教师形成了一定的互补式发展，但是粤港教师之间的互补式发展则相对薄弱；还有差异发展方面，基本上处于无序状态，既无统一的规划，更没有相应的措施。

在学生协同发展方面，目前湾区学生协同发展主要是依托于“姊妹学校”缔结项目而进行的，这是内地教育与港澳教育关系的纽带和桥梁，是粤港澳青少年交流合作的品牌项目。广东省是最早实行姊妹学校缔结计划的省份之一，自 2004 年泛珠三角联席会议上提出此计划以来，2005 年广东省就与香港、澳门签署了姊妹学校协议；2015 年广东省教育厅又与香港教育局签署了《粤港姊妹学校合作协议》；截至 2017 年 11 月，广东省与港澳结对的姊妹学校占据全国的“半壁江山”，其中粤港姊妹学校缔结共 587 对，粤澳姊妹学校 39 对。

取得的主要成就：第一，协同形式主要是粤港澳三地中小学共同举办或参加文艺和体育比赛，如 2019 年粤港澳姊妹学校中华经典美文诵读比赛（深圳）。第二，协同内容由课堂知识逐步拓展到了学生心、智、体等各方面，如为帮助改善香港学生的体质，培养香港学生爱眼护眼的习惯，深圳市教育局与中央政府驻港联络办教科部共同启动了派遣教师赴香港教授眼保健操、广播体操等。

虽然姊妹学校是粤港澳基础教育学生协同发展重点项目，但实际上姊妹学校的开展仍存在不小的难题。第一，合作机制不成熟。正如华南师范大学附属小学校长所言：“校长因无经验而无从下手，教师因无奖励而毫无动力，学生因不了解而无动于衷，而且很多时候想出去（出境）却出不去，出去了也学不来。”第二，合作形式单一。姊妹学校学生间的交流主要为文艺或体育比赛，形式较为单一。第三，合作内容有限。姊妹学校中学生的交流内容很少涉及课程知识，或其他创新项目，内容有限。显然，依托姊妹学校缔结项目的湾区学生协同发展，在优化湾区学生整体质量、培养功能互补与学生质量既整体提高又差异发展等方面还做得远远不够。因此，湾区学生协同发展也有待进一步提升。

在体制协同方面，目前，湾区基础教育体制协同主要通过联席会议制度和一系列规划协议实现的。

取得的成就有以下两点。第一，在联席会议制度方面。联席会议制包括粤港合作联席会议和粤澳合作联席会议，通过该制度，粤港澳三地在体制协同方面形成了诸多有效成果，是湾区教育体制协同的重要载体。粤港合作联席会议制度在 1998 年建立，2003 年升格为由双方行政首长共同主持，已经成功举办了 21 届。通过联席会议，2000 年粤港确定了中小学语文教师交流计划；自 2005 年以后，粤港教育合作成为会议重要商讨

项目。粤澳合作联席会议制度于2003年正式建立，自2004年以后，粤澳教育合作也成为会议重要的商讨项目。第二，在规划与协议方面。目前，粤港澳大湾区教育协同发展的政策依据有《粤港澳大湾区发展规划纲要》《深化粤港澳合作　推进大湾区建设框架协议》《关于深化泛珠三角区域合作的指导意见》《珠江三角洲地区改革发展规划纲要（2008—2020年）》《内地与香港关于建立更紧密经贸关系的安排》《内地与澳门关于建立更紧密经贸关系的安排》《粤港合作框架协议》《粤澳合作框架协议》《推进粤港两地教育交流与合作协议书》《粤澳两地教育交流与合作协议》等，而且还有很多规划与协议都有促进湾区教育合作与交流的内容。

难题也明显，现在还是摸着石头过河，边走边探索。粤港澳基础教育协同发展制度配套供给明显不足，粤港澳基础教育协同发展的某些制度显得难以操作。在评价方面面临的难题更加突出：第一，元评价缺失，准入机制空白；第二，独立性不够，即第三方评价机构对教育行政机构的依附性过强；第三，专业性不足、权威性缺乏，主要体现为评估程序不科学、评估指标不合理、评估技术略显落后。因此粤港澳三地的第三方评价机制协同发展方面确实处于相对空白的阶段，需要大力发展。

怎么样协同发展，这里笔者做了一些创新的思考。一是构建教师教育合作平台与联动机制，形成开放灵活的协同体系。二是拓宽湾区青少年交流的内容与形式，形成常态化协同机制。三是完善湾区基础教育体制协同，形成制度合力。四是积极培育湾区基础教育第三方评价机构。

首先，在教师教育合作平台与联动机制方面，要形成开放灵活的合作体系。要建立职前联合培养机制、搭建职后培训合作平台、建设优质资源共享平台、开展优势领域合作办学，逐步推进粤港澳三地教学人员资历认证，以便三地教学人员跨境教学。

其次，在学生的协同发展方面，要拓宽湾区青少年交流的内容与形式，形成常态化的合作机制；在形式方面，要进一步拓展、探索新的路径，比如通过交换生的形式切身感受到不一样的学习环境，甚至可以结对子一对一交流、一对一互换等；在内容方面，也要拓展，使粤港澳三地学生在碰撞中既成才又成长。

再者，在体制协同发展，要多方协商制定与细化可操作的湾区基础教育协同发展制度，要建立结构合理的行政组织架构，还要建立长效的领导制度。

最后，特别是在积极培育湾区基础教育第三方评价方面，需要我们做更多的努力，比如说要大胆借鉴世界教育评价模式，协同联动，增强第三方评价机构的独立性，丰富评价内容，探索并形成分工合理、各司其职的湾区基础教育第三方评价的中国模式。要建立严格的准入制度，深入湾区教育合作发展实际，研制湾区基础教育评价工具，形成科学合理的评价标准体系，提高其评价的专业性。大力培育一批教育评价技术骨干，为湾区基础教育评价“保驾护航”。

粤港澳大湾区基础教育协同发展是湾区基础教育合作发展的新趋向，是把湾区建设成教育和人才高地的新途径，是粤港澳经济、文化、社会与教育再次腾飞的新机遇，让我们顺应历史发展的洪流、时代前进的车轮和改革的东风而大步向前、攻坚克难，助力粤港澳大湾区基础教育协同发展，助推粤港澳大湾区世界级城市群的建设，以实现中华民族的伟大复兴。

面向 2035 的基础教育“三商共育”新样态的理论初步构建

深圳市龙岗区清林小学　蒋磊*

深圳市龙岗区体育与健康教研室　陈晨

深圳市龙岗区清林小学　刘钰　薛建东

摘　要：本研究立足未来基础教育发展的新要求，结合小学学校教育特点、小学生身心发展规律和“素质教育、核心素养、全人教育、全面发展、多元智力、健全人格”等较成熟的教育理论与理念，运用文献资料法、归纳法、逻辑分析法，将现有动商理论、智商理论、情商理论结合在一起，提出建构一个“三商一体”的小学基础教育课程体系，以此作为元理论，促进跨学科的理论、实证和应用研究，为学校教育培养人才提供一种“三商共育”的课程参考模式，以期为基础教育优质、特色发展提供一种新样态的发展路径。

关键词：基础教育　未来教育　三商共育

一、“三商共育”新样态提出的背景，解决的问题

（一）“三商共育”是基于新时期教育全面发展的目标、使命而提出的

教育是国之大计、党之大计，2018 年 9 月在全国教育大会上，习近平总书记对“培养什么人、怎么培养人、为谁培养”做出了明确说明和战略部署，其中强调指出“以凝聚人心、完善人格、开发人力、培育人才、造福人民为工作目标，培养德智体美劳全面发展的社会主义建设者和接班人，加快推进教育现代化、建设教育强国、办好人民满意的教育”的 5 个“人”的工作目标，为当前和今后一个时期全国的教育改革发展工作指明了方向和目标，勾画了蓝图。

在“怎么培养”上，现代教育观提出全面发展学生的个性、健全学生人格、促进学生全面发展，结合小学生的身心特点和发展阶段，要求小学基础教育要在注重知识技能的培养外，更加关注学生能力与价值观的培养。

动商是继智商和情商之后，提出的又一个评价个体能力的术语。智商、情商和动商

---

* 作者简介：蒋磊，深圳市龙岗区清林小学教师；陈晨，深圳市龙岗区体育与健康教研室教研员；刘钰，深圳市龙岗区清林小学教师；薛建东，深圳市龙岗区清林小学教师。

本文系深圳市龙区教育督导 2019 年度立项课题，项目编号：2019WX047。

就像三角形的三条边，缺一边都无法支撑。在培养造就人才方面，也是相辅相成的。“三商”在精神、情感发展层面指向健全人格，“三商”在知识、技能发展层面指向德智体美劳全面发展，符合当下素质教育和学生发展核心素养的要求。我们应当充分发挥“三商”在人才培养和学校教学过程的观念，引导及教育实践上的效果。

（二）“三商共育”是基于解决当今素质教育中存在的问题而提出的

为深入推动素质教育改革，1996 年以来我国教育主管部门对基础教育改革进行了部署，我国义务教育阶段学校和高中相继于 2005 年和 2007 开始了新课程。但长期以来“轰轰烈烈的素质教育，扎扎实实的应试教育”在教育领域“重智轻体”“重智轻情”等现象依然普遍存在，智力发展被认为是获取成功的最重要因素，智力以外的其他素质，包括情商、动商都被忽略了。与之相适应的教育手段也被狭隘地限定在“应试教育”上，只重视智力能力和知识传授，忽视了学生运动素质、能力等动商方面和思想品德、行为修养、为人处世等情商方面的培养发展，评价也仅限于与智力有关的“学历”“分数”和“技能”，结果使素质教育培养目标流于形式，难以达到全面发展。

本研究旨在从最初“零散”的教育观点发展为一套相对系统的理论学说，构建“三商共育”的学校教育课程模式，引入学校整个教育体系，必然会带来教育观、课程观、教学观与教师观等多方面的变化，从而为教师日常教学行为的改进、教育实践操作过程的变革创造条件，为小学生素质教育提供一种模式途径。

（三）“三商共育”课程模式有利于克服“教育同质化”，推动学校优质特色转型发展

以人为本，关注学生不同特点和个性差异，发展每一个学生的优势潜能，为学生的人生奠基是小学教育的题中之意。当今社会对人才的要求已经呈现“多元化”，而我国目前“百校一面，千生同貌”的同质化教育现状与其很不适应。在深化新一轮学校课程改革的大背景下，优质、特色化教育已成为新形势下时代发展和教育改革的必然。

在这种背景下，提出“三商共育”课程模式，积极探索如何克服学校教育同质化，科学合理地开展特色学校建设，促进学校多样化、特色化发展，以实现学校优质特色转型发展，为区域教育优质、均衡、转型发展提供经验和案例，打造特色教育名片。

二、国内外研究现状述评

（一）国内外对于情商、智商、动商的研究现状

1. 相对成熟的智商理论。相对于动商和情商，智商理论问世的时间最早，传播也最为广泛、影响也最为深远。当然，也是目前最成熟最成体系的。1905 年法国科学家特曼提出智商的概念，其后法国心理学家比奈制作了第一套“智力量表”，并用心理年龄与生理年龄之比来衡量幼儿的智力水平，也叫比率智商。即：

$$IQ = MA（心理年龄）/CA（生理年龄）\times 100$$

由于心理年龄的主观性太强，所以造成其存在巨大争议，鉴于此，美国心理学家威克斯勒在统计学正太分布的基础上，提出使用离差智商来避免比率智商的不足，使智商测评量表不仅适用于幼儿也适用于中年人和老年人。

智商概念被提出之后立即受到世人的热捧，除比率智商和离差智商之外各种智商测试量表和测试方法鱼龙混杂、层出不穷。智商测量评价在了解智力发展程度、进行个性化指导方面有其有益一面，至今仍不失为学校教育的有效工具。但智商能力的高低除遗传因素外，与人所处的外界环境密切相关，如何排除外界环境差异的影响因素让智商测试更具公平性，是智商测量和评价面临的新挑战。

2. 先冷后热的情商理论。相对于智商而言，情商的起步则要更晚一些，体系建设也不如智商那样完备。情商最初由美国新罕布什尔大学的约翰·梅耶和耶鲁大学的彼得·萨洛维在1990年首先提出来的，但一开始情商一词并没有被使用，而是用“情绪智力”一词来代表人的心理能力及心理态度对为人处世方法及效果的影响作用的不同。情商也不像智商一样，一开始就非常火爆，直到1995年，记者丹尼尔·戈尔曼出版了《情商：为什么情商比智商更重要》（*Emotional Intelligence*：*Why It Can Matter More Than IQ*）一书，在书中“情商”一词才被使用，并将其准确定义为控制情绪冲动、解读他人情感和处理各种人际关系的能力，从此“情商比智商更重要”这一观点开始大肆流行，丹尼尔也因此被誉为“情商之父”。

情商在传入中国之后立即受到了众多追捧，尤其是在成功学和企业选聘领域，2013年习近平总书记在天津调研时曾提到，“做实际工作情商很重要，更多需要的是做群众工作和解决问题的能力，也就是适应社会的能力”。对于情商能力的测量与评价因涉及个人的内心活动和个人环境的影响，想要客观测量评定难度较大，心理学界对此多有争论，测试量表侧重不一，各有千秋，难分高下。

3. 万众期待的动商理论。正是基于国内外对智商、情商的研究及成果的应用日益成熟，我们发现，从“全人”的角度看似乎还缺少一样可以形容和客观描述人类身体商数、动觉智力、运动潜能的词语，这个词语就是“动商”。心理学三大领域：认知、情感、行为，教育学三大领域：智育、德育、体育，对应情商、智商和动商。智商、情商、动商就像三角形的三条边一样，理想的状态是等腰三角形（见图1）。“三商合一”勾勒出全人、全面教育发展理念。

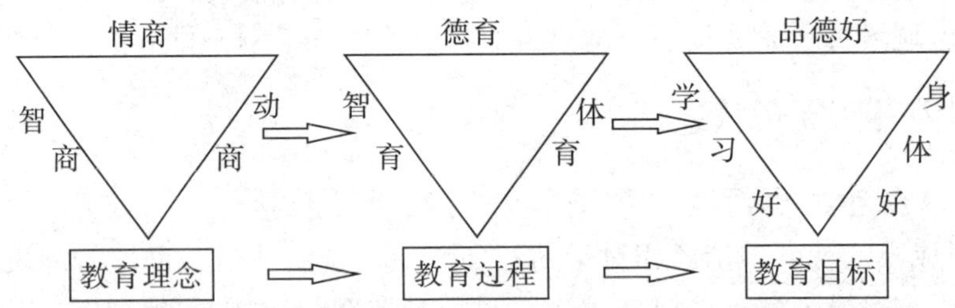

图1　智商、情商、动商“三商合一”的全人发展理论模型示意图

人的一生是动商与之相伴的一生，三商的发展也各有其敏感时期，在娘胎里就拳打脚踢，除了动商，什么“商”也没有；生命弥留之际，除了动商，什么“商”也没有，只有呼吸。因此，可以说生命始于动商又终于动商。动商、情商、智商“三驾马车”护航人的一生，在不同时期对人的作用和重要程度不同，婴幼儿时期动商比情商、智商优先得到发展，动商始于运动又超越运动，可以助推智商、情商的发展，辅助幼儿快

乐、健康成长；青少年时期是智商发展的最快和情商教育的最佳时期，适当的动商活动有助二者的发展；中壮年时期，适度动商让人精力充沛，助力情商解决家庭和事业的难题；老年时期，体力下降、活动能力受限对动商的需求再次迫切，适度动商康乐长寿。动商就是这样先于情商、智商的发展，又最后伴随人类走完一生。

优先培养动商、打好身体基础，是智商、情商发展的保障。但在现行教育实践中，无论是中小学，还是大专院校甚至是幼儿园均以发展智商、轻视情商、无视动商的应试教育为主，中小学生体质连续30多年下滑，大学生身体素质大不如前，幼儿园小学化的教学方式难以保证足够的运动量，致使幼儿体质前途堪忧，“小胖墩”“豆芽菜”的持续增多就是在这个阶段埋下的种子。如能将动商理念融入素质教育的各个学段内容里，不仅是对素质教育理论的重要补充，也将为扭转当下堪忧的学生体质贡献力量。动商致力于倡导健康的生活方式。动商不再就体育论体育，而是把动商与智商、情商相联系，把这三者的关系上升为构建完整人格“三商一体”的理论体系。动商的核心思想就是，培养和挖掘人的运动潜能和天赋，进而培养良好的体育锻炼习惯，让体育生活化、常态化。

（二）国内外关于学校优质特色新样态发展研究

1. 学校教育同质化，千校一面缺乏特色活力。我国学校在发展过程中呈现出目标统一、课程一致、评价相仿的状况，这种同质化现象引起教育界的极大关注。突破学校同质化现象，促进学校特色发展，是近年来我国基础教育研究中的重要议题，无论是政府层面，还是教育学术界对学校特色化、多样化发展都给予了越来越多的关注。《国家中长期教育改革和发展规划纲要（2010—2020年）》明确提出，必须注意重视教育资源的公平，不能把学校办成千篇一律、千人一面，学校要有自己的特色、自己的风格。

我国学校的同质化主要体现为培养模式的趋同。培养模式涉及培养目标、培养规格、课程设置、教学设计和教学方法、评价方式、管理制度等要素。由于不同地区、不同学校的历史文化、师资、生源特点不同，学校所培养的人才质量标准与规格要求必然也会有所调整，这就决定了学校培养目标的特色性与多样性。但在实践中，绝大多数学校在促进学生全面发展的基础上也根据学校的特点提出了各富特色的培养目标，但在强大的应试教育模式下，学校无论是课程、教学还是社团活动，与特色目标毫不相干，剩下的是就赤裸裸的“升学”目标。学校追求的是几年内升学率提高多少，多少学生入读重点学校。学校提出的多种多样的培养目标只是学校为了招生所做的宣传或虚设在学校橱窗中的口号。“升学”异化为学校真实的追求目标，“升学”目标下的学校培养模式近乎千校一面。

学校的这种千校一面的现象，严重地违背了学校的教育教学规律，难以满足学生身心健康发展的需要，以及社会对人才需求的多样化。在当今这个强调以人为本的时代，关注学生个性发展，平衡学校教育的本体性功能与社会性功能，是一个时代性的重要议题。分析目前我国学校同质化的形成机制，探索突破困境的出路，显得尤为必要。

2. 实现小学学校优质特色转型发展路径的研究。小学学校教育是人生奠基的关键期，具有基础性的特征，小学学业负担与中学相比较小，办学更具灵活性，小学阶段也是学生性格、习惯养成的关键期，优质、特色的小学基础教育能为学生多彩的人生发展

打下坚实基础。为此教育界学术界对于学校特色化、多样化发展也做了相当多的探讨，主要集中于学校特色发展、多样化发展的意义，学校特色发展存在的问题及其原因的分析，以及促进学校特色发展的策略，形成了以下两个层次的优化方案。在政府层面，加强顶层制度缺陷的研究，加大自主办学的空间；鼓励办学主体多样化，增强学校办学活力；改善管理制度，激发人事动力；改进学校评估方案，建立多样化评估机制。在学校层面，明确学校培养目标，加强学校顶层设计；完善国家课程校本实施，鼓励个性化教学；改进校本学生评价方式，促进学生个性发展。

三、“三商共育”课程理念

本研究结合小学学校教育特点、小学生身心发展规律和“素质教育、核心素养、全人教育、全面发展、多元智力、健全人格”等较成熟的教育理论与理念，运用文献资料法、归纳法、逻辑分析法，将现有动商理论、智商理论、情商理论结合在一起，提出建构一个“三商一体”的小学基础教育课程体系，以此作为元理论，促进跨学科的理论、实证和应用研究，为学校教育培养人才提供一种“三商共育”的课程参考模式。

在教育理念层面“三商教育”课程模式体现“全面发展、人格健全，人生奠基”的导向功能，在育人目标层面实现身体好、学习好、品德好的全面发展目标，在课程领域层面构建统合现有三级课程科目建设新的“情商课程群”“智商课程群”“动商课程群”，在实践过程层面注重“学习习惯、运动习惯、行为习惯”三好习惯的养成教育，在评价层面以实现学生德、智、体、美、劳等各方面全面均衡发展为标准，实现小学学校优质特色转型发展，为深化新一轮课程改革提供一种可操作的实践路径。

四、“三商共育”新样态的理念的构建对象

1. 情商、智商、动商之间关系及以“三商共育”为主的共育理念。

2. 德育、智育、体育之间关系及以“三育”为主的共育过程。

3. 行为习惯、学习习惯、运动习惯之间关系及以“三好习惯”养成为主的共育手段。

4. 品德好、学习好、身体好之间关系及以“三好学生”为主的共育目标。

5. 课程观、课程目标、课程内容、课程实施为主的“三商共育”课程模式。

6. 以“三商”和“项群分类”理论为基础按三商素质的主导因素，统合现有三级课程科目构建新的“情商课程群”“智商课程群”“动商课程群”的“三商共育”课程结构。

7. 面向 2035 教育新样态的“三商共育”课程模式的实践、评估及优化。

五、“三商共育”新样态的重要观点

认为情商、智商、动商是人类完整人格的三个基本要素。以“三好习惯”养成为手段、“三好学生”培养为目标、“三商课程群”为内容的“三商共育”课程模式的探索实践有利于深化新一轮学校课程改革，能够实现“素质教育、核心素养、全人教育、全面发展、多元智力、健全人格”等多项育人目标，有利于改善学校“同质化”发展

趋势，推动面向2035的小学教育优质特色、转型发展，并给出了“三商共育”课程规划方案体系初构框架内容（见图2）。

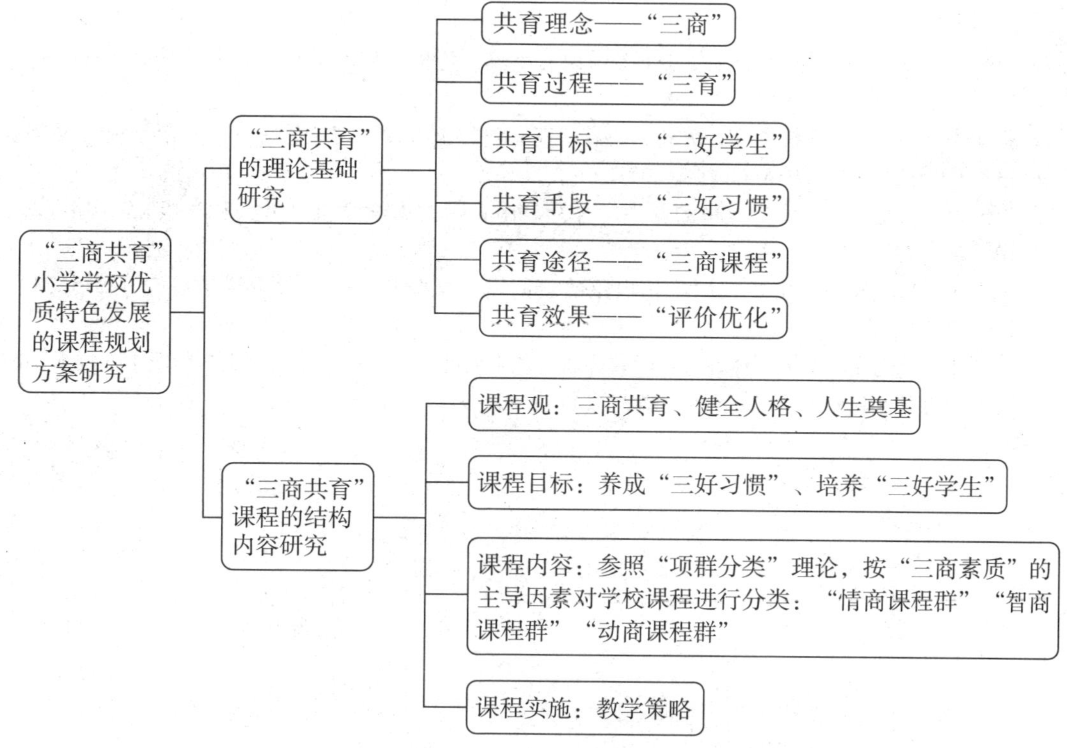

图2 “三商共育”课程规划方案体系初构框架内容

六、“三商共育”新样态的发展目标

1. 以智商、情商、动商相关理论为基础，探索建构基础教育“三商共育”课程元理论，使该理论成为影响学校教育的新理念、新思维、新动力。

2. 以“三商共育”元理念为基础，构建“三商共育”视域下小学阶段学生培养的目标、内容、组织形式、指导策略、实施途径等为主要内容的小学教育学生“三商共育”的课程参考模式，为区域教育优质、均衡、转型发展提供理论、经验和案例。

3. 使较为成熟的“三商共育”理念与思路在得到认可的前提下，初步发挥其对家长、学校、社会对人才培养的价值评价、观念引领作用。

4. 成立“三商教育研究中心”对学校优质特色转型发展研究予以持续研究，对“三商”教育成果不断进行完善、推广。

参考文献

[1] CAPUTE A J, SHAPIRO B K. The motor quotient: A method for the early detection of motor delay [J]. American Journal of Diseases of Children, 1985, 139 (9): 940 - 942.

[2] 王宗平，张怡. 动商：人类全面发展的重要支脚 [J]. 体育学刊，2014 (4): 13 - 16.

[3] 蒋磊. 动商的源流与古代思想家的动商理念 [J]. 南京理工大学学报（社会科学版），2016 (3)：35-38.

[4] 常金栋. 青少年动商研究的理论溯源与框架构建 [J]. 南京理工大学学报（社会科学版），2016 (1)：35-39.

[5] 张红兵，王宗平. 动商与其他智能商数学说的比较与辨析 [J]. 南京理工大学学报（社会科学版），2015 (2)：15-20.

[6] 张新萍，王宗平. 建构智商、情商、动商三商一体的全人发展理论体系 [J]. 南京理工大学学报（社会科学版），2015 (5)：26-31.

[7] 尚云力. 动商：构建健全人格的新理念 [J]. 南京理工大学学报（社会科学版），2015 (2)：10-14.

[8] 朱忠琴. 我国普通高中学校同质化现象的新制度主义分析 [J]. 教育科学研究，2015 (4)：17-22.

[9] 严济良，卢廷顺. 三维一体评价：学校优质特色发展的基石——基于扬州大学附属中学校本评价改革的思考 [J]. 上海教育科研，2014 (11)：89-91.

传统文化与现代教育的有机结合

华南师范大学附属小学　张锦庭*

摘　要：现代教育和传统文化并非孤立存在的，它们彼此之间相互关联。传统文化对现代教育有着启示和促进的作用，现代教育则是在一定程度上对优秀传统文化的传承和发扬。在多年的实践探索中，华南师范大学附属小学（以下简称华师附小）在办学思想、校园文化、课程体系等方面走出了一条体现“传统”与“现代”有机融合的特色之路。

关键词：传统文化　现代教育

教育是一个永恒的话题。教育是一项不断进步、不断发展的育人工程。

一、何谓“现代教育”以及“传统文化”

现代教育是伴随着现代社会的形成而出现的人类历史上的一种崭新教育形式，也是人类社会和教育发展到一定历史阶段的产物。

传统文化是中华文明成果根本的创造力，是民族历史上道德传承、各种文化思想、精神观念形成的总体。

现代教育和传统文化并非孤立存在的，它们彼此之间是相互关联的。传统文化对现代教育有着启示和促进的作用，现代教育则在一定程度上对优秀传统文化的传承和发扬。一个民族的崛起，首先是文明的崛起；一个国家的强大，首先是文化的昌盛。习近平总书记曾经说过，文明永续发展，既需要薪火相传、代代守护，更需要顺时应势、推陈出新。

二、办学思想——体现“传统”与“现代”的融合

在多年的实践探索中，传统与现代在华师附小碰撞出了火花。

（一）教育的本质是美好的，“美好教育”的办学思想体现了“传统”与“现代”的有机融合

我们秉承积淀，创新思路，从学生的心灵出发，从生命的拔节着手，立足新时代发展之需，确立“美好教育，教育美好”的办学思想，着力以美好教育引领达成一流教育愿景。“美好教育，教育美好”这一办学思想，体现了我们对教育价值的不懈追求，

* 作者简介：张锦庭，华南师范大学附属小学校长。

阐明了我们“让学生享受一流的基础教育，使学生奠定终生发展的基础”的原有办学思想体系：让每一个孩子美好地生活在当下，使每一个生命因教育而美好。

近年来，华师附小紧紧围绕“施行美好教育，成就教育美好”的工作思路，将传统文化融入美育的全过程，使得传统文化以各种形式走进校园、走入课堂，在“非遗进校园”方面做出了好的表率。传承传统，从而实现对学生人文素养的提升和品格的塑造。

（二）校之魂——“博学于文，约之以礼”的校训体现了“传统”与“现代”的有机融合

“子曰：君子博学于文，约之以礼，亦可以弗畔矣夫！”（《论语·雍也》）意思是：“孔子说：君子广泛地学习文化知识，并且用礼来约束自己，也就可以不离经叛道了啊！”

“博学于文”意思是要广泛地学习文化典籍。这里的“学”不仅指读书，“文”也不仅指文章，而是指要学习一切自然界以及人类社会的知识。“博学于文”要求学校要营造良好的校园文化，打造书香校园，充分调动师生学习文化知识的积极性和主动性，使师生在潜移默化中得到熏陶，从而丰富师生的精神世界，提升师生的思想道德修养。

“约之以礼”意思是孔子认为要拥有君子的人品。除了广泛地学习外，还要注重实践，在言行举止上用礼法来约束自己，即学文和力行并重，它们相辅相成。这样君子就不违天道、不违仁道、不违人道，必然可以成就大事。

三、校园文化——体现“传统”与“现代”的有机融合

（一）学园、花园、乐园融为一体的校园环境

我们对校园环境进行了精心的系统规划，诗意化、主题化的学校环境力求使学校的墙壁都会说话，寓教育性、知识性、艺术性于一体，使整个校园成为开放式的“非遗”博物馆，全方位陶冶学生的情操，激发学生热爱学校、热爱生活的情感，增加学生奋发向上的信心，促进学生身心健康的发展。

（二）完善的教育教学设施

华师附小具有 80 多年的办学历史，经过几代人的辛勤耕耘，1996 年被评为广东省一级学校。学校占地面积 16 200 平方米，建筑面积 13 859 平方米，共有腾飞楼、明德楼、博学楼、行健楼、日新楼 5 栋楼。以广东省一级学校的标准，各科教学设施设备齐全，教师的教学办公条件优越，学生的学习环境优美，为全面实施素质教育提供了有力的保障。进入千禧年后，学校的建筑布局、设备设施、环境营造更是日臻完善，成为名闻遐迩的品牌学校。

四、课程体系——体现“传统”与“现代”的有机融合

多年来，华师附小现代教育建设之路坚持立德树人，不断探寻着美好教育的文化内核。学校“倡导美好教育，努力让每一个孩子的人生因教育而美好”，围绕“美好教育教育美好”的办学思想构建了相应的课程体系，大力推进优秀传统文化教育，以培养全面发展、人格健全、品德高尚的学生，成就师生美好发展。

（一）美好教育从课程出发

既然教育为追求美好而生，那么追求美好的道路应如何铺设？关键就是构建“智慧·生命·有效”的美好课堂和教师、学生、教材、环境四个因素动态交互作用的课程体系，培养学生适应未来社会生活的核心素养，为学生未来发展奠定基础。

（二）德育特色

华师附小制定了十二个“学会”、六个“走进”作为养成教育的目标，创设环境，让学生每个学期学会一个“学会”。把养成教育作为学校德育的核心内容，再以校园文化建设与班级文化建设为形式，以活动为载体，把养成教育渗透在日常的教育教学工作中，引导孩子身在校园，践行习惯，借着良好习惯的养成，发展学生的核心素养，启迪学生智慧生命，开启幸福人生之路。

（三）贡献“非遗进校园”的“广东模式”

学校园里培育的“非遗种子”，就是未来中华文明传承的希望。传统文化教育已成为社会的主题和使命之一。在校园里开展“非遗”系列活动的价值和意义，就是让祖先留给我们的宝贵文化异常的基因，由各个“非遗”传承人注入这些“种子”的记忆里，让他们成为文明的薪火传承人，成为中华文明进步的拓新者。“非遗进校园”可以说是传统与现代的交融、过去与未来的碰撞。

校有品牌，班有特色，人有个性，国有栋梁——这是指引我们进行特色班级建设的航标。学校立足实际，根据师生特点和家长特长，大力推动学校构建渗透于整个班级的特色文化模式，确立班级和而不同的精神追求。整个校园就是一座“非遗博物馆”，学生们能够近距离接触到传统文化，亲身体验和感受传统文化的魅力。

华师附小创造性地提出“一班一特色、一班一非遗”的课程方案，开设了31项“非遗”课程，以“非遗”技艺体验作为学生了解传统文化的方式，是一种创新，更是一种挑战。以自然班为单位，每个年级一个系列，各班的课程各具特色。其中，一年级开设了古琴艺术、纸雕艺术、京剧文化、皮影戏、民族扎染、民间口技；二年级开设了龙舟说唱、吟诵书法、剪纸艺术、岭南建筑、周易文化；三年级开设了景泰蓝、昆曲文化、传统刺绣、木版年画、汉服文化；四年级开设了二十四节气、太极拳、经典潮剧、中国象棋、传统漆画；五年级开设了中国灯彩、鲁班传说、中国围棋、广东凉茶、龙舞文化；六年级开设了青花艺术、南国风筝、川剧变脸、传统节庆、南国粤剧。

与此同时，每个班级都根据本班的“非遗”项目布置课室环境，学生们在传承传统民间艺术中，了解“非遗”艺术的发源。华师附小还建设了一支相对稳定的传承项目的师资队伍，聘请31个传统项目的传承人每周到校进行授课。2019年，学校的“非遗”传承进入校本课程编写阶段，在省文化厅、省教育厅的指导下正在编写一套适合学生学习和创造的校本教材。

（四）国学之美

优秀传统文化是国家的根，是民族的血脉，是人民的精神家园。传统文化和美好教育相结合，既能更好地传承文化，也能让民族自尊心、自信心、自豪感以及文化自觉和文化自信根植于每一位华师附小人的心中。

华师附小的国学经典研究团队为学校创建了以经典吟诵法和“三步五径”法为核心的国学经典课堂教学模式，该模式获得了2018年广东省教学成果的一等奖。“三步五径”法即是通过引导学生循序渐进地进行课前自学、课堂研讨、课后巩固等活动，完成“知诗人，解诗题”“读诗文，正诗音”“释诗意，明诗境”“想诗画，诵诗情”“拓诗篇，悟诗魂”五个环节的诗歌学习任务，从而达到吃透诗歌内涵、提升学生国学素养的教学目标。

我们将继续在中华优秀传统文化艺术教育上逐渐积累经验，让传承传统之风吹遍学校的每一个角落，并为各级各类小学全面实施素质教育、深化艺术教育改革、提高艺术教育质量较好地发挥示范和辐射作用。华师附小会积极争取能成为全国传承“传统民间艺术”的示范性学校，使非物质文化遗产世代相传，传之久远。

教育为公　其命维新

——澳门培正中学迈向2035教育愿景

澳门培正中学　陈敬濂*

摘　要： 基础教育的根本在于教育公平，而公平的意义在于关注不同特征的受教育个体之间教育供给、学习机会和结果的公平分配。此一公平教育的体现，就在于能否更好地发挥"个性化"教育的优势。我们认为，实现个性化教育的优势，在于"科技创新"，创新不是标新立异，而是为公平的个性化教育服务。澳门培正中学秉承"创新"的传统，立足"教育为公，其命维新"理念，发挥自身"一条龙"学校模式优势，利用大数据，透过"STEM+课程"、AI课程等建设，努力构筑迈向2035年教育愿景。

关键词： 教育　公平性　澳门培正　2035　"STEM+"　AI

习近平总书记在中国共产党第十九次全国代表大会上提出，到2035年我国将基本实现社会主义现代化。① 而教育现代化，是社会主义现代化的重要内涵组成。时代变迁，沧海桑田；科学技术，一日千里。今天信息时代应运而生的互联网、物联网、大数据、云计算、人工智能等新技术，正在不断地走进教育领域，成为推动教育现代化的核心技术力量。教育与科技相融合，驱动了数字校园、智能校园、智慧教育等概念的提出，引发了教育信息化支持下的学校变革浪潮。

信息技术蕴含的超越时空限制、海量资源集成、广泛互联共享、支持专属定制等显著特征，以及基于这些特征的数据分析、演算设计、模型建构、机器学习等技术应用，为个性化教育的实现和学校教育的效能提升提供了可能。从而推动了传统教育模式下，难以企及和实现的个性化、高效率等教育改革目标的达成。在未来教育的改革发展中，技术将进一步充当促进教育实质公平、提高教育质量、凝聚教育智能，以及促成每一个学生通过教育，获得与自身相适应的最优发展的关键支持力量。

一、"公平"是教育现代化发展的根本方向

"公平"是一个关乎权力和利益如何分配的概念，它的核心意义是均衡和合理，要

---

* 作者简介：陈敬濂，澳门培正中学副校长，博士。

① 中华人民共和国中央人民政府. 中共中央、国务院印发的《中国教育现代化2035》[EB/OL].(2019-02-23)[2019-10-15]. http://www.gov.cn/xinwen/2019-02/23/content_5367987.htm.

求在处理人与人的关系中，按照不偏不倚和不偏袒的原则“给予每个人应得的东西”①。

经济合作与发展组织（OECD）在 2007 年发表的《达成教育公平的十项策略》中指出，公平与平等是有区别的，公平更接近正义与公正理念，亦即除了机会均等外，还有对等对待。OECD 在整合各类学者对于公平之哲学探讨及其所主张之理念后，将教育公平界定为两个层面：公正与融入。

“公正”，强调每个人和社会的背景因素，如：性别、种族、社经地位或宗教信仰等，都不应该成为其从教育中获得成功的阻碍。而“融入”，则认为所有人都应接受最低限度的教育。是以国际学生评估项目（PISA）在 OECD 的倡导下，聚焦于研究教育系统卓越与公平的问题，关注在不同特征的受教育个体间教育供给、学习机会和结果的公平分配。②

沿着教育公平演变的历史脉络不难发现，教育公平并不是一种自发的状态，而是时代与理念结合的产物，归根结底是人类社会、政治、经济、文化、生活发展到一定阶段的产物。不同时期的教育公平具有不同的表征。就当前学术界对教育公平的已有研究来看，对于“何谓教育公平”这一问题的认识尚存在很大的争议，但无论是理论研究还是实证研究，人们都普遍认为当代教育公平理应贯穿于整个教育过程，不仅要保证教育权利的平等，而且还要实现教育机会的均等，更要追求教育制度的公正。

教育是一个庞杂的系统，教育活动具有明显的复杂性。这种复杂性首先体现在人的差异性上，而这种差异性主要来源于家庭。联合国教科文组织在《学会生存》报告曾指出，在很大程度上，儿童入学机会和成功机会的不平等是由不同背景的分布不平等造成的。这些都说明“人人生而有别”，家庭的物质资本以及文化资本都会对教育结果产生影响。一般说来，家庭背景与个体受教育程度、受教育水平存在一定的正相关性，家庭背景越好，个体受教育程度、受教育水平可能也会更高，反之则会较低。所以，“为了平等地对待所有人，提供真正同等的机会，社会必须更多地注意那些天赋较低和出生不利的社会地位的人们”③，这是罗尔斯所提倡的补偿原则，也是当前促进教育公平的基本准则。补偿原则是在坚持平等分配公共教育机会、教育资源的前提下，确定适当的补偿标准，适度地对教育机会和教育资源进行再分配，使其适当地向社会处境相对不利的弱势群体倾斜，缩小社会经济地位差距所造成的教育结果差距。补偿原则只针对弱势群体，是对弱势群体的“雪中送炭”，看似是一种不公平的人为干预，但实则指向公平。在教育起点上，保证使弱势群体同其他人处于同样的起跑线上，在教育过程中，根据人的天赋导致的能力的差异，为其提供与其才能相适应的教育，保证每个人都能得到与其发展相匹配的教育。

二、澳门培正中学的公平教育理念

1889 年，培正学校创办于广州，是中国第一所由华人基督徒开办的新型学校。130

---

① 雷晓庆. 当代教育公平内涵及其实现途径解析［J］. 当代教育科学，2017（6）：3-7.

② 资料来源于 2019 年《澳门教育规划研讨会报告》.

③ 罗尔斯. 正义论［M］. 北京：中央编译出版社，2009.

年来，本校历尽艰辛，筚路蓝缕，由广州至香港、澳门，鼎足而三，屹立至今。本校秉承“至善至正”的校训，坚持“德智体群美灵，六育均衡发展”的教育目标，积极贯彻“提高教学质量，改善学习环境，保持严谨校风”的办学方针。历年来得到国家和特区政府的关怀，家长、校友以及社会人士的大力支持，通过全校师生的努力合作，校务迅速发展。

澳门培正中学的学制，包括三年制的幼儿园、六年制的小学及初、高中各三年制的中学部，是典型的“一条龙”学校。现有在校生人数超过3 000人，教职员300多位。规模在澳门而言，是比较庞大的。

“一条龙”办学模式，很好地将“教育为公”的理念贯彻始终，让有幼、小、中不同的教育阶层得以系统而有机地加强合作，朝向共同的教育目标前进。课程上，也大大促进内容的连贯性，加强学校对学生的认识和照顾，使幼、小、中教育连成一气。一方面减少幼升小、小升中的适应困难，另一方面也做到真正地“不放弃任何一个学生”的信念。

最近几年培正中学的课程改革，就是基于“跨学段、一条龙、大数据”的理念实践的。以中文科和英文科为例，为了能掌握由小学五年级至高中三年级的语文学业成绩的变化情况，我们对2000/2001学年就读小学五年级至2007/2008学年就读高中三年级、2001/2002学年就读小学五年级至2008/2009学年就读高中三年级，以及2002/2003学年就读小学五年级至2009/2010学年就读高中三年级的223名学生进行了长达8年的语文学业成绩追踪。通过对他们的中文科及英文科成绩的调查，客观、真实地了解同一批学生在不同年级的中文及英文成绩的变化情况，从而制订了系统性及持续性的语言学习活动策略。此外，我们还发现，小学五年级至高二每个年级的英文成绩与高三英文成绩的相关系数都大于相应的中文科和数学科成绩的相关系数，从而小学五年级至高二每个年级的英文成绩对高三英文成绩的预测力最大，所以我们建议校方开设更多不同类型的英文学习班，这样更能预测学生在高三年级取得更好的英文成绩。

试想想看，通常情况下，从幼儿园到高中，学生在同一所学校里共同成长达15年之久！这是一个多么难能可贵的机会。澳门培正中学毕业的校友，对母校那份浓得化不开的眷恋之情，一直在澳门为人所称道。这与“一条龙”的教育模式是分不开的。

数据驱动教学、决策和治理，是未来学校发展和建设的关键。同样，如果能够实现全员多元互动的新型学校生态，同样有利于提高教育质量的全面提升。从学校的角度而言，“一条龙”模式，使得学校可以透过系统而全面的数据采集，掌握幼、小、中学生的成长数据，实现学生学习过程的全记录，从而对接全国中小学生综合素质评价工作，有利于教育模式的创新和发展。

澳门培正中学公平教育的体现，还可以放在近年来澳门基础教育发展的大背景来审视。而澳门基础教育发展的评估，则可以透过PISA数据来把握。PISA的主要目的是改进教育政策，了解学生在多大程度上为未来生活与工作做好准备，关注学生能否将习得的知识和技能活学活用，以解决各种背景中的实际问题。这些问题不仅止于个人生活和学校教育脉络下的问题，也包括公共生活和工作上遇到的问题。因此，PISA研究越来越受到世界各国的重视，它成为衡量一个国家教育系统质量、公平以及效率的重要量

尺，影响着世界各国教育改革和发展趋势。PISA 服务教育政策调整和教育改革指向的“政策导向”特性，凸显在两大研究主轴：“卓越的教育质量”和“教育公平”。PISA 的主办机构 OECD 强调，在基础教育阶段，“质量和公平”没有必要被看作是相互矛盾的政策目标，质量与公平是完全有可能统一的。事实上，PISA 的研究结果显示，有些国家的确做到既确保学生得到优质的教育服务，同时做到教育公平，即学生的学业成就是学生个人的决心和努力的成果，而不受家庭背景和社会地位的影响。[①]

令人感到欣喜的是，21 世纪的第二个十年，澳门的基础教育系统迎来了令澳门教育界振奋的赞誉：在 OECD 每三年一届筹划的 PISA 测评中，中国澳门是世界五个高素养表现和教育公平的基础教育系统之一。

值得注意的是，如果一个地区有较高比例的低表现生，可视为该学校系统没有保障好学生掌握适应未来生活和工作需要的能力，意味当地的教育质量及教学效能均未能达标和有效优化。OECD 地区平均有 21.2% 的学生未达科学素养水平 2 级，而澳门只有 8.1% 的学生未能达标，远低于 OECD 其他地区的平均。也就是说，在所有参与 PISA2015 的地区、经济体中，澳门既是科学素养低表现生比例最低的地区之一，也是学生达到水平 2 级及以上所占人数比例最高的地区之一，教育系统确保了 90% 以上的学生都具备参与社会事务的最基本能力，由此显示，澳门的学校基本上能为学生提供平等且优质的教育服务。

总之，澳门培正中学教育公平的体现，得益于学校自身“一条龙”的学校模式，也依托于澳门特区整体教育公平的大环境。

三、其命维新：“STEM + 课程”的构建

如上文所述，基础教育的根本在于教育公平，而公平的意义在于：关注在不同特征的受教育个体间教育供给、学习机会和结果的公平分配，即“给予每个人应得的东西”。公平教育的体现，就在于能否更好地发挥“个性化”教育的优势。我们认为，实现个性化教育的优势，在于“科技创新”，这呼应了本文的大标题：“教育为公，其命维新”。创新不是标新立异，而是为公平的个性化教育服务。

2011 年，澳门培正中学率先决定打破原有的安逸格局，对学校教育体系和模式进行一系列全方位、多层次的深化改革。

推动本校改革的勇气和动力，来自于培正中学所坚持的教学创新理念。培正中学在广州的创立，初以“培正书院”为名，取其“培植教会子弟，免送入俗塾有失正虞”之意。[②] 其创立的目的，即寓有创新之精神，足堪为中国近代教育自立之典范。[③] 一直

---

① 资料来源于 2019 年《澳门教育规划研讨会报告》.

② 在 1889 年，身为广州浸信会教友的两位医生，李济良和廖德山认为，作为基督徒父母，倘把孩子送入俗塾读书，必须参拜孔子神像，有碍教规；而由西方传教士或西差会所办的教会学校，往往不能因应中国人的文化特质，教育效果事倍功半，故而有创校之倡议。详见曾郁根. 培正学校四十周年之回顾［J］. 培正四十周年纪念特刊，1929.

③ 鲍静静. 培正中学与近代中国教育自立［J］. 兰台世界，2015（1）：25－26.

以来，澳门培正中学秉承先贤典范，始终以创办“新型学校”为奋斗目标之一，积极有序地进行课程改革，转变讲授型教学为发现型教学。

自澳门特别行政区成立以来，政府部门对教育持续地大量投入，使学校的软硬件设施均得到发展；此外，国家政策惠及澳门，保送生名额大为提升①，大大减低升学压力。本校与时并进，抓紧机遇，强调以不降低学生的水平为大前提，有序进行课程改革。首先，本校在2009年成为政府教育部门的信息科技教育先导学校后，多年来善用电子教学工具结合知识推动学生自主学习，成效获得肯定。② 由此，课堂模式得到转变，学习动机得到提高，教师评核学生方式转为多元，学生的不同能力亦开始得到展示。

犹有进者，澳门培正中学亦积极落实个性化分层教学，因材施教，透过开展多元化的课程，尤其是“设计与科学”学科的系列STEM课程，发展出具有校本特色的小班教学，发掘学生潜能，从而提升学生整体素质并减少水平差异，不让任何一个学生掉队。

兹就本校STEM课程的创立缘由和推进过程做一陈述，以明了本校迈向教育现代化的愿景。

（一）“STEM＋课程”的构建

每个学生各有特质，学习能力各异，传统教学未能满足不同类型的学生的需要。在学校正规课堂中如何发展他们的兴趣，以及搭建多元平台，使不同的学生都能释放独有才能，让能力强的学生可更上一层楼，能力尚待加强的学生亦得到发挥的机会，实践因材施教，是基础教育值得研究的课题。

本校学生人数众多，近年每班都在42人或以上，要让学生的才能都得到充分发挥，就要从根本着手，也就是课程改革。本校承载百多年历史，课改难度高的问题日趋明显。此外，为配合科教兴国的国家战略方向，结合本校理科的传统优势，再参考各地区的先进教育后，我们认为，STEM最能使本校科学教育得以改革；综观本校的艺术科等学科的发展实况，遂于2012年开始，决定以STEM方向作为本校的课程改革，以让过往被课程耽误的或未被发现的人才得到适切的发挥平台。

STEM是指科学（science）、科技（technology）、工程（engineering）及数学（mathematics），STEM教育旨在培养学生对4个科日产生兴趣。STEM起源于美国，单纯套在本校推行是绝不可行的，因此本校须推行符合校情的课改，方能达至因材施教。杜威经验哲学强调“有事可做”“有事可学”，主动让学生在经验的学习情境里“由做中学”，透过学生主动的“反省思考”来领会事务之间的关联，并且希望能设计出以活动形式进行的课程，让学生学得更好。众观本校学生的能力，以及普及科学为目的，重视学生知行合一，具本校特色的“STEM＋课程”，定位在正规课堂中实践，从小学五

① 资料来源于澳门高等教育局.

② 本校获香港大学电子学习发展实验室颁发“国际杰出电子教学奖（2015—2016）”国际组（学校组）金奖。

年级至高三必修课内进行（而不是仅作为课后活动），每周不少于五个课时，应用在传统科学、艺术、信息科技、中文、英文、历史等学科，并展开近 30 项课后活动，让有兴趣的学生可以在课后继续动手研究，科研的时间就得以增加；同时亦透过设计与科技从中弘扬中华文化。本校科学课程（包括必修课及课后活动）是由校长牵头，分别由两位副校长领导教务处共同监察，由各科主任设计课程，创新科技主任参与协调，以落实全民科普，不停留于理论层面。

本校将科学分为"普通科学"和"设计与科学"两大类别，均在必修课中开展，学生可按个人兴趣选读课程，也就是说学生能力高低并不是入班的条件，反而兴趣才是关键。首年于初一及初二开了两个班。首先引进机械人课程，根据工程理念来开展"STEM + 课程"，以目标为本的教学方法为主轴，过程中教师以教授机械结构、三维建模及相关的数学、物理的方法，来解决制作机械结构问题。同学通过机械设计与制作搭建平台，将"STEM + 概念"融为一体。课程体系由 2012 学年从初一、初二年级开始，直至 2017 学年，已经从小学五年级开展到高中三年级。

本校定位在必修课堂中开展"STEM +"，必修课能培养学生的基础能力，学生可根据自己的兴趣来学习，在兴趣为前提下，能力强的学生可更上一层楼，能力尚待加强的学生亦得到发挥的机会，是学生为中心的课堂，也是具个性化的课堂，能发掘学生的闪光点。在这个基础下，学生学习动机提高，形成探究氛围，运用语言的机会提升，其中科学微电影课程就此诞生。所以，本校"STEM + 课程"是融入必修课堂之中，而并非单靠课后活动开展，从而形成了具校本特色之课程体系。

课程改革要成功，除了学校领导层的高瞻远瞩、愿意打破安逸的局面外，教师团队的建设亦是关键。本校有序规划教师蓝图，分阶段聘请教师。第一阶段，首先聘请一位具有国际视野并能提升学生能力的教师；第二阶段，课程初建后，则聘用在粤港澳大湾区发展、实践性较强的教师加入，例如对增强现实（AR）、虚拟现实（VR）具有丰富经验，能开发合适学生的课程，并为本校中华文化馆建立虚拟实景，弘扬中华文化；接着，由于班级人数越来越多，加上很难引入大量专才，故以师徒制带领教师转型，让"STEM + 课程"不断扩大，此乃第三阶段；这些新教师持续发展，慢慢转型为能独当一面的专才，教师们都在"做中学"，此为第四阶段；最后师资团队得以持续传承扩大。

我们认为，教师专业发展对师生均带来正面效果，学校应持开放的态度，鼓励教师持续学习。本校响应前线教师进修需求，向政府有关部门申请资助，并以公假方式，让教师分别前往美国、日本等地，汲取当地开展科学课的经验，培养高质素团队。

在教学场景方面，杜威实验学校课程设计的核心理念，是从学生兴趣出发，选择符合学生实际生活经验之场景，强调学生亲自参与及动手操作。本校筹建微观装配（FABLAB）实验室，正是为了学生能多动手，知行相合；然而，要设计合用的实验室，除了资金以外，重点在管理模式。透过参考美国麻省理工学院的实验室配置，令本校在重新规划及管理的架构下，打造了一个新时代，适合学生个性化发展的实验室。从此，FABLAB 就成为学生的科学梦工厂。

（二）“STEM＋课程”提升不同程度的学生表现

我们深信，孩子都各有才能，关键在于教育工作者能否成功提供适切的平台，使学生受惠，学习有了动机，成效才显著。本校推行“STEM＋”后，除既有的术科平台继续展开以外，更大大提升了学生参加全国级乃至国际级活动或比赛的机会，学以致用，他们走过亚洲、欧洲、美洲等地，无疑提升了学生的综合能力。

1. 学生特长被发掘，提高综合素质。推行“STEM＋”后，学生的创新发明项目增加，科学知识得以善用，连同语文和外语能力都有提高，与人合作的能力亦强化了，他们有机会参加全国赛乃至国际级的比赛，丰富了经验，屡获佳绩。从2012年获得代表资格参加国际科学与工程大奖赛（Intel ISEF），到2014年获该赛的电机电子工程师学会计算器专业学会奖之团体组冠军、计算器协会奖第四名及特别奖项；2017年获“环境工程范畴三等奖”及专项奖的“中国科协主席奖”；2018年获“环境工程范畴三等奖”和专项奖；2019年亦获得三等奖和专项奖，并创下澳门代表历年成绩之冠。这些都展现了学生的综合素质能力，学生的特长得以发掘。这些综合能力在基础教育中得以巩固，有助学生明确升大方向。

2. 国际科学评估，学生表现排名世界前列。本校实践“STEM＋”后，学生在PISA2015中表现突出（见图1），除了本校出众的数学科以外，在协作式问题解决能力方面，学生表现相当优秀，这亦印证了本校“STEM＋课程”对学生的解难能力得到非常正面的帮助，还是未来人才的重要能力指标之一。[①]

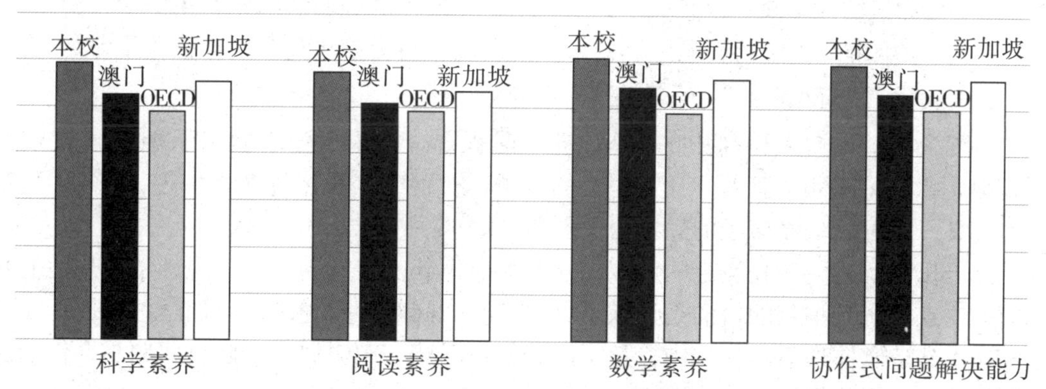

图1　本校PISA2015成绩

3. 学生留级率大幅下降。澳门地区留级率一直居于高位水平，为本地教育界所深思。自本校在推行“STEM＋”后，学生主动性增强，动手力提高，学习动机亦有提升，留级率大大降低（见表1）。

① 资料来源于澳门大学（2016a，b）学校报告：中国澳门PISA2015研究计划（科学、阅读和数学素养评核）；中国澳门PISA2015研究计划：协作式问题解决能力学校报告.

表 1　本校课改后的留级率统计数字

学段	2009 年度	2017 年度
小学	2.12%	0.24%
中学	12.32%	1.13%

4. 学生升读大学理想。近年，本校到内地升学人数显著上升。在新课程下，学生多方面的综合能力得以提升，学生学会面对失败，这是迈向成功的重要心理素质；从参加众多的交流活动中，学生自信心增强，这些都是成为未来人才的重要指标。

教育与生活密不可分，培育孩子就是要让他们能够适应未来的生活。OECD 指出，2030 年所需的核心能力涵盖知识、技能、特质与态度、后设学习（meta-learning）等五大面向，有效的学习就是将这五个面向的元素进行丰富的混合。具体来说，一个人不仅需要具备跨学科知识，如传统的数学、现代的创业、全球化的主题，还要拥有创造、批判思维、沟通合作等技能，以及警觉心、好奇心、勇气、弹性或复原力、伦理、领导力等特质与态度。澳门培正中学在正课开展“STEM + 课程”，从教师为课堂的中心转变为强调学生做中学，以学生为学习主体，让能力强的学生可更上一层楼，能力尚待加强的学生亦得到发挥的机会，实现因材施教，使学生能把各科目中所学到的知识真正运用起来，课改成功释放了对科学兴趣浓厚的学生，也使学生在各方面得以改善和发展，成功调动学生学习的积极性；从解决日常生活难题，到关注社会、地球环境的科学作品，一步一个脚印地实践出来，这些都是属于学生们一辈子的经验。综观培正中学“STEM + 课程”，为学生带来积极的影响，学校未来的发展，将会是更到位的个性化学习。

（三）在“STEM +”外的课程革新

为配合小学、初中和高中的“STEM + 课程”，澳门培正中学亦于小学开设乐高（LEGO）教育 STEM 实验室。让年纪小的孩子，对科学、科技等产生兴趣，LEGO 是很好的工具，还可以培养孩子的想象力及创造力。

对于乐高玩具与乐高教育的定位，这两大层面其实有共同的价值观，学习是他们共同的关注点，玩具本身的目的是让孩子玩得开心，同时在有趣之外附加学习属性。在玩乐和动手建造实体作品的过程中，孩子能获得空间感、逻辑思维、解决问题、合作的能力等素养，并训练想象力和创造力。

依托建构主义理论，乐高教育构建了一套游戏化学习的体系，其产品瞄准课堂教学。乐高教育会研发与教学大纲匹配的教学资源，提供给教师和学校，通过课堂教学活动产出成果，完成相应的学习目标。比如，帮助教师为学生提供有趣的学习体验，确保在游戏过程中能够达到传递学科知识的目的；此外，用怎样的方式评估学生的学习成果也是研发人员需要考虑的因素。

“澳门培正中学乐高教育 STEM 实验室”于 2016 年创立，成为港澳基础教育首间设于校内的实验基地。该实验室面积约 57 平方米，从成立到现在，培育超过 350 名学生，当中学生参与各类型比赛而获得的奖项超过 260 项。

乐高教育 STEM 实验室作为 STEM 教育基地之一，主要应用在三个方面：①开展正

式课程。②开展联课活动。③组织筹备竞赛。

除了乐高教育 STEM 实验室外，澳门培正中学未来还有利用科技创新促进课程革新的另一项重点是人工智能（AI）的教育和研发推广。

众所周知，人工智能的迅速发展将深刻改变人们的社会生活、改变世界。一方面，为抢抓人工智能发展的重大战略机遇，构筑我国人工智能发展的先发优势，加快建设创新型国家和世界科技强国，国务院于 2017 年 7 月 20 日印发了《新一代人工智能发展规划》，提出的其中一个重点任务是“加快培养聚集人工智能高端人才”，并提出“广泛开展人工智能科普活动”的具体措施，实施全民智能教育项目，在中小学阶段设置人工智能相关课程。

另一方面，2019 年 2 月发布的《粤港澳大湾区发展规划纲要》，提出要建设具有全球影响力的国际科技创新中心的发展方向，培养湾区发展所需的高端科技人才，有赖粤港澳大湾区各区域教育机构的努力，实现“智能 + 教育”的创新课程改革。

有鉴于此，因应国家教育政策的出台，以及粤港澳大湾区和澳门特区的发展的人才需求，配合澳门特区政府施政方针中的“教育与互联网 +”发展方向，澳门培正中学将展开为期三年的 AI 教育计划。在小学高年级及中学将加入 AI 课程，其先导之方向，与数学科紧密配合，并联系日常生活，发挥作用。将 AI 落实到教学当中，相信更能照顾不同学生的学习需求。而学生具备 AI 知识，亦能与其他专业相配合，跟上时代发展步伐，面对未来更具竞争力。此外，借助 AI 技术，将能协助教师优化教学，同时亦能对学生的需要给予关怀，配合本校个性化教学，促进学生的成长和学习成功。

四、总结

以上，我们透过对“公平”概念的诠释，以及澳门培正中学贯彻公平教育理念的说明，强调了基础教育的根本在于教育公平，而公平的意义在于关注不同特征的受教育个体之间教育供给、学习机会和结果的公平分配。此一公平教育的体现，就在于能否更好地发挥“个性化”教育的优势。我们认为，实现个性化教育的优势，在于“科技创新”，创新不是标新立异，而是为公平的个性化教育服务。澳门培正中学秉承“创新”的传统，立足“教育为公，其命维新”理念，发挥自身“一条龙”学校模式优势，利用“大数据”，透过“STEM + 课程”、AI 课程等建设，努力构筑迈向 2035 年教育愿景。

“扶志 + 扶智”

——思维导图在乡村教育中的运用探索

华南师范大学附属小学　江伟英*

摘　要： 乡村基层教育底子薄，师资力量不足、教学理念陈旧、学生潜力没能得到开发等因素，导致教育教学事倍功半，教师教学技能有待提升，是面向 2035 的教育现代化，振兴乡村教育过程遇到的重要难题。随着信息技术的迅猛发展，使课堂对技术的依赖不断加深，逐渐沦落成了技术支配下的课堂，或者光用信息技术，改换呈现方式，而教育教学方式没有发生变化。在这种情景下，我们有必要引进导图工具，尝试在根本上更新理念，从技术与思维课堂融合发展角度，探索乡村基层教育，技术垄断课堂困境的新途径，找到开启 2035 乡村教育振兴的新路子。

关键词： 教育扶贫　乡村教育　教育内生思维　课堂教学有效性

作为从教 26 年的教师，多次深入基层一线支教扶教，感受到乡村基层教育底子薄，师资力量不足、教学理念陈旧、学生潜力没能得到开发等因素，导致教育教学事倍功半，教师教学技能有待提升。时代在发展，面向 2035 的教育现代化、乡村教育振兴的使命如何实现？信息技术迅猛发展的同时，赠送设备，进行技术培训，往往使课堂对技术的依赖不断加深，逐渐沦落成技术支配下的课堂，或者光用信息技术，改换呈现方式，而教育教学方式没有发生变化。有何新路径，可以帮助乡村或西部薄弱地区的教师在根本上更新理念，从技术与思维课堂融合发展角度，探索乡村基层教育，技术垄断课堂的困境？

笔者经多次走进西藏林芝，还有到贵州赫章县、湛江南三岛等地支教扶教。我发现，面向 2035 的教育现代化，不能只是设备更新，教学呈现方式换代，更重要的是，要更新理念。通过实施导图导学法，西藏林芝一小藏语班的孩子也能看着黑板的导图，透彻地理解课文，入情入境地朗读课文；贵州赫章县的教师也都开始一点点地尝试先进的教学方法，体验更新教学理念带来的幸福感；湛江南三岛的一群教师，竟然也能暂时忘却一连多个月份没有领到工资的困窘，斗志昂扬地参与到导图导学的思维课堂实践，在群里自豪地晒出教师的课堂导图板书和学生的导图作品……

一次次实践证明：只有“扶志 + 扶智”，才能激活自我发展的内生动力，开启 2035 乡村教育振兴之路，最终实现乡村教育的振兴。

---

* 作者简介：江伟英，华南师范大学附属小学副校长，小学特级教师，广东省中小学名教师工作室主持人，2016 年入选“国家高层次人才特殊支持计划”教学名师。

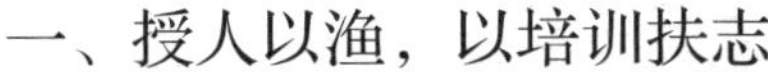

一、授人以渔，以培训扶志

近年来，华南师范大学附属小学先后和西藏林芝一小、贵州赫章县城关二小结为对口帮扶对子学校，常年开展跟岗学习，送课送培下乡；对中山、茂名、湛江、罗定等地的乡村教师也不断送教送培，授人以渔，以培扶志。帮助教师转变理念，掌握导图导学的高效教学策略与方法；为教师指明方向，激发干劲；让教师互帮互学，比学赶超，通过实现自身专业化成长目标，落实脱贫。

（一）读写结合，发展思维

导图导学的思维课堂是运用导图工具，直观地实现读写结合，发展思维。

导图工具，是指一系列在思维实践中总结提炼出来的思维模型，它能直观地帮助学生思考问题、解决问题，是可以直观地引导思考的逻辑框架图：包括思维导图、韦恩图、鱼骨图、复流图等，它能帮助学生在面临任务和问题时，紧紧围绕核心问题，从多个维度、多个层次清晰、全面地进行思考，更重点突出、条理分明、有理有据地进行表达，它是一种有助解决问题的思维方式。导图工具，根据实际需要选择合适的思维工具引导思维，那么，大脑的无限潜能就能得到发挥，我们的智慧和天赋才华就能得到施展，写作构思就能变得有法可循，写作就能变得轻松简单。

1. 思维导图怎样画？思维导图是导图中最为常用的一种，是英国学者托尼·巴赞（Tony Buzan）在20世纪70年代开创的。在讲述自己构建思维导图的初衷时，托尼·巴赞教授说：思维导图是一种把大脑思维具象化的图式，它能够激活孩子的左右脑，激发想象和联想能力，全面训练学习力、记忆力和专注力，帮助孩子掌握各种学习技巧，挖掘孩子们的思维潜力。托尼·巴赞教授所定义的思维导图主要是根据神经元细胞的由中心向外发散的网状造型创造的，由一个中央关键词，向周围发散分枝的、树状的图式。

画思维导图，先把白纸横着摆放；在白纸中央写出或画出标题，并以它为思维的出发点；从中心标题文字或图像，按表意需要向四周引出弯弯曲曲的连线，这就是引导思维展开的“分支”；在各分支，用文字或图像标出与主题密切联系的内容；不断增加各级分支，完善思维导图，使思维不断发散；可以尽量使用图形和色彩，或使用关键词记录相关内容，但不要用句子。

思维导图的作用：引导回归自然的思维方式，直观表达发散性的、创造性的思维结果。

托尼·巴赞教授首先将思维导图应用于训练一群被称为“学习障碍者”“阅读能力丧失”的人的身上。这些被称为失败者或曾被放弃的学生，很快变成好学生，其中更有一部分成为同年级中的佼佼者。

2. 棒棒糖形导图怎样画？棒棒糖形导图（见图1）是思维导图的一种变式。是江伟英老师在10多年的导图导学教学实践中发现的，孩子思考过程最喜欢用的一种，由中心主题出发，单线延伸、单向发展的一种思维图式。棒棒糖形导图的作用：引导指引围绕一个主题单线推进，展开思考的图式。

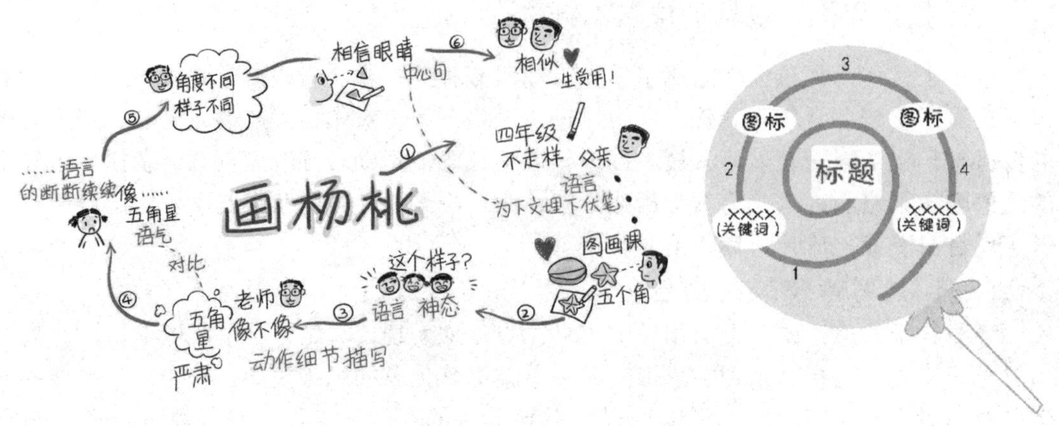

图 1　棒棒糖形导图

3．韦恩图怎样画？韦恩图是用封闭曲线表示集合及两类事物间关系的图式。常用于小学四年级数学课上。韦恩图的作用：用于区别、对比异同。

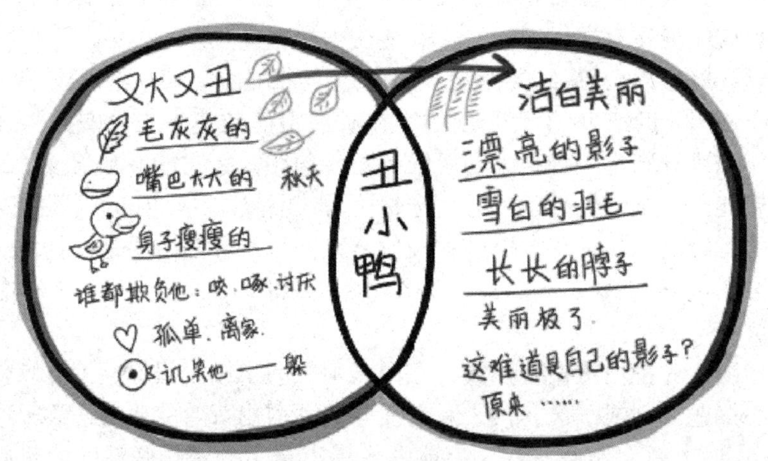

图 2　韦恩图

例如，阅读《丑小鸭》童话故事的韦恩图（见图 2），就是把隐含在故事的字里行间，形成强烈对比的“丑小鸭”与“白天鹅”的特点描写，分别放在两个部分重叠的圆圈里，使其对比的鲜明之处，能直观地显现出来。

4．蝴蝶图怎样画？蝴蝶图是形状像蝴蝶的轴对称图，引导围绕中轴上标出的中心内容，展开辩证的、赞成与反对两方面的思考。蝴蝶图打开了学生的分析、评价、创造之窗。蝴蝶图的作用：把相对应的内容、观点、感受做对照和比较。

例如，阅读《灰姑娘》的故事，画蝴蝶图（见图 3）。在画图过程中，学生自主判断，写出作品的优缺点，写出故事想象中的不合理部分。例如，学生会提出“魔法在 12 点都会变回来，为什么那一只水晶鞋一直没有变回来”。

图3　蝴蝶图

5. 金字塔图怎样画？金字塔图就是用形似金字塔的图式，帮助分析、分组，整理内容，表示总叙和分述关系的结构方式思维。包括先总后分、先分后总和总分总三种形式。金字塔图的作用：用于分析、分组，整理内容。

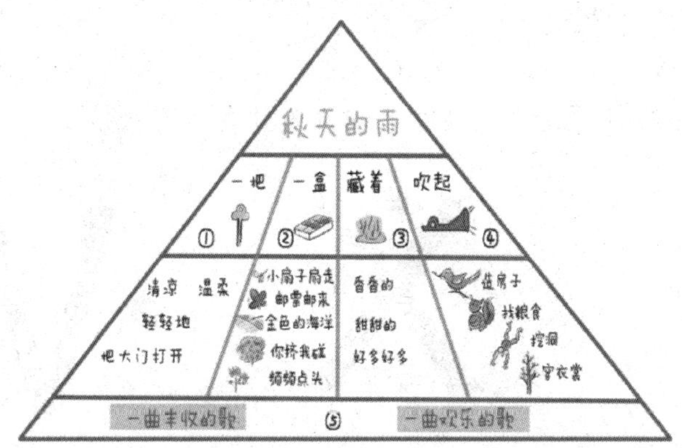

图4　金字塔图

例如，阅读《秋天的雨》一文，画金字塔图（见图4），直观认识文章中把秋天的雨分别比作“一把钥匙”、比作“一盒颜料”、比作“藏着的气味”、比作“金色的小喇叭”，然后一个部分一个部分地描述的表达方法。使学生对文章结构的理解不是零碎、混乱、无序的，而是条理清晰，具有整体性的认识。

6. 鱼骨图怎样画？鱼骨图是一种形状同鱼骨状的图形。鱼头、鱼主骨以及鱼主骨上伸出的鱼刺，是指引从多个方面思考问题，或者从多个方面说明某事物的图式。鱼骨图的作用：用于整理、分析、归类和总结。

例如，阅读《母鸡》这篇文章的鱼骨图（见图5），清晰地呈现文章是从哪些角度把母鸡的特点描写出来的，作者对母鸡敬佩的主观情感，是如何变化、如何形成，并贯穿在整篇文章中的。

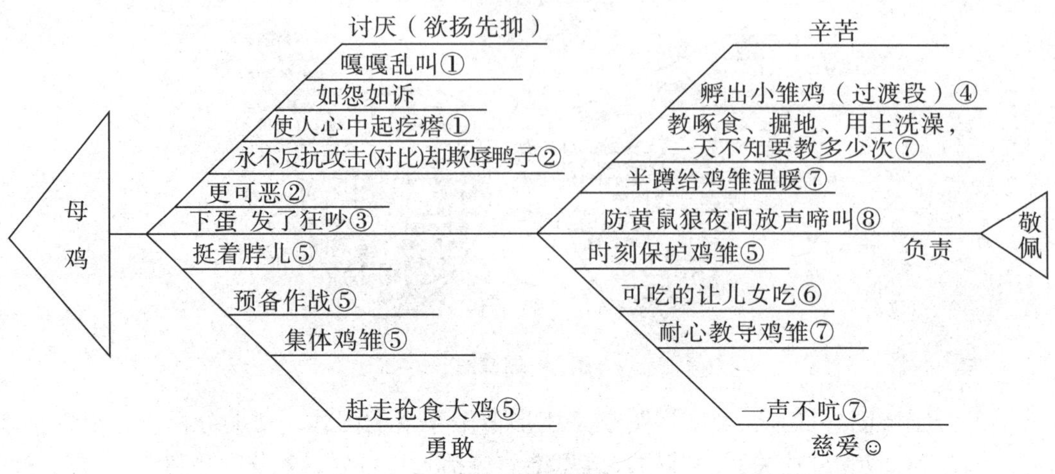

图 5　鱼骨图

7. 其他几种简单的导图。

①“Y”“X”“W”的图式（见图 6）。“Y”“X”“W”线图的作用是分类记录看到、听到或想到、接触到等三方面、四方面或者五方面的内容。

图 6　“Y”“X”“W”图式

②气泡图的图式（见图 7）。气泡图，分单气泡图和双气泡图。

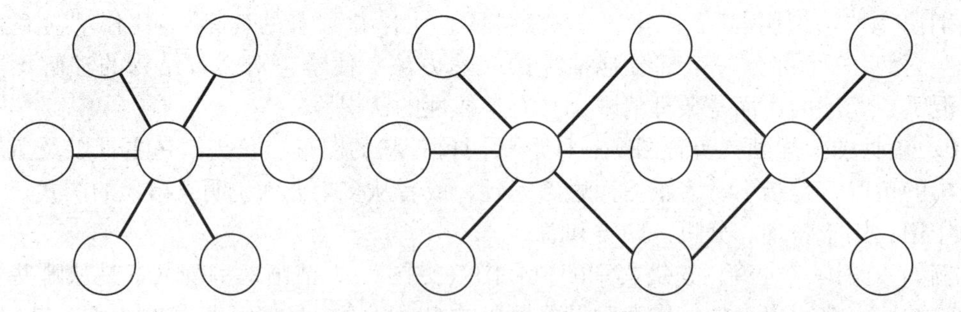

图 7　气泡图

单气泡图的作用是，周围有很多描述性的词或词组泡泡环绕，用于描述一个中心内容的多个方面。双气泡图像是两个单气泡图叠放在了一起，两边没有重叠部分是两个主题的不同点，中间有重叠的部分是它们的共同点。双气泡图的作用是用于区别和对比异同点。

③树形图的图式（见图 8）。树形图就是类似于树枝分叉的图形，可在主题下分出一级类别、二级类别、三级类别等，整理归纳一些知识。树形图的作用是帮助把内容归类、分组。

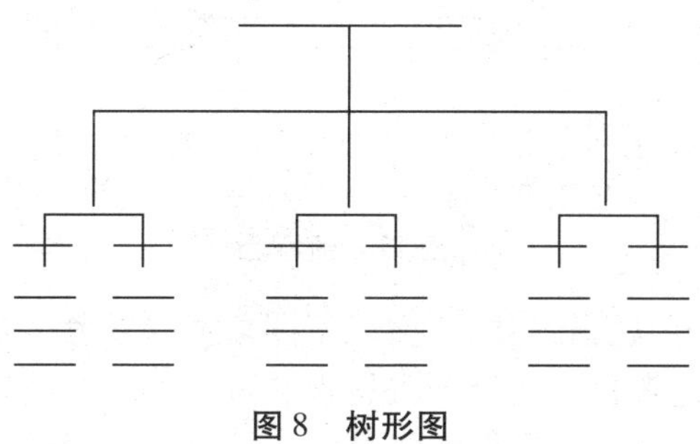

图 8　树形图

④流型图的图式（见图 9）。流型图由方框和箭头组成，图形表示一个主题，箭头表示先后顺序，其原理是从先后顺序的角度去分析事物的发展顺序、内在逻辑。流型图的作用是用于对主题或事物发展顺序的排列。

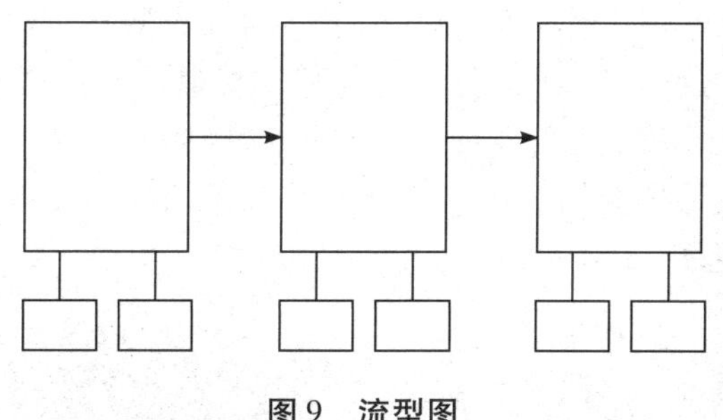

图 9　流型图

⑤复流图的图式（见图 10）。复流图也叫因果关系图，用来帮助分析一个事件产生的原因和它导致的结果。正中间是事件，左边是事件产生的多种原因，右边是事件导致的多个结果。复流图的作用是用于表示内容之间的因果关系。

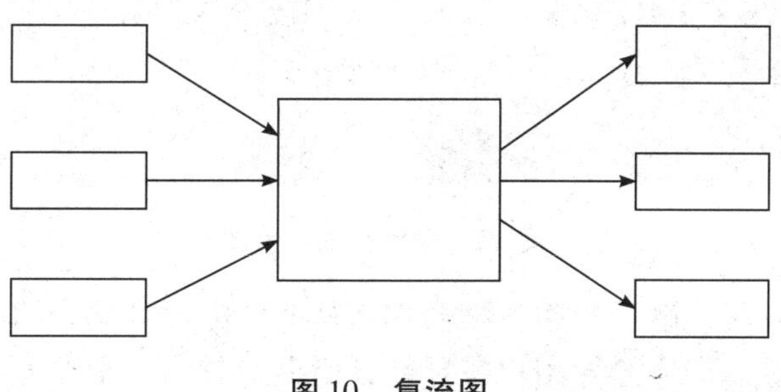

图 10　复流图

⑥流程图的图式（见图 11）。流程图由方框和箭头组成，方框代表事件环节，箭头代表工作流方向。流程图的作用是分析事物发展的先后顺序、内在逻辑。

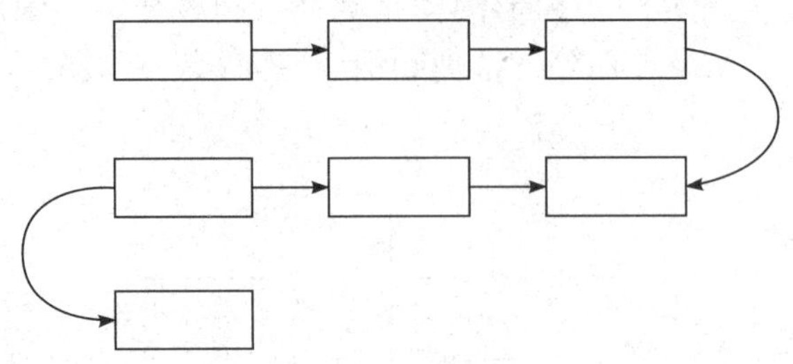

图 11　流程图

不同模式的导图，可以引导不同层面、不同角度的思考，是选择和处理写作材料的思维框架。自由选择最适合自己的导图去思索，可以让思考空间最大化，让自己能在画导图的过程中，实现自我，完成专属于自己的、最完美的写作构思。

（二）举一反三，触类旁通

借助导图工具的直观指引，学生可以从具体文本的学习中，习得同类文章的写作方法，进而举一反三，运用这些方法，创作出自己的文章。

例如，应用鱼骨图学习名作家名篇，丰子恺的《白鹅》、叶·诺索夫的《白公鹅》、老舍的《猫》和《母鸡》之后，学生自主探究，直观发现：高傲的白鹅、性格古怪的猫、慈爱的母鸡……在作家的笔下，一个个小动物栩栩如生，这正是因为作家能抓住动物的几个方面的特点做具体介绍。由此，推出写关于动物的文章的鱼骨图，进而轻松画出自己的写作蓝图（见图 12）。

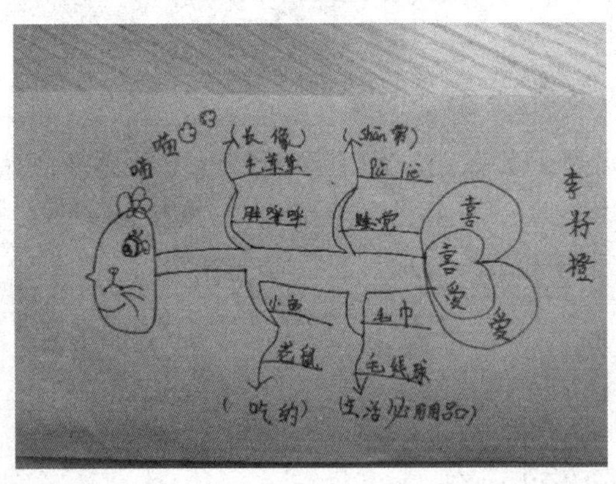

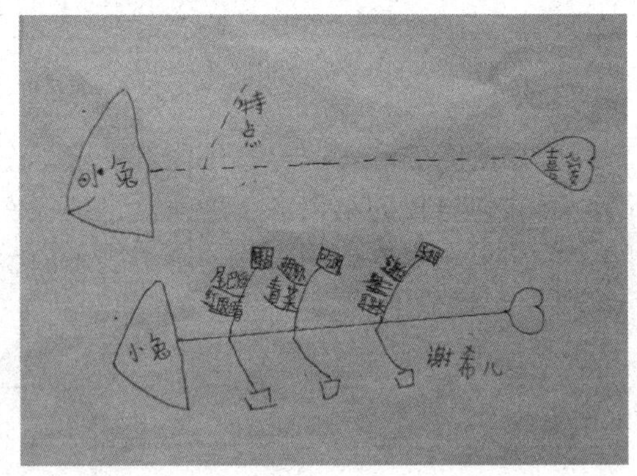

图 12　学生画的鱼骨图

还可以借助鱼骨图，触类旁通，学会如何从多个方面具体介绍一个地方。由此，学会写导游词、游记等。这样绘导图自我导航，借助鱼骨图，帮助完成细节回忆，完整叙述事例，进行创作，进行个性化的布局谋篇，保护个人更多的创新点子。例如，推出指引介绍一个地方的鱼骨图。

导图有效地引导观察、分辨、分类、预测、组织、应用、表达与判断，引导想象画面，举一反三地学习各类文章的结构，以解决同类的写作构思问题。

（三）教学相长，共同提升

在学习过程，借助导图工具，教师在引导学生学习知识的同时，既可以激活学生与生俱来的思考潜力，培养良好的思维品质，使学生有独立的自主意识，有想象力，有推理、判断与创新的思维能力，并且通情达理，有批判精神，也可以从学生集体的智慧中学习和提升，实现教学相长。

“扶志”就是扶思想、扶观念、扶信心，帮助贫困地区教师树立起摆脱困境的斗志和勇气。当他们认识导图工具，学到导图导学，开发思维的教学方法后，不少教师深受鼓舞，得到了启发，找到了提升课堂的方向，看到了希望。他们很快振作斗志，积极实践，不管再难再苦的工作环境，都变得坚强起来了……

二、思维课堂，激内生动力

贫困家庭的孩子，大多数文化素质偏低，读书写字都有困难，更别说写出好文章。这类问题，已经成为贫困地区教育教学脱贫攻坚的突出矛盾，对此，我们应用导图工具，精准施策。对贫困地区，教育教学条件差、教育技术设备硬件缺乏等现状，一方面送设备、教技术，另一方面教给教师们使用导图工具的方法。他们只要有一支粉笔、一块黑板，哪怕只有一张白纸、一堵白墙，也能即刻实现导图导学的思维课堂，从根本上，更新教学理念、转变教学方式。

（一）学字词同时，发展思维

学生借助思维导图支架去思考、去学习。例如，学习用“车”字组词。部编版教材一年级上册第52页中，学生完成给“车”字组词的导图练习（见图13）的同时，会自然形成多层次的问题，产生认知冲突，从而生成三种思维训练。

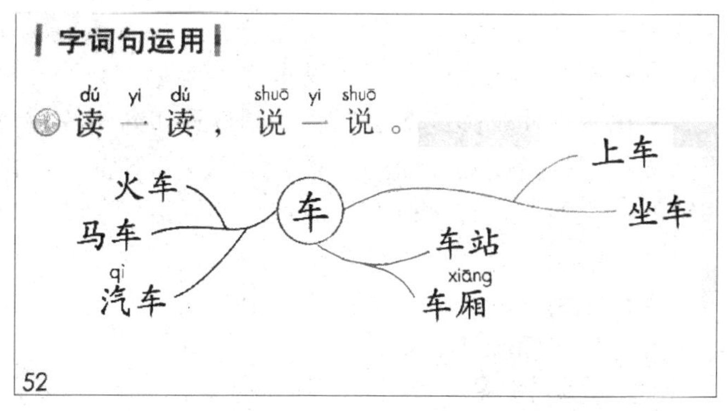

图13　用“车”字组词的思维导图

1．发散思维的训练。导图直观引导学生围绕“车”字，思考还可以组更多的词吗？由此，发散思维，形成头脑风暴。不需要教师反复督促，学生都会积极思考并记忆，主动拓展组词的范围。从而学生不会觉得这是学习负担，还会自主展开高效的学习。

2．分类别的逻辑思维训练。导图直观引导有层级的、类别清晰的思考方式，直观呈现出各组词间的关系。思维过程中，会产生一系列认知冲突，例如，如果组词“停

车”“开车”，那么应与“上车”等词组放在同一分支上，还是放到“车站”等词组的分支上？每组词语都看作一个新层次的中心，又可以发散组成什么新词？新词该归入哪个分支才合适？由此，训练提高学生的分类别的逻辑思维能力（见图 14）。

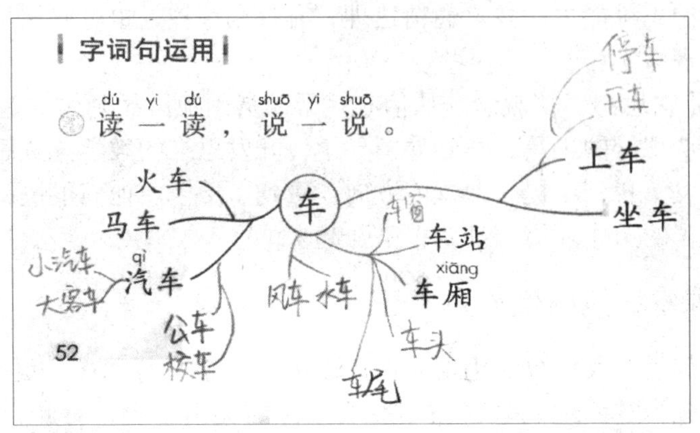

图 14　学生主动完善的用“车”字组词的思维导图

3．想象力和创造力的训练。在导图中完成组词练习，可以直观调动学生的想象力，催生新的知识生长点。如，除原有的几类组词外，学生突发奇想，以一个新的分类引出一条新的分支，按车的动力源组词可有水车、风车，如果考虑它们的词性同属名词，是否又该与“马车”等归为同类？在提出新词的过程中，也会产生一系列认知冲突，由此，提高学生的学习效能，也同步培养学生的想象力与创新思维。

（二）读课文同时，传承文化

以画导图的方式来读课文，可以同时了解和吸收经典文学中所承载的人类文明、历史文化及艺术表现手法。这比起仅仅通过写读书笔记、抄词、抄句子等方式进行阅读分析、解读语言文字的方式更具有挑战性，更能显示出多元化的阅读理解，因而也更有乐趣。它能使时代快餐文化、碎片化阅读等浅层次的阅读逐步化为深层次的阅读。

在阅读文学作品过程中，借助画导图的方式去解读文学作品，不但可以辅助学生在阅读中想象画面，帮助轻松阅读理解分析、领悟作品的词语和句子所表述的内容，吸收作品的思想精髓，更重要的是，还可以帮助学生直观认识作品段落间的内在的联系，赏析其语言表达的方式、行文结构的特色，深入学习其中的写作技巧和看清文章的结构，帮助直观触及作品全方位的、非线性的一切。

（三）记知识同时，形成体系

学生画导图，直观辅助记忆所学知识，能同时调动学生的系统思维，激活学生自主感悟，促进学生对文章结构的认识形成体系、对文章谋篇布局的技巧的学习也形成体系，从而记得更牢，迁移得更快，让阅读理解不再是被动地接受教师的讲解和分析，而是学生主动猎取写作表达的基本方法与基本结构，直观构建，并学以致用，引导构思属于自己的，有创意的、有个性的文章。

（四）画导图同时，调动潜能

通过画导图，学生能更主动地在阅读中，把握不同种类文章的写作风格和特色，认

识、理解和记忆各类题材文章的关键要素，习得写作同类文章的方法，从而在写自己的作文时，能更自觉地调动自我潜能，进行自我思维导向，以结构化的思维优化选材的角度，优化文章的构思，升华写作的主题。

（五）明概念同时，更新观念

导图导学，能帮助学生在直观弄懂概念的同时，积极参与到建构知识的过程，从而习得新知识。通过自主迁移和重组，最终灵活运用。其实这就是一个知识整合与运用的过程，教育教学观念的更新过程。例如，画导图阅读，就不再是为了读懂一篇文章，而是为了习得阅读同类文章的方法，以及形成写作同类文章的方法。

三、导图教学，扶智保脱贫

“扶智”就是扶知识、扶技能、扶思路，帮助和指导贫困地区教师着力提升精神财富，养成能从根本摆脱贫困的综合素质。导图教学，就是教育扶智脱贫的好方法之一。

（一）导图教学，低投入高产出

导图教学，低投入高产出。因为人的大脑对结构化的信息的接收、处理和记忆是远比无序信息处理要更容易，学习吸收率会更高。而小学阶段，学生的思维特点是以具体思维为主，更适合通过画导图直观学习，获得独立解决同类问题的能力。由此，增强学生独立思考的自信程度和思考问题的注意力集中程度，帮助学生举一反三，主动感知，通过导图，直观地、灵活地、创造性地调用各种思维框架，规划自己的人生，思考自己的出路。

（二）导图导学是为了不用教

教学实践证明，结构思考力是可以通过训练进行培养的，学生的思维过程可以外化为动手画导图的操作方式，再通过画出外部可视的导图的引导，“内化”为帮助学生进行结构化思维的模型，直观指引，帮助学生形成相应的结构思考力。

例如，导图辅助阅读，是对学生阅读理解过程的图式化的呈现，更是学生在不断接触和绘制作者的写作构思的图式，从而自主分析思考文章结构与内涵的过程。

（三）学是为了培养系统思维形成

让贫困地区的孩子能接受良好教育，在小学课堂学习过程中就能开始，接受思维训练，发散思维。让学生能自主利用思维工具直观掌握科学的思维方法。逐步形成结构化、系统分析问题、解决问题的能力，进而进行系统思考，从而阻断贫困思想代际传递，从根本上断绝下一代的贫困基因。

“扶贫先扶志”“扶贫必扶智”启发贫困落后地区教师更新观念，把他们“扶上马”，让他们看到自身专业化发展的方向与途径，产生提升的内生动力，真心实意地尝试提高。通过教学实践经验分享、课题研究探索等方式，为他们策马扬鞭，让内生动力更持久、更强大，最终真正实现乡村教育的振兴。

参考文献

[1] 熊生贵，陈艳. 要注重培养学生结构化言说的能力 [J]. 小学语文教学，2015：30－32.

[2] 李忠秋. 结构思考力 [M]. 北京：电子工业出版社，2014.

[3] 杨炳儒，马楠，谢永红. 知识逻辑结构与思维形式注记教学法研究与探索 [J]. 中国大学教学，2011（4）：57－59.

[4] 赵树峰，王晓华. 论发散与收敛相统一的科学创造思维模式 [J]. 湖北社会科学，1997（5）：42－43.

[5] 马秀荣. 浅谈促进小学生思维的发展 [J]. 现代阅读，2013：75.

[6] 严加红. 现代社会与教育的思维模式探析 [J]. 山西大学学报（哲学社会科学版），2000（2）：97－100.

[7] 巴赞. 思维导图：放射性思维 [M]. 李斯，译. 北京：作家出版社，1990.

[8] 矢岛美由希. 日常生活中的思维导图 [M]. 程雨枫，译. 南昌：江西人民出版社，2016.

[9] 中华人民共和国教育部. 义务教育语文课程标准 [M]. 北京：人民教育出版社，2011.

[10] 钟志贤. 如何发展学习者高阶思维能力？[J]. 远程教育志，2005（4）：78.

面向2035教育现代化　乡村教育振兴不可缺位

佛山市南海区西樵泰和幼儿园　陈晓敏*

摘　要：众所周知，现代化是我国近年来的重大课题，是实现中华之崛起和民族之复兴的必要条件，教育是社会经济发展的基石，教育现代化则是社会现代化的关键基础，乡村教育作为我国教育事业的重要组成部分，面向2035年教育现代化，如何推进乡村教育振兴，促使乡村振兴成为教育现代化的重要力量已经成为教育教学工作者和相关学者关注的热点话题。基于此，本文将概述面向2035的教育现代化，探讨现代化语境中的乡村教育，分析新时期乡村教育振兴面临的困境，就如何加快乡村教育振兴步伐，实现2035教育现代化目标提出自己的见解，旨在为相关工作者提供有价值的参考与借鉴。

关键词：面向2035　教育现代化　乡村教育振兴　乡村发展

习近平总书记在党的十九大报告中明确指出："建设教育强国是中华民族伟大复兴的基础工程，必须把教育事业放在优先位置，深化教育改革，加快教育现代化，办好人民满意的教育。要全面贯彻党的教育方针，落实立德树人根本任务，发展素质教育，推进教育公平，培养德智体美全面发展的社会主义建设者和接班人。"2019年2月，中共中央、国务院印发了《中国教育现代化2035》，为我国未来一段时间教育事业的发展指明了方向，其中明确指出"实现基本公共教育服务均等化"。乡村教育始终是我国教育事业的薄弱地区，在教育现代化进程中，面对城乡教育不均衡、教育差距逐步增加的严峻形势，教育部门有责任和有义务不断地创新乡村教育模式，为乡村发展与振兴提供坚实的人才支持，这对于实现2035教育现代化目标和推进乡村振兴具有十分重要的意义。

一、面向2035教育现代化概述

《中国教育现代化2035》是我国第一个以教育现代化为主题的中长期战略规划，是新时代推进教育现代化、建设教育强国的纲领性文件，系统勾画了我国教育现代化的战略目标、战略任务和实施路径。面向2035年教育现代化，首先是在2020年全面实现小康社会之时，教育综合实力和国际影响力得到显著提升，人们平均受教育年限得到显著提升，教育事业得到了显著发展，教育现代化获得重要进展，为我国社会经济发展提供

* 作者简介：陈晓敏，佛山市南海区西樵泰和幼儿园教师。

强大的人才支撑。[①] 众所周知，改革开放 40 多年来，我国社会经济取得了显著的发展成就，并且呈现出蓬勃的发展态势，广大人民群众的生活品质得到了显著改善，中国特色社会主义已经进入了新时代，教育在社会经济发展中的基础性与全局性地位凸显，加快现代化经济体系构建，实现中国民族伟大复兴的中国梦需要教育现代化的大力支撑。从全球经济发展的角度而言，新一轮的科技革命已经到来，科学创新不断引领着社会经济发展的方向，尤其是人工智能技术、互联网信息技术的发展大大改善了人们的生产生活方式，知识的获取与传授方式也发生了巨大的改变，对于教育事业的发展提出了更高的要求。作为全球最大的发展中国家和世界第二大经济体，必须要加快教育现代化步伐，逐步建成服务全民终身学习的现代化教育体系，聚焦教育发展过程中的突出问题，补齐短板，反映了时代发展对于教育事业的需求，很好地顺应了未来的发展趋势。

二、现代化语境中的乡村教育

在教育现代化进程中，乡村教育作为教育事业的短板和薄弱环节，一直受到社会各界的广泛关注。通常情况下，乡村教育涵盖乡村学校教育、乡村家庭教育和乡村社会教育三个方面，也就意味着乡村教育现代化需要涉及乡村发展的方方面面，特别是在日益现代化的新时代，学校教育对于学生的身心健康成长和综合素质的提升固然重要，但是家庭教育与社会教育同样也扮演着不可或缺的重要角色，家庭和社会对于乡村教育现代化发展起着基础性的作用。实质上，乡村教育现代化是相对城镇教育现代化而言的，乡村教育需要与城镇教育有效区分，需要以一个外在的评价标准或者准则来评价乡村教育的现代化。从空间意义上而言，乡村教育现代化具有一定的从属性质，也就是乡村教育从属于现代化，相对城镇教育现代化的跟进，这样的从属关系是国家教育制度的一种体现或者是反应，赋予了乡村教育现代化的跟从性特点。此外，从时间维度来理解乡村教育现代化，即是乡村教育的发展与进步，也就是由传统教育向现代教育的一种进步。就受教育的孩子而言，社会经济的现代化促使其能够接受更高质量的教育和享受更高品质的生活，但是一些家长为了给孩子们营造一个更高质量的物质生活条件，不得不外出务工，留守儿童成为乡村教育现代化进程中的制约因素之一。乡村教育和现代化之间有着非常复杂的关系，如何破解乡村教育现代化进程中的困境，采取切实可行的方式方法加快乡村教育现代化步伐，这是实现乡村教育现代化和中国教育现代化 2035 目标的关键所在。

三、新时代乡村教育振兴面临的困境

（一）乡村教育失去家庭支撑

美国当代政治学家萨缪尔·亨廷顿（Samuel P. Huntington）曾言：“现代化作为一个进步的过程，所造成的创伤是多方面的，也是很明显的……所要付出的代价和造成的痛苦是很多的。”社会经济的现代化发展导致社会分工更细、知识也更加精确，孩子的

① 吕颖．“面向 2035”职业教育现代化：社会背景、路线遵循、目标及策略［J］．教育与职业，2019（12）：5－11．

教育责任已经由家庭转移给了专业的教育机构，甚至一些家长由于忙于工作将孩子的抚育工作也转移给教育机构，家庭教育在学生成长中的作用日益弱化，主要表现在以下两个方面：其一，在乡村教育振兴和国家逐步加大乡村教育投入力度的背景下，乡村教育逐步脱离了家庭成为社会与政府的责任，乡村教育的现代化发展在一定程度上加快了家庭教育的弱化速度，家长们开始逐步放弃自身的教育职能，从而将教育的任务全部转接给教师，乡村教育逐步失去了家庭教育的支撑，再加上家长“望子成龙”“望女成凤”的高期望，这在无形中对学校和教师形成了一种外在压力，乡村学校的教师需要承担这些压力并不断努力教学，但是在教师承受家长压力的同时又以不同形式将这种压力传递给家长，而是在乡村教育中很少看到家校良性互动的现象；其二，由于家庭撕裂导致的家庭教育残缺。乡村是我国最不发达的地区、是现代化最后触及的地方，但是却是现代化消极后果最早显现的地区，随着现代化进程的逐步加快，家长为了给孩子们更好的生活，不得不离开落后的家乡来到发达的城市打工，这样由于现代化社会发展带来的“家庭撕裂”现象在农村十分常见，父母与子女长时间的分离，会在很大程度上导致亲子关系的疏远，会在无形中给学生的成长带来阴影，使得乡村学校教育失去家庭的支撑，在一定程度上制约着乡村教育振兴的步伐。①

（二）乡村学校师资力量薄弱

师资力量薄弱始终是制约乡村教育振兴发展的一大因素，在乡村学校有相当一部分是转岗教师和新招聘的大学生，由于这些教师缺乏丰富的教学经验，理论基础和教育实践能力不足，即便是在岗的教师也存在着理论知识薄弱的问题，很少甚至没有做过教学研究和课题研究，不知道如何才能更快地入手，直接制约着乡村教育的发展步伐。与此同时，乡村教育向城市单向流动效应显著。相对于城镇教师而言，乡村学校不管是在办公设备、福利待遇和生活便利性方面都比较差，城市学校对于乡村教师有着很大的吸引力，一些高素质、高学历的教师不愿意到乡村学校任教，即便一些教师通过招教考试考入了乡村学校，也是找机会努力向城市学校发展，即便《国家中长期教育改革和发展规划纲要（2010—2020 年）》提出“实行县域内教师交流制度”，以平衡城乡师资配置的差异，但是依旧没有从根本上解决乡村学校师资力量薄弱的问题。如何破解“乡村教师留不住”的难题已经成为新时期乡村教育振兴与发展的头等大事，再加上一些乡村教师参加素质提升活动的积极性不高，这些因素都在很大程度上制约着乡村学校师资力量的提升，对于乡村教育振兴与乡村经济的发展产生了一定的消极影响。

（三）乡民教育理念功利化严重

如今，社会的竞争主要是人才的竞争，教育事业在人才竞争方面发挥着不可忽视的重要作用，“人才的培养要从娃娃抓起，孩子不能输在起跑线上”已经成为社会各界的共识，在这一教育理念的支持下，学生的入学率和教育机构的建立都呈现出了持续上升的趋势，乡村教育质量在很大程度上得到了很好的改善。在城镇化和工业化进程快速推进的背景下，部分乡村劳动力顺利地完成了从村民到市民的转变，乡民的心理世界逐步

① 宋忠芳. 乡村教育的现实基础与振兴策略研究［J］. 中国成人教育，2019（7）：92－96.

被商业经济同化，开始追求金钱的欲望日益显著。对于乡村的孩子而言，教育是走出农村和改变自己命运的唯一出路，长期生存于城市缝隙空间中艰难生存的乡民对于子女的教育更加功利化。乡民教育理念的功利化会在一定程度上导致教师忽视学生综合素质的培养，引导学生单纯地记忆科学文化知识，根本没有深入理解科学知识的核心内涵，长期下去，就会导致学生在接受新知识时，不分析其中的核心要义，而是盲目地、机械式地背诵和记忆。学生正处于身心发展的关键时期，学习习惯一旦养成就难以发生改变，对于学生未来的学习与成长具有潜移默化的作用，若是再想改正，则需要更多艰苦的努力，这就直接影响了乡村学校教学的效率与效果。

（四）现代化教学设备欠缺

现代化教学设备是支撑乡村教育振兴的基础，毋庸置疑，资金是保障现代化教学设备购进与顺利使用的关键基础。通常情况下，乡村学校地处不发达地区，社会经济发展水平不高，针对现代化教学设备的资金预算不足，大部分学校尤其是民办乡村学校为了节约成本开支，对于现代化教学设备的资金投入不够甚至没有这项预算，这就对乡村教育振兴产生了很大的制约作用，严重影响着乡村教育的质量和最终效果。购进现代化教学设备是乡村学校创造良好教学条件的有效途径，是加快乡村教育振兴步伐的必要条件。如今大部分乡村学校对于现代化教学设备的购进缺乏系统性的计划，针对现代化教学化设备的引进没有专门的预算，导致乡村教育质量停滞不前，难以实现乡村教育振兴的目标。

四、加快乡村教育振兴步伐的策略

（一）注重家校合作教学模式的设施

家庭是孩子们成长的重要场所，同时也是良好行为习惯培养的第一课堂，只有做好家校共育，教师与家长密切配合并保持培养目标的一致性，才能在培养学生良好行为习惯中取得事半功倍的效果，为实现学生健康快乐成长目标奠定良好的基础，“家长是孩子的第一任老师”，家长的一言一行都深刻地影响着孩子的行为习惯，家长必须承担起培养孩子良好行为习惯的重任。学生参与教育活动需要家庭教育的支撑，家庭教育现代化是乡村教育振兴和整个教育现代化的重要组成部分，注重家校合作教育模式的开展是实现教育现代化的重要前提。尽管社会经济现代化发展促使一些学生与家长产生了分离，但是教育部门需要积极利用先进的教育技术，构建面向家长的家庭教育，促使家庭归位于乡村教育，如利用现代化发展的成果，借助现代信息技术重构家庭教育系统，弥补由于时空分离带来的家庭教育缺失问题，强化家庭在学生成长与发展中的重要地位，从而推动乡村教育朝着更加符合学生身心发展规律的方向发展，为实现中国教育现代化 2035 目标创造有利条件。

（二）壮大乡村学校师资队伍

乡村教育始终是我国教育事业最重要和最基础的一部分，是培养和提升乡村学生科学文化素养的重要基础。在社会经济现代化进程中，如何建立一支政治素质优良、业务水平精湛、结构相对合理的乡村教师队伍，是提升乡村教育质量、促进乡村教育振兴和

实现中国教育现代化2035目标的重中之重。① 教育主管部门要深刻地意识到乡村教师的政治素养、思想态度和教学观念对于幼儿教育教学工作的重要性作用，加强幼儿教师师德教育、不断强化幼儿教师队伍的思想建设、提升乡村教师的专业素质能力，促使教师师资培训活动贯穿于乡村教育教学工作的各个环节，全面向幼儿教师灌输认真工作、严谨负责的教育态度，有效提升幼儿教师的专业化素养，全力打造一支高素质的乡村教师队伍，为实现乡村教育振兴目标奠定良好基础。与此同时，教师工资和奖金是福利待遇中的重要内容，也是影响乡村教师留任与离职的最直接和最关键因素，教育部门要科学地设计薪酬分配制度，充分发挥经济杠杆的积极作用，多劳多得、优劳优得的公平化薪酬分配原则有利于促进乡村教师不断提升自身的职业素养，从而提升乡村教育的质量与效果。

（三）积极向乡民传授先进的教学理念

毋庸置疑，乡民的幼儿教育观念直接影响着乡村教育教学活动形式，乡村学校要加强正确教育理念的宣传和普及，及时转变家长落后的教育观念，明确教育的目的和目标，逐步树立促进学生身心健康发展的教育教学理念，切实改变家长以学生掌握知识多少来评价教学质量的现象，并引导全社会共同关注乡村教育。如最近提出的核心素养教育，乡村学校教师可以利用互联网信息技术向学生讲解这先进的教育理念，从某种角度上而言，由于考试选拔和高考的导向作用，往往促使教育教学过程过于注重知识能力目标，针对过程与方法的涉及并不深入，甚至谈不上情感态度与价值观的内化形成，核心素养非常注重人的个体发展与社会适应能力，从整体上定义了个体发展需要的关键能力与必备品格，注重学生综合素质的培养，为学生更好地适应学校以及社会生活创造条件。此外，乡村学校也可以定期邀请家长参观乡村学校的教学活动，促使家长们了解学生的学习特点，潜移默化地帮助乡民树立正确的教育理念，及时消除乡民的疑惑，在乡民参与乡村教学活动的过程中深入了解乡村的教学规律，消除乡民的疑惑心理，增强对于乡村教育教学活动的信任，这样才能有效改善乡村教育质量。

（四）加大先进教学设备的投入力度

教育部门要不断加大乡村学校先进教学设备的投入力度，建立健全乡村学校先进教学设备管理制度，不断提升乡村学校的教育实力。如“一支粉笔、一块黑板、一块三角板”是乡村学校传统课堂教学的主要方式，这样难以将知识体系完整、形象、直观地展现在学生面前，也是与乡村教育现代化相违背的一种体现，乡村学校则可以加大多媒体等先进教学设备的引进力度，以形象直观地向学生展示教学内容，并有效整合先进的教学经验，以此来完善教学方式和提升教学质量。同时，乡村学校教师在全面了解教材内容的基础上，根据教学目标和重难点科学地设计教学方案，并熟练运用Flash、几何画板和PPT等现代教育技术服务于教学活动，也可以通过互联网平台和先进教学设备与城市学校、优秀教师实现实时交流，增强教学活动的科学性与针对性，先进教学设

① 葛新斌. 乡村振兴战略：农村教育究竟能做些什么？［J］. 华南师范大学学报（社会科学版），2018（2）：82－87.

备的投入将会大大增强乡村教育的实力，进一步实现乡村教育振兴和中国教育现代化2035 的目标。

五、结论

《中国教育现代化 2035》是我国面对新时代的新要求做出的重要目标，乡村教育是我国教育事业的薄弱环节，是实现中国教育现代化 2035 目标进程中的一块“硬骨头”，教育工作者需要深入解读面向 2035 教育现代化的核心内涵，把握现代化语境中的乡村教育和新时期乡村教育振兴面临的困境，并采取切实可行的方式方法加快乡村教育振兴的步伐，为实现教育强国目标创造良好的条件。

参考文献

[1] 夏仕武. 形成推动乡村振兴的教育合力 [J]. 中国农村教育，2019（19）：9.

[2] 陈时见，胡娜. 新时代乡村教育振兴的现实困境与路径选择 [J]. 西南大学学报（社会科学版），2019（3）：69－74.

[3] 张晓琴. 办好农村教育　助推乡村振兴 [J]. 发展，2019（4）：19.

[4] 刘正国. 振兴乡村教育　促进教育均衡发展 [J]. 贵州教育，2018（14）：3－4.

[5] 赖配根，任国平，钱丽欣. 面向 2035，教育现代化何为 [J]. 人民教育，2018：12－18.

[6] 刘成良. 缩小城乡教育差距，育才助力乡村振兴 [J]. 团结，2018（1）：34－38.

[7] 黄伟. 面向教育现代化的教师教育振兴 [J]. 中国教师，2017（20）：16－19.

[8] 王仁彧. 生涯教育：教师专业精神培育与乡村教育振兴的关键——兼论免费师范生教育可持续发展之路 [J]. 当代教育科学，2016（9）：61－64.

面向2035乡村教育振兴目标下学生创新精神培养有效策略研究

——以中学化学实验探究为例

汕头市达濠中学　吴以庆*

摘　要：本文阐述了学生创新意识的培养，加强实验探究，激励学生进行创新，在第二课堂活动中培养学生的创新能力，用创新性和开放性题目来考查学生的创新水平，让学生在讨论中碰撞出创新的火花，教师要把面向2035的乡村教育振兴和学生核心素养作为课题进行研究等方面内容。

关键词：面向2035　乡村教育振兴　化学教学　学生培养　核心素养

2019年2月，中共中央、国务院印发的《中国教育现代化2035》提到：到2035年要建成服务全民终身学习的现代教育体系，普及有质量的学前教育，实现优质均衡的义务教育，全面普及高中阶段教育，职业教育服务能力显著提升，高等教育竞争力明显提升，残疾儿童少年享有适合的教育，形成全社会共同参与的教育治理新格局。

随着知识经济时代的到来，国与国之间的竞争更直接地表现为科学技术的竞争，其本质是人才的竞争。21世纪是一个崇尚创新的世纪。《国家教育事业发展第十三个五年规划》在“十三五”期间教育改革与发展面临的形势中指出：进入21世纪，国际竞争日趋激烈，竞争的焦点是人才的竞争，是全民素质的竞争。教育的任务是全面提高国民的科学素质，培养高科学素质的人才。教育部明确指出：要实施以培养创造能力、创新精神为核心的素质教育。中学阶段的教育，是实现这一目标的关键。

一、培养学生创新意识是核心素养的要求，也是《中国教育现代化2035》的要求

《中国教育现代化2035》提出推进教育现代化的指导思想是：以习近平新时代中国特色社会主义思想为指导，全面贯彻党的十九大和十九届二中、三中全会精神，坚定实施科教兴国战略、人才强国战略，紧紧围绕统筹推进“五位一体”总体布局和协调推进“四个全面”战略布局，坚定“四个自信”，在党的坚强领导下，全面贯彻党的教育方针，坚持马克思主义指导地位，坚持中国特色社会主义教育发展道路，坚持社会主义办学方向，立足基本国情，遵循教育规律，坚持改革创新，以凝聚人心、完善人格、开

* 作者简介：吴以庆，汕头市达濠中学化学高级教师。

发人力、培育人才、造福人民为工作目标，培养德智体美劳全面发展的社会主义建设者和接班人，加快推进教育现代化、建设教育强国、办好人民满意的教育。将服务中华民族伟大复兴作为教育的重要使命，坚持教育为人民服务、为中国共产党治国理政服务、为巩固和发展中国特色社会主义制度服务、为改革开放和社会主义现代化建设服务，优先发展教育，大力推进教育理念、体系、制度、内容、方法、治理现代化，着力提高教育质量，促进教育公平，优化教育结构，为决胜全面建成小康社会、实现新时代中国特色社会主义发展的奋斗目标提供有力支撑。

《中共中央国务院关于深化教育改革，全面推进素质教育的决定》中指出：实施素质教育，就是全面贯彻党的教育方针，以提高国民素质为根本宗旨，以培养学生的创新精神和实践能力为重点，造就“有理想、有道德、有文化、有纪律”的、德智体美劳等全面发展的社会主义事业建设者和接班人。

《普通高中化学课程标准（2017 年版）》也明确要求我们要在化学新课标教学中增强学生热爱祖国的情感，树立为民族振兴、为社会的进步学习化学的志向，培养学生善于合作、勤于思考、严谨求实、勇于创新的能力和勇于实践的科学精神。因此，在化学新课标教学中，我们要注重理论联系实际，为培养学生的创新意识创设一个比较适宜的学习环境，竭力提倡学生在学习中进行创新活动。

在化学新课标教学中，教师应利用多种形式，寓德育教育于智育教育之中。例如，在学生学习第一节课“化学使世界变得更加绚丽多彩”时，制作了多媒体课件《中国古代化学成就》向学生讲解我国在古代化学方面的发明创造：我国是世界上具有悠久文明历史的国家之一；是世界上最早利用煤、石油和天然气的国家；造纸术、火药、指南针、烧瓷等发明很早；我国劳动人民在商代就制造出精美的青铜器，在春秋战国时期就会冶铁和炼钢。也制作了多媒体课件《中国近代化学》向学生讲解我国近代化学落后挨打的历史，给学生播放录像片，不仅使同学们了解中国曾经有过的辉煌，而且使他们认识到落后就要挨打的事实。同时，还制作了多媒体课件《中国现代化学》向学生讲解我国现代化学取得的辉煌成就。通过这些数据和动人事迹，激发学生为祖国富强而发奋学习的爱国热情。

二、加强实验探究，激励学生进行创新

化学新课标明确提出要培养学生善于合作、勤于思考、严谨求实、勇于创新力和勇于实践的科学精神。创新能力，是反映创新主体行为技巧的动作能力。对中学生而言，有效的预见性和主动参与性是创新教育作用于学生的两大特征。化学是一门以实验为基础的自然科学。实验能激发学生的学习兴趣，有助于学生理解化学理论、概念，巩固化学知识，培养学生提出问题、分析问题、解决问题的能力。加强探究实验，就是使学生通过化学实验进行探究，在探究过程中培养学生的动手能力，同时也促进学生创新精神的发展，培养创新能力。

此外，在化学新课标教学中还可将一些验证性实验改成学生探索性实验。做探索性实验的关键问题是实验设计。在教学中要加强实验设计能力的培养，要放开手脚，让学生独立设计实验。对于学生设计的实验方案，如果有新思想、新方法、新举措，应认真

审查，只要没有不安全因素，都可以让学生进行试验，鼓励学生树立自信心，勇于探索，勇于实践。通过学生自己动脑设计、自己动手操作、自己分析总结实验结论，一方面培养了学生的自学能力、观察能力、思维能力，另一方面开发了学生的智力，培养了创新精神。

如何在化学探索实验课中培养学生的创新意识呢？我可以在上课前布置带有创新意识的思考题，让学生思考。此外，也可以让学生练习带有创新能力和实践能力的题目。

例 1. 下列实验操作规范且能达到目的的是（　　）。

选项	目的	操作
A	取 20 mL 盐酸	在 50 mL 酸式滴定管中装入盐酸，调整初始读数为 30 mL 后，将剩余盐酸放入锥形瓶
B	清洗碘升华实验所用试管	先用酒精清洗，再用水清洗
C	测定醋酸钠溶液 pH 值	用玻璃棒蘸取溶液，点在湿润的 pH 试纸上
D	配制浓度为 0.010 $mol \cdot L^{-1}$ 的 $KMnO_4$ 溶液	称取 $KMnO_4$ 固体 0.158 g，放入 100 mL 容量瓶中，加水溶解并稀释至刻度

解析：酸式滴定管的 50 mL 刻度下方没有刻度，但仍有盐酸，所以调整初始读数为 30 mL 后，放入锥形瓶中盐酸的体积大于 20 mL，A 项错误；碘易溶于酒精，清洗试管中附着的碘可先用酒精清洗，再用水清洗，B 项正确；醋酸钠溶液呈碱性，测定醋酸钠溶液的 pH 值时，pH 试纸不能预先润湿（润湿相当于稀释溶液），否则测定的 pH 值会偏低，应用玻璃棒蘸取溶液点在干燥的 pH 试纸上，C 项错误；配制一定物质的量浓度的溶液，应在烧杯中溶解固体，冷却至室温后再转移到容量瓶中定容，不能在容量瓶中直接配制溶液，D 项错误。

答案：B。

例 2. 用下列实验装置进行相应的实验，能达到实验目的的是（　　）。

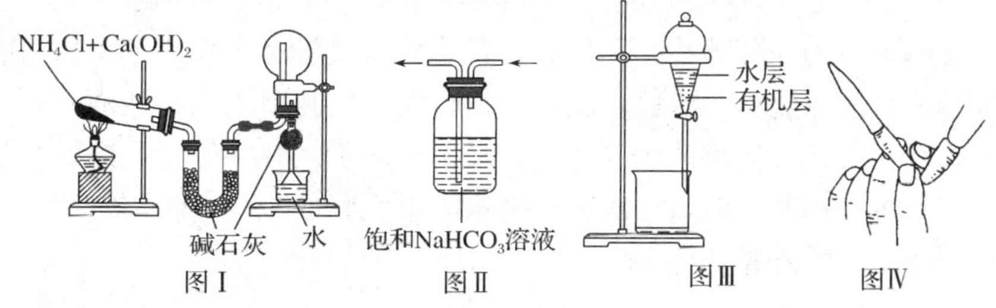

A. 图Ⅰ用于实验室制氨气并收集干燥的氨气

B. 图Ⅱ用于除去 CO_2 中含有的少量 HCl

C. 图Ⅲ用于提取 I_2 和 CCl_4 溶液中的 I_2

D. 图Ⅳ用于检查碱式滴定管是否漏液

解析：B 项，气体应从长管进短管出，错误；C 项，应用蒸馏法分离 CCl_4 和 I_2，错误；D 项，图Ⅳ是碱式滴定管排气泡的方法，错误。

答案：A。

化学新课标为了让学生通过探究活动学习化学，“在化学教学中培养学生的创新意识，需要为学生创造宽松的学习环境，爱护和培养学生的学习兴趣；增大化学教学的开放性，鼓励学生对所学化学内容提出自己的看法；保证教学的弹性，为学生自主学习提供条件”。这就要求教师要根据要求对化学教学内容及时地进行调整补充和完善，以实现初中化学教学目标的多元化和教学要求的多层次化。积极开设第二课堂，在活动中培养学生的创新能力就是实现这一目标的有效途径。例如，建立“化学兴趣小组”，指导他们开展课外活动，活动的内容可以是：进行专题探究实验、进行化学专题讲座、家乡环保调查、编辑出版《学校化学兴趣报》、化学专题晚会、化学辩论会、化学小论坛、化学小专家、化学专题演讲、学校化学园、化学小制作、化学小发明等。在活动前一定要把活动目的和要求明确告诉学生。这是对传统的重知识传授教学模式的一个突破，它改变了以往偏重知识的传授和技能训练的教学模式及学生被动接受的学习方式，学生可以通过运用、验证学科知识，获得课堂教学无法获得的感性认识，拓宽了学生的知识视角，也培养了学生的实践能力和创新能力。

三、用创新性和开放性题目来考查学生的创新水平

在化学新课标教学中要多采用开放性题目，多选一些综合性的习题、一题多解的习题，多采用讨论形式的学习方法，引导学生多方位探求解题方法，开拓学生的创造性思维，诱发求异创新。

四、让学生在讨论中碰撞出创新的火花

在化学新课标教学中设置一些新颖、活泼、有探究价值的问题，让学生自学、讨论、查阅资料，提问、质疑并尝试解决问题，安排学生进行交流和沟通。允许学生各抒己见，并且答案是开放式的而不唯一。开展专题研讨式教学能很好地体现化学教学的探究性、实践性特点，通过这样的教学，能培养学生的开放性思维和创新精神。

通过对这些题目的探究解答，不仅能培养学生的探究能力和创新精神，而且还能让学生感受到生活处处有化学。所以，我们要积极发现并利用我们身边随手可得的物品、随处可见的现象进行化学实验的探究活动，调动和激励学生探究生活中蕴含的科学道理的欲望和勇气，感受科学的魅力，潜移默化地培养学生的化学核心素养。

（一）课题提出的背景及意义

化学是一门以实验为基础的学科。它对培养学生各方面思维能力起着关键作用，成为培养和提高学生创新素质的重要课程。《九年义务教育初中化学课本》（人教版）的说明中指出：这次修订，旨在更加有利于贯彻党和国家的教育方针，更加有利于对青少年进行素质教育，更加有利于中、小学生的全面发展，培养学生的创新精神和实践能力。

我们深入研究，查阅大量的资料，把本课题核心概念的界定、国内外研究现状述评、选题意义确定如下。

1. 本课题核心概念的界定。学生创新精神的培养。创新是一个国家综合国力和参与国际竞争的重要因素，教育部明确指出：要实施以培养创造能力、创新精神为核心的素质教育。新课程改革以培养学生的实践能力和创新精神为重点，倡导学生进行自主、探究、合作地学习。化学新课程标准强调科学探究是一种重要而有效的学习方式。因此，我们在实际教学中应更新教学观念，探索学生创新能力的培养模式。

实践证明，设计性或探索性实验在激发学生的创新欲望、培养他们的意识和创新能力等方面的作用是其他常规实验所无法比拟的。这就要求教师要根据要求对化学教学内容及时地进行调整补充和完善，以实现初中化学教学目标的多元化和教学要求的多层次化。积极开设第二课堂，在活动中培养学生的创新能力就是实现这一目标的有效途径。

2. 国内外研究现状述评：本课题正是基于笔者在实施化学新课标教学中对学生创新精神培养现状的考察与反思提出来的。从目前课题组掌握的资料看，国内外的化学课堂教学中对学生创新精神的培养虽有不少研究，但针对乡村化学课堂教学中学生对化学知识的背诵和记忆、学生创新精神培养的调查研究比较少，且没有形成一套系统的理论和比较成熟的改进办法，还不能从根本上指导当前乡村化学课堂教学中对学生创新精神的培养。

化学课堂教学作为一种基本的教学组织形式，是全面推进素质教育的主阵地，是提高教育教学质量的主渠道，也是教师专业化成长的摇篮。

（二）课题研究的目的和意义

1. 本课题的研究目的。①广泛吸收目前国内外培养学生创新精神方面研究的有关成果。②结合当前国家课程改革的方向和乡村化学教学工作的现状，在乡村化学教学中培养学生的创新精神，有效地提高学生的创新能力。③本课题旨在达到全面推进素质教育的目的，从而提供一个可依据的参照，并最终达到大面积提高教学质量，切实推进素质教育。

2. 课题的意义及研究价值。由于我校是一所面上中学，学生的素质相对较低，虽然化学课堂教学和实验教学能够按照要求进行，但是，在初中化学实验探究中培养学生的创新精神还有待提高。因此，如何通过初中化学实验探究有效地培养学生的创新精神，一直是我们一线教师困惑的、想解决的问题。因此，对面上中学而言，基于学生创新精神培养目标下进行初中化学实验探究的教学研究显得尤为重要。

（三）课题研究的主要内容

1. 本课题的研究内容。①乡村化学课堂中学生的创新精神培养情况的调查研究。②课堂观察：化学探究实验。③对乡村化学课堂中学生的创新精神培养情况的反思研究。④关于乡村化学课堂中学生的创新精神培养情况的个案研究。⑤乡村化学课堂中学生的创新精神培养情况的现状分析。⑥乡村化学课堂中学生的创新精神培养的有效形式。

2. 本课题的研究假设。通过初中化学实验探究能够有效培养学生的创新精神。

3. 本课题的创新点。为乡村化学课堂教学中学生的创新精神培养寻找有效解决方法。

（四）课题研究采取的方法与具体措施

1．本课题的研究思路。以“钻研初中化学探究实验，培养学生的创新精神”为核心，努力为广大乡村化学教师寻找培养学生的创新精神的方法方式，为学生创设优质高效的化学实验环境，做到“创新、规范、高效、简便”；用目标来引领广大乡村化学教师的探究实验教学行为，从而带动学生化学实验学习方式的转变；进而达到提升乡村化学教师的教学水平，大面积提高教学质量，切实推进素质教育的目的。

2．本课题的研究方法。

（1）实证研究为主：①化学教师的课堂教学实录。②化学实验课堂教学实录。③化学实验课师生的学习、活动情况等。

（2）案例分析法。

（3）行动研究法。

（4）反思研究法。

（5）问卷调查法（问卷星）。

3．本课题的技术路线。

（1）让本课题组的每一位教师开展以“同课异构”为主题的教研活动，快速地提高教师的整体授课水平，全面实施素质教育。

（2）采取“探究—反思”学习方式。

（3）课题组交流、定期研讨。定期进行课题组交流活动和举办研讨会，让中青年教师进行教学展示课，对课堂精彩片段进行研讨，对经典教学案例进行分析；让中青年教师进行反思交流，及时撰写论文并且汇编成册。

（五）课题研究的进程说明

1．学习准备阶段（2019.6—2019.12）：课题组成员开始着手查找资料、阅读相关的文献。例如，加里·鲍里奇所著的《有效教学方法》、余文森教授的《有效教学十讲》等，这些资料和文献为课题的探索实施提供了有益的参考。

2．探索实施阶段（2020.1—2020.6）：立足课堂进行实践复习研究，撰写教学案例，定期进行课题研究课，及时撰写教学反思，并收集相关资料，撰写教学论文，形成阶段性成果。

3．总结阶段（2020.7—2020.12）：整理总结研究成果，完成结题报告。

《中国教育现代化2035》指出：到2035年建成服务全民终身学习的现代教育体系、普及有质量的学前教育、实现优质均衡的义务教育、全面普及高中阶段教育、职业教育服务能力显著提升、高等教育竞争力明显提升、残疾儿童少年享有适合的教育、形成全社会共同参与的教育治理新格局。作为一名教师，我们一定要遵循教育规律，坚持改革创新，培养德智体美劳全面发展的社会主义建设者和接班人，为实现《中国教育现代化2035》目标和中华民族伟大复兴做出应有贡献。

参考文献

[1] 中华人民共和国中央人民政府. 中共中央、国务院印发《中国教育现代化2035》[EB/OL].(2019-02-23)[2019-10-15]. http://www.gov.cn/xinwen/2019-02/23content_5367987.htm.

[2] 中华人民共和国教育部. 全日制义务教育化学课程标准（实验稿）[M]. 北京：北京师范大学出版社，2011.

[3] 张多霞. 中学化学实验手册 [M]. 广州：广东教育出版社，1995.

[4] 资料来源于《国家教育事业发展第十三个五年规划》.

[5] 袁振国. 当代教育学 [M]. 北京：教育科学出版社，2014.

新时代基础教育教研员的使命与担当

广东省教育研究院　鲍银霞*

摘　要：教研员是我国基础教育教师队伍中的一个特殊群体，在我国基础教育质量提升中发挥着举足轻重的作用。在新时代，基础教育教研员需要进一步明确自己的使命，勇于担当。具体来说，包括五个方面：全面理解国家教育大政方针，做教育政策的宣传者；助力缩小课程落差，做课程实施的护航者；深入开展教学研究，做教学创新的先行者；指导日常教学活动，做教师发展的引领者；切实开展教学评价，做教学质量的监控者。

关键词：教研员　基础教育　新时代　使命　担当

基础教育质量事关亿万青少年儿童的健康成长，事关国家发展和民族未来。在我国基础教育质量保障体系中，有一支特殊的教师队伍，它的名字叫作“教研员”。教研员这个职业产生于20世纪50年代中期，是为解决我国当时基础教育师资短缺和教育教学质量低下的现实问题而设立的。在60多年的发展历程中，教研员存在的价值曾受到争议，不同领域的人发表过各种各样的评论，褒贬不一、毁誉参半。当前，各地对教研室功能的认识也产生了诸多乱象，有的固化、有的异化、有的散架。然而，无论各方评价如何，半个多世纪以来，教研员对提升我国基础教育教学质量功不可没。事实表明：“什么时候重视并发挥教研室的作用，那时基础教育就进步就发展；什么时候取消或否定教研室，那时基础教育就停滞就倒退”①。当前，中国特色社会主义进入了新时代，我国社会主要矛盾演变为人民日益增长的美好生活需要和不平衡、不充分的发展之间的矛盾，基础教育改革发展也迈入了新阶段。在新形势下，教研员需要进一步明确自己的使命，勇于担当，为提高教育质量、促进教育公平、办好人民群众满意的基础教育而努力。

一、全面理解国家教育大政方针，做教育政策的宣传者

教育方针是党和国家在一定的历史阶段，根据政治、经济和社会发展要求提出的教育工作的总方向和总目标，它是国家教育基本政策的总概括，是教育工作的根本指导思

* 作者简介：鲍银霞，广东省教育研究院教学教材研究室研究员，教育学博士。

① 引自顾泠沅2019年7月11日在“2019暑期数学特级教师高级研修班”所做的专题报告，题目为《扎根·践行·循证——与高端教师谈教研》，该研修班由华东师范大学亚洲数学教育中心和上海“立德树人”数学教育教学研究基地（华东师范大学）举办。

想。教育方针包括三个方面的内容：教育工作的总任务，即要明确教育为什么服务；国家培养人才的总目标，即要明确培养什么样的人；培养人才的基本途径，即通过什么途径培养人。[①] 教育大政是指党和国家制定的教育基本政策，例如《中华人民共和国宪法》中的教育条款、《中华人民共和国教育法》、《中华人民共和国义务教育法》、《中华人民共和国教师法》等法律文件。国家教育大政方针指明了我国教育的发展目标和方向，每一位教育工作者都必须认真学习和深入贯彻落实。

对于有些教师来说，主动学习国家教育大政方针的意识还不够强，主要原因可能有两个：一方面，教师们觉得这些教育大政方针的概括性太强，不能直接指导自己的工作实践，因而觉得它们离自己挺遥远，学了用处不大；另一方面，教师们认为自己的任务是做好具体的教书育人工作，只要把眼前的工作做好了，学不学习这些“大道理”似乎也无妨，而且要做的事情确实太多了，时间不够用。要转化教师们的这些认识，需要在国家政策和一线教师之间架起一座桥梁。教研员是教育教学活动的指导者，是学科教学的专业权威，是一线教师所信赖的人，也是理所当然的沟通桥梁。

教研员要成为国家教育大政方针的积极宣传者。一是要帮助一线教师深入理解国家教育大政方针的内涵及其演变。例如，我国教育方针的内涵是什么？它是怎样演变的？为什么要有这样的变化？2015 年 12 月 27 日，十二届全国人大常委会第十八次会议通过了《中华人民共和国教育法》（以下简称《教育法》）的修改，将我国的教育方针修改为“教育必须为社会主义现代化建设服务、为人民服务，必须与生产劳动和社会实践相结合，培养德、智、体、美等方面全面发展的社会主义建设者和接班人”。它规定了我国教育的总任务、总目标和基本途径，但其内涵却是不断发展的。关于我国教育的总目标，1995 年的《教育法》表述为“培养德、智、体等方面全面发展的社会主义建设者和接班人”，2015 年的《教育法》在“德智体”的基础上增加了“美”，而在 2018 年全国教育工作会议上，习近平总书记又在“德智体美”的基础上增加了“劳”，五育并举，反映了新时代我国对人才素质要求的不断发展。关于我国教育基本途径，2015 年的《教育法》表述为“必须与生产劳动和社会实践相结合”，与 1995 年的相比，增加了“与社会实践相结合”，反映了新时期对教育基本途径的拓展。二是要组织一线教师探讨如何在自己的工作实践中贯彻落实国家教育大政方针。例如，我国 2015 年的《教育法》第六条为：“教育应当坚持立德树人，对受教育者加强社会主义核心价值观教育，增强受教育者的社会责任感、创新精神和实践能力。……”那么，一线教师如何结合自己的教育教学实践将立德树人的使命落实到具体工作的各个方面？如果结合学科教学培育学生的社会责任感、创新精神和实践能力？再如，通过对国家教育大政方针的学习，如何帮助我们深度理解基础教育的独立价值及其实现途径？三是要和一线教师共同为教育政策的制定献计献策、提供服务。一方面，将教育政策实施过程中所遇到的问题及时向教育主管部门反映，并对这些问题的解决从政策层面提出对策建议。另一方面，针对教育教学过程中存在的问题开展深入研究，为教育主管部门提供政策咨询报告或建议书。

---

① 萧宗六．教育方针、教育政策和教育法规［J］．人民教育，1997（11）：35－36.

二、助力缩小课程落差，做课程实施的护航者

课程是实现基础教育培养目标、落实立德树人根本任务的蓝图，是组织基础教育教学活动的最主要依据，课程改革是整个基础教育改革的核心内容。课程改革是一种由多方面主体参与的进程，不同主体对课程的产生和存在都发挥着一定程度的决定性作用，从而导致课程存在着不同层次。我国学者根据美国教育学家古德莱德的课程层次理论，从课程运行角度将课程分为六个层次：理想课程、官方课程、校方课程、所教课程、所学课程和所得课程。[①] 理想课程被采纳并付诸实施就成为官方课程，官方课程一般包括课程政策、课程计划、课程标准、教育教学材料，主要规定主流课程理念、教育目标、教育内容和主要教育教学材料，具有法律权威或行政权威，在一定意义上具有强制性。

课程改革的理想状态是学生所得课程与官方课程目标完全一致，但事实上这是不可能的。从官方课程到校方课程，再到教师所教课程和学生所学课程，最后到学生所得课程，每两个层次之间都不可避免地存在着落差，有的地方在课程落差方面还很大，影响着课程改革的成效。缩小课程落差是保障新课程有效实施的关键条件，也是每位基础教育工作者的使命，教研员在这个过程中发挥着不可忽视的作用。

教研员要助力缩小课程落差，做课程实施的护航者。一是要对官方课程进行准确到位的解读。第一，全面解读我国《基础教育课程改革纲要（试行）》，明确课程改革目标、课程结构、课程标准、教学过程、教材开发与管理、课程评价、课程管理、教师培养与培训和课程改革组织与实施等方面的精神与要求。第二，深入解读学科课程标准，深入理解课程性质、基本理念、设计思路、课程目标和内容以及实施建议。第三，深度解读教材文本，研究教材编写理念、内容选择与组织、呈现方式等。第四，认真解读与课程改革配套的政策文件，例如国务院和教育部印发的有关深化考试招生制度改革的文件等。通过解读，引领一线教师准确把握课程改革的目标、方向与要求。二是从课程的头尾层次比较中找准落差。从“儿童的所得课程”出发，对照官方课程的要求，找出两者之间落差的程度，明确存在的问题，特别是课程育人价值发挥方面的问题，分析成因，并以此为切入点，进行课程实施研究与改进，从儿童成长的角度将立德树人根本任务落小、落细、落实。三是组织开展国家课程校本化实施的探索。国家课程在基础教育课程体系中所占比重超过八成，是课程体系中的主体部分。但我国幅员辽阔，区域经济、文化和教育水平差异巨大，即使在同一地区，各校的校情和学情也并不相同。因此，课程实施不能搞“一刀切”，而是要结合具体情境对国家课程进行校本化实施，具体可以采取创新模式、整合模式或调适模式，在课程目标细化和具体化、教学内容选择与组织、教学方法和组织方式的创新、课程资源的开发和教学评价等方面进行校本化探索。特别要加强对乡村地区国家课程校本化实施的研究与指导，加强课程实施中对乡土自然资源和文化资源的开发和利用，并且形成一批示范课例。

---

① 黄甫全. 课程与教学论［M］. 北京：高等教育出版社，2003：85－87.

三、深入开展教学研究，做教学创新的先行者

教学是一种复杂而繁重的社会劳动，它的对象是具有主观能动性的活生生的个体，因而教学活动总是呈现出很强的情境性、不确定性和互动生成性。在教学实践中，我们会遇到这样那样的问题，而且大多数问题往往没有现成答案，或者即使别人有了答案也不一定适合我们的情况，所以需要按照科学程序对它们进行有目的有计划的系统探究，方可找到解决对策。同时，我们在教学过程中积累了丰富的经验，要充分发挥这些经验的价值，就需要对它们进行概括提炼，使其上升为具有普适性的教学理论。无论是为了解决问题、改进实践，还是为了提炼经验、创新理论，都需要我们深入开展教学研究，成为探究型教师。特别是在当今时代，信息技术、人工智能的飞速发展对传统教学将会带来颠覆性的变革，相应地，需要重建教学理论与实践模式，因而使得教学研究变得更加迫切。

开展教学研究是教师专业成长的重要途径。以研带学、以研促教、以研促发展，这些理念在基础教育领域已广受认同。长期以来，基础教育实践工作者开展了大量的研究，通过研究课标、研究教材、研究课堂、研究学生和研究评价，取得了丰富的教学研究成果，这些成果被用来服务于教育政策制定、学校教学改进、一线教师发展和学生学习进步，对教学质量提升产生了积极影响。然而，从整体情况来看，我们的教学研究工作还存在着一定局限，具体表现为研究教材教法重于研究学生学习，研究学科教学方式方法重于研究课程育人，开展基于经验的研究重于开展基于证据的研究，采取头痛医头、脚痛医脚式的短期研究重于对问题系统追踪的长期研究。要提升教学研究质量，需要针对这些局限进行教学研究的转型。

教研员要做教学研究的示范者、教学创新的先行者。一是加强对学生学习和课程育人的研究。第一，在保持教材教法研究传统优势的前提下，将研究重心下移到学生的学习，研究学生学习的实质与特殊性、学习过程的基本规律、学习特定学科内容的认知基础、生活经验、可能的困难与错误等，据此设计教学活动和调整教学过程。第二，进一步加强对课程育人的研究，从课程育人的视角来促进课堂教学有效性，挖掘学科课程育人价值，提高学科课程育人水平。二是加强基于需求驱动和问题导向的教学研究。以解决教学实际中存在的问题、改进教学实践为目的，进行教学研究与创新。建立教研人员与高校研究人员、一线教师围绕教育教学实际问题的解决开展教学研究活动的机制，构建多元主体参与的研究共同体。三是加强基于证据的教学研究。在传统的基于经验研究的基础上，运用科学方法收集客观可行的事实和数据，使研究的结论有客观证据的支撑，提高教研工作的科学性、规范性和专业性。[①] 四是加强对研究问题的长期、系统追踪。除了采取主题教研的形式之外，应进一步加强开展教学改革实验，长期跟进、系统研究、探索规律、提升质量。

---

① 落实立德树人根本任务　推进教研工作转型发展：教育部副部长刘利民在 2015 年全国教研工作会议上的讲话［J］. 基础教育课程，2015（7）：8 – 13.

四、指导日常教学活动，做教师发展的引领者

我国设立教研员这一岗位的初衷是在教师中挑选出一些专业“内行”人员，让他们开展教学研究，对一线教师进行教学指导与管理，系统地总结教学经验并进行交流与推广，服务于师资培养和教学质量提升。在研究、指导、服务和管理这些职能中，教学指导是教研员最基本的职能，教学指导者是教研员最基本的角色，指导一线教师的日常教学活动构成了基础教育教研员的生活“日常”。60 多年后的今天，我国基础教育教师队伍无论在数量上还是质量上都获得了长足发展，各地涌现出一大批教学名师，但教研员作为教学指导者却依然受到广泛认同和一线教师欢迎。

教学指导能力是教研员的专业核心能力，它是以“教学指导”为核心的一套“深奥而实用的”知识技能。教学指导能力既不同于教学能力，也不同于研究能力。你可以是一个非常优秀的教师，但不一定是一个优秀的教学指导者，同样，你可以是一个非常优秀的教学研究者，但不一定是一个优秀的教学指导者。教学指导能力是教研工作者所具有的独一无二的专业能力，是教研人员是否能够向社会提供一种不可替代的优势服务的根本保证。[①] 研究表明，教研员的教学指导主要包括六个方面内容：“学科一般知识”“教学理论知识”“学情分析”“任务设计”“过程测评”“行为改进”，其中前两者是教学指导的统领性知识，后四者是教学指导的工作要素。从目前情况来看，教研员的教学指导在指导内容和方式上都还存在一些局限，具体表现为对学情分析和过程测评的指导不足，对学生已有知识、经验和特点的分析指导比较缺乏；对生成性问题的指导略显不足，比较缺乏基于教师提问后的针对讲评和探究式的平等讨论。[②]

教研员的大部分时间是“泡”在学校的，他们和一线教师在一起摸爬滚打，和教师一起钻研教材、设计教学、研究课堂和学生，在这个过程中建立起深厚的工作情谊。为了更好地引领教师发展，提高教学指导效果，教研员需要加强教学指导的薄弱环节。一是加强学情分析的指导，特别是对学生学习特定知识所具有的知识基础、生活经验，以及可能出现的学习困难和常见的错误等进行分析，基于充分的学情分析进行精准的教学任务、教学策略和过程测评设计。二是引导教师突破自身经验的局限，加强教育理论学习、政策分析和实证研究，以丰富思考问题的视角，提高认识问题的高度和分析问题的深度。三是营造民主合作的教研文化。教研员要放下专业权威的身段，让自己“弱”一些，让教师“强”一些，平等地与教师对话。关注研讨交流中生成的问题，组织教师共同开展研究。搭建平台，组织教学展示与交流，共同分享教学成果。四是关心教师的成长。了解教师发展需求，努力为他们排忧解难，在对教师进行认知方面的专业引领同时，也对他们进行情感方面的专业激励。

---

① 董洪亮. 教研工作专业化研究的几个基本问题［J］. 上海课程教学研究，2018（2）：9－14.

② 顾泠沅，朱连云. 教师发展指导者工作的预研究报告［J］. 全球教育展望，2012（8）：31－37.

五、切实开展教学评价，做教学质量的监控者

教学是一个反馈、调控的过程，教学质量的高低在一定程度上取决于它能否成为一个自我调控、自我完善的系统。教学评价作为教学过程的一个重要环节，对于调节改善教学活动、优化教学过程和提高教学质量具有重要作用。教学评价的主要目的是全面了解学生学习的过程和结果，激励学生学习和改进教师教学，同时也为教育行政部门和学校改进教学管理提供依据。教学质量的提升需要全社会的监控，教研员因其所承担的教学研究、指导和服务等职能，理所当然应该扮演教学质量监控中的重要角色。

目前，我国基础教育质量监测评价管理权归属于教育督导部门，但参与监测评价的主力人员往往是各级教研部门的人员。而且在现实中，提升教学质量是教研员的天职，教学质量上不去，教育行政部门的“棒子”往往落在教研员身上，特别是地市级和区（县）级教研室更是如此，进行教学评价是对教学的反馈、调控与优化，以及提升教学质量的现实需要。切实开展教学评价，需要认识到当前教学评价中的一些局限，具体表现为：部分教研员的评价素养有待进一步提升；教学中形成性评价的作用还有待进一步加强；教学评价视角重学生认知，对情意维度关注不够；教学评价结果的使用有待进一步加强。

教研员要发挥自身在学科教学评价中的重要作用，需要在以下方面进一步付出努力。一是全面提升教学评价素养。包括熟练地基于目标设计评价方案，熟练地运用评价方法准确收集评价信息，合理地利用评价信息进行教学改进与决策，合理地评定与解释、交流与运用评价结果，避免评价的误用与偏见，以及引导一线教师和学生参与评价等。[①] 二是指导教师在教学过程中进一步加强形成性评价的运用，建立形成性评价和及时反馈机制，并根据评价结果调整教学活动。三是对学生的评价要兼顾“知”和“情”两个方面，特别是加强对学生学习情意维度的评价研究，开展具有可操作性的评价工具。四是加强基于评价结果的教学质量分析，用教学质量分析结果为教育行政部门的决策服务，为学校教学管理和一线教师的教学改进服务。

---

① 郑东辉．教师评价素养内容框架探析［J］．教育科学研究，2010（10）：34－38．

“全纳教育”理念下的高素质专业化创新型教师队伍建设策略探究

中山市教育教学研究室 何晋中 张华 郭跃辉*

摘 要：“全纳教育”作为一种国际化的教育思潮，目前已被越来越多的中国教育工作者所认同和接受，开展“全纳教师教育”也成为一种主流取向。在“全纳教育”理念的指导下进行高素质专业化创新型教师队伍建设，已是势在必行。因此，要建立“全纳教师教育课程”，重视“全纳型”教师的专业知识传授与专业素养培养，建立职前职后“一体化”的全纳教师培养模式，并且充分借助现代信息技术的手段与平台，加强教师“全纳教育”的培训与实践。不过，对于“全纳型教师”的培养，也要根据当地教育的实际状况开展。

关键词：全纳教育 教师队伍建设 教师教育 一体化

一、全纳教育概述

“全纳教育”，英文是 inclusive education，“inclusive”含有“容纳所有”“无所不包”等含义。这种教育理念首次出现在联合国教科文组织 1994 年 6 月 10 日于西班牙萨拉曼卡召开的“世界特殊需要教育大会”上通过的一项宣言——《萨拉曼卡宣言》，它强调每个人都有受教育的基本权利，提出每个人都有其独特的个性、兴趣、能力和学习需要，学校要接纳全体儿童，并满足他们的特殊教育需要。2005 年，联合国教科文组织发布了《全纳教育指南：确保全民教育的通路》，并指出：“全纳教育通过增加学习、文化与社区参与，减少教育系统内外的排斥，关注并满足所有学习者多样化需求的过程。全纳教育容纳所有学生，反对歧视排斥，促进积极参与，注重集体合作，满足不同需求，是一种没有排斥，没有歧视，没有分类的教育。”① 英国全纳教育专家托尼·布思认为，全纳教育的核心是每一个生命都具有同等的价值。作为一种国际教育潮流，英国、美国、芬兰、冰岛、加拿大等国家都纷纷践行全纳教育的理念。我们国家早在 20 世纪 90 年代就成立了全纳教育研究中心，在 2008 年举行的第 48 届国际教育大会上，

---

* 作者简介：何晋中，中山市教育教学研究室主任，中学物理特级教师；张华，中山市教育教学研究室教研员，中学语文高级教师；郭跃辉，中山市教育教学研究室教研员，中学语文一级教师。

① 联合国教科文组织．全纳教育共享手册［M］．陈云英，杨希洁，赫尔实，译．北京：华夏出版社，2004：7.

时任国务委员刘延东代表我国政府庄严承诺要“大力推行全纳教育”，这也是中国官方首次表达对全纳教育的态度。2014 年，国务院七部委联合制定了《特殊教育提升计划（2014—2016 年）》，首次在官方文件中出现了“全纳教育”的概念，并提出总体目标是“全面推行全纳教育，使每一个残疾孩子都能接受合适的教育”。

应该说，“全纳教育”本是特殊教育的一种理念，“全纳教育是指在普通学校适合儿童年龄特征的教育环境里教育所有的儿童、它更关心的是特殊儿童的权利而非学校校长、教师及心理学工作者的专业判断与建议”①。但随着观念的不断扩展，全纳教育不仅涵盖了残障学生等特殊群体，还涵盖了所有学生，这种理念也从特殊教育逐渐延伸至普通教育。因为每个学生在特殊阶段都会面临特殊教育的需要。我国研究全纳教育的黄志成博士认为：“全纳教育旗帜鲜明地提出了每一个人都有受教育的权利、反对任何歧视和排斥、教育要满足所有学生的不同需求等观念，为现今的教育改革和发展指明了未来方向。因此，全纳教育不能与特殊教育简单画等号，这是两个不同层次的研究领域。全纳教育与特殊教育应该是一种上位和下位的关系。”② 也就是说，全纳教育的理念不仅适合特殊教育，同时也是普通教育必然遵循的原则和要求。

要想践行全纳教育的理念，首要的工作是培养一支高素质、专业化、创新型的全纳教育教师队伍。2008 年，联合国教科文组织召开了第 48 届国际教育大会，明确提出了“全纳教师教育”的问题，大会认为：“高素质教师是推进全纳教育的关键，应该加强教师的作用，努力提高教师的地位，改善他们的工作条件，同时建立相关的机制来招聘、留住合格教师。开展教师培训，使教师拥有适当的技能和教材，能够辅导不同的学生群体，满足各类学生的学习需求。鼓励对与全纳教育相关的教学过程进行创新研究等。”在由联合国教科文组织和日本信托基金会共同发布的《促进全纳教师教育》报告中明确指出，“全纳教育的实现离不开教学和学习领域中方法、内容、过程、结构和策略的改变和修正，其中教师扮演着非常重要的角色”③。如果说全纳教育是未来教育的发展方向，那么全纳教师教育则是未来教师教育的发展方向。

改革开放以来，我国中小学教师队伍建设政策在经由合格胜任型教师取向阶段，演进为素质型教师取向阶段，进而演进为专业型教师取向阶段，最后迈入高素质专业化创新型教师取向阶段④。尤其是中共中央、国务院颁布的《关于全面深化新时代教师队伍建设改革的意见》（以下简称《意见》）强调要“深入贯彻落实党的十九大精神，造就党和人民满意的高素质专业化创新型教师队伍”，指出“经过 5 年左右努力，教师培养培训体系基本健全，职业发展通道比较畅通，事权人权财权相统一的教师管理体制普遍建立，待遇提升保障机制更加完善，教师职业吸引力明显增强。教师队伍规模、结构、

① 柳树森. 全纳教育导论［M］. 武汉：华中师范大学出版社，2007：4.

② 黄志成. 全纳教师教育：国外教师教育的新趋势［J］. 教师教育学报，2014，1（2）：4－11.

③ 李媛媛，刘冬冬. 全纳教育视野下教师专业素质研究［J］. 辽宁教育，2017（20）：18－22.

④ 李宜江. 改革开放以来我国中小学教师队伍建设的政策取向分析［J］. 教师发展研究，2018，2（3）：1－7.

素质能力基本满足各级各类教育发展需要”。《意见》虽未明确提出“全纳教育”的概念，但“教师培养培训体系基本健全”以及“各级各类教育”也包含了“全纳教育”的理念以及全纳教师教育的要求。

二、“全纳教育”理念下的教师队伍建设的“专业策略”

“全纳教育”理念下的教师队伍建设不是为了培养更多的从事特殊教育的教师，而是要培养真正的“全纳教师”。针对这一点，除了国家政策、财政、组织等方面的保障之外，最重要的就是真正在“专业层面”上打造一支高素质专业化创新型教师队伍，为贯彻践行全纳教育的理念奠定“专业基础”。

第一，要建立“全纳教师教育课程”。我国目前还没有正式出台专门的全纳教师培养方案，没有形成统一规范的全纳型教师培养体系。教育部等五部委关于印发的《教师教育振兴行动计划（2018—2022 年）》从中小学教师的入口、培养与出口等教师教育全过程对教师培养质量进行把关，为建设高素质专业化创新型教师队伍奠定坚实的基础，但并未提出全纳型教师队伍建设的问题。目前，我们的教师培养还是“分类培养”，即对特教教师和普通教师进行“隔离式培养”，普通教师教育基本上不涉及特殊教育知识，一般人更是认为特殊教育是特教教师的工作。对于全纳教育理念，除了零星的讲座与指导外，教师教育课程中基本上不涉及全纳教育的理论知识体系，很多教师对“全纳教育”闻所未闻，根本没有接触这一国际化教育的新理念。这其实也说明，普通教师在教育的整个过程中，还没有“全纳教育”的身影。即使是特殊教育教师培训，也多重理论轻实践，重视对全纳教育理念的传授，而缺乏对教师指导不同类别学生进行教育的技能训练。目前，我们国家的“随班就读”与“全纳教育”的理念有相通之处，但对于随班就读的“特殊学生”，接受普通教师教育的教师根本不能提供相应的有针对性的教育，无法满足复杂多样的全纳课堂需求，似乎“特殊学生”到了普通学校的班级之后，那些特殊的印迹就会自然消失，就会逐渐转变成一个正常的学生，这种“磨灭差异”的理念也是值得商榷的。为此，有专家提出了“全纳型教师知识结构模型”，即：①基础层面，特定专业知识。②教师资格层面，教育理论（含教育学、教育心理、教育管理、现代教育技术）。③特殊需要教育层面，全纳教育理论（含全纳教育、心理健康教育理论）。④方法和技术手段层面（盲文、手语、行为矫正等）[①]。

第二，要重视“全纳型”教师的专业知识传授与专业素养培养。“全纳型教师知识结构模型”在教师教育课程层面为教师培养提供了宏观的框架，具体到专业知识与专业素养方面，还应该有更为细化的要求。斯坦福大学舒尔曼教授认为，教师专业知识应包含七种教师知识要素：学科知识，一般教学法知识，课程知识，学科教学知识，关于学习者及其特征的知识，关于教育环境的知识，关于教育的目的、目标、价值观及其哲学与历史渊源的知识。黄志成教授则认为：“教师教育专业知识中最为重要的是：作为教师如何看待教育，如何对待学生，如何进行教学。……全纳教育的教育观、学生观、

① 杜志强，李畅．全纳视域下的教师教育课程改革［J］．教师教育论坛，2014，27（3）：52－55，59.

教学观，反映了当今以及未来的教育需求，这种观念理应融入到教师教育的专业知识当中。”① 教育观、学生观、教学观，都含有一个“观”字，这说明教师的专业知识与专业素养集中体现在理念、理论层面上。全纳教育倡导“关注所有儿童、关注集体、关注合作的价值取向，提出容纳所有学生，反对歧视排斥，满足不同需求的教学理念，普通教育也应遵循多元与平等的原则，竭力减少并消除普通教育的歧视与排挤现象，尊重个性化发展，让所有学生的特殊需求都能得以满足”②，因此，全纳教育的对象是“所有学生”“全体学生”，这就是全纳教育的“教育观”。全纳教育认为所有学生都是不同的，有各自不同的特点与需求，或者说，所有的人都是有差异的，把那些特殊的“差异化存在”称为“特殊”，本身就是一种歧视，就是一种标签化的行为。因此全纳教育的学生观应为“差异是一种资源”，而不是一种“特殊”。从课堂教育的层面上讲，全纳教学是一种真正的高质量的教学，因为公平就是衡量教育质量的重要维度，教师采用不同的教学方法，针对学生的不同需求展开教育教学，本身就是提升教育质量的重要举措。

第三，要建立职前职后“一体化”的全纳教师培养模式。新教师的主要教学理念和教学方式部分来自高校教育时期接受的课程与教学论的知识，新教师从大学生转变为一线教师，是一个相当短暂的过程。很多新教师就是在懵懂的状态中走上讲台，开始了焦头烂额的新教师生活。职前教育过程中，“全纳教育”的理念基本缺位；职后教育过程中，“全纳教育”更是无影无踪，教师怎么获取全纳教育的知识，又怎能在实践中贯彻全纳教育的理念呢？而且，教师的职后培训主要是靠“教师专业发展”实现的，由于缺乏相应的体制，再加上教师自身的工作性质、性格特点、职业理想等方面的问题，教师专业发展只是部分教师成长为骨干教师、名教师的有效抓手。教师专业发展过于依赖教师本身的主动意识，尚未有机纳入可持续发展的终身教育的体系中去。长效发展机制的匮乏，使得教师专业成长带有一定的偶然性。因此，“一体化”的教师培养模式已成为教师教育的必然取向，建立一体化的教师教育模式成为全球推进教师专业发展的主流。所谓教师教育一体化，就是以终身教育思想为指导，统筹规划教师的职前、入职和职后教育，融通高等学校的新教师教育和在职教师培训，构建教师终身发展各阶段相互衔接又各有侧重的教师教育新体系。③ 对于全纳教师教育而言，“一体化”也是一种内在的选择。在职前教育中，要创办全纳教育专业，如果暂时没有条件实现的也要加强全纳教育的知识方面的传授，让潜在教师了解、理解这一国际教育趋势；在职后教育中，注重校本研修，发挥每一位教师的智慧，解决教师遇到的个性化问题。校本研修立足本校，可以发挥教师的积极主动性，能帮助教师在解决问题中积累经验，形成新的技能。芬兰在这个方面已然走在了世界前列，例如韦斯屈莱大学，该校教师将全纳教育的理念

① 黄志成．全纳教师教育：国外教师教育的新趋势［J］．教师教育学报，2014，1（2）：4－11.

② 蒋维西，吴锐芯，杜萍．全纳教育理念下传统教师教育的短板与改革路径［J］．教育评论，2017（8）：115－119.

③ 李跃文．全纳教师一体化教育策略探索［J］．继续教育研究，2015（9）：73－75.

渗透在学科教育中，小学教师教育课程中也融合了全纳教育内容，譬如“教育文化基础”领域包含关于特殊教育和全纳教育的历史发展的内容，“学校与社会”课程范围包括特殊的社会学、多文化主义、与权利公平相关的主题等。[①]

第四，要充分借助现代信息技术的手段与平台，加强教师“全纳教育”的培训与实践。在传统的教学模式下，教师进行分层教学是复杂的，也不易操作，教学效果还会受到分层技巧、教学方法、教学进度等多种因素的影响。在这种困境下，互联网技术为教师分层教育、多样化教育提供了更好的载体与平台。英国在这方面的经验值得借鉴。在职前教育阶段，教师教育机构利用网络平台，实现新教师与学生的互动交流，提供给师范生充分的教学实践机会，比如帮助师范生创建有特殊需要的学生成功纳入主流设施所需的情境，使用个性化方法，包括个别化的学习计划，给有特殊需要的学生提供有技术支撑的课程。[②] 信息技术不仅深刻地改变了学生的学习方式，同时也影响了教师的培训培养方式。对于全纳教师教育而言，我们也应该充分发挥信息技术的作用，建立网络学习社区，随时随地研习儿童的教育艺术，同时要借助现代网络技术，例如 QQ、微信、论坛、微信公众平台，将学校之间、教师之间密切联系起来，研究学校教育中出现的新问题，交流全纳教育的经验，等等。其中最为重要的是教师要利用信息技术手段，对学生的能力与需求进行鉴定与评估。全纳型教师要掌握一定的评估与测量手段，了解学生现有的发展状况，并根据学生的现有水平制订个别化教育计划。而对学生的测量与评估，仅凭肉眼观察与主观推测是远远不够的，信息技术在这个过程中便可以发挥重要的作用。

此外，教师还要不断提升团队合作与沟通能力、分层教学课程实施能力、课堂管理与特殊行为干预能力等，不过这些内容属于更为细化的全纳型教师专业发展的问题了。

三、“全纳教育”理念下的教师队伍建设的“慎思”

全纳教育作为一种国际教育思潮，目前也被越来越多的中国学者与教师接受，但对于任何一种新的教育理念与主张，都要保持清醒的头脑，既不能盲目排外，也不能不加批判地全盘接受。“全纳教育”作为一种教育理念与主张，关注所有孩子的学习权与受教育权，这是值得肯定的。但“全纳教育”并不是一种真正的理论主张，虽有核心观点但并未形成系统的理论体系，更没有在实践上提出相应的实施办法。它更像是一种“教育呼吁”，呼吁全世界的教育工作者关注本国乃至世界各地的遭受到不公正待遇的孩子，尤其是贫困地区的教育权利得不到保障的孩子。正如有学者指出：“全纳教育本是一种观点或者思想，是在理念的层面上提出来的一种价值观，而不是理论。关于理论和理念常常有研究路径上的混乱。一旦将全纳教育说成理论，‘急于求成’，非但不能给特殊教育的研究带来新的思路和方向，反而会弄巧成拙。”[③] 因此，我们在践行“全

---

① 于凌珊. 芬兰全纳教育的经验及其启示［J］. 现代特殊教育，2019（3）：73－76.

② 王华. 互联网时代英国的全纳教师教育［J］. 黑龙江教育（高教研究与评估），2018（10）：50－52.

③ 王玲. 全纳教育认识的几点批判性审视［J］. 现代特殊教育（高教），2015（10）：76－80.

纳教育”的理念时，就要根据我国的实际教育状况进行。

在“全纳教育”提出之前，我国已经针对特殊学生提出了本土化的解决方略，即随班就读。这是根据西方特殊教育思想，并结合我国的实际状况提出来的策略。随班就读是在乡村教育资源极度短缺的情况下提出来的，1994 年，国家教委颁布了《关于开展残疾儿童少年随班就读工作的试行办法》，标志着随班就读由实验阶段进入了全面实施阶段。目前，我国某些地区开展的“融合教育”，实质上也是将部分已经接受过特殊教育的学生吸纳进普通中小学，采用“随班就读”的方式，使“特殊学生”逐渐回归“主流”，大部分特殊学生还在专门和专业的特殊教育学校接受教育。虽说“差异是一种资源”，但当这种“差异”大到不能正常开展教学活动时，分类教育依然是一种贴近实际的选择。

因此，在进行“全纳教育”理念下的教师队伍建设时，一方面要加强“全纳教育”理念在教师专业知识与专业素养中的分量与地位，因为“全纳教育”涉及的不仅仅是生理、心理有缺陷的学生，同时还包括留守儿童等群体，或者说是包含了所有有特殊需求的孩子。但是另一方面，全纳教师教育也要依据当地教育的实际状况，尤其是在中小学教师专业知识与素养都很匮乏的地区，“全纳教育”的培训是不能取代学科教育培训的。

面向2035的高素质专业化创新型教师队伍建设的意义、内涵、路径与建议

深圳大学　于紫薇　深圳文华教育投资有限公司　李军花*

摘　要：在2019年颁布的《中国教育现代化2035》中，国家提出“建设高素质专业化创新型教师队伍”。本文围绕面向2035高素质专业化创新型教师队伍建设的本体、价值、途径和政策建议展开详细论述。

关键词：高素质　专业化　创新型　教师队伍建设

百年大计，教育为本；教育大计，教师为本。2018年，中共中央、国务院颁布《关于全面深化新时代教师队伍建设改革的意见》（以下简称《意见》），这是中华人民共和国成立以来，党中央专门为教师队伍建设发布的第一份具有纲领性质的文件。在中国迈向新时代的进程中，《意见》详细阐述了教师队伍建设的意义、方向和目标，这说明了国家领导对教师队伍建设的关注和高度重视，标志着我国教师队伍建设进入黄金历史关键期，必将在我国教育发展史上留下浓墨重彩的一笔。

一、加强教师队伍建设就是抓住了中国教育改革发展的“牛鼻子”

“为何要建设教师队伍”是教师队伍建设观必须首先回答的核心问题，对于这一问题的整体把握和科学解答，构成了教师队伍建设观的逻辑起点①。习近平从实现“两个一百年”战略和中华民族伟大复兴的高度来论述教师、教师队伍建设的重要地位和使命，强调“努力培养造就一大批一流教师，不断提高教师队伍整体素质，是当前和今后一段时间我国教育事业发展的紧迫任务”②。教师队伍建设是我国教育领域最重要的一个供给侧改革，教师队伍建设“极端重要性”的战略地位成为全社会共识。

（一）建设人力资源强国需要高素质专业化创新型教师队伍

白皮书《在第四次工业革命中实现人力潜能》，开篇就指出“为未来而准备的教育

---

* 作者简介：于紫薇，深圳大学学前教育硕士研究生；李军花，深圳文华教育投资有限公司副总经理。

① 田文君，刘宝杰．习近平教师队伍建设观初探［J］．西安航空学院学报，2018，36（4）：10－14．

② 苟渊．新时代基础教育教师队伍建设的目标、内容与路径：基于《中国教育现代化2035》教师队伍建设内容的分析［J］．教师教育研究，2019，31（2）：8－14．

生态系统的核心特质”之一就是教师人力资源的专业化，提出高质量的教师专业才能在第四次工业革命中发挥关键使命的角色。[①]

建设高素质、专业化和创新型教师队伍是建设人力资源强国的重要保证。因为我国是教育人口基数大国，而且，义务教育在西部和农村普及的难度较大，学前教育、特殊教育和中等职业教育也存在很大差距。另外，我国教师结构存在很大问题。因为多方面问题，现阶段我国职业教育和特殊教育均与发达国家差距较大。因此，要建设人力资源强国，必须从高素质专业化创新型的师资队伍建设入手，着重加强农村教师、学前教师、中职教师和特殊教育教师的培养和培训，争取缩小我国与发达国家的差距。

（二）建设科技创新强国需要高素质专业化创新型教师队伍

进入科技创新强国行列，一方面需要大力发展科学技术能力，另一方面需要注重创新，比如加大创新投入、增强自主创新能力、提高创新产出等。由此可见，要想进入科技创新强国行列，首先要有一大批掌握核心技术的创新人才。教育是培养创新人才和创新精神的摇篮，而教师是关键。只有培养出一支具有高素质专业化创新型的教师队伍，才能培养出具有创新精神和创新能力的优秀人才。

二、高素质专业化创新型教师队伍建设的内涵

（一）高素质

在现代话语系统中，“素质”一词常被用来描述先天遗传条件下通过后天环境、教育和个人经验形成的一种稳定的内在质量，这是心理质量和行为质量的统一。教师作为一种社会角色，是人们对具有这种特殊身份的人的行为的期望，而人的行为在某种程度上是其内在心理素质的外在化[②]。因此，教师素质是指教师为完成教育教学任务所应具备的心理和行为素质的基本条件。如何体现“高”？显然，教师在专业领域的水平和程度比非专业人员更为优异，特别是在教育教学过程中更优异。

高素质教师应达到哪些标准？第一，教师必须是社会主义核心价值观的积极践行者。第二，具备良好的公民道德素养，并且自觉遵守《中华人民共和国教育法》等。第三，树立科学人本教育理念。第四，掌握丰富科学知识，包括人文社会和自然科学知识、传统文化素养、学科专业知识（本体性知识）、教与学的知识（条件性知识）、实践知识等[③]。第五，打造全方位能力结构体系，包括自我学习反思、与人交际合作、信息技术、国际视野和大局观等。第六，具有身心健康积极进取的人生观和教育观，对待学生要耐心亲切，对待教学要认真严谨等。

（二）专业化

从社会学角度看，“专业化”有其主要特点：一是严格的专业选择和有效的专业培训是职业成为专业的必要前提。二是具有系统的、独特的、先进的知识和技术。三是达

---

① 田士旭，宋萑．高素质专业化创新型教师队伍是强国之本［J］．中国教师，2018（12）：9－12.

②③ 宋萑，田士旭．如何造就党和人民满意的高素质专业化创新型教师队伍［J］．中国教师，2018（7）：27－32.

到相应的专业标准。四是经过系统培训，具有较高的专业判断、决策和实践能力①。教师专业化是指教师在教育教学领域的专业化，包括学习专业化、学科专业化和教学专业化。学习专业化中的“学习”不是指教师自己的学习，而是指学生的学习。教师应具备科学的理论知识，了解学生的发展和学习规律，并能将其应用于教育教学中。学科专业化是指包括学科内在知识体系、学科教学知识体系的专业化。教师应了解本学科的性质、方法和思想，拓展相关知识，运用跨学科的思维和知识，发展综合课程和校本课程，在掌握系统学科知识、具有较强的学科能力的基础上实施评价。教学专业化是指在适应学生学习规律和专业知识的基础上，形成引导、启发、帮助学生学习的教学模式，有效开展教学研究活动。一般来说，教师应能根据不同学科知识的特点，采用适当的教学方法，以达到更好的教学效果。

（三）创新型

创新与创造是心理学研究的内容。创造常指发明和发现。创新是指发现和发明。在教育领域，创新型教师应具有以下典型特征。

一是想象力丰富，好奇心强，创新意识强，具有教育科研意识和科研能力。有兴趣和渴望去探索新事物，没有强烈的好奇心和对探索新事物的兴趣，就无法实现创造力和创新。这是创新型教师的基本特征之一。

二是创新人格、创新思维和创新行动。无论创新的结果如何，首先教师应具有创新思维，并且善于独立思考。

三是反思教育实践和“元反思”的能力。一方面，教师要能够进行自我反思和总结，有意识地将教育教学经验总结整理达到理论水平，在教学过程中进行实践和验证；另一方面，“创新型”教师也要能够进行“元反思”，即对反思进行反思，不断优化自己的教育教学理论。

四是较强的解决问题的能力。这种“解决问题”不是我们日常生活中的解决问题，而是人类高级认知能力的表现。

（四）高素质、专业化和创新型三者既有区别又有联系

在新时期的教师队伍建设中，高质量、专业化、创新型三者相辅相成，密切相关，相互补充，互不相同。

一方面，专业化不等同于高质量，高质量也不代表具有创新型，三者是有明显区别的。另一方面，教师具有专业化的素质才可能实现高质量的要求，而高质量的教师队伍才有可能培养出具有创新精神和能力的优秀教师。因此，专业化是教师队伍建设的关键和核心，高质量是创新的前提和基础，而创新又是在专业领域内的不断突破。三者相互促进，密切相关。

总之，如何构建高质量、专业化、创新三个概念的内涵，使其与众不同，即具有层次感和区别性，有待进一步探讨。当然，更重要的是，我们要深入探索如何培养高素质、专业化、创新型的教师，以及如何在新时代使其发展壮大。

---

① 教育部师范教育司. 教师专业化的理论与实践［M］. 北京：人民教育出版社，2003.

三、高素质专业化创新型教师队伍建设的路径

扎根中国大地，探索新时代我国教师队伍建设的改革新路径。当今我国教育的主要矛盾已经转化为人民群众对享受高质量教育的急切需求与当前我国优质教育资源供给短缺且发展不平衡不充分之间的矛盾。① 解决这个问题的关键在于“造就党和人民满意的高素质专业化创新型教师队伍”。

（一）坚持一切听党指挥

“党政军民学，东西南北中，党是领导一切的”②，党的领导是教师队伍建设的根本保证。同时，在党的领导下，不断提高其领导水平。工会“是党联系职工群众的桥梁和纽带”③，因此，我们要重视工会的作用。通过科学的方法，严格管理和监督教师队伍的建设，而且要关心和鼓励广大人民教师不断提高专业素质和能力，提高教师队伍的整体素质。

（二）优化职前教师培养和职后教师发展的有机衔接

《意见》指出，“建立以师范院校为主体、高水平非师范院校参与的中国特色师范教育体系，推进地方政府、高等学校、中小学‘三位一体’，协同育人”。由此分析可见，要培养高素质专业化创新型的教师队伍，首先，我们要以师范院校为主体，重点加强师范院校教育结构和制度建设，加强对师范生的培养，从课程到实践加强专业培训和改革；其次，要鼓励高水平的综合性和非师范性院校开展教师教育和教师队伍建设的相关课题工作；最后，地方政府、高等学校、中小学和幼儿园要为师范生提供更多的实践机会，承担起在职教师继续教育的责任，全面推进教师终身学习和职业自我发展。

1. 五位一体创新教师职前培养思路与模式。为了更好地加强教师职前培训，应转变培训目标，转变培训观念，重视师范生素质教育、职业教育和创新教育，努力构建包括价值在内的职前培训五位一体创新平台——即价值培养、实践支持、定向决策、技术参与和数据支持④。一方面要让师范生掌握学科知识体系和教育教学技能。另一方面，要增加认知科学、学习科学等新兴课程，从而帮助师范生在未来教育教学工作中能够引导学生认识未知世界，培养下一代的创新精神与实践能力。因此，要增设创造心理学、创新学习指导等培养师范生创新教学能力的课程。

2. 加强在职教师职业发展体系。要加强思想政治学习和教师师德师风培养，培养教师树立理想信念，全心全意工作，热爱学生，肩负起指导学生未来的重要任务。此外，除了坚持以往讲座的形式，还应积极引进经验学习、访问、困境判断、伦理反思等

---

① 钟秉林. 扎根中国大地 推进强师兴国［J］. 中国高等教育，2018（Z1）：1.

② 习近平. 决胜全面建成小康社会 夺取新时代中国特色社会主义伟大胜利：在中国共产党第十九次全国代表大会上的报告［N］. 人民日报，2017－10－28（1）.

③ 田文君，刘宝杰. 习近平教师队伍建设观初探［J］. 西安航空学院学报，2018，36（4）：10－14.

④ 田士旭，宋萑. 高素质专业化创新型教师队伍是强国之本［J］. 中国教师，2018（12）：9－12.

多种教学形式，加强教师思想政治教育和师德作风建设。要鼓励优秀一线教育工作者提升学历，将教育实践与科学理论结合，成为终身学习者。要鼓励教师学习编程及网络研究，提升工具使用能力，在教学中，不断改善教学工具。要为教师建设一整套职后提升制度，鼓励教师不断学习，突破自我，实现从“普通教师”向“专家型教师”的转化。

（三）全面深化教师管理体系改革

一是完善教师的职称、职务和考核制度；二是提高教师的社会地位；三是完善教师工资保护制度，健全中小学教师工资的长期联动机制；四是合理规划教师的教学时间和学习时间。①

（四）切实改善教师自身利益，提升其社会地位

一方面要改革健全教师基本工资增长机制，使其切身利益得到改善，比如提高教师工资待遇和住房待遇、医疗保障等；另一方面，打造尊师重教的社会风气，使教师社会地位得到提升，吸引更多优秀人才进入教师行业。

（五）着力加强乡村教师队伍建设，为教师队伍建设补短板

加强乡村教师队伍建设的关键在于“努力造就一支素质优良、甘于奉献、扎根乡村的教师队伍”，要想造就这样一支优良的乡村教师队伍，首先要通过“推进乡村教师到城镇学校跟岗学习”以及“互联网 + 教师教育”创新行动等方式，来全面提升现有乡村教师的专业素质和教学能力。造就这样一支优良的乡村教师队伍，还必须要努力提升乡村教师的职业吸引力。关于提升乡村教师的职业吸引力，一方面需要我们“大力提升乡村教师待遇”②，全面落实集中连片特困地区生活补助政策；另一方面还需要我们“建立和健全乡村教师成长发展的支持服务体系”，为乡村教师队伍建设提供长久的制度保障。③

四、高素质专业化创新型教师队伍建设的政策建议

在围绕教师队伍建设的本体、价值和路径进行详细论述后，分析可见，高素质专业化创新型教师队伍建设的核心目标是“努力建设一支有理想信念、有道德情操、有扎实知识、有仁爱之心的教师队伍，更好地承担起传播知识、传播思想、传播真理，塑造灵魂、塑造生命、塑造新人的时代重任”④，为实现这一宏伟目标，我们提出政策建议如下。

（一）构建终身专业发展支持与保障体系

第一，要进一步提升教师教育一体化，重视教师教学工作，并且为教师自我学习提升创造更好的环境和制度支持。教师专业发展体现在对教育学、心理学和学科知识体系

---

① 新华社．中共中央、国务院印发《中国教育现代化 2035》：到 2035 年迈入教育强国行列［J］．上海教育，2019（7）：6－8．

②③ 田文君，刘宝杰．习近平教师队伍建设观初探［J］．西安航空学院学报，2018，36（4）：10－14．

④ 荀渊．新时代基础教育教师队伍建设的目标、内容与路径：基于《中国教育现代化 2035》教师队伍建设内容的分析［J］．教师教育研究，2019，31（2）：8－14．

的学习和掌握上。教师专业教育还要体现其对解决中国新时代教育改革发展实际问题的适切性和有效性，要积极建设并不断完善教师资格认证、教师教学能力认证、教师创造性教学认证等制度，保证教师工作的专业化、科学化和创新性。

第二，建议在我国《中华人民共和国教师法》基础上出台“保障教师专业职责法规”①，明确教师专业职责范围，保证教师有充足的时间和资源进行教育教学钻研，在教育教学中持续学习和创新。

（二）持续提升提高教师社会地位，不断解决教师在教育教学和生活中遇到的困难

要从国家角度来保障教师的合法利益，不断提高教师的社会地位，营造全社会尊师重教的风气，发挥领导的带头作用，让教师真正感受到归属感和荣誉感，从而认可和热爱自己的教育事业。另外，要持续提高工资待遇、教师住房和医疗保障等，不断解决教师在生活和工作中遇到的实际问题和困难，让教师能安心钻研教育工作并有所创新。唯此，才能让更优秀的人才进入教师行业，实现在全球化时代背景下，让更优秀的教师培养出世界一流人才，为我国实现人才竞争和综合国力的提升做好战略部署。

---

① 宋萑，田士旭. 如何造就党和人民满意的高素质专业化创新型教师队伍［J］. 中国教师，2018（7）：27－32.

指向 2035 高中教师专业成长的教育科研发展路向

广东实验中学高中部珠海学校　王涛*

摘　要：本文从笔者所做的一个学年针对学校各层次老师听评课记录出发，利用教育人种志“参与观察”和“个人中心的全程描述”探讨听评课作为一种教育科研方式在推动高中教师专业成长中的作用，分析当下听评课校本教研活动中反映出的问题，以及其在促进教师专业发展方面所具有的理论与实践潜力，对高中教师在指向 2035 的中国教育现代化的路途中应解决的问题进行阐释，在 2035 到来之时，使高中教师的专业成长更具前瞻性与规划性，更好地迎接 2035 教育现代化的到来。

关键词：指向 2035　高中教师　专业成长　听评课　教育科研　教育人种志

中小学教师的科研工作与高等院校或者专业研究机构的专家所做的科研工作有着很明显的差异，其中最显著的差异就在于中小学教师身居基础教育工作前沿，即教育的“第一阵地”，他们与教育的所有关系都保持着难以割裂的“亲密感”，这给了他们身在其中、思在其中的便利，基于此，探究面向 2035 的高中教师专业发展的科研发展路向就显得格外重要。我们既不能把“书斋”的研究直接套用在基础教育的教学实践中，也不能随意将任何人的研究成果采用“拿来主义”的方式全盘借用，这需要我们认真体验我们自己的教育，反思自己的过程，总结自己的方法，从而寻找到一条通往我们自身职业发展的“世外桃源”的通幽曲径。

一、《中国教育现代化 2035》战略任务对高中教师发展的要求

任何一个国家的或者一个时代的教育现代化不是一个抽象的命题，是需要我们在特定的时代去认识理解并落实行动的一个实践过程。2019 年 3 月，中共中央、国务院印发了《中国教育现代化 2035》，并发出通知，要求各地区、各部门结合实际认真贯彻落实。可以说，编制《中国教育现代化 2035》是我国积极参与全球教育治理、履行我国对联合国 2030 年可持续发展议程承诺，为世界教育发展贡献中国智慧、中国经验、中国方案的实际行动。改革开放以来，党中央、国务院先后颁布《中国教育改革和发展纲要》《国家中长期教育改革和发展规划纲要（2010—2020 年）》等纲领性文件，在不

* 作者简介：王涛，就职于广东实验中学高中部珠海学校，任教务处副主任，中学英语高级教师。

同历史时期有力指导推动了教育改革发展。2035 年是我国基本实现社会主义现代化的重要时间节点，面向 2035 目标描绘好教育发展的远景蓝图，为新时代开启教育现代化建设新征程指明方向，培养造就新一代社会主义建设者和接班人，具有重要的现实意义和深远的历史意义。① 作为国家教育发展轨道上的基础教育，特别是高中教育，深刻理解中国教育现代化 2035 的发展方向，将教育教学教研工作落实在通往 2035 方向的每一条道路上，对我们至关重要。

《中国教育现代化 2035》提出了推进教育现代化的八大基本理念：更加注重以德为先，更加注重全面发展，更加注重面向人人，更加注重终身学习，更加注重因材施教，更加注重知行合一，更加注重融合发展，更加注重共建共享。同时，它聚焦教育发展的突出问题和薄弱环节，立足当前，着眼长远，并重点部署了面向教育现代化的十大战略任务，其中发展中国特色世界先进水平的优质教育，与各个阶段教育的发展密切相关。笔者作为一名高中教师，对其中所谈到的在发展我国优质教育的过程中应注重“创新人才培养方式，推行启发式、探究式、参与式、合作式等教学方式以及走班制、选课制等教学组织模式，培养学生创新精神与实践能力”② 等颇有感受。笔者认为，如果在未来的教育发展中，作为基层教师无法在自己的教育教学以及教研工作中围绕这个目标进行理想规划与设计，那么，很多工作将偏离国家既定的轨道，将无法对一个国家、一个民族的教育发展做出应有的贡献。以上论述，可以说从教育目的、教育理念到教学方式以及策略再到教育组织形式都进行了纲领性的说明，而高中教育阶段践行这八大理念，利用真实的教育事实进行有效的教育科研，对于培养具备这种创新精神和实践能力的创新人才都起着至关重要的作用。

二、从听评课记录的分析中探究高中校本教研的追求

（一）对听评课记录的教育人种志分析

笔者在一个学年的教学管理工作中，参加过各种类型及层次的教育教学培训活动，但是，始终觉得一所学校内部的听评课作为教研活动，有其独特的引领教师专业发展的作用。本人在一个学年中的本校听评课记录据统计共有 56 节次，所有的这些都构成了作为教务管理工作者的一手资料。进而利用教育人种志研究方法的参与观察③以及个人

① 新华网. 教育部负责人就《中国教育现代化 2035》和《加快推进教育现代化实施方案（2018—2022 年）》答记者问［EB/OL］.（2019－02－23）［2019－10－15］. http://www.xinhuanet.com/politics/2019－02－/23/c_1124154488.htm.

② 中国政府网. 中共中央、国务院印发《中国教育现代化 2035》［EB/OL］.（2019－02－28）［2019－10－15］. http://www.gov.cn/zhengce/2019－02/23/content_5367987.htm.

③ 这种方法通常是指必须要有一段很长的时期“居住”在研究所在地或同所研究的人民保持联系，不论是在班级、邻里群体，还是在乡村社区。长时期的联系是必需的，因为这能使人种学家在自然场合下，收集人们的行为和有关事件的资料，便于建立一种和睦的关系，使人种志研究者能获得在其他情况下无法得到的某些信息；便于通过反复地参与、观察、提问和攀聊来获得最可靠的资料。奥格布，冯增俊，吴一庆. 教育人类学的研究目的和研究方法［J］. 现代外国哲学社会科学文摘，1988（1）：41－45.

中心的全程描述，对笔者所获得的这些听评课资料进行整理分析，从而初步得出对这一问题的理解。当然，其中所涉及的研讨及分析质量因笔者水平有限而有所限制。但是，从专业成长的角度来看，这样的研究，正符合教育人种志研究的“长期性”，即一两次的研究并不能解决问题，研究者要扎根于被研究对象中，不断深入理解某个问题，从而最大限度揭示这个问题的最核心的部分，即利用真正落地的教研促进高中教师的专业成长与发展。

经过资料整理，结合研究者个人对听评课的分析与理解，笔者希望能够对新入职教师以及笔者所在学校的教师提供更为合理的教育科学的分析，并提出一些较为中肯的意见，以便他们能够在今后的教学工作中提升课堂教学质量与课堂管理能力。下文以其中一名语文老师 D 为例，进行教育人种志的学理分析。

D 老师 2018 年以硕士研究生应届生来我校工作，所学专业是比较文学与世界文学，教授语文学科。我第一次听他的课，算是一节推门课，所教授课题为高一课文《鸿门宴》。他在上课过程中表现有些拘谨，声音不够洪亮，而且在整堂课中讲解量很大，占据了四分之三的时间，几乎没有留给学生太多的思考空间，更难以让学生拥有足够的时间去进行所谓的批判性思维的训练。在评课时，我将这些想法逐一跟 D 老师进行了解释和说明，他表示认可。而在其后的教学实践过程中，我通过其备课长对其进行了了解，D 老师认真好学，自这次评课后，他更加积极地参与到科组的各种研究讨论中，表现出积极上进的一面。在 2019 学年下学期，D 老师申请了转正定级课的公开课，授课文章是鲁迅的《拿来主义》。我特别留意了他在对学生进行语言思维品质训练方面所做的教学准备，至少他在以下三个方面较 8 个月前有了改进：利用课件的形象性帮助学生梳理语言建构与运用方面的能力，利用身边的实例帮助学生形成一定的反思能力，以及在学习经典的文学著作时应反拨社会理解能力的培养。例如，D 老师在本节课所设计的导学案中提出这样一个问题：现如今，“走出国门”不仅是个人的追求，也成为企业甚至是国家的战略计划。除了文化展演之外，中国的手机、汽车、高铁，甚至是中国的连锁品牌企业、银行、金融公司在世界各地都随处可见。那么，鲁迅所批判的“送出主义”是否已经不符合当代的现实？当代的“送出”和 80 多年前的“送出”有什么区别呢？谈谈你的看法。这是一个紧密结合现实，并且让孩子们能够有机会深度反思中国现实发展的好问题。更重要的是，在课堂上，D 老师所问的一个问题，真正拨动了学生“思维品质发展”的那根弦：既然只“拿来”会令人止步不前，那我们还需要什么主义才能够保持继续前进的动力呢？这不仅反映出大语文的那种“立德树人”的精神追求，更体现出以语言能力的发展促进学生个体社会化的实现。

D 老师一个学年的成长是一个年轻教师踏实学习虚心请教的结果，正如他本人在 2018—2019 学年上学期末所写的反思那样：回顾上个学期的教学活动还有很多值得总结的地方。比如，作为新人教师，我参加了 ZH 市①教育局组织的相关培训，自己的课也有幸被校本部专家指导，还参加了 ZH 市组织的说课比赛等活动，当然自己也阅读了很多有关语文教学的书籍，这些经历都对我帮助非常大。我感觉到来到学校不仅对我的

① 按，出于保护隐私的考虑，此处隐去该城市的名称，用英文字母代替。

教学工作有很大的促进作用，也对我个人素质和能力的提升有很大促进作用，希望在接下来的教学工作中我能取得更加明显的进步。①

事实上，D老师不仅在自己的课堂教学方面多有精进，他还承担了两个学期以来的校本课程的教学，而在校本课程方面，他非常注重教学资源的开发和利用，将学生的视野从课堂拉向更广阔的电影艺术空间，我想，在这个过程中成长的不仅是学生，更有教师本人。

综观教育研究工作，我们可以发现，对于学校教学工作的研究事实上多出自两种：质性研究和量化研究。例如美国社会心理学家贝尔思（R. F. Bales）对课堂量化的研究就是在其1950年提出的“互动过程分析”理论下完成的。在某种程度上，贝尔思的研究拉开了比较系统的课堂量化研究的序幕。② 但是，量化的课堂观察在加深对课堂教学的描述和认识的同时，无法掩饰其纯技术的缺陷。从20世纪70年代开始，人种志研究等质性研究方法开始走入课堂观察。完整的文字描述呈现了课堂全貌，使原本剥离出来的课堂事件、课堂行为回归情境本身，研究者利用个人经验可以更好地理解、诠释课堂。事实上，教育研究发展到今天，已经走到了质性研究与量化研究的融合。两种性质不同的研究取向，从不同层面、不同方向丰富和充实了课堂观察的知识。③ 笔者在近一年的听评课研讨中，采取的正是这样的“个人中心的全程描述”的做法，这样的做法，的确使得笔者对全校新入职的教师在他们的教育教学技能以及教学风格等方面有了较为真实而客观的理解与把握，而这样的理解与把握对于帮助青年教师的专业成长是有所裨益的。它强调的是“利用个人经验用完整的文字进行的描述”。而此处所指的教育人种志的研究事实上是缘起于人类学的田野调查，国内也有教育研究者将其称为“个人中心的民族志研究”。个人中心的民族志研究强调的是“通过研究者主观经验的叙述，就研究对象的行为及利害关系进行的参与观察，以及对深藏不露的生活体验所做的类似于将心比心式的诠释，在此种诠释中的事实可以分为两个层次：一方面是人们的行为，另一方面是人们对行为的诠释方式。这实际上是把田野研究从‘参与观察’转向‘参与理解’的一个体验过程。在人物的‘自述’中，通过研究者的田野体验，重新诠释核心内容，这种诠释会带有个人的主观色彩，但与部分宏大叙事性的人种志相比，这类诠释更具‘人性化’和‘类真实性’”④。这也是笔者将自身所做的观察研究归整为“个人中心的全程描述”的理论溯源所在。在笔者的教育工作的经验与理解中，这种描述首先促进了笔者对高中教育工作较多且全面的理解，更为重要的是作为教学管理工作者，这样的深入理解，通过“个人中心的全程描述”成为促进校内教师专业发展的真实力量。

---

① 按，此处为D老师交给教务处的年度考核资料中的文字，有打字时的错字，保持了原样，行文时笔者做了更正。

② 按，此处虽为讨论课堂观察的研究方法，而作为听评课的中心环节，课堂观察的研究，事实上可以被认为是听评课研究的主干部分。

③ 沈毅，崔允漷．课堂观察：走向专业的听评课［M］．上海：华东师范大学出版社，2008：73－74．

④ 冯跃．教育的期待与实践：一个中国北方县城的人类学研究［M］．北京：民族出版社，2009：18－82．

（二）听评课活动的教育研究性质：校本教研的一种

校本教研的方式有多种多样，国内有研究者曾指出过至少 11 种：案例教学、现场诊断式、问题研讨式、专题讲授式、示范模仿式、情景体验式、自修反思式、研训互动式、网络交流式、论坛参与式、主题探究式。[①] 其中，根据笔者的教学工作经验与对教育教学研究工作的理解，听评课至少可以包括其中的 5 种，即案例教学、现场诊断式、问题研讨式、示范模仿式、情景体验式。在实践领域中，中小学教师所参与的听评课研讨事实上就可以归为这 5 种类别的范畴中，这是因为听评课的组织取向的确朝向真正的教育研究。

英国著名的课程理论家劳伦斯·斯滕豪斯认为："教师应成为课堂的研究者。"这个著名的论断让高中教师多了一重身份——研究者，教师不能仅停留在对学科教材教法的分析和技能的训练上，否则只能使教师成为"教书匠"。特别是对于扎根于教学一线的高中教师来说，校本教研是其增强教育教学能力、提高教育教学水平、深化其对教育教学问题与政策理解的必要途径。2002 年，《教育部关于积极推进中小学评价与考试制度改革的通知》要求学校应该建立以校为本、以教研为基础的教师教学个案分析、研讨制度，引导教师对自己或同事的教学进行分析、反思与评价，提高全体教师的专业水平。[②] 这是首次以国家文件形式对校本教研做了规定，表明开展校本教研是促进中小学教师专业发展的有效途径。校本教研是一个以教师为主体，通过主体之间以及主体与其他参与者相互影响、相互作用达成信息交换和行为交互，以解决教育教学实际问题为目标的互动过程。[③] 此段论述明确将听评课活动视为中小学场域中的一种重要的教研形式。笔者坚信，通过听评课，每个深入一线的教育工作者都将在自己的教学实践中找到适合自己的教研方法，而如果能够科学合理地利用科研成果，它必将推动我们的专业发展。唯有教师专业真正发展强大起来，我们的教育或许才能真的强大起来。

三、指向 2035 教育现代化的高中教师专业成长的教育科研发展路向的可行性

国内论述教师专业发展的文章颇多，而以高中学校为研究对象、以高中教师教育研究为范例专门论述高中教师专业成长的研究文字尚属少数。本文旨在使用源于高中学校与教师的人种志材料中，就高中教师专业成长的教育科研发展的路向可行性进行粗浅的分析，其目的在于帮助身在高中教学第一线的教师突破高中教师面临的教育科研困境，例如缺乏适当的理论素养、缺乏大学教师或者专业人员的指导、教学行政领导缺乏教研自主权等问题，真正实现对教育问题的把握，从而实现自身朝向 2035 教育现代化的专

---

① 黄蓉. 基于学校的教师专业发展：以 X 中学为个案 [D]. 上海：华东师范大学，2010.

② 中华人民共和国教育部. 教育部关于积极推进中小学评价与考试制度改革的通知 [EB/OL]. (2012 - 12 - 18) [2019 - 10 - 15]. http://www.moe.gov.cn/srcsite/A26/s7054/200212/t20021218_78509.html.

③ 吴立宝，栗肖飞. 中小学校本教研的困境、成因与突破路径 [J]. 课程·教材·教法，2019，39 (6)：125 - 130.

业成长。本研究依据高中教师专业特点，聚焦“听评课”作为一种校本教研活动所展现出的各种问题，找出思路，切实推动高中教师专业成长。

（一）发现真问题、解决真问题

教育中的真问题真正地存在于学校的课堂中，存在于学生群体中，也存在于教师群体中，换句话说，它存在于整个中小学教育场域中。在这一个学年的听评课中，笔者跟所有参与校内听评课的教师都提到一个问题：我们每一次的听评课，都必须直面我们教学实践中出现的真正的问题，指出上课教师的优点是理所当然的，可是，如果真正能够把问题挑出来，或许才是更有价值的听评课。我们能够理性地接受他人的批评，不怕挑刺，只要这个“刺”是真刺，那就是善莫大焉！毕竟我们的视野与认识有所局限，只有这种能够发现真问题的听评课，才能够真正解决问题。这是未来教研活动中需要所有教师注意和追求的一个方向。

（二）加强大学与中小学合作

事实上，一所中学的教师教研能力的提高和教师专业全方位的提升离不开与大学的合作。有研究者指出，大学是教育理论研究的荟萃之地，中小学是教学实践的心腹之地，二者之间只有在互通有无、优势互补中才可能催生出更有生命力的基础教育改革。[①] 不言而喻，就目前国内的基于学校的教师专业发展工作来讲，我们缺乏的是大学教师进校指导这个制度性的保障措施，多的或许是有些名校能够定期邀请部分知名教授来校进行专题讲座，但是，更多的基层学校需要和大学教师建立长久恒定的合作关系，从而全面系统地得到大学教师在教育理论方面的指导，实现中小学教师在教育专业发展方面的提升。崔允漷论述过大学与中小学在科研方面的合作关系，并不无乐观地指出：大学—中小学伙伴关系与其说是一种话题，还不如说它是一种问题解决的方式。他认为，这种伙伴关系由于指向于学校的教育实践，因此，可以在实践中发现问题、解决问题，更是在合作行动中共同创造知识。[②] 这对于高中教师的教研活动的教科研方向有着极其重要的指导作用：假如我们每一次的听评课（至少是那些重要的听评课）都能够请到大学教授和专家莅临指导，那么中学教师的教研工作或许就会更加清晰它的未来方向。笔者所在学校对教师的教育科研工作相当重视，在每学年中，都会聘请教育专家包括大学学者进校开展科研讲座。有时还组织骨干教师走进大学接受高质量的再培训，这都有效地促进了我校教师的教育科研能力。而这种做法如能普及更多的学校，无疑会更深层次地全面推动高中教师科研能力的发展。

（三）以学校为中心，增强中小学教研自主权，明确教学领导的参与任务

1971 年，英国约克大学名誉校长詹姆斯发表了著名的“詹姆斯报告”，报告建议“教师的在职进修应从中小学开始”。这份报告堪称一部“教师教育宪章”，这份报告认为一切教与学的活动都是在学校发生的，每所中小学都应该把本校教师的在职发展看作是至关重要的任务，并且所有教师教职员也都对此负有责任。当然，因为英国的中小学

① 龙宝新．当代国际教师教育研究［M］．北京：科学出版社，2017：46.

② 沈毅，崔允漷．课堂观察：走向专业的听评课［M］．上海：华东师范大学出版社，2008.

享有充分的自主权，这为在校内实现教师专业发展提供了前提条件和可能性。① 反观我们的学校，多数教学行政领导没有太多时间与精力去深入到自己学校听评课的教研活动中，进而难以深入到教师的课堂，从而未能思考自己的学校教师专业发展的宏观和微观的问题。而在现代教师培训的实践中，教学领导作为学校发展方向的指引者，因为他们既是培训主体，也是培训对象，唯有增强学校教育科研的自主权，这些教学行政领导或许能在教师专业成长中成为真正的带队者，一所学校、一个地区的教师专业发展才会有所保障。

四、结语

或许在探讨中学教师（包括中小学所有教师）的教研中我们还能够寻找到更好的路径与方向，而围绕 2035 国家教育现代化的教育目标与教育理念梳理出一条适合高中教师专业成长的教育科研发展的路途，或许在这未来的 16 年里，我们的基础教育能够朝着它自身希望长成的模样努力，我们绘制的美好蓝图才可能实现。

---

① 黄蓉. 基于学校的教师专业发展：以 X 中学为个案［D］. 上海：华东师范大学，2010.

建设高素质专业化教师队伍由中层领导开始

香港粉岭救恩书院

摘　要：《中国教育现代化2035》提出建设高素质专业化创新型教师队伍。要让学校能够建立由全体教师组成的专业化创新型团队，第一步必须由培训中层领导开始。本文将介绍我校中层培训的方法，通过建立制度、提升专业能力及营造学校文化，让中层领导成为专业化创新型教师，领导学校发展，提升全体教师能力，让整个学校教师团队成为高素质专业化的教师队伍。

关键词：中层领导　专业化教师队伍　团队建立　使命团队

一、前言

《中国教育现代化2035》提出，建设高素质专业化创新型教师队伍。其中一个关注事项是充实教师专业发展体系，推动教师终身学习和专业自主发展。期望到2035年，教师综合素质、专业化水平和创新能力大幅提升，培养造就数以百万计的骨干教师、数以十万计的卓越教师、数以万计的教育家型教师。要全面提高中小学教师质量，建设一支高素质专业化的教师队伍，学校必须订立优先次序，制订培训策略。培训教师，全面提升全体教师水平，先要从中层领导教师开始。

中层领导教师在每所学校都担当重要的角色，他们负责守护学校核心理念、经营正面学校文化、洞察学校发展需要及实践学校领导管理。学校需要建立完善的行政架构及中层领导培训系统，让中层领导团队能共同制定政策、实践学校使命，发展合而为一的团队。

如果一所学校的中层领导没有实践团队使命，学校的发展将会受到限制。因此，建设高素质专业化的中层教师队伍是学校必要的工作，以突破学校的发展限制。通过系统的中层领导培训，我们盼望中层教师可以建立领导思维，以学校及学生的需要为优先考虑，身先士卒，成为一个合而为一的团队，与校长共同带领学校发展。

二、推行分散领导共同承担学校发展

粉岭救恩书院十分重视中层领导的角色及发展，于创校时已经成立“学校行政发展议会”，由校长、副校长及十多位领导着不同学习领域或委员会的教师组成。我们推行“分散领导”策略，由中层教师共同承担学校发展，参与领导及管理学校。“学校行政发展议会”成员收集不同参与领导的成员意见，经过讨论，策划、推行及检讨学校方向及政策，领导及管理不同范畴事务。为了让成员多从学校整体发展角度关注事项，

规划学校未来发展，所有成员均称为“学校发展主任”，并实行三层领导制，提供清晰的晋升阶梯：总学校发展主任—领导学校生命成长部、学业成长部及成长支持部；高级学校发展主任—支持及监察跨科组工作；学校发展主任—领导各科组、委员会及工作小组。中层教师每晋升一级，校长必定与该名教师进行面谈，了解个人想法，并做好心理准备及管理期望。

三、多元化中层教师培训活动

我们为中层教师安排多元化的培训活动，包括阅读书籍、校本工作坊、讲座及海外考察等，帮助中层领导教师建立使命团队、开阔领导新视野、了解教育新趋势及提升管理能力。

（一）建立使命团队

我们深信增强中层团队凝聚力能有效领导学校发展。让中层团队了解办学及教育理念可有助建立个人及团队使命。我们曾经安排教师前往德国及瑞士，认识办学团体的历史及办学理念；校长及学校发展主任参加生命教育交流团，通过讲座、工作坊及参观，了解教师使命及如何建立学生生命，并与中层教师分享及反思，共同建立使命团队。

（二）开阔领导新视野

为提升中层教师的领导能力，学校会安排中层团队走出校园，进行跨界别交流，让教师冲破框框，寻找领导共通点。我们曾参观 L plus H 社会企业，与前线员工及管理层交流，认识社会企业文化及使命和学习如何实践“适应性领导”；参观宝血会儿童之家，让中层团队学习如何领导前线教师洞悉及解决青少年问题。

（三）了解教育新趋势

为领导学科发展，中层教师必须了解教育新趋势，以优化课程设计、教学策略及教师专业培训。我们除了安排教师出席本地教育研讨会和到不同学校观课交流外，还先后组织中层教师前赴美国、挪威、日本等国家以及我国的北京市出席国际教育会议，参加教学课程并到当地学校做观课交流。我们也曾邀请国际著名学者安迪·哈格里夫斯教授（Professor Andy Hargreaves）分享他在教师专业协作的研究结果，让教师了解不同地方教师的协作模式，拓宽我们的教育视野，启发我们对专业协作的思考。

（四）提升管理能力

中层团队带领不同科组发展，需要管理思维、知识及技能，以提升团队的工作效能。从阅读管理书籍中，我们建立了“企业纪律”“源头管理”“信而验证”“管理上司”等管理思维。我们定期安排中层教师参加大专院校或教育局举办的管理课程，以提升领导及管理能力；也会举办校本工作坊及讲座，按中层团队需要进行专题分享，例如，我们曾邀请资深校长叶祖贤先生分享中层教师的角色及职责；还会安排法律讲座，帮助教师认识教育法律，以拓宽视野。

四、建立学校文化

我们致力于建构中层团队文化，通过交流互动及不同的工作，建立以学校理念为先、轮任行政工作、共同商议、共同承担、反思分享及薪火相传的文化。

（一）学校理念为先的文化

我们每循环周举行两次会议，分享教育新闻、规划学校发展、反思并优化学校政策、处理学校问题或危机。透过互相交流及互动，帮助中层教师建立共同语言，植根学校共同理念，建立合作互信关系。

（二）轮任行政工作的文化

中层教师轮流领导不同委员会或学科，以培养中层教师宏观视野及共通能力，以及从学校整体角度出发制定政策的能力。例如，曾担任英文科主任的中层教师转任生涯规划委员会主席，由领导学科转移到功能组别，轮任不同行政岗位有助于中层教师洞悉学校整体发展的需要。

（三）共同商议、共同承担的文化

中层团队共同承担发展学校的使命，共同商议学校各项政策。每年，我们会分成三组商讨学校的关注事项，每组主责检讨及计划一个关注事项。每组成员会收集一线教师意见，了解学生及教师需要，制定学校发展策略，并由组长负责撰写学校周年报告及计划，组内副校长或总学校发展主任负责观察及提供支持。

（四）反思分享的文化

我们致力建立反思分享文化。在每次的培训活动完成后，中层教师会撰写反思，总结及分享经验，深化学习，也会与他人分享所学，并思考如何帮助学校发展，同时还会从所学中反思学校政策，提出建议，优化现行做法。通过反思及分享的训练，教师之间亦可建立共同理念及语言。

（五）薪火相传的文化

我们积极建立学习社群，两名学校发展主任与两名新入职教师组成一个学习社群，于每循环周安排两节课，一起阅读、观课、分享学校理念。学校发展主任在启发和指导新教师过程中，一方面可以承传经验，帮助新入职教师适应；另一方面也可通过分享深化对学校理念的理解。

五、总结

在现今瞬息万变的教育制度之中，学校中层教师需要积极求进。我们锐意发展中层领导，在制度、专业能力及学校文化方面提供支持。在制度方面，我们设立学校行政发展议会，划分三层领导并充分发挥集体专业能力，让中层教师了解专业成长阶梯。在专业能力方面，我们举办多元化发展活动，全方位建立中层教师团队，让教师不断更新。在学校文化方面，我们建构团队、轮任行政岗位及共议工作，共同领导学校；同时，建立反思及分享文化，让经验薪火相传。通过系统的多元化培训活动，中层团队能够拓展专业学习社群，拥抱共同的理念及价值，互相支持，合作无间，成为学校持续发展的重要枢纽。

中山市教师信息技术应用能力均衡发展的策略研究

中山市特殊教育学校 兰腾*

摘 要：笔者通过近年来中山市教育信息化建设措施，探讨在信息化环境下促进区域内义务教育教师信息技术应用能力均衡发展的策略，即通过以竞赛和课题研究为抓手，期望构建以效能为导向的教育信息化可持续发展的生态机制，提升中山市中小学教师信息技术应用能力，从而推动中山市教师信息技术应用能力的均衡发展。

关键词：信息技术 教育信息化 均衡发展

2012 年 10 月，国务院印发了《关于深入推进义务教育均衡发展的意见》，对在新形势下推进义务教育均衡发展提出了明确要求。教育均衡发展不但是一个理论问题，更是一个教育发展的战略问题，表现了人们对于教育公平、公正的价值判断和“人人有学上，人人上好学”的现代教育发展理想追求①。就义务教育均衡发展而言，笔者认为，其均衡发展主要包含三个方面：学校的均衡发展、教师的均衡发展、学生的均衡发展。义务教育均衡发展的最终目标是实现学生的均衡发展，而要实现学生的均衡发展，学校和教师的均衡发展就成为学生均衡发展的必要条件。作为教育工作者，加强对信息技术的认识、理解和应用，在讲解、启发、示范、指导、评价等教学活动中能够以信息技术为支撑，与学科教学进行深度融合，对课堂教学进行优化，是教育信息化背景下对教师专业发展提出的必然要求。

一、问题的提出

中山市很早就启动并实施了教育资源下乡行动，由当地主管部门统筹布局，以专项资金和地方财政为支撑，科学分配信息化教育资源，均衡推动中山市义务教育阶段中小学校教育信息化硬件设施建设，面向全市中小学校开展智慧课堂建设，搭建互动一体化教学环境，通过科学布局，依托信息技术采用平板电脑等先进的信息化设备优化课堂教学，区域内教育信息化硬件设施的建设得到了均衡发展。

---

* 作者简介：兰腾，中山市特殊教育学校教师，信息技术中学一级，主要研究领域：信息技术与学科教学的深度融合，信息技术与特殊教育的深度融合。

① 彭红光，林君芬. 以信息化促进义务教育均衡发展的机制和策略［J］. 中国电化教育，2010（10）：33－39.

通过上述举措，中山市区域内学校的相关硬件装备建设得到了均衡发展，但是在实践过程中却又出现了新的问题，主要表现在信息化基础设施的建设并没有转化成教育教学的效能，信息化设备使用率低。通过调查发现，症结在于大部分教师信息技术应用能力参差不齐，大部分教师应用信息技术的水平不高，教师信息技术应用水平与信息化环境互相脱节，造成教师依然采用传统课堂的授课方式，对信息化设备的使用持拒绝和否定态度，使信息化设备成为摆设，没有发挥应有的教育教学效用。教师信息化的水平，即教师应用信息技术的能力，是诸多环节中最重要的一环，如果区域范围内教师应用信息技术的能力不高，则制约区域范围内教育信息化的发展水平，使教师信息化与环境信息化达不到统一，而无法促进区域范围内教育信息化的发展，所以区域范围内教师信息技术应用能力的均衡水平在推动教育信息化的发展过程中显得尤为重要，即教育信息化的关键是提升教师的信息技术应用能力水平，使环境的信息化和人的信息化即教师的信息化最终统一起来①，是进一步推动区域内义务教育均衡发展的有力措施。

二、推动教师信息技术应用能力均衡发展的策略

（一）以竞赛为载体，以专项培训和教学研讨为两翼，形成“一体两翼”的推动机制

为提升区域内教师信息技术应用水平，突破应用瓶颈，推动区域内义务教育均衡发展，中山市采用以竞赛为载体，以专项培训和教学研讨为两翼，形成“一体两翼”的推动机制，拓展优质教育资源的来源途径，提高教师应用、制作和管理数字教育资源的水平，从而促进城乡教师信息技术应用能力的均衡发展。

1. 以竞赛为导向，开展专项技能培训，提升教师信息技术的应用能力。根据以往经验，针对教师的信息技术应用开展了很多培训活动，但是培训效果不佳，其根源在于教师参加培训的积极性不高，培训的进程随着培训课程的结束而结束，教师并没有从培训中获得技能上的实质提升。以互动教学一体机的使用为例，区域内学校都配备了互动教学一体机，在伴随硬件建设的同时开展了不同形式的培训工作，但培训效用不高，教师没有掌握相匹配的技能，导致相关设备沦落成为普通电脑，而没有发挥相关设备应有的功能，信息化资源浪费严重。

为了提升教师应用信息技术的能力，中山市以教师需求为根本，以竞赛为导向，以专项培训为手段，于 2017 年启动了每年一届的“中山市中小学互动课堂教学展评活动”，并且通过竞赛促进培训，每两个月进行一次面向全市教师的互动一体机与学科教学融合的市级专项培训活动，如“希沃白板 5”软件的使用等。2017—2018 学年共举办了 10 场“信息技术促进教与学的变革”市级专项教研活动，培训效用辐射到全市义务教育阶段的所有中小学校，培训教师达 6 000 余人次。教师对于参加以竞赛为导向的培训热情高涨，能将所学知识积极应用到教学工作中，利用信息技术工具优化课堂，可见培训成效显著，达到了以赛促培的目的。

① 林君芬，张静然．以信息化推进义务教育均衡发展：访广东省教育厅罗伟其厅长［J］．中国电化教育，2010（10）：28－32.

中山市以培训为基础，通过课堂教学的实践，促进教师不断学习、优化信息技术与学科教学的融合方法，让教师有能力学、有兴趣学、有动力学、有资源学，同时通过竞赛，引导教师将所学转化为优质课程资源，通过竞赛平台进行呈现展示，达到以赛促培、以赛促学、以赛促训的目的，推动了信息技术和学科教学的深度融合，促进了教师信息技术应用能力的均衡发展。

2. 以竞赛为驱动，开展教学研讨活动，推动教师利用信息技术深度优化课堂教学。在线上，教师可以不受时间、地域的限制观摩学习网络优质课程资源；在线下，通过定期开展信息技术促进教育学的变革观摩研讨会，以校级教研、镇（区）级教研、市级教研为平台，以现场示范课的观摩、评课、专家讲座等项目为内容开展教学研讨活动，给教师带来视觉上的冲击、理念上的变革、技能上的提升。举办现场优质课程观摩活动，可以推动教师学习使用信息化技能优化课堂教学，让教师对信息技术在课堂教学中的优化作用看得见、摸得着，切实体验和感受信息技术对课堂教学方式带来的变革，从而达到教师信息技术应用能力均衡发展的目标。

根据首届（2017 年）和第二届（2018 年）互动课堂教学展评活动的数据统计（见表 1）可知，在经过校级、镇区初赛选拔后，进入到全市复赛的作品数量在逐年增加，第二届互动课堂比赛共有 97 所学校 429 个参赛作品进入市级复赛，经过专家评审共产生了 264 节优质课程资源。总体来看，进入复赛的参赛教师及参赛作品数量分别比首届比赛增加了 55% 和 36%，教师的参与度得到大幅提升；进入复赛的学校数量比首届比赛增加了 48%，获奖学校数量比上届增加了 47%，比赛所辐射的学校范围快速扩大；产生的优质课程资源比首届比赛增加了 37%，课程资源质量得到明显提升，优质课程资源数量和质量也得到了稳定提升，由此可见，参赛区域内教师的信息技术应用能力整体上得到了快速的提升和发展。

表 1　互动课堂教学展评活动数据统计表

年份	参赛作品/个	参赛教师/名	参赛学校/所	获奖学校/所	优质课程资源/节
2017	315	493	83	66	193
2018	429	769	123	97	264

两届中山市中小学互动课堂教学展评活动极大地提高了教师应用信息技术的能力，2019 年中山市从互动课堂教学展评活动中遴选的课例作品在“2019 年新媒体新技术教学应用研讨会暨第十二届全国中小学创新课堂教学实践观摩活动”获得 3 个一等奖（含 1 个现场上课一等奖）、2 个二等奖、1 个三等奖的优异成绩，是中山市中小学互动课堂教学展评活动成果的集中展现。

线上研修、线下研讨的“双线”学习模式以竞赛为驱动，促进教师参与课程教学改革，聚焦课堂，积极探索有效教学的途径和方法，在传统讲授法的基础上开拓创新，积极思辨，灵活运用现代教学技术，提高教学业务能力与水平，从而推动区域内义务教育均衡发展。

3. 以资源共享为目标，以竞赛为抓手，促进资源建设，提高教师的知识化和智能化水平。通过在区域内举办各种类型的竞赛，以赛促建，利用竞赛产生的大量优质教育资源推动区域内优质课程资源建设，如通过“中山市中小学互动课堂教学展评活动”

“一师一优课一课一名师”“中山市基础教育精品课程建设”“中山市中小学微课比赛”等赛事活动，中山市中小学教师创作了大量优质教育资源，并将积累的优质课程资源在网络资源平台上进行共享，促进了区域内优质教育资源的建设。

教育教学资源既是课程的重要补充，也是教师信息化应用能力的具体体现和促进信息化应用的重要支撑。中山市通过区域内的网络教育资源平台，如“教研网”“视频网”“微课网”“资源网”“精品课程网”等平台，将赛事活动中产生的经汇集、筛选、评估后确认的优质课程资源进行共享①，突破应用的瓶颈，以学科资源、示范课例、教研资源来助力区域内教师专业发展②，资源形态从静态固化资源转向为生成性资源，有效整合，破解资源建设和整合迷局③，为区域范围内教师提供筛选、评估后优质资源进行学习使用，充分发挥优质资源的优势，提高教师的知识化和智能化水平④，促进了教师的专业成长，教师应用信息技术的能力得到提升，又会通过整合、创新产生新的优质资源，不断丰富区域内线上的教学资源，进而扩大辐射教师的范围。因为有优质课程资源助力，所以教师应用信息技术的水平得到快速提升，在教师能力得到提升后又进一步促进优质课程资源的创新，继续丰富优质教育资源，优质课程资源的使用和创新与教师信息技术应用水平的提升互相作用、相互推动、相互促进，形成了上升式螺旋发展，最终形成一种学资源、用资源、创资源的可持续发展的生态机制（见图1），促进区域内甚至是跨区域的优质教育资源的均衡配置，推动教师信息技术应用能力的均衡发展。

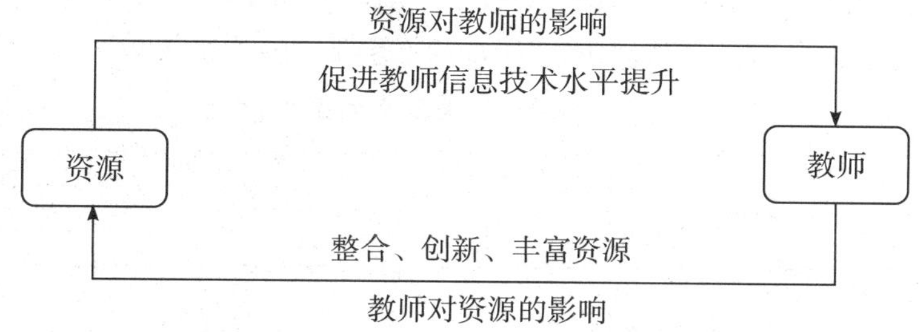

图1　教师信息技术水平与资源建设的相互作用机制

（二）以教育信息技术课题研究为引领，促进教师专业成长，提升教师信息技术应用能力

在推动教师信息技术应用能力均衡发展的过程中，势必会遇到各种问题。引领教师以课题研究为手段，将产生的问题转化为课题，在课题研究的过程中找到解决问题的途

① 任友群，徐光涛，王美．信息化促进优质教育资源共享：系统科学的视角［J］．开放教育研究，2013，19（5）：104－111．

② 兰腾．特殊教育信息化及资源库建设的研究热点分析［J］．教育信息技术，2018（7）：131－134．

③ 胡小勇，詹斌，胡铁生．区域教育信息资源建设现状与发展策略研究［J］．中国电化教育，2007（6）：56－61．

④ 林君芬，张静然．以信息化推进义务教育均衡发展：访广东省教育厅罗伟其厅长［J］．中国电化教育，2010（10）：28－32．

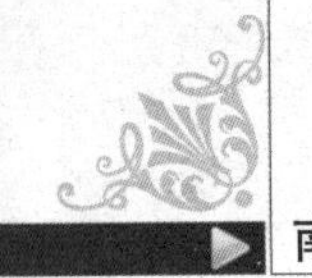

径和方法，形成以校级小课题为基础，向市级课题、省级课题、国家级课题转化的跨越式的四级课题研究机制。培养一批具有鲜明特点的研究型教师，发挥骨干教师的引领示范作用，不但以教研活动为手段，将课题研究的示范效应辐射到本校、本镇（区），还以课题研究为平台，凝聚区域内的教师，形成“人人是学习研究之人”的研究氛围，以此解决教师应用信息技术过程中遇到的问题，从而推动全市教师信息技术应用能力均衡发展。

在四级课题研究机制的推动下，中山市的课题研究开展得如火如荼，涌现了一大批的优秀科研成果，成绩斐然，对推动中山市教师信息技术应用能力的均衡发展起到了重要促进作用。以中山市范围内成功立项的全国教育信息技术规划课题（中央电教馆）为例（见表 2），中山市获得立项的全国教育信息技术课题数量共有 110 项，形成了中山市 24 个镇（区）均有在研或已结题的全国教育信息技术课题的现象，甚至部分镇（区）出现每一所义务教育学校均有 1 项以上在研或已结题的全国教育信息技术课题的罕见现象。自 2011 年始，中山市的全国教育信息技术课题研究已经走过了 8 个年头，实现了中山市全国教育信息技术课题从无到有，从有到优的跨越式大发展，尤其是自 2016 年起，中山市国家级课题立项数量达到 22 项，2017 年立项数量达到 35 项，立项数量位居广东省前列，并且以后每年都有一大批国家级课题立项，在全国各地教育技术课题开展的过程中形成了独特的“中山现象”。正是在这种浓厚的教科研氛围的辐射下，以条件均衡为前提，以过程均衡为手段，以结果均衡为导向，成功地提升了中山市教师信息技术应用能力的水平，促进了中山市义务教育的均衡发展。

表 2　全国教育信息技术课题立项数（中山）

年份	2011	2012	2013	2014	2015	2016	2017	2018	总数
立项数/项	1	3	2	15	9	22	35	23	110

三、结语

信息技术作为工具可以在多个层面上改进教育的均衡发展水平①，从中山市开展的教师信息技术应用能力均衡发展的成效来看，“一体两翼”的竞赛推动机制和课题研究引领机制，有助于提升区域内教师信息技术应用能力的边际效用。

事实上，围绕基础教育信息化的立足点，中山市通过装备建设、竞赛驱动、教师培训、课题研究、资源共享等策略，创设信息化的教学环境，丰富信息化的优质教学资源，提升教师的信息技术应用能力，实现教育思想、教学观念的根本性变革，从而达到推动区域义务教育均衡发展的目标。实践证明，中山市实施的以上举措极大地促进了区域内教师信息技术应用能力的均衡发展；同时，教师信息技术应用能力提升的策略是多样化的，各地区制定提升策略时，不能简单套用，而是要根据区域内自身教育教学发展特点，因地制宜地制定相应的策略，从而推动区域内教师信息技术应用能力的均衡发展。

① 高铁刚. 信息技术提升教育均衡发展的机制与方法研究［J］. 中国电化教育，2014（1）：22－28.

面向信息科技年代的自主学习

——数学教育的实践

香港粉岭救恩书院

摘　要：近年来，香港积极发展电子学习，推动教师融合信息科技于学科教学当中。数学教育是香港其中一个主要学习领域，数学科教师必须迎接电子学习所带来的挑战和机遇。本文将从我校推动电子学习的背景、运用信息科技促进自主学习的历程及推动“翻转课堂”的经验三方面进行说明，解释我校在数学教育方面如何运用信息科技协助师生进行深入的互动协作，促进自主学习。

关键词：信息科技　电子学习　自主学习　数学教育

一、引言

近 20 年，通信和信息科技的应用发展一日千里，并且已融入日常生活各方面。随着科技日益先进，尤其是流动科技愈趋方便，学与教的模式已有所转变。香港教育局在过去十多年积极推行信息科技教育，要求学校制订整体课程规划，利用信息科技提升学生的学习能力，其中一个目标是要让电子学习成为可持续发展的学习模式：通过广泛运用电子学习资源促进学生学习的成效，让他们掌握处理信息科技的方法，具备解决问题等高阶思维能力，并养成终身学习的习惯，达致全人发展。

粉岭救恩书院的办学理念是“每个孩子都有尊严，每个孩子都可教导，每个孩子都可以成功”。基于以上的信念，我校教育强调“以生为本”，着重培养学生预习和反思等学习习惯，特别是在信息科技时代，让他们学会如何有效学习，如何管理知识，如何运用信息科技，促进自主学习，让学生掌握面向 21 世纪信息科技的必需技能。

二、学校推动电子学习的背景

粉岭救恩书院全体教师秉持共同的教学信念，建构团队共力及学校文化，致力于实践全人教育。经过数年的努力和实践，本校已建立自主学习的教与学文化，课程发展以促进学生自主学习为目标，提升学生的自主意识及认知技能，通过优化教与学，提升教师专业能力。在自主学习的模式下，学生抱着认真求学的态度上课，又主动承担学习的责任。上课前，他们会进行预习、阅读数据和思考问题；上课时，他们热情投入、积极讨论及修改更正；下课后，他们安静反思、整理知识以巩固所学。为了配合自主学习的持续发展和教学的范式转移，学校把电子学习定位为促进学与教的策略，是达成学习目

标的其中一种重要方式。学校已配备合适的信息科技设备和资源，鼓励教师积极运用“翻转课堂”教学策略，选取合适的电子学习应用程序，并制作电子教材的课件辅助教学。

为了让教师改变课堂教学的习惯，尝试在课堂融入电子学习的元素，学校首先要让教师对电子教学有更多的认识，一方面鼓励教师外出培训，如参加有关电子学习的讲座，另一方面鼓励教师去其他学校参加公开课，从而了解其他学校推行电子学习的情况。除此之外，学校亦举办电子学习工作坊，让教师认识如何运用电子学习平台及相关软件。我们期望通过电子学习，为学生的学习带来便捷及多样性，协助他们成为终身的学习者，让学生可以应对世界全球化及知识化的挑战。

三、自主学习及“翻转课堂”教学

因应香港教育发展趋势，我校于五年前开展“翻转课堂”教学模式，翻转课堂是由英语“flipped classroom”翻译而来，意指将传统教学的模式和流程翻转，其教学设计原则包含自主学习、信息科技及同侪学习等元素。传统教学模式是教师在课堂上进行讲课，然后安排课业让学生回家练习。在翻转课堂模式下，学生先在家中预习教师准备的学习材料、导学案，或浏览教师摄制的教学片段，以此掌握课堂的基本知识。在学生预先准备的情况下，课堂节奏会更为明快，而课堂的学习容量亦可因而增加。由于教师处理基本知识讲解的时间减少，课堂时间就更有弹性，学生在课堂上有更多机会进行分组协作和讨论，增加师生及生生互动，赋予学生学习责任感，提供机会让学生聆听、学习同侪的想法与经验；也让教师有机会、有空间利用课堂上的时间，针对学生的问题或学习难点做出实时回馈，并针对每位学生的需要提供个别协助。因此，学生会更积极地参与课堂，乐于表达己见，主动性和表达能力都得到提升。与此同时，教师将课堂的主导权交给学生，学生变成课堂的主人，而教师的角色不只是传授者，更是促进者、引导者和组织者。

四、运用信息科技促进自主学习

要推行电子学习，同行之间要有良好的共识，在正式启动课本电子教学之前，我们曾思考的方向包括：如何有效运用信息科技促进学生学习、运用电子教学的目标是什么、哪些课题较适合使用电子教学。与此同时，我们亦思考如何将电子学习的优点嵌入整个学习的设计与规划，在适切的学习环境下善用信息科技，从而令学生的学习更有效率、更具成效、更富趣味。

我们尝试从学生自主学习的三个学习时段分别推行电子学习，包括课前预习、课堂学习及课后巩固。首先，在课前预习方面，教师根据教学进度制作教学短片，上传到网上学习平台供学生观看。学生在上课前观看教师制作的教学短片时，可按自己的步伐学习，采用适合自己的学习方式，完成预习题目。由于学生已经掌握基本知识，教师在课堂上有更多时间与学生进行更深入的讨论，从而提升学生学习的主动性及自学能力。

其次，在课堂学习方面，教师利用共同备课时间，一起探讨哪些课题较适合电子教学（如立体图形、统计图表等），也一起讨论如何善用不同的电子学习辅助软件（如

Nearpod、Socrative、gMath 等）辅助学生学习，引导学生系统地进行电子学习。而学生在上课时运用平板电脑进行分组讨论，与同侪实时交流学科知识或讨论学习难点，促进他们联系有关的数学运算和背后相关的数学概念。除此之外，我们会利用电子学习辅助软件（Kahoot、Socrative、Plickers）在课堂进行小测验或问答比赛，从中了解学生对学习内容的掌握程度，照顾学生的学习多样性，并有效地收集数据，适时调整教学目标及策略，且为学生提供有效的回馈。学生可运用回馈来肯定其学习成就、检视其学习进度，让他们与同侪彼此学习和补足，以优化自己的学习策略和丰富学习资源。

最后，在课后学习方面，学生可以通过 iLearn、Moodle 等不同云端平台的学习管理系统，有效地管理自己的电子课业，将课堂所进行的电子学习延伸至家中，做到自我评估，并且能更自主地学习。学习平台记录了学生的学习历程和学习结果，让学生能重温课堂所学，教师也能从中得到反馈。

经过数个学年推行电子学习，教师已能于课堂内积极运用电子学习软件辅助学与教，推动学生自主学习，并制作了不同的电子学习教材，涉及的课题也涵盖各个不同的学习领域，当中课题包括斜率、证明平行线、统计图表等。因此，为了有效推动电子学习，我们需要引导学生自行建立学科知识的概念，且要改变以往着重运算操练的教学模式，需多探索创新的电子教学法，增加运用电子资源及电子通信进行课堂知识探索、讨论及课后交流。而在制定教学策略时，我们要认定学习目标，以学生学习为中心，安排信息科技配套，让学生适度运用科技手段学习。教师也应充分利用电子学习的灵活性，设计不同的学习活动和材料，以满足每个学生的需要。不过，电子学习并非用以取代传统的学习模式，两者应互为补足，相辅相成，当中的关键在于如何在适当的学习环境下善用电子媒体设计与规划学习。

五、总结

自学校推动自主学习及电子学习以来，很多同行都开放了自己的课室，让校内外的教师观课，通过议课与评课，彼此分享交流，促进专业发展。而在公开课之前，同工会先行试教，通过观察其他班级学生的学习表现后，再修正教学设计，调整教学策略。经过一连串的课堂观察，学生不但能在电子学习环境中更主动及自主地投入活动，还能通过课堂互动，掌握当中的基础知识及概念，且课堂有更多时间让学生互相交流和讨论，分享学习成果，从而缩小学习差距。相比教师的单向讲授，电子学习能为学生营造一个自主探究、合作学习的环境，能让学生投入课堂学习，从不同角度反复讨论学习课题，使他们有更多机会深入学习相关课题。在 21 世纪，学生具备一定的信息科技素养十分重要，在学校课程中运用信息科技是巩固及促进学与教的关键。通过有效的教学实践，信息科技确实有助于激发学生的学习动机，培养他们成为自主学习者，提升学生的解决问题能力、协作能力、计算思维能力、创造力及创新能力。

我们深信现今信息科技教育的发展，应着眼于学生的需要，我们会持续开展电子学习课程，系统性地将信息科技教育融入课程设计、教学策略及评估，积极培养学生自主学习和延展学习的能力，提升学生的学习兴趣及效能，进一步发挥学生的潜能，培养学生学会学习的能力，使他们的高阶思维能力得以发展，并养成终身学习的习惯，达致全人发展。

基于校本专业支援促进粤北山区小学数学教师专业发展的研究与实践

——以小学数学为例

韶关市浈江区教育局教研室　邓莹源*

摘　要：本文从实践层面进一步分析校本专业支援对促进教师专业发展的作用和意义，探索适合提高粤北山区小学数学教师专业发展的策略和方法，并尝试从理论上给予论述；从质的层面，探究开展校本专业支援对提高教师专业发展的适切性。同时，期望本文中校本专业支援模式下有效促进粤北山区小学数学教师专业发展的理念、策略、亮点及思考有助于本区域小学数学教师培训工作的发展，进而期望对本市甚至更广区域的其他学科教师的专业发展提供借鉴与启示。

关键词：校本专业支援　粤北山区　教师专业发展

2019 年 2 月 23 日，中共中央、国务院印发了《中国教育现代化 2035》，提出了八大基本理念：更加注重以德为先，更加注重全面发展，更加注重面向人人，更加注重终身学习，更加注重因材施教，更加注重知行合一，更加注重融合发展，更加注重共建共享。以上基本理念的直接实施者是一线教师，为此，笔者认为对教师的有效培训是实现教育现代化的关键因素，那么如何有效促进薄弱地区教师专业发展呢？笔者将结合近几年的研究，谈谈基于校本专业支援模式下有效促进粤北山区小学数学教师专业发展的理念、策略、亮点及思考。

一、粤北山区教师专业发展现状分析

教师专业发展，在本研究中是指教师在整个专业生涯中，通过终身专业训练，习得教育专业知识技能，实施专业自主，表现专业道德，并逐步提高自身从教素质，成为一名良好教育工作者的专业成长过程。

通过访谈、问卷，笔者发现，粤北山区教师专业发展存在以下 3 个问题：首先，教师专业发展供需脱节。不少教师认为学校和教育局很少了解教师的专业发展需要，他们认为现在教师在职培训的最主要问题是培训内容不符合教师需要，或者是学习内容与校情、生情、师情不相符，难以推广学习内容。其次，教师缺乏专业发展自主权。相当一

---

* 作者简介：邓莹源，广东省韶关市浈江区教育局教研室副主任，小学数学教研员，广东省特级教师。

部分教师认为学校或教育局很少让教师根据自己的需要选择专业发展活动。最后，缺乏自然合作的教师文化。教师们并不热衷相互之间进行交流与合作，导致学校教学部门难以开展真正的校本教研活动，使教师专业发展较难通过教师之间的交流而实现。

究其原因，笔者认为，我国中小学教师的专业发展主要采取短期集中和行政要求下的教研活动两种途径，在资源短缺、人力不足的历史发展时期，这种模式对于提高教师的教育教学水平做出了很大贡献。然而，在改革开放40多年后的今天，这种模式已经不适合社会和教育发展的要求。随着新一轮基础教育课程改革的开展，教师专业发展培训的适切性和有效性越发被重视起来。而粤北山区教师专业发展培训的适切性和有效性关注明显滞后。粤北山区教师对培训学习的看法是，培训学习的内容很好，但是回到学校现实教学实践时，发现不适应校情、生情、师情，难以借鉴推广，或者实践过程中遇到困惑却没有专家、导师在身边可以咨询，最后不了了之。教师们普遍具有专业发展的需求，他们渴望能有更优秀的教师和教育专家给予更具适切性、有效性的专业指导和帮助，以进一步提升自己的专业素养以及课程教学的能力和水平。

二、国内外教师专业发展的相关研究

（一）我国内地中小学教师专业发展研究

“教师专业发展”主要涉及在职的中小学和幼儿园教师，不涉及师范生的培养。虽然一些经济发达地区会组织“名师”到国外和国内其他学校考察学习，经济不发达地区有“顶岗实习”等项目将教师置换出来进行较长期的培训，但目前我国在职教师的专业发展主要通过集中短期培训和教研这两种方式进行。

我国的教研活动已经有110多年的历史，正式教研制度的建立也已有60多年之久。我国的教研制度在国际上绝无仅有，受到世界各国的推崇。专职教研员在组织教师听课评课、推介优秀教学经验等方面做了很多工作，对我国教师教学水平的提高功不可没。然而，我国历来实行的是大一统的政治治理模式导致教育管理过分行政化，也使得教研活动的专业性大打折扣。例如，优秀教学经验的标准过于单一，教学改革经常出现“跟风”的现象，教研员与教师之间缺乏平等协商和对话的氛围，教师的教学行为被过多地与学生考试结果和教师评价挂钩，等等。如果说西方有关教师的“迷思”（myth）（如“好教师是与生俱来的”“好教师是自己练就的”“教师应该什么都知道”“教师必须自己决定一切”）将教师置于孤立无援的境地，那么中国的教师虽然有教研员的支持，却常常由于过多的外部行政干预而减少了自己主动发展的空间和动力。

我国的大部分学校内部都有教研组制度，教师之间的相互帮助已有制度性的保障。但由于受到强大的行政权力和社会压力的制约，很多教研组活动都已成为应付上级规定的摆设。与发达国家相比，我国教师的工作空间安排非常适合教师日常对话和交流，教师们都有自己的办公室，下课后与同学科或同年级的同事们在一起的时间比较多，能够随时随地地相互交流。然而，当行政要求和社会压力过于刚性、强硬时，教师们自发的相互合作的动力和意愿很容易下降，校本研修也面临变成一种“硬造的文化”的危险。

目前，国际流行的两种教师教育模式对我国教师的专业发展及其研究也产生了很大的影响。一种是“基于能力”的教师教育模式，注重观察教师的有效教学行为，将其

转化为事先规定的“能力”，并与学生的学习结果相联系。由于可以便利地用来评价教师的业绩及其与学生学业之间的关联，这种模式得到政策制定者的广泛青睐，被用于各种教师资格和晋升标准、教师教育课程标准和机构标准的制定中。另一种是“基于证据”的教师教育模式，起源于医学领域的“循证研究”，通常有预先规定的目标，通过寻找证据来证实教师实践活动的有效性。由于强调证据与结论之间的逻辑关联，这种模式得到研究者的青睐，被运用于各种对教师专业发展水平的测试中。然而，由于这些模式均来自学校之外，因此具有去情境性、碎片化、机械性等问题。它们很容易忽视教师个体发展的能动性、专业判断力和反思性，对教育作为一种“实践”的复杂性、动态性和价值性也估计不足。

（二）我国香港校本专业支援模式下教师专业发展研究

在全球性的教育改革浪潮中，教师的专业能力被视为影响教育改革的关键因素。香港在 2000 年开始的教育改革中采用了全方位、多途径、多面向的教师专业发展策略，投入了大量的资源来进行教师专业发展的工作，有制定教师专业发展的指标、推行基准试等“硬措施”，还有投入大量的资金来支持教师专业发展的“软措施 ”，如校本专业支援计划等，其目的都是为了增强教师的变革能力，从而推动教育改革的真正实施。

校本专业支援，指的是立足和依托学校组织的观念、文化、制度、环境等，提供专业技能与规范指导，更新专业知识理念，以期使广大教师产生共同的价值取向和行为方式，逐步提高自身从教素质和创新能力的过程。香港的校本专业支援计划包括以下几点。

1. 种子计划。即为香港课程发展处 2001 年至 2005 年推行课程改革中的重点项目，这是一个协作、研究及发展的计划，目的是为学校提供有用的经验做参考，为学校培育一批负责课程改革的领导人员，发展校本课程，增强改革原动力。来自大学教育学院的顾问、课程发展处的课程发展主任和作为“种子”的教师一起设计课程。这一计划具有以下特点：①多管道投入。种子教师既有工作坊一类的培训课程，也有与同侪、课程发展主任、顾问专家的交流。②教师为主动。在一年的时间里，教师要设计课程及教材，在这过程中，选题、构思课程结构、教学设计等，都是以教师为主动，他们主导过程，课程发展主任和顾问专家只是从旁提供专业意见。③教师有较大的空间。“种子”教师并不完全脱产，每星期要回校一至两天，但是他们大部分时间还是在教统局上班，有较多的精力和时间去发掘材料、思考问题、总结和反思经验。这种特色体现了“植根学校，向外拓展 ”的发展方向。而参与试教的教师并没有脱产，仍要留在学校内工作。但是他们还是通过培训，与“种子”教师定期交流，与课程发展处官员及专家交流，共同设计课程，提升教与学的效能。

2. 学校—大学伙伴协作计划。对学校而言，“学校—大学伙伴协作计划”能协助学校引进新的教学计划和重新建构学校组织，借以提高教学质素和行政效率。计划亦能辨别需要改进的范围，包括学校目标、政策、课程、教学方法和学习环境等。教师和学生通过参与计划能拓宽视野，共同缔造良好的课堂和教学经验，通过学校与大学协作，教师逐渐变为一个终身的学习者，专业发展的机会亦得以提高。

3. 专业发展学校计划。即由香港教育局邀请在各主要学习领域或学校总体教学策

略上具有优良实践经验的学校成为专业发展学校，为伙伴学校提供支援服务并与伙伴学校进行专业交流活动。通过不同形式的协作，例如共同备课、同侪观课、教学经验分享、教学资源共享等互动活动，提升参与教师的专业能力，优化学与教的效能，促进协作文化，使学校成为学习型组织。

4. 内地与香港教师协作交流计划。为加强香港与内地教师在教学经验方面的交流，促进香港教师掌握校本教研的方法，营造良好的教研氛围与实践教学风气，加快教学理论到教学知识的转化以及优化课堂教学活动的设计和实施，香港从 2005 年起实施了“内地与香港教师协作交流计划”，内地教师采取驻校模式，为参与协作的香港学校及教师提供专业的教学、教研服务。

（三）美国 PDS 模式下教师专业发展研究

专业发展学校（professional development school，PDS）是 20 世纪 80 年代中期以来美国教师教育改革中出现的融职前培训、在职进修和教学改革为一体的新型教师教育模式。它以现有的中小学为基地，由大学或教育科研机构和中小学合作建立，近似于医学专业的临床医院。其主要目的是为职前教师提供临床性的实践训练，促进在职教师的专业发展，组织教学和学习方法的调查，从而提高中小学生的学业成绩，促进中小学和大学的改革与发展。

PDS 的灵魂在于它的合作伙伴关系。这种合作伙伴关系是在双方民主的基础上，遵循平等互利的原则建立维持下去的。

1. 合作的理念和行动。合作理念并非只存在于形式上，也非依靠自上而下的行政命令来实现，而更多倾向于实质层面的“合作”，它是一种关于教育民主和平等的合作，更是一种所有参与者心灵深处对话的合作。

合作在行动上体现为：①大学尊重与之合作的中小学教师原有的教学经验，实行平等对话，弱化传统大学的权威指导角色。②大学与中小学合作行动处于非控制、无前设的自然状态，在教学实践中建构生成合作共生关系。③参与者平等行动，反思探究教学实际问题，共同协作解决问题。④参与者竭力促进多种校园文化相互融合，实现 PDS 主体的共同发展。⑤通过合作会议、教学研讨会、双向信息交流反馈、原野旅行等行动方式来促进中小学有效合作，实现合作方的共生发展。

2. 合作主体在 PDS 中得到发展。为在职教师的持续发展提供更好的条件和大学教授合作，可以增强中小学教师理论学习的意识，逐步形成理论学习的习惯，促进其向研究性实践者转变。对此，中小学教师说：“在 PDS 中接受的新理论与新思想用于开展实践教学活动，确保了教学实践工作的科学有效。在教学实践中体验新的教学方法，提高了我们研究与反思的能力，对参与 PDS 的在职教师来说是关键的。”

三、校本专业支援有效建设组织策略

校本专业支援是以学校为基础，根据校情、生情、师情，为教师提供其实际所需的具有一定专业质素保障的支援服务，这种支援服务是及时提供的，具有现场性、适切性，是一种在教育教学方面上的“私人订制”的支援服务。

针对本市区小学数学教师专业发展过程中存在的问题，在过去的几年里，笔者确定

了校本专业支援模式促进粤北山区小学数学教师专业发展的研究方向及路径。旨在通过为本市区小学数学学科教师提供校本专业支援服务，打造一支学科素养高、课程实施能力强的教师队伍，切实提高课堂教学质量。通过几年的校本专业支援实践与研究，笔者探索、总结出开展校本专业支援的有效策略。

（一）校本专业支援运作机制

邓莹源教师工作室校本专业支援运作机制见图1。

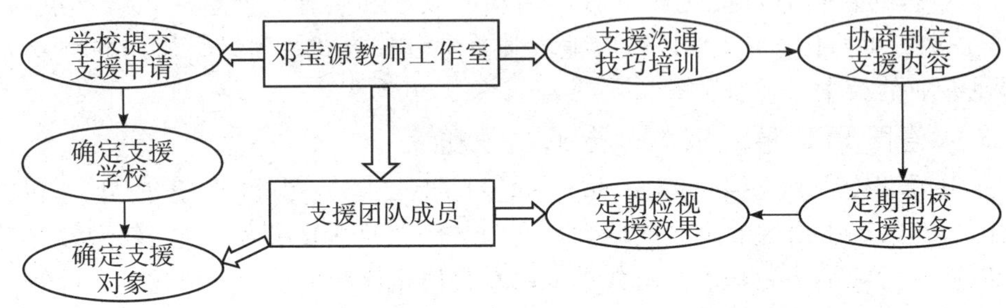

图1　邓莹源教师工作室校本专业支援运作机制

本研究是依托笔者所主持的“邓莹源教师工作室”开展的，工作室主持人将工作室成员分成7个支援团队，通过任务驱动，提供“私人订制”及“菜单式”服务。实践研究之初，工作室主持人从本区自愿报名参与校本专业支援项目的16所学校中选定了7所较偏远、较薄弱的学校作为校本专业支援校，7个支援团队对7所支援校开展每月2次、每学期8次的校本专业支援服务。具体研究实践如下。

1. 校情及需求。不同的学校会有不同的校情，而不同的教师在专业发展方面也会有不同的需求，为此，支援活动开展的各个阶段都需要开展反馈、检视工作，根据校情和被支援教师的实际需求变化变更支援的计划及内容安排，为他们提供更具适切性的“私人订制”的、“菜单式”的支援服务。

2. 具体及明确的支援计划。在每个学期开学初，均需要召开校本专业支援校级见面会，让支援与被支援教师之间共同拟定具体明确的支援计划，以便支援活动开展过程中能根据计划有的放矢、有条不紊地推进。

3. 良好的沟通。校本专业支援是教师与教师之间达成学习共同体进而实现共同学习共促发展，而这个过程中的关键因素就是良好的沟通技巧，包括听课评课的艺术、真诚交流的艺术、共同备课的艺术等。

4. 教师的准备。每一次支援活动实施前，支援与被支援教师均需根据计划内容安排做好相关的准备，包括知识的储备、分享的准备、讨论的准备等，这是有效推行校本专业支援计划的其中较为关键的一项因素。

5. 学校管理层的支持。支援与被支援学校管理层均需做好相关配合工作，例如排空支援与被支援教师的课时，让他们有足够的时间和空间进行研修、交流、学习等。

6. 具体管理及评估。开展校本专业支援过程中具体的管理和评估能有效检视过程的开展，适时调整和修改支援活动。

（二）校本专业支援组织策略

从教师专业发展的角度看，校本专业支援所组织开展的活动可以从表 1 中的几个方面进行。

表 1　校本专业支援活动

组织策略	活动形式	目的要求
支援规划	校本专业支援团队在每学期开学初召开见面会，会上，被支援对象在支援教师的帮助、指导下，分析自己的专业基础，确定发展方向与目标，制定一学期的研修规划，制定《校本专业支援活动计划表》	制定发展规划，形成共同愿景
专业引领	以工作室主持人和支援团队教师为主，同时还邀请各级各类专家为导师，通过专题讲座、开展工作坊、上示范课、共同备课、听课评课、科研指导等形式为被支援教师提供理论支持、诊断课堂、实践指导，传道解惑	实现人格示范、理论支持、学术指引、实践指导的专家引领
阅读反思	阅读工作室主持人和支援团队教师推荐书目，通过专题研究性阅读、任务驱动式阅读等，激励被支援教师开展读书生活。以专题报告、定期读书沙龙、读书报告会、案例研究等形式，推动被支援教师自主研修，不断反思	改善心智模式，提升专业素养
合作教研	建设微信公众号、QQ 群、微信群等合作教研平台。一是支援团队教师通过微信公众号平台推介自己的教育思想、教学经验以及展示支援与被支援教师的“一课研究”成果；二是充分利用 QQ 群、微信群为支援与被支援教师提供学习交流、互助合作的平台，激发教师的教育热情和智慧	建立专业共同体，培育远程协作教研文化
专题研究	组织开展专题式的教学研讨活动、教育科研活动、案例研究活动。以“一课研究”为任务驱动，明确主题：2017 年 3 月至 7 月的主题为“数与代数范畴”；2017 年 8 月至 2018 年 1 月的主题为“图形与几何范畴”；2018 年 2 月至 7 月的主题为“量与计量、统计”；2018 年 9 月至 2019 年 2 月的主题为“数学好玩范畴”，促进教师教育理论水平和解决实际问题能力的提升	提升自我，发展能力
评价促进	建立《校本专业支援考核与奖评》等考核制度和推荐评优（学科带头人、优秀教师等）制度，帮助支援与被支援教师成长为更高一级的名师	目标激励，敦促成长
支援驱动	通过支援任务驱动，为被支援校的老师提供“私人订制”及“菜单式”服务，使支援教师（工作室成员）的专题研究能力、课堂实践能力和服务沟通水平得到很好的锻炼，有效提高支援教师的教育理论水平和解决实际问题的能力，促使他们更好地形成自己的教学风格和特色	学习共同体，培养教科研能力和教育实践能力

在校本专业支援活动中，支援教师与被支援教师都不再是孤军奋战者，而是学习共同体中的一员。无论是支援教师还是被支援教师，都自觉充当教育观念的先知者、教育问题的发现者和教育科研的实践者。支援教师更多是对自己成功的教学实践进行理性反思，研究符合自己教学理念的理论，总结具有推广意义的教学策略，形成独具特色的教学流派。被支援教师则大多是通过现代教育理论的学习，在先进教育理念的指导下，反思自己的教学行为，改进课堂教学技能，传承导师的教学流派，形成自己的教学风格。

从教师专业发展的角度来看，校本专业支援模式下教师发展策略与传统的教师研训方式相比，校本专业支援可以被视为具有个性化需求和共同的目标，通过学习、对话、合作和分享活动来促进教师专业发展的共同体。

从教师专业发展模式来看，可以把校本专业支援开展的活动进行如下分类（见表2）。

表2　校本专业支援中的活动分类

教师专业发展模式类别	在校本专业支援中开展的活动
个人引导式	（1）制定个人发展规划； （2）自主阅读学习
专题培训式	支援教师的专题讲座、工作坊、课堂教学展示
观察评估式	（1）支援教师指导观察被支援教师的教学（案例研究）； （2）被支援教师之间的教学行为互相给予反馈（会课）； （3）课堂教学的诊断与改进（磨课）
合作反思式	（1）共同备课、交流与反思； （2）调查与访谈
专题探究式	（1）从事专题研究项目（承担课题）； （2）学习研究某种理论，并尝试在实践中运用

在校本专业支援研修模式下的教师专业发展不仅呈现出了学习方式、教学个性、专业成长的特殊性和自主性，而且还彰显出专业范围、专业品质、专业能力的公共性和统一性，展示了教师专业发展丰富多元的实际需求。

四、开展校本专业支援的亮点和特色

（一）总结了校本专业支援的一些本质属性

我国香港地区和一些欧美国家，在校本专业支援方面进行了许多有益的理论和实践探索，但适合本地区的理性研究案例很少。本研究学习、总结了我国香港地区和一些欧美国家经验，在实践的基础上，归纳总结了粤北山区校本专业支援的一些本质属性和组织特征，有利于本区乃至本市校本专业支援研修模式的推广和实践。

1. 校本专业支援的组织结构（见图2）。

2. 校本专业支援的组织特征。

（1）“两性”。①组织结构的开放性。除相对固定的支援与被支援教师外，吸引一

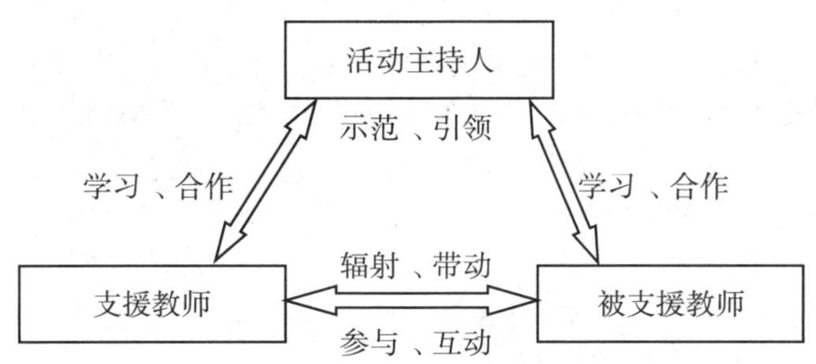

图2　校本专业支援的组织结构

批青年教师及被支援学校的教师参与校本专业支援的各种研修活动，是一种开放的组织形式。②专业影响的辐射性。支援活动主持人充分发挥专业引领的作用，促进支援教师和被支援教师专业发展；他们又影响、带动其所在学校的教师参与研修活动，促进同校教师的专业发展；通过支援过程中开放、互动、合作的各种活动，促进教师专业发展。

（2）"三化"。①培养方式的个性化。根据被支援学校教师的校情、师情和生情，及被支援教师的个性化需求，支援教师为其提供共性化的"菜单式"支援服务，充分体现了培养方式的"私人订制"性。②成员之间的合作化。支援与被支援教师之间是一种合作的关系，彼此之间是学习共同体的关系，通过活动更好地促进彼此专业化的成长。③研修途径的多元化。支援活动的形式是多元的，通过成长规划、专家讲座、阅读反思、合作教研、专题研究等多种途径促进支援与被支援教师专业发展。

（二）探索了有效推行校本专业支援计划涉及的相关因素

总结各支援组校本专业支援三年来的实践，笔者认为，有效推行校本专业支援计划涉及的相关因素如下：

1. 校情及需求。
2. 具体及明确的支援计划。
3. 良好的沟通。
4. 教师的准备。
5. 学校管理层的支持。
6. 具体管理及评估。

（三）探索了校本专业支援对教师专业发展具有的意义

1. 搭建交流平台，促进专业分享。在校本专业支援活动中，支援教师与被支援教师都不再是孤军奋战者，而是学习共同体中的一员。每个人都是很好的教育资源，他们智慧互补，经验共享。

2. 积淀教研文化，推动反思成长。校本专业支援作为一个学习共同体，具有共同的价值取向，有浓厚的学习、研究的氛围，形成了一种立足实践、开放合作、积极向上的教研文化。而这种积极进取的学习型组织也塑造着每一位教师，他们相互影响、相互促进，不断学习、不断反思、不断超越自己，充分发挥各自的创造力，成长速度惊人。无论是支援教师还是被支援教师，都自觉充当教育观念的先知者、教育问题的发现者和

教育科研的实践者。支援教师更多是对自己成功的教学实践进行理性反思，研究符合自己教学理念的理论，总结具有推广意义的教学策略，形成独具特色的教学流派。被支援教师则大多是通过学习现代教育理论，在先进教育理念的指导下，反思自己的教学行为，改进课堂教学技能，传承导师的教学流派，形成自己的教学风格。

参考文献

[1] 中华人民共和国香港特别行政区教育统筹委员会. 终身学习 全人发展：香港教育制度改革建议［M］. 香港：香港教育局，2000.

[2] 郭少棠. 育才创新路：香港十年教育回望［M］. 香港：香港教育局，2010.

[3] 魏玲. PDS 模式背景下美国中小学教师在职专业发展［D］. 石家庄：河北师范大学，2012.

[4] 卢维兰. 成人学习理论对教师培训的启示［J］. 继续教育研究，2010（1）：104－105.

[5] 陈向明. 张玉荣. 教师专业发展和学习为何要走向“校本”［J］. 清华大学教育研究，2014，35（1）：36－43.

[6] 蒋吉优. 美国专业发展学校（PDS）模式及启示［J］. 当代教育科学，2009（5）：46－48，58.

[7] 李海燕. 我国中小学教师专业发展的问题与对策［J］. 教育科学论坛，2010（5）：54－56.

[8] 臧张慧敏. 香港“教研员”在做什么：英语科的支持和服务［J］. 基础教育课程，2011（4）：24－25.

[9] 钟文强. 香港教师持续专业发展的实施、问题及建议：基于《学习的专业・专业的学习：教师专业能力理念框架及教师持续专业发展》的指导［J］. 黑龙江教育学院学报，2013，32（6）：29－31.

[10] 林智中，张爽. 香港教师专业发展策略：从不足模式走向互动模式［J］. 教师教育研究，2008，20（3）：28－33.

[11] 赖竹婧，万力维，邵明星. 香港幼儿教师职后专业发展的策略及启示［J］. 教育探索，2016（1）：117－120.

[12] “全国中小学教师专业发展状况调查”项目组. 中国中小学教师专业发展状况调查与政策分析报告［J］. 教育研究，2011（3）：3－12.

香港新高中课程中资优教育范畴的创新部分及亮点：追求卓越

香港资优教育教师协会　杨定邦*

摘　要：文章介绍了2009年以来香港新高中课程改革的情况，提出资优教育对于发现学习者潜力、促进教与学发展、提升全社会学习机会和深度的重要作用。笔者分享了自己从事资优教育工作的经历，并介绍了香港教育局资优教育组的有关情况。

关键词：香港　新高中　资优教育

一、资优教育在香港新高中学制启蒙之初

香港新高中课程于2009年面世，如果十年为一个教育改革的阶段，到2013年，改革就刚走了接近一半。2012—2013年度是香港资优教育发展的一个重要的里程碑。教育局推行“校本资优教育模式”，随后启动了香港资优教育双年展，引起了教师对资优教育的关注。香港资优教育教师协会（以下简称本会）于2013年成立。本会经历过时间的考验，六年来陆续引起了不少学校、家长及师生的关注。本会专责帮助教师追求学术、凝聚专业，有效发展资优教育，亦承担起社会道德责任，拓展及推广资优教育。

有时候，有些人可能会认为推广资优教育只会让一小部分有能力的学生受惠。与现时在香港学校的大班教学相比，资优生只是相对较小的一部分。资优教育只为少数人提供服务，在资源有限的前提下，似乎不值得为资优生提供太多帮助。其实这种误解导致学生在各个方面天赋的发展被抑制，教师在学校中实施资优教育政策亦受阻碍。更糟糕的是，这会抹杀资优生在课堂学习中为其他同学带来的积极强化，并阻碍了整个班级甚至学校的知识传播的“雪球效应”。毫无疑问，任何一类学生都存在学习差异，但没有两个人是完全一样的，他们都有各自独特的内在潜力等待发掘。因此，我们的信念是资优教育不是仅为少数人（天才或有才能的人）发展的，也不只是为提升天才学生而存在的。事实上，我们的教师应该承担责任，释放学生的潜能，发掘他们在不同领域的能力，并实现他们各自具备的天赋，为学生们搭建属于他们的舞台。

从广义上理解资优教育，本会认为，给予资优生量身订制的教育极为重要：①对于学习者：发现及实现他们的潜力。②对于经济体系：作为繁荣香港经济的力量。③对于

* 作者简介：杨定邦，香港资优教育教师协会主席，香港特别行政区教育局课程发展处课程发展议会委员（资优教育）。

学校：作为教与学整体提升的一股驱动力。④对于社会：作为提升所有人学习机会及深度的力量。

本会的目标如下：①促进资优教育教师的良好做法，以提高香港的教师专业水平。②通过提供经验分享的平台，提高前线教师和一般市民的资优教育意识。③建立会员资优教育资源的在线平台。④协助教师分享小学、中学及大专院校资优学生的心理及辅导需要，以引起他们对自身学习机会及资源的关注。⑤促使资优教育教师团结一致，协助发展香港资优教育的进步。⑥提高公众对创造力、解难能力、批判性思维和其他高阶思维技能重要性的关注。⑦组织和参与本地及海外的访问、比赛、研究项目和学术会议。

作为教师，我们希望为学生提供最好的学习机会，希望所有学生都有机会成为充满自信、发展全面的高成就者。对于校内的资优生，我们的长期目标是挖掘每个学生的潜力。因此，给予资优生实践他们天赋的机会，给予教师提供资优教育工作坊，乃是重要的工作。

本会在推广资优教育的工作上，尽管时间不算很长，但困难时期使我们变得更加强大。本会很荣幸成为香港小有名气的学术协会，但我们不满足于现状，在庆祝我们的周年纪念日时，我们不会忘记继续努力奋斗，未来再为香港资优教育的历史写下另一个更自豪的篇章。

二、从愿景到实现

总结一下我走过的教育之路，新高中课程于 2009 年启动，同年我被任命为香港教育局课程发展处课程发展议会委员（资优教育）的委员。从圣保罗书院毕业后，我于 1993 年被香港中文大学数学系（CUHK）录取。我是一名有 20 多年一线教学经验的中学数学科老师，投入发展资优教育已有 17 年的时日。

我是 2006—2008 年香港教育局数学创意解难比赛的顾问和评审小组成员。2009—2015 年，我被邀请加入教育局课程发展议会，成为资优教育执行委员会成员。在过去数年，我发表了有关数学及资优教育的期刊文章，特别是在科学及数学领域方面，积极推广资优教育服务，并支持香港资优教育学苑培育数学资优生。此外，我亦曾受教育局邀请，担任一些资优教育分享会的演讲嘉宾。多年来，我受到香港青年协会创新科学中心的邀请，担任香港机关王竞赛（the HKFYG's GreenMech Contest）的评判。此外，本人也是头脑奥林匹克创意解难比赛（Odyssey of the Mind Competition）的评委，同时担任香港奥林匹克数学协会（The Hong Kong Mathematical Olympiad Association）的顾问。

我协助香港教育局的资优教育组编制教师培训资源套装“形象与空间”，并在多个本地及海外资优教育科目（数学）研讨会上做分享。2012 年，我被选为亚太资优联合会的区域代表（香港）。自 2013 年起，我还被任命为香港资优教育教师协会主席。

我很高兴于 2011 年出任一所以英文为授课语言的中学的助理校长。我与我的数学团队携手合作，释放学生的潜能，激发他们的思维，发挥他们在数学方面的才能。通过共同努力，我相信我的学生能保持出色的数学成绩，并在数学世界中寻到乐趣。

最后，让我与大家分享两个我非常喜欢的鼓舞人心的至理名言：“智者创造的机会比他得到的机会要多。”（弗朗西斯·培根）“如果你不是经常遇到挫折，这表明你做的

事情没有很大的创新性。”（伍迪·艾伦）

三、香港教育局资优教育组有关条文的更新及附录（节录自 2014—2015 年度教育局课程发展议会）

有关 2014—2015 年度香港教育局资优教育组有关条文会议内容的介绍及更新，教师专业发展相关部分如下。

1. 参与学校自我提升工具试点项目的 4 所先导学校一直在衡量他们的校本资优教育发展的成效。他们的反馈是积极的，校本资优教育发展计划正以不同的方式进行改进。

2. 他们分享了使用该工具的经验，该工具有助于他们更好地实施和评估资优教育成效。稍后将举行对其他学校开放的分享会。我们将收集先导学校的进一步反馈意见，以便对该工具进行微调，并为我们在其他学校的下一阶段试点进行规划。

3. 委托香港大学举办了“资优生进阶适异化计划”，参与的教师完成了课程作业，即在课程导师的指导下完成了不同的课程计划。这些课业的佳作将会收编并出版成教材套，以便更广泛地传播成功经验。

4. 一些资优教育组的官员及资优教育领导参加各机构提供的海外培训课程，包括丹麦欧登塞世界资优教育会议，美国资优儿童协会和美国学术多样性暑期研究所。之后，安排参与上述活动的官员及资优教育领导举行学校及小区分享会。

常态化开展中小学财经素养教育有效路径的广东探索

广东省教育研究院　许世红*

摘　要：文章介绍了广东省教育研究院组织的一批财经素养教育课题学校以学校和课堂为主阵地，通过学科教学、德育活动、综合实践、学生社团、校本课程等渠道，积极探索在中小学校常态化开展财经素养教育的有效方法，正逐步形成可复制、可推广的广东经验。

关键词：中小学　财经素养教育　广东

进入科技快速迭代升级和经济全球化的 21 世纪，面临更复杂多样的外部环境，中小学校引导学生有效处理身心成长、情绪管理、规则建立、人际交往、生存技能等众多压力与挑战时，需要开辟教育实践新思路。财经素养教育作为财富教育、生活教育、道德教育、人生教育的有机融合体，顺应时代潮流，走进教育人的视野，它不仅关注财经常识的普及、资源管理思维的培养，更注重健康人格与素养的形成、财富价值观的塑造，因此成为教育研究与实践的新热点。

作为财经素养教育实践探索的先行者，广东省教育研究院组织一批财经素养教育课题学校以学校和课堂为主阵地，通过学科教学、德育活动、综合实践、学生社团、校本课程等渠道，积极探索在中小学校常态化开展财经素养教育的有效方法，正逐步形成可复制、可推广的广东经验。

一、在学科教学中自然融入财经素养教育

我国中小学的政治、数学、历史、语文、地理、生物等学科中虽然一直都有大量与财经素养相关的课程内容，但财经素养教育在学科教学中基本处于“点缀”地位，甚少引起学科教师的认真思考。事实上，中小学教师可以充分利用现有课程中丰富的财经教育资源，从财经素养教育的角度拓展学科教学的广度和深度，这不仅不会挤占学科教学时间，反而能提升学科教学品位，提高学科教学质量。

例如高中生往往觉得经济生活近而政治生活远，《政治生活》难教、教学效果不理想是很多政治老师的直接感受。广东实验中学古景春老师抓住时事热点，从解读政府年度工作报告入手，选取衡量一个国家综合国力的重要经济指标 GDP 作为财经素养教育

* 作者简介：许世红，广东省教育研究院教育评估室副主任，研究员。

与思想政治教育的结合点，将中国放置在自身40年的纵向发展历程中，放置在经济发达国家、主要经济体、亚洲大国等世界坐标系中，收集、展现丰富的统计图表，用GDP总量、GDP增长率作为评估指标，从财经角度解读政治热点，引导学生在全球视野中直观感知、观察我国的改革开放，真切感受中华民族从站起来、富起来到强起来的伟大飞跃，深入理解中国特色社会主义道路、理论、制度、文化的来之不易，并深刻认识到国家政治与经济建设的相互依存、密不可分，经济政治改革开放的同时必须坚持独立自主、自力更生。通过学习，学生进一步认识到我国的成功实践拓展了发展中国家走向现代化的途径，为解决人类问题贡献了中国智慧和中国方案，也增强了中国特色社会主义道路自信、理论自信、制度自信和文化自信①。实践表明，把财经素养教育作为培养学生思想政治核心素养的教育教学资源，不仅可行，而且效果甚佳。

又如部分不良网络借贷平台采取虚假宣传、降低贷款门槛、隐瞒实际资费标准等手段诱导学生过度消费，很大程度上源于学生缺少贷款基本常识。东莞外国语学校利用现有资源，在历史教学中引导学生研究北宋时期“王安石变法之青苗法”的社会背景、贷款年利率制定与社会意义，在数学教学中引导学生研究现今社会的贷款利率，以及等额本金还款、等额本息还款的差异；再组织学生对比王安石变法中“低息贷款”的年利率、借贷平台的校园贷款实际年利率、现实生活中银行贷款年利率三者的区别，引导学生撰写小论文，总结学习非法校园贷后的感受，并挑选部分学生的总结在学校微信公众号上公开分享②。这种跨学科整合的财经素养教育活动将学校教师、学生、家长及社会凝聚起来产生合力，引导学生形成正确的理财观念和消费观念，取得了很好的教育教学与社会宣传效果。

二、在德育主题活动中渗透财经素养教育

德育即道德教育，是促进学生品德发展、世界观与人生观形成、政治觉悟提高的教育，是学校教育的首要任务。中小学校每学年均有目的、有计划地系统设计德育主题活动，对中小学生进行爱国主义、集体主义、社会公德、民主法制、理想信念、劳动纪律、心理健康等系列教育，通常按学年设计每月的德育活动主题，例如9月常规教育，10月我爱祖国，11月运动健身，12月艺术展演，1月劳动诚信，2月传统民俗，3月法制宣传，4月科技文化，5月飞扬青春，6月目标实现，7月亲子活动，8月社会实践。每个学校每个学年会各有侧重。德育主题活动引导学生认识学校、家庭和社区，了解社会、国情和职业，注重实践参与、真实体验、文明养成，这些既是财经素养教育的良好资源，同时也是财经素养教育的道德目标。

例如，中小学校一般都组织爱心义卖、商品交易会、美食节、科技节等类似的经济活动，如果在活动中引导学生认识其中的基本经济规律，那么活动质量将显著提升。深

---

① 张男星．中国财经素养教育的学校实践［M］．北京：科学出版社，2019.

② 汪丽丽，张宏杰，欧阳慧婷，等．揭秘非法“校园贷”的系列教学研究与反思［M］//广东省教育研究院．南方教育评论：2018中国南方教育高峰年会思维盛宴．广州：广东高等教育出版社，2018：279－290.

圳市南山外国语学校（集团）滨海学校在学校的游园活动中自然融入“货币与利率”知识，启用“南外币”作为该次商品交易活动的唯一流通工具，学生须依据一定汇率购买“南外币”，活动期间人民币与“南外币”的兑换汇率呈现动态变化，这些经济元素使得该次主题活动的财经味十足，财经素养教育的价值初步彰显①。又如，广东实验中学珠海金湾学校与广东省拱北口岸中国旅行社、中国平安三灶营业区联合举办“财经杯”旅游线路方案设计大赛活动，引导学生以市场为导向，从经济与文化的角度灵活设计方案，培育了学生的动手能力和策划能力，增强了学生的财经意识和社会参与意识。再如，广州市第十六中学在年度模拟商品交易会中，充分发挥学生的自主能动性，由学生自行组成创业团队报名参加“黄金摊位”的众筹活动，通过展示摊位经营方案来吸引众筹团的募股集资、竞争黄金摊位，这些具有真实度和难度的模拟活动促使学生将货币流通、商品交换、成本核算、利润分红等理论知识付之于实践，才能真正懂得尊重市场、尊重比赛、尊重观众的市场原理②。

三、在综合实践活动中有机整合财经素养教育

中小学校在实施综合实践活动课程时，积极向自然环境、学生的生活领域和社会活动领域延伸，以密切学生与自然、社会、生活的联系，并有效培育学生的解决问题、探究质疑、合作交流等综合能力。综合实践活动课程一般包含社会服务、社会调查、职业体验或生涯规划、研学旅行等若干主线，学校通常重点打造若干主线形成学校的特色品牌。财经素养教育的重要特征是直面现实生活中的真实问题，运用调查、对比、取舍、评价等多种技能做出规划和选择，这是从事每种综合实践活动都必须具备的关键能力。在综合实践活动中有机整合财经素养教育，有利于真正提升中小学生面向未来生活的问题解决技能。

例如，广州中学把财经素养教育与生涯规划教育自然融合作为开展财经素养教育实践探索的重点方向，其中采用模拟拍卖形式组织的生涯规划教育专题取得了很好的教学效果。在该节专题课上，教师设计友情、亲情、美貌、爱心、诚信、金钱、快乐、健康、智慧、一门手艺、读名牌大学、自己的公司这 12 个宝贵的人生财富作为模拟拍卖会的拍品，组织学生依循 5 个竞拍规则竞拍自己所爱，从中体会在资源有限、机会有限、成本有限的情况下如何进行合理抉择；然后引导学生深入思考选择与决策、目标与行动、财富与人生之间的辩证关系，理解财富有多种表现形式，幸福人生也有多种丰富内涵，重要的是不忘初心，在追求个人发展的同时学会规划人生，承担应有责任，为社会做出贡献③，这不仅达成了生涯规划教育的预设目标，也很好地体现了财经素养教育的价值引领作用。

又如，深圳市南山区前海港湾小学树立港湾“吾爱”综合化课程观，以“学科、活动、氛围”三类综合性社会实践活动课程为主线，特别打造出港湾同爱公益拍卖会精品项目，每年 5 月组织全校学生、家长及社会公益人士，在教师指导下由学生自主完成募物、拍卖、主持、礼仪等各项活动，拍卖筹得的资金全部用于资助河南、河北、广

①②③ 张男星. 中国财经素养教育的学校实践［M］. 北京：科学出版社，2019.

东、云南、福建的5所小学，至今已经成功举办四届拍卖会，学校在财经素养教育路上所做的系列探索，受到社会各界的高度关注和好评。

四、在学生社团活动中彰显财经素养教育

学生社团是由兴趣爱好相近的学生在自愿基础上组建的文化、艺术、学术团体，在保证完成学习任务、不影响学校正常教学秩序的前提下开展各种活动。学生社团的种类很多，如文艺社、棋艺社、影视评论社、摄影社、合唱团、舞蹈队、篮球队、足球队、经济社、话剧社、信息社、金融社等，每个社团的筹备、组建、经营和发展都离不开基本经济规律，特别是其中的经济社和金融社，为财经类潜在爱好者提供了很好的学习机会和发展平台。

比如，广州市执信中学的金融社成立于2008年，秉承“铸造领袖，商而为赢”理念，通过情景模拟、现场观摩等方式，开展了公益拍卖会、金融沙龙、企业走访参观、模拟IPO（initial public offerings）等特色活动，引导学生了解国家经济制度与体制、政府收入与支出、个人收入与消费、个人投资与信贷、财富与人生，鼓励学生运用博弈论、要素分析法、指标对比分析法等方法获取金融分析、金融模型、风险管理、企业战略等领域的技能，培养学生良好的理财能力与观念、团队精神和创新思维能力。2014年广州市执信中学的金融社参加“微世界国际未来精英发展峰会”，获“冠军模拟公司”“最佳运营团队”“优秀营销团队”；2013年、2016年，金融社两次荣获“全国中学生十佳财经类社团”荣誉称号。又如，肇庆鼎湖中学2018年4月成立“鼎湖中学财经素养实践训练营”，分“富脑袋”“富口袋”“脑袋升华”三个阶段，将训练营学员分为领队训练组、市场调研组、资金筹集组、投资理财组、创业实践组、秘书财务组，组织针对性学习和活动，受到高度关注。相信很多中小学生在学校的各种学生社团中得到了不同的锻炼和成长，而财经素养教育正是学生社团成长壮大的有效催化剂。

五、在校本课程建设中拓展财经素养教育

校本课程是当今时代赋予学校教育的重要使命，它以改进学校实践、彰显学校特色为指向，从学生需求、学校基础、所处社区经济与文化水平出发，由学校校长与教师共同研发和实施。开发校本课程，不仅是提高教师专业水平、研究能力和创新能力的有效途径，也是提升学校办学质量、凸显办学特色的重要抓手。研发财经素养教育的校本课程，或者选用现有财经素养教育类教材开设校本选修课程，对生活在经济全球化时代，浸润在无孔不入的各种金融产品、金融服务、金融诱惑、金融陷阱中的中小学生而言，不仅需要，而且必要。

财经素养教育引导中小学生在个体经济生活中处理财经问题，不仅规划理财，更是规划学习、规划教育、规划职业、规划人生，学会规划、未雨绸缪，掌握学习、工作、生活的主动权；同时，财经素养教育还引导学生在复杂多变的经济社会中基于个人、家庭、社区、国家、国际等不同视角，看待消费、储蓄、投资、风险、政策、制度等现象，在理性规划的基础上做出各种选择，培养自己的洞察力、控制力与决断力，这些都是中小学校亟须落实的教育内容。中国财经素养教育协同创新中心牵头组织编写了覆盖

幼儿园、中小学、大学各个学段学生的《财经素养教育读本》，中国金融教育发展基金会编写了《金融知识伴我成长》，等等，这些都可以供学校作为开设校本课程的参考；有条件的学校也可以自主研发校本课程。例如，华南师范大学附属中学一直致力于将财经素养教育与校本选修课程融合，借力校友与嘉宾，联合开设金融趣闻与奥妙、微观经济学、投资理财、学生公司等若干种选修课，深受学生欢迎。

再如，东莞市松山湖实验中学通过冰淇淋创业项目将语文、数学、物理、艺术、综合实践等多学科知识与财经素养巧妙结合，分了解液氮冰淇淋、项目成本优化、初识金融税务、品牌专利认知、广告营销知识、总结推广创业等 6 个课时研发出“冰淇淋创业营”校本课程，荣获 2019 年东莞市中小学“未来课程”设计大赛一等奖；东莞市石龙中学组织学生通过参与模拟市场、模拟公司、职业体验、辩论赛、研学旅行、“我是未来经济畅想家”、对话企业家等活动，以及看、评、拍、演财经电影等方式，指导学生简单分析一些生活中的财政、金融、经济现象以及相关政策、制度的运用对经济生活的影响，分收入与消费、投资与信贷、风险与保险、制度与环境、财富与人生共 5 个单元研发出“未来　财经”校本课程，荣获 2019 年东莞市中小学“未来课程”设计大赛二等奖。

财经素养教育是面向未来的教育，不仅需要中小学校自主开展积极探索，更需要站在未来和全球视角从国家层面整体谋划。财经素养教育的实践主体一定是学校教师，必须立足于学校自身力量，财经素养教育实践探索才能走得稳、走得长久。目前，财经素养教育没有作为单独体系纳入中小学国家课程，没有专门教学课时，没有专职教师，因此，学校只有在现有学科课程、德育活动、社会实践等教育教学工作中自然融合渗透财经素养教育，才具有可操作性和落地性。

财经素养教育不仅是个人理财与人生规划教育，更是理解和融入国家发展与社会进步并承担应有责任的教育，它关系到个人家庭幸福和社会稳定繁荣，因此，财经素养教育重点应放在惠及全体学生，每个学段的教学内容应易于相应学段师生掌握，教学方式应容易操作，相应的教育活动应容易组织，教学效果、活动效果应容易检测，这样财经素养教育才可能大面积推广。

基础教育新样态视域下培育中学生责任素养的实践探索

广州市第一一三中学　程印贵*

摘　要：基础教育新样态学校强调学生社会责任和家国情怀的文化自觉，强调中学生价值观素养的培养，责任素养是价值观素养的核心部分。从责任感要素理论出发，分析中学生责任素养培养面临的主要问题及其归因，探索核心素养框架引领下的中学生责任素养培养。以建设责任素养教育校本课程，营造责任素养教育氛围和开展责任实践活动为主要载体，重点提升中学生的责任意识，培养其责任情感，强化其责任能力。

关键词：中学生发展　责任素养　培育实践

党的十九大报告指出，培育和践行社会主义核心价值观，要以培养担当民族复兴大任的时代新人为着眼点。要发挥社会主义核心价值观对国民教育、精神文明创建、精神文化产品创作生产传播的引领作用。① 新样态学校对于中国基础教育适应新时代、担当新使命、探索新路径、解决新问题等方面提出更高的要求，新样态学校的办学使命，是培养学生社会责任和家国情怀的文化自觉。在学生发展核心素养框架下，社会责任是价值观素养的核心成分，更是实现个人发展与社会发展相统一的关键素养。② 中学阶段是学生世界观、人生观形成的重要时期，培养中学生的责任素养具有重要的现实意义和深远影响。为此，广州市第一一三中学进行了深入的实践探索。

一、理论探源：创设中学生责任素养之培养机制

中学生的责任素养可以划分为多个维度，从客体角度，包括自我责任（如对学业、对生命）、人际责任（如对师长、对同伴）和社会责任（如对社会、对国家），它们构成了青少年责任感的三维结构③；从心理状态角度，可区分为责任意识、责任情感和责任能力。基于学生发展核心素养，我们尝试从多视角理解责任素养的培育机制。从责任

---

* 作者简介：程印贵，广州市第一一三中学高级教师。

① 黄坤明. 培育和践行社会主义核心价值观［N］. 人民日报，2017－11－17(6).

② 黄四林，林崇德. 社会责任素养的内涵与结构［J］. 北京师范大学学报（社会科学版），2018（1）：27－33.

③ 陈宁，丁强，黄洪基. 论青少年责任感及其培养［J］. 中国青年研究，2014（5）：108－110，119.

感要素的角度出发，开展责任素养教育，可以将责任意识、责任事件和责任行为三视角形成立体化的责任素养教育体系，以存在决定责任意识为根本原理，以责任事件为依据，以责任行为为目标，一种通过“行为训练—行为无意识—行为自觉”完成习惯自觉教育，另一种通过培养责任意识来支配责任行为。责任意识的培养通过四个途径来实现：一是参与—体验；二是责任认知—责任判断—责任意识；三是责任事件后的情感体验反馈及深化形成；四是通过人们对责任行为的评价、激励和强化形成。责任素养教育的最终目的是形成责任行为的自觉，这种自觉取决于责任行为的长期训练，也取决于责任主体的主观自觉，即责任意识。① 从责任素养教育过程分析，培养责任心是开展责任素养教育的核心。负责任就是要承担后果，责任心是健全人格的基础，也是能力发展的催化剂，对人格形成和发展具有导向作用，负责任才会有发展。责任心以认识为前提，以情感为基础，靠意志来维持，通过行为来体现，培养责任心可以从培养责任行为入手。② 有学者将责任感称之为责商，人格责商就是自觉自愿掌控自我负责任的行为体现，角色责商则是个体不自觉不自愿掌控自我负责任的行为。从责商的视角分析，责任素养培养的过程则是培养受教育者从角色责商走向人格责商的过程。③ 个体责任感包括自我责任的认知、感觉，在此基础上内化为自我信念、信仰和信条，再进一步持续强化为责任行为掌控能力。责任感培养在于担当责任过程中实现，被教育者也只有在掌控自我责任行为的过程中持续强化并不断提升为关键能力。

学校作为未成年人教育的主渠道、主战场，应当开展以培养学生责任素养为主线的校本探索。如柳州铁一中学从主体角度，以对家庭负责为起始点，学会孝敬；以对自己负责为基本点，学会求知；以对集体负责为凝聚点，学会关心；以对社会负责为制高点，学会报答，培养学生高度的历史责任感和社会责任心。④ 大连市一〇一中学把社会责任感作为核心素养来培育，责任认知以生存意识、习惯养成、感恩为切入口，责任体验强调责任自觉、自为的反馈和深化，责任评价强调多元评价激励和手册管理强化。⑤ 因此，责任素养教育应以责任事件为突破口，其全过程由责任行为来实施，责任意识是责任事件之前产生的，责任感是责任主体事后的情感体验，对于责任状况的评价主要是针对责任行为进行的。

二、现状归因：分析中学生责任素养存在问题成因

（一）中学生责任感培养的现状

中学生普遍存在以“自我”为中心的不良倾向，对为自己、为社会、为国家负责

---

① 刘世保．责任教育研究与指导［M］．北京：北京理工大学出版社，2011：43－47.

② 孙云晓，刘秀英．责任感成就未来［M］．桂林：漓江出版社，2008：2－13.

③ 谭焱心．中国责商教育模式：培养孩子9大关键［M］．成都：四川大学出版社，2014：58－63.

④ 柳州铁一中学校本教材编写组．责任素养教育［M］．桂林：广西师范大学出版社，2007：1－4.

⑤ 王雪洁，刘文华．把社会责任感作为核心素养来培育：大连市一〇一中学责任教育创新之路［J］．中国德育，2014（13）：60－61.

任的精神缺乏一定的了解，对责任的理性认识还较模糊，层次不高，学生的责任意识已经呈现弱化的倾向。

其一，中学生个人缺乏责任意识。现代中学生大部分是独生子女，由于家长的过度溺爱，他们成为习惯于被呵护、被照顾的一代人。他们集万千宠爱于一身，在家庭中表现为一味地索取，意识不到自己应该承担一部分家庭责任；在学校表现为缺乏积极的学习热情和主动性，没有明确的学习目标，往往要父母和老师催促才去学习，欠缺主动学习的态度和能力，处于一种被动状态，这阻碍着中学生的发展和责任感的形成。我们的调查显示，只有60.7%的中学生能够基本承担自己力所能及的家务；在超出家庭经济承受能力的消费、理解父母的艰辛、体谅父母的心情等问题上，中学生的责任感不高，45.2%的学生见到喜欢的东西就要求父母必须买，只有54.8%能做到自己攒钱买。

其二，集体责任感淡漠。部分学生没有集体责任感，强调个人自由，不讲基本规则。我们的调查显示，35.2%的中学生都认为自己很少或者不会参加班级的集体活动，认为那是浪费时间，没必要，只有56.3%的学生会为集体的荣誉感到自豪，这体现了有部分中学生缺乏集体责任感。我们在与家长的沟通中了解到，大多数家长支持孩子多为班集体做事情，但不能耽误自己的学习，也不能一直默默为班集体做贡献，更不能傻干，一部分家长明确不愿意孩子当班干部，为班集体多做事情。这些家长认为孩子在学校里，只要好好上课，按要求做值日就行了，关键是学习要好，对是否参加集体活动不在意。家长这种不正确的思想影响着自己的孩子，导致孩子自私自利，讲求实惠，功利性意识强。

其三，社会公德缺失。在溺爱环境中成长起来的孩子，很多缺乏责任意识。部分青少年的社会公德意识薄弱，埋怨社会，不愿奉献，在处理与他人的关系时，以自我为中心，对他人漠不关心。我们的调查显示，44.3%的学生表示不会为国家的发展做出努力，更有少数学生认为这是与他们无关的事情，46.2%的学生在公共场所，看见有人损害公物，也不会上前阻止，19.4%的学生即使看见老人、残疾人、小孩，也不会给他们让座，还有46.1%的被访青少年认为“诚实就意味着吃亏”。在公共场所看到打架斗殴或其他违法行为，选择“挺身而出”的只有19.7%，而有53.9%的中学生选择“走远点”。

（二）中学生责任感教育存在问题归因

其一，个人及家庭的原因。其中个人原因是中学生自身认识不足。内因决定外因，中学生社会责任感缺失的根本原因在于自身多方面的不足。中学生的世界观还没有形成，首先，部分中学生社会认知能力较弱。遇到问题和困难时，不能理性看待社会上的种种现象，对国家和社会赋予的使命和责任的认知能力较弱。其次，中学生自我定位和自我评价不准确，没有明确的奋斗目标，对未来没有合理规划，长此以往，会感到越来越迷惘，找不到自身存在的价值，更何谈对社会做出应有的贡献，这也是导致他们社会责任感缺失的重要原因。最后，部分中学生个人价值观念出现偏差，重个人发展和个人利益，忽视社会利益和整体利益，从而制约中学生社会责任感的形成。

家庭原因是家长对孩子的期望值出现偏差。首先，父母认为孩子唯一需要做的就是学习，其他任何事情都不要做。家人对孩子百依百顺、娇惯宠爱，把所有的事情都大包大揽，养成了孩子以自我为中心、不负责任的不良习惯。其次，父母对孩子的管教过于

严格，动辄训斥打骂，让孩子把所有的注意力都放在了父母的情绪上，使其变得胆小怕事、缩手缩脚、缺乏自信，进而不相信自己负责任的能力。孩子在成长过程中需要学习各种知识、技能，如果父母只是一味地包办、训斥、干扰，只会让孩子丧失这些能力，意志变得脆弱，成为一个没有责任感的人。

其二，社会上的不良影响。个体本位和金钱万能等观念和社会上出现的一些消极腐败现象，对中学生社会责任感的形成产生了不利的影响。传统道德分化，导致了道德共识危机；黄赌毒等现象的蔓延，污染了社会生活环境；错误的舆论引导，造成中学生消费观、认识观的改变。有些中学生觉得对崇高理想的追求与当今社会的“要求”不吻合，为求得现实的世俗幸福，他们将金钱的多少与幸福的程度等同起来。他们对现实的不满不是为了完善社会，而是觉得自己的利益难以充分实现而否定这一社会，却不愿意承担自己在净化、改善社会风气方面的责任。当今社会出现有很多不负责任的现象，这种现象对中学生的影响不可小觑。久而久之，孩子耳濡目染，就会变得没有责任感。

其三，学校教育的偏差。我国历来重视教育的社会价值取向，喜欢用一些外在的社会标准来要求和评价德育活动及学生的道德面貌，对学生人格塑造和个性发展的重视不足。我国学校教育习惯以政治视野中的主流价值取向为标准，盲目地要学生背负爱祖国、爱人民、爱社会主义等脱离学生生活实际的大责任，这种乌托邦式的苛求往往导致学生本应承担、也完全有能力承担的基础性责任被忽视，以至造成“大事做不了，小事不想做”的社会责任感缺失的状态。

三、澄清思路：设置责任素养教育之课程育人目标

（一）育人目标

培养胸怀大爱、畅想大梦、开启大智、担当大任的社会主义建设者和接班人。

（二）课程目标

根据学校实际，我们量身定做了“责行天下——火凤凰计划”特色课程。把培养责任意识、增强责任情感和锻炼责任能力作为特色课程目标体系。价值观教育贯穿中学教育全过程，相应地，责任素养教育也应走进学校教育的全过程。为此，学校带领教师们剖析以责任心教育为核心的责任素养教育过程，设置了以侧重培养责任意识、责任情感和责任能力三层级的课程培养目标（见表1）。借此，引领教师深入理解和领会责任素养教育的内涵与价值，并将其融入日常教育教学之中。

表1　“责行天下——火凤凰计划”特色课程目标体系

课程目标	具体表现
责任意识	培养丰富的责任意识，包括个人、集体、家庭、社会、民族、国家、环境等责任意识；明确责任主体，激发责任动力
责任情感	培养感恩、坚毅、包容、同理心等责任觉悟，主动的责任态度，较强的责任行为倾向，良好的责任情绪体验
责任能力	培养学生专长，彰显学生的个性，使学生成为责任能力的主体，具有较高的完成职责、任务、使命所必需的素养、各种专业技能和创新能力

课程目标说明："责行天下——火凤凰计划"特色课程以培养学生的责任意识、责任情感、责任能力为宗旨，以知礼明责、践行履责、强技尽责为课程模块。责任意识、责任情感、责任能力的培养是一个辩证的统一体，三者既有区别，又密不可分，相辅相成。

在此基础上，学校将"我的责任"教育确立为德育工作的核心与主线，发出"我的责任"教育活动倡议。立足班级，联系家庭，延伸社会，力求将社会主义核心价值观教育融入学生的日常行为之中。让中学生感受现实，确立目标，学会对自己的未来负责；从小事做起，在岗位上体验对他人负责；在对"责任"的思考中，坚定对集体的负责；与长辈对话，理解为家庭负责；探究生命的意义，明确社会责任；走向明天，将自我责任和社会责任融为一体。

四、活动演绎：创新责任素养养成之体验路径

依托教材编写，学校教师统一了思想，加深了对责任素养教学的理解和认同。进而，学校通过开展丰富多彩的实践活动，力求使学生在活动中获得正确的情感体验，激发其责任意识，不断培养与提升责任能力，促进学生的责任行为，帮助学生健康成长，获得全面发展。

（一）培育自主担当责任的班级氛围

各教学班自行制定班规，将班级各项事务细化分解到每一个学生，引领他们从身边的小事做起：节水、节电、扫地、擦黑板、办园地、教学平台管理……每件事情都由学生自行分配，以高度的责任感承担班级管理事务。在此基础上，教室张贴考核表，每周进行考核评比，形成主动担当、自主管理的班级生活氛围。同时，班级组织开展学生论坛。发动学生针对各种不文明、不健康的现象与行为发表评论，提高学生识别是非的能力，在实践中自我教育、自我认识、自我完善责任素养。

（二）创设责任素养教育主题活动

依托责任素养校本教材的内容，学校开展了系列主题班会，包括"我与责任同行""责任素养教育大家谈""我的梦想我负责""勇于承担责任""做有责任心的人""责任——让青春绽放光彩""成人礼"等，并开展了"我们因负责而可爱""责任在我心中""我们在负责中成长""诚信是金""我与文明同行"等主题征文、演讲活动。借助读书会、辩论赛、演讲比赛、责任素养教育实践作业、邀请专家做责任素养教育主题报告等多姿多彩的活动形式，增强责任素养教育的魅力。这些活动激发了学生的热情，他们自发开展了"遵守诚信道德规范　向不文明行为告别""爱学校　爱班级　爱自己　从身边的小事做起""卫生责任书""班级安全工作责任书"等签名活动，引领校园责任素养新风尚。

（三）开展责任素养主题校外活动

针对学生的年龄特点，学校以责任意识到责任能力的形成为主线，成立了"志愿者服务队"，并完善青少年志愿服务制度。以此，带领师生走进广阔的社会生活，感受责任担当，提升责任能力。学校与广州起义烈士陵园、广州市启聪学校等单位合作，联

合开展了“志愿于心，服务于行”系列志愿服务活动，如“九九重阳，久久祝福——看望老红军老专家活动”“关爱长者，你我同行——看望社区空巢老人活动”“承担责任、传递温暖——我们的节日春节之关爱老人、守望邻里活动”“我志愿，我快乐——垃圾分类我先行活动”“学习雷锋，我们在行动——耆人义士志愿者服务活动”“关爱盲童，践行履责活动”等。每年暑假还会参加“帮好人万里行”实践活动。

（四）创新责任素养过程性评价

评价是增强学生责任意识、促进学生行为转变、养成良好习惯的有效方式。学校着眼中学生未来发展，建立了“我的责任”教育工作评价指标体系，并制作“责任护照”，对学生参加责任素养教育活动的情况进行评价总结。护照每生一册，每次一签，每期一评，从“政治思想素质”“道德素质”“法纪素质”“心理素质”等方面记录学生责任素养的成长。例如，学生根据指标体系开展自评，从他评及教师评语、等级评定结果等方面了解自身的成长情况。每一次评价内容都会保存，成为下一阶段评价的参考。借助评价，促进学生正确认识自己、管理自己，善于反思，增强自律意识和责任观念。培养中学生社会责任素养需要全社会的共同努力，学校教育是其重要一环，家庭教育和社会氛围不可或缺。学校将继续探索，不断整合资源，引领学生的未来成长。

落实立德树人　创建未来课程

——东莞未来学校课程研究的思考与探索

东莞市教育局教研室　黄远　刘翥远*

摘　要： 在“互联网+”及人工智能时代的背景下，人类社会各行各业对人才的标准和要求也发生了巨大的改变，教育领域也随之发生广泛且深刻的变革。进入21世纪，世界各国对未来学校的探索与实践向着更广更深的维度发展，培养学生的21世纪技能，已成为世界各国教育共同关注的话题。《中国未来学校白皮书》指出，未来学校将突破时间、空间、内容和师资的限制，满足人们不同需要，可以更好地提高全民素养，以应对未来更加复杂的社会挑战。①《东莞市2019年教育工作报告》中明确提出，规划建设3所未来学校成为2019年东莞教育重点工作计划。2019年3月，东莞市教育局与中国教育科学研究院正式签署框架协议，共同推动东莞未来学校实验区的建设，东莞未来学校的建设成为将来东莞教育的重要任务之一。这也标志着东莞未来教育的发展迈入了一个全新的时代。未来学校建设离不开未来课程的创建，这是落实立德树人，实现未来学校育人目标的关键。本文以国内外对未来学校课程研究的现状为基础，从东莞本土的探索与实践切入，通过具体设计案例来剖析未来学校的课程对于人才培养的意义和价值，探索基于东莞地情的未来学校课程的设计理念及实施策略，并为后续的未来教育实践提供思考和展望。

关键词： 未来学校　未来课程　教育变革　智慧教学

“互联网+”时代，信息技术不断发生着更新迭代，教育领域也随之发生系统且深刻的变革，慕课课堂、翻转课堂、“双师”课堂、远程同步课堂等新的教学形态不断涌现，随之而来的是教育理念、目标、形式和内容的改变。放眼世界，美国、德国、新加坡、日本等国家相继开启未来学校项目的研究，探索面向未来的学校教育变革。这些国家的未来学校项目以21世纪技能的培养为目标，以现代教育信息技术手段为支撑，通过开展学生个性化、自适应的学习，培养能够适应未来社会发展需要的人才。

“教育要面向现代化，面向世界，面向未来”，这是邓小平在20世纪80年代就提

---

* 作者简介：黄远，现任东莞市教育局教研室主任，正高级教师；刘翥远，现任东莞市教育局教研室初中数学教研员，高级教师。

① 王素，曹培杰，康建朝，等．中国未来学校白皮书［R］．北京：中国教育科学研究院未来学校实验室，2016．

出的重要论断。习近平总书记说："教育决定着人类的今天，也决定着人类的未来"，让教育工作者更加深刻地认识到教育对于未来的重要性。每一个教育人，都必须思考教育如何面向未来。发展面向未来的教育，培养适应未来的人，应该是所有教育工作者共同的情怀与使命。2013 年，中国教育科学研究院正式启动了"中国未来学校创新计划"，成立了未来学校实验室，主动面向未来开展一系列的教育变革。2017 年，教育部学校规划建设发展中心正式发布《未来学校研究与实验计划》，全国范围内超过 400 所学校共同组建了"中国未来学校联盟"。

在新时代背景下，教育既要关注公平和均衡，亦要注重质量与发展，学校提供高质量的教育是当前学校改革无法回避的问题，尤其在经济发达的国家与地区，人们对优质教育的渴望更为迫切。随着"粤港澳大湾区"概念的提出，大量海内外高科技人才的涌入给粤港澳大湾区带来巨大的生机与活力，地处湾区有利位置的东莞也迎来了前所未有的发展机遇，但也面临着巨大的困难与挑战。东莞教育事业的发展问题已成为这个城市转型升级过程中最迫切需要解决的问题之一。在东莞人口结构严重倒挂的情况下，东莞教育不仅要弥补"短板"，还要增添"高板"。为此，东莞教育高度关注国际教育界的最新发展趋势，开始积极探索未来学校的建设及相关教育领域的改革探索，希望通过积极探索未来学校的变革带动东莞教育工作的整体发展。

未来学校是一种全新的育人环境，是为了学生更好地适应未来生活和工作的创新人才成长场所，既包括灵活可变的学校育人空间场所，还包括基于网络班级、小组、同伴、个人等多种学习空间的新型育人环境。[①] 北京师范大学未来教育高精尖创新中心执行主任余胜泉教授提出，未来学校是学生、家长和老师根据自己的兴趣和价值观去选择适合自己的课程和教育的学校。[②] 对于国内而言，未来学校是能扎根中国大地，落实立德树人，具有国际视野，且在学习空间设计、教学互动方式、组织管理实施、课程体系建设等方面能更好满足学生个性化成长，促进创新型人才培养的组织机构。

课程是一个教育术语，最基本的理解是学生学习的路径以及学习的进程。[③] 随着我国课程改革的不断深入，课程的概念也在不断演变，趋向更为宽广的内涵，不同的学者对于课程概念的泛化也存在不同的争议。就面向未来的学校课程而言，笔者更倾向于"我们应该而且可以努力加以建构的是一种崭新的观念：大课程论"[④]。与此同时，"课程的内容和意义在本质上并不是对所有人都相同的，在特定的教育情境中，每一位教师和学生对给定的内容都有其自身的理解，对给定内容的意义都有其自身的解读，从而对给定的内容不断进行变革与创新，以使给定的内容不断转化为'自己的课程'"[⑤]。

---

① 张生，曹榕，陈丹，等．"AI +"时代未来学校的建设框架与内容探究［J］．中国电化教育，2018（5）：38－52．

② 余胜泉．"互联网 +"时代发展个性的未来学校［N］．中国信息化周报，2016－06－13（7）．

③ 陈莉．课程概念泛化现象之省思［J］．全球教育展望，2015，44（12）：14－22．

④ 黄甫全．大课程论初探：兼论课程（论）与教学（论）的关系［J］．课程·教材·教法，2000（5）：1－7．

⑤ 朱慕菊．走进新课程：与课程实施者对话［M］．北京：北京师范大学出版社，2002：121．

因此本文所探讨的未来课程是指能够顺应未来教育发展趋势、满足当下课程改革要求、符合国内未来学校育人目标，且特别强调培养学生的关键能力和必备品格，体现多学科交叉融合的课程。

一、未来课程的研究意义

中国教育学会副会长朱永新曾提出：“未来不是学校品牌的竞争，而是课程品牌的竞争，学校的优劣集中体现在课程的优劣。”课程是学校、教师及学生共同成长的沃土，是学校发展的内核，好的课程不仅仅成就学生，也会成就教师、成就学校。

通过对未来课程的研究，让学生获得更合适的教育。学校在落实国家课程标准要求的前提下，通过深入研究学习国家课程标准，以生活中真实情境中的问题为主题，对教材内容进行优化、重组、改造及融合，打造出彰显本土文化特色和学校价值主张的课程。与此同时，在课程实施的过程中，更加关注学生核心素养的培育和四大关键能力的培养，关注合作式学习、体验式学习、项目式学习等新型学习方式，关注互联网、大数据、人工智能在教育教学中的深度应用。教师运用多种教与学的方式方法，引导学生发现和提出问题，支撑学生分析和解决问题，使得所有学生不仅掌握相同的学习内容，还可以习得满足其个体发展需要的学习内容，从而达到让每个学生获得更适合的教育的效果。

通过对未来课程的研究，让教师拥抱更专业的成长。对未来课程的研究，教师需要思考研究如何运用新理念、新思路、新技术，面向未来推动课程与技术的融合创新，去思考如何更好地落实立德树人要求，如何更好地推动素质教育，如何更好地培养适应未来社会的创新人才。在反思与实践的过程中，教师得到更多的锻炼和更专业的成长。

通过对未来课程的研究，让学校实现更快速的发展。未来课程的研究是结合当前东莞市未来学校建设而提出的重要研究课题，其设计是瞄准未来社会的人才需求。国外学者认为，未来学校是一种哲学上的思想教育过程，是对教育的一种理想化理解，是一种特殊的时间—空间—问题的安排，包括具体的建设、技术、实践和特征。① 笔者认为，未来学校可以理解为一种理念，每所学校都是迎接未来的学校，每所学校都具备成为未来学校的潜力，关键在于学校要积极探索，尝试落实未来学校的育人理念，打造符合自身特点的未来学校课程体系。未来学校的典型特征就是未来课程体系的构建与实施，因此学校通过学习和对接国内外先进教育理念和一流教育资源，不断反思实践，创新实现信息技术与教育教学的深度融合，创新构建德智体美劳全面培养的课程体系，学校也可以在这个过程中获得更加快速的提升与发展。

对于东莞而言，对未来课程的研究可以促进我市学校深入思考未来发展的方向，创新探索具有东莞特色的课程改革之路，从而带动我市学校的整体建设与发展。

二、未来课程的研究现状

未来学校是全球范围内高度关注和研究的教育理念，在各国探索实践未来学校理念的过程中，对课程的研究都是必不可少的研究内容。随着互联网技术日新月异的发展，

① MASSCHELEIN J, SIMONS M. Education in times of fast learning: the future of the school [J]. Ethics and Education, 2015, 10 (1): 1–12.

人类已经逐步跨入人工智能时代，“翻转课堂”“云课堂”“移动学习”“泛在学习”等创新教育模式在世界各地涌现甚至普及，“教育 + 互联网”已经成为一种趋势。与此同时，课堂教学组织形式也在不断演变进化，个性化学习、探究式学习、体验式学习、合作式学习、自适应学习、混合式学习等学习形式层出不穷，全世界范围内甚至出现了“无墙学校”“混龄班组学校”“一人一课表的学校”“世界旅行学校”等新的教育样态，标志着学校课程的研究也进入了一个全新的时代。

（一）国际研究的现状

在教育 3.0 时代，培养学生 21 世纪的核心素养已经成为全球许多国家所面临的共同主题。OECD 教育政策特别顾问 Schleicher 教授在梳理各国基础教育创新政策后指出：21 世纪所必须习得的素养，涵盖了知识、技能和个人品性，具体包括创造力、批判性思维、问题解决、创新、协作、数据搜集与沟通等方面的能力。欧洲议会和欧盟教育理事会在关于终身学习关键能力的欧洲参考框架指出，基础教育中需要发展的技能包括：母语交流、外语交流、数学和基础科学技术、数字化、学习、社会和公民、主动性和企业家精神、文化意识和表达等其他八种能力。2012 年，美国国家科学院的最新报告将 21 世纪的技能分为三类：认知技能（如批判性思维和分析推理等）、人际交往技能（如团队合作和沟通技能等），而个人的内在技能（即自我表达，包含自我反省能力及诚实的品性等）。这其中批判性思维、问题解决能力、创新能力、沟通协作能力、信息技术能力等被公认为当下教育系统需要重点关注的技能。这些有关研究机构对未来教育的培养目标做了深入的分析和研究，并基于这些目标设计出符合地区特点的课程。

（二）国内研究的现状

2016 年 9 月，教育部正式颁布了《中国学生发展核心素养》，指出中国学生发展的核心素养应以科学性、时代性、民族性为基本原则，核心素养应以科学性、时代性、民族性为基础。培养人的全面发展。学生发展的核心素质可以分为三个方面：文化基础、自主发展和社会参与。综合绩效分为六个方面：人文内涵、科学精神、学习、健康生活、责任心和实践创新。它包括理性思考、批判性提问、探索勇气、信息意识、国家认同、国际理解和问题解决。这些内容对国内未来学校的课程研究指出了方向。2016 年 11 月，中国教育科学研究院未来学校实验室正式发布了《中国未来学校白皮书》，提出未来学校课程应具有“契合、整合、结合”三大特点。即未来课程应满足学生的个人认知、个性和情感特征，满足学生个性化发展的需要，符合地区和学校条件。此外，未来课程还要突出地方文化特征和学校价值主张，满足学生的个性化发展需要以及未来社会对人才培养的需求，要培养出未来各行各业需要的人才。未来课程实现学科之间的融合，使知识由分裂、封闭、单一，走向整合、开放、多元，要实现校内外课程资源的联合，且要实现知识与生活、知识与社会实践的联合。①

根据未来教育的研究方向，全国各地也对未来课程开展了积极的探索。如北京十一学校亦庄实验小学校长李振村组织多位特级教师和众多教育专家、名校毕业生，开展“全课程”教育实验，研发出包括教育大纲、教材、教法、评价、管理等五大板块的“全课程”教育体系，探索出一条小学课程改革新路，推动学科全面融合的综合性课程

① 王素，曹培杰，康建朝，等. 中国未来学校白皮书［R］. 北京：中国教育科学研究院未来学校实验室，2016.

改革，其目标是让孩子拥有幸福的童年生活，让孩子沿着“全人”的方向健康成长，“全课程”一问世就引发了《北京晨报》《光明日报》等诸多媒体的关注。上海市教育科学研究院普通教育研究所课程与教学研究室主任夏雪梅教授基于中国的现实情境，进行了基于课程标准和指向学生学习素养的项目化学习探索，并结合研究成果推出了《项目化学习设计：学习素养视角下的国际与本土实践》《跨学科的项目化学习：“4 + 1”课程实践手册》两部著作，引起基础教育界的广泛关注。

当下，尽管国内外对于未来学校课程的研究已经有了明确的行动方向和丰富的研究成果，一些专家经过研究也形成了一些课程实施理论、课程设计思路及课程实施案例，但总体来说还不够全面和系统，尤其对于基于地方特情的课程研究还存在很大的研究空间。

三、未来课程的研究案例

基于国内外对未来课程的研究，东莞各学校结合自身的办学基础和发展特征，开展多方向、多层面、多途径的研究与探索。同时，为了更好地促进未来课程的研究，东莞市教育局面向全市开展了2019年中小学“未来课程”设计大赛活动。

未来课程是可以激发和培养学生实践能力和创新能力，促进学生综合素养提升的课程，故要求参赛教师提交的课程方案应具有基础性、实践性、创新性、个性化及综合化的特点，学生通过课程不仅学习知识，更重要的是可以获得全面发展。与此同时，大赛活动还强调参赛教师组队，强调多学科融合及团队协作。下面以参加本次大赛活动的两个课程设计为案例，探讨未来课程的设计理念及实施策略。

案例一：“基于F1赛车模型的STEAM项目学习”课程设计

课程名称	基于F1赛车模型的STEAM项目学习	课程类型	STEAM课程
课程负责人	曹峰华	成员	张峰、宋永成
课时	12	适用对象	高中一、二年级学生
课程简介	1. 项目背景 F1在学校（F1 in Schools，简称FIS）STEAM［科学（science），技术（technology），工程（engineering），艺术（arts），数学（mathematics）］挑战赛起源于英国，秉承了F1（世界一级方程式赛车）顶尖的科技理念、充满激情的运动精神和系统严谨的工作态度。已有近20年历史，目前全球每年有40万青少年参与此项赛事，是全球参与人数最多、最受关注的STEAM挑战赛之一。F1赛车模型STEAM项目以学习并制作一辆模型赛车为主线，过程涵盖数学、物理、3D打印等多个学科，应用STEAM学科体系解决问题，注重学生知识技能学习、综合实践体验、情感兴趣发展、工程技术创新。 FIS在国内外多以社团或者兴趣小组的形式开展项目学习，受益的是小部分师生。现在3D打印设备和数控车床已经在发达地区得到了推广，FIS可以让这些先进的设备更好地服务学生，为学生多学科的融合学习构建一个普及性的平台，课程的开发可以让每一个学生都参与到FIS的项目学习中，为学生的终身发展奠定一个良好的基础			

续上表

<table>
<tr><td></td><td>2. 设计思路
项目学习主要以团队合作、子项目研究为基本形式展开，围绕车队的组建与运营，涉及3D建模、制造、品牌、包装、筹资、市场宣传、领导力和团队协作、媒体协调及资金战略等知识的运用。项目的过程可以从多个方面培养学生的能力。
项目学习以设计并制作一辆F1模型赛车为载体，学习过程涵盖空气动力学、流体力学、美学、数学、技术、工程等多门学科的融合，能够帮助学生构建知识体系。初级赛车模型可以用橡皮筋的弹力或者发射压缩空气作为赛车的动力。中级赛车模型上有一个气罐仓，可以装卸二氧化碳气罐，以二氧化碳压缩气体的喷射后坐力作为赛车的动力</td></tr>
<tr><td>课程目标</td><td>1. 认知与技能
（1）通过上网查阅，了解FIS的起源和发展历程。
（2）通过采访学长，了解FIS在我国及我校的开展情况。
2. 过程与方法
（1）通过组建FIS团队，提高学生的展示能力和沟通能力。
（2）通过设计F1赛车模型，提高学生的创新设计能力。
（3）通过制造赛车模型，提高学生的动手能力。
（4）通过拉赞助、筹资金运营车队，培养学生的财经素养和资金管理策略。
（5）通过品牌宣传，提高学生媒体协调能力。
（6）通过制作并使用模拟软件进行测试、生成数据（能量消耗、风的阻力、速度）、处理数据，提高学生数据分析能力。
3. 情感、态度与价值观
（1）通过改进、打磨F1赛车模型，培养学生的工匠精神反思意识。
（2）学生运用3D打印机、数码车床、激光雕刻机加工制作赛车模型，感受技术应用的魅力。
（3）学生在设计、测试比赛过程中体验设计的乐趣，感受比赛的魅力。
（4）通过团队展示与比赛，熔炼团队精神，提升个人的自信心</td></tr>
<tr><td>课程内容</td><td><table>
<tr><th>课时</th><th>内容设计</th><th>目标</th></tr>
<tr><td>1</td><td>走进FIS的世界
（1）FIS国际赛事介绍；
（2）FIS国内发展介绍；
（3）FIS学校发展介绍</td><td>了解FIS项目，感受赛事氛围，激发学生兴趣</td></tr>
<tr><td>2</td><td>组建团队
（1）个人兴趣和特长介绍；
（2）队长演讲；
（3）队长招募队员；
（4）确定团队的名字、精神和理念；
（5）设计队徽</td><td>自我展示，分工与合作，初步设计</td></tr>
</table></td></tr>
</table>

续上表

<table>
<tr><td rowspan="5">课程内容</td><td>课时</td><td>内容设计</td><td>目标</td></tr>
<tr><td>3</td><td>初级赛车模型设计分析
观察拆解已经有的F1赛车模型，观察它由几个部分构成，如何连接和固定？参考该模型后，讨论、汇总团队的设计思路，设计制作一个纸质的F1赛车模型，上色、装饰后进行测试，并不断调整</td><td>观察能力，动手能力</td></tr>
<tr><td>4</td><td>中级赛车模型设计分析
在总设计师的带领下，利用3D建模工具设计一款F1赛车模型。在展示建模过程中，团队其他成员也尝试完成建模。团队讨论分析：哪些因素导致赛车变慢？赛车如何利用“伯努利效应”？如何减小风阻？使用软件对模型进行风洞测试，并对相关数据进行分析</td><td>创新设计，建模能力，分析能力，思辨能力</td></tr>
<tr><td>5～6</td><td>F1中级赛车模型制作
（1）讲解如何将设计构件导出为可打印的文件（如STL格式文件）；
（2）讲解如何准备、调试、使用3D打印机打印出F1赛车模型；
（3）运用雕铣机、笔刀、水口剪、锉刀等工具对模型进行加工；
（4）利用喷绘笔装饰模型</td><td>动手能力，美学思维</td></tr>
<tr><td>7</td><td>F1中级赛车模型技术测试
参照技术规则对赛车进行技术测试，测试后的数据又反馈回设计、工艺和管理工作中，使这些工作得到改进，以达到控制赛车模型质量的目的。
技术规则主要涉及：整车长度、整车高度、整车质量、赛车底盘高度、气罐仓直径、气罐仓到赛道表面的距离、气罐仓深度，气罐仓最大内舱角度、气罐仓安全区、二氧化碳气罐可见性（顶视图）、牵引环各指标、前翼各指标、尾翼各指标、车轮各指标。
技术测试完成后进行赛道测试</td><td>动手能力，工匠精神</td></tr>
</table>

续上表

	课时	内容设计	目标
课程内容	8	寻找赞助商 F1 赛车模型 STEAM 挑战赛中有一个规则是团队营运的费用来自赞助商。车队在走出校园、走进企业之前，构建好相应的素养尤其是财经素养。 （1）如何将车队理念与目标企业文化进行融合； （2）分析车队会对目标企业带来哪些收益； （3）模拟商谈； （4）制订企业赞助方案	财经素养，展示能力，资金策略
	9	展台设计与制作 展台是在指定区域范围内借助各种技术手段搭建成的能体现团队形象、全方位展示作品（赛车）的空间。有关赛车、设计理念、设计研发、研究、测试和评估、营销的内容一般都应该在展台中呈现。展台设计制作中应包含以下内容：初步设想、设计开发和测试、评估、通信、形象身份、团队合作的证据、营销。 该过程通过手绘效果图、虚拟设计、现场搭建实现	设计能力，动手能力，团队合作
	10	作品选集设计与制作 用作品选集来展示团队建设和赛车设计的历程。赛车设计与工程选集包含赛车的设计理念、设计研发、研究、测试和评估、正投影图、3D 效果图、与 CAM 和 CNC 制造相关的内容。作品的选集里包括团队合作书、项目管理书、赞助方案和营销总结等	整合能力，美学思维，展示能力
	11	展示与交流 在规定的时间内采用恰当的方式将团队、作品呈现给大家。 （1）学习有演讲方面的知识和技能； （2）演讲 PPT 或视频制作； （3）小组内口头演讲练习； （4）班级口头演讲展示	资源整合，视频剪辑，演讲能力

续上表

<table>
<tr><td>课程内容</td><td>
<table>
<tr><th>课时</th><th>内容设计</th><th>目标</th></tr>
<tr><td>12</td><td>反思与提升
(1) 每位小组成员对本课程学习以来的点点滴滴进行总结反思；
(2) 提出 FIS 相关方面的研究性课题；
(3) 每个团队（或小组）撰写并发送一份图文并茂的有关整个项目学习的推送</td><td>反思审视</td></tr>
</table>
</td></tr>
<tr><td>学习方式</td><td>1. 探究性学习
学习过程鼓励学生从 F1 赛车模型的外观、重量、风的阻力、车轮等角度发现问题，小组合作分析问题、解决问题。
2. STEAM 学习
整个学习过程，需要将科学、技术、工程、艺术、数学等多个学科进行有机融合。鼓励学生用跨学科知识解决问题。
注重学生知识技能学习、综合实践体验、情感兴趣发展、工程技术创新</td></tr>
<tr><td>课程实施（建议）</td><td>场地要求：创客教室或者 STEAM 教室
教具/学具：
初级赛车模型：普通 A4 纸、8K 铜版纸、美工刀、吸管、直尺、塑料车轮
中级赛车模型：轴承、3D 打印机、数码车床（可选）、激光雕刻机（可选）
手持打磨机、笔刀、水口剪、锉刀等</td></tr>
<tr><td>课程评价</td><td>评价分为量表评价和过程性评价。
每一课时设计一个独立的评价量表，学生根据量表审视自己在该节课所掌握的知识能力和个人体会。
过程性评价由自我评价、学生互评、导师评价结合完成，由课程结束后给出相对应的学分和成绩</td></tr>
</table>

通过对课程设计与实施的观察及思考发现，“基于 F1 赛车模型的 STEAM 项目学习”课程可以有效促进学生综合素养的提升，其开发工作遵循“回归生活情境、学科多元统整、学习方式创新、突出综合素养”的基本理念。课程教师用书及学习用书的内容编排结构合理、逻辑清晰、具有创新性，能够充分激发学生的学习兴趣。课程的设计符合国家课程的要求，同时能考虑到与信息技术的融合以及学习空间的设计。

案例二：《“设计·制作”——以制作创意笔筒为例》设计纲要

课程名称	“设计·制作” ——以制作创意笔筒为例	课程类型	STEAM 课程
课程 负责人	曾娟林	成员	程马峰、成卫平
课时	12	适用对象	小学四年级学生
课程简介	“设计·制作”课程是以设计以及制作某个产品为项目的 STEAM 课程。本课程以培养学生的创造力为最终目标，聚焦设计型思维和多角度思维的培养。统整了数学、艺术、语文、科技、工艺制作等学科，开展设计并制作某个产品为项目的学习。采用创客式学习方式，包括 STEAM 学习、设计型学习、探究性学习、小组合作学习。引导学生进行问卷调查、分析数据、了解材料、探寻工艺、设计图纸、制作笔筒、外观装饰、产品展示等活动，在“做中学”的设计型思维理念引领下，综合运用各科知识，利用科学和技术设计并制作某个产品。在此过程中，培养学生的设计型思维、多元思维，发展学生的“元认知”能力、动手能力，培养学生的协作能力和表达能力，并在参与活动的过程中体验设计和动手制作的成功和乐趣。 本课程内容由“调查与构思”“设计与制作”“外观和推广”三个单元组成		
课程目标	1. 知识与技能 （1）通过访谈和调查问卷、广告语的设计等活动，提高学生的书面和口头表达、沟通能力； （2）创意物化，通过操作实践，掌握手工设计与制作的基本原理和技能。运用信息技术，设计并制作有一定创意的作品。运用常见、简单的信息技术解决现实生活中的问题； （3）通过使用 3D 打印、激光切割、车床、木板、KT 板、乳胶、砂纸等工具和材料，初步掌握 3D 打印、激光切割、车床技术，运用插接、钉接、黏接等连接方法制作创意作品。 2. 过程与方法 （1）通过任务驱动，让学生反复经历调查（收集用户数据）、灵感、构思、制作、展示（收集优化建议）、调整等学习活动，培养学生的设计型思维； （2）通过不断体验对用户需求与个人创意等要素的权衡与取舍，培养学生的多角度思维； （3）通过对调查问卷的制作、收集和整理，提高学生收集整理数据的能力和发展学生的数据分析观念； （4）通过对笔筒形状的分析，体会数学在生活中的应用，提高学生应用意识和创新意识； （5）通过对笔筒的制作和美化，提高学生的创造能力和动手能力，发展学生的美术鉴赏力和美术表达力； （6）通过问卷访谈、作品展示，提高学生的口头表达、交流沟通的能力。 3. 情感、态度与价值观 （1）让学生通过小组合作完成笔筒的设计与制作，提升学生的团队协作能力； （2）在活动过程中，使学生获得多种情感体验，培养学生敢于面对挫折、困难的品质，增强学生的意志力和解决问题的能力； （3）通过经历完整的设计、制作产品的职业体验，满足实现自我价值的需要； （4）在学习基本制作工艺过程中，学习创意表达，提高动手实践能力，体验工匠精神		

续上表

课程内容	本课程分为3个单元，共12课时。（按制作过程编写） **第一单元“调查与构思”** 目标： （1）学生分组合作，通过问卷调查、采访等形式进行用户需求分析，并对收集到的数据进行整理、统计和分析； （2）用数学的原理解释笔筒为何大都是圆形或正方形的； （3）根据数据分析得出用户的需求，分组构思笔筒的形状和功能。 内容： （1）设计调查问卷：老师指导学生如何选择合适的问卷调查对象，根据要了解的问题，通过讨论设计调查问卷； （2）课外实践：分小组进行资料收集，通过问卷和访谈了解人们对笔筒的需求； （3）数据分析：对收集到的问卷进行整理和分析，经过讨论得到用户的需求； （4）构思笔筒：引导学生构思各小组的笔筒，完成构思方案。 活动时长：课内3课时，课外1周 **第二单元“设计与制作”** 目标： （1）让学生了解不同材料的性能，体验3D打印、激光切割、车床等不同工艺，在构思方案的基础上，选择适合自己所在小组的材料与工艺； （2）让学生了解不同传感器的功能，并根据自己所在小组的需要选择合适的传感器； （3）让学生学会使用设计软件，并根据构思方案设计笔筒的功能，设计外观、形状与大小，画出草图和图纸； （4）让学生使用3D打印、激光切割和手工切割，根据设计的图纸制作出笔筒主体，并在笔筒主体上添上实现附加功能的传感器。 内容： （1）了解材料：通过上网查找资料，了解不同材料的性能，通过交流，最终确定本小组制作笔筒的材料； （2）了解工艺：通过上网搜索、查阅资料、全班交流，了解不同时期的工艺，选择制作笔筒的工艺； （3）功能设计：通过小组交流，设计笔筒的创意功能，老师指导学生填写设计单； （4）外观、形状设计：通过小组交流，确定笔筒的外观、形状与大小，在3D One软件上设计好笔筒的外观、形状、大小； （5）主体制作：根据图纸打印出笔筒材料或切割材料拼装成笔筒主体； （6）功能添加：老师介绍传感器、LED灯、小音箱等器材，各小组根据自己设计的附加功能选择相应的材料，并将材料添加至笔筒主体上。 活动时长：课内6课时 **第三单元“外观与展示”** 目标： （1）各小组设计外观主题，并使用陶泥、丙烯、水彩等材料，对笔筒的主体进行外观美化； （2）设计宣传海报，并在产品展示会上展示和介绍各小组的作品。

续上表

<table>
<tr><td>课程内容</td><td>内容：
（1）装饰外观：美术老师介绍产品外观设计思路与方法，欣赏优秀产品的外观设计后，各小组装饰笔筒；
（2）设计海报：老师介绍海报设计的元素，各小组设计宣传海报，以在产品展示会上吸引别人的注意；
（3）产品使用说明：向大家介绍并推销自己的产品。
活动时长：课内 3 课时</td></tr>
<tr><td>学习方式</td><td>1. 基于项目的学习
基于项目的学习模式（project-based learning，PBL），也称为“项目化学习”，是以“项目”为载体的学习过程，主要目的是使学生把知识系统化并应用于真实的社会实践。
本课程创设了设计制作某个产品的项目，让学生以设计并制作某个产品为目标，小组合作学习，老师为学生的学习提供完整的行动条件，包括必要的时间、环境、资源保障等，让学生全程经历“目标、计划、实施、评价”的四个阶段。
2. STEAM 学习
本课程统整科学（science）、技术（technology）、工程（engineering）、艺术（arts）和数学（mathematics）等学科，强调多学科的交叉融合，将原本分散的五门学科组成新的整体。打破目前普遍应用的分科集中教学模式，不再过于关注学科界限，而是借助设计并制作某个产品的项目学习，训练学生的跨领域知识关联能力、真实问题解决能力，帮助学生更深刻地理解数学和科学等学习内容。
3. 设计型学习
学生通过设计和制作某个产品来运用从课本中学习的知识，升级认知，让学生“做中学”，通过设计并制作某个产品，在此过程中深入、反复地使用相关知识。经过调查获取数据，激发灵感，构思并制作产品，在展示中收集优化建议，再进行调整等过程，最终完成某个产品的设计与制作。设计型学习能够对学生的同理心、完型思维、多维试错、迭代统筹、可视化加工、系统化组织等多种能力提供深度的训练。
4. 探究性学习
探究性学习又称研究性学习（inquiry learning），是指通过与研究相类似的认知方式和心理过程来进行学习。教育部颁布的《普通高中“研究性学习”实施指南（试行）》（教基〔2001〕6 号）中的定义是：“研究性学习是在教师指导下，从自然、社会和生活中选择和确定专题进行研究，并在研究过程中主动地获取知识、应用知识、解决问题的学习活动。”
本课程为学生提供了调查问卷、材料阅读、网络查询、专家答疑等信息采集途径、场合；引导学生在设计制作产品的过程中发现并提出问题；培养生生之间、师生之间的探讨交流能力，在沟通中分析、发现；为学生提供验证想法和假设的条件，训练学生从试错中寻找答案的能力。
5. 小组合作学习
本课程采取小组合作的形式开展活动，让学生通过互相协作提高解决问题的能力，顺利完成本课程的任务——设计制作某个产品，在此过程中，发展学生的沟通、协作能力等</td></tr>
</table>

续上表

课程实施（建议）	课时安排：12 课时 场地要求：课室、电脑室、美术室 工具要求：3D 打印机、激光切割机、黏土、绘画颜料、铜版纸、板材、粘贴工具
课程评价	课程主要采用过程性评价和表现性评价，通过自评、组评、师评等多元的评价方式，采用书面评价和活动评价相结合的方式，对学生做出恰当的、有个性的评价，培养学生的自信心，激发学生的创造力。 单组评价： 在每个小组汇报结束时，其他组要对汇报小组的汇报情况进行全面评价（从形式到内容，组员参与情况、表现、声音及完成程度等）。 综合评价： 评选出最佳活动小组，表现最佳的个人。 星级评价： 通过自评、组评、师评的多元评价方式对学生做出正确的评价，让学生对自己有正确的认识，为以后积累经验

通过对课程设计与实施的观察及思考发现，“‘设计·制作’——以制作创意笔筒为例”这一课程，采用了多种学习方式，针对小学生的认知特点，注重直观形象、图文并茂、生动有趣地呈现素材，能提供丰富多样的学习工具，支撑学生个性化学习和自适应学习。课程属于以技术实践为主的活动类课程，重视与生活实践、信息技术的联系，注重呈现劳动实践、技能练习、工艺制作、职业体验等技术实践形式。

无论是学校自主开发，还是面向全市举行的未来课程设计大赛活动，目的都是为了促进未来课程的研究。未来课程的研究对东莞未来教育有着深远的意义。具体有以下几个方面的表现。

1. 促进当下的课堂教学更好地满足学生身心发展需要，并促进学生高级思维、有效沟通、积极合作、信息技术应用等多方面能力的发展。

2. 促进当下的课堂教学实现知识与生活、知识与社会实践的联合。改变过去过分注重知识学习、轻视实践体验的状况，而将课堂教学变革为增加学生动手实践和体验感悟的机会，以及增进学生与自然、与社会、与个体生活的联系的学习场域。

3. 促进学生和教师的人际互动，人与技术工具的互动、技术工具与资源的互动、技术工具与空间的互动、实体空间和虚拟空间的互动。课堂生态里的各个要素被激活，从而带来好的学习效果。

4. 促进课堂教学的学科融合，打破学科的固有界限，实现学科之间的对话、互动与融合，使不同学科的知识由分裂、封闭、单一，走向整合、开放、多元。

5. 促进涌现富有特色的课堂教学案例，进一步丰富了东莞未来教育的课程资源。

6. 促进教师专业成长。参赛教师在设计与实施的过程中对这些课程进行不断的迭代更新和优化，反思结合实践，实践革新认知，为后续东莞未来教育发展培养出一批“种子”教师。

四、未来课程的研究展望

北京十一学校李希贵校长在谈及未来学校的方向时曾提到："要使今天在校园里的孩子成为中华民族'伟大复兴'的中坚力量，创新能力的培养和创造力的培养就显得十分重要。"创新的人格基础是个性，没有个性就不要谈创新。北京十一学校就是在学生个性培养上做了许多创新性的改革，其中之一就是课程综合，即让课程学习回归生活本来的样子。学生的个性成长离不开课程，学生创新能力的培养离不开课程。

未来课程的研究，未来的学习空间将会被重构。随着移动互联网与人工智能的发展，传统的物理空间学习的格局正在悄然改变，虚拟空间已经对学习方式产生了重要影响，从物理空间延伸到虚拟空间是未来学习的重要特征，线上线下相结合的学习路径正在逐渐成为学习的一种主流。

未来课程的研究，未来的学习路径将会被重建。学习空间的变化使得学习从室内走向室外，从书本走向世界，学生从被动接受者转变为主动学习者，"一言堂"现象将被彻底打破，真正落实学生的个性化学习，实现"因材施教"的育人理念。

未来课程的研究，将会推动新技术与教育教学的深度融合。大数据和学习分析技术可以记录和精准追踪学生的学习行为和动态，可以分析学生的学习习惯，可以辨别出高危学生，可以识别传统考试不能识别的技能，可以将学习规律和学习问题可视化，甚至可以根据学生学习过程中呈现出的隐性偏好和能力，通过量化手段展现其更擅长的学习科目、专业和职业，使学生在学习科目、专业和职业的选择上更趋理性和科学，也为政策制定者提供更好的参考。[①] 依托云计算、大数据、虚拟现实、人工智能等技术及其思维进行的教学，促进"机器智慧"与人的智慧有机融合，促进学生个性化学习和发展，则是未来课程实施的深度体现。

五、结语

未来的学校必须遵循教育规律和人才成长规律，但会更加注重培养支撑学生终身发展、适应时代要求的关键能力，包括认知能力、合作能力、创新能力和职业能力。未来的学习更加强调回归教育的本质，是一种主动的学习而非被动的学习，是一种利用现代技术但不被现代技术所绑架的学习，是一种注重联系实际而不唯书本的学习。未来的课堂更加契合学生个体认知、性格、情绪等特点，满足学生个性化发展需要，成为一个充满生产力和创造力的学习空间，同时成为学生生命成长的精神家园。

未来课程的研究是一个与时俱进、持续发展、动态变化的过程，尤其针对东莞地情的未来学校课程的设计与实施的研究还处于初始阶段，今后还需要进行更加系统、全面、深入的研究。

---

① 谢贵兰. 慕课、翻转课堂、微课及微视频的五大关系辨析 [J]. 教育科学，2015，31 (5)：43 -46.

“灵动教育”特色办学的行动研究

东莞市长安镇金沙小学 陈志平 麦作南*

摘 要：回首十多载，镇政府“一校一品牌，一园一特色”教育战略悄然落地。金沙人敢为人先，大刀阔斧，办特色，创品牌。从“育未来人，为未来育人”的“未来教育”逐渐走向“赋性灵慧，名动天下”的“灵动文化”。先后从灵动文化内涵、学校管理、学校德育、课程建设、教育科研、师资队伍等多方面诠释与演绎“灵动”二字，非但丰富了灵动文化的内涵，还夯实了灵动文化理论，取得非常明显的办学效益。本文拟从“理论构想”与“实践创新”重点阐述“灵动教育”的历程。

关键词：灵动教育 特色办学 行动研究

当今教育，没有成绩过不了今天，没有特色过不了明天。只有办特色，学校才能凸显个性，只有造品牌，学校才彰显效应。金沙人敢为人先，从十多年前“育未来人，为未来育人”的“未来教育”逐渐走向今天“赋性灵慧，名动天下”的“灵动文化”。先后从灵动文化内涵、学校管理、学校德育、课程建设、教育科研、师资队伍等多方面诠释与演绎“灵动”二字，非但丰富了灵动文化的内涵，还夯实了灵动文化理论，促进学校个性发展、内涵发展、品质发展。

一、“灵动教育”的理论构想

（一）“灵动教育”概念与内涵

1.“灵”与“动”的诠释。根据《新华字典》解释，“灵”指活动迅速、聪明，亦指灵魂、心灵；“动”指活力，亦指变化、发展；“灵动”一词可理解为“聪明、活力、创新”。将灵动之义引申于教育，灵动教育可定义为：通过学习与活动，让教育直抵人的内心，唤醒灵动的生命意识，培养灵动的思维特性，塑造灵气跃动的性格品质，孕育灵气与活力，激发灵性与智慧的教育活动。

2.“灵动教育”的本质提升。“灵动教育”之灵动，至少内含两层意思，一是灵活地触动。灵活地选取科学的教育活动，触动学生，使他们立志成才、成名、成家；触动教师，为人师表，立德树人；这是育人的基本方法。二是赋性灵慧，名动天下。侧重给予孩子好品性、好思维、好方法，为孩子成人、成名、成家奠定基础。这是育人的终极目标。

---

* 作者简介：陈志平，东莞市长安镇金沙小学科研室主任，中小学语文副高级教师；麦作南，东莞市长安镇金沙小学校长。

3．“灵动教育”的界定。“灵动教育”，以“赋性灵慧，名动天下”为核心理念，以“互联网＋教育”思想为引领，以科技和足球为特色项目，探索独特的学校管理、育人模式、校园文化、课程体系、师资队伍、教育科研等活动载体，塑造“金沙文化”，把学校办成底蕴丰厚、内涵丰富、充满活力的现代化学校，实现“让每一个学生都充满灵气与活力”的育人目标。

4．“特色办学”的界定。学校在较长时间的办学实践中，逐步形成的自己独特、稳定、优质，并带有整体性的个性风貌。

（二）“灵动教育”特色体系

1．特色之名：灵动教育。

2．办学理念：赋性灵慧，名动天下。

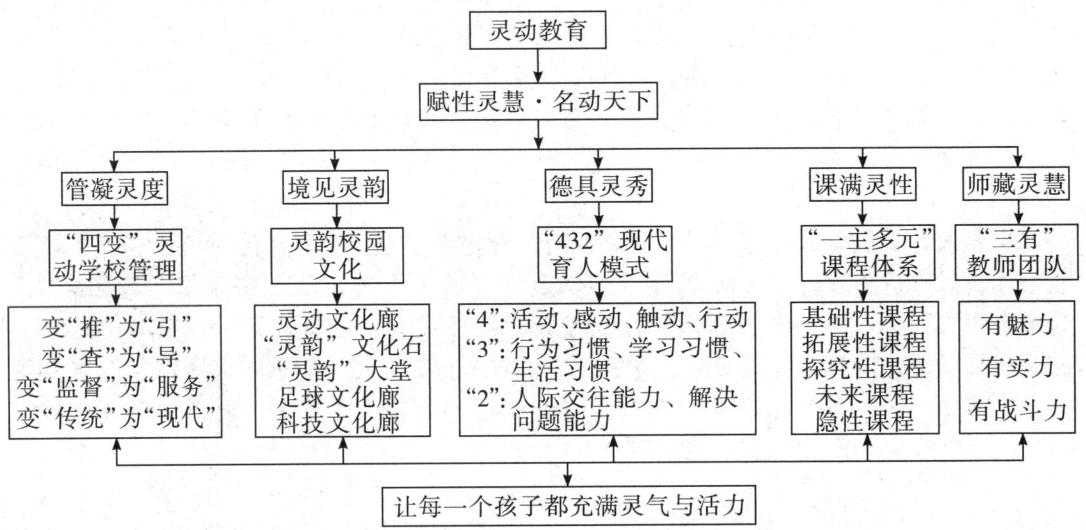

图 1　“灵动教育”特色体系

办学理念是办学的出发点，是学校的灵魂，是强烈价值观的具体表现。包含办学宗旨、办学目标、办学策略等元素。金沙小学“赋性灵慧，名动天下”的办学理念的提出，源于“灵动教育”的精髓。

“赋性灵慧”，赋性，原指性格、天性，这里引申为给予原生态的性格，本真性情。灵慧，则是灵性与智慧。我们始终认为，教育的核心就是培养健全的人格。我们要引导教师探寻教育的智慧，发现育人智慧的手段，用智慧塑造智慧幸福的学生，外涵灵气，内藏智慧。

“名动天下”，原指名声震动天下，声名显赫。教育是一门艺术，应该赋予更多的想象，追求更远大的梦想。金沙小学灵动教育的提出，其出发点，就是以动制动，怀着“一切皆有可能”的信念，让学校成名，让教师成名，让学生成名，实现教育梦。

3．办学目标：创办一所动感的现代化优质小学。

4．育人目标：“让每一个学生都充满灵气与活力”的育人目标是对学校人才培养情况的具体阐述，是学校一切教育活动理想化的结果。根据我校“灵动教育”办学特

色，我们将育人目标定位：让每一个学生都充满灵气与活力。“每一个学生”，是追求“全体发展”，“灵气与活力”是人才培养的终极目标的最佳状态，是一个人精神面貌的状态，是综合素质的体现。我们主张灵动教育，就是把每一个学生都培养成有气质的未来人才。

5. 校训：志、严、勤、美。

6. 校风：崇教尚学、厚德灵秀。

7. 教风：务实灵活、奉献创新。

8. 学风：明礼团结、灵敏进取。

二、“灵动教育”的实践创新

全面提出“灵动教育”实践途径，即学校管理方面的“管凝灵度”，环境方面的“境见灵韵”，德育方面的“德具灵秀”，课程构建方面的“课满灵性”，师资队伍建设方面的“师藏灵慧”，教育科研方面的“研求灵变”。可以说，“灵动教育”特色，既体现整体一致性，也凸显部分的特色化，可谓方方面面有特色，点点滴滴出品牌。主要体现在以下六个方面。

（一）管凝灵度，构建“四变”灵动管理模式

“灵度”，即灵活而适度。学校管理与企业管理不同，教师相对而言更有思想，更有文化，更追求民主。过严管理与过松管理都不利于学校发展。灵动教育，追求“适度管理”，严中有松，松中见严，让教师既不自由泛滥，也不紧张拘束，努力为教师搭建和谐的育人环境与学术氛围。近年来，学校不断制定和完善管理制度，先后出版《金沙小学制度册》与《金沙小学办学手册》，实施制度管理，但制度管理不等于“行政命令”与“压迫”的管死和死管，而是灵动教育理念下的活化管理。概括起来，则“四变”策略：①自我规划与民主规划相结合，变“推”为“引”。制订学校的发展规划，大家并不陌生，但以往教师和行政都认为这是学校管理层的问题，似乎与普通教师无关，结果规划的达成率很低，规划为文本规划，或者是为了规划而规划，实际工作又另搞一套；学校管理者在后面使劲地推，教师自己却懒得动，这样显然是被动的。如何变“推”为“引”？一是全员参与制订学校规划，二是细化、分解规划总目标，三是管理层指导教师制订自我规划。②强化原生态评价，变“检查”为引导。以往考核，我们发现两个弊端：一是考核结果或多或少地失去公平，因为领导层不可能面面俱到，看得全。二是考核总会置教师于被动状态，有一种“被宰割”的心理状态，出现焦虑、不安全感和不被信任感，因此，我们改革成人性化生态式评价，主要体现：第一，公开评价方案和过程。考核前，我们积极宣传本次评价的操作方式，然后由教师自己申报评价等级并提供相应的支撑材料，确认没问题就尊重教师的评价结果，同时还积极帮助教师自我诊断，肯定成绩，提出存在的问题，最后将意见以书面的形式反馈给教师。第二，拓展评优项目。譬如，以往年度考核只有12%的教师能被评为“优秀”，让广大教师望而却步，为了让不同层次、不同起点的教师有享受成功的机会，我们设计了更多的评优项目，教师根据自己的实际，采用书面申报的方式，最后公开述职，起到激励的作用。③放下架子，变“监督”为“服务”。主要做法：加强学习和宣传；提供发展的优

惠条件；建立自主发展的辅助机制。成立教学督导监控小组，监控内容包括教师教学的各个环节：教材、教案、授课计划、作业批改，课后辅导等。检查的信息及时反馈给教师，通过召开教师大会进行全面总结，使每个有针对性的教学检查都取得相应收效。④推进教育信息化，变“传统”为“现代”。发挥学校“市慕课试点学校”“市英语双师教学试点校”的优势，实施管理。为满足教师掌握现代教学手段的需要，成立教育信息化领导小组，主抓学校信息化硬件建设工作和教师信息化应用技能培训工作，让教师有得用、可以用、学会用，提高教师办公效率与育人效率。

（二）境见灵韵，营造灵动智慧的校园环境

校园文化是办学理念的重要载体，是落实办学理念的生态场。学校一直十分重视校园文化建设，力求做到“物质文化承载理念”。为了让灵动文化浸润校园，凸显环境育人优势，本着“赋性灵慧，名动天下”的理念，我们努力将校园建设成学生的乐园、教师的家园。让每一个场室名、每一个角落、每一棵花草树木、每一面墙壁都蕴含“灵动”文化元素。比如我校的文化墙《育》，像绽放的绿芽，寓意小学是智慧的启蒙期，每一个学生就如一颗颗绽放生命的种子，充满生机和活力。21 颗金球，则代表教育培养的是 21 世纪的创新人才，对未来充满希望。结合大堂的浮雕《智慧之光》，礼堂外墙的以“四大发明”“探索自然”“万马争先”为主题的艺术浮雕，寓意深刻，体现金沙小学的文化特色是智慧而有活力的“灵动”文化。

为了让我们的校园更能凸显“灵韵”，我们将遵循“整体布局，分批优化”的原则，规划“灵动文化石”“灵动大堂”“灵动教育文化廊”“灵动足球文化廊”“灵动科技廊”等多元化特色校园物象，让校园更动感、更智慧。

（三）德具灵秀，建立“432”现代育人模式

“让每一个学生都充满灵气与活力”是学校灵动教育的最终目标，也是学校德育工作的主旨。为此，我们提出“德具灵秀”，则是通过德育实践活动，让学生外显灵敏，内藏秀气。围绕学校灵动教育，我们试图探索“432”育人模式，“4”就是“四动”：活动、感动、触动、行动。“四动”既体现育人手段，也体现学生习惯养成的递进过程，旨在通过设计与开展有效的“活动”，让学生“感动”，从而“触动”学生神经，久而久之，养成相对稳定的良好“行动”，即行为习惯。培养学生独特的个性，让孩子拥有幸福的健康人生。“3”就是三种习惯：良好的行为习惯、学习习惯和生活习惯。“2”就是两种能力：人际交往能力和自己解决问题的能力。习惯与能力的培养，是德育教育核心内容，是灵动教育理念的具体表现。

1. 专题养德。一天一次的经典诵读、一周一次的升旗仪式、一周一次的主题班会课、一月一次的道德大讲堂、一学期一次的德育专题会等都是养德的主要途径。

2. 学科养德。“灵动教育”课程开设的以生动有趣的品德课程为主要育德手段，语文、数学、英语、艺术等学科渗透育德。

3. 以艺养德。艺术的熏陶使学生的性情在潜移默化中向真善美发展，使学生的人格在快乐中得到健全，为此，我们提倡“以艺养德”。在学校各类社团活动中，培育学生道德情操。我们编排了“灵动课程”系列：每天 4：00— 4：50 的灵动大课间内开设不少七彩纷呈的社团活动：动感足球队、篮球队、舞蹈队、科技队等近 30 项社团活动，不仅是美好情感的体现，更是美好行为的指引。

（四）课满灵性，构建“一主多元”课程体系

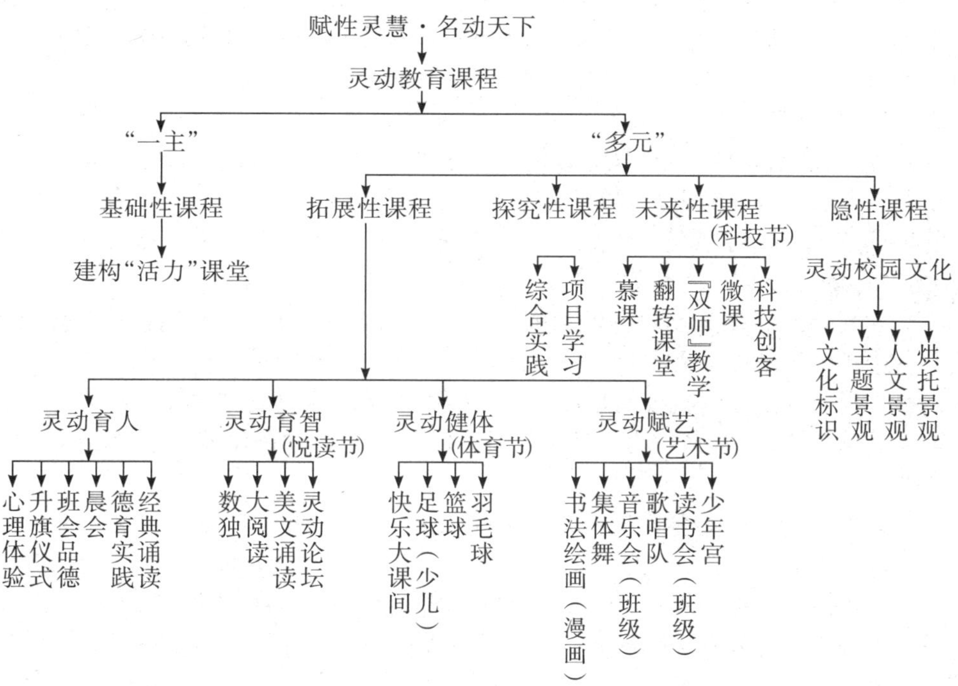

图 2 “灵动教育”特色课程整体结构图

“灵性”，从课程的特质来讲，则灵活多变、弹性有余，从课程育人功能来讲，则能启迪学生智慧，灵活学生思维（见图 2）。基于这样的灵动理念，我们从学生的需求出发，构建合适的课程体系：“一主多元”。“一主”是以教育部《义务教育课程设置实验方案》为主，充分落实《基础教育课程改革纲要（试行）》和《关于严格执行义务教育课程计划规范义务教育学校校历和作息时间的通知》（粤教基〔2008〕56 号）等文件精神。“多元”则是因地制宜建构校本课程，以实现“灵动教育”理念下的目标体系，既不偏颇，也独具特色。例如，我们学校拥有全镇最大的足球场，有专业的足球教师，为此，我们重点推动足球项目，体育课程中开设专门足球课，让全体学生体验足球魅力。又如，基于我们学校音乐教师配备齐全，专业水平高，我们实施音乐教育整体改革，创造性提出“班级音乐会”，编写校本教材。

1. 基础性课程。

建构“活力”课堂。对于学校来说，课堂是教学的主渠道，因而课堂文化在学校文化中居于核心地位。灵动教育理念下的“一主多元”课程的实施，秉承学生为课堂主体的生本理念，我校将课堂文化定位为信息技术环境下的“自主课堂”文化。这样的课堂结构可以用“三性”与“三化”来概括：创新性、自主性、研究性、信息化、问题化、过程化。为培养智慧的未来人奠定坚实的基础。2008 年年初，金沙小学提出“未来教育”，倡导“育未来人，为未来育人”，以“互联网 + 教育”思想为引领，涵养师生人文底蕴，构建未来课程：科技型 + 数字化。实施“PAD 互动教学”课堂。学校先后推行并尝试“多媒体教学”“网络课堂”到今天的“翻转课堂——1 对 1 数字化

学习”的研究。经过专家点拨，教师实践，开展了 100 多节研究课，逐渐总结独具本校特色的“未来教育”课堂教学模式。学校先后被认定为“广东省英特尔未来教育示范校”“东莞市慕课试点校”。值得一提的是，学校先后开发了近 50 个慕课案例，其中近 20 个荣获东莞市慕课案例评选奖，市内首屈一指。

2. 拓展性课程。

（1）季节文化，是金沙小学常态化的文化盛宴。“一季一节”的精品文化活动为涵养金沙人、熏陶金沙人奠定扎实的基础。“一季一节”校园文化，即“灵动之春 · 书韵金沙”悦读节、“灵动之夏 · 创意金沙”艺术节、“灵动之秋 · 科技金沙”科技节、“灵动之冬 · 运动金沙”体育节。

（2）少年足球。在灵动教育理念的引领下，结合学校的软硬件优势，近年来，学校强力打造青少年足球拳头项目。采用课内与课外相结合、校内与校外相结合、社团与少年宫相结合的方式，营造校园足球氛围，推进校园足球建设。学校男女足球队先后荣获市镇级足球奖超 30 项次，被认定为全国首批青少年足球特色校，学校足球文化享誉市镇内外。

（3）班级音乐会，是学校做得最为理想的一项校本课程，也是学校一张名片，享誉省市内外。班级音乐会，是学生通过运用本学期或之前所学的音乐知识与技能，包括歌曲演唱、乐器弹拉等，进行整合，由学生自编、自导、自演的一种能力提升形式，既能提高学生音乐综合素养，也彻底改革过去呆板的音乐考核形式。从 2008 年至今，学校期末音乐考核，均采用班级音乐会形式进行，让学生人人有参与、个个有平台，每一次考核都是学生非常期待的音乐盛宴。其实践成果先后在省市内外多次推广，编写校本教材 2 册，被推荐参加教育部首届教育科研成果奖，先后荣获广东省普通教育科研成果奖二等奖、广东省中小学教育创新成果奖二等奖、东莞市普通教育科研成果奖一等奖。

（4）创新图书漂流（见图 3），是指在同年级的班与班之间开展“共读一本书”，开发符合学情的特色课外阅读书单，打造以漂流袋为主要形式的漂流文化，定期开展班级与班级之间漂流的一种常态化漂流活动，彻底摆脱学生阅读普遍存在的“不够书读，不太会读，无处分享”的尴尬局面。构建了“灵动图书漂流 1.0”模式，让学校大阅读提供理论支撑与可操作实践门道。

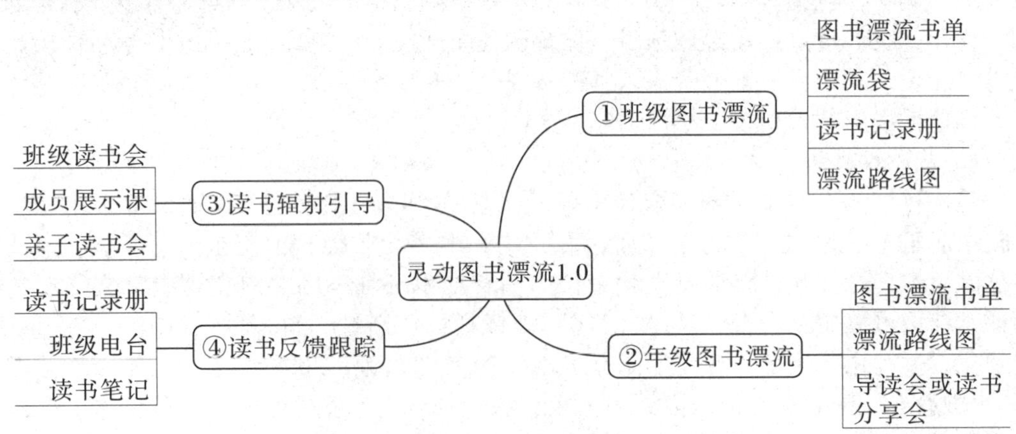

图 3　创新图书漂流

（5）单元数学游戏（见图4）。所谓“单元数学游戏”是指适合教材每一个单元知识的，便于教师课堂操作实施的数学小游戏。它是以本单元数学知识为载体的趣味游戏，把数学知识与游戏活动结合起来，这种游戏玩法简单，一般5～8分钟。旨在深化学生对课本知识的理解，提高学生的学习兴趣。小学数学低年级单元数学游戏实施分为四种形式，即导入游戏、课中游戏、练习游戏、游戏集市。实施单元数学游戏有两种途径：一是在学校课堂上，二是教师把游戏通过公众号推送给家长。形成文本游戏指引与可视化游戏指引。编印《小学低年级单元数学游戏集》，内含经典数学游戏近百个。

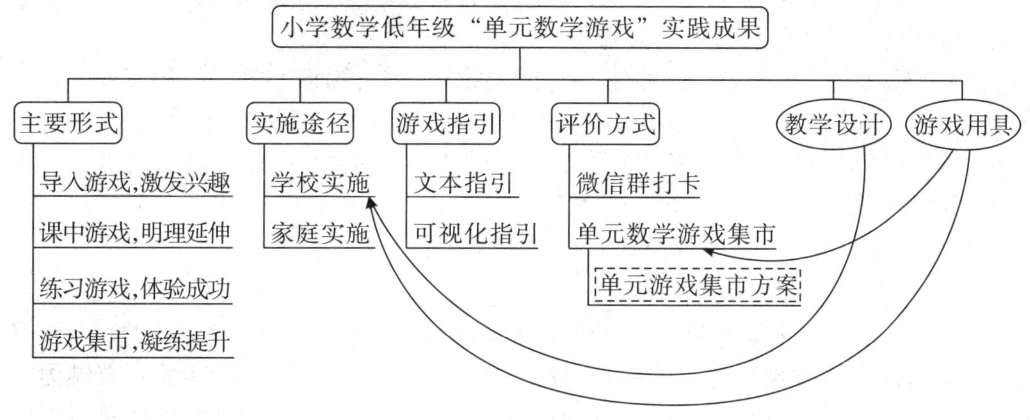

图4　单元数学游戏

3．探究性课程。

“项目学习”可以说是我校一门传统课程。早在2008年，学校被认定为广东省英特尔未来教育示范校，随即广泛开展“项目学习”课程，旨在培养学生创新精神、合作意识与探究能力。项目学习是一种教学手段，通过“项目”整合语文综合性学习活动、数学综合与实践、综合性学习活动等多门国家课程的学科元素，实现学科融合。先后开展“同在蓝天下，共创绿色家园”“松山湖梦幻百花洲”等数百个小项目，编写《基于项目学习——学生作品集》，以及顺利开展“基于项目学习的综合性学习活动”“基于项目学习的英语小组合作教学模式”等市级课题研究并成功结题，培育了金沙特色课程。

4．未来课程。

（1）科技创客。科技教育是我校一大强势项目，有机器人、航模、海模、车模等数十个科技社团，先后开展科技竞赛项目过百个。日前，学校是东莞市科技标兵学校，荣获全国省市奖项数百项。

（2）“双师”教学。2016年，金沙小学正式成为东莞市首批英语“双师”教学试点校。教学联盟坚持“互帮互助，力争双赢”原则，先后开展10多次合作备课、合作试课等教研活动，成功举办数次镇级英语“双师”教学成果展示活动，活跃教学联盟教研氛围，提高教师专业能力，促进教学联盟内涵发展。2018年，“富裕地区小学英语双师教学的实践与研究”成功获批市级立项，将以点带面，重点破解“双师”教学难题。

（3）STEM 课程。“神奇的昆虫建筑作品——揭秘完美的蜘蛛网”课程，本课程采用探究性学习和 STEM 学习方式，是以科学探究为核心的数学、工程、技术、科学多学科交叉融合的学习课程。从探究蜘蛛网为起源，形成四个板块内容学习“小小蜘蛛网研究员”“蜘蛛网藏着的秘密”“网络蜘蛛侠”“成果展示”，开展蜘蛛网实地考察观察、信息收集、蜘蛛网奥秘探索、仿生学的研究、探讨蜘蛛网的几何学、蜘蛛网里的创意设计、工程构建、思维导图风暴和网页编程学习等系列活动。

教师是学习过程的组织者和引导者，本课程学生以探究、实践、创新为主，突出学生的主体地位，引导学生小组主动探究，乐于探究蜘蛛网的奥秘，启发积极思维，培养学生的合作能力、实践能力和创新能力。

（4）财经课程。“小小巴菲特——小学财经素养教育课程”是一门集有趣的经济学原理、地道的经济学思维于一体的儿童财经素养教育实践课程。本课程通过开展“货币小侦探”“未来银行”“小小 CFO”“旅行规划师”及生动的绘本剧表演等单元主题活动，使学生掌握基础的财经知识及理财技能，树立正确的财富观和人生观。该课程荣获 2019 年东莞市未来课程现场演说评比最佳潜质奖。

（五）师藏灵慧，打造“三有”教师团队

教师队伍是提高办学质量，创办优质学校的中坚力量。基于灵动教育的理念，我们对教师队伍提出“师藏灵慧”的建设目标，努力打造“三有”教师团队：有魅力、有实力、有战斗力。“师者，传道受业解惑者也”，教师，必须用健全的人格魅力去感化学生、影响学生、熏陶学生。为了实现这个目标，我们不定期组织教师开展“师德大家坛”，不断提高教师的人格魅力，与时俱进。“有实力”，过硬的教师专业发展能力是提高办学质量的关键。我们坚持“走出去，请进来”的专业提升策略，特别是夯实校本教研能力提升工程，我们称之为“专题专业”，则要求教师订好个人研究专题，通过专题研究，提升个人专业水平。过去，我们研究过的市级课题超 30 项，镇级小课题 10 多项，校本自研课题达百项，居全市前列。

（六）研求灵变，实施“6”环校本研修

研求灵变，即教育研究力求灵活多变。通过实施问题反思、名著研读、课题带动、课堂实证、专题论坛、微型讲座校本研修策略，促进教师专业成长，加速学校特色发展（见图 5）。过去 8 年，学校教育科研年年上台阶，蓬勃发展。先后开展省市级课题研究 50 多项，科研成果荣获省市镇级奖励近 80 项，科研成果多次在市镇级教研活动中推广，教育科研经验多次在镇级科研专题会议上交流。学校被认定为“长安镇小课题研究基地”。

毋庸置疑，通过课题研究，经过十多年探索、总结与积淀，金沙小学进一步夯实特色学校内涵，已形成具浓郁“灵动文化”特色的现代化学校，逐步跃升为珠江三角洲经济发达地区人民满意的品牌校，取得了显著的办学效益。近年来，学校荣获镇级以上奖项超 1 000 个，其中省级以上奖项超百个，市级奖项超 300 个。学校顺利通过“义务教育均衡市”国检，通过省综治委对我校“平安建设暨综治工作”建设核评，被认定为当时长安镇公办校唯一一所首批全国青少年校园足球特色学校，并先后获得广东省英特尔未来教育示范校、广东省科技教育先进校、广东省现代教育技术示范校、广东省环

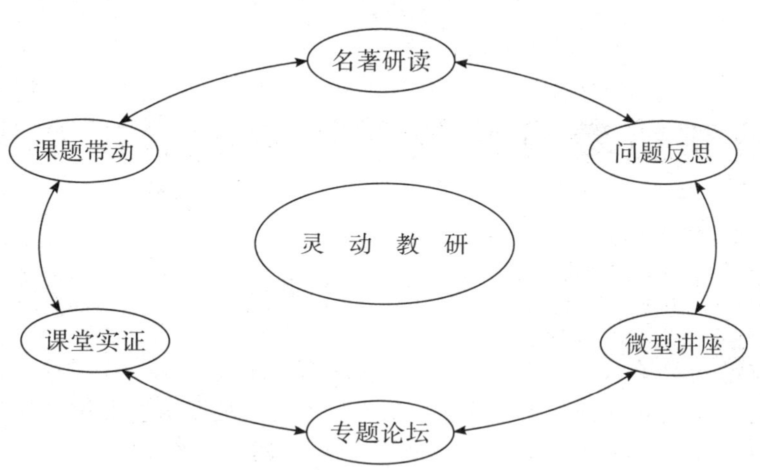

图 5 灵动校本教研

保教育示范校、东莞市首批慕课试点学校、东莞市首批英语“双师”教学试点学校、东莞市依法治校示范校等数十个荣誉称号。学校承担省市级教育科研立项超过 50 项，总结教育科研成果荣获省市镇级奖励近百项。特色学校建设案例荣获广东省教育研究院主办的 2016 年中小学特色学校创建优秀案例征集一等奖（全市小学仅 2 所）。特色学校课程建设成果“班级音乐会”曾荣获广东省普通教育科研成果奖二等奖，被推荐参与全国首届教育教学成果奖评选。特色学校科研成果“未来教育”专题曾荣获 2016 年广东省中小学教育创新成果奖。

参考文献

［1］尹超．走向生命发展的课程创生：北京大学附属小学课程建设与学校发展研究［M］．北京：教育科学出版社，2016.

［2］龚春燕，胡方，张礼．重庆：特色学校建设［M］．北京：首都师范大学出版社，2012.

［3］邹尚智．特色学校创建与校长个性发展［M］．北京：北京时代华文书局，2017.

浅析智慧教育背景下的中小学校本评价

广东省教育研究院　耿丹青　许世红*

摘要： 文章梳理了中小学校本评价的主要内容，针对我国中小学校本评价在评价体系、可操作性、专业队伍三个方面存在的问题，结合现阶段智慧教育环境建设和智能技术应用，指出智能技术的应用能使校本评价数据来源全面客观、评价工具方法精准智能、评价结果分析科学高效，并且通过技术变革助推评价体系建设，从完善校本评价标准体系、搭建智慧教育软硬件设施、探索产学研用一体化机制和提升师生信息化能力素养四个方面提出智慧教育背景下实施校本评价的路径建议。

关键词： 智慧教育　中小学　校本评价

近年来，随着人工智能、大数据、物联网、云计算等技术的飞速发展，信息技术与教育教学的深度融合正在改变着传统的教育教学模式。2018 年，我国《教育信息化 2.0 行动计划》发布，强调加快推进智能技术在教育领域的创新应用，积极开展智慧教育创新研究和示范，推动新技术支持下教育的模式变革和生态重构。在智慧教育背景下，学校形态和日常管理将发生较大变化，校本评价作为学校自主管理和决策的重要手段也将被深刻影响。本文基于智能技术对传统教育教学方式和学校管理的改变，探讨智慧教育背景下中小学校本评价的技术变革和实施路径。

一、中小学校本评价的内容与存在问题

校本评价是“基于学校”和“为了学校”的内部评价，但内涵上并不能直接等同于自我评价。国内外学者对于校本评价的定义有多种表述，总结起来可以表述为校本评价是发生在学校层面的学校成员自主对学校各方面工作进行检查与反思，参与评价的主体是多元的，是内部与外部评价的结合，评价的目的是为了促进学校发展。①

（一）校本评价的内容

1. 学生评价。中小学的根本任务是“立德树人”，培养德智体美劳全面发展的社会主义建设者和接班人。学生是学校的重要“产出”，学生的发展情况是学校教育质量

---

* 作者简介：耿丹青，广东省教育研究院基础教育质量监测室（广东省基础教育质量监测中心）助理研究员；许世红，广东省教育研究院教育评估室副主任，研究员。

本文系广东省教育科学“十三五”规划 2018 年一般课题“基于 PISA2015 数据分析的广东基础教育质量提升路径研究”（课题编号：2018YQJK362）阶段性研究成果。

① 胡中锋，许世红．校本评价：方法与案例［M］．广州：广东高等教育出版社，2011．

的集中体现，因而也是学校需要全面评价的重要内容。在实际评价中，校本学生评价是对学生综合素质的考察，包括对学生的思想品质、学业表现、身心健康、情感态度、创新精神、实践能力等的发展进行全面评价，同时需要通过评价学生发展的整体情况发现学校教育教学存在的问题。

2. 教师评价。教师是学校教育教学的具体实施者，教师队伍的专业素质和业务能力直接影响学校的教育教学成效，也是校本评价的重要方面。校本评价以促进学校改进和发展为目的，对于教师的评价包括师德师风、专业知识、文化素养、教学能力、科研水平、社交能力、心理素质等多方面，同时需要通过评价学校教师队伍的整体情况分析学校队伍建设存在的问题并制订改进措施。

3. 学校评价。学校评价涉及学校日常管理、教育教学的多方面多环节，从具体要素而言，学校评价包括对学校课程设置、资源建设、校园环境、基础设施、学生管理、人事管理、财务管理、教研培训、后勤管理、家校互动等日常具体管理活动的评价，同时也包括对学校办学理念文化、治理结构、工作机制、管理模式、校长领导力、师生满意度等的综合考察。

（二）传统中小学校本评价存在的问题

1. 校本评价体系方法有待完善。现阶段我国中小学评价的主要形式还是以自上而下、统一标准的评价、督导为主，且国家层面尚未形成相对统一的学校评价体系和评价标准。① 因此，校本评价虽在部分学校、部分地区已进行了一定时间的探索实践，但评价标准很多是参考以往的考核、督导标准，学校的实际情况、文化背景和教育教学方式的新趋势在评价标准设计中也未得到体现。② 此外，校本评价涉及学生、教师、学校整体，内容广泛复杂，有些校本评价忽视了评价的问题导向，往往过于追求全面反映学校情况而缺乏对某一方面问题的深入挖掘。

2. 校本评价可操作性有待提高。首先，传统的校本评价在数据采集方面主要依靠人工统计，数据收集、整理、核对的工作量较大，较为耗费时间和精力。其次，传统的评价工具如问卷、访谈等仅收集一次性数据且部分为被评价对象的主观描述，缺乏对被评价内容过程性的数据统计，影响评价结果数据的客观性和有效性。再次，根据问卷、访谈、数据统计等方式收集到的评价信息缺乏有效的整合分析和关联分析，且结果分析需要一定时间，对一些评价发现的问题无法做到及时改进和动态跟踪。

3. 校本评价专业队伍有待充实。校本评价虽然可以寻求外部支持，但主要还是应该依靠学校内部人员依据学校的办学历史、特色优势和实际情况设计学校个性化的校本评价方案并开展评价工作。但由于校本评价在我国中小学的实践探索还不充分，校内接受过教育评价专业训练的教职工较少，校本评价团队力量薄弱，对评价方案的设计、评价工具的开发和评价结果的分析把握不到位，使校本评价未能充分发挥有效作用，未能使校本评价成为长期性的学校教育质量保障机制。

---

① 符丹. 中小学评估的反思与优化 [J]. 教学与管理，2018 (16)：18－21.

② 翟一. 校本评价在实施过程中遇到的问题研究：以杭州市某中学为例 [J]. 教育现代化，2016 (14)：163－165.

二、智慧教育及其实现方式

智慧教育是基于人工智能、大数据等智能技术，以学习者为中心，构建情境感知、泛在互联、数据融通、业务协同的智能教育环境，打造智能型教师队伍，实现差异化教学、个性化学习、精细化管理和适切性服务，促进学习者核心素养提升和创新人才培养的新型教育模式。① 现阶段，智慧教育主要通过智能教育环境建设和智能教育技术应用两方面结合来实现。

（一）智能教育环境建设

智能教育环境是利用“智能＋”的方式，集智能化感知、智能化交互、智能化控制、智能化管理、智能化数据分析等功能于一体的用以支持教学、学习和学校管理活动的物理空间和虚拟空间②，是实现智慧教育多方功能的基础设施和物质保障。目前智能教育环境建设包括区域教育云、智慧校园、智慧教室三个层面的终端设备、网络硬件和应用软件设施的整体搭建。区域教育云主要打造区域的教育智能化管理平台，实现区域内各教育参与主体数据和信息资源的存储、交换、管理和服务；智慧校园是利用智能技术将学校教学、教研、教育管理和生活服务等流程进行再造与系统重构，构建基于信息技术的智能感知环境和新型教育教学空间③；智慧教室则是基于教师教学和学生学习的传统物理场所和软件设备，通过智能技术实现互动教学、实时评价和个性化学习的虚实结合空间。

（二）智慧教育技术应用

目前，在智慧教育硬件和软件环境的基础上，智慧教育在学校教学、学习和考试等方面也已研发出具体的技术应用。在教学方面，基于大数据分析的学程质量提升技术通过智能学情分析帮助教师调整教学策略④，虚拟现实等技术能有效拓展教学资源和教学方法，智慧教室的课堂实录与数据分析辅助教师进行精准教研。在学习方面，基于智能技术的智慧学习空间能够全面记录学生的学习过程，有效聚合、提取、分析有益于学习行为的数据，为学生提供符合个人认知的学习支持与服务。⑤ 在考试方面，智能评分技术不仅能实现自动在线阅卷评分，进行人机交互的口语测评，还能实现考试试卷的历史数据比较和深度分析。⑥

---

①② 讯飞教育技术研究院，认知智能国家重点实验室智能教育研究中心. 智能教育发展蓝皮书(2019)(简版)[EB/OL].(2019-08-20)[2019-10-15]. https://cit.bnu.edu.cn/sysdt/77687.html.

③ 王同聚，张嘉志. 中小学“智慧校园”建设和应用模式探索［J］. 中小学信息技术教育，2014（1）：61-64.

④ 祝智庭，魏非. 教育信息化2.0：智能教育启程，智慧教育领航［J］. 电化教育研究，2018（9）：5-16.

⑤ 鄂艳. 智慧教育环境下智慧学习空间的应用分析［J］. 基础教育参考，2018（22）：39-41.

⑥ 祝智庭，魏非. 教育信息化2.0：智能教育启程，智慧教育领航［J］. 电化教育研究，2018（9）：5-16.

三、智慧教育如何赋能中小学校本评价

随着智慧教育的发展，与之相适应的智能化教育评价也正在成为新的发展趋势。具体到中小学校本评价而言，智能技术将为校本评价提供强有力的技术和方法支撑，具体表现在以下几个方面。

（一）评价数据来源全面客观

智慧教育将改变传统校本评价的数据采集方式。智慧校园以建设智能化校园环境、智慧教室、智慧型教学支持系统为主体，利用电子书包（平板电脑）、校园一卡通智能感知系统、校园智能监控系统和智慧校园管理系统，实现学校教学、教研、管理、生活服务等活动的实时数据记录。在智慧校园中，每个学生和教职工在校内的数据将以“伴随式”的方式被全过程记录，以全样本、多元化的数据形式为校本评价提供原始数据参考。同时，智慧校园实时数据的发生和存储也避免了问卷、访谈等传统评价方法中被评价对象的主观因素对数据采集的影响，使评价信息来源更加客观可靠，也从数据采集之初较大程度地规范了数据格式，便于后续结果分析。

（二）评价工具方法智能精准

在智慧教育环境下，智慧学习空间和虚拟现实技术（VR）等将有效提升校本评价工具方法的精准度和智能化水平。智慧学习空间依托学校网络学习平台为学生提供丰富的学习资源和在线课程，同时对学生各个学习环节进行实时数据采集，以认知计算、蚁群算法等技术手段对学生个体特征、成绩、活动数据进行分析，形成完整的个人学习档案和评价分析。[①] 学习空间将每个学生的学情反馈给教师，促进其改进教学，学生的整体学情也为校本评价提供实时精准的基础数据。此外，基于三维模拟的虚拟现实技术能够支持创建模拟环境，提供视觉、听觉、触觉等多种感官刺激并实现实时交互，[②] 为破解传统校本评价中一些难以直观量化的评价指标提供了新的思路和方法。例如在评价学生的创新能力方面，VR 能创设虚拟的理化生实验室和相应的实验器材设备，学生可以通过 VR 进行虚拟探究操作，这使得校本评价不再受到材料和安全问题的限制。

（三）评价结果分析科学高效

人工智能、大数据和云计算等技术还能有效提升校本评价结果分析的数据处理效率和科学性。智慧校园和智慧学习空间等应用储存的学校全样数据，可以通过云计算及大数据平台分析各评价指标之间的关联性和影响程度，并且基于过程性数据综合分析评价学校发展动态，提高校本评价结果分析的科学性。同时，人工智能的语音识别、图像识别等技术还可以整合成视频、音频、文本、图片等不同类型的数据进行深度分析，这一技术可以应用在通过计算机分析教学录像、作业试卷批改、教师教研讨论、教师学术业绩（如论文、专著）等对教师进行综合评价，减少评价过程中的校内外人力投入。此

---

① 鄂艳. 智慧教育环境下智慧学习空间的应用分析［J］. 基础教育参考，2018（22）：39－41.

② 祝智庭，魏非. 教育信息化2.0：智能教育启程，智慧教育领航［J］. 电化教育研究，2018（9）：5－16.

外，智慧教育的各种应用本质上为校本评价提供了先进的技术和方法支撑，弥补了学校评价人员的专业不足，这种人机协同的评价方式将显著提高校本评价的效率，并且快速的数据运算和结果分析也有助于评价结果及时反馈给学校促进学校改进。

（四）技术助力评价体系构建

智慧教育不仅带来了校本评价的技术变革，也将以技术支持反过来助力评价体系构建。如上文所述，现阶段我国中小学校本评价存在的一大问题是结合学校特色的校本评价标准体系不健全，这除了与我国的教育评价体系不完善和学校评价力量薄弱有关，还与一些评价标准的研究方法技术的局限和社会发展的改变尚未发展成熟有关。智慧教育相关技术不单只以学校作为应用对象，区域、国家层面也将构建智慧教育管理体系。通过学校层面的数据汇集和整合，区域的学校发展特点将得到全面呈现，学校、教师和学生等相关评价要素的内涵经过大数据分析也可能发生改变，一些以经验描述的标准将基于实际情况得到更正修订，一些概括性宏观描述的标准将可能得到数据支撑，一些尚未纳入现有标准的指标可能在区域性的数据中得到发现。在国家、区域的评价标准逐渐明晰的过程中，学校也可以通过智慧教育的技术支持，挖掘属于学校特有的个性指标，以学校的动态数据和全样数据研究相关指标的评价标准。

四、智慧教育背景下实施中小学校本评价的路径建议

（一）完善校本评价方法体系

校本评价的实施离不开作为指导和依据的评价标准体系。2019 年 6 月印发的《中共中央　国务院关于深化教育教学改革全面提高义务教育质量的意见》中强调“健全质量评价监测体系。建立以发展素质教育为导向的科学评价体系，国家制定县域义务教育质量、学校办学质量和学生发展质量评价标准”①。“学校办学质量评价标准”从国家层面为校本评价提供了顶层设计和重要参考。在具体实施中，各省、市教育行政部门也应根据国家标准，结合区域特点，实际探索校本评价与外部督导评价的对接和融合，指导中小学根据其发展水平和办学特色制定校本评价指标。此外，各省、市教育行政部门应建立和完善区域智慧教育管理体系，制定相关的数据标准和共享机制，为中小学校本评价标准的建立提供外部对比和参考数据。

（二）搭建智慧教育软硬件设施

实现智慧教育的软硬件设施也是校本评价必不可少的设备基础。中小学应根据国家《教育信息化 2.0 行动计划》的总体要求，以各省、市智慧校园建设指南为指导，搭建符合区域标准的移动物联校园网络体系，依托区域教育云和教学资源平台、在线学习社区等实现课堂教学云端一体化，建设智慧教室，配备先进的可交互智能设备设施，以虚拟现实、物联网、3D 打印技术等为基础升级改造可互联互通的教学功能场室，同时建

① 中共中央，国务院. 中共中央　国务院关于深化教育教学改革全面提高义务教育质量的意见[EB/OL]. (2019-06-23)[2019-10-15]. http://www.moe.gov.cn/jyb_xxgk/moe_1777/moe_1778/201907/t20190708_389416.html.

立智慧校园安防系统以确保学校信息化数据安全。此外，根据《教育信息化 2.0 行动计划》，各省、市（县、区）教育行政部门应加大对农村和边远贫困地区中小学信息化建设的投入，帮助薄弱学校进行硬件和软件设施更新，加快缩小城乡教育差距，并加强信息化终端设备及软件管理，建立数字化教学资源进校园的审核监管机制。①

（三）探索“产学研用”一体化机制

中小学校本评价的开展需要校内校外多方力量的支持配合。教育部科技司司长雷朝滋同志在“人工智能与教育大数据峰会・2019”上指出，智能时代新型教育体系的建立需要多方融合、交叉创新，采取多种措施促进产学研用的结合。② 智能技术在中小学校本评价实施中的实现和应用需要教育行政部门机构、教育评价机构和高校科研机构、人工智能行业企业、中小学校等各方加强合作，以中小学的实际需求出发，由人工智能行业企业对接技术实现，由高校科研机构提供研究支持，由教育行政部门、教育评价机构提供政策咨询和实践指导，逐步探索“产学研用”一体化的校本评价系统建设长效协同机制。同时，教育行政部门、教育评价机构也应进一步加强对中小学校本评价团队的指导和培训，提升校内评价力量的能力水平。

（四）提升师生信息化能力素养

智能教育下校本评价的真正落地，除了软硬件基础设施的搭建和智能技术的支撑，学校师生对智能校园管理和智慧学习空间等平台能否有效使用最终决定了校本评价是否能有效实施，提升学校师生的信息化能力素养也是实现智慧教育的重要保障。随着社会的发展和国家对信息技术教育的重视，我国中小学生的信息化能力和素养逐步提升，但现阶段中小学教师尤其是欠发达地区教师的信息技术运用能力和素养相对较低，需要通过区域教研培训和校本培训进一步提升。值得提出的是目前人工智能技术应用的伦理机制尚不清晰，③ 中小学阶段需要提升师生对于人工智能伦理问题的意识，了解人工智能的本质，为应对人工智能技术在教育领域的大规模应用做好准备。

---

① 中华人民共和国教育部．教育信息化 2.0 行动计划［EB/OL］.（2019 - 04 - 13）［2019 - 10 - 15］. http://www.moe.gov.cn/srcsite/A16/s3342/201804/t20180425_334188.html.

② 教育部科技司司长雷朝滋：智能时代的教育变革［EB/OL］.（2019 - 08 - 01）［2019 - 10 - 15］. http://www.edu.cn/xxh/focus/li_lun_yj/201908/t20190801_1676486.shtml.

③ 严晓梅，高博俊，万青青，等．智能技术变革教育的发展趋势：第四届中美智慧教育大会综述［J］．中国电化教育，2019（7）：31 - 37.

基于模糊线性加权的学生道德品质综合评价

珠海市教育研究中心　熊志权　珠海市香洲区教师发展中心　李自立*

摘　要：为促进落实区域立德树人的根本任务，运用模糊数学原理，以珠海市香洲区开展的大规模网上问卷调查为主要手段的学业质量评价为例，通过构建由多名教师对学生道德品质进行模糊评价的模型，提出了学生道德品质模糊评价的一种可操作性方案。通过模糊线性加权对学生的道德品质进行模糊综合判定，所得结果更具有客观公正性和社会认可度。

关键词：道德品质　立德树人　学业质量评价

《中国教育现代化 2035》提出了推进教育现代化要更加注重以德为先。

随着新一轮课程改革的深入推进，学生的品德评价将成为基础教育评价改革的一项开创性工作。近年来，各地开展的学业质量评价都将学生行为品德摆到了重要位置，品德评价是一项系统而复杂的工程，完全采取量化的评价手段不容易被社会接受，往往是通过定量、定性、模糊三种变量形式相结合的方式来反映学生的品德表现。学生道德品质是学生品德的重要组成部分，本文重点介绍基于模糊线性加权的一种用数据处理学生道德品质评价的方法。

教育评价是根据一定的目标和标准，通过系统地收集、整理和分析信息资料，对评价对象作出价值判断的过程，所以教育评价的关键在于价值判断。珠海市香洲区一直在努力探索能够全面评价学生综合素质和个性特长发展、以关注学生健康成长为核心价值追求的全面质量标准，我们认识到单凭纸笔考试的分数是无法对学业质量进行完整的价值判断，于是，通过七年级班主任和科任教师对学生进行行为习惯表现的问卷调查，评价结果和全区各种常模反馈给区属各小学作为学校诊断学习与改进教学的重要依据。学生道德品质的出口他评基本能够实现从“应然”到“实然”的转变，使评价结果更具客观真实性。

一、学生道德品质模糊综合评价的内涵解读与价值

教育评价对象是人，而人的许多属性都具有模糊性，美国控制论学者 L. A. Zadeh 针对这个现象，于 1965 年首先提出了模糊集合论的思想，他指出，描述一个模糊集合，不必指明哪些元素属于它，哪些元素不属于它，只要对规定范围内的各个元素确定一个

* 作者简介：熊志权，中学物理正高级教师，特级教师，珠海市教育研究中心教科室主任，华南师范大学兼职硕士研究生导师；李自立，珠海市香洲区教育科研培训中心主任，中学物理高级教师。

从0～1之间的实数，用它表明该元素以多大的程度属于这个集合，评价结果表现的是一种可能性或者事件发生的概率，这就是模糊评价的基本思想。由于学生道德品质的评价内容难以量化，并且这些评价内容是反映人们主观认识差异和变化的指标，基本上是属于定性描述，这些差异和变化的内涵和外延不是很明确，具有模糊性。本文介绍的模糊综合评价正是针对这类难以直接用数学进行量化的评价问题而提出的一种有效方法。

综合处理各维度数据的方法很多，有直接累加、加权求和等，用模糊数学进行综合评价是运用模糊数学基本理论和方法整合各维度评价结果，从而对评价对象作出综合评定的一种方法。学生道德品质评价引入模糊评价，能够将影响学生道德品质的多种因素进行综合考量，更具客观性，并且不是简单的加权平均，减少了个人主观臆断带来的偶然误差，有文献曾运用查德算符，构建模糊矩阵对学生综合素质进行评价，但当评价指标和内容过多，各权重系数之间有没明显差异，会使计算结果整体偏弱甚至导致“二义性失效”。[①] 笔者以珠海市香洲区开展的学业质量评价为例，对学生道德品质评价做了一些有意义的尝试。其界定的道德品质评价由于涉及八个维度内容，我们研究发现采用模糊线性加权的方式进行综合评价有较高的吻合度。

二、学生道德品质模糊综合评价的基本框架和主要内容

学生个体行为是各种人格特质和道德品质的外部表现，是不宜通过纸笔考试来测量的，必须通过使用行为观察才能有效地评定其道德品质水平。但是，行为观察法由于观察者有较大的主观偏见，而且在一定程度上会受到学生表面表现迷惑和影响，我们尽量剔除某些影响评判学生道德品质的偶然因素，公正公平地评价每一个学生的行为表现。

学生道德品质模糊综合评价主要由编制评价量规、网上大规模问卷调查、评分一致性检验、数据模糊处理、综合评价反馈等环节组成（见图1）。特别指出的是，当科任教师对某一学生的各维度评价不具有一致性时，就要教师再三斟酌后重新评分，评分结果只有通过检验具有显著一致性，才能进行后续的模糊处理和评价结果的反馈。当一个评价周期结束后，对道德品质各维度开展数据相关分析，对相关度比较高的维度实行整合或者调整，便于下一轮评价量规的重新编制。

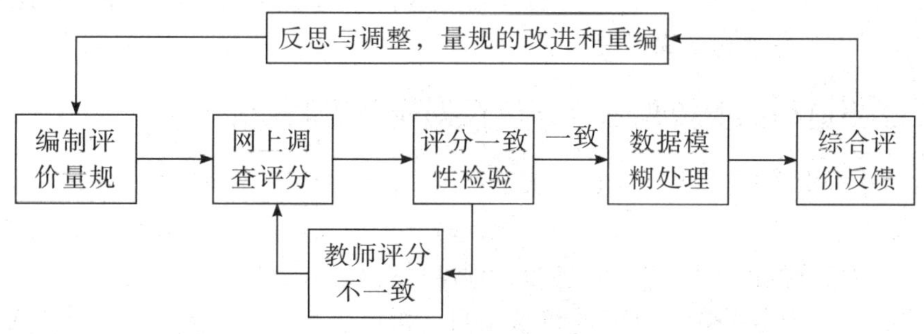

图1　学生道德品质模糊综合评价流程图

① 熊志权. 普通高中学生综合素质模糊评价研究［J］. 教育科研，2008（2）：44－46.

珠海市香洲区通过召开校长座谈会和教研员专门研讨会，经过多轮实践反思和开展实证研究，参考《中小学生行为规范》和《中小学生守则》，确定科任教师能够开展评价的学生道德品质的八个维度内容，初步给出各维度权重系数见表1。

表1　学生道德品质评价量规

序号	道德品质维度	权重	各维度评价具体内容
1	遵纪守规	0.15	遵守学校各项规章制度；按时上下学，遵守课堂纪律；遵守公共秩序
2	文明礼貌	0.10	尊敬师长，孝敬父母；言行举止文明有礼，仪表端庄；讲卫生，不乱丢垃圾，不随地吐痰
3	集体观念	0.15	关心集体，积极参加学校、班集体活动；有社会责任感，投身社会实践和公益活动；爱护公物
4	与人相处	0.15	与人为善，跟老师、家长、同学相处融洽；有爱心，乐于助人；善于与人合作
5	诚实守信	0.10	言行一致，不说谎，守承诺；考试不作弊，不抄作业
6	学习习惯	0.15	学习态度端正，学习自主、专注；课前自觉预习，课堂用心倾听，课后按时完成作业；勤思好问，大胆发言
7	热爱劳动	0.10	自己的事情自己做，料理好自己的生活；对值日生工作认真负责；积极参加义务劳动
8	勤俭节约	0.10	爱惜粮食，不浪费食物；节约水电，随手关灯、关水龙头；不浪费纸张；合理使用零用钱

开展多维度的道德品质评价能深入细致地反映学生局部表现，便于学生自我发现问题并进行调整改进，但却无法反映学生道德品质的全貌，综合评价是对学生的道德品质各个方面的整体评价，它可以使人们从整体上了解学生道德品质的发展情况，真实地反映学生的整体面貌，多维度评价与综合评价结合使用可以起到互相补充的作用。下面利用模糊数学模型对学生道德品质进行综合判定。

三、学生道德品质模糊综合评价数据处理实例分析

我们以珠海市香洲区某中学七年级学生张三同学为例，他的5位科任教师通过对张三同学的接触、观察、访谈等多途径了解，对其道德品质的各维度表现进行网上问卷评定等级，各等级分类汇总后，我们按如下程序进行数据模糊处理。

1. 根据表1中提供的各维度的权重系数，构成一个1行8列的权重系数矩阵：

$$A = [0.15 \quad 0.10 \quad 0.15 \quad 0.10 \quad 0.15 \quad 0.10 \quad 0.10]$$

2. 根据李克特五点计量尺度（Likert scale）计分，李克特量表是由一组对某种事物的态度或者看法的陈述组成，并将评价结果分为A、B、C、D、E五个等级，分别代表对“张三表现好”这一陈述作出5种强弱程度的表态（见表2），并赋给具体分值。

分数愈高表示对“张三表现好”的认可度越高。

表 2　李克特量表解释和赋分

评价等级	A 等级	B 等级	C 等级	D 等级	E 等级
表征意义	非常同意	同意	不了解	不同意	完全不同意
赋分值/分	5	4	3	2	1

珠海市香洲区教育局开发了网上远程问卷系统，此系统具有统计、查询、质量监控等功能，由各中学七年级组织科任教师评价，我们将 5 位科任教师给张三同学的评价按李克特量表赋分后，形成赋分见表 3。

表 3　五位教师对张三同学道德品质的评价赋分

道德品质维度	遵纪守规	文明礼貌	集体观念	与人相处	诚实守信	学习习惯	热爱劳动	勤俭节约
教师 1	4	4	5	5	4	4	4	5
教师 2	4	3	4	5	3	5	5	4
教师 3	5	3	5	4	2	4	4	5
教师 4	5	5	5	5	4	2	5	4
教师 5	5	4	5	5	4	3	5	5

3. 为了保证评价结果的准确性，使之能真正反映评价对象的客观实际，务必对上述 5 位教师的评分结果进行一致性检验。可以用肯德尔一致性非参数检验，肯德尔和谐系数法是根据评价对象秩和之间的变化范围大小来检验评价者之间的一致性程度的。如果 5 位科任教师对张三的各维度评价结果一致性不显著，可以由系统设置返回重评，直到打出来的分在设定的显著性水平内达到显著一致性为止，这样增加了问卷调查的可信度。表 4 是运用 SPSS 18.0 进行快速检验得出的统计结果。

表 4　肯德尔一致性检验统计量

评分教师人数 n	Kendall W	卡方值 χ^2	自由度 df	渐近显著性概率值 P
5	0.126	4.034	7	0.401

从表 4 中各统计量可以看出，渐近显著性概率值 $P=0.401>0.05$，肯德尔和谐系数为 0.126，以 0.05 显著性水平为标准，说明五位科任教师对张三同学道德品质的 8 个维度评分基本一致，可以进行后续的模糊处理。检验 5 位教师在道德品质 8 个维度的评分是否具有显著一致性还可以进行“双向秩次方差分析”进行统计决断，由于涉及 8 个内容维度，检验统计量 χ^2 的抽样分布接近于自由度 $df=7$ 的 χ^2 分布，于是可以通过查表用 χ^2 近似处理。①

① 王孝玲. 教育统计学［M］. 上海：华东师范大学出版社，2007：274－276.

4. 统计出 5 位科任教师给张三同学道德品质各维度评定的各等级百分比。

表 5　各等级的百分比

等级	遵纪守规	文明礼貌	集体观念	与人相处	诚实守信	学习习惯	热爱劳动	勤俭节约
A 等级	60.0%	20.0%	80.0%	80.0%	0	20.0%	60.0%	60.0%
B 等级	40.0%	40.0%	20.0%	20.0%	60.0%	40.0%	40.0%	40.0%
C 等级	0	40.0%	0	0	20.0%	20.0%	0	0
D 等级	0	0	0	0	20.0%	20.0%	0	0
E 等级	0	0	0	0	0	0	0	0

5. 根据表 5 中的各等级百分比数据，构造一个 8 行 5 列的等级百分比矩阵 B。然后构建综合评价结果的模糊矩阵 R，计算 $R=A\times B$，[①] 那么

$$R=A\times B=[0.15\quad 0.10\quad 0.15\quad 0.10\quad 0.15\quad 0.10]\times\begin{bmatrix}0.6 & 0.4 & 0 & 0 & 0\\ 0.2 & 0.4 & 0.4 & 0 & 0\\ 0.8 & 0.2 & 0 & 0 & 0\\ 0.8 & 0.2 & 0 & 0 & 0\\ 0.0 & 0.6 & 0.2 & 0.2 & 0\\ 0.2 & 0.4 & 0.2 & 0.2 & 0\\ 0.6 & 0.4 & 0 & 0 & 0\\ 0.6 & 0.4 & 0 & 0 & 0\end{bmatrix}=$$

$$[0.50\quad 0.36\quad 0.09\quad 0.05\quad 0]$$

以上运算过程完全遵守矩阵的乘法运算原理，计算过程略。

6. 结果分析。模糊矩阵 $R=[0.50\quad 0.36\quad 0.09\quad 0.05\quad 0]$ 中各元相加恒会等于 1，不需再对各元做“归一化”处理，上述 1 行 5 列的模糊矩阵 $R=[0.50\quad 0.36\quad 0.09\quad 0.05\quad 0]$ 中，各元表示的意义见表 6。

表 6　张三同学道德品质各等级隶属度

对“张三同学道德品质好”认同度	道德品质综合评价隶属度
A 等级——非常同意	50% 隶属度
B 等级——同意	36% 隶属度
C 等级——不了解	9% 隶属度
D 等级——不同意	5% 隶属度
E 等级——非常不同意	0 隶属度

我们对表 6 中出现的“隶属度”这一概念做一点补充解释。正如“高个子”是一

① 丘铁仙. 小学教育测量与评价 [M]. 广州：广东人民出版社，2000：187 - 189.

个模糊的概念，姚明身高 2.23 米，100% 的人承认他是高个子，因此其隶属度就是 1。身高 1.8 米的人也有可能被认为是高个子，但可能有 15% 的人不这么认为，那么，隶属度就只有 0.85。同样，1.5 米的人不再会被人称为是高个子，其隶属度就是 0，这样，对于“高个子”这样一个模糊的概念，通过模糊运算，就可以用 0 ~ 1 之间的一个数来描述，它可以表示为事件出现的概率或者人们对一个评判结果的认可程度。同理，“张三的道德品质好”这一陈述有 86% 的人（或者有 86% 的可能性）表示同意或者非常同意。86% 是一个较高的隶属度，那么，我们完全有理由判定“张三的道德品质好”这一评价结论基本成立。

我们也可以从另一个角度分析上述综合评价的结果，按照最大隶属度来衡量，达到“非常同意”这一等级的隶属度高达 50%，属于最大隶属度，而达到“同意”这一等级的隶属度也有 36%，因此，评价张三同学道德品质为“优秀”等级也不会失之偏颇。

当然，我们还可以根据实际需要转化为具体的分数。如果将道德品质划分为 5 个等级：定义“优秀”≥90 分，“良好”为 80 ~ 89 分，“合格”为 70 ~ 79 分，“较差”为 60 ~ 69 分，“很差”≤60 分，取其区间的中位数构造矩阵 C，那么张三同学最终评价结果得分 X 可以按如下矩阵乘法进行运算。①

$$X = A \times C = [0.50 \quad 0.36 \quad 0.09 \quad 0.05 \quad 0] \times \begin{bmatrix} 95 \\ 85 \\ 75 \\ 65 \\ 30 \end{bmatrix} = 88.1 \text{（分）}$$

即张三同学的综合评价为“良好”等级。

表 5 中的各维度评价结果呈现错综复杂的百分比，很难直接判断张三同学的道德品质综合评定究竟为哪一个等级。然而通过模糊数学处理使数据更具有直观性。我们通过其他方面的研究和论证发现这一结果与张三的实际表现能基本吻合，说明了模糊评价能从繁杂的数据中给出合理的综合评定，并且还能修正个别教师凭主观臆断打分的弊端，提高了评价的信度和效度。

四、开展学生道德品质模糊综合评价的展望与反思

《中共中央　国务院关于深化教育教学改革全面提高义务教育质量的意见》提出：树立科学的教育质量观，深化改革，构建德智体美劳全面培养的教育体系，健全立德树人落实机制，着力在坚定理想信念、厚植爱国主义情怀、加强品德修养、增长知识见识、培养奋斗精神、增强综合素质上下功夫。坚持德育为先，教育引导学生爱党爱国爱人民爱社会主义；坚持全面发展，为学生终身发展奠基；坚持面向全体，办好每所学校、教好每名学生；坚持知行合一，让学生成为生活和学习的主人。在这一教育大背景下，学生道德品质的评价显得更具有时代意义。

模糊评价描述客观事物的模糊性，使数据从“非此即彼”跳入“亦此亦彼”的中

① 陈永义，刘云丰，汪培庄. 综合评判的数学模型 [J]. 模糊数学，1983 (1)：61 - 69.

介状态，能从精确数学的二值逻辑发展到模糊数学的多值逻辑上来，进而用数学方法来逼近地刻画和描述具有模糊性的教育现象。利用模糊数学原理对学行道德品质进行综合性评价，能将影响学生道德品质的多种因素进行综观考虑，比较好地保证了评价工作中的公正性，但还有几点需要说明。

1. 学生的道德品质和行为习惯仅仅是学生思想品德表现的一个方面，如要全面衡量学生的思想品德，还必须从学生的政治品质、思想品质、个性心理品质等方面进行评价。[①] 要根据不同学段的不同需求并有所侧重点，分别制订出不同的学生品德的评价量规进行评价。权重系数的设置更需要我们积极地探索与长期实践。

2. 问卷设计的 8 个维度也不能全面反映学生的道德品质在知、情、意、行 4 个方面的表现，也没有完全按照中小学生日常行为规范要求设置。主要考虑到问卷调查是面向学校科任教师进行的，为了增大问卷的信度和效度，必须是科任教师对学生所能掌握了解的方方面面，如孝敬父母、积极参与社会实践活动等指标依靠教师来评价的效果非常有限，因此没有列入评价内容。要使评价结果真实反映个体表现，还有必要开展家庭问卷、社区访谈、学生互评以得到多元的道德品质评价结果。

3. 开展模糊评价由于涉及矩阵的乘法运算，会给实施过程带来海量的计算，操作上的复杂性会制约评价的开展。若能将评价因素、权重、赋分等各个量化指标输入计算机，编写程序统计分析，工作量将会大大减少。

4. 数据化的终结性评价结论是高利害的，容易进行甄别和排序，造成评价结果的误用和滥用，模糊评价也可能对临界水平学生造成误判，不同的模型选择也会影响评价结果的波动。考虑到影响学生道德品质的多因素性和形成途径各不相同，珠海市香洲区开展的各类学业质量评价的数据的反馈方式遵循由“结果证明”转向“过程改进”的原则，给学校、学生、家长的评价结果目的是诊断学习和改进教学，旨在激励和促进学生良好的行为习惯和道德品质的养成，发现每一个学生的潜力和特点，提供更加适合学生的教育，把生命导向卓越。

---

① 胡中锋. 教育评价学［M］. 北京：中国人民大学出版社，2008：287.

广州市幼儿园信息化现状调查分析及对策研究

广东省教育研究院　刘景容*

摘　要：文章提出幼儿教育信息化建设水平明显滞后的问题，通过问卷调查研究，呈现广州市幼儿园信息化建设现状、幼教工作者信息素养情况、家长对信息化的态度与看法以及幼儿园信息化建设热点问题，提出加强幼儿园信息化建设领导、加大信息化培训力度、加大资金投入，以及由教育部门牵头组织建设幼教资源共享平台的建议。

关键词：广州市　幼儿园　信息化　现状　对策

一、问题提出

2018 年 4 月 13 日，教育部印发了《教育信息化 2.0 行动计划》，提出了“三全两高一大”的发展目标①。“三全”是指教学应用覆盖全体教师，学习应用覆盖全体适龄学生，数字校园建设覆盖全体学校。“两高”是指着力提高教育信息化应用水平，着力提高广大师生信息素养。“一大”是指建成“互联网 + 教育”大平台。2018 年 4 月 16 日，教育部发布了《中小学数字校园建设规范（试行）》（以下简称《规范》），启动了数字校园规范建设行动，明确提出幼儿园信息化建设参照本规范执行②。当前，教育信息化在我国发展迅猛，成为教育现代化和实现均衡公平教育的主要推动力。然而，与中小学教育、职业教育和高等教育相比，幼儿教育信息化建设水平明显滞后。一方面是因为幼儿教育发展基础薄弱；另一方面是幼儿教育在教育对象、教育方式和教育内容等方面与大中小学教育存在明显区别，幼儿教育信息化不能复制中小学教育信息化的成功模式和经验。

幼儿教育信息化是指在幼儿教育中恰当地运用信息技术，开发适宜幼儿学习的数字化教育资源，优化幼儿教育教学活动，培养幼儿的信息素养，促进幼儿的学习和发展的

---

* 作者简介：刘景容，广东省教育研究院副研究员。

本文系广东省广州市教育科学“十三五”规划重点课题“‘互联网 +’幼儿园信息化建设研究”（课题编号：1201720422）的研究成果。

① 王珠珠. 教育信息化 2.0：核心要义与实施建议［J］. 中国远程教育，2018（7）：5－8.

② 《规范》编制项目组.《中小学数字校园建设规范（试行）》解读［J］. 中国电化教育，2018（10）：1－6.

过程[①②]。幼儿学习是以直接经验为基础，在游戏和日常生活中学习，强调直接感知、直接操作和亲身体验。因此，在幼儿直接参与的教学活动环节中，应用信息技术要强调“适宜性原则”，也就是要与幼儿的心理和生理特征相适应，确保信息技术的应用能促进幼儿身心健康发展[③]。2016 年 10 月，美国教育部和卫生部（下文简称“两部”）联合发布《早教与教育技术政策简报》，明确提出了以下四个原则：信息技术在恰当使用时会成为儿童学习的工具；信息技术应该用来增加所有儿童学习的机会；信息技术可用于增进父母、家庭、早教工作者和儿童之间的联系；当同伴、成年人与儿童互动或共同使用技术时，信息技术对学习更为有效[④]。除了教学活动外，幼儿教育还包括教育管理、家园联系和社会服务等工作。这些工作幼儿很少或基本不参与，但信息化能提升幼儿园工作效率，使幼儿园行政管理人员和教师能腾出更多的时间和精力来关注保教工作，促进幼儿健康发展。从这个角度上看，幼儿园管理信息化实际上是间接作用于幼儿，进而提高幼儿教育的整体质量。

基础教育信息化整体迈进 2.0 的时代，不能缺失对幼儿教育信息化的推进。在探索幼儿教育信息化发展的过程中，有必要厘清幼儿教育信息化建设的实际现状、幼儿园工作人员和家长对此的态度、观念和认知，以期能梳理出我国幼儿教育信息化推进中存在的问题，并提出对策。

二、研究方法

（一）问卷设计

此次研究方法采用问卷调查的方式进行，问卷的设计主要针对广州市内幼儿园，并按照不同角色（幼儿园、管理人员、幼儿园教师、家长）分别进行调查。为此，我们共设计了三份不同的问卷，分别是面向家长的“幼儿园信息化建设情况调查问卷（家长）”、面向教工的“幼儿园信息化建设情况调查问卷（幼教工作者）”、面向幼儿园的“幼儿园信息化建设现状调查问卷（幼儿园）”。家长问卷共有 24 题，其中选择题 23 道，主观题 1 道；教工问卷共有 51 题，其中选择题 49 道，主观题 2 道；园所问卷共有 43 题，其中选择题 32 道，主观题 11 道。

问卷主要内容如下：

1. 被调查对象的背景信息，如被调查对象的年龄、学历、从事教育工作的年限、所在幼儿园的属性、类型以及所在地区等基础信息。

2. 个人信息技术情况，包括个人对各种软件工具的掌握情况。

---

① 汪基德，朱书慧，张琼．学前教育信息化的内涵解读［J］．电化教育研究，2013（7）：27－32.

② 李红霞，赵呈领，蒋志辉，等．学前教师信息化教学接受度的影响因素：基于 UTAUT 模型的实证分析［J］．学前教育研究，2017（4）：14－25.

③ 张炳林，王程程．国外学前教育信息化发展与启示［J］．电化教育研究，2014（10）：29－35.

④ 王洪渊．美国学前教育信息化的新进展及启示：基于《早教与教育技术政策简报》的解读［J］．现代教育技术，2017，27（9）：40－46.

3. 所在幼儿园目前总体的信息化状况，包括园所在软硬件上的信息化水平等。

4. 调查对象对待幼儿教育信息化的态度和认知。

5. 目前在幼儿园信息化过程中存在的一些热点问题。

（二）研究对象

此次研究主要按幼儿园的性质（公办园、普惠性民办园、营利性民办园），随机抽取了广州市174所幼儿园的管理人员、教师、家长作为主要研究对象，确保调查对象具有一定的代表性。

表1 调查对象分布情况统计表

幼儿园性质	调查幼儿园/所					调查人数/人				
	级别					管理人员		教师		家长
	省级	市级	区级	未评级	小计	大专及以上	大专以下	大专及以上	大专以下	—
公办园	33	12	20	8	73	81	3	557	118	3 449
普惠性民办园	1	3	21	44	69	18	2	55	19	579
营利性民办园	2	5	9	16	32	21	0	53	21	750
小计	36	20	50	68	174	120	5	665	158	4 778
总计	174					125		823		4 778

（三）问卷的信度与效度分析

1. 问卷一“幼儿园信息化建设情况调查问卷（幼儿园）”：共发放174份卷，有效问卷为174份，问卷有效率为100%。除了幼儿园的属性、类型以及所在地区等基础信息的调查外，问卷的其他内容主要根据《中小学数字校园建设规范（试行）》的内容展开调查，包括以下内容。

（1）幼儿园在管理、教学、教研、评价、社会宣传和服务等方面的信息化应用调查。

（2）幼儿园的网络环境、数字终端等基础设施的调查。

（3）幼儿园在组织架构、全员培训、制度建设、资金投入等方面的保障机制调查。

2. 问卷二“幼儿园信息化建设情况调查问卷（幼教工作者）”：共发放948份问卷，分别是针对教师岗位与管理岗位，剔除作答时间低于120秒的问卷2份，有效问卷为946份，问卷有效率为99%。其中问卷的调查内容主要分为两大部分：第一部分是幼教工作者所在幼儿园的属性、类型、所在地区以及个人信息等基础信息；第二部分是根据《中小学教师信息技术应用能力标准（试行）》的内容展开调查，包括以下内容。

（1）教工个人信息技术的素养。

（2）个人对信息化的看法。

（3）热点问题，开放班级视频监控的看法。

3. 问卷三“幼儿园信息化建设情况调查问卷（家长）”：共发放4 778份卷，剔除非父母之外的答卷60份后，为保证问卷质量，我们剔除作答时间在1分钟之内的问卷

14 份，剩余有效作答问卷 4 704 份，问卷有效率 98.45%。其中问卷的调查内容主要分为两大部分：第一部分是孩子所在幼儿园的属性、类型以及所在地区等基础信息；第二部分主要是家长对幼儿园信息化建设的态度与热点问题的看法。

除基础信息的调查外，三份问卷的平均取样适当性（KMO）系数为 0.728，平均 Cronbach α 系数为 0.736，说明这三份问卷具有较好的效度和信度。

三、广州市幼儿园信息化建设现状及分析

（一）幼儿园信息化建设现状

1. 信息化建设组织与保障。幼儿园信息化建设组织与保障包括组织架构、制度建设、资金投入、人员培训与网络安全等方面。调查主要从组织架构、制度建设、资金投入和人员培训四方面进行。

在组织架构方面，调查内容包括：是否成立以园长为组长的信息化建设工作小组；是否有首席信息官（CIO）；是否使用了社会化服务；是否有配备信息技术专业人员负责信息化建设、管理和维护。调查结果如表 2 所示。

表 2　幼儿园信息化建设组织及人员保障情况统计表

信息化建设项目		工作小组	CIO	社会化服务	专业人员
公办园/所	省级	29 (87.88%)	18 (54.55%)	30 (90.91%)	23 (69.70%)
	市级	8 (66.67%)	1 (8.33%)	6 (50.00%)	5 (41.67%)
	区级	17 (85.00%)	4 (20.00%)	16 (80.00%)	8 (40.00%)
	未评级	4 (50.00%)	0	1 (12.50%)	2 (25.00%)
	合计	58 (79.45%)	23 (31.51%)	53 (72.60%)	38 (52.05%)
民办园/所	省级	3 (100.00%)	1 (33.33%)	3 (100.00%)	2 (66.67%)
	市级	4 (50.00%)	1 (12.50%)	4 (50.00%)	3 (37.50%)
	区级	12 (40.00%)	5 (16.67%)	11 (36.67%)	9 (30.00%)
	未评级	30 (50.00%)	4 (6.67%)	24 (40.00%)	22 (36.67%)
	合计	49 (48.51%)	11 (10.89%)	42 (41.58%)	36 (35.64%)

通过表 2 得知，公办园信息化建设工作小组成立比例达到 79.45%，民办园成立比例是 48.51%，其中省级幼儿园成立的比例达到了 88.89%。CIO 设立比例偏低，公办园和民办园分别只有 31.51% 和 10.89% 的幼儿园设立了该职务，其中省级幼儿园的比例也只有 52.78%，主要原因是 CIO 在我国还是一个很新的职务类别，而且目前还缺乏具备高信息化素养的园长或副园长。公办园使用社会化服务的占 72.60%，民办园使用的比例为 41.58%，其中省级幼儿园使用的比例为 91.67%。有配备信息技术专业人员的幼儿园占 42.53%，其中公办园有配备的占 52.05%，民办园有配备的占 35.64%，省级幼儿园有配备的占 69.44%，总体而言，只有不到一半的受调查幼儿园配备有信息技术专业人员，还有大部分幼儿园没有配备。在调查的 174 所幼儿园中，总的信息技术专业人员配备人数为 107 人，胜任本职工作比例高达 97%，其中专职人员 57 人，兼职人员 39 人，服务机构派驻人员 11 人。已配备的信息技术专业人员学历层次较高，本、专科占绝大多数，其中超过半数人员专业为学前教育。信息技术专业人员的学历和专业分布见图 1。

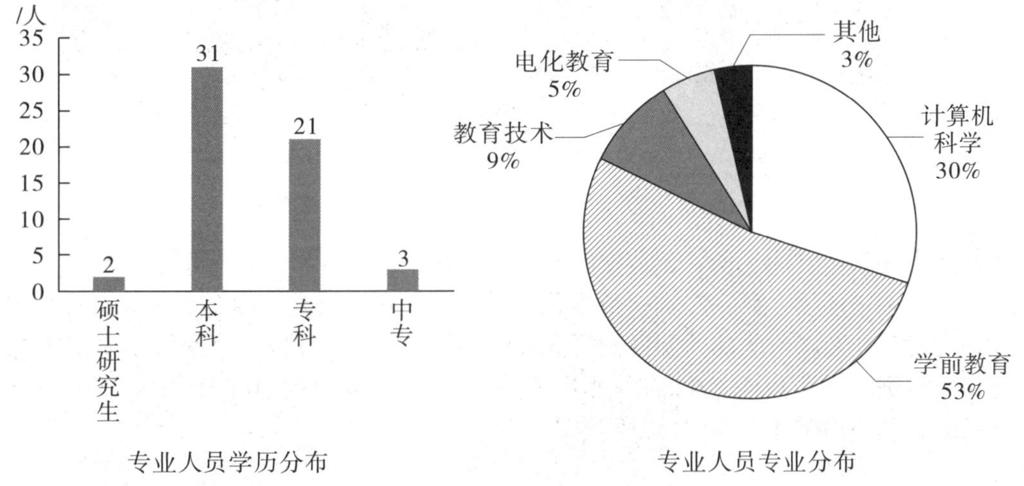

图 1　专业人员学历和专业分布情况图

幼儿园信息化建设是一个系统工程，几乎涉及每一个人、每一个岗位，需要配套制度予以保障才可能正常、高效地运转。为此，设计的问卷内容包括：A 是否已建立了信息化管理的相关制度；B 是否在幼儿园的中长期发展规划中制订了实际的教育信息化发展规划；C 年度工作计划是否包含了当年度信息化建设内容。调查结果如图 2 所示。

由图 2 显示，在制定幼儿园信息化管理相关制度一项中，幼儿园普遍做得较好，各类幼儿园均超过了 70%，其中公办园的比例最高，达到了 79.45%，最低的是普惠性民办园也有 73.97%。而在“幼儿园的中长期发展规划中制订了实际的教育信息化发展规划”这一项中，制订了规划的公办园有 53.62%，而营利性民办园仅有 39.13%。不到一半的幼儿园在年度工作计划中包含了当年度信息化建设内容。说明幼儿园虽然制定了相关制度，但在具体实施中却难有计划予以保障。

2. 现有基础设施建设。数字校园基础设施主要包括五类，分别是网络环境、数字

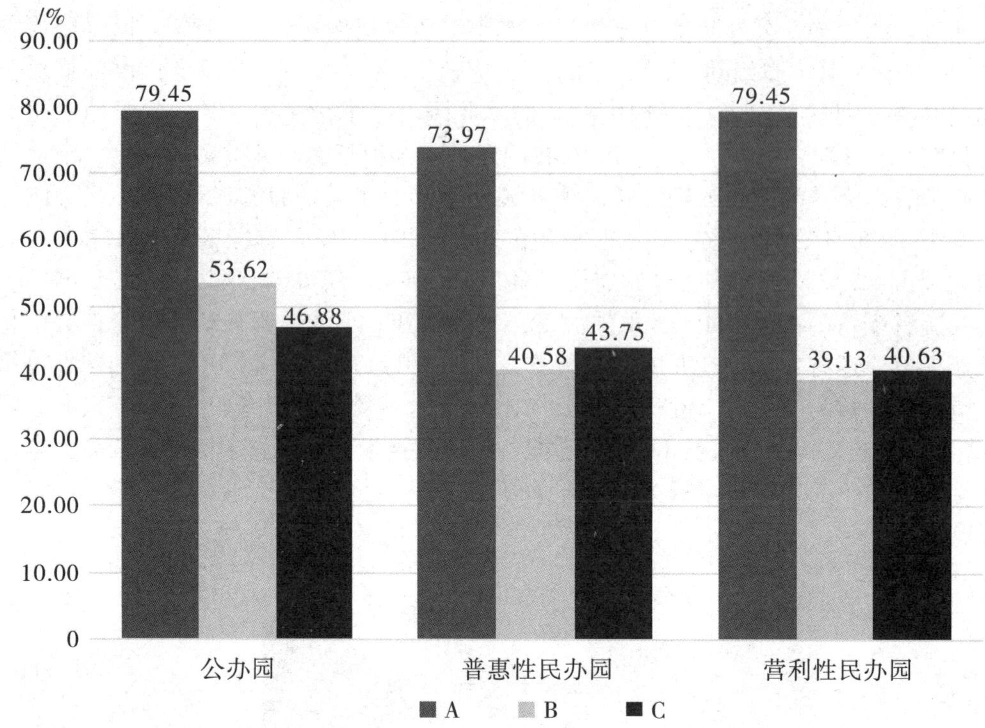

图 2　幼儿园信息化制度建设情况统计图

终端、数字化教学空间、创新创造空间与文化生活空间。针对幼儿园信息化基础设施建设，我们以网络环境、数字终端、数字化教学空间和资金投入这四个方面的调查为主。

调查发现，95.4%的幼儿园做到了 WiFi 无线网络全园覆盖，但网络出口带宽配置不理想。根据统计可以看到目前幼儿园互联网出口带宽达到 100 M 的占 73%，仍有 16%的幼儿园网络带宽在 50 M 以下（见图 3）。

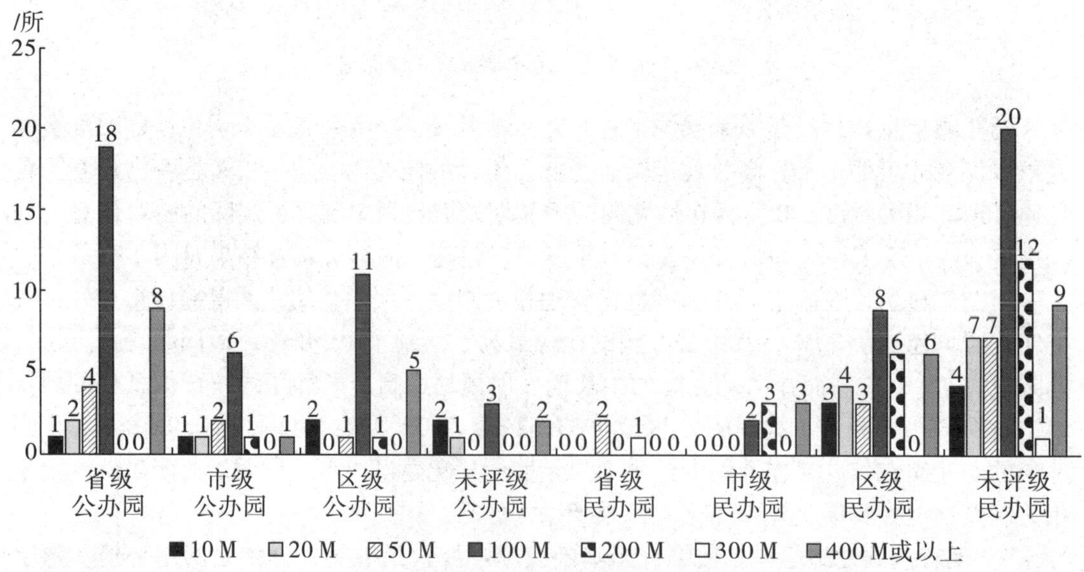

图 3　幼儿园网络环境现状情况统计图

互联网时代的网络带宽非常重要。每次我们走访幼儿园进行实地考察时，看到教师都是使用在线资源给小朋友播放音乐、视频，这一类资源会占用很大的流量。除了班上的电脑、办公室的电脑，还有教师的手机、平板电脑等，这些设备在上网时都会占用网络带宽。在网络出口带宽低于400 M 的情况下，如果有超过8 台设备访问外网音视频资源，就会不够用，但调查显示带宽达到400 M 或以上的幼儿园只有19.54%，所以从网络环境的调查情况来看，幼儿园的硬件设施配备不容乐观。

除了网络环境外，我们也调查了幼儿园的数字终端与数字化教学空间。幼儿园的数字终端包括配备的计算机设备，数字化教学空间包括每个班活动室配备的各种多媒体教学设备。

从图4 中可以看到智能电视与台式电脑在幼儿园班级中的配备率较高，配备率分别为64%与70%，其次是投影仪配备率达48%、电子白板配备率达25%。这些设备都是班级中常见的硬件设备，另外还有一些其他设备，如智能电视盒子、蓝牙音箱和手提电脑等，但占比较低。

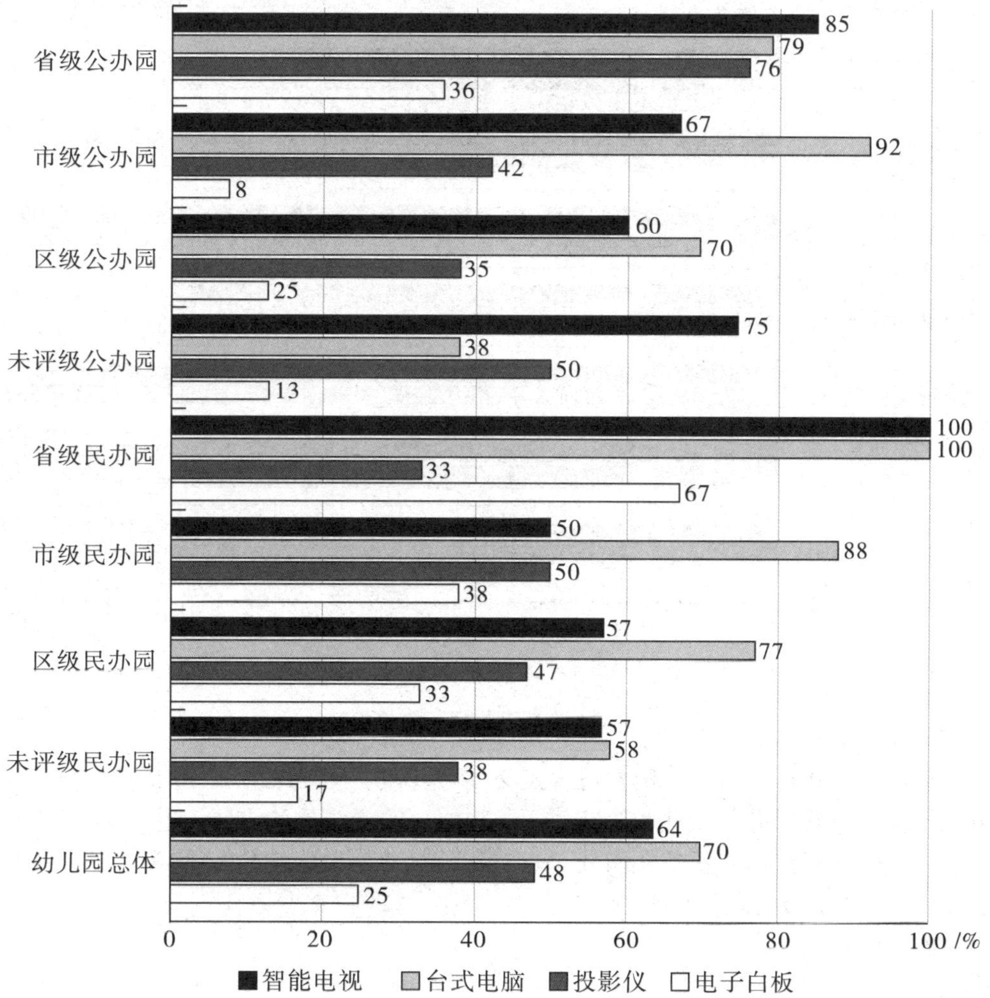

	智能电视	台式电脑	投影仪	电子白板
省级公办园	85	79	76	36
市级公办园	67	92	42	8
区级公办园	60	70	35	25
未评级公办园	75	38	50	13
省级民办园	100	100	33	67
市级民办园	50	88	50	38
区级民办园	57	77	47	33
未评级民办园	57	58	38	17
幼儿园总体	64	70	48	25

0 20 40 60 80 100 /%

图4　幼儿园数字设备配备情况统计图

在信息化基础设施里面，调查发现，门禁系统、安防监控系统和广播系统普及比率很高，分别达到 88%、91% 和 80%，见图 5。

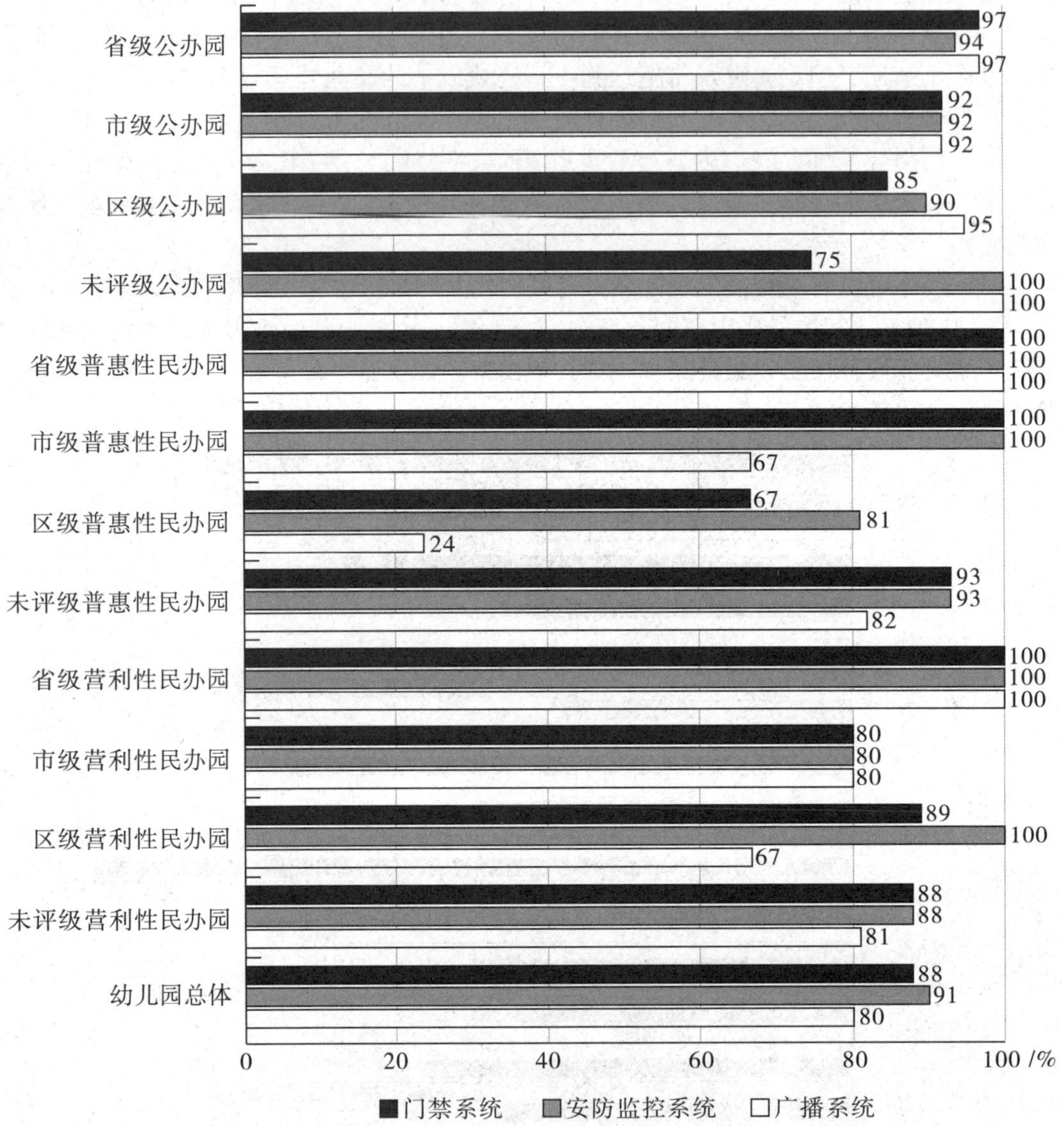

图 5　门禁、安防及广播配备情况统计图

信息化要从规划到落地，经费投入是必不可少的，因为信息化建设需要购买硬件、软件系统和信息化服务。这些系统在使用过程中，需要维护和更新，也需要不断地投入资金。为此我们对这 174 所幼儿园从“近三年信息化建设年均投入金额”“年生均信息化建设经费”“上级拨款占比”“自筹经费占比”“家长交费占比”五个方面进行了调查，调查结果见表 3。

表 3　近三年信息化建设投入情况统计表

信息化建设投入情况	公办园	普惠性民办园	营利性民办园
近三年信息化建设方面年均投入金额/元	230 392.00	32 328.00	25 297.00
年生均信息化建设经费/元	504.15	206.90	80.06
上级拨款占比/%	67.34	14.32	0
自筹经费占比/%	22.38	56.33	77.78
家长交费占比/%	10.28	29.35	22.22

在调查的 174 所幼儿园中，45% 的幼儿园近三年信息化建设有经费投入，其中 66.67% 的幼儿园做到了逐年递增。公办园在经费投入方面比民办园高得多，约是民办园的 8 倍。

3. 信息化应用。《规范》将数字校园的信息化应用体系分为四类：教育教学、教育管理、教育评价与生活服务。为了解目前幼儿园在信息化应用方面的情况，我们对其中的教育管理、教学信息化和教育评价三个方面进行了调查。

在教育管理信息化方面，我们调查了表 4 中的 9 类常用系统在幼儿园的使用情况。

表 4　教育管理信息化应用现状统计表

系统	幼儿园购买	从网络等渠道下载	企业免费赠送	上级部门配送	配备数
办公自动化系统/所	56（32.18%）	15（8.62%）	5（2.87%）	40（22.99%）	96（55.17%）
财务系统/所	63（36.21%）	9（5.17%）	6（3.45%）	40（22.99%）	105（60.34%）
营养配餐系统/所	120（68.97%）	6（3.45%）	2（1.15%）	9（5.17%）	126（72.41%）
访客登记系统/所	53（30.40%）	8（4.60%）	2（1.15%）	8（4.60%）	60（34.48%）
幼儿接送系统/所	139（79.89%）	4（2.30%）	8（4.60%）	13（7.47%）	151（86.78%）
档案管理系统/所	42（24.14%）	8（4.60%）	6（3.45%）	13（7.47%）	59（33.91%）
电子班牌/所	24（13.79%）	4（2.30%）	2（1.15%）	7（4.02%）	28（16.09%）
人事管理系统/所	36（20.69%）	6（3.45%）	3（1.72%）	26（14.94%）	60（34.48%）
图书与教玩具等设备资产管理系统/所	44（25.29%）	8（4.60%）	9（5.17%）	18（10.34%）	62（35.63%）

表 4 的数据表明：在调查的 9 类管理信息系统中，配备率较低的是电子班牌和档案管理系统，幼儿接送系统配备率最高，达到了 86.78%。调查表明大部分管理系统都是幼儿园自行购买的，上级配送的占比很低。由此可见，幼儿园在教育管理方面的信息化应用程度取决于幼儿园的自觉意识和自主需要。

根据《规范》中信息化应用建设要求，各个应用应实现基础数据共享，避免出现"信息孤岛"。从调查数据看来，各个幼儿园的应用来源都是五花八门的，很多是"网络下载"和"企业免费赠送"。这些应用因为是免费的，很容易形成一个个"信息孤岛"，彼此之间不能互联互通，更不能共享。

在教育教学方面，我们侧重调查了教育游戏资源库、五大领域教育资源库和园本资源库的建设情况，调查结果见图 6。

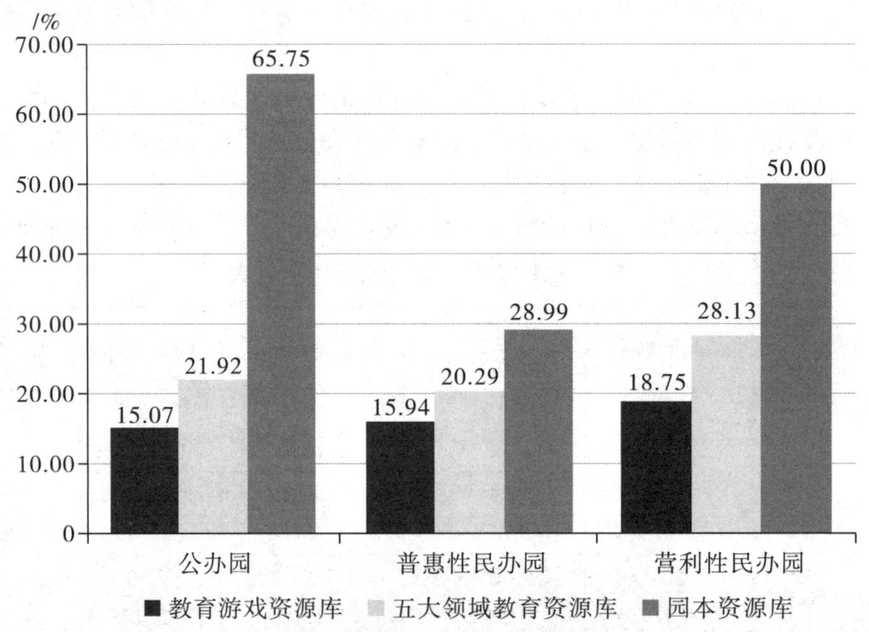

图 6　电子资源建设现状统计图

从调查结果可见，园本资源库的建设是最高的，其中最高的是公办园，达到了 65.75%；但教育游戏和五大领域教育资源库这两块的建设率非常低，无论是公办园还是民办园都不超过 30%，尤其是公办园的教育游戏资源库建设，仅有 15.07%。由此可见，目前幼儿园在教育教学方面的信息化还有很大的提升空间。

教育评价主要包括幼儿发展性评价、教师发展性评价与幼儿园发展性评价。我们着重调查了幼儿园在幼儿与教师的发展评价方面是否配备了相关应用系统，调查的结果见表 5。

表5　评价类应用系统配备情况统计表

评价系统	公办园/所				普惠性民办园/所				营利性民办园/所			
	省级	市级	区级	未评级	省级	市级	区级	未评级	省级	市级	区级	未评级
幼儿	2	1	2	0	0	0	0	1	0	1	0	0
教师	0	0	1	0	0	0	0	0	0	0	0	0

从调查结果可以看到，无论是幼儿发展性评价系统还是教师发展性评价系统，在幼儿园的普及率都很低。

（二）幼教工作者信息素养

一般来说，信息素养包括信息意识、信息知识、信息技能和信息道德四个部分。幼教工作者的信息素养主要包括信息意识和态度、信息技术水平和教学设计能力①②③。调查对象分为教师岗位和管理岗位，其中管理岗位不包括教学设计能力调查，增加了对新技术的接纳态度、园本资源共享、优质教学资源和互联互通信息化应用的购买使用意见等调查。

1. 信息态度和意识。针对幼教工作者的信息态度，我们从家园联系、幼儿园宣传、日常教研与办公等方面设计了以下几个问题进行调查：

A. 您认为幼儿园信息化建设有必要吗？

B. 您是否认为家园联系应以网络渠道为主？

C. 如果幼儿园将所有给教职工、家长、同行、领导、专家等成年人阅读的资讯全部从墙面撤换下来，放进幼儿园网站上，幼儿园的环境将会大为改观，您的态度是？

D. 您是否希望幼儿园采用办公自动化系统，把日常大部分工作搬到线上去进行？

E. 您是否愿意用网络版幼儿成长档案袋替代纸质版幼儿成长档案袋？

F. 在成本大幅降低的情况下，您是否愿意邀请外地知名专家通过网络途径（如视频会议）参与贵园的教研活动，远程指导你们的业务工作？

G. 您是否认为幼儿园应该建设园本课程资源库？

调查结果见表6。

---

① 任友群，闫寒冰，李笑樱.《师范生信息化教学能力标准》解读［J］. 电化教育研究，2018（10）：5－14.

② 刘洋. “互联网＋教育”新常态下学前教育教师信息技术素养调查与提升策略研究［J］. 中国电化教育，2018（7）：90－96.

③ 李金霞，徐祖胜. “互联网＋”背景下幼儿教师信息素养提升策略研究［J］. 齐齐哈尔师范高等专科学校学报，2018（3）：5－6.

表 6　教工对信息化的态度现状统计表

问题	教工对信息化的态度/人						
	A	B	C	D	E	F	G
赞同/是/欢迎/必要	913 (96.31%)	656 (69.20%)	667 (70.36%)	781 (82.38%)	877 (92.51%)	914 (96.41%)	923 (97.36%)
无所谓/可有可无	27 (2.85%)	0	214 (22.57%)	0	0	0	0
不赞同/否/不喜欢/没必要	8 (0.84%)	292 (30.80%)	67 (7.07%)	167 (17.62%)	72 (7.59%)	35 (3.69%)	26 (2.74%)

从这 7 个问题的作答情况可见，大多数教工对信息化持肯定态度。但为什么幼儿园的信息化程度会这么低呢？信息化过程中存在哪些问题与困难？我们也对此进行了调查。

29.85% 的教工认为，幼儿园信息化建设最困难的是经费保障，其次是硬件设施配备，具体见图 7。公办园与普惠性民办幼儿园的收入来源有限，不能向家长代收其他费用，需从办公经费中支出，或是向主办单位申请专项经费才能开展信息化建设。

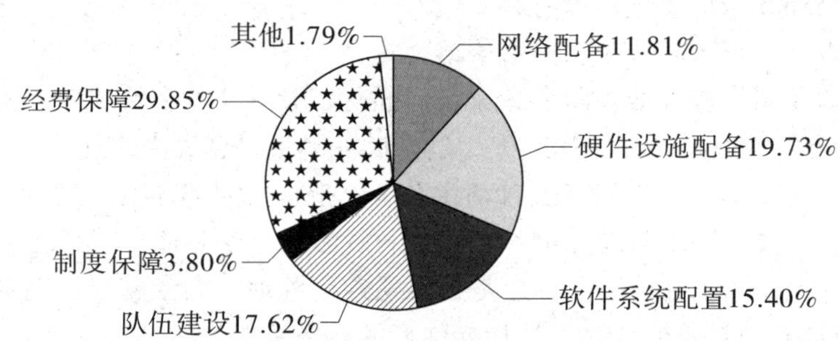

图 7　教工认为信息化建设最困难的因素统计图

幼儿园信息化建设存在哪些主要问题？61.92% 的教工认为，经费不足是幼儿园信息化建设中存在的主要问题，其次是幼儿园财务制度的限制，占 37.13%。具体见表 7。

表 7　信息化建设主要问题分布表

选项	小计/项	比例/%
经费不足	587	61.92
没有合适的产品	347	36.60
幼儿园工作人员不想改变现有的工作方式，嫌麻烦	206	21.73
家长不愿意用	173	18.25
行政部门限购、统购导致买不到心仪的信息化服务	294	31.01
财务制度限制	352	37.13
其他原因	31	3.27

个人使用信息技术存在哪些主要困难？约一半的教工认为在工作中，使用信息技术主要存在的困难有“缺少硬件设备”“缺少足够的计算机技能”“缺少优质教学资源”“缺少适用的软件系统”“缺少专家指导”“缺少学习提高的机会”（见表8）。

针对以上问题，超过半数的教工认为改变幼儿园信息化建设落后局面的可行措施有：设置财政专项经费，加大投入；开展关于提高幼教工作者信息素养的培养；设置幼儿园信息化建设标准，让幼儿园有据可依。

在信息化建设经费的来源方面，84.92%的教工认为，可以通过财政拨款来进行信息化建设。同时，有61.81%的教工认为，可以调整现有办公经费使用比例，从办公经费中调整出来，推动幼儿园信息化建设。88.82%的教工认为有必要参照《中小学智慧学校建设标准》拟定出台《智慧幼儿园建设标准》。

在面向管理岗位的教工调查中，96.8%的管理人员愿意在性价比提高但总投入增加的情况下，用新技术替代传统做法。当前信息化建设进入网络时代，过去单机版的软件系统明显滞后，95.2%的管理人员愿意在经费有限的情况下，优先考虑引入互联互通的信息化应用系统。在教学资源购买和共享方面，84%的管理人员愿意购买使用企业开发的优质教学资源。如果企业搭建教学资源平台，84.8%的管理人员愿意在有相应回报的情况下上传本园资源，供平台使用。

表8 使用信息技术存在的主要困难分布表

选项	小计/项	比例/%
缺少硬件设备	414	43.67
缺少足够的计算机技能	494	52.11
缺少优质教学资源	469	49.47
缺少适用的软件系统	437	46.1
缺少专家指导	562	59.28
缺少学习提高的机会	479	50.53
其他问题	22	2.32

2. 信息技术水平。在信息技术水平方面，我们主要对教工的计算机操作水平与软件工具使用熟练情况进行了调查，软件工具包括常用办公软件与教学软件。调查结果见表9。

表 9　个人信息技术能力统计表

岗位		计算机操作水平/人				软件工具使用情况/人			
		不熟练	一般	熟练	非常熟练	使用文档编辑软件	制作多媒体课件	制作电子表格	使用电子白板
管理岗位（125 人）	公办园（84 人）	0	42（50%）	40（48%）	2（2%）	75（89%）	68（81%）	77（92%）	49（58%）
	普惠性民办园（20 人）	0	9（45%）	10（50%）	1（5%）	18（90%）	13（65%）	19（95%）	17（85%）
	营利性民办园（21 人）	0	6（29%）	11（52%）	4（19%）	19（90%）	18（86%）	20（95%）	15（71%）
教师岗位（823 人）	公办园（675 人）	38（6%）	353（55%）	253（39%）	31（5%）	503（78%）	479（74%）	499（77%）	394（61%）
	普惠性民办园（74 人）	2（3%）	48（68%）	21（30%）	3（4%）	61（86%）	63（89%）	64（90%）	48（68%）
	营利性民办园（74 人）	4（6%）	45（63%）	23（32%）	2（3%）	61（85%）	57（79%）	58（81%）	42（58%）

管理岗位的教工在计算机操作水平上比教师岗位的要好：管理岗位上的教工没有对计算机操作不熟悉的，而教师岗位上对计算机操作不熟悉的有 44 位（公办园 38 人，普惠性民办园 2 人，营利性民办园 4 人），占教师岗位总人数 6.35%。无论是管理岗位还是教师岗位，大部分教工的计算机操作水平都处于一般、熟练两个阶段，非常熟练的占比不高，管理岗位中非常熟练的合计只有 7 人（公办园 2 人，普惠性民办园 1 人，营利性民办园 4 人），占管理岗位调查对象 125 人的 5.60%，而教师岗位的也只有 4.37%。

《中小学教师信息技术应用能力标准（试行）》（以下简称《能力标准》）指出五个维度中的“技术素养”包括：

（1）教师应该“了解与教学相关的通用软件及学科软件的功能及特点，并能熟练应用”。此处通用软件是指广泛应用于教育教学活动中的通用性软件，例如办公软件、即时交流软件、音视频编辑软件等。

（2）教师应该“了解多媒体教学环境的类型与功能，熟练操作常用设备”。多媒体教学环境是指包括简易多媒体教学环境与交互多媒体教学环境。简易多媒体教学环境主要由多媒体计算机、投影机、电视机等构成，以呈现数字教育资源为主。交互多媒体教学环境主要由多媒体计算机、交互式电子白板、触控电视等构成，在支持数字教育资源

呈现的同时还能实现人机交互。

《能力标准》要求教工在个人的技术水平上达到熟练程度，但是从数据上看来管理岗位达到该水平的只有54.40%（公办园42人，普惠性民办园11人，营利性民办园15人），而教师岗位则只有48.05%（公办园284人，普惠性民办园24人，营利性民办园25人），调查的结果表明教师的个人信息技术水平还需要不断地提高。

3. 教学设计能力。“幼儿园教育的对象是学龄前的儿童，他们的年龄小，但是兴趣广泛，他们的思维处于具体形象思维阶段，对比较抽象的事物还很难大量接受”，这要求幼儿教师在进行教学设计时，要根据幼儿的认知特点和认知方式，创设教学情境，优化教学效果，将文字、图片、声音、动画等多媒体合理组织起来，更具有动感和趣味性，以便发挥幼儿学习的主动性，提高教学效率①。为此我们也对教师进行了调查，了解他们在哪些领域的教育活动中应用了信息技术，调查的结果见表10。

表10　教师在教育活动中应用信息技术情况统计表

领域	人数/人	占比/%
健康	544	78.50
语言	607	87.59
科学	571	82.40
社会	562	81.10
艺术	581	83.84

由表10可见，大部分教师在五大教学领域中都运用了信息技术，其中在语言领域中应用的情况最好，87.59%的教师会在该领域中应用信息技术。

（三）家长对信息化的态度与看法

除了对教工进行调查外，我们也对家长的态度与看法进行了调查。我们选择了家园联系、幼儿园宣传、幼儿成长档案构建等方面进行调查，设计了以下几个问题：

A. 您认为幼儿园信息化建设有必要吗?

B. 如果幼儿园将所有给教职工、家长、同行、领导、专家等成年人阅读的资讯全部从墙面撤换下来，放进幼儿园网站上，幼儿园的环境将会大为改观，您的态度是?

C. 您是否希望使用网络版成长档案记录孩子成长过程?

D. 您是否赞同通过网络分享?

E. 您是否愿意在网络平台上参与幼儿成长档案的构建?

F. 您愿意每周双休日用一小时查阅幼儿园上传到网络档案袋平台上的资料，并与孩子一起回顾、讨论、选择进入档案的资料吗?

G. 如果幼儿园建设与家园联系密切相关的系统，如幼儿成长档案、幼儿接送系统，您是否愿意分担相应的费用?

① 赵晓声，卢燕，袁新瑞. 中小学和幼儿园教育信息化评价：教育视野与需求导向［J］. 电化教育研究，2014（6）：51－57.

调查结果见表 11。

表 11　家长对信息化的态度情况统计表

问题	家长对信息化的态度/人						
	A	B	C	D	E	F	G
赞同/是/欢迎/必要	4 460（93%）	3 077（64%）	4 080（85%）	3 567（75%）	4 108（86%）	4 348（91%）	4 017（84%）
无所谓/可有可无	289（6%）	1 269（27%）	0	0	0	0	0
不赞同/否/不喜欢/没必要	29（0.61%）	432（9%）	698（15%）	1 211（25%）	670（14%）	430（9%）	761（16%）

从这 7 个问题的作答情况可见，绝大多数的家长对信息化都是给予肯定的态度，即使一些与家园联系密切相关的系统建设和服务费用也愿意分担。在幼儿成长档案的网络构建与分享、幼儿园社会宣传这两块，绝大多数家长都是同意网络化代替传统方式。由此可见，幼儿园信息化建设，并不只是幼儿园教工的需求，家长同样希望幼儿园进行信息化建设。

（四）热点问题

1. 班级安装视频监控并且开放给家长。现在很多幼儿园在班级安装了视频监控，网络直播技术也很成熟，班级监控视频是否应该开放给家长观看，这是一个比较有争议的话题。此次调查，我们也针对该话题进行了调查与分析，主要对家长与教师在该问题上的态度与观点进行一个对比。

对于家长的调查，我们对其提出了“如果幼儿园条件允许，您是否更乐意通过网络直播平台随时了解孩子在园情况”，具体的结果见图 8、图 9。

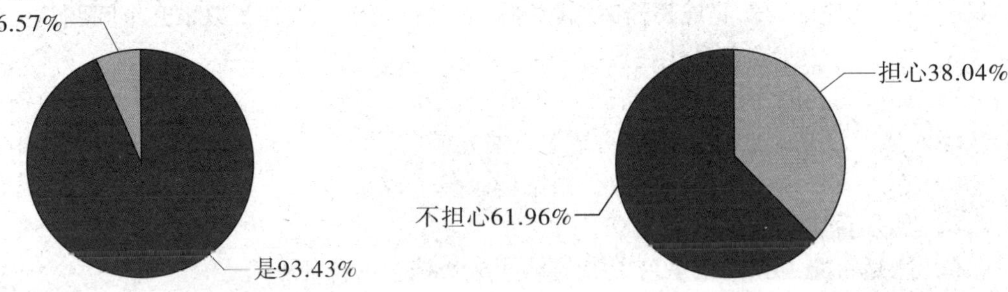

图 8　家长是否愿意通过网络直播平台随时了解小孩在园的情况

图 9　家长是否担心课堂直播会给老师带来压力

93.43% 的家长愿意通过网络直播平台随时了解小孩在园的情况。尽管很多家长都想通过直播来观看，但是也有 38.04% 的家长担心，这样做会给班上的带班老师带来压力。

我们也针对教师开展了相关调查，包括教师所在的班级是否已安装视频监控，安装监控的原因以及是否开放网络直播给到家长观看等。81.12% 的教工赞同每个班级都安

装视频监控。在调查的幼儿园中，66.77%的幼儿园所有班级都已经安装了视频监控。安装原因主要有以下几个：①行政指令要求；②幼儿园管理需要；③满足家长要求；④监控教学过程；⑤保护教师权益。92.89%的幼儿园安装原因选择了"幼儿园管理需要"，85.78%的幼儿园安装原因选择了"保护教师权益"。尽管很多幼儿园都安装了视频监控，但是已安装的视频监控中只有11.53%是全天开放网络直播，有13.59%的是定时开放网络直播，更多的是从不开放给家长查看，占比59.56%。可见安装视频监控不完全是为了开放给家长查看。

调查显示，58.97%的教师认为安装视频监控会给老师造成压力，49.37%的教师认为视频监控会让教师和家长的关系变得紧张。由此可见，尽管有超过半数的家长不担心视频直播会给教师带来压力，实际上大多数教师会因此感受到压力，并且还会让双方的关系变得紧张。

2. 家长对幼儿使用电子产品的态度。目前手机、电脑的普及率很高，根据其他地区的调查，上海浦东新区有99.4%的被调查儿童平日里都会使用手机、电脑、电视以及学习机等各类电子产品①。扬州市学龄前儿童每天使用电子产品总时间为（1.68 ± 1.45）小时，98.00%的儿童每天接触至少1种以上电子产品，而且周末较工作日电子产品使用更频繁、时间更长②。可见大多数幼儿在日常生活中都会用到电子产品。家长对于孩子每天使用电子产品的次数与时长的态度我们也对此进行了调查，调查结果见图10。

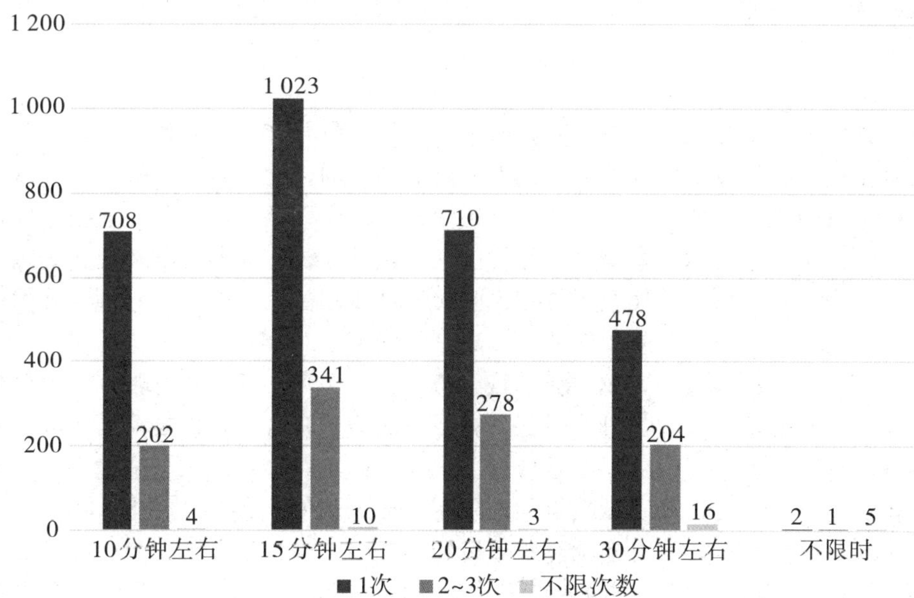

图10　家长允许孩子每天使用电子产品次数与时长统计图

---

① 曹斌，周伟，陈芳荣，等. 浦东新区学龄前儿童电子产品使用情况调查研究［J］. 中国初级卫生保健，2018，32（5）：41－43.

② 章景丽，苏亭娟，左笑宇，等. 家庭环境对学龄前儿童电子产品使用影响［J］. 中国公共卫生，2018，34（1）：49－52.

从调查结果可见，61.13%的家长认为孩子每天使用电脑或手机的合理次数为1次，另有21.47%的家长认为合理使用次数在2~3次之间。不限时间的占比只有0.17%，可知大部分家长都认为每次的使用合理时间不超过30分钟。当然，也有16.5%的家长认为不能给孩子使用电脑或手机，一次都不行。

四、加强幼儿教育信息化的对策与建议

1. 加强幼儿园信息化建设领导。在教育部《教育信息化2.0行动计划》中明确规定，各级各类学校应普遍施行由校领导担任CIO的制度，明确责任部门，全面统筹本校信息化的规划与发展。目前，广州市的幼儿园在相关组织架构和制度建设方面还很薄弱，不能很好地开展幼儿园信息化工作的顶层设计，迫切需要加强幼儿园信息化建设领导。

信息化建设具有系统性和全局性，需要全员参与。信息化建设往往会涉及工作流程再造，各种岗位工作职责变化。幼儿园需要制定切实可行的工作制度来保障信息化建设实施。只有园领导担任CIO，才能切实推动相关制度建设和系统实施。

2. 加大信息化培训力度。目前，在幼儿园工作的信息技术专职人员中，有一半以上来自幼儿教育专业，兼职人员绝大多数也来自幼儿教育专业。幼儿教育行业社会地位和经济地位缺乏优势，很难吸引计算机相关专业人员到幼儿园工作。园长和教师普遍信息素养不高。这些现实情况决定了有关部门必须依据《教育部关于实施全国中小学教师信息技术应用能力提升工程2.0的意见》，加大对幼儿园教职员工信息化素养提升的培训力度。

在信息化素养提升培训方面，应根据不同岗位人员开展有针对性的培训。对园长要进行信息化政策、新技术和各种信息化创新模式的培训，便于他们把握全局，做好幼儿园信息化建设的统筹规划与领导。对信息化专兼职人员，要开展各种专业技术培训，使他们成为幼儿园信息技术专家，为幼儿园信息化建设提供专业服务与指导，为园长决策提供专业咨询。对教师和其他教职员工，要加强具体软件工具的使用培训，确保他们在日常工作中能熟练使用各种应用软件，提高工作效率。

3. 加大资金投入。目前，幼儿园信息化建设相对滞后，突出表现为绝大部分幼儿园缺乏良好的网络环境，教学资源匮乏，有品质保障、符合专业发展需要的软件系统缺失。各种应用来源五花八门，很多是自行下载或企业免费赠送的。造成这些现象的根本原因在于资金投入不足。一费制政策，也限制了公办园和普惠性幼儿园向家长代收费。建议各级政府部门每年能够有专项经费下拨到幼儿园，支持幼儿园信息化建设。

4. 教育部门牵头组织建设幼教资源共享平台。目前，很多幼儿园都建有自己的园本资源库，幼儿园管理人员在保证版权和适当收益的前提下，愿意向社会共享本园资源，也愿意付费购买社会开发的优质资源。为保证信息化经费使用效率、普及优质教学资源、提升区域内幼儿教育整体质量，地市级教育部门应牵头组织建设幼教资源共享平台，制定使用政策，鼓励幼儿园共享园本资源。

五、结论

本次调研显示，广大家长和幼教工作者对幼儿园各方面工作的信息化持积极和欢迎的态度，迫切希望幼儿教育工作实现信息化。但现实是政府对幼儿教育信息化工作重视程度不够，各级各类关于教育信息化的政策、文件对幼儿园信息化建设鲜有谈及，行政部门主导的教育信息化研讨活动、工作会议基本不涉及幼儿园，教育信息化相关的各级专项评估也与幼儿园无关，信息化专项建设经费不包含幼儿园，等等。几乎没有高校、研究院所的专业人士涉足幼儿教育信息化研究。目前，对幼儿教育信息化感兴趣、有投入的是商业机构，看到的是这个巨大的市场。但由于缺乏政策和理论的引领，商业团队更多的是以盈利为目的，开发出的产品普遍缺乏专业性。

因此，幼儿教育信息化程度的提高，首先要有政府的重视，出台有针对性的、符合幼儿教育规律的相关政策，并给予经费上的保障；其次是幼儿教育、信息技术、电化教学、儿童心理学等不同领域的专业人士跨界联合、资源共享，研发适合幼儿教育需要的各类信息系统，提供丰富的、有现实意义和专业价值的产品；再次是提高幼儿教育从业人员的信息化素养，使专业产品更好地用起来，真正服务于幼儿教育。

警惕幼儿园“国学化”现象

——幼儿园传统文化教育方法之初探

深圳市龙岗区坪地街道中心幼儿园　范小兰*

摘　要：近年以来，国家和政府高度重视优秀传统文化教育。作为传统文化的载体，“国学”这个词在学校教育、家庭教育、社会教育中被频频提及，社会各界悄然形成了“国学热”现象。不少幼儿园、学前教育机构在幼儿教育中引入国学内容，建构了以国学为特色的课程模式，甚至出现了所谓的“国学幼儿园”。纵观幼儿园现阶段国学教育，确实存在着一些误区和不良现象。我国有着五千多年的灿烂历史文明，传承中华文化，要从娃娃抓起。从小培养幼儿的文化认同感，建立足够的文化自信，作为幼儿教育工作者，肩负着不可推卸的责任。在文化的传承与发展方面，我们能够做什么，应该做什么，怎样才能立足幼儿实际，基于幼儿的年龄特点和学习特点开展传统文化教育，真正让幼儿体验和感受中国传统文化之美，是我们应该认真研究的问题。

关键词：国学　“国学化”现象　传统文化　幼儿园教育

党的十八大以来，党和国家在中华优秀传统文化的传承和发展方面给予了高度重视。教育部于 2014 年 3 月 26 日发布了《完善中华优秀传统文化教育指导纲要》，文中明确提出“分学段有序推进中华优秀传统文化教育”的要求，对从小学低年级到大学阶段传统文化教育的重点进行了规定。中共中央办公厅、国务院办公厅于 2017 年 1 月 25 日发布《关于实施中华优秀传统文化传承发展工程的意见》，进一步指出“实施中华优秀传统文化传承发展工程”要“贯穿国民教育始终”。作为传统文化的载体，国学在我国数千年的发展历史中，一直传承着中华民族的优秀思想和文化传统。伴随着学校教育、家庭教育、社会教育对文化传承的重视，“国学”这个词也开始频频出现在大众面前，社会各界悄然兴起了“国学热”。幼儿园教育作为基础教育的重要组成部分，在传承与发展中华传统文化上，与学校教育一样具有非常重要的意义，可纵观幼儿园国学教育现状，确实存在着一些误区和不良现象，需要引起我们警惕和思考。

一、幼儿园“国学化”现象的主要表现

当前，许多幼儿园或学前机构都在传统文化教育方面积极开展研究和探索，有的幼儿园在教育教学活动中引入优秀传统文化元素，有的幼儿园尝试建构以民族民间、地方

* 作者简介：范小兰，深圳市龙岗区坪地街道中心幼儿园园长。

文化、传统文化为特色的课程模式，然而，我们也发现有一些幼儿园，打着国学的旗号，在教学环境、教学内容、教学形式方面却与常见的幼儿园大相径庭，呈现出“小学化”和“私塾化”的趋势，在此，姑且统一称之为“国学化”现象。幼儿园“国学化”主要有以下几种表现。

（一）园所环境追求所谓的“国学化”，不符合幼儿身心发展需要

此类幼儿园为了凸显自己的“国学”特色，站在成人的审美角度，追求所谓的古典风、中式风，满墙张贴古人图像、诗词字画。幼儿园的环境色调偏沉闷、暗淡，缺乏童趣，无法体现幼儿的参与、互动，弱化了环境对幼儿创造力和想象力的培养。这种依成人意愿创设环境或单纯为了审美而创设环境的行为，忽视了环境在幼儿学习中的重要作用。

《幼儿园教育指导纲要（试行）》（以下简称《纲要》）和《幼儿园工作规程》（以下简称《规程》）中都把环境视为幼儿园教育资源的一部分，具有极其重要的作用。《规程》指出：“幼儿园应当将环境作为重要的教育资源，合理利用室内外环境，创设开放的、多样的区域活动空间，提供适合幼儿年龄特点的丰富的玩具、操作材料和幼儿读物，支持幼儿自主选择和主动学习，激发幼儿学习的兴趣与探究的愿望。”从这我们可以看出，幼儿园的环境不单是视觉美的需要，更是非常重要的教育资源。幼儿园的一花一草、一树一木，每一块墙面、每一个角落都是十分重要的教育资源。好的环境不单要符合幼儿审美、贴近幼儿生活，更应该体现幼儿参与，实现与幼儿的互动。只有让幼儿主动参与环境的创设，让环境“说话”，才能真正发挥环境的教育作用，让幼儿成为环境的主人。

（二）教学内容全盘“国学化”，难以满足幼儿多元发展需求

部分国学幼儿园，行动必称“国学”，教学内容全盘的“国学化”。曾经在一些国学幼儿园见到，幼儿穿的是汉服，行的是汉礼，上课是读经诵典，散步排队都要吟唱诗词歌赋。为了彰显国学特色，幼儿园甚至编写了国学教材，系统地传授国学内容，《三字经》《千字文》的诵读声琅琅回响在幼儿园里。走进这样的幼儿园，仿佛一下穿越到了古时的私塾。

国学教育并不等于学习内容的全盘国学化。当今社会发展日新月异，社会的发展需要创新型、复合型人才。单一的学习内容、单调的组织形式无法满足幼儿探索学习、多元发展的需要。幼儿园应当充分考虑幼儿年龄特点和发展需要，尽可能多地为幼儿创设丰富多样的教学活动，将健康、语言、社会、科学、艺术等多领域的教育内容，渗透于幼儿一日生活活动，同时，也应尽可能地发掘和利用多方教育资源，多元化学习内容，为幼儿多元发展创造条件。

（三）教学组织形式单一枯燥，扼杀幼儿想象力和创造力

部分幼儿园在教学组织形式上单一枯燥，多采用灌输式教育，通过让幼儿反复诵读、死记硬背来实施教学过程、达成教育目标，以幼儿会背诵多少古诗、经文来吸引眼球，还美其名曰“诵读经典”。为了吸引家长，此类幼儿园往往会采用此类“小学化”的办学模式，幼儿园本应以游戏为主要活动的教育渐渐被“小学化”的学习方式所取

代。幼儿在这样的学习模式下，不但无法欣赏和感受传统文化之美，反而容易产生厌弃心理，更谈不上激发想象力和创造力。

二、“国学化”现象的原因分析

（一）对“国学”的错误解读

在此，我们先来了解一下，何谓“国学”。关于国学的讨论一直未断，近年来更是受到社会各界的广泛关注。综合书本及网络上查阅到的名师大家言论，一般来说，“国学”又称“汉学”或“中国学”，泛指传统的中华文化与学术，涵盖了中国古代历史人文、风俗伦理，以及医学、农学、术数、地理、政治、经济、艺术等诸多方面，从这个层面，我们可以看到“国学”涵盖的内容非常广泛。当前一些幼儿园的所谓“国学”教育，只是局限于读经诵典或礼仪道德教育，未免失之偏颇，存在片面曲解国学之嫌。马一浮先生于1938 年重新给国学下了一个定义，认为国学是“六艺之学”，即诗、书、礼、易、乐、春秋“六经”。刘梦溪先生认为“国学应该以经学和小学为主干，建议小学、中学和大学一二年级开设以‘六经’为主要内容的国学课程”，他还认为“国学和传统文化不是同一概念”，“传统文化是一个极为宽博的范畴。而国学所涉及的，则是对传统文化进行深入的学术研究。简言之，传统文化是文化形态，国学是学问形态”。从这个层面我们可以认为，作为学问形态，国学相对于幼儿年龄阶段来说过于深奥，在幼儿教育阶段谈国学似乎不太适宜，有超纲之嫌。而传统文化作为文化形态，其中不乏与幼儿生活紧密相关、能为幼儿所感知理解喜爱的内容。由此可见，传统文化教育并不等同于国学教育，幼儿园开展传统文化教育并不等于要以国学教育形式去进行。与其在幼儿园教育中提开展国学教育，不如思考怎样在幼儿园有效进行传统文化教育。

（二）缺乏对幼儿学习特点和发展规律的正确认知

幼儿园国学化现象的存在，缘于办学者对幼儿学习特点和发展规律的忽视和不尊重。《3－6 岁儿童学习与发展指南》（以下简称《指南》）中指出，3～6 岁幼儿的学习特点是“直接感知、实际操作和亲身体验”。幼儿认识世界的方式主要来自于各种感官经验的综合，所谓“看过，我可能忘记了；听过，我也许记住了；做过，我终于理解了”。对幼儿来说，只有建立在直接经验基础上的学习才是有意义的学习。单纯的说教、重复的练习效果往往适得其反，只有通过亲身经历、亲自尝试，获得多重感知经验，幼儿才能更好地理解事物，对事物形成相对抽象概括的认识。

《指南》和《纲要》都明确提出幼儿园不得提前教授小学教育内容，不得开展任何违背幼儿身心发展规律的活动，严禁“拔苗助长”式的超前教育和强化训练。国学化幼儿园相对固化的学习内容、简单枯燥的学习模式、灌输式的教学方式明显不符合 3～6 岁幼儿的年龄特点和发展规律，需要引起社会的关注和警惕。

（三）急功急利、盲目跟风的必然结果

当前社会“国学热”的大背景下，家长和社会都高度关注“国学”教育，从而让部分幼儿园的创办者、经营者看到了商机。为了吸引家长眼球争取最快回报、最大化的利益，幼儿园打着“国学幼儿园”的招牌吸引家长。一方面，创办者、经营者对“国

学”缺乏正确的认识，对幼儿“国学教育”缺乏足够的研究；另一方面，幼儿园又急于展现所谓的“国学”特色，最终导致了幼儿园“国学教育”浮于形式、注重效果、教学小学化的现象。

三、幼儿园开展传统文化教育的方法和途径

传承中华文化，要从娃娃抓起。从小培养幼儿的“文化认同感”，建立足够的“文化自信”，作为幼儿教育工作者，肩负着不可推卸的责任。在文化的传承与发展方面，我们能够做什么，应该做什么，怎样才能立足幼儿实际，基于幼儿的年龄特点和学习特点开展传统文化教育，真正让幼儿体验和感受中国传统文化之美，是应该认真研究的问题。

（一）选择适宜的内容，符合幼儿年龄特点和审美需求

我国有着五千多年的灿烂历史文明，文化博大精深，源远流长。在幼儿园开展传统文化教育，首先要在内容的选择上满足以下要求。

1. 科学性。在传播传统文化方面，教师首先要有所扬弃，对文化的内容进行科学的判断，向孩子传播一些正面、积极、健康的内容，对部分内容要学会筛选，存其精华、去其糟粕。宣扬真、善、美的部分，如“孝敬”“仁爱”“诚信”“有礼”等中华传统美德，而对一些封建迷信的内容要予以摈弃，如这几年社会上悄悄冒起的一些“女德班”等，就是在宣传封建糟粕，我们要坚决抵制。其次，我们要遵循幼儿年龄特点和发展规律去选择内容。要选择贴近幼儿生活，容易为幼儿所理解的内容，而一些晦涩难懂、过于深奥的内容则不适合提供给幼儿。

2. 多样性。中华文化博大精深，内容丰富，涉及多个领域多个方面。我们要对幼儿学习的传统文化内容和形态进行基本的梳理和分类，确保给幼儿带来的体验是多样而丰富的。这样才能更好地让幼儿感受中华传统文化之美，激发幼儿对传统文化的兴趣，帮助幼儿产生文化认同感，产生文化自信。如：按地域分有本土文化、地方文化、民族文化、民间文化等；从形态上来分，有物质类、非物质类；按类别分有语言类、文学类、曲艺类、手工类、风俗类等不一而足。

幼儿园学习“传统文化”不是只能学《百家姓》、背《千字文》，我国传统文化中有着大量的优秀内容，如诗歌、民谣、戏剧、民间手工艺、民间游戏、民间民族舞蹈、民乐器乐、茶道、成语、谚语等都可以成为幼儿感受中国传统文化之美的优质媒介。

3. 趣味性。《指南》告诉我们要充分尊重和保护幼儿的好奇心和学习兴趣。在内容的选择上，我们要充分考虑幼儿的年龄特点和发展需要，选择能激发幼儿学习兴趣和探究欲望的学习内容。中华优秀传统文化中不乏充满童趣的精品，能引发幼儿审美共鸣，激发幼儿对传统文化深入探究的兴趣。如京剧《拾玉镯》中的喂鸡片段，整个片段没有一句唱词，但是通过演员一系列形象而生动的表情、动作，与伴奏完美融合，展现了主角起床、赶鸡、喂鸡、数鸡、找鸡、穿针引线、绣花等非常生活化、趣味化的情景，非常适合幼儿欣赏，幼儿在观察、模仿、创编的过程中，感受着京剧独有的艺术魅力，让京剧这个“国粹”从小植入幼儿的审美。又如在陕西渭北民间打击乐基础上编成的纯打击乐《老虎磨牙》，通过大镲、大鼓、打锣、木鱼、拍板等中国传统打击乐

器，运用敲击、抓击、刮奏等多种演奏方法，结合灵活多变的节奏、力度，生动形象地展现了老虎睡觉打呼、下山、找食、磨牙的情景，整篇乐曲极具画面感，老虎的威猛形象展现得活灵活现，宛如就在眼前。这样的曲艺佳作能迅速抓住幼儿的心，让幼儿为之震撼和深受吸引。

（二）采取灵活多变，多种形式相结合的教育方式

在幼儿园开展优秀传统文化教育的方式方法有很多种，我们要避免单一而枯燥的灌输式教育，尽可能地为幼儿提供多种形式相结合的传统文化教育，丰富幼儿的体验与感受。

1. 与主题相结合。现在大多数幼儿园都在开展主题活动，与主题活动相结合开展传统文化教育是非常常见也非常实用的一种方式。其中，可以开展专门的“传统文化”主题活动，也可以将“传统文化”内容作为某个主题活动中的元素开展探究。

《指南》建议要运用幼儿喜闻乐见和能够理解的方式激发幼儿爱家乡、爱祖国的情感。幼儿园可以和孩子一起开展相关主题，如主题“我可爱的家乡”。深圳作为一个移民城市，一个班的孩子可能来自中国的不同省份、不同城市。在这个主题中，教师和孩子们可以交流和分享各自家乡的信息，如家乡风俗、方言、家乡的文化、美食等，幼儿在主题活动开展的过程中感受着不同文化碰撞带来的乐趣。又如大班的“叶子”主题活动，在这个主题活动中，随着孩子的兴趣迁移，教师也在不断丰富环境资源，调整活动方案，为幼儿的探究活动创设条件。随着对叶子用途的深入探究，部分孩子对茶叶产生了兴趣，教师通过组织参观茶溪谷，感受采茶、制茶、泡茶、品茶等活动，让幼儿感受中国的茶文化。为了幼儿能更好地体验，班级活动室和幼儿园户外一角开设了“茶室”，幼儿可以在这里模仿和体验茶道，感受中国茶文化中“宁静怡情”之美。同样“叶子”的主题，一部分幼儿对用棕叶制作的小动物产生了兴趣，教师于是和孩子们一起上网查找制作的基本方法，在班级活动室开设“叶子手工坊”，请来会制作的民间手工艺人或家长驻场指导，孩子在参与制作的过程中，不仅锻炼了动手能力，还体验到了民间手工艺制作的魅力，收获了满满的成就感和自豪感。

2. 与传统节日相结合。中国现有 8 个传统节日以及 24 个节气。传统节日是我们中华民族悠久历史文化的组成部分，是民族或国家历史文化长期积淀凝聚的产物，每个节日的产生都有着特定的历史背景和特别的历史渊源。中国古代的节日，大多和天文、历法以及节气相关。我国的 24 个节气和 8 个传统节日，有着不一样的节日风俗，从这些风俗里，依旧可以清晰感受到古时人们社会生活的影子。幼儿园可以在传统节日和节气来临前，开展一些小型而有趣的节庆活动，探索节日由来，感受民风民俗，体验节庆的快乐。如“元宵节”，班级和幼儿园可以组织制作“元宵”活动，探索和比较“元宵”和“汤圆”的制作异同，“制作花灯”和“猜灯谜”，体验古人元夜赏灯的乐趣；“端午节”可以看龙舟，包粽子；“春分”立蛋、“清明”踏青、“立夏”饯春、“重阳”登高……丰富的节日活动让幼儿的生活充满仪式感。

3. 与游戏活动相结合。幼儿以游戏为基本活动和主要的学习方式，而民间有着大量优秀的传统游戏值得去挖掘和发展。幼儿园可以在活动室以及户外开设民间游戏区域，提供各类民间游戏材料，花钱不多、投入不大，却能让孩子感受不一样的乐趣。幼

儿园还可以定期召开一些民间游戏聚会、民间游戏比赛活动，让幼儿尽情享受游戏带来的乐趣。如翻花绳、抓子、拆房子等游戏，材料简便，可以在室内设置，供幼儿闲暇时玩耍，锻炼幼儿合作能力、手眼协调能力和创造力；滚铁环、跳房子、跳大绳、吹泡泡、玩泥等游戏，可以在户外设置专门的游戏区，供幼儿活动。

幼儿园的传统文化教育绝不是通过上几堂课就完成实施的，作为幼儿教育者，要牢固树立“幼儿园一日生活皆课程”的观念，把传统文化教育与幼儿的一日活动结合起来，根据内容，尝试集体、小组、个别等多种形式的教育活动，满足不同幼儿的发展需要。如利用晨谈或其他集体谈话时间，结合传统节日、节气引导幼儿展开讨论、分享经验；餐前餐后活动时自由结伴玩民间小游戏；休息、等待时间欣赏一些经典的文学、曲艺作品；户外活动中玩一玩民间游戏；等等。让传统文化教育从环境到材料、从教师组织的活动到幼儿自主的活动、从园内到园外……浸润式地存在于幼儿一日生活中。

（三）结合幼儿园实际，充分挖掘和利用传统文化教育资源

幼儿园开展传统文化教育，要善于发掘和整合利用各类资源，充分发挥资源的教育作用，为幼儿传统文化教育提供便利。粗略梳理了一下，幼儿园的资源可以有以下几类。

1. 环境资源。幼儿园要创造丰富的环境，让环境成为教育的有效组成部分。结合主题或其他教育活动，幼儿园可以在室内开设“茶室”“手工坊”“小戏台”等相关活动区角，提供相应的材料供幼儿操作，墙面或室内空间可以收集展示幼儿作品及相关材料，立足儿童视角，打造与幼儿互动的环境。户外环境的打造也要注重实用性，“扎染区”“玩泥区”“美食街”“农家乐”“造纸坊”等带有传统文化特色的户外游戏区域的打造可以满足幼儿更深层次游戏的需要。幼儿园的一草一花、一树一木都是资源，应尽量种植多种类型的植物，藤本、木本、草本，水生、土生，赏花、赏叶、尝果，多年生、一年生……四时不断的鲜花、果蔬能让幼儿在自然的环境中感受季节变化，在种植、观察、统计的过程中，丰富阅历和经验。

2. 教师资源。教师是幼儿园课程的重要实施者、设计者，也是幼儿园教育的重要资源之一。很难想象，一个对传统文化知识不感兴趣，缺乏足够传统文化素养的教师如何去引导幼儿感受传统文化的魅力。幼儿园要注重对教师传统文化知识的培养，通过专家培训、教师教研、传统文化沙龙等活动培养教师的传统文化素养。教师更要主动培养对中华传统文化的兴趣，加强文化素养的自我提升。

3. 家长资源。好的教育一定是幼儿园、家长、社区合力的成果。幼儿园要注重家长资源的挖掘，充分发挥家长特长，鼓励更多的家长参与到幼儿的教育工作中来。对幼儿园来说，庞大的家长群体是非常强大的教育力量，他们不同的阅历、学识和知识经验都是优质的教育资源。幼儿园的家长助教、“爸爸妈妈进课堂”等活动开展得有声有色。民俗活动时，家长来园教孩子们制作客家美食、带着孩子们办庙会、制作民间手工作品等。家长资源的利用，让孩子们的学习变得更加生动和有趣。

4. 社会资源。幼儿园要善于寻找和发掘所在社区、地区、城市的社会资源，让社会资源为幼儿的学习服务。在传统文化教育方面，光有幼儿园、家长的资源还远远不够，一些专业的资源显得尤为重要。在这方面，幼儿园可以组织参观公园、历史文化遗

址、博物馆、文化馆等场所，寻访民间手工艺人、非遗传人或专业人士，让幼儿接受专业的教育。

综上所述，幼儿园开展传统文化教育绝不等同于国学教育，更要警惕教学环境、教学内容、教学形式都呈现小学化倾向的“国学化”现象。幼儿园应结合本园实际，积极探索和发展适宜的传统文化教育课程，从内容和形式入手，不断丰富和挖掘课程资源，为幼儿打开一扇美丽的大门，帮助幼儿感受和发现中华传统文化的美好。

参考文献

[1] 于立新. 现阶段幼儿园国学教育的误区对策探讨 [J]. 教育现代化，2017 (27)：236 - 237.

[2] 李松达. 我国幼儿园传统文化教育存在的问题及解决措施 [J]. 现代交际，2019 (1)：174 - 175.

[3] 白璐. 浅谈传统文化与幼儿园主题活动的巧妙融合 [J]. 学周刊，2019 (14)：152.

面向2035的全纳教育与全民学习

——学前特殊儿童教育干预的亲师合作实践研究

广州市康纳学校（广州儿童孤独症康复研究中心）
王宇霞　伍瑟玑　黄丽樱　陈小欢　冯冠佳　徐三娥*

摘　要：学龄前时期是儿童生理、认知、社会能力、人格发展的关键时期。对学龄前特殊儿童进行适时、科学的教育，有助于使其获得最大程度的缺陷补偿、潜在发展和身心发展。有效的学前康复训练除了科学有效的教育干预方案，充分调动家长的积极性和合作性亦是教育方案有效实施的关键所在。在“携手共进，合作共赢”的亲师合作模式下开展亲师合作，通过与家长实现“共生”“共育”“共情”，共同促进学前特殊儿童的身心发展。

关键词：孤独症　教育干预　亲师合作　家校合作　家长工作

一、亲师合作势在必行

（一）学龄前教育干预是有效康复的关键期

联合国于2016年初启动的《2030年可持续发展议程》强调了特殊儿童重返主流社会的必要性，并应确保他们享有平等的受教育权利。随着全纳教育的不断推进，人们开始认识到学前早期教育对特殊儿童成长和发展的重要性，而特殊儿童早期教育（学前教育）更成为世界各国儿童发展的研究热点。

学前期是儿童的关键期，是儿童生理、认知等能力发展的重要时期，如果及时对特殊儿童施以恰当的教育有助于其获得最大程度的缺陷补偿、潜力发挥和身心发展①（张丽莉，2010）。魏明香等人进行了教育与康复对学龄前期脑瘫儿童认知能力的影响效果分析，综合教育和康复两种手段的训练能够显著改善其认知能力②。而众多的研究证明，教育与康复相结合的模式对于特殊儿童的全面的发展具有重要意义，尤其是对学前

---

* 第一作者简介：王宇霞，广州市康纳学校（广州儿童孤独症康复研究中心），康复与评估部部长，中级职称。

① 张丽莉. 关注学前特殊需要儿童 发展学前特殊教育事业［J］. 现代特殊教育，2010（12）：12-14.

② 魏明香，张翠闽，邹国香，等. 教育康复对学龄前期脑瘫儿童认知能力的影响效果分析［J］. 中国伤残医学，2013，21（8）：49-51.

阶段的特殊儿童来说，及早的教育康复能使其在很多方面都能获得最大程度的发展。

（二）有效的学前康复需家校通力协作

有效的学前康复训练除了科学有效的教育干预方案，充分调动家长的积极性和合作性亦是教育方案有效实施的关键所在。特殊儿童家长作为特殊教育中的重要人力资源，在特殊儿童的评估、安置、教育训练等方面起着不可替代的作用，他们的参与是学校教育教学工作中重要的一环①。

Christenson（2010）和 Schultz（2016）在对孤独症儿童和患有注意力缺陷障碍的儿童的融合教育研究中发现，当家校之间存在高质量的互动时，对于教师、特殊学生及家长三方都获益匪浅，甚至对于特殊学生更能产生 1 +1 >2 的效果②——显著提高学生的适应性行为水平和学业表现，减少行为问题的出现③并有效减少师生之间的冲突事件④，亦能促进特殊儿童心理的健康发展⑤。

在特殊儿童康复教育过程中，家长作为康复的中坚力量，为特殊儿童的成长提供长期稳定的支持。在“携手共进，合作共赢”的模式下开展亲师合作，通过与家长实现“共生”“共育”“共情”，才能共同促进学前特殊儿童的身心发展，共同打响这场与孤独症的持久攻坚战！

二、“携手共进，合作共赢”模式

（一）共生（沟通）

我国家校合作的主要途径还是上下学沟通、家长会等传统模式。而这种模式下的“家校合作”，家长主要停留在被动接收老师的反馈、意见，这种形式上的参与属于低层次参与，并未真正参与到儿童的教育活动中。

而家长不仅仅是儿童的监护者，更承担着保护其人身安全、抚养等多种监护责任，

---

① 林云强，张福娟，聂影．美国特殊教育立法中的家长参与［J］．中国特殊教育，2010（5）：47 –51.

② SCHULTZ T R，ABLE H，SRECKOVIC M A，et al. Parent-teacher collaboration：teacher perceptions of what is needed to support students with ASD in the inclusive classroom［J］. Education and Training in Autism and Developmental Disabilities，2016，51（4）：344 –354.

③ BLAIR K S C，LEE I S，CHO S J，et al. Positive behavior support through family-school collaboration for young children with autism［J］. Topics in Early Childhood Special Education，2011，31（1）：22 –36.

④ GWERNAN-JONES R，MOORE D A，GARSIDE R，et al. ADHD，parent perspectives and parent-teacher relationships：grounds for conflict［J］. British Journal of Special Education，2015，42（3）：279 –300.

⑤ 周春英，马月丽，丁雅芬．浅析“家校合作”在特殊儿童心理教育中的价值及策略：以学校第二课堂教育模式机制为视角［J］．山西师范大学学报（自然科学版），2014，28（S2）：145 –146，164.

更是其教育权利的维护者。家长拥有对儿童教育的知情权、选择权、决策权和监督权。[①] 家长有权知晓、监督学校给特殊儿童提供的各项教育活动和教育服务，并对实施结果进行审核和认定。故而我们采取了以下五种形式开展“共生”为主的沟通模式。

1. 以微信群为基本活动单位，通过构建班级微信群将班级教师（班主任、配班老师、小组课教师）、家长、督导置于其中，构建6大模块的沟通内容。

（1）班级信息发布：班级教师通过微信群发布家庭作业、班级日常信息、学校重大活动、班级和学校相关的活动和培训等信息。此举有助于家长了解、掌握相关的活动动态，并以“备忘录”的形式再次提醒家长参与重要活动；家长及时接收作业，有效督促学生完成学校下达的学习任务。

（2）信息实时反馈：利用微信多样化的信息传达渠道，运用照片、视频、语音、文档等载体，将学校及学生的各类信息进行可视化表达，实时更新群信息和相关学习、工作动态，实现家长与教师之间的及时信息传递。另外对于孩子的教育问题，其中普遍存在的问题可以统一点评与指导，而对个别问题亦可及时进行一对一指导，实现多元化、多渠道的教学指导。

（3）学习资源共享：微信的跨平台接口功能，让我们可以将相关资源及时地发布于微信群中，无论是学习链接、电子书籍、教学示范视频，都可以让家长在手机和电脑上实时学习和浏览。便捷化、多元形式的学习渠道进一步提升了家长对学习的参与度，促进了学习资源的有效利用，亦可提升家长的教育水平。

（4）开展讨论：微信的文字、即时语音、群语音、微视频功能打破了空间和时间的限制，使处在不同地点、不同状态的家长和老师们，只要发起相应的群功能，即可实时对孩子的教育问题进行讨论，不再局限于在校的8个小时，不再局限于学校的表现，畅所欲言、实时录像、即时点评，使教师的教学指导更具实效性和准确性。有效的沟通，使家长对儿童教育的关注度及参与度得到了极大地提高，亲师之间建立良好的沟通渠道，互通有无，实现教育范围及内容的扩大化。

（5）教育教学指导：利用微信的实时交流平台，教师可更准确地针对儿童在家或在学校发生的教学事件进行教育教学指导；针对当前班级学生和家长教育的现状，我们可以分享相关的教学经验、专业知识等内容，从而构建教育社区。

（6）学校生活展示：通过图片、文字和视频的融合，教师利用镜头和文字来捕捉和记录在校学生的精彩时刻、关键时刻、关键学习节点和优秀行为。在班级微信群互动平台上发布成功的教学尝试、生活中的有趣时刻、小伙伴之间的精彩互动以及表演活动等信息，实现家长与老师之间的即时沟通。通过互动，家长和老师成为孩子成长的“见证人”。这些可视化的信息传达，不仅及时有效，而且更精准地记录了儿童的行为，既激发了家长的阅读兴趣，给家长留下了深刻的记忆，又有助于家长更准确客观地掌握儿童的学习进展。

---

① 刘小蕊，庞丽娟，沙莉．尊重家长权利，促进家长参与：来自美国学前教育法的启示［J］．学前教育研究，2008（3）：3－8.

2. 组建学校、学部 QQ 群，构建家校沟通平台，加强家校合作强度。

（1）社工通过组建家校 QQ 群，及时发布学校、学部的重大活动通知，便于家长根据时间及时调整工作安排，积极参与相关活动。

（2）公布康复资助[①]申请日程安排，讲解相应工作流程，减少家长对业务办理的困惑，大幅缩减家长因申请而需多处奔波的时间精力，提高了康复资助申报的工作效率。

（3）根据部门行事历安排，实时发布放假安排、停课安排，有利于家长合理安排假期时间。

（4）每月下旬，及时更新保教费缴纳通知，有效减少因保教费未成功扣费而影响学校正常运行的事件发生。

3. 公告栏。

（1）通过张贴儿童常见传染性疾病防治知识的宣传资料，普及儿童卫生保健知识及加强卫生意识。

（2）张贴相关放假通知、培训通知，实现相关教务信息的有效传递。

（3）公布大拇指班级名单，表彰荣誉班级，激励后进班级努力，提升班级集体荣誉感，加强班级凝聚力。

4. 家长会。班主任于每一学期的开学初、学期末定期召开班级家长会，就本学期或下学期班级人员（教师、学生）变动情况做通告，介绍学期教学计划、课程设置，就学生各方面学习进展做总结与教学设想；与家长交流信息，统一思想，达成教育一致性。

5. 个别化教育计划（IEP）讨论会。由专业督导对儿童的现有能力进行评估（如孤独症儿童心理教育量表 PEP－3、孤独症诊断观察量表 ADOS、感觉讯息处理及自我调节功能检核表 SPSRC），协同班级教师于不同教学情境中对儿童的行为表现进行观察记录，对学生的喜好、行为表现、能力现状相关信息进行统整分析，形成每个孩子特有的个别化教育计划。每一份儿童的个别化教育计划包含孩子的行为与学习技能、独立工作和游戏技能、语言沟通与认知技能、社交技能、自理技能以及感觉讯息处理方面的学习板块。

定期召开 IEP 讨论会，由班级教师（班主任、配班老师、小组课教师）、家长、督导参会，就儿童的个别化教育计划内容进行说明与研讨，家长可进一步了解各方人士对儿童发展的预订教育目标、教育内容与教育建议，并基于自己的教育期望提出意见和建议。通过研讨，家长可以明确家庭教育的任务，确定自身在儿童的康复教育过程中的角色和作用，以便更好地开展家居训练及配合教师进行有效的教学。

（二）共育

1. 家长培训、考核。家长的教育技能决定了家庭教育的成效，因此通过对家长进行相关康复技能的培训，提升其教学能力及教养水平，有助于更好地实现教学目标及促进儿童的身心发展。

---

① 康复资助指公共财政对残疾人进行康复活动的个人补贴和通过政府购买服务形式对社会组织的补助。

2. 家居作业、家园联系册。每周定期布置家居作业，将儿童短期学习目标通过工作分析细化为具体的行为目标，督促家长在家中积极进行家居训练，将学校所教的知识技能在家中进一步训练及泛化，提高儿童的技能水平。在家园联系册中，班级老师及时将儿童一周在校表现进行总结及点评，与家长间实现互通。

3. 家长工作坊（经验型家长分享）。通过邀请有优秀融合、康复经验的家长进行经验分享，为处于弱势的家长带来希望；树立榜样，重建父母的信心和力量。

4. 家长开放日（康复教育）。每个月，学校都会为家长设立开放日，让家长在儿童教室听教师讲课，了解教师课堂活动的内容和实施方法，真正了解儿童在活动中的表现。这有助于家长发现孩子的优缺点，客观、公正地评价孩子，有针对性地进行教育。结合开放日后教师与家长之间进行的研讨会，家长通过反思儿童的学习表现，可提高其对家庭教育、学校教育及家校合作的重要性的认识，学习正确的教育方法，创设良好的家庭教育环境，提高家长科学教育儿童的素质与水平。而这种开放日的形式，进一步地加深了亲师之间的紧密联系与沟通，推动家园共育，达成合作同盟，形成教育共识。

（三）共情

1. 康复资助。鉴于康复费用占据家庭较大资金比重的情况，积极为符合申领国家康复资助的持证儿童家庭办理相关的申报业务，减轻其家庭投入，缓解因康复费用导致的生活压力。

2. 家长工作坊（心理健康）。面对部分儿童康复进展未达到期望、进展缓慢，融合之路漫长的事实，家长不可避免地存在身心压力，甚至长期伴有焦虑、抑郁、无力感等心理亚健康状况。对家长心理健康的团体辅导可以调节家长的抑郁和紧张情绪，提高家长的心理素质，指导家长学习缓解压力的有效方法，让家长学会如何处理家庭危机问题，以帮助其适当地减轻养育特殊幼儿的压力。此外，通过家长工作坊的形式，为家长提供缓解压力、调适心态的机会，正确看待及真心接纳儿童的现状，理性面对困难，增加心理韧性。

3. 活动嘉年华及亲子活动。通过组织各种嘉年华、节日游乐园、亲子乐等活动，家长与孩子、家庭与家庭、家长与家长，甚至教师与家长，共同参与，增进合作，产生更多共鸣。活动中不仅提升儿童的社会交往能力，亲子关系亦得到了修复与升华；家长对学校、教师产生更多的认同感，更愿意配合、参与学校的各项活动，提高了对校园活动的参与度与积极性，进一步拉近了亲师之间的沟通距离，推动亲师合作顺利前行。

三、成效与反思

（一）充实的合作生活与硕果

1. 专业的家长培训。为促进家长的康复教育水平和家居训练技巧的提高，对每期受训儿童家长都进行了系统、专业化的培训学习，培训主题涵盖孤独症概述、应用行为分析相关基础知识、训练流程及注意事项、社交沟通、游戏技巧、家居训练等22个主题（见表1）。除了专业的理论及实操培训外，期末定期举行家长理论考核与实操考核，敦促家长学以致用，真正地掌握及正确运用恰当的教学技巧对儿童进行科学的康复训练。

表 1　2012—2018 年广州市康纳学校康复与评估部家长培训情况

主题	频次/次	参与人数/人
孤独症概述、应用行为分析法（ABA）基础知识	14	127
亲子班训练流程及注意事项	13	120
DTT 回合式教学法	31	288
结构化教学法	8	70
辅助	5	70
泛化及强化物	10	103
行为管理	20	350
视觉策略	2	38
社交沟通与互动	7	211
PECS 图片交换沟通系统	5	84
游戏技巧	8	144
感觉信息处理	11	307
自理与家居训练	6	142
个人工作	2	51
融合教育	5	111
社会支持	3	38
社区适应	3	16
学前儿童心理发展	1	9
PRT 关键性技能训练	1	3
体能训练	1	6
训练目标的选择及分解	1	48
癫痫发作的处理	1	80

专业化的培训使家长的实操技巧和康复训练理论知识都得到了大幅的提升，从入学初的懵懵懂懂，孩子一哭就打骂、一滚地就赶紧给零食玩具，到学期末能从容应对儿童的行为问题，生活中积极关注儿童，形成了融洽的亲子关系、良好的教养氛围。

2. 丰富的家长工作坊与多姿多彩的亲子活动。漫长的教育干预之路，日积月累的育儿焦虑，犹如在漫天黄沙的茫茫沙漠中前行；教养、生活的重担压在孤独症儿童父母的身上，负能量宛如一座大山，负重前行，心酸无助，难免会控制不住自己的情绪向孩子发脾气，造成亲子关系的紧张和恶化。为了释放家长心中积压的负面能量、减轻其心中的重担，学部的社工设计大量的家长工作坊、亲子活动等项目，邀请家长积极参与（见表 2）。

表 2　2016—2019 年广州市康纳学校康复与评估部家长工作坊及亲子活动概况

时间	主题	类型	参与对象
2016. 5. 30	长隆水上乐园活动	儿童节主题活动	学前全体师生、家长
2016. 7. 6	毕业季节，暑假起航	散学典礼暨毕业典礼	学前全体师生、家长
2016. 12. 30	辞旧迎新，快乐相伴	迎新年主题活动	学前全体师生、家长
2017. 7. 4	毕业季节，暑假起航	散学典礼暨毕业典礼	学前全体师生、家长
2017. 12. 12	情暖冬日，相知有爱（一）	家长工作坊	学前家长
2017. 12. 19	情暖冬日，相知有爱（二）	家长工作坊	学前家长
2017. 12. 29	辞旧迎新，快乐相伴	迎新年主题活动	学前全体师生、家长
2018. 4. 12	花开一季，明媚如你	家长工作坊	学前家长
2018. 6. 20	任己任心不任性	家长工作坊	学前家长
2018. 7. 11	今朝毕业季，他日再相聚	散学典礼暨毕业典礼	学前全体师生、家长
2018. 9. 6	家长的社会支持资源初探	新生家长工作坊	学前新生家长
2018. 9. 21	迎中秋，庆国庆	主题活动（与教务部社工合作完成）	全校师生
2018. 10. 29	金秋十月，快乐校园行	主题游园	学前全体师生、家长
2018. 11. 15	家长互助交流会	家长工作坊	学前家长
2018. 12. 29	辞旧迎新，快乐相伴	迎新年庆元旦活动	学前全体师生、家长
2019. 4. 29	在别人的故事里，找到向上的力量	家长工作坊	学前家长

3 年间的 16 场活动，宛如沙漠中的绿洲，漫长旅途上的加油站，让家长们加满正能量和勇气，在面临特殊的教养危机、生活困境时能再次鼓起勇气继续前行。

3. 喜人的硕果，激励前行。随着全纳教育的不断推进，政府、教育部门和社会都鼓励与接纳学前特殊儿童随班就读，然而高质量的融合教育需要儿童自身具备一定的融合能力与社会性适应能力。得益于亲师间密切与融洽的合作关系，2014—2018 年陆续有多名儿童通过长期的康复训练和亲师共同合作，各方面的基础能力得到了较大的提升，达到了可外出融合的能力要求，分别于广州市各区的公办、民办幼儿园中顺利融合，亦顺利升入普通小学就读（见表 3）。

表 3　2014—2018 年广州市康纳学校康复与评估部儿童外出融合情况

年份	入读普通幼儿园人数/人	入读普通小学人数/人	总融合人数/人
2014	4	1	5
2015	16	4	20
2016	6	2	8
2017	19	5	24
2018	18	1	19

（二）反思

1. 提供更多的支持服务，帮助弱势家庭。家长间的相互支持既有利于信息资源的传递交流，亦可帮助家长建设良好的心理状态。而小团体的服务模式有利于家长建立积极身份认同感。通过家长工作坊的形式，开展经验分享、心理健康团体辅导项目，可以帮助家长在孤身奋战中找到组织，增加对集体的认同感，与“战友”们找到共鸣。这种支持模式可以帮助家长发现自己在教育方面的潜力，树立榜样，鼓励家长努力向前，更加积极地参与孩子的教育活动，进一步促进家校合作的发展。

而仅仅是家校的亲师合作并不足以满足家长们对社会支持的需求，社会也需要为孩子们的融合与教育做出贡献。家庭、学校和社会的三方合作有利于社会了解特殊儿童及其家庭所需，进而为特殊儿童提供更多适宜的服务。学校可联系社会各界及热心团体，与社区等组织积极合作，进一步扩大融合对象的范围和数量，增加合作过程中的人力、物力、财力和社会宣传度，为弱势家庭提供更多的服务，帮助他们从弱势中提高地位与减轻压力，推动家校合作的持续发展。

2. 加大培训力度，提升合作素养。良好的合作关系需要建立起协作、信任的关系，且相互尊重是其中必要的因素。而这种尊重不仅体现对彼此人格、生活习惯的尊重，更重要的是专业化的知识引领合作。在以后的亲师培训中，需渗透以下内容。

（1）正确的合作理念。帮助家长和教师（亲师与家校）建立平等、信任、尊重的关系，强调亲师合作的重要性，引起家长和教师对亲师合作的充分重视。朝向一致目标的互惠性沟通促使教师和家长之间建立信任，在遇到问题的时候能够发挥各自的知识和能力，采取合作而非竞争的方式解决儿童在学习上遇到的阻碍与瓶颈。

（2）正确的合作方法。保证合作关系得以可持续发展、健康地维持。

（3）积极正向的引导。在亲师沟通过程中，有些家长由于对孩子的过度关注、不科学的相关言论，给班级老师及其他家长的教育理念造成了负面影响，亦影响了班集体的和谐与团结、凝聚。故而在亲师沟通的过程中，需运用积极正向的沟通表达，引导家长发现孩子的优势所在，关注教育的长期效果。对于消极事件，要扭转消极认知，安抚情绪，澄清事实，选择适当的、正向积极的信息作为沟通内容。

在亲师沟通中，运用积极正向的信息传递方式，传递积极的行为目标和具体教育方法，增强家长、教师、学校之间的积极体验、积极情绪、积极认知，提升亲师之间的合作融洽度，带动亲师之间更多的积极合作。

3．组建特殊儿童家庭组织。特殊儿童家庭组织的主要职能是为特殊儿童家庭提供社会支持。学校可联系社区，与社区合作，依据学生障碍、能力类型形成不同的家庭组织，如沙龙、互助小组等，并通过全面的指导、培训和物资、资源等方面的支持，使心有所归属，相互支持、相互学习、相互扶持，丰富家长参与的资源，而不是仅仅依靠学校的力量，从而形成更自然、更宽广、更专业、更全面的支持网络系统。

STEM 教育理念与小学科学教学的整合探析

东莞市寮步镇西溪小学　李定宇*

摘　要：STEM 教育凭借自主、科学、跨学科整合受到人们的关注。将 STEM 教育理念合理整合进小学科学课中，能够实现优势互补。这种合理的整合有利于探索出小学科学教学的有效方法，提升科学教学的效果，提高学生的动手能力和创新能力，培养学生的科学素养，为学生日后的学习发展奠定扎实基础。

关键词：STEM 教育　小学科学　整合

一、引言

STEM 教育兴起于美国，从提出到现在，在各个国家和地区引起强烈反响。2017 年我国教育部印发的《义务教育小学科学课程标准》中，修改了旧课程标准的内容，倡导跨学科学习方式。在 STEM 教育背景下，针对小学科学课程教学的探索和分析为 STEM 教育理念与小学科学教学的整合提供了一个视角。如何有效地整合，如何结合本校特点实施，如何达到培养学生科学素养的目的，这些都充满了挑战，且 STEM 教育与现有课程存在较大差异，因此，STEM 教育理念与小学科学教学的整合需要进一步探析。

二、STEM 教育与小学科学

（一）STEM 教育

STEM 逐个字母解释分别为科学（science）、技术（technology）、工程（engineering）、数学（mathematics）。STEM 教育以建构主义和认知科学为基础，以问题为导向，以项目为核心，通过两个或两个以上学科的学习，获取相关联的科学概念或技能，并通过实践检验方案的合理性，最后对学习结果进行多元评价，是一种理工科思维教育①。从 CNKI、维普和万方等数据库检索关于 STEM 教育的论文，有人认为 STEM 教育就是四门课程的简单综合，有人认为 STEM 教育是一种跨多学科的教学方式，主要强调学科间的整合。目前 STEM 教育的概念还在不断被深化，本文所研究的 STEM 教育理念指在 STEM 教育素养和理论的指导下，以学科整合的方式进行的动态教学，S－科学注重原

---

* 作者简介：李定宇，东莞市寮步镇西溪小学教师发展中心助理，科学教师。

① 陈莹．小学科学探究活动整合技术与工程活动的实践研究［J］．教育现代化，2018（2）：210－211，226.

理与机理，T－技术注重方法与技巧，E－工程注重设计与制作，M－数学注重分析与推理。

（二）新课标、新教材下的小学科学

小学科学是一门基础性、实践性、综合性课程。小学科学课程的设计从学生身边的现象出发，由发现现象到通过学习认清事物发展的规律，在内容上包含物质科学、生命科学、地球与宇宙科学、技术与工程四个领域①。2017 年 2 月，教育部发布了关于印发《义务教育小学科学课程标准》的通知，对教学活动给出明确的建议：动手动脑做科学，开展探究式学习，突出学生的主体地位②。科学探索的过程：提出问题和假设、寻找变量、控制变量、进行实验、得出规律并验证，为整合提供了思路。新版的粤教科技版教材做了很大的改动，例如二年级上册《科学》新教材内容由四部分组成，分别是"身边的植物""小车动起来了""磁铁玩具""白天与黑夜"。新版的教材体现了建构主义、"做中学"、项目化、综合性这些特点。实践和参与是 STEM 教育最为突出的特点，强调了教师的主导作用与学生的主体地位，这与新课标要求、新教材编写思路有共鸣。

（三）STEM 教育与科学的整合

对于科学教学来说，其目的在于探寻、认知世界。对于技术来说，获得更为先进的知识可以提高人们的生活水平，可以提高人们对科学的认识度，目的在于创造。科学以提供知识、学问为基础，而技术以提供方法、技能为手段，它们之间相辅相成，共同致力于科技创新与发展③。对于工程来说，科学与工程之间相互依存、相互影响，科学知识是人们认识世界的体现，而工程则是科学知识得以体现的成果应用；同时工程活动的建立和实施依靠科学的知识和原理作为理论支撑④。科学在于认识世界，而工程则是在认识世界的基础上，通过科学规律和原理进而设计。对于数学来说，科学与数学之间一直是密切联系的，科学为数学的推理论证建立模型，而数学的语言符号则为科学带来了简洁性与严谨性，是科学探究的逻辑推理工具之一，为科学的发展提供了强有力的支柱⑤。

三、整合需要处理的问题

（一）STEM 课程与小学科学课程之间关系

STEM 课程是利用 STEM 教育模式打造的课程，我国目前将 STEM 课程更多称为 STEAM 教育课程，是由 STEM 教育发展而来，加入艺术（art），注重造型和美观。有的教师试图将小学科学与 STEM（STEAM）课程画上等号，我觉得不合理，根据课程标准、知识模块、学时要求等设计，重点不够突出，实施过程难以实现。STEM 教育课程打造跨学科整合设计的项目，更突出培养综合素质、解决问题的能力，不一定完全符合单学科培养要求。但是科学可以借鉴这种教育理念进行教学设计，加强学科间的联动。

①② 孙燕．STEM 教育在小学科学课程中的融合［J］．教育科学论坛，2018（32）：39－42.

③④⑤ 苏乐．STEAM 视角下的小学《科学》教学设计研究［D］．曲阜：曲阜师范大学，2017.

站在这个角度上，STEM教育、“STEM+教育”、STEAM教育等一系列课程思想本质是一致的。借鉴STEM教育理念不能强求，不能强硬按照美国STEM课程的标准去设计，应该有所侧重，例如科学课可以结合语文的语言表达和写作、美术的审美和绘图能力，但是这些部分的设计是为了更好地解释科学现象，解决科学问题。

（二）STEM教育的定位与课程标准的制定

STEM教育标准不能与《义务教育小学科学课程标准》对等。STEM教育发展的一系列课程一般作为拓展型课程或选修课程，比如社团课、第二课堂、校本化拓展课、创客课。目前就2017年中国教育科学研究院发布的《中国STEM教育白皮书》，从多方面描述了STEM教育，但是没有细化的设计方法、评价方案来衡量课程，因此不能直接把美国那些案例拿来作为课例，但是我们可以学习结构，回炉重造，校本化进行设计。

四、STEM教育与小学科学整合的策略

（一）利用5E教学方法设计小学科学课程

STEM与小学科学的整合，使学生经历从个体事物到规律性总结的过程。利用5E教学模式（见图1），由引入（engagement）、探索（exploration）、解释（explanation）、延伸（elaboration）和评估（evaluation）5个阶段构成，进行科学课例的设计①。

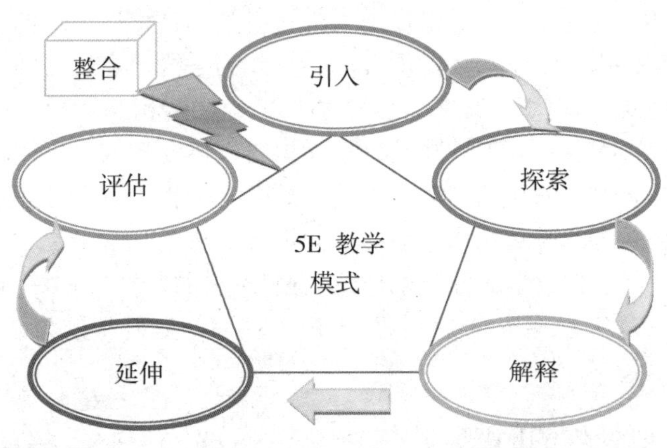

图1　5E教学模式

1. 引入。这一阶段的活动设计用于吸引学生的注意力，激发他们的思考，帮助学生获取记忆中的已有知识。对于小学科学，针对建立小学科学的科学概念，在设计引入时还应当有所侧重。由教师或学生提出一个现实世界的问题，然后学生开展头脑风暴产生可能性方案或构建对问题的解释。

2. 探索。这一阶段主要给学生时间去思考、设计、实验、讨论和组织收集到的信息。学生可以通过探索建立起科学、技术、工程、数学和其他学科之间的联系，也是科学课的主要环节。

---

① 陈晓. 基于STEM教育视角的小学科学课例分析［J］. 基础教育研究，2017（13）：69－70.

3. 解释。这一阶段学生将对他们的探索进行分析和解释。例如学生分析、解释测量的数据；讨论、沟通、理解可能性方案；恰当地运用技术手段分析和交流。这个阶段主要生成实验方案，将探究结果记录下来并讨论修改。

4. 延伸。教师引导学生进行展示，归纳总结学生的作品，再次优化修改制作最终的方案和模型。这一阶段的设计扩大和巩固学生对概念、模型的理解，深度学习科学核心概念。

5. 评估。教师利用 STEM 教育整合科学课程设计的评估标准是学生需要知道什么科学概念和需要做什么方向的探索。在评估中，学生参与评价，通过评价的过程来展示对方案、模型的理解，提升了学生的科学素养深度。

例如我执教的“运动和力”是小学科学四年级下册第三单元的内容，结合 STEM 的教育理念，在学习了运动方式的知识基础上，以“让小车动起来”为创设情境，提供橡皮筋、气球、塑料膜等材料，激发学生的设计制作兴趣。课程分为设计方案和制作模型两个活动来进行。从认知水平来看，学生对生活中的汽车缺少深入的认识，对其细节不够了解。从设计能力方面看，学生能够画出简图，并能运用科学知识，整合数学的成本核算，选择材料制作可驱动的小车。在测试阶段，通过测量记录橡皮筋长度、风帆大小等方式来评估和优化小车，然后小组讨论设计小车的不足和改进方案。

（二）有效整合的策略分析

有效整合的策略分析见图 2。

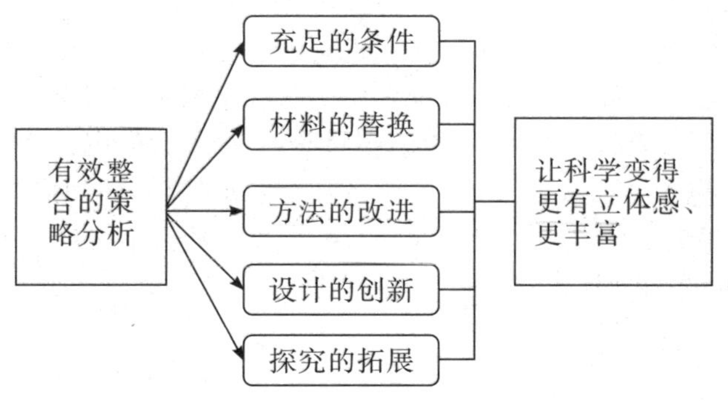

图 2　有效整合的策略分析

1. 充足的条件。STEM 教育理念整合科学课程需要重视科学教育，提高科学教师的专业能力，要求教师要重新设计教学细节，贴近实际生活，提高实验的易操作性。利用学校活动，发掘地方资源，及时辅助进行课程设计，例如学校相对欠缺技术、工程这两个模块的资源，可以和周边企业、学校一起合作开发。STEM 教育理念跨学科、综合性很强，需要各学科的知识扎实，才能融会贯通使用，达到说明、设计的要求。经相关调查发现，小学生还不能解决有一定难度的实际工程问题，但这一阶段的学生已具备较强的学习能力。基础很重要，需要教师具体问题具体分析、引导，去弥补学生欠缺的部分知识。

2. 材料的替换。实验材料的开发与利用并不是只局限于实验室的专业仪器，教师

应该尽量让学生自行发现身边可以替代实验仪器的生活材料。例如实验室的烧杯用家里的玻璃杯代替，玻璃棒用筷子代替。

3. 方法的改进。在探究“影响铁生锈的原因”时，需要控制变量来进行探究，需要创设真空、空气、纯净水的空间观察铁钉生锈。依据 STEM 教育理念进行实验的重新设计，“铁为什么会生锈，怎样防止铁生锈?”引导学生呈现出变化规律的几组对比试验，比如密封的凉开水里、食用油里、空气里、一半在水中一半在空气中等，这样设计的实验丰富了内容，实验现象容易观察，更适合学生进行探究，分析的因素更多，最终还可以找到一些防止铁生锈的方法。

4. 设计的创新。我校的“全人课程”教学模式鼓励学生全面发展，开展这种跨学科的教育是一种检验与提升。科学的“现象教学”方法与 STEM 教育有些地方有异曲同工之妙，教学方法凝练出三种基本课型：问题—探究—发现规律，问题—设计—创造作品，问题—探究—发现规律—创造作品。其中后两种课型指向 STEM 教育，深度学习。例如一年级的“纸的吸水性”设计为“制作纸水杯”；二年级的“枫树与竹叶”设计为“这是谁的叶子”；三年级的“蚕宝宝变样了”设计为“蚕宝宝生长记”；四年级的“控制灯泡的亮与灭”设计为“给电路装开关”；五年级的“水去哪里了”设计为“怎样让衣服快速干”；六年级的“呼吸”设计为“你的肺活量有多大”……

5. 探究的拓展。以“水果电池”为例，作为科学课中的经典实验，大多数教学停留在学生知道水果可以作为电池来点亮发光二极管，之后并没有进行深入的思考，学生只是完成了按部就班的操作，知识掌握不牢固，更不会灵活应用，因此可以设计一些问题深度自主进一步探究，依托 STEM 教育理念发布小项目“制作一个电量很足的‘水果电池’”可以往这几方面引导：①两极选用哪两种金属电流最大（铜、铁、铝……）；②电流的大小与金属片宽度的关系；③选用哪种水果汁液的电流最大（苹果、梨、番茄、西瓜、土豆、橙子、葡萄……）；④什么温度下水果汁液产生的电流最大。通过对“水果电池”的再思考、再探究，学生可以深刻地意识到类似的实验除了可以模仿制作，还可以在此基础上进行更多维度的挖掘和探究，让科学变得更有立体感、更丰富。

五、结语

STEM 教育理念与小学科学教学的整合，回归到了科学教育探索和发现世界的本质，引领学生探索世界，提升设计能力、解决问题的能力、创新的能力，让科学探究、科学实践真正地发生。将 STEM 教育思想合理渗透进小学科学课中，有效促进两者的整合，能够实现优势互补，有助于提升学生的科学素养，有助于提高小学科学教学质量，对培养全面发展型人才具有促进作用。

在小学思政课中培育学生健康手机媒介素养的探索

清远市连山壮族瑶族自治县禾洞镇中心学校　黎福艳　林召宇*

摘　要：当前乃至未来相当长一段时期，手机媒介素养教育，是全媒体信息素养下及立德树人背景下的一个热门议题。本文试从小学生使用手机的泛滥，说明开展手机媒介素养教育的紧迫性，尝试从手机媒介素养的内涵、教育内容、培养路径等三个方面进行探索，通过笔者的相关研究和实践案例，对小学生手机媒介素养教育进行较深入探析，以期更好地为小学生健康成长和学校开展的德育提供助力。

关键词：小学生　手机媒介素养　教育

根据中国互联网络信息中心（CNNIC）发布第43次《中国互联网络发展状况统计报告》显示，截至2018年12月，我国网民规模为8.29亿，互联网普及率达59.6%，其中手机网民占比达98.6%。图1为网民规模和互联网普及率。图2为手机网民规模及其占网民比例。①

同时，中国少先队事业发展中心发布的《第八次中国未成年人互联网运用状况调查报告》显示：在对7 736名学生的互联网使用状况的实地调查中，有56.4%的未成年人首次上网年龄在10岁以前，超过3/4的未成年人拥有自己的手机，其中六成以上每天用手机上网一次以上。长期以来，各中小学多用“堵”的方法对付中小学生们使用手机，却屡禁不止。同时，手机媒体传播内容良莠不齐、鱼龙混杂。其不良广告、暴力、色情等媒介内容，更容易对小学生们产生负面的影响，不利于他们的健康成长。随着智能手机进入人们的生活，用眼过度导致的眼部疾病不断增加，视力下降、近视率上升也和电脑的普及以及智能手机走进小学生的生活有很大关系。

为此，习近平总书记在2019年3月18日主持召开学校思想政治理论课教师座谈会时强调，思想政治理论课是落实立德树人根本任务的关键课程。青少年阶段就是人生的“拔节孕穗期”，最需要精心引导和栽培。

在全媒体时代，思政课要落实立德树人的根本任务，就要与时俱进。小学生普遍喜

* 第一作者简介：黎福艳，广东省清远市连山壮族瑶族自治县禾洞镇中心学校，小学语文一级教师（小学道德与法治科任教师）。

① 国家图书馆研究院．中国互联网络信息中心发布第43次《中国互联网络发展状况统计报告》[J]．国家图书馆学刊，2019（2）：13.

欢玩手机，我们的思政教育就要在那里，引导他们用社会主义核心价值观武装自己，帮助他们树立良好的道德行为习惯和法治意识。因此，加强小学生手机媒介素养教育就成为我们面临的一项紧迫课题。

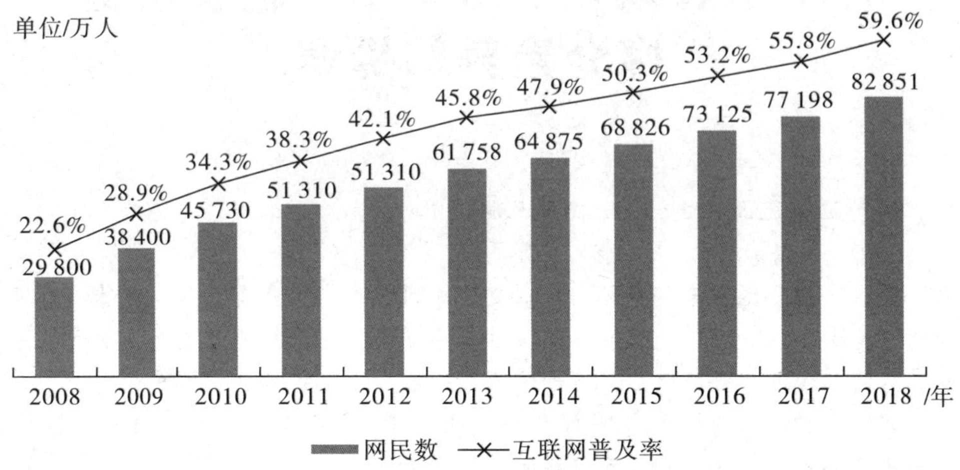

图 1　网民规模和互联网普及率

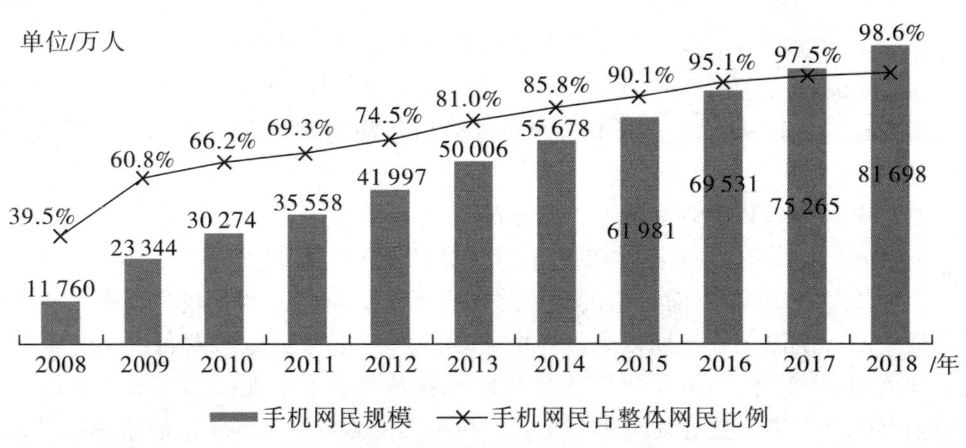

图 2　手机网民规模及其占网民比例

一、小学生手机媒介素养教育现状

（一）教材内容偏少

纵观一至三年级《道德与法治》新教材，仅在部编二年级下册的“健康游戏我常玩”中出现了——“我常玩手机游戏”并配上两个小朋友拿手机玩游戏的一幅图，且需要教师进行手机使用行为拓展教育，思政课教材中涉及手机媒介素养教育的内容偏少。受长久存在的“小学品德课是副科”的偏见，一般任教老师不愿也较少拓展有关手机媒介素养的教育内容，而许多学校也是直接禁止学生带手机来学校，对手机的使用缺乏正确引导教育。学校教育的相对缺失间接导致相当一部分小学生过度使用手机或沉

迷手机游戏，导致学业成绩不理想或产生厌学等不良现象，不利于小学生的健康成长。

（二）手机媒介素养低下

根据温凤鸣在2017年的调查研究，大多数农村青少年在接触手机媒体信息时会不假思索地选择相信，仅有少数中学生会质疑信息的真伪，甚至有学生被手机诈骗短信所迷惑而上当受骗。导致这一现象的原因，一是农村青少年缺乏常识和经验，二是媒介素养较低，无法辨别所接触的手机信息的真实性。① 根据笔者对所在学校一至六年级小学生的调查，发现有88.2%的学生主要是用手机玩游戏，有60.2%的学生接触过各种类型的不良信息，五、六年级中有26.8%的学生搜索过色情信息或图片，说明色情信息也开始对即将步入青春期的小学生产生负面影响。由此可见，小学生在如何正确使用手机上缺乏正确引导，手机媒介素养普遍低下。

二、小学生手机媒介素养的内涵

对于“手机媒介素养教育”，目前还没有一个清晰明确的官方定义，要弄清这一概念，我们可以进行分解来逐一理解。

（一）手机媒体

手机媒体是手机和网络的统一体，是通过借助手机平台进行信息传播的工具，可以在任何时间、任何地点传送或接收任何类型符号的媒介信息的集成性移动平台，也是个人信息处理的中枢。同时，手机不仅具有强大的传播功能，还具备丰富的娱乐和社交功能，如：移动互联网、手机阅读、手机游戏、手机导航、手机支付、手机移动网络直播、手机终端办公等，并通过手机进行人与人之间的互动、交流、工作。

匡文波认为手机媒体是以信息通讯为主的工具，又兼容广播、电视、网络的附加功能，它是传统媒体的延伸；伴随移动通信技术的发展与普及，手机就是融合通信功能和上网功能于一体的便携式电脑。②

（二）媒介素养

美国媒体素养研究中心认为，媒介素养是指人们面对各种媒介信息时的选择能力、理解能力、质疑能力、评估能力、创造能力、制作能力和思辨反应能力。③

（三）手机媒介素养

手机媒体是一种不断发展、不断延伸功能的新媒体平台，开创了移动传播时代，传播过程将更加开放和互动。手机用户能主动地获取自己所需要的信息，同时又能及时发布自己的观点和想法。

李春梅认为，手机媒介素养是人们正确认识手机媒体，面对手机媒体传播的各种信息应当具有的选择能力、评价批判能力、创制手机媒介信息的能力、利用手机媒体促进

---

① 温凤鸣．农村青少年手机媒介素养刍议：基于高安石脑中学的调查［J］．传播与版权，2017（10）：113－114.

② 匡文波．手机媒体概论［M］．北京：中国人民大学出版社，2006.

③ 资料来源于百度百科.

自我良好发展的能力或修养。①

基于以上认识，笔者认为，小学生手机媒介素养有四层含义：一是小学生了解手机的基本知识和如何使用手机媒体；二是小学生认知、理解、批判、评估手机媒介信息的能力；②三是小学生通过手机进行创作、分享和发布信息的知识和技巧；四是小学生对手机具备自控能力，能合理使用，即使用手机能合理安排时间，预防手机“依赖症”。

而对于身心仍在发展关键期的小学生而言，开展手机媒介素养教育要注意以下两个特点：一是要培养批判性思维能力。首先，表现在对传播者和信息进行批判与分辨；其次，表现在手机媒介使用者对不同类别的信息有所取舍；最后，表现在能对相关手机媒介信息进行批判质疑和合理的评价。二是要培养实践能力。小学生们的手机媒介素养要亲自动手实践、积累和发展起来。

三、小学手机媒介素养教育内容

由于小学生身心发展规律及生活经验不足的特点，决定了小学生的手机媒介素养水平总体不高，但其可塑性更强。因此与大中学生的手机媒介素养教育的目标应该有所区别，其教育内容也应有侧重点。笔者认为，小学阶段应以培养小学生的手机媒介批判性理解能力为主要目标。经过笔者所在学校的校本研究，形成了一系列手机媒介课程大纲，并以此为指导，开展手机媒介教育。大纲主要内容见表 1，课程目标见表 2。

表 1　某小学手机媒介素养教育校本课程大纲

第 1 周	我认识手机——手机的“前世今生”
第 2 周	我会用手机——让手机成为我的“小助手”（学习篇）
第 3 周	我会用手机——让手机成为我的“小助手”（生活篇）
第 4 周	我会用手机——让手机成为我的“小助手”（娱乐篇）
第 5 周	我会用手机——让手机成为我的“小助手”（交友篇）
第 6 周	我有一双“火眼金睛”——手机广告篇
第 7 周	我有一双“火眼金睛”——手机影视篇
第 8 周	我有一双“火眼金睛”——手机谣言篇
第 9 周	中期总结：我会分辨手机媒介信息上的“妖魔鬼怪”（如何分辨手机上的虚假信息）
第 10 周	我是手机小主人——保护隐私篇
第 11 周	我是手机小主人——合理玩手机游戏
第 12 周	我是手机小主人——合理控制玩手机时间（保护眼睛篇）
第 13 周	我是手机小主人——遵纪守法篇

① 李春梅，李思齐. 大学生手机媒体媒介素养教育研究［J］. 青年记者，2012（33）：94－95.

② 于杨，李静霞. 论手机媒介素养的涵义和特点［J］. 现代传播（中国传媒大学学报），2015（2）：148－150.

续上表

第 14 周	我是手机小小“建设者”——小视频制作篇
第 15 周	我是手机小小“建设者”——信息制作发布篇
第 16 周	期末总结：怎样成为手机的主人?（预防手机依赖症）

表 2　“我是手机小主人——合理玩手机游戏”课程目标

课程模块	课程目标
知识与技能	1. 学生能够了解手机存在的各种形式的游戏
	2. 了解手机游戏的开发程序及盈利手段
	3. 了解过度玩手机游戏的危害
情感、态度、价值观	1. 能反思自己生活中玩手机游戏的时间并做出强制约束
	2. 让学生辨析过度玩手机游戏的危害
	3. 培养小学生玩手机游戏的正确观念和行为习惯

我们认为，小学阶段手机媒介教育的主要内容有以下四方面。

（一）认识手机媒体的功能特点和初步学会利用各类手机 APP 应用进行学习，方便生活

如通过教育，使学生能正确认识和使用手机上的促进学习的各类 APP、微信阅读、手机导航、上网浏览、购物支付（微信、支付宝）等。由于小学生拥有手机率较高，与其一味地“堵”和“禁”，不如让小学生端正态度地学习，认识手机的特点和如何正确地使用手机进行学习和生活。

（二）区分手机媒体媒介信息的真假，培养批判思维能力

这是小学阶段手机媒体媒介教育的核心内容。据一项对上海市小学生手机媒介素养水平的测试表明，大多数小学生会认为新闻报道内容完全等同于真实社会。面对这种常见现象，我们可以通过具体的课程——我有一双“火眼金睛”主题单元课程进行教学，引导教育学生如何分辨手机各类信息的真假及牟利性质，并通过 PPT 演示这些垃圾信息是如何在手机上传播及使我们上当受骗的，最后教育学生应对这类垃圾信息的方法就是直接删除，不必理会。因为“准确、权威的信息不及时传播，虚假、歪曲的信息就会搞乱人心；积极、正确的思想舆论不发展壮大，消极、错误的言论观点就会肆虐泛滥”①。

（三）正确区分手机网络与实际生活，合理安排使用手机的时间，培养自控能力，预防手机“依赖症”

这部分内容是小学生手机媒介教育中的难点内容。因为对大部分小学生而言，手机游戏刺激好玩不愿放手，在社交软件上与同学、朋友聊天新鲜有趣，看手机影视动画视频“不亦乐乎”。因此，我们可以通过校本课程进行专项教育（如表 1），针对学生的

① 习近平．加快推动媒体融合发展　构建全媒体传播格局［J］．求是，2019（6）：4－8.

实际情况，开发出“我是手机小主人”系列课程（如表2），使学生反思自己与手机的关系，引导学生使用手机正确的做法，预防手机游戏“上瘾症”和避免手机“依赖症”。

（四）能初步制作、发布简单的正能量手机媒介信息

“用得好是真本事。”因此，对小学生的手机媒介素养教育，还要注重学以致用，通过开展“我是手机小小‘建设者’——小视频制作篇”“我是手机小小‘建设者’——信息制作发布篇”等课程和校园主题教育活动，培养学生们利用手机进行实践创造的能力，在这个过程中，要与学生们明确“正能量是总要求”。通过相关课程的教育，使广大小学生认识到，其创造和发布的相关手机媒体媒介信息要合乎法规，要以社会主义核心价值观为引领，引领小学生把第一粒扣子扣好，积极拥抱时代，培养责任意识，使他们逐渐形成正确的手机媒介素养理念并指导其实践。

四、小学生手机媒介素养教育的培养路径

（一）构建手机媒介素养教育课程体系

手机空间已经成为小学生们生活的新空间，那就也应该成为我们教育的新空间。由于手机媒介素养教育还未纳入国家必修课程体系，我们可以进行手机媒介素养教育校本课程开发，明确课程大纲（见表1），作为思政课的必要拓展，实行进课表每周授课，进行专项教育。同时，我们还可以通过手机媒介素养校本教材的开发研究与一线教学实践，有序推进小学生手机媒介素养教育的落实。

（二）推行学科课程相互渗透模式

张学波曾在其博士论文《媒体素养教育的课程发展取向研究》中梳理了语文、艺术、英语等不同学科课程标准中所包含的媒介素养内容。这为我们推行手机媒介素养教育的学科渗透模式奠定了良好的基础，如在信息技术课堂上，我们可以通过引导学生观看手机媒体中涉及不良信息的专题视频，让学生们了解什么是手机暴力信息、色情信息、迷信伪科学信息以及虚假诈骗信息，明确这些不良信息带来的后果，并教给他们一些正确使用手机的常识。同时，语文学科中的剧本片段、新闻稿等文体，可以让学生以小组形式，体验小编剧、小导演、小摄影师的职责，进行手机视频制作和体验成果发布。通过学科课程的相互渗透，让手机媒介素养教育无处不在。

（三）营造校园手机媒介文化教育氛围

手机媒介素养教育通过黑板报、手抄报、学校文化宣传栏、班校会、校园广播视频等渠道走进学生心中，走进他们的学习生活中，潜移默化地提高他们的手机媒介素养。各班也可以在教师的指导下，让学生们在班级 QQ 群、微信群中，进行手机媒介作品的制作与发布，如布置相关需要手机拍摄的生活作业、实践视频作业，消除他们对手机媒介的神秘感、距离感，在良好的手机交流氛围中，提高学生们的手机媒介实践操作能力。

（四）家校合作共建监管网络

家庭是小学生们接触手机的主要地点，其使用手机的各种行为习惯也是在家庭生活

中逐渐形成。因此，要建立学校和家庭相结合的手机媒介素养教育网络，就要引导家长积极参与，为家长们提供指导孩子利用手机媒体媒介的方法和建议。家长要树立合理的手机媒介教育观念，让孩子参与到对手机使用活动的管理中来，帮助子女理性批判信息、创造和传播正能量信息，合理地约束小学生玩手机的时间，与子女建立手机使用“契约”，引导教育子女合理控制、利用手机时间，使手机媒体媒介助力子女健康成长。

（五）开展手机媒介主题教育活动

手机媒介中，“网络是一把双刃剑，一张图、一段视频经由全媒体几个小时就能形成爆发式传播，对舆论场造成很大影响”①。因此，在校园里，我们可以围绕对手机媒介的认知、批判和操作三个方面开展专题教育活动，如“小学生使用手机利与弊”辩论赛、“我的家乡”手机视频短片创作大赛、手机红色短信设计大赛、“我和手机的故事”作文比赛、“美丽的校园”手机摄影主题活动等，通过一系列主题教育活动，提高学生对手机媒介信息的批判能力，树立正确的手机媒介使用观念，获得手机媒介操作能力，进而培养健康的手机媒介素养。同时，借助班会、校会等平台，指导他们撰写手机使用日志，让学生反思自己在使用手机媒体时的不良行为习惯，然后不断地约束和纠正自己的行为，形成自觉抵制手机不良信息的主动意识，合理安排使用手机时间，成为具有批判能力和自控能力的手机“小主人”。

五、结语

强烈呼吁各级教育领导部门，因势而谋，重视各学段思政课的手机媒介素养教育，从小学生抓起，建立梯级手机媒介素养教育课程，加强建设手机媒介素养教育师资队伍。积极鼓励教师开展手机媒介校本课程的开发与实践研究，逐步完善手机媒介素养教育的评价体系，加强学习，激励教师提高手机媒介素养教学能力。学校要开展相关的教育，让手机媒介素养教育融入孩子的日常学习生活中，使小学生们也逐步学会分析、使用手机媒体，提高手机媒体媒介素养，使他们能在全媒体时代的大潮里健康成长，成为移动互联网新时代合格的社会公民。

---

① 习近平. 加快推动媒体融合发展　构建全媒体传播格局［J］. 求是，2019（6）：4－8.

基于生态体验观的初中德育课程一体化实践

——以广东实验中学为例

广东实验中学　石晓芸*

摘　要：青少年阶段是树立远大志向、形成正确价值观、养成良好道德习惯的重要时期，需要精心引导和栽培。如何全面有效推进德育体系建设，面临着诸多难题。本文从影响学生道德成长的教育因素入手，聚焦德育教学改革与实践，基于生态体验观，按照德育内容整合化、课程体系化、主体协同化、资源统整化、途径多元化的思路，创新了助推学生健康成长的跨时空教育生态，形成了包括家庭、学校和社会多元主体参与的育人生态系统。探索出广东实验中学德育活动的校本实践之路，有效促进了学生健康成长和学校创新发展。

关键词：生态体验观　德育一体化

青少年阶段是树立远大志向、形成正确价值观、养成良好道德习惯的重要时期，需要精心引导和栽培。育人为本，德育为先，聚焦立德树人，不断创新学校德育工作，是广东实验中学一直探索和努力的方向。

一、初中德育一体化的提出背景

2004 年 2 月，《中共中央国务院关于进一步加强和改进未成年人思想道德建设的若干意见》对加强和改进未成年人思想道德建设做出了重大部署，努力培育“四有”型、全面发展的中国特色社会主义事业建设者和接班人。2005 年 4 月，《教育部关于整体规划大中小学德育体系的意见》进一步明确了德育体系建设的重大意义，提出“构建学校、家庭、社会紧密配合的德育网络，使德育工作由学校向家庭辐射，向社会延伸”，“使大中小学德育纵向衔接、横向贯通、螺旋上升，不断提高针对性实效性和吸引力感染力，更好地促进青少年学生健康成长”的重要指示和说明。在此情况下，全面有效地推进德育体系建设面临着诸多难题：一是如何整合学校、家庭与社会的德育资源，突破学校德育的传统边界；二是如何构建整体有序的德育课程体系，实现育人活动课程的常态化和规范化；三是如何凸显学生的主体地位，帮助学生展现真实的生命样态、感受真切的生活体验。

学校德育需要发挥时代引领作用，改变僵化的德育模式，注重学生道德成长规律。

* 作者简介：石晓芸，广东实验中学学生处副主任，中学政治高级教师。

因而面临着以下三方面的现实需要：在人生方向上，帮助青少年学生树立正确的世界观、人生观、价值观，真实感受社会主义建设的伟大成就，深切体会社会主义制度的优越性，成为“四有”公民，获得高度的政治认同和社会认同。在德育理念上，将德育工作由学校向家庭辐射，向社会延伸，增强学校德育针对性与实效性，推动学校德育现代化建设。在德育方法上，强化学生道德成长所需的生活化、体验式、对话性以及欣赏性，改变以往教学模式单一刻板、教学目标狭隘、学生知行不一等问题。

二、基于生态体验观的初中德育一体化遵循原则

生态体验观是一种追求和谐美善境界的道德教育观。它从元生态（人与自然）、类生态（人与族群）和内生态（人与自我）三重生态之圆融互摄的意义上，反思和重构道德教育过程，通过营造既适合于知识学习又有利于人格健康成长的教育文化氛围，使学生全息沉浸、全脑贯通，激发学生生命潜能，陶冶健全人格。

生态体验观一是强调道德教育回归生活世界，注重学生真实的成长体验，将道德教育与现实生活相联系；二是强调在体验中促发认知和情感的融合，整合学生成长的外铄因子与内生因子，有效诱发师生的生命感动，提升道德教育的实效与魅力。因此，生态体验观是一种融生活德育、生态德育、体验德育于一体的科学的德育理念。在这种道德教育理念下，教师不再过分强调行动限制性因子、强化惩罚性行为，而是自觉关注并创造条件，在生态体验场中把师生的生命意义关联起来，引领学生学会过有意义的生活，并共同提升自己的知识水平和人格境界。

具体而言，生态体验德育提供了一种价值引领，由教师以社会主义核心价值观为范本，在三重生态环境中引导学生价值生成；营造了一种全息沉浸的氛围，通过各个学科的连贯性与一致性，使师生沉浸在润物无声的育人环境中；促进了一种精神气质的达成，在年级文化与班级文化的特色构建中，让学生逐步形成“立鸿鹄之志，担千秋大任”的豪迈气魄；锻造了一种积极向上的心理品质，在心理健康教育、青春期教育的情感体验中，培育学生健康的心理素质；增强了继往开来的实践能力，在节庆课程、社团课程、研学旅行课程等课程中，提升了学生的综合实践能力。

基于生态体验观的学校德育一体化需要遵循以下原则。学生主体原则，坚持学生在学校德育活动中的主体地位，改变传统理论灌输、语言管教的方式，注重启发引导、讨论对话，促进学生自主自为能力的发展，从学生自我内部获得道德认同、践行道德要求。活动体验原则，坚持学校德育实施以活动为主要形式，为学生提供充足的体验机会，让学生在活动中获得真实体验、切己感受、深刻印象，实现育人寓教于乐、寓教无痕。生态化育原则，坚持以学生真实的生命样态为基础，融三重生态于德育工作中，实现学生自我、社会情感及能力提升等维度的全面发展。协同共享原则，坚持家庭、学校与社会共建育人环境、共享育人成果，为学生道德成长提供全方位的德育氛围，实现教师、家长和学生共同成长。

三、基于生态体验观的初中德育一体化的具体实施路径

基于对生态体验观的理解，学校从以下三个方面着手构建学校德育一体化。

（一）以年级为序列整合德育内容

根据不同年段学生道德成长的特点，以社会主义核心价值体系为统领，结合爱国主义教育、集体主义教育、社会主义教育、民主和法制教育、心理健康教育等内容，通过主题统整的方式划分年段，借助活动体验的理念安排内容，构建各具特色的年级德育学段内容（见表1）。

表1　各年级的年级文化和主要德育内容

年级	年级文化	德育内容
七年级	阳光少年　好学明理	以“规范行为”为目标 强化管理　潜心研究　夯实基础
八年级	青春有格　止于至善	以“青春期教育”为支点 扎实管理　突出重点　全面合格
九年级	阳光心态　工匠精神	以“理想教育”为突破 拼搏奋斗　稳步提升　创优争先

“国无德不兴，人无德不立。”习近平总书记强调要“认真汲取中华优秀传统文化的思想精华和道德精髓”，“使中华优秀传统文化成为涵养社会主义核心价值观的重要源泉”，这是时代对学校德育的要求。为此，广东实验中学在八年级开设主题为“青春有格”的德育课程。“青春有格”典出自《论语》，其意为青春不是肆意妄为，需要规范和引导，青春的格调在于修习美德，向往美好，要积善成德，最终达到“止于至善”。围绕“青春有格”德育目标，八年级在课程设计中实现学科整合，分主题设计出不同的课程内容，由不同的主体开展相应教学（见表2）。这种主题明确、形式多样、内容充实的德育课程一经推出，受到师生的热捧，在实践中取得了良好的效果。

表2　广东实验中学八年级“青春有格”德育课程安排

德育课程内容系列		德育主题教育活动			时间安排	
主题	所属系列	主题活动内容	活动任务承担者	组织单位	课时	月份
青春有格	青春与法同行	晨读宪法	班主任教师	班级组织	2/周	12月
		法治手抄报	道德与法治教师	年级组织	1/学期	11月
		法治小论文	道德与法治教师	年级组织	1/学期	11月
		广东省高级人民法院模拟法庭	道德与法治教师	年级组织	1/学期	5月
		建立学生法治社	道德与法治教师	年级组织	4/学期	1月
		法律故事大赛	道德与法治教师	班级组织	1/学期	11月
		法律大讲堂	级长	班级组织	1/学期	10月

续上表

德育课程内容系列		德育主题教育活动			时间安排	
主题	所属系列	主题活动内容	活动任务承担者	组织单位	课时	月份
青春有格	省实青年谈名人	阅读名人传记	学生	班级组织	1/学期	寒假
		名人传记班级分享会	班主任教师	班级组织	1/学期	9月
		名人传记年级演讲比赛	年级教师	年级组织	1/学期	9月
	青春奉献社会	圆点公益活动	家长	家长组织	15/学期	长期
		广船养老院活动	家长	家长组织	15/学期	长期
		芳村聋哑学校辅导	家长	家长组织	15/学期	长期
		沙面志愿者驿站	家长	家长组织	15/学期	长期
	青春生涯规划	走进腾讯	校外导师	家委会	1/学期	3月
		走进南航空管中心	校外导师	家委会	1/学期	3月
		走进麦脉食品有限公司	校外导师	家委会	1/学期	4月
		走进珠江钢琴厂	校外导师	家委会	1/学期	3月
		走进广州税务中心	校外导师	家委会	1/学期	3月
		名人进课堂	家长	家委会	2/学期	长期

（二）以育人为宗旨统整德育课程

发挥德育课程体系化和规范化的优势，将德育活动归纳为若干主题，以主题的形式提升为德育课程，为德育活动建立实施机制、时空保障和完善路径。学校结合生态体验观，进一步优化德育课程，建构起一套基于生态体验的德育课程体系。具体包括五个方面：指向价值引领的德育国家课程、指向全息沉浸的学科育人课程、指向精神成长的文化共建课程、指向人格完善的社会情感课程、指向能力提升的实践体验课程。

一方面，学校基于生态体验观的德育课程一体化建构，把学生的道德成长置于人类生态系统之中，认识到影响学生道德成长的教育因子是全息、全科、全程、全员共同作用的过程，着力于构建学校、家庭、社会、网络的全面育人生态；另一方面，学校将主题活动、文化建设等以德育课程的形式加以明确，形成了一套有效、规范的操作模式，极大地提升了学校德育的科学性。

（三）以共建为策略聚合德育资源

现代教育是开放的、现实的、全方位的生态系统。学生的成长离不开家庭、社会等系统诸要素的支持与配合。因此，学校要加强与家庭、社会相关部门和机构的合作，建立多方联动共建机制（见表2），加强教育资源的共建共享，进行正面宣传和舆论引导，通过丰富多彩的社会实践活动，净化学生成长环境，助力学生健康成长。

四、基于生态体验观的初中德育一体化的实施效果

自 2015 年起，我校深入践行“基于生态体验观的德育一体化”（见图 1），创新了德育工作方法，提升了德育工作实效，使我校的德育工作取得了显著成效。

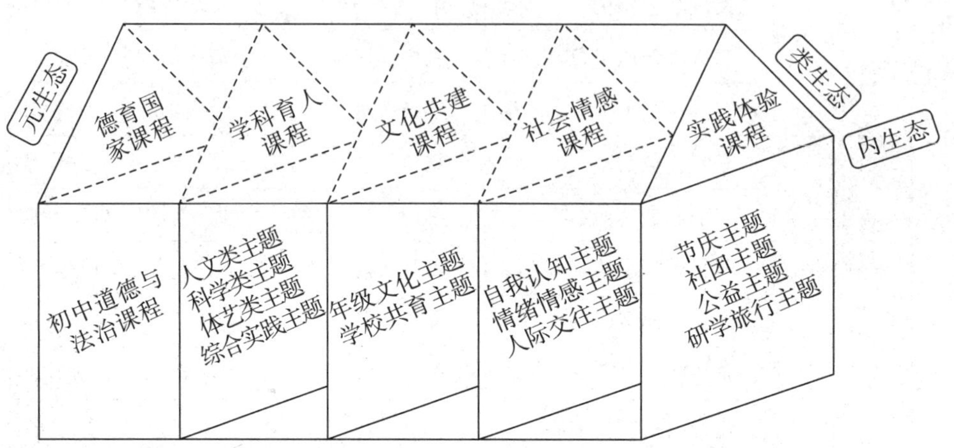

图 1　基于生态体验观的学校德育课程体系

通过构建各具特色的年级德育学段内容，解决了德育工作针对性不强、主题不突出的问题。基于生态体验观建构一体化的德育课程，把学生的道德成长置于人类生态系统之中，充分考虑全息、全科、全程、全员共同作用，着力于构建学校、家庭、社会、网络的全面育人生态。

通过构建基于生态体验观的学校德育一体化育人模式，解决了德育参与主体单一、多方教育力量整合不力的问题。以共建为策略聚合德育资源，坚持家庭、学校与社会共建育人环境、共享育人成果，构建开放的、现实的、全方位的德育生态系统。建立多方联动共建机制，加强教育资源的共建共享，为学生道德成长提供全方位的德育氛围，以丰富多彩的社会实践活动实现教师、家长和学生共同成长。德育一体化建设有效打破了原有德育工作的时空壁垒，化解了新媒体时代对学校德育工作带来的挑战，实现了德育工作的全方位覆盖，并且真正做到了“让学生开心，让家长安心，让社会满意”。

适切教研视角下的公民办初中英语教师团队协作发展途径

——以东莞市“双师”教研项目试点 L 镇为例

东莞市寮步镇香市中学　吴洁滢*

摘　要： 本文以适切教研为视角，对东莞市“双师”模式探索提出的背景因素及必要性做阐述；针对试点镇 L 的初中英语教师团队做分析。以适切教研理论为指导，展开“莞式双师”教研模式行动研究；经过两轮实践不断完善，提出“莞式双师”实施“六步”程序及“三共”模式，为本市教师个人专业发展、教研团队发展及公民办学校协助发展提供了操作性强的实践方案。

关键词： 适切　公民办　协作　双师

教师是教学知识的使用者和创造者，也是知识传授方法的决策者，教师的教学理念与教学素养直接影响教学质量与学生素质。在当今这个信息迅猛发展的时代，终身学习和发展应是每位教师的使命。适切视角下的教师发展可依托地区背景因素实施切实有效的教师培养和发展机制，在机制下开展有助于教师专业发展及教研团队建设的工作。

（一）适切视角下的东莞市公民办学校英语教师队伍情况分析

东莞市地处珠江三角洲中心位置，是经济发达城市，也是外来人口大市。大量的务工人员随迁子女的教育问题需要得到解决。就目前而言，我市公办教育还不能满足社会对教育的需求，民办学校应市场要求大量涌现；以初中为例，公办初中与民办初中学校的数量比例为 1∶3，高收费高质量的民办学校只是一小部分，大部分的务工人员子女选择入读中低收费的民办学校，故中低收费民办学校占民办学校总量 90% 左右。

过去一年多，笔者通过观察、与教育主管部门的领导及本市不同区域的教师访谈等途径了解到，我市公办学校教师队伍比较稳定，在镇、市教育主管部门的指导下，大部分公办学校的教研氛围较好。以初中英语为例，本市绝大部分的公办学校初中英语教研组和备课组都实施集体备课、资源共享的教研模式。教师队伍呈梯级发展：以“学科带头人—教学能手—科组长及备课组长”三位一体的教师先锋队伍引领各校教研团队发展。而同时，各公办学校也存在相当一部分教师重教学轻教研，重教学成绩轻个人专业发展的现象。如何把这部分教师的教研积极性调动起来也是各校教研组需思考和解决

* 作者简介：吴洁滢，东莞市寮步镇香市中学英语教研组长，中学一级教师。

的问题。民办学校方面，种种因素导致我市大部分中低收费民办学校英语教师队伍不稳定，教研团队形同虚设，教研氛围淡薄，教师个人专业发展不被重视等，因此其教学水平一直得不到提高，故中低收费学校教学质量与公办学校相比存在明显差距。为解决我市教育水平不均衡，切实有效提高整体教学水平，2016 年 11 月，东莞市政府发布《东莞市教育事业发展“十三五”规划》，其总体目标之一是“到 2020 年，在教育体制机制创新、区域教育均衡发展、民办教育质量提升等方面取得突破”。

（二）“双师”教学及“莞式双师”教学

1. 原“双师”目的及模式。“双师”教学起源于 2013 年 9 月，北京人大附中把其数学课堂教学实况用网络的形式传输给广西等全国五个边远地区的学校，让这些地区的孩子们能与首都的孩子共享课堂。它实现了一种旨在促进教育公平与均衡的创新教育模式，把名校名师的光环照耀到边远的教育落后地区的教室，使无数学生受惠并获得明显进步。这种“双师”模式实现了“互联网 +”的先行教学模式，其背景是授课学校及教师与传送学校地域距离甚远，借助网络便利实现优质教学共享是最好的选择。

2. “莞式双师”探索背景。针对我市“十三五”教育事业规划目标，市教育局提出了试点探索“莞市特色慧教育双师”教学模式，旨在推动初中公、民办学校的交流与合作，促进初中民办学校课堂教学质量提升，推进我市初中学校教育均衡发展。“莞式双师”与原“双师”教学模式产生背景有以下几点不同：①我市“双师”是指公办学校骨干教师与民办学校教师，试点项目的参与者一般在同一个镇区，两者距离较近，日常交流相对方便。②两者在交流合作前已共享我市英语的公共教育资源，包括市优质教学资源、市教研室组织的各类教研学习活动、市进修学校举办的各种教师培训课程等。

3. 我市中低收费民办初中英语教师都具有教师资格证，教学基本功及教学能力不弱，不足的是绝大部分教师欠缺教研意识、教学理念滞后。

4. 镇区公办中学每个学期都举办开发日或片区教研交流活动，常规的教学模式已为本区域的民办学校教师所了解，但是由于教情与学情不同，民办学校教师无法照搬该模式。为探索适切教研理念下的东莞市特色“双师”教学模式，市教育局选择了五个试点镇进行项目试验，L 镇成了其中一个试点。

二、适切教研视角下的“双师”试点教研工作实践与探索——以 L 镇公办初中 X 及民办初中 Z 和 Y 为例

（一）第一轮实践与探索（2016 年 3 月至 2016 年 7 月）

1. 对象分析。

（1）参与项目的教研组概况。参与本轮“双师”试点的对象为 L 镇两所学校的 X 中与 Z 中英语教研组。X 中共有在职初中英语教师 29 名，平均年龄 36 岁，是一个兼具经验和活力的团队。项目开始时，团队有市教学能手 2 名、镇学科带头人 3 名、镇骨干教师 4 名，团队阶梯建设初见成效。然而，与很多公办学校一样，X 中的大部分英语教师只专注日常教学工作，对教研及个人专业发展缺乏热情或明确的方向。Z 中为 L 镇的一所民办学校，初中英语教师共 10 人，由于年轻教师流动频繁，教师队伍总体偏大龄，

教师日常工作量十分大，基本不存在校本教研活动。

（2）项目主要承担者概况。本轮项目实践由公办初中的老师作为导师指导民办学校的教师。导师情况：X 中英语教研组长吴老师，教龄 14 年，市教研中心组成员，镇学科带头人。指导对象情况：Z 中刘老师，教龄 24 年，在该校任教 10 年，初三英语教师。

2. 实践策略制订。

（1）组建指导教师团队。作为项目指导教师，吴老师认为可以借助项目研究带动本校教研组更多教师进行深度教研，促进其个人专业发展。于是，她组建了包括市教学能手、镇骨干教师、年级备课组长等在内的八人导师团队对第一轮项目进行研究与实施。

（2）选定主题教研内容。本轮双师交流期为 5 个月，项目双方来自不同学校，故主题教研的深度开展能真正实现有效的指导交流。根据双方教师该学期负责的教学工作情况，会议讨论后决定以“对九年级语法复习课创新模式的探索”为本轮“双师”教研交流项目的主题。由 X 中导师团队在六周内给 Z 中刘老师提供 7 节精品示范课录像、语法讲解微课、相关的教学资料及语法复习课模式。

（3）明确“双师”交流时间及方式（见表 1）。

表 1　X 中与 Z 中“双师”教研交流项目进度表

周次	交流内容	交流方式	参与人员
2	1. 项目教研主题选定 2. 主题式情境语法课的设计及九年级语法复习模式探究	小讲座、 会议座谈	两校教研组 全体成员
3～7	五节情境语法复习课、两节语法练习讲评课教学录像，相关语法知识讲解微课	网络	导师团队、 刘老师
8	1. 情境复习课设计策略例析 2. 确定指导对象全市公开展示课内容及“双师”展示模式	小讲座、 会议座谈	导师团队、 刘老师
9～11	备课—修改—磨课—二次修改—二次磨课—三次修改—三次磨课—微调定稿	网络、会议、现场磨课及评课指导	导师团队、 刘老师
12	1. 刘老师公开展示课 2. 吴老师“双师”主题讲座	公开课、 讲座	全市教师
13～20	1. 教学资源分享及教学经验交流 2. “双师”项目总结反思	网络	吴老师、 刘老师

3．项目实施情况。

（1）学习建模。吴老师引领的 X 中导师团队集体进行语法教学理论学习，研讨合适学情的情境语法课的课堂模式，进一步明确复习步骤，使之可复制可推广。确定九年级语法复习分三步走：第一步，课前借助微视频回顾语法知识，通过微练习检测学生对相关语法知识的掌握情况，同时对单元语法知识进行初步的梳理和归纳；第二步，情境语法复习课，在情境和篇章中再次复习理解语法知识，并通过情境串联的听说读写课堂活动助其得到运用和巩固；第三步，常规练习讲评课，借助思维导图的形式，再次梳理单元语法知识，再通过课堂上做题、限时检测，了解学生对单元语法知识的掌握情况，查漏补缺。

（2）课例交流。X 中教师团队进行教学设计、团队打磨精品课例及课堂实录。于第三周开始，每周提供一个教学录像给 Z 中刘老师，并在第三周到 Z 中分享第一个情境语法复习录像课，现场向刘老师等解释复习模式及课堂设计理念，并探讨如何更好地使用录像课。刘老师在本班试用录像课，并对使用效果给予反馈。X 中教师团队根据使用反馈，改进教学设计，分别于第四至第七周把剩余的 6 节录像课交给 Z 中学习使用。

（3）打磨提升。两校教师集体备课，准备指导对象刘老师第 12 周的对外展示公开课。流程如下：集体定向—独立备课—讨论修改—集体磨课—二次讨论修改—二次磨课—三次讨论修改—三次磨课—微调并定稿。每次备课研讨及现场磨课，X 中的导师团队都全员参与，三磨三改后，导师团队的教师及指导对象都对主题式情境语法课的设计理念及技巧有了深刻的认识。

（4）公开展示。Z 中刘老师面向全市上了一节公开展示课，为体现“双师”课堂本意，她在教学中插入了吴老师的语法知识讲解微视频。课后，吴老师以“‘莞式双师’教研模式初探”为题做了一个项目总结性讲座。公开课及讲座均得到本市听课老师及相关领导的积极肯定。

4．对第一轮探索的总结与反思。本轮“双师”教研交流项目为期 4 个月，在适切教研思想指导下，项目导师吴老师鉴于两个团队首次进行教研项目合作交流，选择了主题深度教研模式，既带动了本校教研小团队的协作发展，又引领了两校对九年级语法复习进行模式创新，教研工作取得了较好的成效。①教师的教学理念得以改进。以往两校的九年级的语法复习课堂以讲评练为主，本项目提出了“主线式”情境语法复习课，以团队之力探索更生动有效的情境语法课及语法复习三步模式，得到了市内同行的认可。②教学设计的理念得以完善：老师们以往设计课往往过于注重其知识传授途径，本项目中 X 中团队的每节精品课设计都要求课堂任务具有层次性、语言交际功能性与体现人文关怀的思想性。通过参与项目，两校教师对个人设计的课例都经过若干次修改打磨，对课堂活动设计多维目标达成做了完整的实践。③教师个人能力提升。依托项目任务，所有参与的教师在理论学习、教学设计、教学基本功及课堂节奏掌控技巧、团队协助与共享等能力都有明显的提升。④本项目带动两校的九年级语法复习课堂提高效率与质量。学生反映，对比以往枯燥的语法复习课，主线式情境语法课生动有趣；每个语法章节完成三步复习后学生检测题正确率明显提升。⑤双师交流获得友谊。整个项目过程，双方交流十分积极主动，交流内容广泛，两校教师对彼此工作情况有了更深入的了

解，明白了不同的教学管理体制下教师工作各有难处，都觉得更应珍惜目前的工作岗位；另外，尽管X中担任项目主导及指导工作，Z中的刘老师年长且教学经验丰富，她也乐于分享自己的教学智慧，对导师团队教师也有促进作用。反思本轮项目实践，存在以下不足：①指导对象单一，尽管在项目过程，Z中的教研组长一直跟进协助，但是真正参与到学习与实践的只有刘老师一人，故项目指导影响面太窄。②在公开展示课中插入微视频，教学效果并不突出，其实刘老师也能在课堂上把微视频里的知识点讲解清楚，故“莞式双师”课堂需要继续思考更合适地区教情的模式。

（二）第二轮实践与探索（2016年9月至2017年7月）

1. 对象分析。X中英语教研组长吴老师，已有一轮“双师”项目导师经验；本轮组建导师团队共11人，除吴老师外还有本校九年级备课组长及骨干教师5名、七年级备课组长及骨干教师5名。两名指导对象情况：Y中姜老师，教龄9年，在该校任教5年，九年级英语教师；梁老师，教龄2年，在该校任教1年，七年级英语教师。此外，为把指导面扩大，吴老师与Y中教研组长商量决定该校七、九年级备课组所有教师需参与项目学习。

2. 行动策略制定及实施。本轮项目实践总体分两个阶段，两个阶段的项目实施在参照第一轮项目的基础上有所改进。本轮第一阶段是九年级的项目实施，教研主题定为“对九年级读写课的探究”。参照第一轮项目，X中导师团队在六周内给Y中九年级备课组每周提供一节精品读写课例，共6节。与第一轮项目开展不同的是，本轮除了给指导对象提供6节精品课录像外，第1节和最后1节还是现场研讨课，目的是让指导对象与其团队能得到更直观的现场感，两个团队的研讨更具体且有指向性。第1节现场公开课后双方进行评课并研讨，吴老师对课程设计理念及设计要求结合课例进行讲解分析；中间4节借助网络传输；最后1节也是现场公开课，课后吴老师引导双方团队对读写课型设计理念和策略进行再一次的深入交流及总结。期间双方备课组团队建立QQ群保持网络交流，六周后，Y中梁老师开始准备公开展示课，两校团队共同备课、合力打磨，实施流程参照第一轮项目。

第二阶段是七年级项目实施，教研主题为“对七年级教材听说课整合的探索”。实施过程参考本轮第一阶段。此外，本轮两个阶段的展示课都由指导对象完成整节课教学，不再插入导师知识讲解微视频，课堂更流畅和自然。

3. 项目总结与反思。第二轮“双师”项目为期近一年，指导期更长、指导面更广，故能明显看到Y中备课组团队的变化：团队协作意识增强，教师互助现象增加，集体教研氛围生成。在第一轮项目实践中，Z中刘老师“势单力薄”，学情分析和课堂教学策略调整等都需要导师指导完成，而第二轮项目Y中除两位指导对象外，其两个备课组集体参与到项目学习中，所以导师只是提出要求并做引导，老师们便能通过集体研讨和协作很快习惯了对学情分析后根据导师提供的精品课例及教学模式，重新调整教学活动，甚至通过集体备课完成了整个学期相同课型所有课例的重新设计。

L镇“双师”教研项目，有效影响和带动了L镇3所学校6次备课，40多名英语教师的教研积极性，使他们在教学设计意识、教学理念、课堂调控技巧、团队协助能力等方面有明显提升。作为对“莞式双师”项目的探索与思考，X中“双师”团队在总

结本镇“双师”交流工作“六步”程序的基础上提出“共享、共商、共进”的“莞式双师”三共教研模式（见图1）。“共享”指X中导师团队主动与指导对象团队Z中、Y中共享教学资源，包括共享练习与试卷、教学配套资料、教学设计、教学理念、工作的态度等。“共商”指在整个“双师”交流过程，两个团队以X中团队为主导，共同分析教情与学情、调整教学设计与习题难度、共同研磨课例等。“共进”指两个团队成员在参与“双师”项目过程都得到了各自的收获，如对课型的理解更深刻，对课堂的把控更细致全面等；同时也指双方团队的集体教研能力都获得提升，专题教研深度增加，团队协作能力增强；还指双方学校的课堂教学质量及教学成绩得到进步。

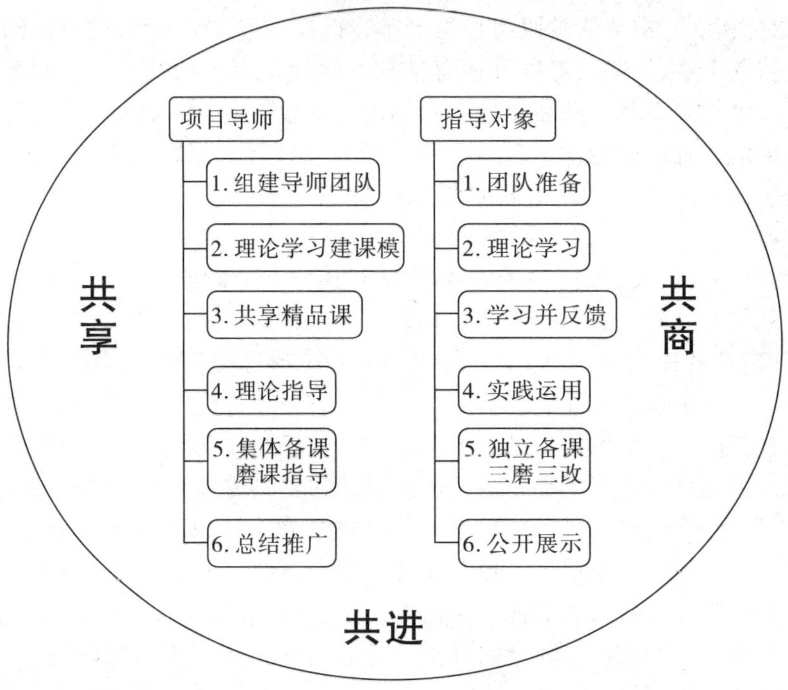

图1　“莞式双师”三共教研模式

反思两轮“双师”教研项目的开展，以项目导师为首的导师团队积极推动两校英语教学在教研、教师专业发展、课堂模式创新等方面得到发展，为各镇乃至本市公办与民办教师协作发展提供了很好的思路。“莞式双师”根据地区特点及教情，应与原“双师”教学模式有区别。中低收费民办学校教学质量的提升，其中一个重要途径是其教师队伍素质得到提高，发展团队教研，培养教研骨干核心教师，在这一点上公办学校的团队可以有所作为。同时，公办学校的教师以导师角色参与协助项目，会从各方面对自己提高要求，这也是促进他们自觉走进专业发展之路的途径。故项目试点L镇初中英语“莞式双师”的实践与探索给公办与民办英语教师协作发展及促进公办学校教师教研觉醒提供了一个可操作方案。

三、成效及影响

L镇三所学校作为市“双师”项目试点参与者，校领导及英语教师对本项目的开展

成效高度认可。基于适切教研思想指导，导师团队以主题教研的形式指导民办学校教师建立课型设计观；根据本镇教情调整“双师”实施模式，深入民办学校课堂及备课组团队进行集体备课、单元教学设计、课堂教学技巧、课例设计理念等多方面指导，对提升其整体教学水平起了积极作用。2016 年的中考，Z 中刘老师教的两个班的英语平均分超出市平均分 7.5 分，是她在该校任教以来的最好成绩。2017 年中考，Y 中英语平均分超出市平均分 3.2 分，是当年该校所有中考科目超出市平均分最多的科目。此外，Y 中的指导对象之一梁老师在 L 镇教坛新秀的比赛中以优异的成绩获得“镇教坛新秀”称号。另外，X 中团队也有喜人的收获。导师们精心研磨的语法、读写和听说精品课例在与不同地区的交流研讨中得到了各地同行对课型设计的大量赞誉；团队教师们基于这些课例撰写了多篇论文，大部分获得市级奖项。团队的教师走上了个人专业发展之路，其中一位教师被评为“市学科带头人”、两位教师被评为“市教学能手”、三位教师被评为“镇教学能手”、一位教师被评为“镇教坛新秀”，另外参与项目的三个备课组中两个被评为当年的“校优秀备课组”。

L 镇的“双师”三共模式得到本市其他项目试点的肯定及推广，这种以团队带动团队的模式给各镇初中英语教研工作的开展提供了可参照的途径。近一年，本市多个镇区建立镇名师工作室，以工作室导师团队引导本镇公民办学校的教研团队发展。

参考文献

[1] 张荣干，陈文英，张泰刚，等．适切教研视角下的广东省义务教育英语教研探索［M］//广东省教育研究院．广东教育蓝皮书 2016：广东教育改革发展研究报告（基础教育课程教材教学研究卷）．广州：广东高等教育出版社，2016：29－48．

[2] 刘博智．通过远程在线课堂与偏远地区薄弱校实现“同步上课”：探秘人大附中“双师教学”［N］．中国教育报，2014－07－12（1）．

[3] 许文文．创新引擎：教育公平治理中的非营利组织：以“双师教学”公益项目为例［J］．现代管理科学，2017（1）：118－120．

[4] 梁宇．双师教学：“互联网＋教育”下的乡村教师培训新模式［J］．中国成人教育，2017（21）：134－136．

基于教育现代化背景下大数据对高中体育课多元教学影响的探究

茂名市第十七中学　吴冬冬*

摘　要：随着教育改革的不断发展与进步，新课改要求对高中体育教学的方法和思路进行创新和优化。高中的体育教学不仅要让学生们学习到专业的体育知识和技能，还需要让学生们更多的学会如何正确地投入到体育实践和锻炼中。通过“大数据"的观察与分析，教师对学生们进行分层分类教学时，可以唤起学生们的锻炼热情和提高学习兴趣，能够更加积极主动地投入到课堂学习中，真正意义上做到了“以人为本、因材施教”。

关键词：大数据　高中体育课　多元教学　分层分类

教育现代化不是一个抽象的命题，是在国家特定时代中去认识理解并展开行动的实践。在建设社会主义现代化强国的进程中，教育系统始终具有大量贡献服务点。为此，从理论上思考我国基础教育迈向 2035 的战略，既是新时代赋予的使命，又是高度统一思想认识进而推动基础教育更高质量发展的内在需要。

一、高中体育课多元教学的必要性

随着素质教育的不断发展与深入，以往的体育教学方法已经不能够满足当今的体育教育需求，必须要对体育课程进行改革和创新。具有良好的身体素质，是保证一切学习质量的根本。通过对高中体育课实施多元教学改革①，能够激发高中生们参加体育锻炼的热情和兴趣，养成主动探究知识的习惯，提高学生们的身体素质，培养学生们良好的集体荣誉感和终身体育锻炼的意识。因此，必须要在高中体育课中实施多元的教学模式，培养适应社会全面发展的高中生。

对于高中这个学习阶段来说，学生们的学习任务和压力都十分的繁重。因此，留给学生们上体育课的时间极少，有的学校甚至会占用体育课的时间安排其他科目的课。而当前的高中体育课教学过程中，仍然还存在着一部分问题和困难影响高中体育教学的改

---

* 作者简介：吴冬冬，茂名市第十七中学，高中体育一级教师。

① 王霆．教改环境下中职语文教学策略的创新思考［J］．读写算（教育教学研究），2014（51）：426.

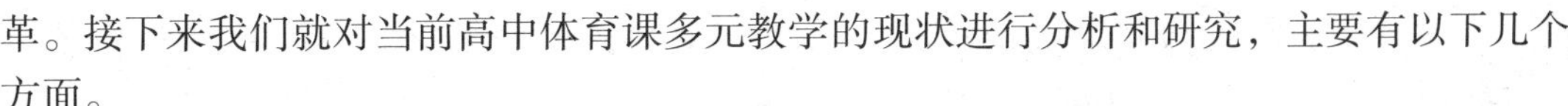

革。接下来我们就对当前高中体育课多元教学的现状进行分析和研究，主要有以下几个方面。

1. 体育教学的方法相对落后。体育教师在进行体育授课时，仍然采用比较传统的教学方法，没有能够与时俱进。体育教师在对高中生进行授课时，主要还是采用老师向学生讲课，学生跟着锻炼的方法。这样的教学方式十分机械化和固定化，学生虽然能够在这样的教学方法下学习到一些专业知识和技能，但是却学不到灵活应用体育锻炼。这样会使体育课堂变得枯燥和乏味，缺乏一些活力和灵性，也无法激发学生学习体育运动的积极性和主动性，从而影响学生身体素质的提高。

2. 体育教学的内容相对单一。大部分体育教师在进行体育授课时都会利用教科书来对学生们进行教学，而不关注学生个性的发展。体育教师没有灵活地应用教学内容，致使体育课堂也变得枯燥无味，这阻碍了学生健康快乐地成长与学习，学生在千篇一律的体育教学内容下进行学习，无法对体育锻炼产生兴趣和热情。另外，体育教师还忽略了对学生体育自主性的培养，让学生永远处于被传授知识的地位，被动地接受体育锻炼和知识，不利于学生更好地学习体育知识和技能。

3. 学生参与体育锻炼的时间相对较少。高中生的学习任务十分繁重，学习压力十分大，学习时间也十分紧张，因此，留给高中生参与体育课和锻炼身体的时间十分有限。同时，有的学校为了给学生增加更多的学习其他科目的时间，甚至把体育课程直接替换了。体育课程时间缩短甚至取消，严重影响体育课实施多元教学改革，同时还会影响学生的体育锻炼，致使学生的身体素质下降。教师在课堂上也没有能够合理安排讲课和运动的时间，花费大量的时间为学生讲授知识，忽略了学生参与体育锻炼的时间。

二、如何理解体育课堂的“大数据”

什么是大数据？在体育教学的范畴里，我们可以简单地理解为：通过将学习材料，练习数量，学习方法，身体特征等转化成数据，学生可以通过正确理解，调整练习的时间和数量来纠正自己在体育教学过程中的缺点，及时发现问题，解决问题，实现自主学习等。教师在使用“大数据”的过程中，可以更深层次地了解学生，并为具有不同身体特征和学习能力的学生个性化开发，更好地分析和指导学生的体育锻炼，激发学生的兴趣，让学生为自己的健康奠定基础。

三、分析大数据对高中体育课多元教学的应用与影响

（一）与“大数据”相结合，激发体育运动兴趣

“大数据”的应用使教师能够充分掌握学生的学习情况。大数据可以为有“差异”的学生提供合适的教学方法和方案，并通过练习的时间效率和表现来优化和调整教学方法。以学生的兴趣为出发点，是“大数据”下体育活动的重要组成部分。应充分利用学生的爱好和兴趣，设计“创新性”的体育活动，学生可以在兴趣相似的项目上进行分组学习。改变单一的教学模式可以大大提高学生的探究和参与能力，营造强烈的主题学习氛围，使学生在快乐中学习，在快乐中锻炼。

（二）与“大数据”相结合，完成教学目标、把控教学过程、达成教学效果

为了达到不断提高教学质量和学生体质的目标，体育教师需要调整体育课的运动量和运动强度，以便给予学生适当的负荷刺激。同时，过去体育教学中收集的数据可以作为参考依据，帮助体育教师做出适当的调整，避免运动不足或过度运动，达到一定的运动效果。例如，教师可以通过平板电脑直观地监测学生的心率变化，找到身体状况异常的学生，以方便教师的课堂教学组织调整，并且当系统发现学生心率超过预警值时会立即发送预警信息。还可以根据数据找到学生在教学过程的“兴趣点”，将若干学生的运动距离、最高心率、心率负荷等各项数据与其他学生进行对比，若发现各项数据均较低，再观察他们的表现，发现积极性都不高，确认他们都是“敷衍式”地运动，则表示该教学内容和手段提不起他们的兴趣，人数超过参与人数 1/3 时则要考虑教学内容和手段是否运用得当。反之，应对他们进行督促，调动他们的积极性。

课堂实时“大数据”还可以让学生在不同的比赛项目（游戏）中找到自己感兴趣的运动，并且能够在比赛（游戏）的过程中感受到体育的魅力，从而激发学生对体育锻炼的热爱。同时，通过比赛的方式还能够促进师生、同学之间的团结互助，培养班级的凝聚力，帮助学生培养良好的体育锻炼习惯。总之，大数据的应用可以帮助体育教师科学客观地做出评价，而不是片面地、主观地去预测教学效果。

四、思考与展望

首先，缺乏大数据技术人才。随着互联网的发展，海量的数据要求专业的计算机操作人员进行统计。然而，目前高校尤其是在高校体育领域，缺乏真正掌握数据库操作技术的人才。另外，由于数据库技术需要涉及数据访问挖掘、分析等方面的技能，而我国在这一领域的应用和探索仍然非常有限，这进一步加剧了将大数据应用于体育教学的难度。其次，没有建立“大数据”的概念。“大数据”在体育教学领域的应用完全不同于传统的体育教学。对于长期在户外教学的体育教师来说，在这方面存在一定的困难。此外，还有监控设备的普及难度大。体育教学这一块的“大数据”还处于起步阶段，数据不够完善，没有真正意义上的备课智能化和课堂监控智能化，学生的追踪档案没有形成规范的意识。

总之，在新时代背景下的教育现代化，我们要充分认识和利用大数据给高中体育多元课堂带来的优势，充分发挥其对教学的积极作用。在面临各种挑战时，我们只要运用各种手段扬长避短，定会实现 2035 年的教育现代化宏伟目标！

虚拟技术和大数据在校园足球领域中的运用和探讨

惠州市第一小学　杨远泽　惠州市潼湖中学　钟国番*

摘　要：目前我国校园足球正处于快速发展的阶段，校园足球训练过程的专业化、科技化、数据化已经逐渐成为一个热点话题。本文希望通过对虚拟技术（VR、AR）和大数据的介绍，以及在校园足球教学训练中的运用，为校园足球的专业化、科技化和数据化的训练与管理提出建议与对策，并提倡校园足球训参与者关注虚拟技术（VR、AR）以及大数据给校园足球发展带来的变化。

关键词：校园足球　虚拟技术（VR、AR）　大数据　校园足球管理平台

一、谁抓住了青少年谁就把握了足球未来

“谁失去了青少年谁就失去了足球未来”，这句在国际足坛具有普遍共识的至理名言道出了校园足球在足球项目中的重要性。2015 年 3 月 8 日，《国务院办公厅关于印发中国足球改革发展总体方案的通知》（国办发〔2015〕11 号）发布以来，国家对于校园足球的发展越来越重视。为了提高学生的足球技能和教师的专业技术，国家投入了大量的人力、财力、物力，不断研究和探索运动训练新的理论和方法。VR、AR 和大数据作为信息时代的产物，将其应用到校园足球日常的教学训练中有利于激发学生的学习兴趣、提高学生的技术水平，对探索校园足球技、战术动作的发展和训练方式的改变有着重要的意义，必将成为教师在教学训练中的“超级助理”，有效地辅助教学训练。

二、虚拟技术（VR、AR）与大数据的概述

（一）虚拟现实（VR）技术

虚拟现实（Virtual Reality，简称 VR）技术，是一种能够创建和体验虚拟世界的计算机仿真技术，它利用计算机生成一种交互式的三维动态视景。

（二）增强现实（AR）技术

增强现实（Augmented Reality，简称 AR）技术，是一种实时地计算摄影机影像的

---

* 作者简介：杨远泽，惠州市第一小学，小学体育一级教师；钟国番，惠州市潼湖中学，中学体育一级教师。

位置及角度并加上相应图像的技术，是在 VR 技术基础上发展起来的新兴技术，这种技术的目标是在屏幕上把虚拟世界套在现实世界中并进行互动。这种技术最早于 1990 年提出。随着随身电子产品运算能力的提升，增强现实的用途越来越广。

（三）大数据

大数据是一种规模达到在获取、存储、管理、分析方面大大超出了传统数据库软件工具能力范围的数据集合。现在的社会是一个高速发展的社会，科技发达，信息流通，人们之间的交流越来越密切，生活也越来越方便，大数据就是这个高科技时代的产物。新浪财经在 2012 年曾载文称："大数据时代" 已经降临。阿里巴巴创办人马云在演讲中也曾提到："未来的时代将不是 IT 时代，而是 DT 的时代，DT 就是 Data Technology 数据科技。"

足球领域亦是如此。早在 2014 年世界杯，德国队正是运用了 SAP 公司开发的竞赛分析大数据应用技术进行比赛数据分析，优化球队配置，并通过分析对手数据找到比赛的"制敌"方式，从而做到了知己知彼，最终夺得的世界杯冠军。

三、虚拟技术（VR、AR）、大数据在校园足球训练中的研究的现状

（一）虚拟技术在校园足球领域中应用的现状

通过对国内的文献梳理可以得知目前国内虚拟技术在校园足球中的应用虽然还处于起步阶段，但是已经初显成绩。2016 年，北京一刻运动网络技术有限公司与青岛出版社达成战略合作，出版了国内首套基于增强现实（AR）技术和 3D 技术相结合的中小学生校园足球教材《快乐足球》。教材采用了图文并茂的形式，利用 3D 图像技术对足球中的技、战术动作进行讲解示范，并且首次采用先进的 AR 技术展示足球技、战术。每个足球技、战术演示都配有专用的二维码，只要用手机、平板电脑扫描一下二维码就可观看相关的 3D 动画视频。虚拟技术可以 360 度无死角地演示足球技、战术，不仅方便学生学习、激发学习兴趣，同时也方便教师备课①。

（二）大数据在校园足球中的应用情况

我国对于大数据的研究起步相对较晚，目前主要用于先进的医学和教育领域。2016 年厦门市湖里区打造的全国首个校园足球数字化管理平台，宣告校园足球正式进入"大数据"时代。北京、青岛、成都、河南等地也相继开始将"大数据"引入校园足球的管理与发展工作，建立起各自的校园足球管理平台。以河南省为例，自推广使用校园足球联赛管理平台以来，河南省已有 18 个地市的近百所校园足球特色学校使用校园足球管理平台。校园足球管理平台通过收集学生在训练和比赛中的各种信息、数据，组成一个大数据库，通过长期进行多种维度的分析和跟踪，得出相关数据。教师可以根据所得数据科学选材、合理安排训练方案。决策者可以通过数据了解区域校园足球发展水

---

① 《快乐足球》教材本月底问世　采用 3D 图像技术 [EB/OL]. (2016 - 07 - 29) [2019 - 10 - 15]. http://news.qtv.com.cn/system/2016/07/29/013602539.shtml.

平，制定出科学合理的发展规划①。

四、虚拟技术（VR、AR），大数据对校园足球的作用

（一）优化教学模式，辅助教师教学

在传统的足球教学模式中主要以老师先讲解示范、学生再模仿练习为主。注重教师的言传身教及其主导性，忽略了学生的主体性。在科技越来越发达的信息时代，这种传统教学模式将越来越难以满足校园足球教学的需求。而在传统课堂中引入虚拟技术（VR、AR）将彻底改变这种现象。虚拟技术具有仿真性、开放性、超时空性、可操作性等特点，打破空间限制，将原来必须在运动场地进行的教学搬入教室，不仅避免了天气对训练的影响，还在一定程度上缓解了场地紧张的局面②。

教师利用虚拟现实技术教学可以改变以往枯燥的教学氛围。通过虚拟现实技术的有效辅助，教师就不用进行多次技术示范，学生能通过观看 3D 虚拟视频获得统一的技术动作进行模拟学习。

（二）打破教学时间、空间的界限

一般情况下学生的训练教学都是在固定的时间和场地内，在老师或教练的指导下进行的。现在，学生可以利用校园足球管理平台手机 APP 随时随地观看教学视频，随时随地进行训练，客厅、阳台、广场和公园都可以。学生还可以将训练视频上传到 APP，APP 会整合训练视频的数据，并让使用者得到一系列专业的指导，而且在训练结束后得到一个反馈以及专业的评分过程③。

（三）提高学生的足球技能

虚拟现实技术能够构建逼真的形象教学系统，学生通过反复观看逼真的虚拟视频、图像，可以提高对技术动作的认知能力，使其在大脑中清晰地构建出完整的动作概念，从而能够让学生在短时间内快速、准确地掌握技术动作。

为了测试虚拟技术是否对学生的技、战术训练有帮助，惠州市第一小学与惠州市潼湖中学共同进行了一项实验研究。这次实验研究的项目为：通过使用虚拟技术对两所学校的 4 个足球梯队队员进行足球的技术训练。他们将学生分成实验组和对照组，实验组共进行了 4 周，频率为每周 2 次，每次 20 分钟的虚拟技术训练，对照组则是正常的训练。

---

① 肖榕. 当校园足球遇上大数据［N］. 福建日报，2017 - 11 - 01（8）.

② 茅洁. 基于 VR、AR、MR 技术融合的大学体育教学应用研究［J］. 武汉体育学院学报，2017，51（9）：76 - 80.

③ 能帮你提高球技的智能足球　成为球队大腿不是梦［EB/OL］.（2017 - 08 - 25）［2019 - 10 - 15］. http://digi.tech.qq.com/a/20170825/031184.htm.

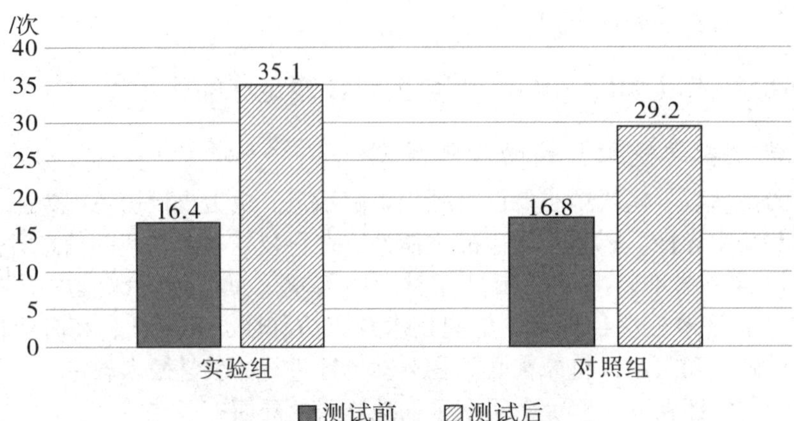

图 1　小学组一分钟颠球实验数据

图 1 数据显示小学实验组在通过虚拟技术的训练后，人均一分钟颠球成功次数从原来的 16. 4 次提高到 35. 1 次，对照组通过正常训练由原来的 16. 8 次提高到 29. 2 次。

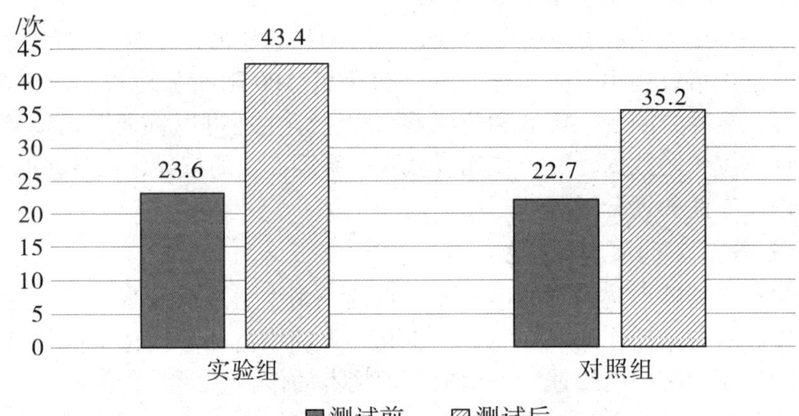

图 2　中学组一分钟颠球实验数据

图 2 数据显示中学实验组在通过虚拟技术的训练后，人均一分钟颠球成功次数从原来的 23. 6 次提高到 43. 4 次，对照组通过正常训练由原来的 22. 7 次提高到 35. 2 次。

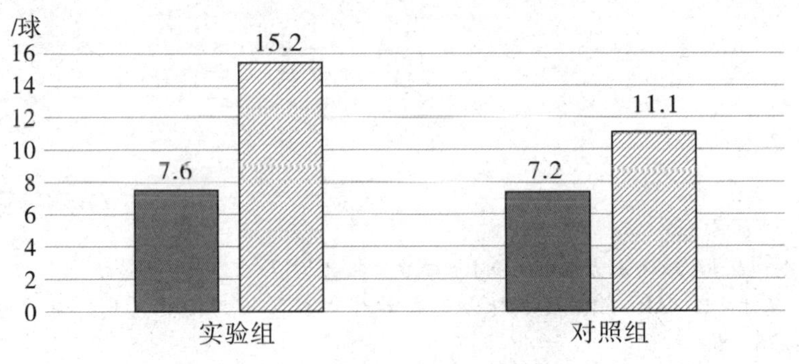

图 3　小学组目标射准（20 球）实验数据

图3数据显示小学实验组在通过虚拟技术的训练后，人均目标射准（20球）成功次数从原来的7.6球提高到15.2球，对照组通过正常训练由原来的7.2球提高到11.1球。

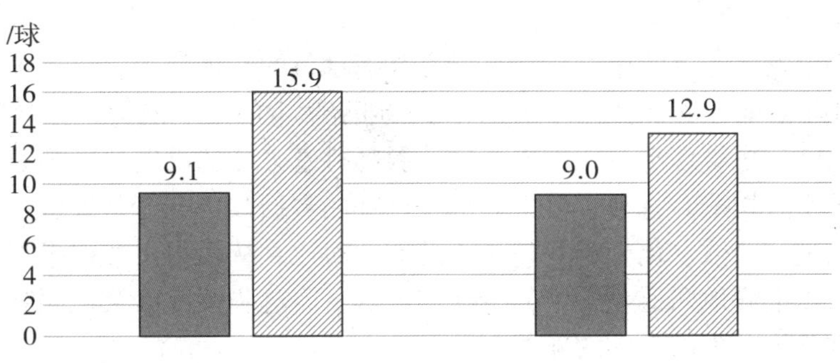

图4　中学组目标射准（20球）实验数据

图4数据显示中学实验组在通过虚拟技术的训练后，人均目标射准（20球）成功次数从原来的9.1球提高到15.9球，对照组通过正常训练由原来的9.0球提高到12.9球。

通过实验，观察两组队员的训练前后成绩对比，发现实验组的训练成绩提高幅度更为显著①。虚拟技术作为科技助力校园足球技、战术训练的新手段，非常值得在日常训练中进行推广和运用。

（四）利于校园足球运动的推广与发展

对学生而言，在日常训练中植入3D虚拟视频，能够增加了学生对足球的兴趣、提高学生的技能水平，让更多的学生参与到足球运动中来。学生通过手机APP内的3D教学视频，在小区、公园、广场练习，能带动身边的朋友伙伴加入到足球运动中来。

对于家长而言，能够通过校园足球管理平台看到自家孩子正在学习的足球课程，可随时随地陪同孩子进行足球课程的复习和预习。家长还可以通过平台的直播功能观看校园足球比赛，在手机中就能观看到自家小孩在球场上的风采。使用校园足球管理平台不仅可以巩固孩子的足球技、战术知识，还能增加亲子之间的互动，更对孩子的身心健康发展起到至关重要的作用。

对教师而言，众所周知，目前国内校园足球专项教师的数量是比较匮乏的，很多学校是依靠非足球专项教师在开展校园足球项目。有些非足球专项教师自身足球技、战术水平相对较低，随着学生的技、战术水平逐渐地提高，便出现教师技、战术水平越来越无法满足教学需要的现象。虚拟技术和校园足球管理平台的应用，极大缓解了这一现象。教师在教学训练中利用手机或平板电脑播放3D虚拟视频，利用校园足球管理平台

① 宋志刚，孔凡明，张崚．VR虚拟设备对中国少年足球战术训练的应用研究［J］．青少年体育，2018（1）：65－66，115．

制作3D 教案、分析学生的训练数据，科学合理地设计教学计划和选拔优秀学生。虚拟技术和大数据这两个“超级助理”降低了教师在教学中难度，同时也让更多的非足球专项教师能够参与到校园足球运动中来。

（五）完善选材机制

足球运动挑选人才有两个重点，一是考察运动员的专项能力，二是预测运动员的发展潜力①。如何准确地评价学生的专项能力、判断学生的发展潜力，是教师教练面临的一大难题，校园足球管理平台就大大降低了教师挑选人才的难度。教师只要在管理平台中建立学生的个人档案，将学生日常训练、比赛的数据收集到管理平台中，管理平台会对收集的数据进行全数字化分析并与之前的数据对比，从而得出数据报告。教师根据报告上的数据可以准确地知道该学生的专项能力水平、进步幅度以及在同龄人中所处的位置，从而能准确推断出该学生的发展潜力。

五、总结与建议

校园足球的推广不能只停留在校园里，应该充分利用现代科技手段，以此延伸校园足球开展的宽度与长度。虚拟技术与大数据势必能有效辅助校园足球事业的发展，但再先进的科技也只是工具，正所谓“君子性非异也，善假于物也”，我们只有扎扎实实去开展校园足球，这些工具才能真正为我们所用，才能发挥出真正的价值。校园足球只有不停地向下扎根，夯实自身的基础，才能去期待更好结果。利用虚拟技术与校园足球管理平台最重要的还是让孩子们保持对足球的热情。相信随着虚拟技术和大数据的推广，校园足球事业定会迎来新篇章。

参考文献

[1] 河南省校足办宣传部．校园足球：河南迈入“大数据”时代［J］．河南教育，2017（12）：15－16.

[2] 杜巍．基于“大数据”的校园足球运动员选材模式研究［D］．曲阜：曲阜师范大学，2016.

---

① 孙永生．我国足球运动员科学选材的研究综述［J］．沈阳体育学院学报．2004，23（6）：791－794.

职业教育和培训类

面向 2035 高等职业教育发展的问题视角

云南省高等教育评估中心　刘康宁*

摘　要：文章分析了中国的高等职业教育的发展历史及其快速发展阶段中出现的问题，并提出，只有站在历史发展的视角，才能看到面向2035 中国高等职业教育的前景；只有站在未来需求的视角，才能认清面向2035 中国高等职业教育的走向。

关键词：2035　高等职业教育　发展

2035 年是一个相对久远的时间节点，每个人在想到这么远的时候，可能都会基于两点来考虑这个问题：第一，你曾经做过什么，决定了你今天能做什么。第二，未来需要什么，决定了 2035 年你想做什么。这里主要谈两个问题：

第一，只有站在历史发展的视角，才能看到面向 2035 中国高等职业教育的前景。所谓的“历史”视角，是在分析面向 2035 的高等职业教育发展战略时，有必要回顾和审视中国高等职业教育近 20 年快速发展所经历的几个重要阶段。第一个阶段是 1999—2009 年，在 1998 年《面向 21 世纪教育振兴行动计划》发布以后，我国高等教育规模在 1999 年开始了“扩招”，高等职业教育也实现了第一次规模的快速发展。第二个阶段是 2010—2019 年，2010 年发布《国家中长期教育改革和发展规划纲要（2010—2020年）》，高等职业教育发展的规模与内涵要求发生了新的变化。

中国的高等职业教育是怎么发展的？这里做了一些数据变化的分析，以增强大家对“发展”理解的直观性。一是学校数量增长与转型的变化。根据教育部教育统计公报中公布的数据，1999 年全国有高职院校 474 所，2009 年增长到 1 215 所，2019 年则达到了 1 418 所，这一数据所呈现出的是高职院校发展是非常快速的。更为重要的变化是高等职业教育举办学校的转型，以前有很多不同类型学校在办高等职业教育，包括职业大学、成人高校、普通本科高校的二级职业技术学院、专科学校，以及独立设置的高职学院等，现如今举办高职教育的高校主要是独立设置的高等职业院校和高等专科学校，学校举办类型实现了良好的转型，基本实现了由专门的高校培养这类高技术技能型人才。二是学生规模的变化。通过对 20 年间我国高职院校的招生数和毕业生数进行对比分析，可以看到当年的招生数比毕业生数要多得多，这说明高职院校的扩招是一个持续进行的过程，而规模增长是一个持续的发展主题。2010 年以后，我国高职教育的规模增长速度明显趋缓，发展的重心开始转向质量、结构和效益。

---

* 作者简介：刘康宁，云南省高等教育评估中心副主任，云南大学高等教育研究院副院长，兼任云南大学一流大学研究院院长。

在我国高等职业教育快速发展的阶段，有一些内涵建设与质量保障的问题需要引起足够重视，这些问题可以概括为三个“跟不上”。首先是落后的高职院校跟不上前列的院校，与全国平均水平的差距拉大。“强者恒强，弱者更弱”突出地表现为不同区域、不同办学主体院校之间的办学水平分化，一些经济发展水平相对落后的地区，制约了高职院校的发展，而不同办学主体之间由于投入差异与行业发展环境的不同，也拉开了学校之间的办学水平差距。其次是条件保障水平跟不上规模发展速度。我国高等教育发展的最明显特征是学生规模的快速扩张，但一些必要的办学条件，例如办学场地、教学仪器设备、经费投入、教师规模等，却跟不上学生规模发展的步伐。从近 20 年的生均办学场所、生均教学经费投入等变化曲线可以看出，规模扩张以后的生均办学条件保障能力下降了。最后是高等职业院校的内涵建设跟不上人才培养质量的要求。相比规模扩张、硬件条件建设等显性指标而言，合理的专业结构、有效的课程设计、教师的教学水平、人才培养的能力表征等内涵建设相对滞后，其中暴露出来的人才培养质量问题，甚至被规模发展的光环效应所掩盖。

高等职业教育要面向 2035 年做出高起点的规划设计，既需要沿着历史发展的逻辑而递进，还需要对旧有遗留问题进行合理规制。历史经验告诉我们，不会因为 2035 年的到来，根深蒂固的教育问题就会迎刃而解。

第二，只有站在未来需求的视角，才能认清面向 2035 中国高等职业教育的走向。“基本实现现代化”是我国经济社会发展的一个重要阶段性目标，中国教育现代化 2035 发展目标的确立，既有立于国情的扎根需求，也有放眼世界的未来需求。发展目标逐渐趋同一致，可谓 21 世纪世界高等教育发展的一个重要特征，世界各国都在努力规避不切实际又远离主流价值取向的目标，以此获得更为广泛的外部世界的认同。因此，要认清中国高等职业教育 2035 的发展走向，还需要认识和理解全球教育发展的先进理念。

联合国教科文组织携手联合国儿童基金会、世界银行等国际组织，于 2015 年 5 月 19 日至 22 日在韩国仁川市举办了 2015 年世界教育论坛，来自 160 个国家的政府部长、多边和双边组织官员等代表通过了《仁川宣言》，这也是一个 15 年的教育中长期发展规划，规划的时间节点与我国《中国教育现代化 2035》非常接近。联合国教科文组织将 2030 的教育发展目标确立为“确保全纳、公平、有质量的教育，增进全民终身学习机会”，其中有四个非常重要的关键词：全纳、公平、有质量、终身。①

仔细想来，未来高等职业教育发展的走势也一样。首先，应建立包容和公平的高等职业教育。应该面向更加广泛的人群，面向岗位一线的职业型、劳动力群体，对于这些受教育群体，公平或平等的教育意味着能够支付得起，这样才能让“人人能接受教育”成为可能。其次，应深入理解高等职业教育的“优质”内涵。在联合国教科文组织发布的教育宣言中，关于“优质”教育的发展目标为：“到 2030 年，大幅增加掌握就业、

① 周红霞. 2030 年教育：迈向全纳、公平、有质量的教育和全民终身学习：2015 年世界教育论坛《仁川宣言》[J]. 世界教育信息，2015（4）：41 – 43.

体面工作和创业所需相关技能，包括技术性和职业性技能的青年和成年人数。”① 所谓优质的高等职业教育，应该体现为受教育青年和成年人数的大幅增加，还应该体现为受教育人群在技能上的获得，更应该体现为受教育者今后从事职业工作的尊严感，即“体面”的就业和工作岗位。未来的高等职业教育发展任务要帮助受教育者获得“体面”工作的职业能力，这是世界给所有国家，不仅是发达国家，还有我们这样的发展中国家所提出的职业教育发展的关键命题。

① 联合国教科文组织．可持续发展目标4及其分目标[EB/OL][2019-10-08]．https://zh.unesco.org/education2030-sdg4/targets.

面向教育现代化2035的高职人才培养模式优化路径研究

广东省社会政策研究会　汪振纲*

摘　要：高职教育是推动经济社会发展的核心力量。目前，高职教育供需错位矛盾突出。《中国教育现代化2035》提出到2035年职业教育服务能力要显著提升。高职教育要因应外部期望值的变化，遵循自身学科专业发展的内在规律，满足市场不同需求的同时，加强特色办学，增强人才的竞争力。本文以高职人才培养问题为导向，从作为人才供给方的高职院校人才培养模式入手，探讨开放经济新格局背景下人才培养模式优化路径问题，为改进和提升人才培养模式提供参考。

关键词：高职　服务能力提升　培养模式　差异化

中共中央、国务院印发《中国教育现代化2035》（以下简称《文件》），提出到2035年，建成服务全民终身学习的现代教育体系，普及有质量的学前教育，实现优质均衡的义务教育，全面普及高中阶段教育，职业教育服务能力显著提升，高等教育竞争力明显提升，残疾儿童少年享有适合的教育，形成全社会共同参与的教育治理新格局。中共中央办公厅、国务院办公厅印发的《加快推进教育现代化实施方案（2018—2022年）》（以下简称《实施方案》），对此做出了详细部署。高职教育是经济供给侧的主体之一，承担着为市场提供准公共产品的使命。从使命与责任上看，高职院校显然不能缺位。《文件》对于高职教育发展有着重要的指导作用。高职院校与普通高校的最大区别是其职业性，是为特定的职业行业培养人才。高职教育就如何服务国家提出建设开放型经济发展新理念，增加有效的中高端人才输出量，使教育资源和要素实现更加优化的配置，这是高职院校发展的重中之重。高职教育最显著的特色在于技能性、实践性、职业性。《文件》提出，加快发展现代职业教育，不断优化职业教育结构与布局，推动职业教育与产业发展有机衔接、深度融合，集中力量建成一批中国特色高水平职业院校和专业。《实施方案》指出，将建立健全职业教育制度标准，完善学校设置、专业教学、教师队伍、学生实习、经费投入、信息化建设等系列制度和标准，制定并落实职业院校生均拨款制度。高职教育要本着面向教育现代化2035，循着目标导向、问题导向、需求导向和担当精神，刀刃向内，审视创新人才培养模式，从专业层面明确人才的培养特色，以更高角度、更宽视野来变革机制，提高供给端的质量、效益与创新性。

---

* 作者简介：汪振纲，广东省社会政策研究会研究员，兼任中国会计学会高级会员。

一、未来20年中国的发展与高职教育之间关联性阐析

在当前的全球经济新形势下，中国提出了开放型经济的新体制，形成全方位对外开放新格局。这是党的新一代领导集体与时俱进做出的重要顶层设计。随着我国实施“一带一路”倡议、加快实施自由贸易区战略等，带来了产品销售市场的不断扩大，经济发展的动力增强，经济的现代化推进，出口方向和结构的转变，区域企业版图改变和各个省份的再工业化进一步加快。展望2035，我国在未来20年中将保持经济快速发展，并将保证20%～25%的世界GDP增长率，为全球经济增长做出举足轻重的贡献。这一时期我国经济快速增长主要因素是城市化加速以及中产阶级人数增加，消费需求变大。到2035年，中国人口结构将发生质的变化——农村人口将减少至20%～25%；投资积极性较高，其中伴随着城市化进程以及国家加快落后地区发展政策的启动实施；金融市场自由化以及工业和金融领域结构型改革。我国将继续制定和实施积极的创新战略。与此同时，集约的增长因素将会成为我国经济发展的主要推动力量，我国经济的国际化程度将进一步加强，人民币将成为自由兑换货币被广泛使用于国际结算中。总之，到2035年，我国将在新观念、新技术以及科学进步和人文创造的影响下发生改变。随着我国经济社会发展的上述变化，对高技能人才提出了更高的要求。经济领域改革涉及劳动力、土地、资本、资源、技术和创新等多种生产要素的有效利用，这些要素概括起来无外乎是人与物，而高职教育主要以育人为主，是提升劳动力和创新力的基石，也是促进内生性经济增长的重要因素。面对经济的发展以及经济结构的演变，相关行业在这一进程中几乎都扮演中重要的角色。这要求从业人员能够随着信息技术的快速发展而不断提高自身的专业化、智能化综合能力；在产业升级转型的背景下，能够跳出专业的局限性，纵览全局，形成具备协调组织、经营管理的综合能力。高技能人才的可持续发展能力的提升势必将大幅提高各行业的效率以及效益。

“供给侧改革”大致需沿着“六新”方向，即新技术和新产品、新模式、新组织、新业态以及新制度。高职专业是根据培养目标进行设置的，各专业所学技能各有偏重，满足了不同类型的学生的需求，并根据社会需求和学科发展不断更新课程，开拓新的专业方向。不可否认，一直以来部分高职教育更多地注重外延建设，而在内涵建设上却存在诸多问题，面临不可回避的现实困境。突出表现在培养目标定位过于泛化，人才培养规格追求全面，无法体现高职教育人才培养特色；专业课程门数普遍偏多，课程教学与实际工作过程关联度不够，实践性没有贯穿整个课程教学；课堂教学载体偏少，能力整合与情境体验式比例偏低；学历教育与职业培训协同发展缓慢，尚未构建面向大众化的培养体系，造成培养的学生单一化、模式化，缺乏创新意识，无法适应职业岗位需求和产业转型升级对技能型、复合型、创新型人才的需求；现行校企合作机制不健全，导致产教融合不深；等等。面对日新月异的社会需求和激烈的人才市场竞争，高职教育要顺应时代需求，探寻改革的理论、目标和路径，才能有效突破制约科学发展的瓶颈，提升人才培养、科研和社会服务的全面发展能力。

二、人才培养模式的含义

高职人才培养模式的选择与运行是人才培养的关键。人才培养模式是指在一定的教育理论、教育思想指导下，学校根据自己的教育目标、办学方向和特点为学生构建的知识、能力、素质结构以及实现这种结构的运作过程、机制与方式。人才培养模式是人才培养过程的总和。一般来说，人才培养模式包括四层含义：①培养目标和规格；②为实现一定的培养目标和规格的整个教育过程；③为实现这一过程的一整套管理和评估制度；④与之相匹配的科学的教育方式、方法和手段。人才培养模式是一个涉及各种因素的复杂的动态过程，这些因素不是各自孤立的单个因素，而是实现人才培养目标的理念体系、策略体系、操作体系。每个培养模式都有特定的组合形式和特定的指向目标，普遍适用的培养模式是不存在的。

高职教育培养过程是以学校和企业（行业）共同培养的机制，形成各具特色的产学结合人才培养模式。高职人才培养的目标受制于当前社会对人才类型和标准的不同需要、学生的素质及不同培养方向，是划分教育模式的重要因素。教育部发布的《高等职业教育创新发展行动计划》中明确指出，要在高职教育教学全过程中融入对学生创新意识和创新思维的培养。传统的以课堂为重心、教师为重心、知识传达为重心的人才培养模式已无法为产业和行业输送具备创新与开拓品质的综合性人才。发展技能型、复合型、创新型的高职教育，是保证工业化进程发展和经济体系快速转型应采取的重要手段。专业人才，是应用型人才，应具备较宽广的知识面、较好的学习能力以及较高的多种岗位适应能力。培养这类人才，需随社会需求变化与时俱进，调整培养目标，达到培养要求。

三、面向教育现代化2035的高职人才培养模式优化路径

（一）厘清培养目标

人才培养目标是指通过一系列的教育教学活动使培养对象在知识、能力、素质结构等方面达到一定的规格和要求，它是在遵循一定教育目的的前提下，针对特定的教育环境而对学生的预期状态所做出的规定。各类专业人才的培养目标是通过系列专业课程把学生培养成合格的从业者。专业教学主要目标是教会学生如何培养职业能力，即教会学生“如何做”。市场经济体制下，各岗位之间的界限不再硬性划分，而是有了一定的横向扩张，因此对于不同岗位间的业务技术水平要求更高，对于专业培养的目标也相应提高。所以在原本只需要保证所培养的人才能针对性地适应某一个具体岗位即可的培养模式，也要随着经济体制的改革相应地改革，针对专业的培养模式进行变革，力求培养的人才能适应不同岗位的不同需求。因此，为满足目前对于专业人才的需求情况，高职院校需要进行相应类别人才培养的改革，修订教育目标，培养适合社会发展的专业人才。

各类专业的培养目标在制定时，一定要注重学生理论和技能的结合。专业人才是对专业特性的保证，专业特性主要体现在专业的理论知识和专业的实践能力。专业人才的前瞻性主要体现在各类专业人才培养中所习得的专业知识和能力不会因为社会的发展和变化而迅速被淘汰。高职各类人才培养目标应该是既有一定理论素养又具有应用技能的

中高级专业人才，可以直接进入用人单位工作，降低用人单位的综合用人成本。人才培养方案是根据社会对人才的需求、高职院校师资实际情况和学生的情况来进行规划设定的，是高职院校在人才培养方面的一个参考和计划，要根据专业人才的需求标准，从职业胜任能力的角度来制定人才培养方案；要对社会需求进行真正的调查研究、分析预测等；要由人才培养规格确定专业能力的目标和要求，并在专业人才计划中分解专业能力的目标和要求，进一步落实到具体的课程标准与教学环节之中，围绕专业能力的培养构建整个培养计划；要针对高职专业教学与职业资格考试融合的问题，采取滚动式调整，体现技能型特征。

（二）夯实课程体系

课程设置是为实现人才培养目标而确定的具体课程规划。要通过调整课程设置来应对市场的变化和挑战。优化课程设置首先要考虑优化结构，合理的课程结构体现在完善的课程体系上。课程体系是专业目标分解后的具体体现，是实施人才培养的主要载体。它必须借助于一定的教学活动才能够转化为学生的知识和能力。课程体系属于专业人才能力与素质结构中的微观要素，所谓“调要素”，要以课程整合为突破口，以人才需求为导向进行课程体系改革。依据翔实的企业调研以及行业需求，围绕各类专业培养发展特色来设置，保证专业最新的知识、最必需的能力和最被看重的素质能够以适当的形式融入课程体系之中，从而促进学生全面而有个性地发展。通过基础课程开发其必备的职业基本素养，以核心课程培养学生的专业技能。

课程内容是学生应学的知识、技能和素质的总和，是学校和教师实施教学工作的内容，是连接人才培养目标和职业岗位需求的纽带，是实现职业教育培养目标的载体。专业的人才培养目标，只有通过课程才能得以实现。将职业标准需求中包含的知识、技能和素质等凝练成为课程内容，是职业教育课程内容与职业标准对接的内在诉求。教学体系要打破课程间的界限，强化网络应用技术，对课程重新编排，融入计算机知识、网络知识等方面的课程。教材是教育有序进行的基础，应集中资源和力量，开发适合教学使用的“双证书”教材，对传统的理论知识进行重新编排和更新。对于不适用于当前社会发展的内容要进行淘汰，同时根据当前的实际情况进行实践内容和考证内容的融合。在教材的编写方面，要主动与行业的高级职称及职业资格人员和一线专业人员进行沟通，从他们的实践工作角度可以为教材的编写提供内容和参考，从而促进“双证书”教材的完善。

在高职院校专业人才培养的课程体系建设中，应凸显出以人为本的可持续发展观，以区域经济和行业背景为依托，将专业特色、专业文化导入综合实践课程中。作为整个企业生产的运营阶段，在课程的学习体系里，可以以实务的流程为学习主线，展开和专业有关的所有课程。所有的课程都可以相互融合。这样既可以避免不同学科之间的重复，又可以从学科的交叉点出发保证整体学科的完整性来协调不同学科之间的平衡。在课程体系建设方面应该考虑有关专业教育方面的创新创业课程的设置。这对于大学生的创业素质和能力的提升具有十分重要的意义以及决定性作用。要面向全体学生开发开设通识创新创业必修课，纳入学生管理，建设依次递进、有机衔接、科学合理的创新创业教育课程群，培养学生的创新创业意识和能力。

（三）转变教学方式

教学过程是将课程内容转化为学生学习和实施人才培养知识、技能和素质等内容的过程。教育理念的不同直接导致教学方式的不同。以人为本的教育理念更多地侧重于对思维理解的训练。要推广强化案例和启发式教学，重视能力培养，通过问题导向引导学生独立思考，培养学习、分析和解决问题的能力。案例教学就是启发式教学，在其教学过程中能大大提升学生创业意识和综合素质。部分专业教学应重视推广案例教学。实施案例教学分两个阶段：一是开设课程案例，即在专业主干课程教学中辅之以案例检测相关知识的运用；二是在大学三年级开设综合性案例分析课，所提供的案例应当是取材于多种行业、不同经营环境的现场情景案例，综合运用所学知识与方法进行分析、研判、推理，提出决策方案。

现代信息技术在专业教学中的运用、远程教育和在线教育的迅速发展以及新型教育教学模式涌现颠覆了学生在传统教育模式中的被动地位，成为自主学习、主动学习的主体。学生可以根据自己的实际选择学习时间、学习内容、学习进度，真正实现个性化教育。高职院校应促使“以生为本”成为教育教学活动的首要考量。在课堂设计方面，教师要由课堂面授的“以教为主”和在线教育的“以学为主”，转向同时重视教与学的课堂安排；在教法选择方面，教师要由以教师讲授为主的“讲授—接受”教学，向课堂面授与在线学习、翻转课堂等方式相结合的“混合式教学”转变；在教学内容方面，要从只强调内容的“科学性、系统性、完整性”，向既强调这“三性”又关注内容的“个性化、碎片化”进行过渡；在教学媒介方面，教师要由静态的文字图像等媒介，向能够调动学生感官反应的立体化新媒介转变。为了督促学生学习和检验学生的学习成果，应当设置出一个科学合理的专业课程考试考核体系。

（四）革新实践教学体系

学用结构也就是理论与实践的结构比例，以往是理论讲授偏多而实践操作偏少，多数毕业生在专业素养方面仍然只会纸上谈兵，调整学用结构的最终目的就是弥补这个短板。实践教学体系是高职培养高素质技能型、复合型、创新型人才的重要教学环节，要健全实践教学管理，对学生的实习、实践进行信息化平台管理，加强对学生实践教学环节的监控，也可承揽校外企业的一些任务订单，进行实际操作的工作训练和体验。

要创新学生学习模式，并构建起体验式实践教学模式，积极组织学生深入企业当中去进行实地调研，以此来加强学生对企业文化以及管理方式的了解，从而激发学习兴趣和投入热情。要运用分段式教学的方法，在教学前期，应当安排学生在课堂环境中认真学习专业基础知识；在教学中期，应当安排学生到企业中进行实践学习，通过实践，将其在前期所学习到的知识运用到生产与工作当中去，找出实际工作与理论知识之间所存在的差异；在教学后期，应当让学生在课堂上对自己在实践过程中所遇到的困难与问题进行总结，然后再由教师对其进行指导，帮助其弥补自己的缺陷。以此完成“学习—生产—再学习”的分段式教学，对基础知识的融会贯通和实践操作技能水平的提高起着至关重要的作用。

（五）采用多元化课程考核模式

科学的考核评价模式不仅是激发学生学习兴趣、培养学习职业能力的载体，更是规范教学过程管理、提升教学质量的根本途径。考核评价体系是动态的和全过程的。以学生能力提升为本位，采用定性评价与定量评价相结合，对理论水平、实践能力和职业素质综合做出实际评价；过程考核、结果考核、跟踪考核相结合，采取口试、现场操作、方案设计、作业等多样化考核，多角度考核，体现考核的公正性。职业素质（工作态度）考核内容包括遵纪守时、认真负责、积极主动、团结协作等；实践操作能力表现考核内容包括实践前的准备，操作规范程度，操作熟练程度和按要求执行工作任务程度；完成任务质量考核内容是根据完成任务的质量标准，对每次的工作任务完成情况进行质量评分；在规定时间内完成实习报告，对实习报告的评分主要包括实习报告格式、规范性、内容完整性、真实性、实习报告完成是否及时等。

（六）健全教学质量评价和监控系统

教学质量是高职院校核心竞争力的体现。要围绕能力本位和实践本位的专业培养目标，从组织保障、评价标准、信息反馈等一系列要素来建立完善专业人才培养质量的评价与监控系统。一是建立教学质量组织系统。要建立教学过程检查队伍，负责教学活动的全方位、全过程检查督导。二是完善教学质量评价标准。制订与修订一系列教学质量标准和评价标准，从而保证教学质量监控过程制度化、监控评价科学化。三是加强对教学质量重点环节的监控。开展教学质量的常规检查和专项检查，使专业教学管理和教学主要环节工作规范有序开展。四是建立教学质量信息收集、反馈与调控机制，及时将相关教学质量信息进行反馈，针对问题分析原因，制定措施及时整改。形成多元监控主体参与的开放式的监控，将对学生的评价重点由知识评价为主转向实时监控和过程监控为主，不仅可以有效控制和管理高职的教学质量，也能使高职形成持续发展的动力。

（七）搭建职业技能竞赛平台

职业技能竞赛作为一种常见的技能培养途径，给学生提供了一个积极的职场环境，使学生在仿真的工作氛围中，完成各项业务工作的实操。它实现了课程设计与职业标准的对接，教学过程与生产过程对接，能激发学生学习专业知识的兴趣，拓展思维，增强技能。职业技能竞赛也传递着教育改革的信息与方向，是教改的推进器，推动专业建设与教改向纵深发展。通过技能大赛，教师对学生的专业学习水平有了一个评估标准。建立一套科学合理的竞赛机制与大学生创新能力有着重要的衔接关系。

高职院校在组织形式上应勇于打破传统教学模式，重视技能训练教学模式的改进，以技能竞赛为契机，同时要对理论与实践相结合的教学培养模式有一个高度的重视。依据实际的专业岗位要求来对其进行职业能力分析，并根据企业所制定的人才培养规格标准来建立起相对应的人才训练模式，让学生能够实现自身技能水平的螺旋式上升，提高学生的竞争力。新形势下，专业人才评价的标准更加趋向于实践操作能力，技能竞赛在命题的思路、内容以及方式的设计上要严格按照政策进行，也要切合企业实际设计，与企业对人才需求的衔接更密切。竞赛项目考核对学生的实践操作能力要求较高，要更加注重专业技能的训练和掌握。因此，在进行课程设置时要适时增加实践教学内容，更多地为学生提供实操的机会。

四、结语

《中国教育现代化2035》为正在扎实推进的高职教育改革提供了机遇。在高职教育改革的大环境下，高职教育需要针对目前的供需错位矛盾采取供给侧改革，创新人才培养模式，促进供给侧与需求侧的协调平衡和良性互动。只有两侧协调发展，不偏枯其一，通过供给侧改革思维来达到真正意义上的“双侧管理”，才能达到大力培养“就业能称职、创业有能力、深造有基础、发展有后劲”的高素质人才的目的，回应我国新时代、新阶段经济社会发展的要求。

参考文献

[1] 新华社. 绘制新时代加快推进教育现代化建设教育强国的宏伟蓝图：教育部负责人就《中国教育现代化2035》和《加快推进教育现代化实施方案（2018—2022年）》答记者问[EB/OL]. (2019-02-23)[2019-10-15]. http://www.moe.gov.cn/jyb_xwfb/s271/201902/t20190223_370865.html.

[2] 上海市教育现代化研究项目组. 上海教育现代化2035战略图景研究［M］. 上海：上海人民出版社，2019.

[3] 骆竹梅，蔡财仙. 信息化云时代高职财会人才培养模式的研究［J］. 时代报告，2015（1）：37-38.

[4] 胡玲敏. 提升会计信息化高技能人才服务能力的实践与探索［J］. 会计之友，2012（12）：124-126.

[5] 张应强. 当前我国高等职业教育改革发展的两个问题［J］. 苏州大学学报，2014（2）：39-45.

[6] 吕景泉，马雁，杨延，等. 职业教育：供给侧结构性改革［J］. 中国职业技术教育，2016（9）：15-19.

面向教育现代化推进粤东西北高职院校质量工程建设的策略研究

广东省教育研究院　吴晶　广东省外语艺术职业学院　袁洪*

摘　要：《中国教育现代化2035》提出要加快发展现代职业教育，不断优化职业教育结构与布局，推动职业教育与产业发展有机衔接、深度融合。在广东省内，珠江三角洲地区和粤东西北高职院校的办学水平存在较大差距，尤其是在体现专业建设水平的质量工程建设方面，项目的数量、水平差距尤为明显。本文分析了粤东西北地区高职院校质量工程项目建设现状和存在的问题，并以省内欠发达地区取得较好质量工程建设成果的高职院校作为标杆，提出了相应的质量工程建设策略。

关键词：粤东西北　高职院校　质量工程

一、高职院校质量工程建设背景

2019年2月，《中国教育现代化2035》对职业教育提出了服务能力显著提升的目标，要求推动职业教育与产业发展有机衔接、深度融合，集中力量建成一批中国特色高水平职业院校和专业，为高职教育指明了发展方向。2019年2月广东省印发了《广东省职业教育“扩容、提质、强服务”三年行动计划（2019—2021年）》，要求以“扩容”为重点，着力增加优质职业教育资源，包括做大做强高等职业教育，优化中等职业教育结构布局；以“提质”为核心，大力培养高素质产业生力军，包括实施高水平职业院校和专业建设计划和实施职业院校教师能力提升计划；以“强服务”为目标，提高职业院校社会服务能力，包括实施“产教融合、校企合作”行动计划、职业院校服务发展行动计划和职业教育对外交流合作计划，有力促进了广东省高职教育的发展。

在广东省高职近年开展的建设中，高等职业教育教学质量与教学改革工程（以下简称省质量工程）是重要的建设项目。根据《高等职业教育创新发展行动计划（2015—2018年）》（教职成〔2015〕9号）、《广东省高等职业教育“创新强校工程”（2016—2020年）实施方案》（粤教高〔2016〕8号）等，广东省持续开展了省级质量工程项目申报、认定等工作，主要包括品牌专业、专业教学资源库、校内实践教学基地、大学生校外实践教学基地、应用技术协同创新中心、教学团队、专业领军人才、高层次技能型兼职教师、技能大师工作室、教育教学改革研究与实践项目、精品在线开放

* 作者简介：吴晶，广东省教育研究院教授；袁洪，广东省外语艺术职业学院教授。

课程、大学生创新创业训练计划项目等十几类项目，涵盖了专业、基地、教师、教学改革等方面。

质量工程项目申报和建设成为高职院校专业建设和发展的重要指南。质量工程项目的建设水平通常能够直接反映出高职院校的专业建设水平，并直接影响到专业乃至学校的标志性成果数量。如质量工程项目中的品牌专业项目，广东省共立项 220 个高职一类品牌和二类品牌专业，其中 18 所一流高职院校立项数量达到 162 个，所占比例达到 73.64%，体现出高水平的高职院校普遍重视质量工程建设，以质量工程建设带动学院专业建设乃至学院办学水平整体提升，取得了显著成效。

二、粤东西北高职院校质量工程项目建设现状

（一）总体情况

根据《广东省高等职业教育质量年度报告（2019）》，至 2018 年底，广东省共有独立设置的高等职业院校 88 所，全日制高职在校生规模为 75.91 万人（不含公安边防高等专科学校及 2018 年新设的广东茂名农林科技职业学院），较 2017 年增加 2.18 万人，增幅近 3%。高职教育每年为社会输送超过 25 万名高端技术技能人才，有力服务了广东经济社会发展，推动了产业转型升级。但全省高职教育发展有待进一步均衡，广东虽然是我国第一经济大省，同时也是经济发展高度不均衡的省份，珠江三角洲以近三成的面积、近一半的人口，创造出八成的 GDP。职业教育资源分布与产业的分布趋势一致，珠江三角洲集中了绝大多数的优质高职教育资源，全省各区域高职教育发展的不均衡问题较为突出。其中位于珠江三角洲 9 市的高职院校有 72 所，在校生 64.30 万人，在校生占全省比例达到 84.71%；而在体现专业建设水平的省级质量工程项目中，珠江三角洲与粤东西北高职院校的差距更加明显，部分质量工程项目的对比见表 1。

表 1 珠江三角洲与粤东西北部分质量工程项目对比

项目	珠江三角洲	粤东西北
高职院校数量/所	72	16
高职在校生/万人	64.30	11.61
省级品牌专业/个	213	7
2015 年省级教学团队/个	83	5
2015 年精品开放课程/门	136	12
2015 年校内实训基地/个	76	12
2018 年专业教学资源库/个	10	0

注：在校生不含公安边防高等专科学校及 2018 年新设的广东茂名农林科技职业学院。

可见珠江三角洲高职院校的省级质量工程项目建设数量远远超过粤东西北高职院校，其中品牌专业数量是粤东西北的 30 多倍。同时值得注意的是，粤东西北高职院校

有限的省级质量工程项目又较多地集中在少数办学水平较高的高职院校，尤其是粤东西北地区仅有的2所省级示范性高职院校，分别是清远职业技术学院和河源职业技术学院。在2015年省级质量工程项目中，上述2校占据了粤东西北40%的优秀教学团队、50%的在线开放课程、42%的校内实训基地。在品牌专业项目中，粤东西北高职院校的7个品牌专业，有6个分布在上述2校，而粤东西北有13所高职院校没有省级品牌专业（见表2）。

表2　粤东西北高职院校省级品牌专业分布

院校名称	品牌专业名称
河源职业技术学院（广东省示范性高职院校）	高分子材料工程技术
	嵌入式技术与应用
	移动通信技术
清远职业技术学院（广东省示范性高职院校）	药品经营与管理
	家政服务与管理
	计算机网络技术
广东松山职业技术学院	机电一体化技术
其余13所	无

（二）个别案例

尽管粤东西北高职院校的质量工程建设，与珠江三角洲地区高职院校整体存在较大差距，但部分办学水平较高的院校仍然取得了较好成绩。以广东省示范性高职院校河源职业技术学院（以下简称河源职院）为例，该学院是由河源市人民政府举办的全日制普通高等学校，2001年由原广东老隆师范学校升格成立，2004年整体搬迁至河源市区办学，2007年底通过教育部高职高专人才培养工作水平评估，2018年通过验收正式成为广东省示范性高等职业院校。学院在质量工程等专业建设项目上取得较好的成绩，拥有省级品牌专业3个、省级现代学徒制试点专业3个、国家级现代学徒制试点3个。建有1门国家级精品课程、12门省级精品课程、5门国家教指委精品课程。在2017年全国职业院校技能大赛中共有25位参赛学生获奖，获奖数量位居全国第14位，全省第2位；2018年又获得全国职业院校技能大赛一等奖1项、二等奖4项，获奖数量和质量在全省同类院校中名列前茅。而该学院所在的河源市2018年GDP总量1 006亿元，在全省21个地市中排名第19位，属于欠发达地区。因此河源职院从一所处在欠发达地区以师范专业为主的普通高职院校，发展成为质量工程成果丰富的省级示范性高等职业院校，其经验与历程对粤东西北其他高职院校具有较大的借鉴意义。

河源职院对接区域产业构建了专业群，每个专业群形成了一定的特色和优势，均建设了省级重点（品牌）专业，并形成了一系列质量工程标志性成果。以电子信息类专业群为例，河源职院在成立之初，电子信息类专业师资和教学条件非常缺乏，基础比较

薄弱，但时至今日发展成省内具有一定影响力的电子信息类专业群，其发展表明重点（品牌）专业的建设和标志性成果不是一朝一夕完成的孤立项目，需要“系统规划，持续建设”。河源职院电子信息类专业（群）建设经历了相对较长的发展历程（见表3），专业（群）建设和人才培养需要较长时期地、系统地规划和培育。

表3　河源职院电子信息类专业群部分成果形成历程

年份	成果
2012	省示范性院校（培育单位）重点专业：应用电子技术
2013	第二批省示范性院校重点专业：应用电子技术
2014	省级教学团队、精品开放课程、校外实践基地各1个
2015	精品开放课程、实训基地、校外实践基地各1个
2016	新增2个二类品牌专业：嵌入式技术与应用、移动通信技术

三、粤东西北高职院校质量工程建设存在的问题

粤东西北高职院校在质量工程项目建设方面与珠江三角洲地区高职院校的差距不断扩大，其原因是多方面的。

（一）产业和职业教育发展影响

1. 区域产业发展差距。从产业发展的角度，珠江三角洲的GDP规模占全省的八成，虽然2008年广东省推出产业、劳动力“双转移战略”，广东省欠发达区域一度高速崛起，连续6年增速超过珠江三角洲。不过2015年后，粤东西北GDP增速、财政收入增速都落后于珠江三角洲，差距不断扩大，其原因一方面是近几年广东省尤其是珠江三角洲产业转型升级的成效不断显现，无论是珠江西岸的装备制造业、家电业的智能化还是东岸的智能手机等产业的发展都十分突出；另一方面，在第一轮的产业转移之后，粤东西北后续的产业没有跟上，面临着后续发展动力不足的问题，制约了这些地区产业的发展。

2. 职业教育发展差距。产业的发展直接影响了区域职业教育的发展水平，珠江三角洲集中了全省超过八成的高职院校和高职在校生，尤其是汇聚了绝大多数的优质教育资源，如全省25所省级示范性高职院校中，有23所位于珠江三角洲，而广东省18所一流高职院校全部位于珠江三角洲，导致珠江三角洲地区的职业教育水平明显领先于粤东西北地区，影响了粤东西北地区高职院校质量工程建设的水平。

（二）院校自身原因

通过调研发现，除个别院校外，粤东西北高职院校在质量工程项目建设方面存在若干需要解决的问题，重点体现在以下4点。

1. 教师的职业教育理念需要更新，激励机制需要完善。近年我国职业教育发展日新月异，新的政策、文件不断出台，教学改革不断深入，新的模式、方法、手段不断涌现，而粤东西北的许多教师在理念上与高水平质量工程项目建设的要求存在差距。同时

广大教师开展质量工程项目建设的积极性和主动性与珠江三角洲地区教师也存在较大差距，需要在激励机制建设等方面进一步突破。

2. 学校产教融合校企合作的机制需要进一步完善。深化产教融合、校企合作是职业教育发展的主旋律，是提高专业建设水平、取得质量工程成果的必要条件，也是部分粤东西北高职院校的薄弱环节，需要在学院层面的机制方面取得突破，为产教融合和校企合作创造有利环境。

3. 对质量工程项目的系统培育需要进一步加强。珠江三角洲办学水平较高的院校针对质量工程建设，普遍形成了较为系统的校—省—国家，以及专业—基地—教师—教学改革等纵、横向全面系统的培育体系，而粤东西北部分院校，尚未开展系统培育，部分院校的质量工程建设仍处于教师自发阶段。

4. 优势和特色需进一步凸显。在调研中发现，粤东西北部分高职院校的专业定位与区域产业特色未能有效对接，特色不够鲜明，优势未能凸显，与珠江三角洲地区实力雄厚的院校和专业未能形成错位发展，影响了质量工程项目的申报和立项。

四、粤东西北高职院校质量工程项目建设策略

（一）建设思路

参照广东欠发达地区的河源职院对接产业构建专业群，围绕重点专业系统建设质量工程项目的成功经验，建议粤东西北地区高职院校以省级质量工程申报和相关项目建设要求为标准，以专业群引领专业建设，以学院—专业两个层面的系统推进为保障，按照“系统规划、分类施策、分步实施”的思路，系统开展项目和成果的培育工作。

1. 系统规划。做好学院层面的顶层设计和规划，通过改机制、搭平台等改革，为专业（群）建设创造良好的支撑环境。

2. 分类施策。质量工程一共分为十多个类别，涵盖专业类、教师队伍类、基地类、教学改革类等，不同类别的项目要由负责的职能部门牵头归口管理，制定不同的制度并组织实施。

3. 分步实施。在校级全面培育的基础上，针对不同项目建设的难易程度，立足学院实际条件，选择基础较好、易突破，以及具有较好辐射作用的项目重点突破，分步推进省级项目的申报和建设。

（二）建设策略

1. 学院层面系统推进。学院层面重点聚焦办学机制、专业结构优化及专业群建设、教育教学改革、教学条件建设、对外交流与合作、教师发展、科学研究和社会服务等方面，参照省级品牌专业以及高水平专业群建设相关要求系统推进，为专业和项目建设提供良好的环境和平台。

2. 专业层面重点培育。对接产业优化专业结构，组建专业群，将专业群的牵头专业按省级品牌专业标准进行重点培育和建设。在建设过程中，要充分吸收教育部、广东省教育厅等新出台的有关职业教育政策中的有关要求，重点包括《国务院办公厅关于深化产教融合的若干意见》（国办发〔2017〕95 号）、教育部等六部门关于印发《职业学校校企合作促进办法》（教职成〔2018〕1 号）、《国务院关于印发国家职业教育改革

实施方案的通知》（国发〔2019〕4 号）、《广东省人民政府办公厅关于印发广东省职业教育“扩容、提质、强服务”三年行动计划（2019—2021 年）的通知》（粤府办〔2019〕4 号）等的新要求和新举措，同时应尤其重视专业（群）科学定位，对接区域的支柱和特色产业，融入区域文化等，培育专业（群）自身的特色和优势。

3．专项项目分类引导。根据不同质量工程项目的特点，参照品牌专业建设任务中标志性成果建设相关要求，将质量工程项目分为专业类、教师类、教学改革类、教学条件（基地）类等不同类别，根据省级项目建设的申报指南、指导性基本要求以及项目建设难易程度等，分类、分步引导专业开展建设。通常在校内实践教学基地、大学生校外实践教学基地、高层次技能型兼职教师、技能大师工作室、教育教学改革研究与实践项目、大学生创新创业训练计划等项目方面相对容易取得突破，具体分类引导建设质量工程指引见表 4。

表 4　质量工程专项分类建设指引

序号	项目	培育时间建议	难度
1	教育教学改革研究与实践项目	1～2 年	★★
2	技能大师工作室和高层次技能型兼职教师	1～2 年	★★
3	教学团队和专业领军人才	3～5 年	★★★★
4	校内实践教学基地、校外实践教学基地	1～2 年	★★
5	省级精品开放课程	2～3 年	★★★
6	专业教学资源库	3～5 年	★★★★★
7	应用技术协同创新中心	3～5 年	★★★★
8	大学生创新创业训练计划	1～2 年	★
9	国家和省相关政策中的新项目	根据政策提前布局	/

4．成立机构加强保障。参照珠江三角洲地区高职院校普遍做法，成立质量工程项目建设的责任部门，负责指导、组织、管理、协调质量工程建设。同时完善质量工程项目建设的管理制度以及激励措施，重点将质量工程建设业绩纳入绩效考核、职称评审、评优评先以及相关激励措施，起到重要的导向作用，并多渠道筹措质量工程的建设经费。

参考文献

[1] 广东省教育厅．广东省高等职业教育质量年度报告（2019）［M］．广州：广东高等教育出版社，2019.

[2] 许树辉．广东欠发达地区承接产业转移的空间联系效应：基于 2001—2015 年的截面数据分析［J］．中国集体经济，2019（19）：16－19.

[3] 陈再齐，宋宗宏，李震，等．广东省地市经济发展质量评价及政策建议［J］．新经济，2018（4）：16－21.

[4] 饶品良．新时代粤东西北地区的创新驱动发展探索［J］．发展改革理论与实践，2018（6）：55－58.

面向2035的高职思想政治理论课改革创新

广州番禺职业技术学院马克思主义学院　曹群*

摘　要：面向2035，职业教育要以德为先，全面发展。文章分析了面向2035思政课的改革，思政课改革“三全育人”的大格局以及新时代思政课改革的大局面，介绍了广州番禺职业技术学院开展思想政治理论课“致用模式”“明德致用”的创新实践。

关键词：思想政治理论课　高职

我们的职业教育，正如《中国教育现代化2035》讲到的，以德为先，全面发展。本文主要从三个方面谈：一是面向2035思政课的改革；二是思政课改革大格局；三是新时代思政课改革的大局面。

面向2035思想政治理论课的使命是什么？这确实是一个很严肃的问题。2019年8月14日，中共中央办公厅、国务院办公厅印发《关于深化新时代学校思想政治理论课改革创新的若干意见》（以下简称《意见》）。这里面讲到思政课重要性的时候就有这样一段话：“教育是国之大计、党之大计，承担着立德树人的根本任务。思政课是落实立德树人根本任务的关键课程，发挥着不可替代的作用。”我们知道教育的灵魂使命或者教育的价值诉求就是立德树人，而思政课是立德树人的一个关键课程、核心课程。《意见》还提出：“办好思政课，要放在世界百年未有之大变局、党和国家事业发展全局中来看待，要从坚持和发展中国特色社会主义、建设社会主义现代化强国、实现中华民族伟大复兴的高度来对待。思政课建设只能加强，不能削弱，必须切实增强办好思政课的信心，全面提高思政课质量和水平。”这是对思政课的定位。

思政课最终的使命是培育担当时代大任的新人，中华民族从站起来、富起来到强起来，这样一个跨越有非常丰富的内涵，是文化在起作用。中华民族的伟大复兴实际上是有文化的复兴，所以我们的思政课承担着非常重要的使命和任务。

国家的强盛要筑牢一个共同的理论基础，否则社会不可能凝心聚力实现中华民族伟大复兴。习近平总书记对理想信念这个问题有比较完整的描述，这些都是与文化紧密相关的，比如我们的理想信念是共产主义理想、马克思主义信仰和中国特色社会主义共同理想；社会主义核心价值观是社会主义文化的内核，分别从国家、社会、公民三个层次上提出了要求；最后提到中华民族伟大复兴的“中国梦”，十九大报告把海内外的华人华侨都包含在里面了，所有赞同、助力“中国梦”的，我们都非常认可。这需要三个

* 作者简介：曹群，广州番禺职业技术学院马克思主义学院院长，教授。

条件支撑：一是文化支撑；二是制度支撑，比如我们讲的“四个自信”（道路自信、理论自信、制度自信、文化自信）；三是道德支撑，这是非常重要的，立德树人是很重要的事情，习近平总书记把它提到了很高的地位，在不同的场合，多次强调立德树人这个问题。

无论是东方还是西方的发展过程中，这种文化体系、道德体系在社会当中都实实在在地起到非常巨大的作用。比如西方伦理道德的构建经过了200年，包括人道主义、兴教等，对于西方社会的发展起到非常重要的作用。中国也存在着一个道德重构的重任，构建有很多方面，有学科体系、跨越体系等。

首先我们要非常清晰地认识到思政课的使命、价值和意义，一系列的政策文件都非常强调这一点。要把思政课办得好不好，放到巡视巡查等公众指标里面，这不只是关乎这个课程本身，而是关乎中华民族伟大复兴的根本问题。

面向2035，思政课究竟应该怎么去改革创新？答案是三全育人。新时代的特征就是跨界，包括思政课的改革创新都必须跨界，所谓“三全”就是全员、全过程、全方位育人，也就是说在高职院校里，所有的学校、所有的老师都有育人的功能，比如说课程思政等。

关于思政课教学改革创新的文件非常多，除了现在这两个文件以外，还有全国教育大会习近平总书记讲话、全国思政教育的工作会议等，都做了很多的论述。据制定《意见》的专家说，还有9个配套文件将陆续颁布。

坚持党对思政课建设的全面领导，要把加强和改进思政课建设摆在突出的位置。我们思政课的内容是什么？内容是坚持用习近平新时代中国特色社会主义思想铸魂育人，以政治认同、家国情怀、道德修养、法制意识、文化素养为重点，以爱党、爱国、爱社会主义、爱人民、爱集体为主线，坚持爱国和爱党、爱社会主义相统一等。它重在开展理论性的学习，课程性质是一种理论课。即便是我们开展一些第二课堂和社会实践活动，也是为了深化、活化我们所学的理论。

2019年9月3日，中共教育部党组颁布了《“新时代高校思想政治理论课创优行动”工作方案》，这是面向2035思政课改革创新的重要的思路，聚焦全面推动习近平新时代中国特色社会主义思想进教材、进课堂、进学生头脑，在坚定理想信念、厚植爱国主义情怀、加强品德修养、增长知识见识、培养奋斗精神、增强综合素质上下功夫，把建设一支高素质的思政课教师队伍作为关键，以高水准教材为遵循，以高水平教学资源为支撑，以高质量示范课堂为抓手，以高效率工作机制为保障，以高标准教学质量为目标，深入推进思政课思路创优、师资创优、教材创优、教法创优、机制创优、环境创优，进一步完善顶层设计、优化工作格局、加大精准施策力度，展现新时代高校思政课新气象、新作为、新担当，全面提升思政课质量和水平。所有教师、领导都必须投入到思政课改革创新中，这是跨界，打破了原有的结构，必须理顺主渠道与主阵地的关系。主渠道就是思政课，主阵地就是大学日常的思想政治工作，比如团委工作。对于主渠道要理顺这样一些关系，思政课与学校的其他思政工作的关系，第一课堂、第二课堂的关系，理论教学和实践教学的关系，思政课程和课程思政的关系，思政课的教学内容与其

他素质教育内容的关系。在三全育人中，我们必须处理好、理顺以上的关系。

我们的教学模式是自由模式，构建民德自用的大思政模式。这个模式主要包括课堂内外几个方面，落脚点就是“用”，有四个层次：内化于心、外化于行、互化于境、固化于文。在课堂内外、校园内外通过各种形式开展思政课。

教育现代化视域下高职院校新型智库特征与定位的思考

广东环境保护工程职业学院　范薇*

摘　要：2019 年，国务院出台了《中国教育现代化 2035》和《国家职业教育改革实施方案》两部促进教育现代化的实现和加快推进职业教育发展的纲领性指导文件。首次提出了职业教育作为一种教育类型，与普通教育同样重要，其重要性上升至“没有职业教育现代化就没有教育现代化”。面对新时代新业态职业教育改革发展的新形势新局面，对教育科研和教育智库提出的新任务新要求，本文以贯彻落实国家职业教育改革实施方案为抓手，以新型智库的特色属性和高职教育的职业属性有机融合为逻辑起点，探讨高等职业院校新型教育智库的内涵特征与功能定位，以期为开启高职院校特色智库的建设进行有益的探索，为助力职业教育现代化的实现咨政献言。

关键词：教育现代化　高职院校　新型智库　内涵特征　功能定位

一、引言

加强中国特色的新型智库建设是教育现代化的重要组成部分。近年来，在教育部《中国特色新型高校智库建设推进计划》的推动下，高校智库建设取得了一定的研究成果。但距国务院办公厅印发的《关于加强中国特色新型智库建设的意见》（以下简称《意见》）中的要求到“2020 年，形成定位明晰、特色鲜明、规模适度、布局合理的中国特色新型智库体系，重点建设一批具有较大影响力和国际知名度的高端智库”① 仍有较大差距。

据文献检索，高校教育智库的研究主要集中在学术研究实力强的普通高等院校组成的智库团队。高等职业院校作为高等教育的重要组成部分和职业教育的排头兵，其智库的建设，尤其是新型教育智库建设尚未见报道。

本文拟尝试在高校教育智库研究的基础上，以贯彻落实国家职业教育改革实施方案为抓手，以新型智库的特色属性和职业教育的职业属性有机融合为逻辑起点，探讨高等职业院校新型教育智库的特征与功能定位，以期为开启高职院校特色智库的建设进行有益的探索，为助力职业教育现代化的实现咨政献言。

---

* 作者简介：范薇，广东环境保护工程职业学院职教研究所（筹）负责人，教授。

① 新华社. 中共中央办公厅、国务院办公厅印发《关于加强中国特色新型智库建设的意见》[EB/OL]. (2015-01-20)[2019-10-15]. http://www.gov.cn/xinwen/2015-01/20/content_2807126.htm.

二、建设高等职业院校新型教育智库是时代的要求

随着中国特色社会主义进入新时代，教育的基础性、先导性、全局性地位和作用更加凸显。2019 年伊始，国务院出台了《中国教育现代化 2035》和《国家职业教育改革实施方案》（以下简称《方案》）两部促进教育现代化的实现和加快推进职业教育发展建设的纲领性文件，职业教育迎来了建设发展的春天。

前者定位于全局性、战略性、指导性，绘制了新时代加快推进教育现代化建设教育强国的宏伟蓝图，明确了推进教育现代化的基本原则，提出了到 2035 年职业教育服务能力显著提升和高等教育竞争力明显提升的主要发展目标。① 后者开宗明义指出“职业教育与普通教育是两种不同教育类型，具有同等重要地位”。提出要经过 5 ~ 10 年的时间，职业教育基本完成由政府举办为主向政府统筹管理、社会多元办学的格局转变，由追求规模扩张向提高质量转变，由参照普通教育办学模式向企业社会参与、专业特色鲜明的类型教育转变，大幅提升新时代职业教育现代化水平，为促进经济社会发展和提高国家竞争力提供优质人才资源支撑。②

面对加快发展现代职业教育，不断优化职业教育结构与布局的新时代、新业态，面对推动职业教育与产业发展有机衔接、深度融合，集中力量建成一批中国特色高水平职业院校和专业的新形势、新局面，如何培养职业教育改革发展的一流人才与提升创新能力，如何分类建设世界一流高等职业院校，持续推动地方本科高等学校转型发展，如何抓住机遇，应对挑战，实现职业教育的现代化，是高等职业院校当前面临和亟须解决的现实问题，是实现教育现代化的时代要求、使命要求和战略要求，也是对职业教育科研和智库建设提出的新任务、新要求，同样是促进教育决策科学化、民主化的重要支撑，是完善高等教育宏观管理、提升高等教育决策水平、实现高等教育治理体系治理能力现代化的关键任务和迫切要求③，是履行学术使命的必然选择。

三、高等职业院校新型教育智库的内涵特征

（一）高等职业院校新型教育智库的内涵

中国特色新型智库是以战略问题和公共政策为主要研究对象、以服务党和政府科学民主依法决策为宗旨的非营利性研究咨询机构。

有学者认为，在我国教育智库可分为官方智库、民间智库和高校智库三类。对应当前新型教育智库主要有政府教育智库、民间教育智库和学术性教育智库（又叫大学教育智库）等三类④。

---

① 新华社. 中共中央、国务院印发《中国教育现代化 2035》[EB/OL].（2019 - 02 - 23）[2019 - 10 - 15]. http://www.gov.cn/xinwen/2019 - 02/23/content_5367987.htm.

② 国务院. 国务院关于印发国家职业教育改革实施方案的通知[EB/OL].（2019 - 02 - 13）[2019 - 10 - 15]. http://www.gov.cn/zhengce/content/2019 - 02/13/content_5365341.htm.

③ 杜玉波. 发挥新型教育智库作用　推进重大理论实践研究 [J]. 中国高等教育，2018（2）：1.

④ 李清刚. 新型教育智库：定位与职能 [J]. 情报杂志，2018，37（6）：46 - 50.

何谓教育智库，有学者认为教育智库是一般智库的特殊化，是一种重要的智库类别，是主要围绕国家战略、经济社会发展与教育间关系，为国家教育领域的战略布局和重大改革发展提供决策服务的研究型专业化的决策支持机构①。也有学者认为教育智库是指由教育及其相关领域的专家和学者组成，从专业化的视角，科学、客观地对教育领域出现的有关问题开展深度研究，向党政部门提出有关教育政策建议的研究机构②。关于教育智库的内涵定义，不同的学者有不同的侧重观点，目前尚未有较统一的标准，但服务决策、建言献计、提供智力服务是共同的核心。

杨再峰等研究认为新型高校教育智库是指依托高校人才丰富、专业学科齐全等优质资源，以研究教育战略、教育规划、教育法规等教育政策而设立起来的现代专业智库。③

高等职业院校肩负着教育的职业性和高等性两种属性，因此，笔者认为高等职业院校的教育智库是建立在新型高校教育智库的基础上，更为突出产教融合性实用技术研究、技术技能型人才培养模式与方法研究、职业教育与培训体系的建立研究、服务行业或省市区域决策咨询研究的现代专业智库。

（二）高等职业院校新型教育智库的特征

2014 年，教育部启动了《中国特色新型高校智库建设推进计划》（以下简称《计划》），要求高校智库应当发挥战略研究、政策建言、人才培养、舆论引导、公共外交的重要功能。2015 年，中共中央办公厅、国务院办公厅出台的《意见》将智库建设直接上升到国家战略高度，使得教育智库作为一种专业智库，在服务国家和省市、区域教育决策，促进教育事业科学发展方面具有更为重要的意义，促使高校智库建设进入新的历史时期。

根据《计划》和《意见》的文件精神，高等职业院校的新型教育智库的建设理当顺应新时代、新使命，融合新型教育智库和职业教育的内涵与逻辑要求，打造智库的鲜明特色、学术专业、创新驱动和成果转化等特征。

1. 鲜明特色，服务大局。新型教育智库建设的首要的问题是要明确智库建设的方向问题，要明确建设具有中国特色的教育智库。在借鉴学习其他发达国家智库建设成功经验的基础上，务必立足我国的产业、经济和教育发展的基本国情，服务国家发展大局，明确建设目标。

具体到新型高职教育智库当前首要的建设任务是需要服务《中国教育现代化 2035》的战略目标和《方案》的总目标，同时也需要深入了解认识当前职业教育，尤其是高等职业教育发展的现状，即地方与直属、地方与行业高职院校在不同区域受经济发达程度和不同行业类别受产业政策影响等诸因素，造成的高职院校间发展不平衡，尤其是投入和内涵建设不平衡的基本教育国情。

---

① 庞丽娟. 我国新型教育智库若干重要问题的思考［J］. 教育研究，2015（4）：4－8.

② 王建梁，郭万婷. 我国教育智库建设：问题与对策［J］. 教育发展研究，2014（9）：1－6.

③ 杨再峰，赵晓声，司晓宏，等. 新型高校教育智库助力高等教育综合改革研究［J］. 湖北社会科学，2016（7）：166－171.

不同高职院校可以此来定位和组建智库的形式、层次类别，以及确定发展规划。突出地方特色和中国特色的职业教育，既要着眼于实现教育现代化的大局和教育改革发展的全局，又要着眼于地方区域经济和产业布局，为促进职业教育适应行业发展、为地方区域社会经济发展出谋划策，为破解职业教育的瓶颈和难题贡献智慧。

2. 明确目标，专业服务。各地区的产业布局和行业类别不同以及经济发展的速度与实力的差别，决定了地方高职院校或行业类高职院校的办校特色不同，发展定位与服务社会的能力也不相同。

因此，高职院校智库建设不能求全求大，需要根据自身实际，利用“双师型”教师聚集和与产业发展紧密联系的优势，宜专业化和精细化发展。智库建设需要紧扣国家与省市区域教育和职教发展的战略布局，凝练主攻方向。发挥学院不同行业人才聚集的专业特长，对复杂的难点问题，尤其是职教的人才培养和产教融合模式，开展不同地区或行业的分析研究，拿出真实管用、切实能够转化的研究成果与方案，形成不同类别高职智库的独特优势。

3. 创新驱动，持续发展。据统计，2018 年全国共有普通高校 2 663 所（含独立学院 265 所），比上年增加 32 所。其中，本科院校 1 245 所，比上年增加 2 所；高职（专科）院校 1 418 所，比上年增加 30 所。高职院校的办学数量已超越普通高校，人数也大体相当。高等职业教育无论在学院数量还是学生数量上已占据了我国高等教育的半壁江山，但在内涵建设、学术研究和技术转化能力上，由于起步较晚和起点较低，与研究性高等院校相比仍有相当大的差距。

因此，高等职业教育的智库建设不能因循守旧，需要在新技术的平台上，解决智库建设的可持续发展动力问题。需要提高创新意识，打破行业壁垒、教育类型壁垒，建立与各方面力量优势互补、合作共赢，具有创新驱动能力的体制机制。通过人才引聚，促进跨学科、跨部门、跨地区的优化组合，不断提高智库的内生动力和创新活力。

4. 成果评价，决策应用。中国特色新型智库的建设是以服务党和政府科学民主依法决策为宗旨，这就决定了智库研究的选题必然要以服务国家发展为导向，以聚焦国家急需为主攻方向。同理也决定了智库研究成果的评价，要以成果为决策者采纳应用的质量和数量为重要的衡量标准。

当前，各高职院校的智库研究的选题必然要以围绕服务职业教育的现代化为中心，以落实国家职业教育改革实施方案为主攻方向。研究成果的衡量评价同样要以是否创造性地促进职教改革进程中重难点问题的解决，以是否创造性地让智库的“谋划”转化为高层决策的动力，让智库的“方案”转化为实际行动的力度，让智库的“言论”转化为社会共识的美誉度，来作为评价研究成果前瞻性、战略性、针对性、操作性和影响力的重要标准。

四、高等职业院校新型教育智库的功能定位

教育部在《中国特色新型高校智库建设推进计划》中明确指出了高校智库的功能定位：高校智库应当发挥战略研究、政策建言、人才培养、舆论引导、公共外交的重要功能。高职院校作为高校的重要组成部分需要发挥同样的功能。

具体而言，笔者以为新时代高等职业教育智库需要着重开展职业教育的基础理论研究、重大现实问题的综合研究、社会热点问题的释疑研究、人文公共外交的推动研究，为推动职业教育现代化发挥智囊团、思想库和舆论宣传的作用。

（一）职业教育的基础理论研究

《方案》明确指出了职业教育是一种教育类型，方案的总体要求是把职业教育摆在教育改革创新和经济社会发展中更加突出的位置，完善职业教育和培训体系，鼓励和支持社会各界积极支持职业教育。

首次提出的职业教育类型蕴含了诸多事关国家教育现代化建设及职业教育体系改革的基础理论和范式构建等一系列研究课题，需要政府、民间和专业学术智库的协同研究。高职院校作为职业教育的排头兵和职教现代化的主体建设者，有义务和责任担当职教理论研究和职教体系改革的先行者。

（二）重大现实问题的综合研究

《方案》明确指出到 2022 年，建设 50 所高水平高等职业学校和 150 个骨干专业（群），建成覆盖大部分行业领域、具有国际先进水平的中国职业教育标准体系，建设 300 个具有辐射引领作用的高水平专业化产教融合实训基地。

这是当前职业教育面临的重大现实问题和亟待开展的研究课题，事关职教现代化的进程。这些问题的解决方案需要多学科多部门跨行业跨领域专家学者的共同研究，需要提出具有针对性和可操作性的政策建议。如怎样破解产教融合面临的教育部门和产业部门“双元”的深度融合，职业教育的人才培养质量，应用型、复合型、技术技能型人才培养模式（现代学徒制、企业新型学徒制等）持久实施等一系列政策和标准制定与实施的难题。这关乎职业教育作为一种教育类型的人才培养质量是否满足教育现代化要求的质量标准问题。

（三）社会热点问题的释疑研究

在启动实施中国特色高水平高等职业学校和专业建设计划，建设一批引领改革、支撑发展、中国特色、世界水平的高等职业学校和骨干专业（群）的同时，《方案》还提出，推动具备条件的普通本科高校向应用型转变，鼓励有条件的普通高校开办应用技术类型专业或课程；开展本科层次职业教育试点；以及建立“职教高考”制度，完善“文化素质+职业技能”的考试招生办法，提高生源质量，为学生接受高等职业教育提供多种入学方式和学习方式①。

这些都是当今社会的教育热点问题，尤其是“职教高考”制度的改革，事关“初高中毕业未升学学生、退役军人、退役运动员、下岗职工、返乡农民工等接受中等职业教育”的社会稳定问题；以及“服务乡村振兴战略，为广大农村培养以新型职业农民为主体的农村实用人才”，提升全民教育素养，关乎民生教育质量的社会热点问题。

高职智库需要担负其人才培养的职责，以及相关社会热点问题的释疑，引导民众不

---

① 国务院. 国务院关于印发国家职业教育改革实施方案的通知[EB/OL].(2019-02-13)[2019-10-15]. http://www.gov.cn/zhengce/content/2019-02/13/content_5365341.htm.

断自觉地提升受教育意愿，逐步形成终身学习和终身教育的社会风尚。

（四）人文公共外交的推动研究

《中国教育现代化2035》聚焦教育发展的突出问题和薄弱环节，重点部署了面向教育现代化的十大战略任务，其中提出“分类建设一批世界一流的高等学校”，“建设一批国际一流的国家科技创新基地”，“集中力量建成一批中国特色高水平职业院校和专业”，“开创教育对外开放新格局”。因此，必然要求高职教育智库聚集和培养一批优秀人才，探求职教领域“推进中外高级别人文交流机制建设”方案的研究。通过人文交流机制的建设，推动公共外交，促进和创造条件鼓励有条件的职业院校在海外建设“鲁班工坊”，“积极参与全球教育治理，深度参与国际教育规则、标准、评价体系的研究制定”，促进职业教育现代化进程中的国际交流，在交流学习和借鉴中，展示和推广中国特色职业教育体系的设计理念、教育模式和优秀成果。

五、结语

高等职业院校肩负着高等教育和职业教育的双重使命，其新型教育智库作为高校教育智库的新生代和重要组成部分，是新时代赋予职教工作者的新使命、新担当。

笔者以服务教育现代化的战略布局为出发点，在职业教育的职业属性和新型智库的特色属性相融合方面，虽然对高职院校新型教育智库的内涵特征和研究的功能定位进行了初步的探索，但作为一种新的教育类型，职业教育仍面临着一系列诸如体系改革、运行机制、研究范式和建设方略等宏观和微观层面的理论和实践难题，亟须在相关政府职能部门的协调下，集各领域专家学者共同参与破解，加强与各层级相关智库机构开展更深入的合作交流。在优势互补、资源共建共享的基础上，更加明晰高职教育智库的特色与定位，扎实稳步推进智库建设，切实有效发挥作用，促进职业教育现代化的早日实现。

广东高职教师均衡发展的问题、对策及案例剖析

广东省教育研究院　万达*

摘　要：职教育区域均衡发展有利于促进高职教育的区域公平、促进高职教育资源的有效配置、促进区域经济社会的全面协调可持续发展。本文通过分析广东珠江三角洲地区和粤东西北地区经济发展的不均衡和高职发展不均衡及师资队伍建设不均衡的现状、原因，提出对策。具体剖析了粤东地区某学校的师资队伍建设案例。

关键词：广东　高职教师　均衡发展

《国务院关于印关国家职业教育改革实施方案的通知》开宗明义第一句话即表明：职业教育与普通教育是两种不同教育类型，具有同等重要地位。职业教育是国民教育体系的重要组成部分，教师在职业教育中处于非常重要的地位，《广东省人民政府办公厅关于印发广东省职业教育“扩容、提质、强服务”三年行动计划（2019—2021 年）的通知》《中共广东省委　广东省人民政府关于全面深化新时代教师队伍建设改革的实施意见》等文件中明确提出要“全面提高职业院校教师质量，建设一支高素质双师型教师队伍”。随着职业教育规模的扩大和办学水平的提升，对职业技术技能人才培养模式的变革，高职教育教育办学质量的提升需要打造高质量、专业化的教师队伍。创新高职教师管理机制，加强高职教师队伍的专业化建设，全面提高高职教师的专业化水平是实现高职教育高质量发展的重要保证。

广东省作为全国职业教育大省，近些年在职业教育改革领域取得巨大成就。然而，由于广东经济发展的区域性不均衡，导致广东职业教育的不均衡不充分，体现在学校治理、人才培养、基础建设等多方面。师资作为具有主观性和流动性的关键要素，在当前不均衡的现状中，其矛盾尤为凸显。找出广东高职教育发展中师资不均衡问题的原因，提出对策，有助于解决我省高职教育不均衡不充分问题，提升粤东西北地区高校的整体实力，增强粤东西北地区高校服务和支撑区域经济社会和文性产业发展能力。

一、广东经济发展的不均衡

（一）现状

广东是我国第一经济大省，2018 年，广东全省实现地区生产总值近十万亿元，比

* 作者简介：万达，广东省教育研究院职业教育研究室副教授。

2017 年增长 6.8%，广东人均地区生产总值达到 87 096 元。其经济总量自 1989 年起连续 29 年居全国第一位，已达到中上等发达国家水平，然而广东各地级市是全国发展最不均衡的。从分区域看，珠江三角洲地区生产总值占全省比重为 83.3%，粤东西北地区占 16.7%。粤东西北地区共辖有 12 个地级市，其中粤东地区包括汕头、潮州、揭阳、汕尾 4 市；粤西地区包括湛江、茂名、阳江 3 市；粤北地区包括韶关、河源、梅州、清远、云浮 5 市。粤东西北区域总面积约 12.5 万平方公里，占广东全省 70%，人口约占广东全省 44.47%。这个地域广阔、人口众多的地区，人均生产总值却低于全国平均水平，最低的地级市甚至只有全国平均水平的一半①。由此可见，粤东西北地区仍然属于经济欠发达地区，广东经济发展有明显的不均衡性特点。

（二）原因

广东省区域发展不均衡的原因很多，既有地理环境、历史问题等客观方面的原因，也有政策、发展模式、人才制度等主观方面的原因。

1. 地理环境制约。改革开放以来，都是珠江三角洲地区承接了香港、澳门、台湾等地区的产业转移，这个地区也有地利优势。早期的企业都是在地势平坦的珠江三角洲地区，利用了珠江三角洲陆地交通便利、近海等优势。地理原因制约了交通发展，广东虽是交通大省，高速公路总量仅次于河南，但区域布局存在极度不平衡的问题。广东省快速铁路、高速公路主要集中在珠江三角洲地区，而占全省面积近 70% 的粤东西北地区，交通设施严重滞后，高速公路只占全省的 40%。

2. 粤东西北地区的经济发展缓慢。近几年的粤东西北地区的经济，虽然取得巨大增长，但由于工业基础薄弱，总体上仍处于工业化初期的中后期阶段，工业化进程明显滞后。粤东西北地区经济不振，主要是对自身的发展优势认识不清，缺乏创新驱动，科技含量高的经济支柱发展不足，导致产业结构升级慢，三次产业发展不协调。第一产业基础薄弱，第二产业大而不强，第三产业发展滞后，主要原因是地区自主创新能力不强。

3. 与区域经济发展紧密关联的人才培养问题。改革开放以来，粤东西北地区向珠江三角洲地区输出了大量的劳动力资源，不仅输出了大量的廉价劳动力助推珠江三角洲地区成为“世界工厂”，而且很多高素质的粤东西北籍的大学生均在珠江三角洲地区工作，这使得粤东西北地区成为人才净流出的大户。人力资本的缺乏阻碍了粤东西北地区的创新发展，不利于粤东西北地区的振兴大计。另外，作为与经济发展密切关联的高等教育和职业教育资源也相对短缺，在人才培养的源头上即存在一定弱势②。

二、广东高职教育及教师发展的不均衡

（一）现状

广东是经济最为发达的省份之一，职业教育也得到了快速发展。高职院校在实现教育公平、提高高等教育入学机会、人力资源开发等方面做出了很大的贡献。广东高职教

①② 梁琦，钟惠琳，龙标东，等．广东省区域经济发展不平衡的问题及对策［J］．中国发展，2016，16（6）：39－43．

育在规模上为全国第一，其高职教育总体上有较大影响力，但广东高职教育在总体上呈现出区域之间相对不均衡的发展特征，体现在如下几个方面。

1. 广东高职院校布局与高职教育机会的区域性不均衡。截至 2018 年底，广东有高职院校 88 所，在校生规模为 75. 91 万人，在校生数量居全国首位。珠江三角洲学校有 72 所，在校生人数 65. 76 万人，地区总人口 6 300. 99 万人，高职院校数占全省高职院校的 81. 8%，其中广州有 48 所，占全省高职院校的 54. 5%。粤东地区有 4 所，地区总人口 1 737. 81 万人；粤西地区有 7 所，地区总人口 1 620. 08 万人；粤北地区有 5 所，地区总人口 1 687. 12 万人；梅州、潮州无公办职业技术院校（见表 1）。广东省高职院校在区域分布上并不均衡，这种现状必然会影响到高等职业教育机会的均等，也会影服务区域经济发展的高级技术技能人才培养。万人拥有高职在校生的人数是反映区域高职教育机会均等的重要指标，一般而言，该指标在各地区越接近，则接受高职教育的机会越均等，高职教育越公平。

表 1　广东各地区人口数与高职学生数情况表①

地区	学校数/所	在校生数/万人	2018 年末常住人口数/万人	每万人高职生数/人
珠江三角洲	72	65. 76	6 300. 99	104. 36
粤东	4	4. 04	1 737. 81	23. 25
粤西	7	3. 87	1 620. 08	23. 89
粤北	5	3. 24	1 687. 12	19. 20

2. 珠江三角洲与粤东西北地区高职发展水平的不均衡。到 2018 年底为止，广东共有 11 所国家示范（骨干）高职立项院校，而这些高职学院也全部分布在珠三角城市，具体分布为：广州市 6 所，深圳市 2 所，佛山市 1 所，中山市 1 所，珠海市 1 所。广东省立项的省示范高职院校共计 25 所，具体分布为：广州市 16 所，佛山市 2 所，深圳市 1 所，中山市 1 所，珠海市 1 所，东莞市 1 所，江门市 1 所，河源市 1 所，清远市 1 所（见表 2）。

2019 年，教育部认定优质高职院校，广东省 14 所优质高职院校全部在珠江三角洲地区。在教育部正准备立项建设的“双高”院校，其申报学校也均来自珠江三角洲地区。

表 2　广东省各地区高职院校建设成效简表②

地区	学校数/所	国家示范（骨干）高职数/所	省示范高职数/所	一流或优质校数/所
珠江三角洲	72	11	23	14
粤东	4	0	0	0
粤西	7	0	0	0
粤北	5	0	2	0

① 资料来源：根据广东省各高职院校的《高等职业教育质量年度报告（2019）》和《广东统计年鉴（2018）》计算。

② 资料来源：根据各高职院校网站数据推算。

3．珠江三角洲与粤东西北地区高职教师发展条件的不均衡。高职教师是教育教学的引导者和实施者，提高人才培养质量的关键是加强师资队伍建设。师资条件对一个学校来说具有举足轻重的意义，甚至可以说是决定其生存与发展的最重要的因素。珠江三角洲两所高职院校和粤东西北分别遴选一所高职院校进行师资相关指标项的比较，具体有学历比例、职称比例、“双师型”比例、有专利的专任教师比例、省级以上教学名师数等主要反映教师队伍情况的指标项（见表3）。

表3　广东省各地区学校师资队伍情况简表①

地区/学校	校内专任教师人数/人	教师博士学位比例	教师硕士学位比例	“双师型”教师比例	有专利的专任教师比例	省级以上教学名师数/人
珠江三角洲/深圳信息职业技术学院	520	51.92%	29.62%	85.38%	21.73%	5
珠江三角洲/中山火炬职业技术学院	351	8.26%	43.59%	81.48%	14.53%	1
粤东/揭阳职业技术学院	222	0.45%	31.98%	41.89%	2.25%	0
粤西/阳江职业技术学院	468	1.50%	16.03%	42.31%	2.56%	1
粤北/罗定职业技术学院	422	0.24%	35.07%	50.00%	0.71%	1

从表3可以看出，相对珠江三角洲高职院校来说，粤东西北高职院校存在教师队伍建设相对薄弱、高学历师资队伍数量不足、师资职称结构不合理、“双师型”教师比例偏低、有专利的专任教师比例偏低、省级以上教学名师偏少等现象。

（二）原因

除上文所述广东经济发展水平不均衡导致高职教育发展不均衡外，还有诸如政策、学校治理等原因。

1．现行公办高职院校的财政政策差异造成的不均衡。公办高职院校的办学经费投入主要是依靠“财政拨款+学费收入”，公办高职院校从管理性质来看分为省属院校和地方院校，对公办高职院校学费，国家有相应规定，不可轻易变动，所以办学经费的主要来源即为财政拨款。省属高职院校的办学经费主要由省级财政拨付，省属高职院校能享受到广东省整体经济发展的优势，办学经费投入具有一定的保障，这类高职院校除少数在珠江三角洲其他城市外，其他基本在广州。而地方高职院校办学经费主要由各地市财政拨付，基本上只能依靠本地的财政支持，所以，地方高职院校的办学经费因各地经

① 资料来源于广东省各高职院校的《高等职业教育质量年度报告（2019）》。

济的差异而差别很大。上文已述，珠江三角洲地区的经济发展水平与粤东西北地区存在巨大差异，对粤东西北地区的高职院校来说，由于目前的属地财政拨款制度，除少数专项项目外（如创新强校项目），基本上得不到省级财政的资金投入，粤东西北高校的财政拨款水平远低于全省平均水平，以罗定职业技术学院为例：其生均财政拨款仅为教育部规定标准的1/4。从以上分析可以得出，目前财政拨款制度是导致高职教育区域不均衡发展的一个非常重要的制度原因，这也必将长期影响高职教育的公平和均衡发展[①]。另外，近些年开展的国家示范（骨干）校建设、省示范校建设和正在实施的“双高”校建设这些工程对于推动高职教育的快速发展和引起全社会对高职教育的重视起到了非常大的作用，但政策却忽略了对办学条件落后高职学院的扶持，珠江三角洲地区高校由于各有较好的先天基础，能被评审为示范（骨干）校或“双高”校，从而获得大量的建设资金，进一步加剧区域间高职发展的不均衡。

2. 珠江三角洲与粤东西北地区高职师资队伍建设不均衡的原因。地方政府对高等教育支持不足，经济社会环境对人才缺少吸引力，政府对师资的培训经费不足，资金短缺，人才培训渠道不畅，从而更无法形成高水平的科研团队和教学团队，教师队伍的科研水平和教学水平落后，年轻教师队伍难以培养。高层次人才引进渠道和培养机制不完善，引进人才考核指标不切实际，人才引进后，学校往往只重视经费津贴的支持和职务职级的安排，忽视团队建设、相应科研条件的建设以及管理服务的跟进，导致引进人才忙于事务性工作，不能集中精力于学科建设及科研工作。此外，对于引进人才的考核指标存在急功近利倾向，过度重视聘期科研成果考核。高层次人才缺少发挥作用的平台，导致吸引力不足。高层次人才创业及家属安置存在困难多，人才引进难、流失易。缺乏优质中小学，引进人才子女难以享受优质教育服务。所在地文化教育医疗等基础设施落后，现代产业和服务业发展滞后，缺少技术转化和服务平台，就业创业环境差。

（三）对策

1. 加大政策扶持，缩小区域办学条件的差距。政府应从全省经济社会发展大局出发，优化资源配置，全面考虑不同地区、不同层次的高职教育发展状况和需求，通过各种措施加强政府的宏观调控，促进区域间高职教育的均衡发展。明确地方政府对高职教育经费支出比例，确保地方财政收入对高职教育的稳定投入。加大省级财政转移支付力度，支持粤东西北地区政府加大对高校建设教学行政用房、实习实训基地的用地和经费支持，支持高校加快学校硬件建设，为高层次人才引进和发挥作用创造良好条件。拓宽高职教育的办学经费来源，采取各种优惠政策，鼓励民间资本投入到高职教育领域建立帮扶合作共建机制，促进省内一流高职院校相关学科专业对接，对于相关高校在加强教学条件建设、高职院校深化教学改革、教师学术水平和教学水平提升等方面给予支持，引导其提高人才培养质量。

2. 提升师资水平，激发粤东西北高职院校的发展活力。加强人才队伍建设，设立粤东西北地区高校人才引进专项和提供经费，重点支持粤东西北地区高职院校重点专业

---

① 肖军民，李懋，万伟平. 广东高等职业教育不均衡发展问题研究［J］. 职业教育研究，2011（6）：5－7.

（群）、优势特色专业引进高层次人才。根据粤东西北地理位置、人口状况、经济产业结构及发展水平，实行分类指导。根据当地产业和社会发展需求及学校办学定位优先建设若干重点学科、优势专业、工作室等，为高层次人才引进和发挥作用搭建平台。加强对青年骨干教师的培养，优化高层次人才机制。在专业建设、实验室建设中，设立关键岗位，明确岗位职责和考核标准，按要求聘用高层次人才；对高层次人才完善教学科研激励与约束机制。加大政策倾斜力度，对培养粤东西北地区青年教师给予政策倾斜和经费支持，在教学科研成果评奖上给予倾斜。

3. 深入分析个案，寻找破解问题的改革措施。粤东西北高职院校发展平衡既有个性问题，也是共性问题，深入剖析某个院校的具体问题，对于了解制约学校发展的机制障碍、政策壁垒、层次水平等诸多原因有积极的意义。用庖丁解牛的方法，细致分析某个院校在学校治理、教学管理、人事制度改革、队伍建设、校企合作、实习实训室建设、专业（群）建设、科研与社会服务、学生管理、质量保障等方方面面有关学校建设和人才培养的各项工作，厘清治理逻辑，找出粤东西北高职院校发展不平衡的原因做深层次分析，挖掘院校存在的问题，方可确立改革发展的方向，优化管理方法，提出行之有效的针对性策略，进而寻找破解问题的改革措施。

三、A 高职院校教师发展问题案例剖析

近期，笔者对 A 高职院校师资队伍建设进行了调研，发现其情况有一定典型性和代表性，现以其师资队伍建设作为具体案例做出问题分析和提出对策建设。

（一）师资队伍建设存在的问题

1. 人才队伍建设机制不完善。高层次人才引进机制不健全：受地域因素影响，一定程度上制约了高层次人才引进，学院在高层次人才引进上措施缺乏，力度不够，观念不新。教师培养机制不完善，教师队伍“引育”机制不健全，制约了人才引进与教师队伍的建设，影响了队伍干事、创业的热情和动力。学院对教师培养提供的机会少，经费少。工作量与考核机制不合理：未形成行之有效的工作量考核制度，教师工作量考核应该包括授课工作量、育人工作量、科研工作量和社会服务工作量等，但目前的工作量考核与教师工作量分配不匹配，对部分教师形同虚设，上不上课区别不大，使得学院教师形成两个分极。一是兼职教师管理不完善。兼职教师聘请是各教学系自发行为，人事部门缺乏统筹规划，兼职教师缺乏引进、培育、管理的措施。二是“双师型”教师认定制度不健全。A 学院缺乏在教师引进、培训进修、下企业锻炼等方面的统筹设计，大部分专业教师从学校毕业后没有企业相关经验，企业经验无从谈起，导致“双师型”教师比例严重偏低。

2. 人才队伍结构不合理。专职教师不足且分布不均衡，缺乏高层次领军人才和业界有影响力人才，优秀教学团队尚未完全形成，专业带头人、骨干教师培养不够系统，人才引进制度不够健全，师资的结构、质量等方面都不同程度地存在问题，很大程度上制约了专业（群）建设、课程建设与发展。教学团队未能形成，因学院未能有高层次专业领军人才，专业也少有形成科学合理的组群，至今未能形成合理的校级教学团队，不具备申报省级教学团队的基础。结合区域经济特点的名师工作室、大师工作室等在职

业院校中应作为亮点突出建设的机构，学院并未纳入工作重点，因此也无实质性成效。职称结构不合理，正高级职称占全校专任教师的0.2%，导致高水平的专业带头人十分缺乏，甚至一些专业仍未有专业带头人，无法形成学术群体和专业梯队。学历结构不合理，学历是个人接受正规教育的程度，是衡量教师学识和能力的标准之一，学历越高，业务基础与发展潜力相对越大。在专任教师中，博士学位者仅占0.5%，一定程度上影响着学院在尖端科研、学院综合实力的提升和发展。

3. 人才队伍产出不突出。教学理念较为落后，教师参与专业与课程建设的关注度、热情度不高，尚未完全树立专业的事情由专业教师办的观念；专业建设的团队精神不足，制约了专业的进一步做大做强。学校教师观念落后是制约教学质量提升的主要因素。教学科研和社会服务产出不足，教师在科研产出的指标上均远低于同类学校。

（二）促进教师发展的举措建议

1. 优化教师队伍建设制度。优化“六项制度”，即绩效考核制度、高层次人才引进制度、职称评聘制度、“双师型”教师认定制度、教师培养进修制度、兼职教师管理制度。完善绩效考核制度：从教学、科研、育人和社会服务视角制定科学合理的教师绩效考核指标体系，建立以目标管理和目标考核为重点的绩效考核制度，考核结果作为教师岗位调整、绩效工资核算及续聘用的依据；修订完善兼职教师绩效考核管理制度。制定实施高层次人才引进与管理制度：制定学院高层次人才引进和管理办法，引进各类高层次人才。探索通过先面试后笔试、直接面试、技能测试、考察聘用等方式招收高素质教师。扩大自主引才范围，简化程序精准考核，提高高层次人才待遇。优化职称评聘制度：充分利用职称评聘对教师队伍建设和专业建设的导向作用，激发教师热情。分类评审，结合专业建设与人才队伍建设需要，明确不同类型职称评审条件，分类管理、分类评价，实现人尽其才、才尽其用。完善教师培训培养进修制度：每学期有计划设计、组织2~3天校本培训，加强职业教育新思想、新理念培训。

2. 优化教师队伍发展环境。科学评价教师，坚持以品德、能力和业绩为导向，完善评价标准，创新评价方式，强化工作业绩在职称评审中的作用，充分发挥职称评审的导向与激励作用，坚持定性评价与定量评价相结合，定性评价包括思想品德、职业道德、工作态度、民主评议情况等，定量评价包括学术水平、科研成果、教学成果、教学工作量及教学效果等。加强青年教师培训，青年教师的培训以学习新理论，完善知识结构，提高创新能力、专业水平、综合素质为目的，实现全校青年教师每年必须参加校级培训，每3年至少参加1次省级培训。鼓励教师在职攻读博士学位，对自费在职攻读博士学位的，学费按照学校规定进行报销，并相应的给予一定的奖励资金。加强学校与国内外高校交流合作，选派青年骨干教师作为访问学者到国内外高水平的高等院校、科研院所的优势专业研修，提高学院教师的应用研究能力，改进教师的教学方法，促进师资队伍整体水平的提升。

3. 实施具体举措，提升队伍能力。实施师资队伍建设的“八大计划”。具体为全员师德师风建设计划，全面提升教职员工师德师风，保障学生健全人格和社会责任感的养成，建立“三全育人”的长效机制；针对高层次人才培育的头雁计划，吸引高层次人才来为学院建设发挥领头雁功能，引领科学研究、社会服务良性高速发展；针对专业

带头人建设的名师建设计划，使专业带头人成为具有现代高职教育理念、具有较强的科研能力、专业管理能力、熟悉行业发展动态、能引领专业建设方向的专业领军人物；针对骨干教师的工匠建设计划，通过校企合作平台到企业挂职锻炼、参加技术服务、课程开发等方式，提高骨干教师的实践教学能力与社会服务能力；针对普通教师巧手建设计划，通过设立青年教师教学、科研培育项目等措施，创造优秀人才脱颖而出的环境条件；针对兼职教师的培用建设计划，引能工巧匠、企业师傅、工程师、退休名专家等进校园，充分利用企业工程技术人员的技术优势，壮大兼职教师队伍；教学团队建设计划，加大教师团队的建设力度，遴选带头人能力强、结构优化，促进教师团队整体素质高；教师转型发展计划，把学院和教师作为命运共同体，综合考虑专业规划调整和教师职业生涯发展，在稳定队伍、确保每位教师承担教学任务的情况下，加快部分教师队伍转型，培养适应社会经济发展新要求的人才。全面提升专业带头人的科研能力与行业影响力、骨干教师的实践教学能力、普通教师的教学教改能力和兼职教师的教育教学能力，为培养行业高素质技术技能人才做出有力保障。

参考文献

[1] 国务院. 国务院关于印发国家职业教育改革实施方案的通知[EB/OL].(2019-02-13)[2019-10-15]. http://www.gov.co/zhengce/content/2019-02/13content_5365341.htm.

[2] 教师工作司. 中共广东省委　广东省人民政府关于全面深化新时代教师队伍建设改革的实施意见[EB/OL].(2018-08-26)[2019-10-15]. http://www.moe.gov.cn/jyb_xwfb/xwfb/xw_zt/moe_357/jyzt_2018n_zt03_ls/201810/t20181018_351997.html.

[3] 广东省人民政府. 广东省人民政府办公厅关于印发广东省职业教育“扩容、提质、强服务”三年行动计划（2019—2021年）的通知[EB/OL].(2019-02-20)[2019-10-15]. http://www.gd.gov.cn/zwgk/wjk/gbwj/yfb/content/posp_2170531.html.

[4] 肖军民，李懋，万伟平. 广东高等职业教育不均衡发展问题研究［J］. 职业教育研究，2011（6）：5-7.

[5] 朱玲. 广东省高职教育区域均衡发展研究［J］. 黄冈职业技术学院学报，2017，19（4）：15-18.

[6] 谢勇，王彦. 江苏高职教育区域均衡化发展研究［J］. 职教通讯，2012（13）：52-56.

[7] 梁琦，钟惠琳，龙标东，等. 广东省区域经济发展不平衡的问题及对策［J］. 中国发展，2016，16（6）：39-43.

[8] 袁静. 高职院校教师专业发展现状的实证审视与反思［J］. 高等职业教育—天津职业大学学报，2016，25（2）：14-17.

[9] 杨阳. 粤北山区高职院校师资队伍建设的现状研究［D］. 广州：广东技术师范学院，2017.

校企共建职业人才标准，服务制造行业转型发展

广东机电职业技术学院　漆军*

摘　要：职业教育是要拉近职业和教育的距离，文章分析了职业教育目前存在的问题，并分享学校与企业共建职业人才标准的实践经验，提出构建顶层标准，打通成长通道；制定能力标准，明确培养目标；制定课程标准，规范人才培养；制定实施标准，把控课堂质量。

关键词：校企共建　人才标准　职业教育

笔者一直认为做职业教育就是要拉近职业和教育之间的距离，同时填平社会和学校之间的沟壑，特别是现在社会经济发展非常快，感觉教育和社会之间距离越来越远。为了解决这些问题，省教研院带领广大教师一直在进行改革。

在此，笔者主要从以下 5 个方面来汇报工作：职业教育目前存在的问题；构建顶层标准，打通成长通道；制定能力标准，明确培养目标；制定课程标准，规范人才培养；制定实施标准，把控课堂教学。总之就是想通过一种标准化的方法来解决刚才所提到的问题。

一、职业教育目前存在的问题

习近平总书记说："坚持把服务中华民族伟大复兴作为教育的重要使命"，孙春兰副总理强调，习近平总书记讲话要求我们增强教育人才培养的针对性、适应性，提升教育服务经济社会发展的能力。广东省经济处于转型升级阶段，职业教育存在以下 4 点问题。

（一）教育发展跟不上学生成长要求

现在随着"00 后"进入学校，和以前学生的状态相比变化非常大，以前是老师说上什么就上什么，他们不一样，他们有多样化的需求，同时他们的成长方式也非常多元。就像最近新生报到，学院专门开了新生会，同时也开了家长会。在会议中，学生和家长问得最多的一点就是学校是否提供升学的通道，如果我们没有这方面的服务，他们会感到非常的遗憾。

（二）人才培养跟不上企业技术发展

我们这几年去企业调研，明显感觉到企业的环境和技术发展非常快。过去很多企业

---

* 作者简介：漆军，广东机电职业技术学院副院长，教授。

环境并不理想，现在许多企业进行了装修改造，有的还设计了咖啡桌，整个车间文化都发生了变化。企业现在设备更新和改造非常快，我们有一家合作企业，原来去的时候还是很多人在操作控制机器，现在去就基本上看不到几个人了，就发生在短短两三年内，变化非常大。反过来看我们的人才培养仍存在很大的差距。还有现代制造业已出现有一段时间了，但市面上根本找不到相关教材，包括资源都找不到，我们跟一个公司正在洽谈，准备开发这方面的教材，我们在人才培养上，还是跟不上企业技术的发展。

（三）课程内容跟不上岗位内在变化

从我们学校来看，许多课程内容几乎没有什么变化，但是再看看企业的岗位变化，有些要求已经完全不同了。例如智能制造，我们看到操作工今后可能会慢慢地消失，虽然还有操作工，但这个操作工的岗位要求和我们以前的操作工的岗位要求完全不同，所以我们的教学内容需要跟上企业岗位的变化。

（四）课堂教学跟不上工作任务情境

我们现在的课堂教学，还是比较传统，虽然引入了项目教学，但是与企业项目相差较大，这也是我们的学生出去工作后还不能适应实际岗位的原因。

二、构建顶层标准，打通成长通道

为了解决这些问题，在省教育厅和省教研院的领导下，我们做了一些探索。首先是要构建顶层标准，打通成长通道。广东开放大学主持，企业参与，第一次在广东省构建了终身教育资历框架等级标准。我们学校也是重要的参与者，我们先后邀请了 8 家具有代表性的制造企业和行业协会参会，调研了 69 家企业，摸清了机械制造行业员工职业成长途径，为资历框架等级标准形成提供行业依据。

要建立一个资历框架，首先要建立等级。框架到底分为几级？笔者认为这是我们框架的一个“锚”，必须要定好这个“锚”，然后才可以逐层进行开发。通过调研机械制造行业，发现企业岗位等级有的有 12 级，有的却只有 5 级或 6 级，这种定级完全是根据企业的需要来定，其实这种级别多少并不影响框架大局，基于这种认识，资历框架最终按照目前教育级别定级，将学历和非学历贯通，这就较好解决等级问题。

框架不但包含等级，还包含教育类型，广东终身教育资历框架显示出普通教育和职业教育同属于学历教育，别的就是非学历教育，从职业教育角度来讲，笔者认为大职业教育是包含了职业技术教育和后面非学历的培训。顶层的广东终身教育资历框架出来以后，不同类型教育之间的关系，以及同一类型教育各层次之间的关系就非常清晰了。比如说普通教育和职业教育，不同类型教育之间是一个什么样的关系，1 ~ 7 级又对应的是什么样的教育学位，框架都表达得非常清楚，包括我们的培训，我们怎样分层级，这上面也讲得很清楚。有了这个顶层的框架，后面学生的成长，我们可以按照这个框架来做。这实际上给我们的学生成长建立了一个很好的通道。

有了顶层框架之后，还需要制定资历框架等级描述，从知识、技能、能力三个维度来进行定义，通过这三个维度，其实我们就可以把每个教育层次的要求通过不同教育类型的最大公约数非常抽象地概括出来，成为每个层次不同类型教育的参照标准，这些类

型包括普通教育、职业教育，也包括培训，职业资格证书，从而形成终身教育资历框架等级标准。

三、制定能力标准，明确培养目标

有了这个顶层标准以后，对我们学校和专业来说还是不够的，我们学校需要参照这个标准，开发行业的职业成长框架，明确各个层次的目标岗位。例如我们学校制造类专业将机械制造这个行业分了 7 个职能范畴，这个职能范畴实际上就是我们的岗位类型群，对于每一个范畴，我们将企业员工的成长又分成了 7 个发展层级。对于每个职能范畴，我们通过调研明确了对应哪些岗位。在这个基础上，我们还要根据员工的职业成长途径，明确这些岗位属于哪个层次？再进一步根据对毕业生的调研确定中职到底对应哪个层次岗位，高职对应哪个层次岗位。到了这一步，实际上我们学校专业人才培养的目标定位就出来了，目标岗位非常清楚了，这才达到了学校的要求。

知道了目标岗位群以后，需要将岗位群能力以标准化单元模块的形式描述出来，形成能力单元明细表。我们具体做法是将职能范畴进一步细化为职能，根据职能所包含的岗位群，进行工作任务分析，形成能力模块，或称能力单元。能力单元实际上是我们培训的重要模块，同时也是我们今后开发学校课程的一个重要参照。不同层次、不同的职能范畴就有不同的一些能力单元，这些能力单元也分为一到七级不同等级。

有了能力单元，我们具体应该讲授什么样的内容就明确了。我们有一个案例，比如说编制一个零件工序卡。这里面有知识和素质的要求，也有能够完成的一些行为要求，同时还有一个评价指引，评价指引就是说这样一个单元，怎么来评价达到了能力要求没有。我们不能只写了内容而没有评价方面的说明。能力单元实际上是一个闭环。有了这之后，我们开发课程就非常方便。参照这些不同等级的职业能力单元，就可以构建课程体系，而且是构建一种成长型的课程体系。课程体系中课程又是从哪儿来的？就从能力单元来的，可能是几个能力单元构成一门课程，也可能一个能力单元形成一门课程。课程体系分为基础技能、专业技能、技术技能、管理技能这几种能力逐步提升的课程，通过这种方式，我们形成一种成长型的课程体系。

四、制定课程标准，规范人才培养

成长型的课程体系构建了，还需要针对课程制定课程标准，对课程具体要讲什么内容以及要达到什么目标有一个明确要求。如何制定课程标准？我们认为最好以成果为导向制定。具体来说就是课程标准首先明确课程传授需要达到的成果目标，如能力目标、知识目标和素质目标。然后传授的知识按照这些成果（主要指能力成果）来组织内容，使成果和知识形成一一对应的关系。课程标准最后还要有评估内容，评估也是围绕课程标准前面列出的成果来组织评估任务。

五、制定实施标准，把控课堂质量

老师拿到这个课程标准以后，由于所使用教学资源和方法的不同，也会造成教学效

果差异较大，因此教学时还要对课程标准进行进一步的开发，制定课程实施标准，规范课堂教学，并提出具体的评估方法，以提高教学质量。课程的每一节课用到什么样的项目资源以及教学方法和手段建议，都要在课程实施标准里面罗列出来。围绕这个标准，课程团队各位老师每次课后都可以提出改进意见，团队再不断完善标准。通过这种方式，课堂质量得到有效把控。

产教融合：内涵、动因与推进策略

湖南省教育科学研究院　欧阳河　中山职业技术学院　戴春桃*

摘　要：产教融合既是一个政策性词语，又是一个学术性词语。从政策和学术两个角度认识产教融合，有利于更好地贯彻落实产教融合政策。融合的基本内涵是几种不同事物合成一体。产教融合，即产业与教育融为一体。产教融合的基本标志，是产生了新的产教融合体或增长点。其政策出台的背景是校企合作交易不足和受到产业融合发展的启示。基本动因在于管制放宽和技术进步。演进方式主要有渗透融合、延伸融合和重组融合。主要类型有办学融合体、教学融合体和产品融合体。融合途径有市场需求导向、数字化教学技术导向和技术应用交叉渗透导向三种。推进策略是精准定位、管制放宽、技术创新和重心下移。

关键词：产教融合　内涵　动因　类型　推进策略

产教融合一词，在中国知网上最早见于 2007 年，2012 年开始出现在政策文本中。2017 年，产教融合成为国家重要的产业政策和教育政策。10 余年来，职业教育领域的决策者、实践者和研究者对其进行了探索，发表论文 1 900 余篇。从研究过程看，2007—2013 年处于研究的沉寂期，7 年仅发表论文 10 篇。2014—2016 年进入活跃期，3 年发表论文 630 篇。2017 年进入繁荣期，不到两年，发表论文 1 279 篇。在这 1 900 多篇论文中，从政策和经验的角度对产教融合的研究和论述较多，而从学术性角度研究相对稀缺。因此，本文试图从学术的角度，对产教融合进行初步分析和讨论。

一、产教融合词语的学术性解读

产教融合既是一个政策性词语，具有政策的目标、任务、策略、举措等；又是一个学术性词语，有其内涵、外延、范畴、假设、规律、原理等。实践证明，一项好的政策，在学术上一定是成立的。有的政策难以推行，往往与在学术上不成立有关。一项政策出台，如果在学术上不严谨，或不合乎逻辑，往往在政策执行中也会带来一系列问题。从政策词语和学术词语两个角度理解产教融合，有利于更好地把握其内涵和特点，

---

* 作者简介：欧阳河，湖南省教育科学研究院研究员、博士生导师，中山职业技术学院职业教育顾问，主要研究方向为省域教育政策；戴春桃，中山职业技术学院副教授，研究方向为分析化学、职业教育教学。

本文系教育部职业技术教育中心研究所“产教融合型企业标准研究”项目子课题——产教融合型企业内涵、特征及功能研究的阶段性研究成果。

遵循其规律，更好地将产教融合政策落到实处。

（一）内涵

产教融合的中心词是融合。按照“辞海在线查询－辞海之家”的解释，融合是指融化汇合，合成一体。常璩《华阳国志·卷二·汉中志》：“孱水出孱山，其源有金银矿，洗取火融合之，为金银。”一般来说，融合，是指熔成或如熔化那样融成一体，即几种不同事物合成一体。融合的结果是出现了新的融合体或新的增长点。A与B融合之后，既不是原来的A，也不是原来的B，而是产生新的C。如糖与水融合，产生的结合体既不是原来的糖，也不是原来的水，而是新的融合体——糖水。产教是指什么？一般认为，“产”是指产业，“教”是指教育。产业的主要功能在于直接或间接地创造物质文化财富，以满足人民群众不断增长的物质文化需求。教育的主要功能在于为产业提供人力资源。教育与产业是两个性质不同的部门，其行为目标与方式就不同，这就决定了产教融合与产业融合有所不同。

什么是产教融合呢？有学者认为，“产教融合就是将生产与教育合理地结合”。还有学者认为，“产教融合就是职业教育与产业深度合作”。这两种定义都将融合与结合、合作混为一谈，不合学理，难以被学术界认可。我们认为，产教融合是产业与教育融为一体，其基本标志是产生新的产教融合体。

与产教融合相近的词语，有产业融合。欧盟对产业融合的定义是，“产业联盟和合并、技术网络平台和市场等三个角度的融合”。这个定义对我们理解产教融合有一些启发。

产教融合因为融合的程度不同，可以分为完全融合、部分融合与虚假融合。完全融合，就是产业与教育完全融为一体，这种新的产教融合体，逐渐替代原来产业和教育的市场需求，使得产业和教育的市场的原有空间越来越小，直至完全消失。部分融合，就是产业与教育之间只有局部地方产生的新产教融合体，只能部分地替代原来产业和教育的市场需求，与原有产业和教育之间形成了既替代又互补的关系。虚假融合，是指产教之间只是发生彼此结合或者合作，并没有产生新的融合体，因而真正的产业融合并没有发生。由此看来，产教融合没有深度融合之说，只有完全融合与部分融合之分。

（二）背景

产教融合政策出台，主要有两个方面的背景。一是职业教育校企合作交易不足。由于校企合作交易不足，导致职业院校的实践性教学难以落实，学生的工作实践能力难以提高。为了寻求新的与行业、企业合作的途径，提出产教融合。产教融合一词，从中国知网上检索，最早见于2007年的《中国职业技术教育》杂志，是由江苏的施也频、陈斌撰写的文章《产教融合，特色办学》。该文讨论的问题，基本上是校企合作问题。从学术角度看，产教融合词语的产生，具有先天不足，一开始就将产教融合与校企合作混为一谈。许多人谈产教融合时，实际上谈的是校企合作，在促进产教融合时，促进的对象也是校企合作。事实上，产教融合与校企合作有相近的功能，如果职业教育校企合作能够顺利实施，对产教融合的期待也许没有这么迫切。比如德国，从制度上保障了校企合作能够落实，职业教育则实行“双元制”，并不是推行产教融合制度。二是产业融合快速发展，激发了职业教育工作者的热情和想象力。产业融合自1994年提出，成为现

代产业发展一种新的特征和趋势，受到经济学界的高度关注。受这两个方面的影响，2012 年教育政策文件中开始出现产教融合，2017 年，国务院办公厅印发《关于深化产教融合的若干意见》，产教融合上升为国家层面的教育和产业政策。

（三）动因

任何事物得以发展，必有其动因。产教融合也是这样，受内外两个因素的推动。外因是放松管制。产业和教育既然分属于不同领域，有着不同的管辖法律和规章制度，两者之间，必然存在着相互“进入”的制度性壁垒。对产业和教育的不同管理制度，是形成进入壁垒的主要制约因素。因此，随着国家产教融合政策的出台，“放管服”改革的深化，导致产教加入到本领域的竞争之中，从而使产业和教育的某些方面逐步走向融合。

内因是技术进步。技术进步是推动产教融合的根本性因素。技术进步使产教融合成为可能。产业融合主要就是靠技术进步实现的。如计算机、通信和广播电视业的“三网融合”，就是在信息技术融合、数字融合的基础上产生的。智能手机也是产业融合的产品，它将通信、金融、物流、文化等多个产业融为一体。“互联网 + 职业教育”，为职业教育与多个产业融为一体提供了技术上的可能性。智能时代的到来，大数据、智能语音技术、知识图谱、云计算、机器人教师和深度学习将大量应用于职业教育与培训，并对职业教育教学、教育管理和技能人才培养模式等产生重大而深远的影响，为发展面向大众、面向各行各业、面向劳动者职业生涯的职业教育和培训网络提供了广阔空间。从人工智能的角度看，将从动作技能为核心的人的技能结构，转变为以智力技能为核心的技能结构。一般来说，智力技能的核心在于脑认知，而动作技能的核心在于肌肉记忆。因此，人工智能的发展，可以将计算机科学技术、自动化、通信和网络、光电子、微电子、机器人等产业与职业教育融合，实现人的动作技能与智力技能的结合，肌肉记忆与脑认知的协同发展。

产教融合的动力，有赖于管制放松和技术创新的步伐。目前，产教融合政策发布几年来，实际进展不尽如人意，这与管理制度创新与职业教育技术创新不足，或应用不够广泛紧密相关。

二、产教融合的演进方式、基本类型和融合途径

（一）演进方式

纵观产教融合的发展变化过程，目前主要有以下三种演进方式。

一是渗透融合。高新技术及其相关产业，如物联网、数字技术、人工智能等向职业教育和培训领域渗透，形成新的职业教育与产业的融合体。如在线教育（e-learning）和 E2E（Educator to Educatee）网络教育平台。在线教育，是以网络为介质的教育形式，通过网络，学习者与教师开展教学活动。网络教育平台，通过互联网技术进行渗透，建立开放整合的商务模式，为教师、学习者和产业界的教育内容供应商提供简单、实用的创新性智能式教育软件产品。我国大约有 2.6 亿学生、2 000 万教师基于开放式教育平台进行着学习、生活。

二是延伸融合。通过产业与职业教育之间的互补和延伸，实现产教之间的融合。如

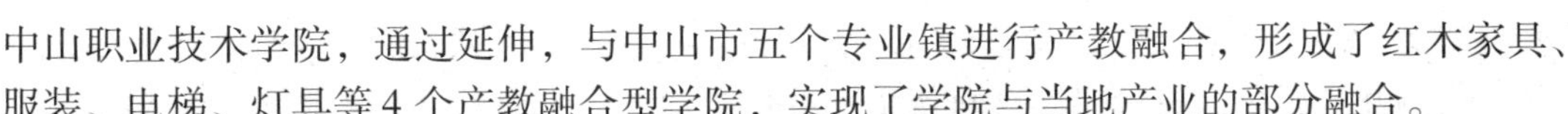

中山职业技术学院，通过延伸，与中山市五个专业镇进行产教融合，形成了红木家具、服装、电梯、灯具等4个产教融合型学院，实现了学院与当地产业的部分融合。

三是重组融合。产业和教育原本各自独立的产品或服务，在同一标准或集合下，通过重组，完全结为一体的整合过程。如法国的“个人职业培训账户”，持卡人自主整合职业教育和培训资源，将产教融合为一体。

（二）基本类型

通过对现有产教融合体的考察，可以将产教融合的类型分为以下三种。

一是办学融合体。就是产业与教育融为一体的办学实体。如股份制、混合所有制办学的院校和专业。通过引入国有资本、民营资本，将产业领域和教育领域的资本、技术、知识、管理等办学要素整合成若干股份，各方按一定比例持股，并按约定享受相应收益。产教办学融合体，集产业和教育的各自优势，量身定制培养技术技能人才，符合职业教育人才培养规律，为政府所提倡和鼓励。

又如产教融合型企业。产教融合型企业，一般是指通过独资、合资、合作等方式，利用资本、技术、知识、设施、管理等要素，依法举办或参与举办职业教育的规模以上企业。

二是教学融合体。就是产业与教育融为一体的教学实体。如在线学习共同体、工作室、订单班、现代学徒制班等。在线学习共同体以学习者、教师以及专家等为主要成员，以沟通、交流和资源分享等活动形式为基本特征，共同完成一定学习任务的学习团体。教学融合体涉及的体制机制障碍较小，目前，职业教育产教融合主要发生在这一领域。

三是产品融合体。就是产业与教育融为一体的职业教育与培训产品。如机器人教师、网络课程等。产品融合体是一个新兴领域，随着技术创新的快速发展，产教融合型职业教育与培训产品，将取得重大突破。

由于教育又有基础教育、高等教育、职业教育、继续教育等之分，产业与不同的教育类型融合，又可以将产教融合体分为：高等教育与产业融合的融合体、基础教育与产业融合的融合体、职业教育与产业融合的融合体、继续教育与产业融合的融合体，等等。从目前的情况看，职业教育与产业融合、高等教育与产业融合的现象最为多见。

（三）融合途径

融合途径主要为三条。一是以市场需求为主线形成的产教融合。无论是哪一种融合，大致上要经历三个步骤：首先，产教之间都不相干，融合的过程由技术创新或管制放松所激发；其次，产教边界、市场需求、企业与院校行为开始相互渗透，产教之间出现部分的或局部的融合；最后，产教之间的办学、教育教学或学习越来越多地融为一体，较为稳定地满足市场的职业教育需求。

二是以数字技术扩散为主线形成的产教融合。主要是“互联网＋职业教育与培训”的发展。如美国在线高等教育。从2000年开始，美国在线高等教育的成长经历了在线化、市场化和智能化发展这三个阶段。这个过程，都是数字化技术不断扩散的过程。

三是以技术应用交叉渗透为主线形成的产教融合。产教之间开始于相互使用技术创新的成果，进而进行技术研发方面的深度合作，使得产业与职业教育之间的结合越来越

紧密，技术融合开始发生，如果市场一旦进入，产教融合体就会产生。如产教融合型研究院所，就是校企通过合作研发新技术，取得新成果，拥有共同知识产权，然后成立产教融合型企业。

三、产教融合的推进策略

如何推进产教融合？这是职业教育实践者普遍关心的问题。从当前情况看，建议从以下四个方面推进。

（一）精准定位

有效推进产教融合，应从产教融合的内涵出发，不要把合作当融合。从培养技术技能人才的实践能力看，校企合作和产教融合都很重要。校企合作是重点，产教融合是难点。但是，在研究产教融合时，只能一事一议，不能将产教融合与校企合作混为一谈。所谓深化产教融合，其根本标志，在于促进职业教育办学融合体、教学融合体和学习产品融合体的有效增长和发展，逐步达到职业教育和产业统筹融合，为培养大批高素质技术技能人才，增强产业核心竞争力，汇聚发展新动能提供有力支撑。因此，在部署工作、督导评价，尤其是在学术研究活动中，要将产教融合与校企合作加以区分。不然，落实产教融合政策就会“种了别人的责任田，荒了自己的自留地”，导致产教融合工作没有取得实实在在的进展。

邯郸市在着力构建教育与产业融合发展格局时，定位精准，发展产教融合型职业教育园区和实训基地，其经验值得借鉴。具体做法是：整体规划上实现共建共享，将园区建在产城融合地区，采用建筑工程总承包模式进行建设，采取混合所有制模式进行运营。

（二）放宽限制

产教能不能融合发展，制度创新是关键。要进一步为产教融合发展创造制度条件。首先，在制定经济社会发展规划时，应当将产业发展与职业教育发展进行同步规划，统筹产业发展与职业教育发展的布局，使职业教育的专业建设、人才培养与产业的转型升级相适应。其次，在具体的支持政策上要有创新，如如何突破股份制、混合所有制、大中型企业办学的制度障碍，如何引导企业参与职业院校教学活动，如何吸引优势企业与学校共建实训基地，如何鼓励骨干企业与职业学校组建产教融合型企业，如何增加产教融合的投入，等等。只有将限制产教融合的制度障碍各个击破，产教融合才能取得实质性的进展。

放宽限制的一个重要领域，是放宽对股份制、混合所有制等产教融合办学、教学和学习产品开发的管制。这是加快产教融合办学步伐的必要举措。广东省在这方面取得了一定进展。如出台支持产业学院建设的政策措施，根据行业产业需求整合相关学科专业，组建跨学科、跨专业的产业学院等。

放宽限制，可以是主管部门主动出台文件，也可以是办学机构主动争取相关部门的政策支持。如公立民办型的苏州工业园区职业技术学院、公有民营型的齐齐哈尔职业技术学院、民办公助型的南通紫琅职业技术学院、“小混合”型的沈阳职业技术学院等，就是通过主动向主管部门争取相关政策实现产教融合办学的。

例如，苏州工业园区职业技术学院，原是苏州工业园区管委会、苏州市劳动局、苏州市教育局合作创办的一所公立院校。经历了两次改制之后，成为一所混合所有制高职院校。学院实行董事会领导下的院长负责制，其股东有苏州光华集团、上海翔宇教育集团、苏州沸点教育咨询管理有限公司、学院管理团队、苏州市劳动和社会保障局、苏州市教育局等6个单位，成为一所名副其实的产教融合型学校。

（三）技术创新

要加快技术创新的步伐。智能时代的产教融合技术创新，应基于新的互联网发展模式，即以全维可定义的开放构架为基础，以网络使能技术创新为切入点，创建可增量部署的新的互联网发展模式。以此为基础，积极开发大数据、云计算等信息技术，建设产教融合型服务平台，搜集产业和职业教育信息，向各类主体提供精准化的产教融合信息服务。

应以学习者多样化职业教育与培训需求为导向，加快职业教育与培训技术创新步伐，主动与产业界相互渗透，通过供给方驱动融合或者需求方驱动融合，或者投入方融合和产出方融合等形式促进产教融合体形成。技术创新使得企业能向市场提供加强型职业教育产品。

要加快职业教育数字化发展。德国职业教育4.0的核心内容，就是“职业教育中的数字化建设与发展”，比如开发新的数字化解决方案，提升职业院校学生的数字化技能水平，支持企业参与数字化学习网络的建设。据中国驻德国使馆教育处公使衔参赞刘立新介绍，德国为了加快职业教育数字化发展，在2016—2018年投入275万欧元，分析数字化对职业资格要求在数量和质量上的影响。2016—2019年，投入将达1 400万欧元，旨在加快专业人才培养数字化。2012—2019年，投入1 180万欧元，推进数字技术在职业教育领域的应用。这种战略远见是值得我们重视的。

要努力促进人工智能与职业教育融合，提升“教育力”。融合的现实基础是充分发挥人工智能与人类智能彼此之长。这种教育形态的目标侧重于学生软素养的培育，组织方式上趋向个性化教育，资源配置上重视共建共享，技术实现路径上依托二维教学模式，实现人工智能与职业教育的融合，需要提升教育领域人工智能的教育性，并使教育重心向软素养培育转型，同时积极开展、普及人工智能及其伦理教育。

“互联网+职业教育”，是促进产教融合的一个重要领域。如SPOC（small private online course）“私播课”就是一种小规模限制性在线课程。SPOC是由美国加州大学伯克利分校阿曼德·福克斯先生最早提出的一种在线教育形式，是应用慕课（MOOC）在线开放课程的学习资源服务特定人群的小班教学。2014年8月，Google Classroom正式上线，教师们能够通过Google Classroom对课堂和学习资料进行有效管理，一开始，就有来自45个国家，10多万名教师参与了测试。

（四）重心下移

重心下移就是在学校层级与产业融合难以突破的情况下，将融合的重点从学校层级下移到系、专业、职教产品层级，从基层取得突破。相对而言，基层突破的障碍要小一些，可能性要大一些。此类融合模式，如温州职业技术学院等，都是通过重心下移实现产教融合办学的。又如沈阳职业技术学院的多个二级学院或专业，以企业占一定比例的股份进行合作，实现了产教部分融合型办学。

参考文献

[1] 辞海之家. 融合[EB/OL].[2019-10-15]. http://www.cihai123.com/cidian/1076118.html.

[2] 陈年友，周常青，吴祝平. 产教融合的内涵与实现途径［J］. 中国高校科技，2014（8）：40-42.

[3] 彭静波. 高校产教融合办学模式的构建与实施［J］. 西部素质教育，2018，4（16）：136-137.

[4] 马健. 产业融合理论研究评述［J］. 经济学动态，2002（5）：78-81.

[5] 施也频，陈斌. 产教融合特色办学［J］. 中国职业技术教育，2007（35）：18-19.

[6] 国务院办公厅关于深化产教融合的若干意见（国办发〔2017〕95号）［Z］.

[7] 逄红梅，黄宏军，高健. 美国在线高等教育成长轨迹及启示：基于产品生命周期视角［J］. 电化教育研究，2018，39（10）：33-40.

[8] 程晖，等. 以实训基地“小切口”，撬动产教融合“大改革”［N］. 中国经济导报，2018-11-22（5）.

[9] 广东省人民政府办公厅关于深化产教融合的实施意见［Z］.

[10] 徐莉丽. 西部高职院校混合所有制的理性思考［J］. 赤子（下旬），2017（3）：91-92.

[11] 刘立新. 德国推进“职业教育4.0”建设的策略与行动［J］. 中国职业技术教育，2018（13）：20-28.

[12] 蔡连玉，韩倩倩. 人工智能与教育的融合研究：一种纲领性探索［J］. 电化教育研究，2018（10）：27-32.

[13] 钟文基，张忠海. 基于SPOC的混合教学模式及其效果研究：以《无线网络技术》课程为例［J］. 中国职业技术教育，2018（20）：38-41.

产教融合理念下MR在高校“德学”教育上的应用及探究

广州工商学院　武汉大学　黄鹏　武汉大学　李燕萍
广东华南经济研究院区域与产业经济研究所　杨久炎*

摘　要：立德树人为根本，产教融合谋发展。文章分析了国内外MR（混合现实技术）的发展及趋势，虚实融合、实时交互、三维注册等为主要特征的MR技术可为学习者构建知识提供显著支持。面向中国教育现代化2035，以学习者为中心，以人工智能为核心，通过“政产学研用”深度融合，推动MR全息技术与互联网、大数据、云计算、区块链等的协同集成、集群突破，探索未来教育教学新模式和教育数字生态共同体；建立应用型特色的“德学教育展厅互动系统”，构建5G智慧应用场景和生态智能系统。提供“德学”“五进”的智慧教育系统解决方案，给广大学生提供更加具有新颖性、趣味化、交互式、智能化的全新体验和未来教育，让“MR+教育”赋能高校的高质量发展。

关键词：VR、AR、MR　产教融合　智能教育　德学　五进教育

一、引言

在波澜壮阔而又复杂多变的时代语境中，中国把实施创新驱动发展、加快建设“数字中国”当成举国发展的重大战略。《中国教育现代化2035》提出了推进教育现代化的八大基本理念：“更加注重以德为先，更加注重全面发展，更加注重面向人人，更加注重终身学习，更加注重因材施教，更加注重知行合一，更加注重融合发展，更加注重共建共享。”① 国务院发布的《国家教育事业发展“十三五”规划》提出，要“全力

---

* 作者简介：黄鹏，广州工商学院党委副书记、学生处处长，高级职业指导师、副研究员，武汉大学博士研究生；李燕萍，武汉大学经济与管理学院教授、博士生导师，武汉大学中国产学研合作问题研究中心主任，研究方向为创新人才培养与产学研合作；杨久炎，广东华南经济研究院区域与产业经济研究所所长，研究员，高级工程师，国家发改委产业经济研究所特约研究员，研究方向为产业创新、科技创新、产学研合作。

本文系国家社科基金重大项目（15ZDC014）、教育部科技发展中心高校产学研创新基金——“北创助教”基金和广东省高等教育教学改革项目（2018-657）。

① 中共中央、国务院印发《中国教育现代化2035》[EB/OL].(2019-02-23)[2019-10-15].http://www.gov.cn/zhengce/2019-02/23/content_5367987.htm.

推动信息技术与教育教学深度融合，……综合利用互联网、大数据、人工智能和虚拟现实技术探索未来教育教学新模式”。

MR 等未来战略新兴产业和 5G 移动互联技术迅猛发展，吸引了全世界精英的关注和参与。从美国高校教育信息化协会学习促进会发布《地平线报告（2019 高等教育版）》（见图 1）看，以虚实融合、实时交互、三维注册等为主要特征的 MR 技术可为学习者构建知识提供显著支持，混合学习设计是驱动高等教育创新和变革的六项技术发展之一①。MR 与 VR、AR 有何区别，目前国内外发展如何？在产教融合理念下，如何将 MR 运用于高校的教育教学，体现立德树人价值？本研究试图借助教育部科技发展中心“北创助教”产学研合作项目进行实践和探索，让沉浸式、交互性的 MR 全息技术带来震撼性体验，构建 5G 智慧应用场景和生态智能系统，为新时代教育高质量发展提供新的可能性。

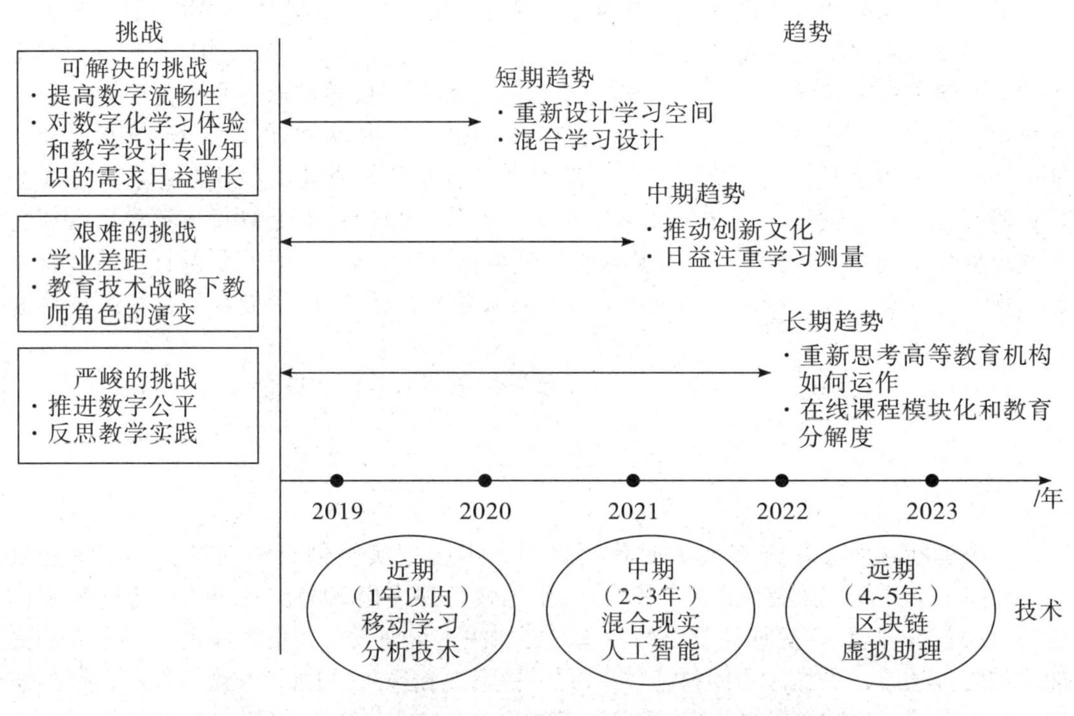

图 1 《地平线报告（2019 高等教育版）》相关研究框架

二、高校需要探索未来教育教学新模式

面向 2035 的教育现代化，高校要更加注重立德树人，利用现代技术加快推动人才培养模式改革，建立教育资源共建共享机制；因材施教，将规模化教育与个性化培养有机结合；创新教育服务业态，以创新引领人才链、教育链、产业链、创新链变革。当下

① 兰国帅，郭倩，吕彩杰，等．“智能 +”时代智能技术构筑智能教育：《地平线报告（2019 高等教育版）》要点与思考［J］．开放教育研究，2019，25（3）：22－35．

高校特别是应用型高校教育教学，应做到以下几点：一要进一步加强立德树人工作。随着经济全球化、信息化和后工业社会的到来，人类面临的德学①素养的挑战日趋严峻。高校人才培养要致力于提高全民族的道德文明和综合素质。二要推进教育价值和社会价值相统一。高校传统教学方式方法缺乏吸引力，学生主动参与度不足；教师“围绕社会问题组织教学”改革意识不够，有效性与针对性不够。三要寻求产教融合模式创新之路。随着校园信息化和智慧校园建设的发展，传统教室、空间所支撑的课堂形态越来越难以适应不断发展的教学改革需要，需要加强产学研合作，促进科技创新与教育教学深度融合。四要使受教育者的知识、能力结构与职业发展相适应。不少高校特别是应用型高校课程标准与企业技术核心标准的衔接性不够，培养的学生竞争力不强，未能做到全面发展和自主前行。高校围绕“德”“学”加强立德树人，通过信息技术促进教育的高质量发展势在必行。

通过产教融合促进“政产学研用”合作，建设智能化校园，引入新的信息技术探索未来教育教学新模式，对深化供给侧结构性改革，培育新增长点和形成新动能等具有重要意义，更将有助于高校人才培养的高质量发展，服务科教兴国战略、人才强国战略，满足人民日益增长的美好生活需要。

三、MR（VR + AR）及 HR 概述

（一）VR

虚拟现实技术（VR）是仿真技术与计算机图形学、人机接口技术、多媒体技术、传感技术、网络技术等多种技术的集合。虚拟现实技术（VR）主要包括模拟环境、感知、自然技能和传感设备等方面。当前始终保持平稳、减少引发晕动症情况等难题已经基本被攻克，VR 技术在科幻电影中已经大放光彩。

（二）AR

增强现实技术（AR）的研究最早可以追溯到麻省理工学院（MIT）媒体实验室等大学研究机构和包括 Alphabet 谷歌智能眼镜技术负责人萨德·斯塔那（Thad Starner）在内的企业先驱。它是一种将真实世界信息和虚拟世界信息“无缝”集成的新技术，是把原本在现实世界的一定时间、空间范围内很难体验到的实体信息（视觉信息、声音、味道、触觉等），通过电脑等科学技术模拟仿真后再叠加，将虚拟的信息应用到真实世界，被人类感官所感知，从而达到超越现实的感官体验。增强现实技术包含多媒体、三维建模、实时视频显示及控制、多传感器融合、实时跟踪及注册、场景融合等新技术与新手段。

（三）MR

混合现实技术（mixed reality，MR）是指通过使用 3D 和 AR 技术将虚拟物体锚定到用户的真实世界空间中，将实际现实和虚拟现实相融合的一种呈现技术。混合现实技

---

① 邝邦洪. 以德为行　以学为上：高校师生成长的基石［M］. 广州：广东高等教育出版社，2011.

术是虚拟现实技术的一种，是仿真技术与计算机图形学人机接口技术、多媒体技术、传感技术、网络技术等多种技术的交叉领域。

MR = VR + AR = 真实世界 + 虚拟世界 + 数字化信息。混合现实技术是学术界的一个热点，将成为下一个重大通用计算平台①。随着信息技术的发展，这些先进技术手段将逐步融入人们的生活，被越来越多的行业机构和企业用来改善生产和生活，未来几年将会实现飞速发展。2018 年地平线报告认为混合现实技术在教育领域的应用定位成未来二至三年的重要趋势，其发展前景被广泛看好②。有研究指出，传统的 VR 演化为 AR 和 MR，其关键在于大数据处理与 AI 技术③。根据“智能硬件之父”多伦多大学教授史蒂文·曼恩（Steve Mann）的理论，智能硬件最后都会从 AR 技术逐步向 MR 技术过渡。“MR 和 AR 的区别在于——MR 通过一个摄像头让你看到裸眼都看不到的现实，AR 只管叠加虚拟环境而不管现实本身。”

（四）HR

全息现实技术（holographic reality，HR），也称虚拟成像技术，是利用干涉和衍射原理记录并再现物体真实的三维图像的记录和再现的技术。

四、国内外研究和应用情况

（一）国外研究

美国是 VR 技术的发源地。目前美国在该领域的基础研究主要集中在感知、用户界面、后台软件和硬件四个方面。美国国家航空航天局（NASA）的 Ames 实验室将数据手套工程化，使其成为可用性较高的产品；在约翰逊空间中心完成空间站操纵的实时仿真；大量运用了面向座舱的飞行模拟技术；对哈勃太空望远镜的仿真。现在正致力于“虚拟行星探索”（VPE）的试验计划。现在 NASA 已经建立了航空、卫星维护 VR 训练系统、空间站 VR 训练系统，并且已经建立了可供全国使用的 VR 教育系统。北卡罗来纳大学（UNC）的计算机系是进行 VR 研究最早最著名的大学。他们主要研究分子建模、航空驾驶、外科手术仿真、建筑仿真等。洛马琳达大学医学中心的 David Warner 博士和他的研究小组成功地将计算机图形及 VR 的设备用于探讨与神经疾病相关的问题，首创了 VR 儿科治疗法。麻省理工学院（MIT）是研究人工智能、机器人和计算机图形学及动画的先锋④，这些技术都是 VR 技术的基础，1985 年 MIT 成立了媒体实验室，进行虚拟环境的正规研究。斯坦福国际研究院（SRI）建立了“视觉感知计划”，研究现

---

① ONG S. Beginning windows mixed reality programming: for HoloLens and mixed reality headsets [M]. Berkeley: Apress, 2017.

② 兰国帅，郭倩. 技术赋能智能教育：新媒体联盟《地平线报告》（2018 高等教育版）解读与启示 [J]. 数字教育，2019（1）：73-80.

③ 顾君忠. VR、AR 和 MR：挑战与机遇 [J]. 计算机应用与软件，2018，35（3）：1-7，14.

④ 刘海燕，常桐善. 模块化、灵活化、全球化：基于信息技术的大学“学习范式”转型：基于麻省理工学院的案例探讨 [J]. 开放教育研究，2018，24（3）：19-26.

有 VR 技术的进一步发展。1991 年后，SRI 进行了利用 VR 技术对军用飞机或车辆驾驶的训练研究，试图通过仿真来减少飞行事故。华盛顿大学华盛顿技术中心的人机界面技术实验室（HIT Lab）将 VR 研究引入了教育、设计、娱乐和制造领域。伊利诺伊州立大学研制出在车辆设计中支持远程协作的分布式 VR 系统。乔治梅森大学研制出一套在动态虚拟环境中的流体实时仿真系统。从 20 世纪 90 年代初起，美国率先将虚拟现实技术用于军事领域，主要用于以下四个方面：一是虚拟战场环境；二是进行单兵模拟训练；三是实施诸军兵种联合演习；四是进行指挥员训练。

在欧洲，英国在 VR 开发的某些方面，特别是在分布并行处理、辅助设备（包括触觉反馈）设计和应用研究方面是领先的。英国布里斯托公司发现，VR 应用的交点应集中在整体综合技术上，他们在软件和硬件的某些领域处于领先地位。英国 ARRL 公司关于远地呈现的研究实验，主要包括 VR 重构问题。他们的产品还包括建筑和科学可视化计算。欧洲其他一些较发达的国家如荷兰、德国、瑞典等也积极进行了 VR 的研究与应用。瑞典的 DIVE 分布式虚拟交互环境，是一个基于 Unix 的不同节点上的多个进程可以在同一世界中工作的异质分布式系统。荷兰海牙 TNO 研究所的物理电子实验室（TNO－PEL）开发的训练和模拟系统，通过改进人机界面来改善现有模拟系统，以使用户完全介入模拟环境。

互联网数据中心（IDC）研究人员预测，2021 年全球 AR 和 VR 产品和服务的支出将从 2017 年的 114 亿美元激增到 2 150 亿美元。2018 年国际型和国内型巨头已全面进入 MR 领域。该技术可以应用到九大领域：视频游戏、事件直播、视频娱乐、医疗保健、房地产、零售、教育、工程和军事。目前混合现实技术主要应用在娱乐、培训与教育、医疗、导航、旅游、购物和大型复杂产品的研发中。

国外的全息教学论主要集中在研究生物特别激光现象，使用全息教学论对细胞生物激光系统进行特性的研究（G H Plesu，2013；M D Manu，2013；T V Bogdanova，2012）；其他的文献主要研究全息教学与生物技术的新发展，如许多学者将全息教学用于显微镜中拍摄的数字全息图的数值重建，允许同时幅度和定量相位对比成像（C Depeursinge，2012；A Moreira，P Prats-Iraola，2013）。

（二）国内研究

《中华人民共和国国民经济和社会发展第十三个五年规划纲要》中明确提出：“大力推进虚拟现实与互动影视等新兴前沿领域创新和产业化，形成一批新增长点。”这为 VR、AR、MR 技术的广泛应用指明了方向。有学者把 VR、AR 技术划入 2020 年最“时尚”的八大核心科技（见图 2）。VR、AR、MR 在教育培训、文化艺术、娱乐、军事、医疗、科学研究、旅游、广告宣传等领域都有着广泛的应用前景。

中国主要具体应用在科技研究、虚拟实训基地、虚拟仿真校园演播室培训实训等方面。国家工业和信息化部电子信息司副司长吴胜武曾给出过一则数据：2017 年中国虚拟现实产业市场规模达到 160 亿元，同比增长 164%，并在关键核心技术和重点应用领域取得了多项突破，部分技术已走在了世界的前沿。国内高校代表性案例有：北京航空航天大学在分布式飞行模拟方面的应用，浙江大学在建筑方面进行虚拟规划、虚拟设计

的应用，哈尔滨工业大学在人机交互方面的应用，清华大学对临场感的研究等都颇具特色。重庆财经职业学院已经将 VR 运用到教学中，并将其确定为物流管理专业未来发展方向之一。该校还举办了物流技能大赛，以校园模拟实训的方式，让学生设计虚拟供应链游戏方案。

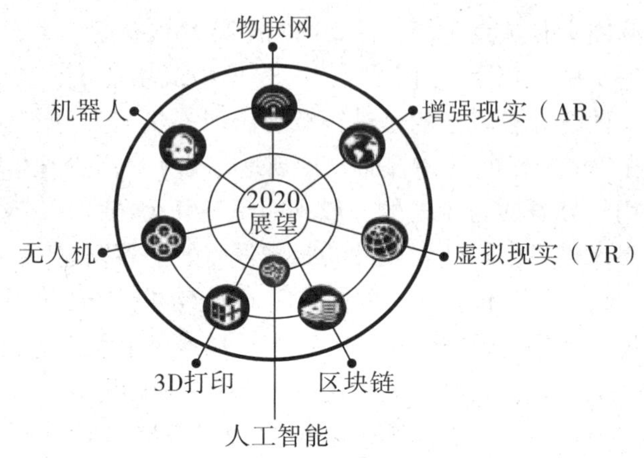

图 2　八大新兴核心科技

国内的全息教学论主要集中在研究各种学科教学的应用，特别是集中在中学等教育方面的研究居多（杨志成，2019；邢成云，王文清，2013），主要研究学生在高中学习中形成语言建构与运用能力、思维发展与提升能力、审美鉴赏与创造能力、文化传承与理解能力等综合素养；其他的研究主要是计算机或医药类，如马建萍（2017）、李梦迪（2016），用于解释部分与整体、点与面之间的关系。

五、MR 与学习结合是重大飞跃

《论语·里仁》说："德不孤，必有邻。"有教无类，德育先行。高校要进一步培养学生的职业精神和能力素养，开启成才梦，激发进取心。借助 MR 等新信息技术手段，高校将为学生更好地学习增知增智，为教师更好地教学提供服务①。

2019 年，MR 混合现实技术信息化教学已成趋势。全息教学方法不拘泥于课堂，而是将现代信息技术、教学建模、相关学科重新整合，学生在主动参与活动的过程中得到发展。MR 全息教学体现了人工智能的发展，体现了大数据、云计算等的融合。MR 是虚拟现实技术的进一步发展，在虚拟环境中引入现实场景信息，在虚拟世界、现实世界和用户之间搭起一个交互反馈的信息回路，以增强用户体验的真实感，具有真实性、实时互动性以及构想性等特点。混合现实不仅有潜力创造出新的市场，还将颠覆当前的传统市场。我国教育部高等教育司长吴岩说："如果我们把虚拟仿真项目持续地推进，将对中国的高等教育质量提高、推进公平，将会在卓越拔尖人才的培养方面取得非常重要

① 吴永和，刘博文，马晓玲．构筑"人工智能＋教育"的生态系统［J］．远程教育杂志，2017（5）：27－39.

的、有效的一个手段，一个创新。”

立德树人为根本，产教融合谋发展。在应用型高校的教育教学中，如何提升教育教学质量，促进理论与实践结合非常重要。面对5G时代和信息化发展，将VR/AR/MR技术融入教育教学是大势所趋。研究结果表明：教育教学由传统教学模式走向了人机对话、智能运用的过程，不但能提高学生的学习兴趣和学习效率，优化和弥补传统教学方式的不足，还能帮助学生在学习中培养自主学习能力。教学环境从单一学习走向多环境下学习，教学效果将得到明显改善。从“泛在学习”看来，这样知识的获得、储存、编辑、表现、传授、创造达到更为优化的智能化环境，显著提高学习者的创造性和问题解决能力，真正体现“以学习者为中心”①。

MR技术更强调虚拟世界和真实世界的无缝融合②。虚拟现实技术将发展成为改变我们生活方式的新突破，混合现实应用于教育教学是教育技术发展的一个新飞跃。它营造了自主学习的环境，由传统的“以教促学”的学习方式发展为学习者通过自身与信息环境的相互作用来得到知识、技能的新型学习方式。通过MR技术设计、创造产品，营造出沉浸式的应用场景和生态系统，有效改善用户与真实环境的互动，将物联网、数字数据与应用的物理世界联系起来，更好地为师生提供教育、培训等服务。虚拟现实技术及其应用，还将推进建立虚拟现实与系统仿真的研究室、实验实训室，将科研成果迅速转化为实用技术，转化为生产力。

六、产教融合理念下的项目实践与探究

（一）项目基础

受体制机制等多种因素影响，当今人才培养供给侧和产业需求侧在结构、质量、水平上还不能完全适应，“两张皮”问题仍然存在。需要加强立德树人，深化产教融合，促进教育链、人才链与产业链、创新链有机衔接。

广州工商学院坚持“以德为行，以学为上”的教育思想，大力开展“五进”（进课室、进图书馆、进实验实训室、进体育场馆、进社会）③ 主题教育实践活动，并以此作为“立德树人”工作的生命线。广州工商学院与中国电信广州分公司签署了全面战略合作协议，并成为广州首个5G交付使用的高校，全面拓展智慧校园建设。学校拥有多个省级重点学科、特色专业，拥有中央财政专项支持建设的特色实验实训室和基于系统集成，跨学科、专业、领域的新商科虚拟仿真综合实验实训室。

为了提升教育教学水平，促进教育教学高质量发展，在教育部科技发展中心、北京

---

① 王怀波，杨现民，李冀红．泛在学习应用研究的发展与典型模式分析［J］．中国远程教育，2015（12）：18－26.

② MILGRAM P，KISHINO F．A taxonomy of mixed reality visual display［J］．IECE transactions on information and systems，1994，77（12）：1321－1329.

③ 邝邦洪．践行五进　立德树人：高校师生成长的路径［M］．广州：广东高等教育出版社，2018.

创新研究所等的指导下，广州工商学院联手武汉大学中国产学研合作问题研究中心、上海影创信息科技有限公司，联合推进教育部“北创助教”产学研项目，尝试将 VR、AR、MR 技术应用到应用型高校立德树人的过程中，建立“德学教育展厅互动系统”，开展 MR 全息教学应用及研究。

（二）项目设计

结合应用型高校实际，以科教融合推进“德学”教育及相关学科专业的 MR 全息教学应用及研究，引入相关软硬件及平台，打造应用型特色的“德学教育展厅互动系统”，促进 VR、AR、MR、HR、AI、BD、CC 的协同发展。通过合作研发科学、系统的科技产品及场景应用，促进广大学生全面发展，体现“以学生发展为中心，以学生学习为中心，以学习效果为中心”。项目促进产业加教育，发挥双方优势，深化产学研融合、校企合作，合作获得更多的智力资源，拥有更丰富的人力资源。

1. 构建系统化智慧应用场景。引入相关软硬件及平台，通过合作研发科学、系统的科技产品及场景应用。通过混合现实的形式将异地多人同时带入一个全息空间，在空间内，学习者可以看到自己所处的真实环境，也能看到虚拟形式呈现的立体教学内容，而师生将以全息形象呈现在教学空间内，方便随时沟通。构建教、学、练三大应用场景，让教育教学更加高效直观和自助生成。功能强大的应用程序和智能场景，在沉浸感、交互性和视觉显示等方面显著改善，使学生以新的方式快速融入学习内容或探索新的概念。

2. 探索“德学五进”特色的智慧教育系统解决方案。融合现代科技先进的 AR、VR、MR 技术，将虚拟全息教学引入应用型高校，将现代教学与交互虚拟全息场景融合在一起，提供应用型高校“德学五进”特色的智慧教育系统解决方案。打破单向教学模式，结合 3D 全息交互技术，实现双向高效互动式教学。通过智慧学堂、教室、展厅的 3D 全息交互一体机、AR 投影等，增强教育展示效果，丰富教学展示手段，让广大学生亲身参与，有效实现互动式、个性化的未来智慧教育，给广大学生提供更加新颖性、趣味化、交互式的全新体验。

3. 开展高校“德学”教育的 MR 全息教学应用及研究。一方面，以技术接受与使用整合理论（UTAUT2）为基础，结合媒体系统依赖理论和青年身心发展的相关理论，以定量和定性相结合方式进行探讨研究，提出有针对性意义的建议对策。另一方面，与国内领先的影创科技合作，对 VR、AR、MR 的特点和用途、关键技术支持、相关的建模技术、软件设计与工程及若干应用等进行分析。基于虚拟现实的发展趋势、挑战与机遇，对“德学”“五进”的 MR 全息教学应用进行探讨（见图 3）。

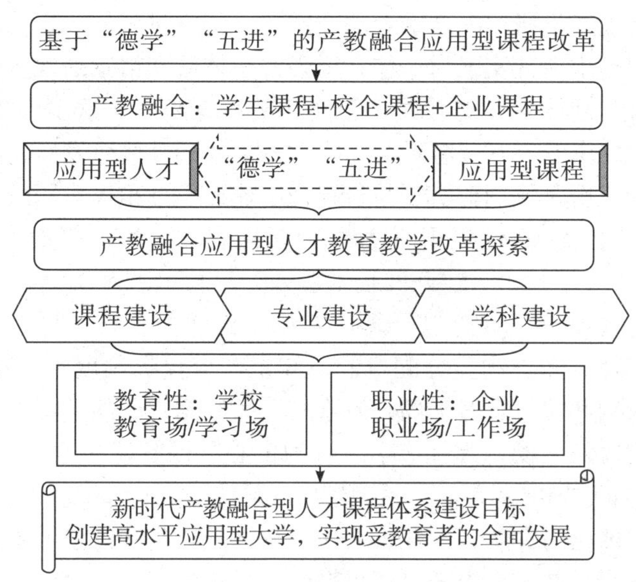

图3　基于"德学""五进"的产教融合应用型课程体系改革思路图

AI、BD、CC可以理解为基础架构，而真正未来能运用的就是VR、AR、MR、HR这些应用端，基础加应用组合发挥重大功效，所向披靡。VR、AR、MR、HR、AI、BD、CC之间相辅相成，若真正有机结合和充分融合，教育教学质量和水平将迎来巨大提升。VR、AR、MR、HR、AI、BD、CC之间协同发展，服务于教育教学，服务于经济社会发展，将让人们生活得更快乐健康。

（三）项目预期

拟引入MR全息教学应用系统，包括全息客户端系统、全息服务端系统和全息渲染系统；构建应用型特色的"德学教育展厅互动系统"，实现方式有德学成果展厅，还可以配合手机APP、德学教育助理或小机器人，终端与展示体验厅服务器连成一体；相关课程应用及场景开发，相关产品服务有推广价值；发表系列论文并编撰指导书。使用混合现实技术模拟现实中难以实现的教学场景，让虚拟环境更加智能，促进教学情景"真实化""集成化"，以期给广大学生提供更加具有新颖性、趣味化、交互式、智能化的全新体验。

七、研究展望

人工智能与教育结合是富有挑战性的学科交叉前沿技术和研究领域。随着5G网络的运用①以及混合现实、人工智能、分析技术等智能技术的发展，教育将向"智能+教育"时代转型升级，"要素更聚集、模式更灵巧、载体更丰富、内涵更兼蓄、创新更协同"。通过运用MR和全息技术，结合互联网、大数据、云计算、人工智能等探索立德

① LEWIS J A. How 5G will shape innovation and security：a primer［R］. Washington：CSIS，2018.

树人的新模式，构建产学研用深度融合的全链条、网络化、开放式协同创新联盟。将此时此刻的真实情况与虚拟现实融为一体，增强愉悦体验和情景的现实感，给广大学生提供更加具有新颖性、趣味化、交互式、智能化的教育教学。这不仅仅是技术维度的飞跃，更是系统集成的资源交互智慧融合，将促进高校的高质量发展，赋能打造智能教育和未来学校，为促进新时代创新引领与科技强国建设发挥积极作用。

3D 全息交互的智慧教育在应用型高校产教融合的应用前景潜力巨大，大有作为。随着 MR 与 5G 移动互联技术、物联网技术、云计算技术、区块链技术、分析技术等智能技术相融合，通过加强“政产学研用”互联、沟通与合作，将进一步跨界共建 MR 教育数字生态共同体，完善利益分配机制、知识产权保护制度和新型教育服务监管制度；构建智能化校园和智慧学习工场，探索基于大数据智能的学习空间平台、智能虚拟助理、立体综合智能教学场，营造“学习者为中心”的智能化教育环境，打造以共生、共创、共赢为旨趣的“MR + 教育”智慧生态系统。面向 2035 的教育现代化，随着 MR、ER 等新技术的应用发展，教育、人才、科技、产业和信息等要素更加充分和广泛地聚集、融合、互生、共享，未来更值得期待。

技术转移视角下粤港澳大湾区高端科教与职业教育的合作发展

汕头经济管理干部学校　张安娜　综合开发研究院（中国·深圳）　赵圣慧*

摘　要：粤港澳大湾区作为全球最大湾区经济带，在 2019 年 2 月颁布的《粤港澳大湾区发展规划纲要》中提到要“着力提升科技成果转化能力，建设全球科技创新高地和新兴产业重要策源地”，即建设全球的科技创新中心和世界级先进制造业产业群。科技创新需要顶尖科研团队支持，需要高端人才支持；建设世界先进制造业产业群需要创新技术支持，需要应用型技能型人才支持。科技创新研发依靠高端科教，但其成果落地则须依靠企业实现转化，职业教育则是企业技术转移的保障，因此高端科教与职业教育两者殊途同归，其中技术转移是两者的纽带。

关键词：技术转移　高端科教　职业教育　产学研

一、粤港澳大湾区高端科教背景

《粤港澳大湾区发展规划纲要》（以下简称《规划纲要》）中提及：“粤港澳三地科技研发、转化能力突出，拥有一批在全国乃至全球具有重要影响力的高校、科研院所、高新技术企业和国家大科学工程，创新要素吸引力强，具备建设国际科技创新中心的良好基础。”据《泰晤士报高等教育专刊》2016—2017 年世界大学排名显示，排名前 100 的高校中，纽约湾区有 5 所，旧金山湾区有 3 所，东京湾区仅东京大学 1 所入围，粤港澳大湾区有 3 所大学上榜，与旧金山湾区持平，仅次于纽约湾区。2017 年粤港澳大湾区研发机构总数量达 191 家，同比增长 17.2%；创新平台总数量 3 866 个。据统计，粤港澳大湾区现有 151 所高校、43 个国家级重点实验室，其中中山大学和华南理工大学入选国家“双一流”建设计划，毫无疑问，粤港澳大湾区既是教育资源流入的“洼地”，又是高端科教的“高地”。此外，广州、深圳、东莞、中山、佛山正规划筹建本土大学和国内知名高校的分校区，目前已规划了 10 所大学，包括广州交通大学、中山科技大学、香山大学、佛山理工大学，另外还有香港科技大学南沙校区、香港城市大学惠州校区、澳门科技大学中山校区、东北大学研究生院等，显然，一个区域性的“高端科教”应运而生。

---

* 作者简介：张安娜，汕头经济管理干部学校经济学讲师，研究方向：产业经济，职业教育；赵圣慧，综合开发研究院（中国·深圳）研究人员，研究方向：投资管理和产业经济、商业项目研究和规划。

二、粤港澳大湾区职业教育现状

高端科教向着世界一流方向迈进的同时，高职教育也负重前行。《规划纲要》表明“珠三角九市已初步形成以战略性新兴产业为先导、先进制造业和现代服务业为主体的产业结构”，作为保障先进制造业顺利发展的高职教育正在面临着机遇和挑战。2019 年 2 月国务院印发《国家职业教育改革实施方案》，强调“职业教育与普通教育是两种不同教育类型，具有同等重要地位”，同一时间，《中国教育现代化 2035》总体目标中提出“职业教育服务能力显著提升”，2019 年 4 月教育部和财政部下发了《关于实施中国特色高水平高职学校和专业建设计划的意见》，提出要实现职业教育高质量，再配以《关于在院校实施“学历证书 + 若干职业技能等级证书”制度试点方案》，一系列政策文件正式启动了我国高等职业教育培养模式改革。随着新的经济发展时代的到来，经济结构调整，传统产业升级改造，社会各领域对技能型、应用型人才的需求越来越迫切，作为培养这类人才的职业教育显得尤为重要。世界级的湾区制造业需要世界级的职业教育与之匹配，2017 年 12 月粤港澳大湾区职业教育产教联盟成立，首批成员达 105 家，据统计，珠江三角洲高职院校和学生数量分别占粤港澳三地的 84.8%、70.4%，中职学校和学生数量分别占 50%、55%。广东立项建设的 18 所一流高职院校均位于大湾区内。

三、高端科教与职业教育的纽带——技术转移

（一）高端科教的核心使命在于科技创新

顶尖的研究型高校和科研实验室扮演着湾区“最强大脑”角色，并由“最强大脑”向外辐射到各个区域，形成由科技创新成果引领方向，职业教育与企业共同接轨，最后自上而下打造成科技创新型的现代产业集群。以旧金山湾区为例，硅谷每三到五年就会诞生一家对全球产业格局产生重大影响的企业，并且以此长期占据世界创新之都的地位。在发明专利方面，2017 年粤港澳大湾区发明专利总量为 258 009 件，东京湾区为 139 050 万件，旧金山湾区为 54 431 万件，纽约湾区为 39 618 万件①，从数量上显示粤港澳大湾区与其他三大湾区逐步拉开了距离，也反映出粤港澳大湾区高端科教有相当雄厚的科技创新实力。据美国基本科学指标数据库（ESI）统计，中山大学有 18 个学科领域进入 ESI 全球前 1%，居国内高校并列第 2 位，一批学科进入 QS 世界大学排名、USNEWS 世界大学排名、ARWU 世界大学学术排名等前列。华南理工大学以每两年前进 100 名的速度跻身“世界大学学术排名”第 201 ~ 300 名区间，同时构建雄厚的科技创新平台体系，现有国家级科研平台 25 个、省部级科研平台 166 个，数量位居全国高校前列。

（二）职业教育的优势在于“接地气”

职业教育有着与企业互惠互利的天然依存关系，企业需要应用型、技能型的人才实

---

① 粤港澳大湾区协同创新发展报告（2018）［R］. 广州日报数据和数字化研究院（GDI 智库），2018.

现转型升级，职业教育同样需要企业提供就业岗位、人才培养指引，才能因“需”施教，才能真正实现职业教育的本质目标。因此，职业与高端科教的区别在于，高端科教如同人的大脑，职业教育是人的四肢，企业则是人的躯干，要让“人”活起来的前提必须三者俱备，共同组成一个整体。

从《粤港澳大湾区协同创新发展报告（2018）》（见表1）中显示，电气机械和器材制造业（占比20.00%）以及计算机、通信和其他电子设备制造业（占比19.20%）两个行业共占粤港澳大湾区创新机构行业的39.20%。另外排在前十名的创新科技机构行业中，制造业占比60.00%，可见制造业产业独具优势，要实现构建现代产业体系的目标，重点落在制造业。

表1　粤港澳大湾区创新机构行业分布①

行业分类	数量/个	占比
电气机械和器材制造业	100	20.00%
计算机、通信和其他电子设备制造业	96	19.20%
科学研究和技术服务业	46	9.20%
高等院校	45	9.00%
信息传输、软件和信息技术服务业	30	6.00%
商务服务业	27	5.40%
专用设备制造业	18	3.60%
化学原料及化学制品制造业	18	3.60%
通用设备制造业	18	3.40%
其他制造业	17	3.20%
交通运输制造业	16	2.60%
金属制品业	16	2.20%
电力、热力的生产和供应业	13	1.60%
橡胶和塑料制品业	11	1.40%
医药、医疗研究制造业	8	1.20%
建筑装饰和其他建筑业	7	0.60%
纺织服务、服饰业	6	0.40%
土木工程建筑业	3	0.40%
石油和天然气开采业	2	0.20%
农畜牧业	2	
房地产业	1	
总计	500	100%

东莞作为粤港澳大湾区制造业重点市，2016年发布的《珠三角人才需求与流动趋势研究报告》显示，东莞重点产业装备制造业发布的在线职位数为47 989个，而广东职业院校（含高职和中职）制造类人才培养能力约9万人，仅东莞一市就能招揽53%以上的技术性人才，说明职业教育人才输出与企业人才需求无缝接轨，职业教育则是更接近企业的一环。

（三）高端科教与职业教育的纽带——技术转移

高端科教是“大脑”，职业教育是“四肢”，企业是“躯干”，那么技术转移则是贯穿“全身”的“血液”。高端科教科研成果需要转化落地，为企业所用，真正创造出价值，就必须进行技术转移；产业需要转型升级，一方面需要创新科技注入新的血液，另一方面需要技术技能型人才作为技术支持。因此，高端科教与职业教育之间的纽带就

① 资料来源于《粤港澳大湾区协同创新发展报告（2018）》.

是技术转移，技术不转移，科研投入就无法形成产出，企业也将面临淘汰，职业教育也无法前行。

1. 技术转移概念。《国家技术转移示范机构管理办法》对技术转移的定义为："技术转移是指制造某种产品、应用某种工艺或提供某种服务的系统知识，通过各种途径从技术供给方向技术需求方转移的过程。"从动态角度看，技术转移是一个知识和技术的流动，从供给方流向需求方。流动速度由企业（需求方）对技术需求的强烈程度决定，流动质量由企业（需求方）与技术的融合度决定。

2. 产学研融合的技术转移形式。从2015年至今，《中华人民共和国促进科技成果转化法》《实施〈中华人民共和国促进科技成果转化法〉若干规定》《促进科技成果转移转化行动方案》《国家技术转移体系建设方案》等一系列有关技术转移的政策文件陆续颁布，一方面表明了我国对技术转移的重视，另一方面说明我国对技术转移的操作逐步细化。成功的技术转移可以说是天时地利人和的结晶，因为转移过程中不仅需要政策支持和指引，还需要资金、人才、市场等要素辅助，由此产生出多种转移的形式，如技术+资本、技术+市场、技术+人才……其中产学研协同形式最为常见。产学研协同的技术转移形式就是技术知识从高等院校、科研机构向企业转移的过程[①]。旧金山湾区的斯坦福大学可以说是产学研方面的领头羊，斯坦福大学擅长于把学术成果商业化，硅谷很多著名公司来自斯坦福，其中最有名的是惠普、雅虎、思科、SUN、eBay、谷歌等。产学研结合解决了高校人才培养与社会人才需求脱节问题，加快了产学研间技术转移流动速度，同时也提高了技术转移的流动质量，是发展职业技术教育的主要途径。

四、粤港澳大湾区高端科教和职业教育合作发展的突出问题

（一）技术转移率不高

科技创新是粤港澳大湾区发展的动力源泉，如何去科学评价该区域的科技创新能力显得十分重要，因为该指标可以说明科技创新的状况、持有的优势和存在的不足，从而更好地发挥优势，调整布局，规避风险。发明专利是衡量创新能力的一个重要指标，通过对某一区域一时期内发明专利数量进行统计，可以从侧面反映该区域该段时期的科技创新能力；抑或通过对同一时期内同类或相近性质的区域的发明专利数量进行比较，可以反映出同时期各区域之间科技创新的强弱。

根据《粤港澳大湾区协同创新发展报告（2018）》对世界四大湾区2017年发明专利数量的统计，得出粤港澳大湾区发明专利数量远远超过其他三大湾区，达到25.80万件，其次是东京湾区13.90万件，旧金山湾区和纽约湾区分别为5.44万件和3.96万件（见图1）。与2016年相比，世界四大湾区中只有粤港澳大湾区增长率为正，达33.19%，其他三大湾区均为负增长，分别为东京湾区-0.38%、旧金山湾区-1.86%和纽约湾区-3.73%（见图2）[②]。从2017年世界四大湾区发明专利数量和同比增长率

① 吴寿仁. 科技成果转化若干热点问题解析（九）：技术及技术转移概念辨析及相关政策解读[J]. 科技中国，2018（2）.

② 资料来源于《粤港澳大湾区协同创新发展报告（2018）》.

反映出，粤港澳大湾区科技创新势头较好，拥有实力雄厚的高端科研基础。

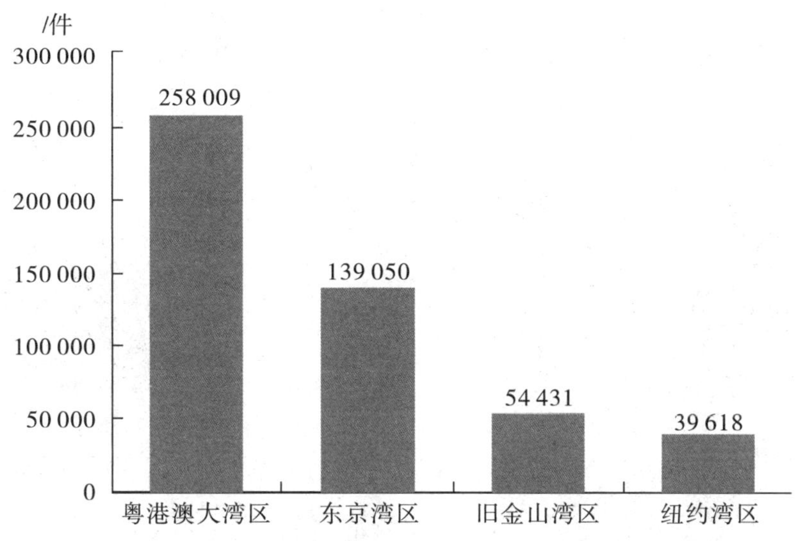

图1 2017年四大湾区发明专利数量

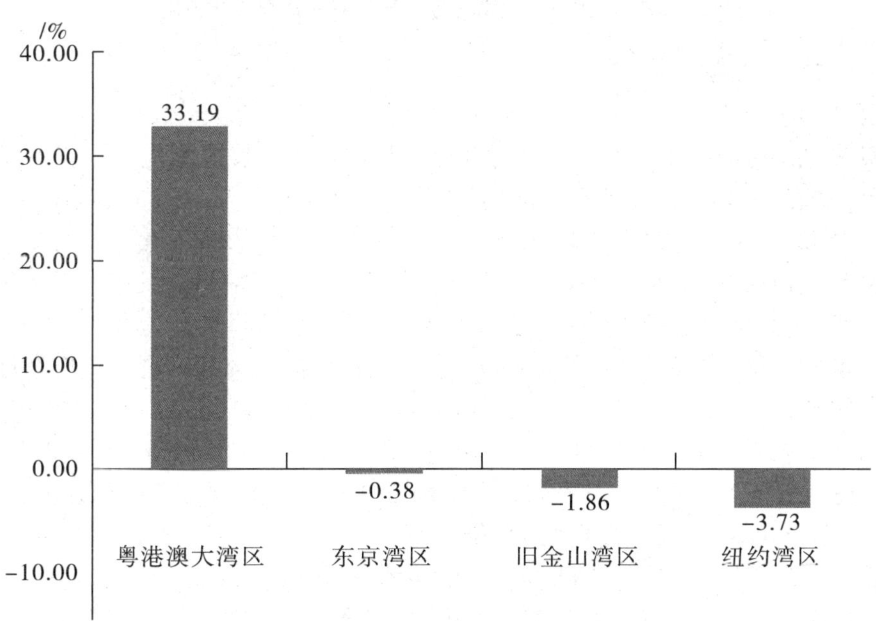

图2 2017年四大湾区发明专利增长率

但是，值得正视的是作为高端科研重点组成要素的高校的技术转移率不高。在2017年向企业转移的技术成果数只有6 913项（见图3），仅占发明专利总量的2.68%。技术转移是一个动态的过程，有成功也有失败。一方面，高端的科研成果走在前列，但成果所在的产业“接不住”，找不到对应的“市场”，等到产业“能接住”了，技术已不再是“创新技术”了。另一方面，技术在转移过程中并不是单纯的“技术转移”，其

中涉及很多确定和不确定因素，比如资金、设备、人才等，其中一环不顺畅都会导致转移的延后甚至搁置。

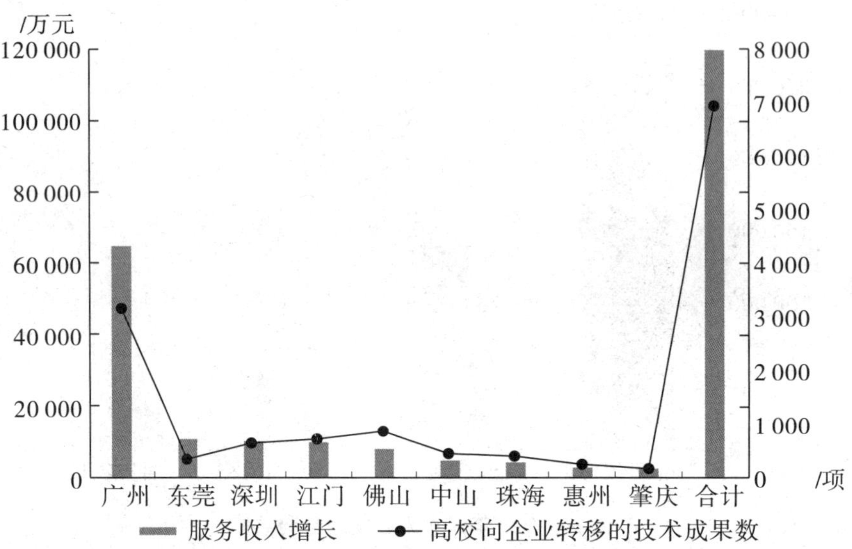

图 3　2017 年粤港澳大湾区九市高校科技成果转化情况①

（二）技术技能型人才缺口大

截至 2019 年 5 月，广东职业院校在校生总数高达 224 万人，每年培养近 80 万名技术技能型人才，其中广东高职院校每年输送 25 万名技术技能型人才，就业率保持在 95% 以上。2017 年粤港澳大湾区劳动力从业人数为 1 969. 3 万人，重头产业制造业从业人数占比为 42. 34%，人数达 833. 8 万人。2019 年 4 月智联招聘采集了 1 月 1 日至 3 月 15 日粤港澳大湾区 11 个城市有关的企业招聘和简历投递等信息，发布了《粤港澳大湾区产业发展及人才流动报告》，报告显示人才学历分布中，大专、高中、中技、中专类占比超过 50%，而这类人才中大部分属于职业教育培养的对象。因此，广东职业院校人才输出数量远远不能满足粤港澳大湾区需求。针对技术技能型人才严重缺乏问题，2019 年初国务院发布的“职教 20 条”、高职院校“今年大规模扩招 100 万人”等政策，从数量供应上缓解了人才供给的问题，但是随着职业教育特别是高职教育进一步扩招，如何做到“扩容提质”就提上了重点议程。

培养技术技能型人才的目的是为了企业能够更好地“接住”高端创新科技转移，然而技术技能型人才不是从一张白纸开始就能培养起来，而是需要培养对象有一定的文化知识基础和积累才能授予更多的专业知识和技能。如果只是“扩容”而不能“提质”，即使数量上满足了人才需求量，但人才与企业“水土不服”，最终企业还是“接不住”技术转移，资源浪费了，投入成本更加高了。

① 资料来源于《21 世纪经济报道》.

五、国外产学研合作发展案例

（一）旧金山湾区产学研的完美结合

坐落在旧金山湾区的硅谷既是世界高新技术创新中心，又是一个高科技企业集群地，拥有3万多家高科技企业，苹果、谷歌、英特尔、Facebook等全球知名企业都在此。此外，硅谷是拥有雄厚科研实力的高校科研集群，除了斯坦福大学和加州大学伯克利分校这两所世界顶尖的研究型大学为领跑者外，还聚集着加州大学戴维斯分校、加州大学旧金山分校、加州大学圣克鲁兹分校等著名大学，除此以外还有圣克拉拉的职业技术学院，从一流顶尖的高校到系统的职业院校，形成了丰富的教育资源、顶尖的教育水平、完善的教育层次的教育体系。同时航空航天局艾姆斯研究中心、能源部劳伦斯·利弗莫尔国家实验室、能源部劳伦斯·伯克利国家实验室、斯坦福线性加速器中心、农业部西部地区研究中心五个国家实验室和施乐帕克研究中心、智能辅助研究中心，谷歌、苹果、英特尔、微软以及通用、福特等企业的研发中心等世界著名的实验室也聚集在此，形成“产—学—研”为一体的教育体系，为硅谷和旧金山湾区提供高端人才和技能型人才。

（二）德国“双元制”职业教育造就“德国制造”

“德国制造”闻名于世，德国的工业从业者往往是拥有高职业素养、高技术水平的劳动者，这都得益于德国的职业教育体系。德国中学教育目标指向性非常清晰，要么进入文理中学进而进入高等学府继续深造，要么进入职业教育体系进行专业的职业培训。德国职业教育采用“双元制”，即学校与企业同时作为办学主体的职业教育模式，学生小部分时间在学校接受理论课程教育，而大部分时间则是在企业接受技能教育。在清晰的就业方向指引下，德国只有部分学生选择普通中学，大部分选择了职业教育，其结果是培养了一大批高素质技能人才。高素质技能人才与科研成果、企业先进技术相互匹配，使德国在19世纪工业起步之时能跻身于发达国家，第二世界大战后经济腾飞，经济危机爆发后仍然处于比其他国家低的失业率，以及长期保持稳定的就业率，失业率也低于欧盟其他国家。

六、粤港澳大湾区高端科教与职业教育合作发展对策——从技术转移角度分析

（一）科研成果技术要“能落地”

《2018年科学与工程指标》和 *Science & Engineering Indicators* 报告显示，2016年中国作者发表的科学论文数量位居世界第一，总计426 165篇，成绩令人备受鼓舞。但同时也存在“重论文，轻转化”问题，我国的科技成果转化率大概10%，清华大学多年来的科技成果转化率也只有5%左右。造成技术转移失败的原因很多，从源头上探究就在于很多成果与实际需求不符，没有市场，不能转为生产力。另外，高校或者科研机构和企业把成果当成一般商品进行买卖，比如高校或科研机构把发明专利卖给企业，而没有做好技术转移等细化工作，导致企业买回来的发明专利没有真正产生效益；又或是企

业在不了解技术的前提下盲目投资研发机构，最后决策错误，投资失败。因此，高校和科研机构在科技创新过程中要贴合实际情况，特别是要贴合产业需求。

（二）企业要“接得住”

《规划纲要》对“加强产学研深度融合”有明确要求，但对具体实施没有细化，这可能会出现“百花争艳”局面，也可能会导致“水土不服”。企业在“产—学—研”模式中充当枢纽站，是高端科教技术转移实现的载体，是职业教育人才培养的明灯，因此企业的“硬件”和“软件”就十分重要了。“硬件”是指企业的资金、资本、设备、人才储备，“软件”是指企业的发展理念、发展战略、人才培养和技术应用。企业如果不具备“承载”的条件，要么会导致技术转移失败，要么就造成人才培养失误。另外，企业必须有长远宏观的发展战略，比如反哺科研机构和高校从而产生叠加效应，而并不是为了依靠短期的科研机构输送技术，职业院校输送人才达到自己技术升级目的，而忽视了整个产业链的带动。

（三）职业教育要“提质”

2019 年初高职院校扩招 100 万人，这 100 万生源更多来自于应届以及往届中职毕业生，也有农民工、转业军人、待就业者，将来职业院校也会面临更多的不同层次的生源。面对文化基础参差不齐的生源，高职院校采取的培养方式与通过高考升学的生源肯定有所差异，需采用贴合生源特点的培养模式，在人才培养的投入成本会升高，教学设施、师资配置需要调整。如果职业教育还停留在课堂上课、期末统考等传统教学模式，那么导致的结果就是职业教育的学生胜任不了职业要求，更不用提为企业技术转移、升级做后备力量了。因此，职业教育“提质”重点在于培养的技术技能型人才应该与技术转移相对应，让企业“接得住”高端技术，让科研成果“能落地”。

七、总结

《规划纲要》中提出“加强产学研深度融合”“促进科技成果转化”和“优化制造业布局”，目前粤港澳大湾区世界一流大学群的筹建、一系列的科研成果技术转移以及产业的升级改造正是上述三大任务实现的手段。从 GDP 总量、经济增长率、科研成果量等一系列统计数据看，粤港澳大湾区发展势头强劲，但也必须正视一些问题，如虽然科技创新成果数量在四大湾区最高，但转化率却低于其他三大湾区；虽然拥有世界百强大学，但整体高等教育比例不高；虽然具备国际水平的高校和科研机构，但偏重于学术研究尤其是论文发表而忽视了产学研结合和技术转移；虽然拥有基础良好的制造业产业群，但产业转型升级缺乏人才技术支持；虽然职业教育开始“扩容”，但真正“提质”还需时间磨炼……粤港澳大湾区要成为世界级湾区，需要高端科教的创新成果保持湾区独有的智力资源，需要现代产业的健康发展保持湾区快速的经济增长，需要职业教育的人才输出保持湾区强劲的竞争实力。作为后起之秀，粤港澳大湾区在“高端科教—技术转移—职业教育”道路上更需不断探究和实践。

参考文献

[1] 粤港澳大湾区协同创新发展报告（2018）［R］. 广州日报数据和数字化研究院（GDI 智库），2018.

[2] 吴寿仁. 科技成果转化若干热点问题解析（九）：技术及技术转移概念辨析及相关政策解读［J］. 科技中国，2018（2）：54－60.

[3] 中共中央　国务院印发《粤港澳大湾区发展规划纲要》［EB/OL］.（2019－02－18）［2019－10－15］. http://www.gov.cn/zhengce/2019－02/18/content_5366593.htm#1.

[4] 杜怡萍. 粤港澳大湾区背景下职业教育的发展转型［J］. 高等职业教育探索，2018，17（4）：1－5.

[5] 任玉岭. 改变科技成果转化率过低的认识与建议［J］. 现代人才，2014（5）：34－39.

[6] 陈先哲. 粤港澳大湾区高等教育集群：走出一条超越现状的路［N］. 光明日报，2018－08－07（13）.

[7] 章熙春，李善民，丁焕峰. 粤港澳大湾区：打造最具竞争力的国际科创中心［N］. 光明日报，2019－02－21（7）.

[8] 李凤祥，陈晓，吴哲，等. 深调研：世界级的国际科技创新中心应该是什么样［EB/OL］.（2018－10－22）［2019－10－15］. https://www.sohu.com/a/270398969_100116740.

[9] 粤港澳大湾区 2017 年科研 PK：深圳“引才”大幅领先［EB/OL］.（2018－04－13）［2019－10－15］. http://finance.eastmoney.com/news/1355,20180413856838049.html.

[10] 东莞网.《珠三角人才需求与流动趋势研究报告》昨日发布［EB/OL］.（2017－12－07）［2019－10－15］. http://www.dongguan.net.cn/doc/guanshi/shizhengjingji/2017/1207/22362.html.

创业创新型高职建设

——面向 2035 的岭南职院方案

广东岭南职业技术学院 劳汉生*

摘 要：职业教育的主要目标是实现职业教育服务能力的显著提升。创新创业培养的核心是产教融合、工学结合，实现真实的项目，知行合一，来培育一流的大国工匠。文中介绍了作为广东最大的民办高职院校之一——广东岭南职业技术学院在人才培养模式的改革上，探索了“1+3”的培养方案、“5+3”的培养方式和“3+3”的教学方法，实施“以学生为中心，以成果为导向”的新学分制评价标准；在体制机制改革上，学院探索了产业链对接实战、双院长制、康医养游学一体。

关键词：创业创新　高职　教育现代化

《中国教育现代化 2035》提出，职业教育主要目标是实现职业教育服务能力显著提升。怎样才叫显著提升？评价指标是什么？衡量标准是什么？

《中国教育现代化 2035》十大战略任务之六提到：提升一流人才培养与创新能力。显著提高，我们的理解就是提升人才的培养质量，扎根中国，达到世界一流。

加快发展现代职业教育，不断优化职业教育结构与布局。推动职业教育与产业发展有机衔接、深度融合，集中力量建成一批中国特色高水平职业院校和专业。加强创新人才特别是拔尖创新人才的培养，探索构建产学研用深度融合的全链条、网络化、开放式协同创新联盟。健全有利于激发创新活力和促进科技成果转化的科研体制。服务产业、服务大湾区建设、培养大国工匠，是我们的使命。

未来的教育是什么？《斯坦福大学 2025 计划》提出了一个方案，他说未来的教育不再是闭环，而是开环教育，自定节奏的教育、轴翻转的教育、有使命的学习、设计你的未来。这是理论上的。

实践上，无论是职业教育还是研究型教育，我考察了美国和英国，还被省委组织部派去以色列学习了一个多月。我得到一个结论，世界上最好的教育既不在美国也不在英国，在以色列。因为全球的犹太人只有不到 1 200 万人，人口仅占全球总人口的 0.2%，却拥有 162 位诺贝尔奖获得者，占诺贝尔奖总数的 20.2%，其中，犹太人在诺贝尔物理学奖中占 27%，在医学奖中占 31%，和犹太民族人口的比例相比不对称。

---

* 作者简介：劳汉生，广东岭南职业技术学院院长，教授。

以色列1～11年级实行义务教育。以色列将很大一部分预算用于教育，就算在国防开支占国民生产总值1/3时，教育拨款也没有低于8%。1995年起国防开支降至9%，节约下来的开支重点用来发展教育和科技，以色列政府每支出100元钱，就有22元花在教育上，20元花在国防上，教育是排在第一位的。以色列政府认为，“没有教育，就没有未来”“教育投资是最有远见的投资”“教育投资并不是一种国家负担，而是一种有效的国家资源。没有自然资源，没有金钱不要紧，只要拥有高素质的人才，以色列就会拥有一切，拥有明天”。

创新创业培养的核心是什么？核心是产教融合、工学结合，实现真实的项目，知行合一，培育一流的大国工匠。

我们应该怎么做？广东岭南职业技术学院是广东最大的民办高职院校之一，有2万多名学生，两个大校区，一个在广州，一个在清远。我们首先从人才培养模式改起，实行“1+3”培养方案，“1”是规定动作，因为国家有规定，比如思政课程是不能改的；“3”是自选动作，“1+3”就是规定动作和自选动作相结合，线上线下相结合。所谓自选动作，就是完成3个项目就可以毕业。一是电商项目。二是社会公益项目。我们必须培养为社会做贡献的人。三是专业项目。在产教融合、校企合作的基础上，要建设一个专业的创业项目，这叫“1+3”。

“5+3”中的“5”是指学生要体验5种角色，经理、老板、技术人员、营销人员等，都要体验。“3”是指3名导师，分别是专业老师、企业老师和创业老师，按照体验、实践、实战三个阶段，因材施教，分段实施。

前面讲的是培养方式和培养方案，接下来讲“3+3”教学方法。“3+3”就是三个老师一门课，一个老师三门课，采用团队形式上课，1/2的课程由兼职教师（师傅）上，其中至少一门课由省级以上专家（工匠）讲授。

适应“互联网+职业教育”发展需求，运用现代信息技术改进教学方式方法，推进虚拟工厂等网络学习空间建设和普遍应用，用“课堂教学+线上教学+实战教学”（项目化、团队化、模块化）面向未来。

我们实施学分制评价标准。现在绝大多数的学分制是用时间学分制，学完了这门课，60分和100分都是一样的学分，这是不公平的。我们使用的学分制，是以学生为中心，以成果为导向的学分制，也就是说60分和100分的学分换算差距是非常大的，100分的学分可能相当于60分的1.8倍。要体现效率，不能光算时间。

机制上要有保证，要做真实的项目，因此必须一校一园，即学校层面建产业园；一院一企（所），即一个二级院必须和一个企业（或者所）深度合作，比如会计可以和会计师事务所合作。产业链对接实战，专业对接产业，岗位对接课程，需要有校中厂、厂中校的基础。

实行双院长制。学院的院长都叫执行院长，另外一个院长必须是从企业中来，要求是5 000万元以上规模产业的企业，并且对教育要有情怀，或者是国内非常知名的专家，比如孙捷教授就是国家千人计划专家，在设计方面享誉全球。

康医养游学一体。通过创新创业大学建设，配合集团下属养生谷运营，努力打造省级乃至国家级的大健康专业（群）和“双精准”的示范专业。

希望大家更多地关注广东岭南职业技术学院，有你们的大力支持、关注，广东岭南职业技术学院一定会成为中国乃至国际的一面旗帜！

面向2035：高职创新创业教育与工商管理专业教育的融合发展研究

揭阳职业技术学院经济管理系　孙警　吴樱子　黄淯斌　张利雄*

摘　要： 面向2035，高职教育现代化发展是实现我国教育现代化、迈入教育强国行列的战略选择。创新创业教育面向全体学生、融入人才培养全过程是新时代高职教育现代化发展的新要求，通过创新创业教育与专业教育的融合提高人才培养质量、输出高素质劳动者和技术技能人才是当前高职院校教育现代化发展的迫切任务。创新创业教育与专业教育融合发展面临着诸多问题，以工商管理专业为例，在明晰两者融合发展背景、厘清发展的关键问题和内在逻辑关系基础上，探讨两者融合发展的主要路径，对推动高职创新创业式工商管理专业的职业教育现代化发展具有重要的现实意义。

关键词： 高职院校　创新创业教育　工商管理专业　融合路径

新时代的高职教育正逐步从工业化时期重视知识技能传授的传统学科主义教育，向"面向2035"时代重视思想、身体、科学和实践等综合素质培养的高素质人才教育转型。面向2035，高职院校工商管理专业创新创业型人才培养以立德树人为基础，为区域经济社会发展输出具有高水平就业创业素质和能力的劳动者和技术技能型人才，从而服务好地方社会经济发展；同时，地方社会经济的发展又能够有力地支撑专业创新创业型人才培养。面向2035，在明晰高职创新创业教育与高职工商管理专业教育融合发展背景、厘清两者融合发展的关键问题和内在逻辑关系基础上，探讨其主要融合发展路径，对高职创新创业式工商管理专业的职业教育现代化发展具有重要的现实意义。

一、面向2035的高职工商管理专业教育和创新创业教育融合发展背景分析

党的十九大报告提出到2035年，我国基本实现社会主义现代化的战略目标，中共

---

* 作者简介：孙警，揭阳职业技术学院经济管理系教师；吴樱子，揭阳职业技术学院师范教育系教师；黄淯斌，揭阳职业技术学院经济管理系教师；张利雄，揭阳职业技术学院经济管理系教师。

本文系2018年度揭阳职业技术学院教育教学研究重点课题"地方高职院校经管类专业教育与创新创业教育融合的路径研究——以揭职院工商管理为例"（编号：JYC2018JYZ06）阶段性成果；揭阳职业技术学院2016—2020年创新强校工程项目"工商企业管理专业教学标准研制"（编号：JYPJXBZ_C170415）阶段性成果。

中央办公厅、国务院办公厅印发的《中国教育现代化 2035》提出到 2035 年，总体实现教育现代化、迈入教育强国行列①，教育现代化与我国社会现代化朝着相同方向前行。高职教育作为国家教育事业的重要组成部分，其面向 2035，顺应国家现代化发展大势、统筹规划，聚焦国家创新驱动发展战略、地区产业转型升级和自身内涵式建设等发展要求、显著提升服务能力，是实现我国教育现代化的战略选择。首先，面向 2035 年，顺应国家创新驱动发展战略实施的需要。国家实施创新驱动发展战略，促进经济提质增效升级，“大众创业、万众创新”已成为一个大趋势，工商管理专业教育和创业创新教育的融合发展应顺应发展新时代高等职业教育的要求，提高教学质量，为国家实施创新驱动发展战略培养更多更好的高素质人才。其次，面向 2035 年，顺应地区产业转型升级的需要。在经济发展新常态化下，地区产业发展迫切需要通过创新来提升产业附加价值水平和产业竞争力，这也意味着“人才瓶颈”将是一个严峻问题。高职教育应面向市场，为产业发展提供有效服务，促进就业创业能力提升；工商管理专业教育应以创新创业为导向，与地方企业行业深度合作，以产教融合共同打破地区产业转型升级“人才瓶颈”和专业建设的难题。最后，面向 2035 年，顺应“办好人民满意的教育”的需要。习近平总书记对建设教育强国做了重要指示，要求“办好人民满意的教育”。随着高职院校专业教育从粗放型规模发展阶段全面进入精细化内涵发展阶段，专业办学精细化和特色化管理必然要替代总量管理，融合创新创业教育的工商管理专业教育应结合地方经济发展水平和产业特色，利用现有外延优势逐渐转向地方特色专业的内涵式发展，顺应建设教育强国、“办好人民满意的教育”的发展要求。

二、面向 2035 的高职工商管理专业教育和创新创业教育融合发展的关键问题

国务院印发的《关于加快发展现代职业教育的决定》文件指出：高职教育应以服务发展为宗旨，以促进就业为导向，通过产教融合、校企合作等办学方式，培养数以亿计的高素质劳动者和技术技能人才。②“高素质劳动者、技术技能人才”意味着高职教育应重视素质能力和技能技巧两方面的培养，对高职教育提出了新的要求，即做好专业教育和素质教育融合工作。《教育部关于大力推进高等学校创新创业教育和大学生自主创业工作的意见》则提出：“创新创业教育要面向全体学生，融入人才培养全过程。要在专业教育基础上，以转变教育思想、更新教育观念为先导，以提升学生的社会责任感、创新精神、创业意识和创业能力为核心，以改革人才培养模式和课程体系为重点，大力推进高等学校创新创业教育工作，不断提高人才培养质量。”③《中国教育现代化

① 中共中央国务院印发《中国教育现代化 2035》[EB/OL].(2019-02-23)[2019-10-15]. http://www.moe.gov.cn/jyb_xwfb/s6052/moe_838/201902/t20190223_370857.html.

② 国务院关于加快发展现代职业教育的决定[EB/OL].(2014-06-22)[2019-10-15]. http://www.gov.cn/zhengce/content/2014-06/22/content_8901.htm.

③ 教育部关于大力推进高等学校创新创业教育和大学生自主创业工作的意见[EB/OL].(2010-05-13)[2019-10-18]. http://www.moe.gov.cn/srcsite/A08/s5672/201005/t20100513_120174.html.

2035》则进一步提出“推动职业教育与产业发展有机衔接、深度融合”①。这说明高职教育必须和地方产业发展紧密结合，服务好地区产业转型升级和经济社会发展。所以面向2035，促使创新创业教育融入专业教育，通过校企合作、产教融合提高人才培养质量是新时代高职教育从学科教育转向素质教育的重要课题。然而，当前高职院校在促进创新创业教育与专业教育融合的工作中，却面临着各种各样的挑战，主要困难可以归为：第一，创新创业教育思想准备不足。我国高职院校创新创业教育发展时间仅有短短的十几年，从传统的专业教育转向创新创业教育需要一定的缓冲时间，在缓冲期会存在各种观念冲突问题，例如创新创业教育的内涵界定不清晰、人才培养定位不够精准等。第二，教学师资队伍建设难题。创新创业教育与专业教育的融合需要高素质师资队伍来执行，而传统专业教育模式下大部分专业教师精于本专业知识技能、缺乏创新创业经验经历，校外兼职教师则富于创业和企业运营经验、缺乏专业知识体系和教育理论，因此教学师资队伍会面临总量不够、质量参差不齐等难题。第三，创新创业教育模式体系仍处于摸索阶段。当前主要有以经济管理类等教学部门为主体的模式、以招生就业类学生管理部门为主体的模式、以创业协调部门或创业基地为主体的模式，但在教学目标、教学计划、课程体系设置、教学实践实训条件、教学评估等方面缺乏系统性、长期规划性和针对性。第四，创新创业教育配套机制仍在完善过程中。主要体现为资金和环境扶持政策，引导对接产业、科研成果转化等激励机制，教育学分制等配套机制仍在探索中，难免会滞后于创新创业和专业教育的发展。

三、面向2035的创新创业教育融入工商管理专业教育内在逻辑关系

（一）工商管理专业教育和创业创新教育的内在共通性

工商管理专业教育本质是企业运营管理领域的学科主义教育，创新创业教育则是一种素质教育，而专业教育和创新创业教育两者都是教育理论不断发展的产物。面向2035，两者都应从其所处的时代背景出发，以时代赋予的特定社会价值观为指导思想，发挥其培养人的功能和作用，来适应并解决社会发展问题和教育问题；它们都关注社会发展对人才需求的主要问题，并不断实践探索，以形成规范的教学模式、上升到理论层面，又进一步引导教育实践活动，从而满足社会人才需求和促进社会发展。

（二）工商管理专业教育是创新创业教育的基础

专业教育是细化专业、为学习者提供专门教育，以期让其掌握本专业的基本知识和技能，成为该专业领域的高级专门人才。② 工商管理的专业教育是关于企业经营管理基本知识和技能的教育，创新创业教育则是“生成性教育”③，它需要在一定的历史、社会、人文和技术等其他学科的实践基础上生成自身的教育模式并不断进化，可以说工商

① 中共中央国务院印发《中国教育现代化2035》［EB/OL］.（2019－02－23）［2019－10－15］. http://www.moe.gov.cn/jyb_xwfb/s6052/moe_838/201902/t20190223_370857.html.

② 易玄，申丹琳. 我国大学创业教育和专业教育融合模式的探索［J］. 创新与创业教育，2012（2）：68－69.

③ 黄兆信，王志强. 论高校创业教育与专业教育的融合［J］. 教育研究，2013（12）：59－67.

管理专业教育是创新创业教育的立足点，学习者根据自身兴趣和爱好做出选择，以工商管理的专业教育为基础进行创新创业教育活动。面向 2035，如果没有专业教育基础，创新创业教育就如无根浮萍，学习者往往会重复选择层次低、进入门槛低的任务或项目作为创新创业活动内容。

（三）创新创业教育是工商管理专业教育的拓展和深化

创新创业教育是关于学习者精神、知识能力和实践行为等层面的人才培养工程，面向社会培养具备创新精神、创业意识和创新创业能力的高素质劳动者和技术技能人才。它本质上是素质教育，是自由发展、全面发展和整体发展的社会教育，是一种贯穿在教育全过程中的教育观念、教育思想，而不是一种学科主义教育或课程教育。① 面向 2035，融入创新创业教育的工商管理专业教育内涵得到了拓展和深化，具备工商管理专业知识和技能的学习者可以获得创新精神、创业意识和创业实践的素质锻炼，具备创新精神、创业意识和创业实践素质的学习者可以获得专业知识和技能的专业教育，两者相辅相成，不断深化拓展。

四、面向 2035 的高职工商管理专业教育和创新创业教育融合发展路径探讨

（一）深化认识，准确定位人才培养目标

面向 2035，深化高职院校创新创业教育改革，是国家实施创新驱动发展战略、促进经济提质增效升级的迫切需要。工商管理专业教育和创业创新教育的融合，顺应了新时代高等职业教育现代化趋势的要求，在面向全体学生开展创业教育、融入人才培养全过程中的指导精神下，应充分认识到两者融合的重要意义，加强两者融合的领导工作。一方面，需要“专人做专事”，建立专业建设指导委员会和健全委员会的基本职能，特别突出指导工商管理专业教育和创业创新教育融合的职能；另一方面，围绕委员会的组织开展调研分析工作，以保证能够准确地认识工商管理专业进行创业创新教育的内涵。工商管理专业进行创业创新教育是素质教育，不是工商管理学科教育新的方向，不是企业家速成教育，它培养的是既具备一定工商管理专业知识技能，又具备创新精神、创新意识和创业能力的复合型创新人才，这类人才可以是创办企业的企业家，也可以是在本职岗位上不断创新工作的“内创业者”。②

（二）加强教学师资队伍建设

面向 2035，创新创业教育融入工商管理专业教育的成效，关键要看教学师资队伍的建设情况。如今大多数高职院校创新创业教育工作开展得不太顺利的主要原因，就是教学师资力量不足。创新创业教育和工商管理专业教育融合要求教师具备“企业家型

---

① 张晓明. 素质教育的基本渠道：人文教育融入专业教育［J］. 高等工程教育研究，2002（1）：34.

② 黄兆信，曾尔雷，施永川，等. 以岗位创业为导向：高校创业教育转型发展的战略选择［J］. 教育研究，2012（12）：46－52.

学者”或“学者型企业家”① 的特点，既具备扎实的本专业知识技能和教育教学理论，又具备丰富的创新创业经历经验。从工商管理专业的角度来看，师资队伍建设需要保证数量和质量与教学需求相符：一是需要按照专业教研室、开课数量和师生比等标准配置足够的专任教师；二是对现有专业教师应加强培养创新创业实践培训，培养适合高职教育的高素质应用型师资队伍，可以创造条件让教师直接开展创新创业或参与到企业运营过程中，通过实战来磨炼，还可以通过与走在创新创业教育前列的院校“结对子”来提升自身水平，发展双师型、双创型教师，组建跨学科、跨专业的优势互补型内部教学师资组；三是校外兼职教师队伍的建设，其往往伴随各种灵活的校企合作方式来开展，在合作过程中以产业或企业为主体、学校为主导的形式充分利用好校外的人力资源。

（三）教学内容和课程体系建设

面向2035，创新创业教育和工商管理专业教育融合不是再建设一个学科教学课程体系，而是在本专业教学基础上做创新创业教育再设计，需要根据系统性、层次性和适应性等原则来设计。高职院校创新创业教育融合工商管理专业教学的课程体系可以围绕学生成长的轨迹来建设，由基本素质能力课程（包括人文素质能力课程和自然科技基础课程）、专业能力课程（包括专业基础能力课程和专业核心能力课程）、专业能力拓展课程（包括专业拓展课程和能力拓展课程）三大模块组成。这些课程设置根据年级和专业方向有所不同和侧重：大一学年以基本素质能力课程为主，其中人文素质能力课程有公共政治课、英语、创业教育、职业发展和就业指导等，自然科技基础课程有计算机基础和办公自动化等，面向全体学生做创新创业渗透式教育，培养学生创业思维、创业意识、创业品质等创新创业通识能力。大二学年则以专业能力课程为主，其中专业基础能力课程有中小企业管理、企业管理沟通、经济学基础等，专业核心能力课程有企业战略与决策、人力资源管理、市场营销、财务管理、商务应用写作等，这类专业课程本身具有经管大类通识课程的特性，与创新创业教育的性质非常吻合，所以这类课程与创新创业教育在深度融合时需要结合区域支柱产业或特色行业，才能为教学提供大量的原始资料和经营案例，提供产教融合的机会，这个阶段主要培养部分专业方向学生的创新知识和技能技巧。大三学年则以专业能力拓展课程为主，其中专业拓展课程有电子商务实战、创业实践、物流与供应链管理等，能力拓展课程如潮商文化、商务礼仪、与人合作等，这类课程本身已经与创新创业教育高度融合，其中部分课程面向本专业特定方向具有创业潜力的少数学生，发挥其强烈的创新创业意愿和才能。

（四）专业创新创业实践实训平台建设

工商管理专业教育和创新创业教育都是实践性非常强的教育模式，面向2035，对实践实训环节的科学设置将变得越来越重要。工商管理专业创新创业实践实训平台的建设可以从三个方面着手：课程教学实践平台、多元实训实践平台和就业实习平台。课程教学实践平台根据创新创业化工商管理专业课程体系的设置、理论和实践比例的改革、

① 李伟铭，黎春燕，杜晓华．我国高校创业教育十年：演进、问题与体系建设［J］．教育研究，2013（6）：42－51.

师资队伍和设施设备保障条件，依托校内实训室和各专业工作室，综合运用讲座宣传、参观学习、案例研讨、项目导入运作、视频教学等形式开展。多元实训实践平台可以通过充分整合校内课堂、社团和校外实训基地，建设综合实训平台和开放性实训平台两个载体。综合实训平台是根据不同学段和对象安排学生在学校实训中心、校外实训基地做真实或仿真的项目运营；开放性实训平台则是学生以社团或自组团队等形式，在校内实训中心、工作室和校外实训基地的配合下，积极参加以“挑战杯”为代表的竞赛活动、教师承接的科研项目或社会服务项目。就业实习平台建设主要有职业生涯教育、毕业实习教育和社会服务三类，职业生涯教育类形式如参观企业、接触就业岗位、课证融通等；毕业实习教育类形式如订单式校企合作[①]、顶岗锻炼、带薪实习或就业；社会服务类形式如以志愿者身份服务社会等。

（五）服务和保障等配套机制的建设

面向 2035，工商管理专业教育和创新创业教育的深度融合，离不开教学环境土壤的滋养和保护，服务、保证保障等扶持机制政策的建立健全显得格外重要，比如指导机制、活动机制、激励机制和保证机制等。[②] 在实际运行中，政府和学校是配套政策的制定者和实施者，扮演着主导角色。政府层面可以配套指导和激励政策，引导校企合作共建创业园区（基地）或二级学院；在校友捐赠方式不够发达的情况下，能够建设创业引导基金来吸引社会资金扶持创新创业教育建设；建立健全学生创业指导服务专门机构，对自主创业学生实行持续帮扶、全程指导、一站式服务。[③] 学校层面可以争取条件落实创新创业教育学分制和弹性学制，可以将创新创业教育相关专业必修和选修课程比重提高，可以灵活地折算学生创新创业相关活动，让学生安心从事创新创业活动；学校应该制定有效的激励制度，让参与到专业创新创业教育活动中的教师能够产生内源性支持；加强创新创业教育交流活动机制建设，鼓励师生走出去、借鉴先进经验，促进专业创新创业教育发展。

---

① 胡昌荣．高职“订单式校企合作”办学模式实践探索：以重庆工贸职业技术学院为例［J］．长江师范学院学报，2012（12）：105－108.

② 夏维力，路艳．基于创业教育的工商管理本科教育改革探究［J］．开放教育研究，2008（2）：91－94.

③ 中华人民共和国中央人民政府 国务院办公厅印发《关于深化高等学校创新创业教育改革的实施意见》［EB/OL］．（2015－05－13）［2019－10－18］．http://www.gov.cn/xinwen/2015－05/13/content_2861327.htm.

"数字化"和"微时代"下的职业教育"学材化"思考

广东食品药品职业技术学院　杨晓雯*

摘　要："数字化"和"微时代"加剧了学习的"碎片化"，利于学生"学"的"学材化"成了教育界亟待解决的问题。相对于"学材化"的"教材化"教科书，是站在利于教师"教"的立场上的，是以概念、原理、定律等抽象的命题为特征的；而"学材化"的教科书则是规避这些抽象命题，而以具身、寓居、融入、亲知、具象、情境、行动、个别、完整等为特征和专业用语的。范例、叙事、情境、行动，是目前所意识到和应当开发的职业教育"学材化"教科书的体例。

关键词：职业教育　微时代　教材　学材化　碎片化

"一切划时代的体系其真正的内容，都是由于产生这些体系的那个时期之需要而形成起来的"①，是那个"时代精神"的体现，教科书"学材化"理论也是如此。"数字化"和"微时代"的到来，导致学生"碎片化学习"的出现，并成为不可忽视的学习途径和学习习惯。就职业教育而言，这不仅意味着需要重新排查哪些通识性知识已变得没有再进入课堂之必要，需重新确立教学的起点，还意味着要引导学生学会学习、学会管理知识，以及利用新媒体来完成部分教学任务。更为重要的是，这些现象的背后还反映着更为深层的意义——将"教"转换为更利于"学"——"学材化"将成为一个不可忽视的议题，由此引发了对职业教育的教材体系"学材化"的思考。

一、由"教材化"到"学材化"

（一）教科书的"教材化"

早期的教科书或说课本，并非是学校的专门用书而是社会用书，如"四书""五经"，如《荷马史诗》。夸美纽斯意识到，这些即便是成人也难以理解的东西，原封不动地教给学生，而且"强迫他们死记硬背"，是一件"苦差事"。他要研究"把一切事

---

* 作者简介：杨晓雯，广东食品药品职业技术学院助教。

本文系2012年度广东省高等职业教育教学改革A类项目"职业院校国际化研究与实践"（项目编号：20120101006）。

① 姜平．中国特色应急管理体系的构建和完善［J］．理论探讨，2011（2）：138－142．

物教给一切人类的全部艺术”。[①] 这里的“艺术”，在目的上，是能够让学生“迅速而愉快地”获取知识；在操作上，致力于将所“教”按照其内在的逻辑从易到难、由浅而深地组织起来。换句话说，他将所教内容从枯燥无味变为趣味和简易，将涣散的内容逻辑化、规律化。这种由面对社会的书籍转变为专门的教学用书，便是最早的“教材化”。启蒙运动特别是工业革命之后，自然科学和生产、生活知识越来越多地进入教学领域。这些现实中的新素材以“教学资源”的形式经过筛选、提炼、改造、整理、编辑等成为教科书的内容，这是另一种意义上的“教材化”。所谓“教材化”，是在考虑教学规律、课程目标、科目特点、认知规律等基础上，对素材进行选择、提炼、改造、整理的过程和状态。

（二）“教材化”的挑战

“教材化”与工业时代的批量生产有着密切的关系。可以说，工业革命推动了夸美纽斯的“教材化”。工业革命时期的“教材化”，其最初之目的，是为了避免教师的盲目性和偏离，以便能够精确地传递教学内容，以培养批量“统一规格”的“产品”。[②] 这显然是以利于“教”为目的的技术理性控制理论下的理念。至今，我们平时所言的“教室”“教材”“教案”“教学计划”等，其骨子里流露出的还是突出教师“教”的思想，矛盾的主要方面在于“教”；由原理、定律、公式等抽象符号构成的、在没有教师的讲解之下学生难以理解的种种命题，仍然是教科书的主要内容。基于“利于教”而不是“利于学”的教学和教科书，在“数字化”和“微时代”的新时期正在受到挑战——学生越来越习惯于“更利于学”的教学和教科书，而屏蔽那些晦涩的内容。

（三）“学材化”的提出

由于欧美国家并不像我国那样将教科书置于“神圣”的地位[③]，“西方发达国家对教材的研究也极少，第三世界国家的研究几乎不存在”[④]。相对而言，日本对“教课书”的研究给予了关注。“学材”一词，就是由日本的“教课书研究中心”最早提出的。日本针对“多媒体在教学中的普遍使用”和“以学生为主体”的观念出现，以及教课书“教材化气息浓重”的状况，提出了变“教材化”的教课书为学生“学材”的主张：“教课书作为学生使用的‘学材’性质，胜于教材性质。”[⑤] 这是史上首次明确教科书的使用对象是学生而不是教师。

二、职业教育“学材化”的教科书

（一）职业教育教科书的现状

由于我国的职业教育是世纪之交由专业教育转型而来，至今仍遗留着专业教育的遗迹，其教科书的范式仍是专业教育甚至学科教育的范式：以概念、原理、定律、公式等为主要构成；其哲学依据、知识观、价值观，与学科教育、专业教育几乎近同：所遵循

① 夸美纽斯. 大教学论［M］. 任钟印，译. 北京：人民教育出版社，2006.

②③ 谢小芸. 教科书“学材化”研究［D］. 杭州：浙江师范大学硕士学位论文，2006：1.

④ 阿尔特巴赫. 比较高等教育论［M］. 马越彻，译. 町田：玉川大学出版社，1994：180.

⑤ 冯君莲，胡荣. 大学神圣性的消弭与回归［J］. 大学教育科学，2011（3）：24－27.

的是，真理性认识即知识是客观的；事物的本质深藏于事物的内部，认识是对事物的主观反映；事物本身是粗糙的，现象具有迷惑性，要透过现象看本质。由此，要经过去粗取精、去伪存真、由表及里的过程，抽象出事物真实、永恒的东西；由此，便将概念、原理、规律、定律等命题性知识作为有意义的知识，来构建教科书内容。然而，职业教育是不同于学科教育和专业教育的教育类型，这种客观主义、表征主义的哲学和知识观，并不适合于职业教育。

（二）职业教育的追求和教科书

职业教育所培养的是直接与现实中的事物实体打交道的一线操作人员。而现实中的事物是一个完整的整体，包含着事物的知性与物性（property）两个方面的知识。完整的知识本来就嵌入于生产、生活的母体之中，是本质与表象一体、知性与物性浑然的。而抽象的结果，只将事物的知性部分抽取了出来，却将物性拒之于学校教育之外。换句话说，由知性部分构成的教科书，只不过是事物整体的“半知”。而本来浑然一体的知识被抽象、剥离之后，进入教科书的那部分“半知”（即知性部分）却又经过人为的组织与划分，形成了模块与模块之间、课程与课程之间、单元与单元之间清晰的界限，即进一步被肢解成低关联度、界限明显的“知识碎片”。换句话说，在“碎片化”知识面前，这种一向被认为是系统性的知识，当它相对于“事物实体”之时，这种仅是“半知”并进一步被肢解过的知性，与浑然一体的完整知识相比较，反而成为“碎片化的”了。

威廉姆森指出：脱离了物性的知性那部分，即“命题之知”，直接传输给学生，并无法自然地转化为“能力之知”。[①②] 换句话说，“命题之知”并不能自然地转化为职业胜任能力，如同熟知驾驶原理而不能驾驶一样。进而言之，“教材化”的教科书，实际上等于人为地在学校所学与工作岗位之间挖掘了一条沟壑。而当仅获得“命题之知”的认知主体直接面对器物之时，便变得陌生而束手无策了。职业教育所追求的技术，在陌生的对象面前也就变得不可能了。职业教育并不拒绝知性，但是物性相对于知性而言，对职业教育是更为具有意义的。职业教育所追求的是包括物性在内的全息而完整的知识。而这只有“回到事物本身”才能实现。换句话说，职业教育所需要的是“回归事物本身”的具有全息知识的教学和教科书。而这样的教科书是淡化了概念、原理、定律等抽象符号性“命题”的，不再是站在教师“教”的角度“教材化”气息浓重的教科书了。

（三）职业教育“学材化”教科书的突出特征

依据上述“全息”的知识观和教学观，职业教育“学材化”教科书的总体要求是立足于便于学生学、方便理解的视角来选择和排列内容。其显著特征是尽最大可能地规避了抽象的概念、定义、原理、定律等“命题之知”，其具体体现有如下几个方面。

1. 学生主体性。与“教材化”将学生视作知识传输的被动的客体对象不同，“学

① 杜威. 民主主义与教育［M］. 王承绪，译. 北京：人民教育出版社，2001：172－174.

② 郁振华. 人类知识的默会维度［M］. 北京：北京大学出版社，2012：69－71.

材化”所反映的是将学生视作知识掌握的主体。此“主体”与“学习者中心”“学生本位”等人本倾向的普通教育不同，它们存在着“为了谁”和“由谁来建构”上的差异。表现在：其一，学生是当下学习过程中的主体，以此为基本的价值立场；其二，发挥学生学习过程中的主体作用，以此为教学的基本策略。

2. 削弱元叙述。元叙述被视为理性的、抽象的、普适性的、统一的、颠扑不破的、绝对真理的、纯思辨理论的语言形式，在教科书中体现为专家、编者的权威和话语霸权。而“学材化”的教科书则致力于打破权威、消解话语霸权和独白式的文本，而专注于生产性、生长性、开放性、启发性的利于学习者的“学”。具体而言，就是消减概念、原理、定律等命题成分的比重。

3. 主动性学习。主动学习意为知识的内化与生成无法由教师替代而是由学生自己建构的，教师和教科书的地位由知识的权威变为学生建构自己知识的“辅助者”。对于职业教育而言，主动学习不在于大脑、心灵，而在于身心与外部发生关联。换句话说，职业教育的主动学习饱含着行动因素，而不是凝思。对于主动学习的另一种误解是，将主动误解为愿意、喜欢、积极和我要学等，此便回避了更为主要的本体性的行动。

4. 体现过程性。既然视学生为主体、视学习为主动构建、拒绝元叙述，那就意味着参与，对于职业教育而言，就意味着行动。而行动自身本就体现着过程，学习者在行动过程中，是以主体身份将自身融入于行动过程当中，并成为活动过程中的有机组成部分的。

5. 体现情境性。这样的有机体（或言共同体），实际上包括了认知对象、主体、技术、工具、资源、环境和行动过程构成的情境。职业教育“学材化”教科书所要反映的就应是这样的情境。

6. 体现回归。这里的“回归”，指回归到课程本身，回归到事物本身。目前存在的误解是，将回归课程理解为回归课堂。而回归课堂却是与行动和过程相悖的。“回归”的核心在于回归事物本身。换句话说，认知主体与对象、技术、工具、资源、行动、过程等共同构成了一个有机体，而这个有机体便是课程，便是教科书所应反映的内容。

（四）职业教育“学材化”教科书的主要用语

与普通教育“概念”“原理”“规律”“定律”“抽象”“逻辑”“公式”等用语不同，职业教育的回归事物本身所使用的主要用语是“具身”“寓居”“融入”“亲知”“个别”“具象”“全息”“完整”等。

1. 具身、寓居、融入、亲知。与将知识视为客观的，知识不过是认识主体以旁观者的身份对客观事物的反映不同，这种全息的知识观则是将认知的过程视为主体具身于有机体之中的。所谓“具身”，则是与旁观者相对应，谓心灵寓居身体之中，身心寓居于事物之中。即人也成为有机体的一部分，或言成为知识的一部分。波兰尼对“具身”的理解，品咂到“心灵寓居于身体之中”“身心寓居于认知对象之中”，通过寓居而认知，指出：所谓寓居，就是介入到“我们所把握的对象的存在之中”。罗素又进一步阐述了“亲知”最突出的特征乃“主体之直接性参与”。

2. 具象、完整、全息。在回到事物本身，认知主体具身、寓居、融入于事物之中的亲知过程中，主体不再是旁观者，不再是反映的工具，而所面对的是当下的、鲜活的具象。所谓“具象”，乃相对于抽象。“具象性的知识”，乃是一种质感的，可视、可闻、可触摸的知识，非抽象命题式、形而上、静止、普适性的一般知识。其意在抽象知识的本体还原，回到事物本来面目。所谓“完整”“全息”，乃完整知识、全息信息，相对于“半知”。即知性与物性的完整合一，对象、主体、技术、工具、资源、环境、过程等的全息。移植于职业教育，则是将携带全息的信息和完整知识的有机体本身进入职业教育的课程和教科书范畴，成为“命题之知”与“能力之知”合一的课程和教科书。

3. 个别、情境、行动。主体具身于事物之中，所感受的首先不是一直以来被视作普通教育的本质诉求、一般或普适，而是个别。当职业教育的诉求定位于一般性知识时，便必须面对两个质疑：其一，一般性即共性，是否能够涵盖全部？或言一个抽象的命题是否能覆盖事物完整的信息？显然，“甘蔗和菠萝都是热带作物，具有热带作物的生长习性”这一正确的命题，却无法反映甘蔗与菠萝对肥水的不同要求。其二，一般性是否能够迁移到特殊性？心理学的学习迁移试验证明，这种习得迁移他境是微乎其微的。[①] 因此，特殊性即个别在职业教育恰恰更具知识意义，学生具有一技之长，比懂得原理更具有优先性意义。所谓“情境”，乃认知对象、主体、技术、工具、资源、环境和行动过程等构成的有机体。而这些共同构成了知识，并非仅仅对象才是知识。所谓“行动”，并非仅指生产过程，而是包括具身事物之中与事物接触在内的一切。

如此，主体便不是以头脑、心灵来接触知识，不是以凝思来消化、生长知识，而是包括其他感知的全身心地接触，即所谓“人在情境中、在器物周遭，以打量、亲近、使用的姿态，倾听器物的‘回响’，领会其中的‘回音’，体察器物的‘气味’，感受器物的‘秉性’，感悟其中的道理……”

三、职业教育“学材化”教科书的体例

全息知识观下职业教育“学材化”领域的探索才刚刚开始，并无先例可循，有诸多可以开发的空间。笔者仅就范例、叙事、情境、行动式教科书的体例予以阐释，以望能够抛砖引玉。所言范例、情境、叙事、行动式教科书，非同范例教学法、情境教学法等，乃是一门课程从整体设计上来完成课程任务的形式。换言之，教科书完全由一种（如范例）或与其他非命题式体例（如行动、叙事、情境等）共同构成的完整课程的教科书。

（一）范例教科书

以往的范例，一直拘囿于诠释命题之用，是教师在学生抽象能力不足之时而假借的辅助说明性工具。换句话说，其工具性价值一直遮蔽着其职业教育的本体价值。实际上，它应当成为职业教育教科书和教学实施的一种表达方式，或说呈现形式。它不仅是知识的载体，同时也是知识本身。在职业教育中，它具有比命题更优先的地位。

---

① 路宝利，刘延翠. 范例：职业教育“现象学”课程研究［J］. 职业技术教育，2016（7）：8－15.

1. 从工具性中解放出来。在人们的观念中：其一，命题之于学术具有标志性意义，甚至命题越是繁、难、抽象，则越能彰显其学术韵味。由此，教科书便演化为追求充斥命题的文本，教学便成为对抽象知识的诠释而不是体验；而范例则被排除于学术界域之外，现实中未见到过一部学术专著是由范例构成，更无范例型教科书，似乎范例会消解其学术水准。但问题在于，现实的世界并不是由命题构成的。其二，范例教学法中的范例运用，具有偶然性、随意性。由于它的价值被当作学生抽象能力不足之时而假借的辅助性工具，所以只有需要之时和能起到补充说明作用的，才拿来使用，即范例的使用完全是偶然的、随意的、零碎的。而作为职业教育的范例教科书，则是通过经典性地选择、系统性地组织，而构成的完整地完成教学任务的范例集合。

2. 范例地位的属征。其一，范例的全息性。它不单嵌入了明言知识元素，其更可贵之处还在于同时饱含着无法言明的缄默知识、模糊规则（vague rules）。与抽象、干瘪的符号及命题比较，它是饱满的、立体的、全息的、有血有肉的完整知识体。可以说，范例既蕴藏着知性，又能触摸到物性；既能体悟抽象，又能感知具象①，具有完整知识的属征。范例之全息价值，还在于缩小了学校与岗位之间的差距，这对于职业教育而言拥有着优先地位。其二，范例的具身性。与疏略主体人参与的普通教育相比较，范例则彰显具身特征。一种范例或为叙事，或为行动，或为制品。但无论何种，世间并不存在无我之范例，且“我”生变则范例随之而变。换句话说，因主体之不同，对范例的感受是不同的。这与稳定不变的普适性命题完全不同。其三，范例的个别性。其若为叙事，则有时间、地点、人物、事件、情节与结果；其若为行动，则此行动非彼行动；其若为制品，则因操作者的不同而各具特色，且制品之风格因人、因时、因地而变。②

3. 范例的优先原则与迁移。普通教育追求以原理、定理等严格规则（strict rules）来解决整个界域的问题；而职业教育所面对的现实工作岗位，更多的是严格规则所不能及的模糊规则。相比而言，严格规则是有局限性的，模糊规则对职业教育更为重要。具体到职业教育的工匠技艺，几乎完全属于模糊规则范畴。波兰尼认为：“一种难以明言的技艺，不能通过规则而只能通过范例由师傅传递。因为对它来说，规则根本就不存在。”③ 这里的“只能”迁移至职业教育的教科书中，则为在表达知识传递或言教科书的编写之时，能使用范例的，则不应使用命题。由于模糊规则主要是依靠范例传递的，而且在技艺习得中不是依靠命题而是靠对范例的心追神摹和师傅的传递，由此，范例便比命题更具优先地位。因为理解命题并不是目的，而胜任工作才是根本取向。从类比思维的角度而言，如果以命题的演绎与类比思维或言与范例推理相比较，发生迁移的可能，更多的也是在后者。

---

① 路宝利．“完整知识”：职业教育“现象学”向度［J］．职教论坛，2015（28）：5－11.

② 路宝利，刘延翠．范例：职业教育“现象学”课程研究［J］．职业技术教育，2016（7）：8－15.

③ POLANYI, MICHAEL. Personal knowledge: towards a post-critical philosophy［M］. London: Routledge & Kegan Paul Pic, 1962: 53.

（二）叙事教科书

叙事即描述，也就是讲故事，一直属于文学中常见的形式。在大学的教科书中和课堂上讲故事，势必被视为非学术性的，因而一直被排斥在课程之外。但它确实应该成为职业教育典型的方法之一。

1．叙事对职业教育教科书的意义。由于客观主义认为知识是客观的，不以人的意志为转移的，因而一直是排斥个人知识的。但客观主义知识观不是职业教育的基石。在职业教育工匠技艺领域，物性更具有本体意义，个人知识尤其举足轻重。物性的遮蔽和人的缺失，将意味着本体的丧失。叙事的价值恰恰在于从追逐深藏事物内部的抽象本质转向叙事之本身。[①] 因为叙事总是完整的、具象的、个别的，如同文学中的时间、地点、人物、事件、起因、结果等要素俱全，且情节独特、人物各异、饱满鲜活的完整性一样。职业教育寻求连接诸范畴间的纽带，叙事无疑是典型的教科书形式之一。

2．叙事的机理。叙事同样是有具身性的。与命题表达与知识序列的普通教育教科书的单一的、赤裸裸的知识呈现相比，叙事教科书使命题的直接传输得以规避。它所观照的生活世界之本体，在职业教育领域则表现为工作世界，一种现实的、可感的、人们可触及的真实工作世界，而不是抽象的世界。在其中，职业教育所追求的智慧之手，便可以在体验中求索知识的意义，在参与和对话中理解和解释。叙事不但是真实的、直观的、鲜活的，而且也是一个完整的世界，因为叙事总是生动而丰富的。虽然它看上去是场景叙事，只把场景写得详细、清楚，并未讲述什么大道理，但实际上知性命题也藏在其中。它既有模糊规则，也有为命题的严格规则。或说，是明言与缄默知识共在，客观事件与主观感受共在，具体情节与时空背景共在，静态构成与动态生长共在的。关键在于，怎样利用那些操作说明、工艺谱系等场景叙事。

3．叙事的运用。叙事在职业教育领域的价值具体体现，不仅在于设置叙事化的课程，更为实际而具体的体现是编撰叙事化的教科书，改变堆砌概念、命题的惯常编撰体例，选择经典的诸如技术事件、服务事件、现场操作说明等案例并做系统化处理。所谓“经典事件”，即能够完成教学任务、将知识镶嵌于其中的事件。所谓“系统化处理”，即能够实现课程既定目标并按照一定序列编排的典型事件集合。值得注意的是，并非所有的课程都是适合叙事化的方式和风格的。

（三）情境教科书

威尔逊指出，“知识只有在类似的情境中才可有效迁移”[②]，由此可知情境的重要意义。有关情境的研究是以往关注比较多的领域。但我们发现对情境的关注，一是更多地出现在基础教育领域，而且更多的是热衷于“通过建立师生间的情感氛围”方面，这显然不是职业教育所言的情境。还发现，与范例、叙事一样，教育的层次越高，对之的关注却越少，似乎越是高等教育就越倾向于抽象的教学。而职业教育对情境本身的发掘和教科书的情境承载，却仍是未触及的领域。二是关注的是情境化教学的研究，这很容

① 路宝利．“完整知识”：职业教育“现象学”向度［J］．职教论坛，2015（28）：5－11.

② BROWN J S，COLLINS A，DUGUID P．Situated cognition and the culture of learning［J］．Educational researcher，1989，18（1）：32－42.

易让人将情境教学法误作为情境课程。而情境课程是一种系统性的设计，包括情境创制、选择、呈现、逻辑等一系列的问题，它与教学法层面的情境之偶然性、表层性运用不同。

所谓“情境”，在职业教育而言，已不再是让·莱夫等相对狭义的概念，而是一个由认知主体的人、对象、技术、工具、资源、环境等要素构成的际遇，或说泛在环境这样一个有机体。在这个有机体中，主体人、对象、技术、工具、资源、环境等都是知识的一个组成部分。在普通教育的表征主义认识论中，一直在追求抽象、追求知性和命题之知，一直在强化符号与情境的分离；而以职业教育全息知识论的视角，知识并不是独立于情境之外的客观存在，作为统一的有机体，情境是物性的一个部分，或言情境即为知识的本身，情境本身即是课程。既然知识不是独立于情境而存在，那么职业教育的教学和教科书，则也不应是独立于情境的命题符号来传递。在情境中，身体交流也就是主体的人与他人、对象、技术、工具、资源、环境等要素的交流，是情境存在的形式。

职业教育更为强调的是真实情境（real situation），即在学习过程当中建立真实的以实现操作性任务为主的情境。既然如此，那么职业教育的教科书则理应是真实情境的再现。有关职业教育的情境课程，德国的典型职业工作任务（BAG）课程是包括工作对象、组织、规则、方法以及空间、器物、环境文化等业已超越课程背景意义之元素的课程，也是目前情境意味最浓的课程形式。但是，这仍然不是全息知识观下的情境，也未在全息论下有意识地挖掘。至于教科书，则更是一个未开垦的领域。

（四）行动教科书

由于缄默知识不是以概念的形式存在，而是以行动中的知识，或以内在于行动中的知识而存在的，又由于作为一种非命题性知识的能力之知，是依靠行动来表达、展现的，行动则在职业教育中具有优先地位。换句话说，没有行动便无法评价能力，也不为职业教育。更为值得注意的是，行动中蕴含了完整知识元素，尤其是行动中的主体，是与工作对象、工作环境浑然一体的，这就更凸显了行动在职业教育中的价值。

除传统学徒制外，19 世纪的“俄罗斯制”基本可以认定为融工艺于课堂之中的课程。20 世纪初期，职业教育之父普洛瑟推出的“工作过程导向”，即属于行动导向的课程理念。进而，由北美的能力本位（CBE）课程再到德国 BAG 课程，可以说行动元素日臻完备，行动导向的教学在职业教育领域也已不再陌生。但是，与情境课程一样，行动课程并无全息知识观的意识，也未站在这一高度挖掘其应有的价值。即在器物周遭，以打量、亲近、使用的姿态，倾听器物的回响，领会其中的回音，体察器物的气味，感受器物的秉性……换句话说，这些行动元素还不尽是全息意义上的行动。特别是，如何作为一种教科书来呈现或予以表达，仍然是有待研究的课题。

“互联网+”时代大学英语口语信息化教学模式实证研究

河源职业技术学院　朱蓝辉*

摘　要：本研究梳理了信息化教学模式研究成果，结合信息技术和口语六步教学法，构建了“互联网+”时代大学英语口语信息化教学模式，并对其进行了实践检验和效果评估。研究结果显示，这一教学模式受到学生欢迎，提升学生自主学习能力，对提高学生口语能力有显著作用。

关键词：大学英语　口语　信息化教学

一、引言

经济全球化和“一带一路”的提出，对学生的国际交流能力提出了新的要求。诸多学者均强调了英语口语能力的必要性和重要性（杨惠中，2008；贾国栋，2016；张伶俐、王卫红，2015；张文霞等，2017）。

2012年3月，教育部发布《教育信息化十年发展规划（2011—2020年）》，首次提出信息化与教育教学深度融合，取代了传统的信息技术与课程整合的说法。并提出信息技术对教育发展具有革命性影响，必须给予高度重视。随后，在《教育信息化“十三五”规划》《国家教育事业发展“十三五”规划》《2017年教育信息化工作要点》《教育部2018年工作要点》《教育信息化2.0行动计划》系列文件中均提到了深度融合这一概念。何克抗（2014）提出，深度融合不再是“渐进式的修修补补”，而是学校教育系统的结构性变革。“互联网+”时代，信息呈现方式、信息获取方式和途径、信息获取内容、信息获取时空、信息获取体量发生深刻变革，对教师的教和学生的学、师生交互、生生交互必然产生革命性影响（王娜、张敬源，2018）。

在国家大力推进教育信息化的背景下，信息技术已经成为大学英语教学与改革的新途径，何克抗（2014）提出，学校教育系统结构性变革的具体内涵是实现课堂教学结构的根本变革，改变传统课堂教学结构。课程教学是信息技术与外语教学深度融合最核心的部分。从辅助到深度融合，信息技术与外语教学的关系将发生根本性变革。深度融合意味着“‘技术’与‘课程’的无缝对接、隐性渗透、融为一体的过程”（胡加圣，靳琰，2015）。二者相互促进、协同创新。信息技术不再只是改进外语教学手段的工

---

* 作者简介：朱蓝辉，河源职业技术学院人文学院讲师，研究方向：英语教学、职业教育。

具，而是外语课程、外语课堂、外语学习过程的本体蕴含信息技术，使信息技术完全融入并创新外语课程、创新教师的教和学生的学，最终使外语教学系统——外语课堂结构——发生根本性和实质性变革，实现信息技术对外语教育教学发展的革命性变革（王娜、张劲源，2018）。

本研究从大学英语口语教学实际出发，梳理了英语信息化教学模式研究成果，以建构主义为理论基础，构建了基于“互联网 +”时代的大学英语口语信息化教学模式，探讨如何利用网络资源提升学生的英语口语能力。

二、英语课程信息化教学研究综述

外语教育信息化经历了计算机辅助外语教学（CAI、CAL、CALL）阶段、计算机网络技术支撑外语教学阶段、网络信息技术与外语课程整合阶段，为信息技术与外语教学深度融合打下了良好基础（王守仁，2017）。

在英语课程的信息化教学模式与构建研究方面，有学者（王宁，2015；谢海玲，2016；欧洁，2017；杨延龙，2017）提出了信息化环境下的具体教学设计方案，探索符合学生特点和学习规律的信息化教学模式。

在信息化教学模式与传统教学模式的效果对比研究方面，侯建军（2010）在宁夏大学开展大学英语混合式教学模式，并对其学习效果进行了调查和分析，就教学中存在的一些问题提出了改进的意见和建议。曲鑫等（2014）论证了一对一数字化学习环境对学生外语综合应用能力、人文素养提升，特别是思辨能力提升的影响。

在英语课程信息化教学效果的实证研究方面，果笑非（2013）探讨了基于信息技术的大学英语动态分层教学模式研究。申云化等（2014）研究了在现代电化教育环境下，多模态协同的元认知过程法能够改善英语学习者在听力方面的表现。杨晓琼和戴运财（2015）对批改网在大学英语写作教学中的使用情况以及学生写作能力、写作学习动机和自我效能感进行了实证研究。研究结果表明，基于批改网的自主写作教学模式能有效提高学生的英语写作总体水平，激发了学生的英语写作学习动机和提高自我效能感。王宏俐等（2018）构建了基于网络学习资源的学术英语读写教学模式，并对其进行了实践检验和效果评估。该模式能够有机结合语言知识技能培养与专业知识学习，增强学生的批判意识，对提高学生学术英语读写水平具有显著作用。

学者们对英语信息化教学也进行了反思，佟秋华（2014）对英语专业视听说课与传统课堂听力课中学生的能动性及学习效果进行了为期两年的对比实验。结果表明提高听说理解及实践能力但同时被动跟随教师及受制于先进教学设备的学生，无法达到预期学习效果；也表明目前的多媒体视听说课堂存在问题，亟须提出有效解决方法。王聿良和吴美玉（2017）对大学英语翻转课堂教学模式下学生学习行为影响因素进行了实证研究，认为翻转课堂要摆脱对技术的依赖，加强和重视教学管理平台、学习评价体系及课程学习资源建设，实现从技术形式向内容逻辑的转变。王娜和张敬源（2018）基于校本改革与探索，反思了信息技术与外语教学深度融合的实质与面临的关键问题。

学者们（邓迪，2016；郑璞玉、安桂芹，2017；叶玲，2017；胡杰辉、伍忠杰，2017）对翻转课堂在英语教学中的实践进行了系统、深入的研究。孙志农（2017）从

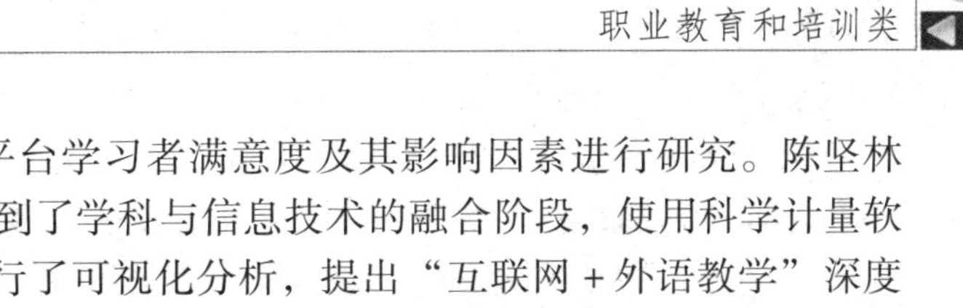

学习者角度，对大学英语自主学习平台学习者满意度及其影响因素进行研究。陈坚林（2016）提出外语教育信息化已经达到了学科与信息技术的融合阶段，使用科学计量软件对我国近20年教育信息化进程进行了可视化分析，提出“互联网+外语教学”深度融合应该体现外语教学常态的生态化、自主化和个性化。尹婷和焦建利（2018）运用质性元分析方法，分析了国际权威期刊《语言学习与技术》的计算机辅助语言学习研究方法。

从现有的研究来看，学者们探索了信息技术与外语教学深度融合的模式和路径，还从教学效果、影响因素、教学反思等方面对信息化教学实践进行实证探究，研究视角多元化，研究方法逐渐多样化。然而对高职院校大学英语口语模块信息化教学设计及实践效果的探索几乎没有。

三、研究设计与方法

为弥补大学英语口语教学模式研究的不足，本研究根据大学英语教学的实际情况，依托教学平台和网络学习资源，尝试构建了基于“互联网+”时代大学英语口语信息化教学模式，开展了该模式的实验教学，并对教学效果进行评估。

（一）构建基础

建构主义学习理论认为，意义由具有一定知识和经验的人构建而成，但不同的人在先前知识水平、认知风格及实际需求等方面存在差别，因此他们对同一事物的理解也就各有不同（Graves，2008）。教学不是知识的简单传递，而是知识的处理和转换。教师应引导学生借助已有知识经验“生长”出新的知识经验。根据建构主义学习理论，学习可以定义为：学习主体主动选择和加工外部环境中的信息，以及建构知识的过程。理想的学习环境应当包括情境、协作、交流和意义建构四个部分。由于学习者的已有知识经验存在差异，在教学中营造社会性与协作性氛围显得尤为重要（邓迪，2016）。

“互联网+”时代的英语课堂通过基于现实生活的项目，让学生在接近真实的情境中进行交流和协作，实现意义构建。现代信息技术的媒介——图、文、声、像的多媒体为学生构建了立体的语言学习和交流环境。信息化教学模式能创造接近真实的交流情境，突出学生的主体性和学生间的协作性，满足大学英语跨文化交流的课程需要（叶玲，2013）。

大学英语作为我国高校公共基础必修课，受众面广，但学分压缩，课时不断减少，课堂学习时间有限。如果教师还坚持传统的教学方法，必然无法覆盖输入材料学习和语言输出运用两个环节（胡杰辉、伍忠杰，2014）。文秋芳（2014）提出外语课堂教学“输出驱动—输入促成假设”，输出既是语言学习的动力，又是语言习得的目标。如何利用信息技术和课堂教学融合，遵循外语教学的一般规律、原理和方法，解决语言输入不充分、有效语言输出不足的问题，如何把大学英语建设成为学生真心喜欢、终身受益的优质课程，适应经济社会对人才的需求，是大学英语深化改革的重要目标（王守仁，2013）。

（二）实施方案

1. 研究对象。实验教学的对象是广东省某高职院校大学英语课程四个班级非英语

专业大一学生，来自于两个学院的不同专业，共 142 人。

课程开始前，对实验班 142 名学生开展了“英语口语能力学习态度、方法和需求”调查，调查包括学生对自身英语口语能力的认知、英语学习方法、对英语课程教学目标和重点的看法。在 142 份有效数据中，了解了学生的现有基础和学习需求，对英语口语能力的重视程度，参照先进的外语教学理念，对大学英语口语模块进行信息化教学设计。

2. 教学步骤。实验班开展基于网络学习资源的大学英语口语教学，具体实施步骤如下。

（1）课前。学生在不同时间、地点利用各种移动终端进入网络教学平台，领取课前学习任务单。任务 1：登录 Quizlet 软件预习主题词汇，查看词库，跟读单词发音，完成单词配对闯关游戏和单词测试，学生在游戏闯关模式的激励下不断挑战自我，在游戏中学会单词。任务 2：观看微课并完成微课任务。软件自动统计学生出错的单词，教师以此调整课上的单词游戏，微课完成情况形成分析图表，教师以此调整课中教学重点。

（2）课中（口语六步教学法）。第一步，情景导入。教师展示图片或者案例，提出问题，启发学生思考。同时播放与口语主题相关的视频，激发学生学习兴趣。并发布口语任务：模拟真实情景，完成主题对话。

第二步，词汇巩固。教师根据课前的单词错误清单设置单词游戏，学生打开 Quizlet 软件，按照游戏规则在规定时间内输入单词。游戏根据完成时间和正确率进行排名。软件汇总错误清单，教师用形象化的图片讲解清单上的单词，进行单词辨析，层层解决学生词汇不足问题，完成了教学重点之主题词汇的学习。

第三步，句型扩展。学生打开平台推送的对话听力，做听力练习，实时上传自己总结的句型。教师及时纠错，汇总句型，形成句库。并在句库中标记基本句型、提高句型，实现分层教学。学生可随时查阅词库、句库。由此学生解决了词汇、句型不足的问题，完成了教学重点内容的学习，进入教学难点内容的学习。

第四步，配音练习。学生用 Aboboo 语音软件配音平台推送的材料，软件强大的语音识别技术自动检测打分，学生通过分数和波形图了解发音缺陷，反复练习，并将最高的分数截图发到平台。口语不佳的学生可选择慢速跟读。跟读练习逐步提升语音的准确性和语言的流利度。

第五步，小组演练。学生按组操作平台推送的虚拟购物游戏，形成不同的购物情境。小组根据情境共同完成内容设计，随时在词库、句库中调用词汇句型，分工分角色，演练对话，完成汇报的准备工作。教师观察、协助小组分析情境，回答学生的疑问。

第六步，汇报点评。学生按组汇报，多媒体教室实时录像并上传至平台，连接外籍专家点评，教师评价小组汇报，并组织学生在平台上互评，将评价保存至学习平台。师生一起总结本次课程内容，学生按照评价原则在平台上传学习反馈，并对教师及本次课程进行评价。

（3）课后。学生登录平台完成测验，丰富词库、句库。教师针对平台统计结果调

整教学策略和内容，并对基础差的学生进行个别辅导。

教学平台设有评价交流区，有完整的评价标准和电子档案，对学生课前、课中、课后的任务完成情况和知识技能掌握开展评价。同时学生参与评教，实现教学相长。平台自动统计各项评价，形成学生电子成长档案。多视角、多元化的评价，让学生感受到进步的快乐。

（三）教学效果分析

我们采用组内成绩对比和抽样访谈验证实验班的英语口语信息化教学学习效果。

1. 前测、后测成绩对比。课程结束后，对实验班学生的口语能力实施测评，使用社会科学统计软件 SPSS 18.0 对学生前测和后测的成绩数据进行对比分析。测试采用 2018 年全国职业技能大赛口语赛（高职组）题库及其评分标准。

配对样本 t 检验结果显示，实验班学生口语的前测成绩、后测成绩有显著差异（$t = 14.077$，$df = 141$，$p < 0.05$）：学生接受口语信息化教学模式后的口语成绩显著高于接受口语信息化教学模式前的口语成绩（MD = 6.49），见表 1。

表 1　成绩差异（$n = 142$）

	后测成绩		前测成绩		MD	t（141）
	M	SD	M	SD		
成绩	79.37	7.78	72.88	9.87	6.49	14.077

* $p < 0.05$，表明大学英语口语信息化教学模式对提高学生口语能力有显著作用。

大学英语口语信息化教学模式取得良好教学效果的原因可以归结为三个方面。第一，该模式依托网络资源和网络教学平台，提供了丰富、鲜活、地道的语料，使内容生动化、教学分层化、学习自主化。平台快捷的统计功能实时显示学生学习状态，方便教师追踪学生学习进度，提高师生和生生互动的及时性和有效性。第二，采用口语六步法开展教学：①情景导入激发学生兴趣，促进学生探究。②词汇巩固为完成口语任务扫除了单词障碍。③句型扩展为口语任务搭好了脚手架。④配音练习提升语音的准确性和语言的流利度，让学生敢于开口。⑤小组演练锻炼学生团队合作能力、英语沟通能力。⑥汇报点评展示并检验学生的学习情况，层层推进，符合学生的认知规律。第三，英语学习软件等工具的使用，丰富了教学内容，提高了学生的学习兴趣和课堂参与程度，让学生在轻松有趣的氛围中完成学习任务。软件的口语评测功能完美契合了语言学习的特点，口语跟读和复述等检测功能有效地解决了学生“课前不开口、课上开不了口、课后口不开的难题”。

2. 抽样访谈。课程结束时，随机抽取 8 名学生进行半开放式访谈，深入了解学生对大学英语口语信息化教学模式的看法。访谈问题为：①你对课程的感受如何？②你对教学模式的看法有哪些？③你在课程学习中有什么收获？

访谈发现，总体上学生对课程给予很高评价，认为英语学习既有趣又有效。课前推送的微课内容“新颖及时，贴近日常生活，也很有趣”。还有学生表示“老师布置任务

时区分一般难度和高级难度，虽然他们的基础没有那么好，但是又能完成一定的任务，感觉学习英语没有以前那么难了，有成就感。而且感觉自己受到了老师的特别关注，更有动力学习了”。

就课程教学模式而言，大部分学生认为大学英语口语信息化教学模式改变了传统的“教师讲解—学生模仿”的局限性。通过课前微课推送和课上英语软件的使用，他们不仅了解了要学习什么，还知道自己学得怎么样，哪些方面需要完善，对英语口语学习充满信心。此外，学生对信息化教学中的师生交流功能非常满意。学生随时登录平台获取资源，辅助学习。有一名学生说：“以前总是上完课就走了，有困惑也不能及时解决。现在不一样，在手机上，在电脑上，在等车的时候，我都可以把问题发到学习平台中，很快就能得到老师的回复了。”

就课程收获而言，学生的体会为：第一，口语能力加强了，学到了很多不同主题的口语表达。有学生认为：“跟随英语词汇软件和语音软件，学习很多主题词汇，多次跟读配音，语音越来越好，敢于开口说英语了。”第二，学习自主性加强。学生的学习不仅受到教师的监督，也受到同学的监督和指导。信息化教学平台有完整的评价标准和电子档案，课前、课中、课后的任务完成情况和知识技能掌握学习全程记录和评价。学生反映：“每一步的学习情况都有记录，每一阶段的学习表现都被形成评价。我们必须跟着老师的指导一步一步不断地学习，在这个过程中，逐渐养成了好的学习习惯。”

四、结论与启示

全球化背景下，学生的英语交流能力是竞争力的重要体现。探索适合的大学英语口语信息化教学模式具有重要的理论和实践意义。本研究构建了“互联网＋”时代大学英语口语信息化教学模式，实践结果表明，实验班学生英语口语能力得到显著提高。首先，该模式充分利用网络资源和现代信息技术，改变了传统的课堂生态，信息技术深度融入并创新外语课程，使教师的教和学生的学发生根本性的变革，同时也符合语言学习中的输入输出原则。其次，该模式符合学生认知规律和语言习得机制。大学英语口语模块信息化教学模式将任务分解，在学习平台进行，学生课前、课中、课后实时登录学习平台获取资源和学习任务，辅助学习。该模式创建了“以学生为中心”的学习环境，将自主学习和合作探究相结合，将思维训练和语言学习相结合，层层递进，逐步提高学生发音的准确性和语言的流利度，引导学生逐步掌握知识和技能。

同时大学英语口语信息化教学模式对教师也提出了较高的要求。教师在信息化教学中能够快速全面地了解每位学生，及时调整教学策略和方法，做到因材施教。因此教师的课程设计能力、知识储备、信息素养、临场反应、批判思考能力都要与时俱进，适应不断变化的教学。

参考文献

[1] 刘良华. 教育研究方法 [M]. 上海：华东师范大学出版社，2007.

[2] 陈坚林. 计算机网络与外语教学整合研究 [D]. 上海：上海外国语大学，2011.

[3] 杨惠中. 怎样提高英语听说能力 [J]. 外语界，2008 (1)：7 - 10.

[4] 何克抗. 学习“教育信息化十年发展规划”：对“信息技术与教育深度融合”的解读 [J]. 中国电化教育，2012 (12)：19 - 23.

[5] 贾国栋. 大学英语口语测试的预期反拨效应：以全国大学英语四、六级口语测试为例 [J]. 外语测试与教学，2016 (4)：1 - 9.

[6] 王宏俐，闫开伦，王慧敏，等. 基于网络学习资源的学术英语读写教学模式实证研究 [J]. 外语界，2018 (5)：55 - 62.

[7] 张文霞，郭茜，吴莎，等. 我国英语教学现状与改革建议：基于外语能力测评现状及需求调查 [J]. 中国外语，2017，14 (6)：18 - 26.

[8] 何克抗. 如何实现信息技术与教育的“深度融合” [J]. 课程·教材·教法，2014，34 (2)：58 - 62.

[9] 王娜，张敬源. 信息技术与外语教学深度融合之反思：基于技术融合的大学英语课堂教学改革实践 [J]. 外语电化教学，2018 (5)：3 - 7.

[10] 陈坚林，王静. 外语教育信息化进程中的常态变化与发展：基于教育信息化的可视化研究 [J]. 外语电化教学，2016 (2)：3 - 9.

[11] 王守仁. 转变观念　深化改革　促进大学外语教学新发展 [J]. 中国大学教学，2017 (2)：59 - 64.

[12] 王聿良，吴美玉. 翻转课堂模式下学生学习行为影响因素分析：基于大学英语教学的实证研究 [J]. 外语电化教学，2017 (5)：34 - 45.

[13] 杨延龙. 大数据时代大学英语教学模式创新与信息化变革 [J]. 外语电化教学，2017 (4)：56 - 59.

[14] 叶玲，章国英，姚艳丹. “互联网 +”时代大学英语翻转课堂的研究与实践 [J]. 外语电化教学，2017 (3)：3 - 8.

[15] 胡杰辉，伍忠杰. 基于 MOOC 的大学英语翻转课堂教学模式研究 [J]. 外语电化教学，2014 (6)：40 - 45.

[16] 钟维. TPACK 框架下《高级英语》课程微群与课堂混合教学的行动研究 [J]. 外语电化教学，2014 (5)：22 - 27.

[17] 侯建军. 基于混合学习的大学英语教学实践与研究 [J]. 电化教育研究，2010 (5)：108 - 111.

[18] 果笑非. 基于信息技术的大学英语动态分层教学模式研究 [J]. 外语电化教学，2013 (6)：71 - 75.

[19] 曲鑫，张凤娟，王旭. “拔尖实验班”的大学外语培养模式探索和教学效果研究 [J]. 中国外语（中英文版），2013，10 (5)：13 - 18.

[20] 曲鑫，王澄林. 基于大学英语优质课堂环境构建的中外教师团队合作研究 [J]. 当代外语研究，2014 (5)：33 - 36.

[21] 张伟平，杨世伟. 高校信息化教学的有效性研究：基于设计的研究 [J]. 电化教育研究，2010 (1)：103 - 106.

[22] 南国农. 我国教育信息化发展的新阶段、新使命 [J]. 电化教育研究，2011 (12)：10 - 12.

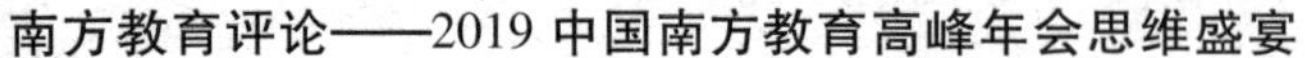

[23] 张伶俐，汪卫红. 英语通用语理论观照下的大学英语听说教学研究 [J]. 外语电化教学，2015 (4)：29 – 34.

[24] 尹婷，焦建利. 计算机辅助语言学习研究方法的新进展 [J]. 外语电化教学，2018 (5)：8 – 12.

[25] 林书兵，张倩苇. 我国信息化教学模式的 20 年研究述评：借鉴、变革与创新 [J]. 中国电化教育，2015 (9)：103 – 110.

[26] 王守仁. 坚持科学的大学英语教学改革观 [J]. 外语界，2013 (6)：9 – 13.

[27] STRAYER J F. How learning in an inverted classroom influences cooperation, innovation and task orientation [J]. Learning environments research, 2012, 15 (2): 171 – 193.

高等教育类

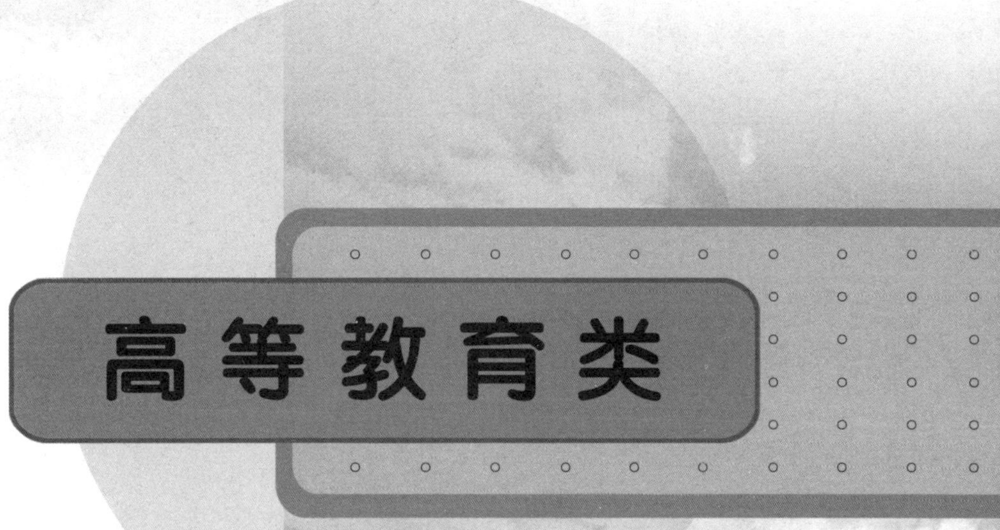

高等教育的深圳探索与中国特色社会主义先行示范区建设

广东省教育厅高等教育处　郑文[*]

摘　要：《中共中央国务院关于支持深圳建设中国特色社会主义先行示范区的意见》赋予了深圳特殊的使命。文章分析了深圳高等教育的发展基础、先行示范区建设中深圳高等教育的使命，提出作为深圳发展短板的教育，尤其是高等教育要在发展理念、管理体制、评价体系等方面进行持续创新。

关键词：高等教育　深圳　先行示范区

2019年8月9日，《中共中央国务院关于支持深圳建设中国特色社会主义先行示范区的意见》（简称《意见》）正式发布，我们开始思考高等教育的中国模式，特别是在新时代中国特色社会主义思想作为我们指导思想的背景下应如何开展高等教育。本文包括三个方面。

一、深圳高等教育的发展基础

自1983年建立深圳大学开始，深圳走了一条非常规的跨越式高等教育发展道路，现在有14所高校，在校生十多万人，有著名高校深圳大学、南方科技大学，也有中外合作高校，还有北京大学研究生院、哈尔滨工业大学深圳研究生院等，为深圳高等教育打下了很好的发展基础。

二、先行示范区建设中，深圳高等教育的使命

在走中国特色社会主义先行示范区的背景下，深圳高等教育应该有怎样的使命和担当？从定位来看，对高等教育的要求是非常高的，“如高地、示范、典范、标杆、先锋”，深圳要成为全球标杆城市。高等教育是深圳成为高地、成为示范的有力支撑这个使命和定位是非常重要的。深圳要在中国特色社会主义高等教育发展中奋力先行、创新示范，在“追赶—超越”西方发达国家高等教育过程中积累可复制、可推广的深圳经验，建构现代高等教育发展的中国方案、中国模式。未来的中国高等教育要在深圳体现出优势和特色。

深圳高等教育的使命有以下几个方面。

---

[*] 作者简介：郑文，惠州学院副院长，广东省教育厅高等教育处原处长，教授。

一是探索高等教育发展的中国模式。中国高等教育的产生和欧美国家完全不一样，它不是高等教育自身逻辑演进的结果，也不是社会经济发展到一定阶段的产物，在很大意义上是与中华民族救亡运动相伴生的政治活动的产物。一开始我们在不断地学习，学习日本、学习欧美，包括新中国成立以后学习苏联，现在我们也在不断地借鉴。中国现在是世界第二大经济体，中国特色社会主义建设成效显著，经济社会改革逐步进入到深水区、创新区，高等教育发展的西方模式与道路、西方经验和做法都已不足以解决中国问题，指明中国方向。因此，探索高等教育发展的中国模式，成为我们一个很重要的使命。要坚定“四个自信”（道路自信、理论自信、制度自信、文化自信），现在我们的高等教育很多还是西方模式、西方标准，我们要有自己的自信，扎根中国大地。坚持以中国特色社会主义理论体系培养社会主义的建设者和接班人，坚持在中国特色社会主义制度的框架中完善高等教育的治理，坚持在立德树人任务中创新，以学生为中心，这些都是我们要探索和研究的。

二是引领中国高等教育走向世界舞台中央。从高等教育史来看，世界高等教育的中心往往是当时的经济中心。所以意大利为中世纪大学的诞生地，17—18 世纪高等教育中心转移至英国、法国，19 世纪中叶德国成为新的世界高等教育中心。“一战”之后，美国高等教育逐步崛起，取代德国成为世界高等教育的新引领者。深圳要建设全球标杆城市，我们的高等教育也要发展起来。

三是满足人民对高质量高等教育的迫切需要。这也体现了我们党全心全意为人民服务的理念，一方面我们要让学生有书可读，高等教育的毛入学率要提高；另一方面要提高高校水平，做到学有优教，学有所教。

四是服务国家重大战略。深圳建设中国特色社会主义先行示范区，这是习近平总书记亲自谋划、亲自部署、亲自推动的重大战略决策，是党中央赋予广东、深圳的又一重大使命、重大任务、重大机遇。服务重大战略，这是理所当然的。可以预计深圳是中国特色社会主义建设成果展示的窗口，深圳建设成为世界标杆城市，对于展示中国特色社会主义建设成果意义重大。

三、支撑先行示范区建设，深圳高等教育需持续创新

按照先行示范区的定位和使命要求，深圳最大的短板是教育，特别是高等教育。深圳在高等教育方面已经有一定的基础，也有足够雄厚的财力、产业支撑，缺乏的是办学理念和管理体制，这些方面要进行持续的创新。

一是持续创新高等教育发展理念。更为深入地确立“以学生为中心”的理念，以学生为中心，以学生发展为中心、学生学习为中心、学习效果为中心，落实立德树人根本任务。我们提倡的“教学—科研—社会服务”多元职能协调理念，缺点是重科研轻教学，怎样回归教学，将教学作为高等教育的核心职能；包括“效率—效能—效益”多元目标协调理念，要有正确的绩效观，从比较总量转变为比较投入—产出之比。以上这些方面，我们都是要特别改进和创新的。

二是持续创新高等教育管理体制。在《意见》中，国家对深圳的改革发展给予很大的政策优势，特别是经济特区的立法权，在遵循宪法和法律、行政法规基本原则前提

下，允许深圳立足改革创新实践需要，根据授权对法律、行政法规、地方性法规做变通规定。创新方面可以探索深圳高等教育特区，试点探索高等教育管理体制改革方面的重大问题与关键难题，加大地方统筹的力度，下放办学自主权，在这些方面都可以进行较多的探索。

三是持续创新高等教育评价体系。以立德树人的成效作为检验学校一切工作的根本标准。现在教育部正在落实立德树人成效贯穿到学校工作的各个方面。比如“双一流”的评估；比如教育部在制定关于深化教育评价改革的意见，怎么进行新的探索，包括学术评价，怎么样避免“五唯”（唯分数、唯升学、唯文凭、唯论文、唯帽子）论等，这些方面都要进行改革。在评价标准方面要扎根中国需求，研制符合中国国情、彰显中国特色且能引领世界高等教育新一轮改革的评价标准。在新时代中国特色社会主义思想指导下，我们的高等教育应该如何改革发展，深圳在未来应该做出重要的探索。

面向 2035 的一流应用型本科教育发展

暨南大学、广东省高等教育学会　魏中林*

摘　要：加快发展中国特色世界一流应用型本科教育是实现中国高等教育现代化整体战略目标的基本内容。在充分认识应用型本科教育基本内涵与特征的基础上，针对当前应用型本科教育建设顶层设计尚不完善、理念价值不够成熟、支撑要素推进艰难、评价标准整体缺位的四大问题，应当以中国特色、世界一流为总目标，在政府层面上建立两级建设和评价标准框架；学校层面上推进七项主要具体任务，推进实现应用型本科在中国高等教育结构中的“中部崛起”。

关键词：应用型本科　高等教育现代化　中国特色世界一流

高等教育现代化是经济社会现代化的重要支撑，中国高等教育正在以内涵建设、提高质量为主题，大力推进三大任务：“双一流”建设、现代职业教育、应用型转型建设。三者之中，两端的“双一流”、职业教育发展得如火如荼，政策、激励递进展开深化，上下合力形成踊跃争进之势。处于中间的应用型转型或称高水平应用大学建设也有发文，也有提倡，实施情况却不容乐观，被称为“中部塌陷”。国内现有约 1 250 所本科院校，其中至少有 800 所院校正处于这个状况，不可忽视。

加快发展中国特色世界一流应用型本科教育是实现中国高等教育现代化整体战略目标的基本内容。教育部长、党组书记陈宝生在 2018 年 6 月 21 日新时代全国高等学校本科教育工作会议上提出“应用型也要加强一流本科建设”，应用型高校要在“应用型人才培养上办出特色，争创一流”。发展一流应用型本科教育，需要以宏观视野和长远眼光厘清内涵、明确定位、解析问题，形成富有前瞻性、创新性、可行性的路径和举措办法。

一、应用型本科教育的政策导向和基本内涵

从国内政策看，进入新时代，为有效推进地方经济社会创新发展，适应产业结构转型升级对人才培养结构和培养质量需求的变化，提高地方本科高校教育质量和水平，在国家层面先后印发《国务院关于加快发展现代职业教育的决定》（2014）、《教育部 国家发展改革委 财务部关于引导部分地方普通本科高校向应用型转变的指导意见》（2015）、《中华人民共和国国民经济和社会发展第十三个五年规划纲要》（2016）、《教

* 作者简介：魏中林，暨南大学教授，广东省高等教育学会会长。

本文载于《高教探索》2019 年第 11 期，第 5～8 页。

育部关于“十三五”时期高等学校设置工作的意见》（2017）、《国务院办公厅关于深化产教融合的若干意见》（2017）、《教育部关于加快建设高水平本科教育 全面提高人才培养能力的意见》（2018）、《国家职业教育改革实施方案》（2019）、《中国教育现代化2035》（2019）等一系列与应用型本科教育发展相关的战略规划和政策文件。其中2015年《教育部 国家发展改革委 财政部关于引导部分地方普通本科高校向应用型转变的指导意见》正式对高校转型改革进行了顶层设计，提出了本科高校转型发展的主要任务、配套政策和推进机制，正式拉开转型大幕；2017年《教育部关于“十三五”时期高等学校设置工作的意见》明确应用型本科是高校设置三大类型之一。其余各文件亦有间接或捎带提及。与此同时，各省也陆续出台应用型本科建设的落实意见，确定了一百多所转型试点院校，以产教融合项目为依托，投入1亿元支持建设。

从以上梳理我们可以有以下几点认识：其一，从整体来看，这是一个从加强应用型人才培养的一般认识，到形成国家高等教育基本政策的过程；其二，确定了应用型本科高校为我国目前高等教育结构三大类型之一，也就是说，它不再是以往那种泛泛提倡，而是我国高等教育基本结构的一个法定类型，带有必须推行落实的明确导向；其三，五年来从中央顶层设计到地方各省纷纷试点以及众多院校积极响应，声势已成，但成效尚待彰显；其四，应用型高校在国家层面目前只是形成了粗略的顶层设计，包括类型定位、基本要素、主要任务以及相关政策体系，但这离一个完善的高校类型体系的距离还很远，更不要说这一类型体系中包含着更多差异巨大的类型，其中大量的空白、空间需要探索弥补。

从实践探索和国际经验看，应用型本科教育具有三方面典型特征。一是地方性。应用型本科院校大多生于地方、长于地方，必须合理定位，树立与区域经济社会休戚相关的发展观，主动融入区域经济社会发展大局，找准改革和发展重点，累积办学特色，厚植办学优势，提升服务能力。二是服务性。服务经济社会发展是现代大学的基本职能之一。应用型本科院校在设置学科专业、培养人才、创新科技、服务社会、传承创新文化等方面必须突出应用性，注重构建学科与应用并重的课程教材体系，注重采取面向应用的教学模式和教学方法，注重培育应用型优势特色学科和专业，注重开展应用科学研究和成果转化，注重“双师双能型”教师队伍建设。三是融合性。应用型大学的区域性与行业性特点要求其自身在融合发展上更为积极主动，在联合学术研究、工程技术革新、师资队伍建设、人才培养等方面充分体现产教高度融合、校企深度合作。

解读政策文件，结合国际趋势，可以说，一流应用型本科教育包含九大基本要素：适应、融入、引领所在区域经济社会发展是主要任务；建立紧密对接产业链、创新链的应用型学科专业体系是组织依托；形成科学有效的应用型人才培养模式是核心要求；确立应用型人才培养方案和课程教学体系是基本内容；推进产教融合、校企合作，与行业企业合作办学、合作治理是必由之路；搭建高素质人才实验、实训、实习基地是必然之举；打造“双师双能型”师资队伍是发展基础；促进区域科技创新、成果转化和应用是重要使命；健全应用型人才培养及科研创新质量标准和评估体系是根本保障。

二、当前应用型本科教育存在的若干问题

从现实看，高水平应用型本科建设还有诸多问题需要认清和破解，可用四句话概括：顶层设计尚不完善、理念价值远未成熟、支撑要素推进艰难、评价标准整体缺位。

1. 顶层设计尚不完善，主要是说宏观政策设计存在矛盾或模糊。一是多种文件将应用型本科放在职业教育体系中来表述，如 2014 年《国务院关于加快发展现代职业教育的决定》、2016 年《中华人民共和国国民经济和社会发展第十三个五年规划纲要》、2019 年《国家职业教育改革实施方案》等。这种做法逻辑上认为应用型本科属于职业教育类型，但是又从不明确说明。二是概念模糊。如 2014 年《国务院关于加快发展现代职业教育的决定》："探索发展本科层次职业教育"，"引导普通本科高等学校转型发展"，"引导一批普通本科高等学校向应用技术类型高等学校转型，重点举办本科职业教育"；再如，2019 年《国家职业教育改革实施方案》："推动具备条件的普通本科高校向应用型转变，鼓励有条件的普通高校开办应用技术类型专业或课程"，"开展本科层次职业教育试点"等。这些文件多次同时出现"应用型本科"和"本科职业教育"两个概念，这两者究竟是什么关系，也未见说明。三是落实不力。如 2015 年《教育部 国家发展改革委 财政部关于引导部分地方普通本科高校向应用型转变的指导意见》中提出"制定应用型高校的设置标准、制定应用型高校评估标准"，现在过了近五年，这两个标准尚不见踪影。

2. 理念价值远未成熟，主要是说应用型本科教育的理念与文化认识偏差。高职升本的惯性作用和高水平本科模式的路径依赖，仍然主导着多数院校应用型建设。再宕开一步说到文化根源，是重"理"轻"术"的文化传统。中国文化传统以道为根本，崇尚义理，向来视义理为本源、为高尚，以术、技为末、为低下。看看千年以来的科举考试，考什么呢？经义策论，代圣贤立言，阐释经义为主，最多加上诗赋。我们现在津津乐道的中国科技史那么多发明创造和相关原理内容，有半点进入过科举考试的吗？丝毫没有！那是末技。所以从古至今，我们的社会文化从士大夫到寻常百姓，整体上缺乏一种应用型价值观和社会文化观，这是应用型人才培养得不到深切重视的文化根源。其实，从价值理想来讲，各院校实际上总是潜在地希望回到学科型高水平大学体系中。

3. 支撑要素推进艰难，主要指的是产教融合、校企合作和高水平"双师型"师资队伍建设困难重重。一流应用型本科教育发展的基本路径是产教融合、校企合作。基本情况是学校能力弱，企业动力弱。虽然一些本科院校和行业企业建立了合作关系，但多属于松散式合作。学校与行业企业间寻求的价值各有不同，院校与行业企业缺乏有效协调和融通机制，人才共育、过程共管、成果共享、责任共担的产教融合、校企合作有效机制远未牢固建立起来。师资队伍建设难以满足教育教学改革需要。一方面，存量教师到行业、企业一线学习以增强应用能力的要求长期推而难动；另一方面，增量教师绝大多数为学术型应届硕士、博士，基本未受过应用能力训练，对应用型本科教育和应用型人才培养不够熟悉，实践操作能力较弱。

4. 评价标准整体缺位，指的是应用型本科院校评价标准尚未有效建立。评价标准具有"指南针""度量衡"功能。当前，我国在研究型大学和高职院校建设方面已形成相对成熟、较完备且颇具操作性的评价标准，而应用型本科院校由于发展时间短，尚未形成独具特色且具适应性的建设和培养评价标准体系。虽然出现了一些积极的探索研究，并且试图构建标准体系，如广州日报数据和数字化研究院从 2017 年开始每年发布“应用大学排行榜”，将评价标准分为应用指数、学术指数、声誉指数、二次评估指数四部分；广东省教育研究院制定《广东省应用型本科学校建设标准（征求意见稿）》，将应用型本科学校分为引领型和提升型两类，具体指标设为办学定位、学科专业建设、师资队伍、人才培养、科研创新与服务、现代大学制度和校园基本建设七项；安徽省 2018 年出台《安徽省地方应用型高水平本科院校建设标准（试行）》，规定了地方应用型高水平本科院校的办学定位与发展规则、办学条件、师资队伍与人才队伍、人才培养、科学研究与社会服务、文化传承创新、国际合作与交流、内部治理、办学特色；宁波工程学院党委书记苏志刚提出一个指标体系，分为办学定位、办学影响力、办学能力、办学成效和组织变革五部分。但现在无论是对应用型本科院校合格评估还是审核评估，都是原先形成的学科型标准体系，只是在其中加了一些应用型要素，这显然难以适应实践要求。

三、应用型本科教育路径探索

发展中国特色世界一流本科教育，既需要政府、行业企业、科研院所、学校等利益相关者形成合力，也需要在各个层面上重点推进。具体来说，就是整体层面上坚持一个总体目标，政府层面上建立两级标准框架，学校层面上推动七项具体任务。

（一）坚持一个总体目标：中国特色，世界一流

中国特色是应用型本科教育发展的基本出发点。习近平总书记在 2016 年全国高校思想政治工作会议上的讲话强调：“我国有独特的历史、独特的文化、独特的国情，决定了我国必须走自己的高等教育发展道路。”从世界经验看，任何国家或地区的应用型本科教育发展都要从本国本地区历史传统与经济社会发展土壤中汲取丰富营养，具有深刻传统性、文化性和时代性。

世界一流是应用型本科教育发展的总体目标。即要以更高的历史定位、更广的国际视野、更远的发展眼光，系统谋划应用型本科教育发展。但是，从现实来看，应用型大学在我国从理论概念到实践探索都尚属初始阶段，有必要学习借鉴国际上尤其是德国、美国、芬兰、日本、澳大利亚等较为成熟的应用型本科教育发展模式和路径方法，在学习借鉴基础上总结发展普遍规律，进行本土化创新再造，力争通过十几年努力，到 2035 年进入世界应用型本科教育体系第一方阵。

（二）在政府层面形成两级标准框架

1. 在现有基础上，作为国家对应用型本科教育顶层设计的核心，尽快研究制定专门适用引领应用型本科教育科学发展高质量发展的建设标准。应用型本科教育是随科技发展和高等教育由精英教育向普及化教育转变形成的一种新的教育类型，既具有一般高校属性，又具有自身特征，必须建立一套适合这种教育类型的办学标准、培养标准、服务标准、质量标准，形成标准体系。作为标准体系，应该尽量简单优化，以保证可操作性，这就要求选取的指标应能反映应用型本科院校的关键点和核心要素。

2. 在国家制定应用型本科院校建设标准体系框架的基础上，各省制定引领自身发展的应用型高校评价标准体系。区域性、服务性、融合性是应用型本科教育的基本特征。中国区域经济社会发展极不平衡，同一区域产业分工有所侧重，人才和应用技术服务需求不尽相同，整体发展状况参差不齐。应用型本科院校绝大多数属于地方性高校，办学主要依赖地方资源，办学成效根本上取决于同所在地方社会经济产业的融合程度。这就要求各省通过具体的评价标准，全面承担起应用型高等教育的主体责任。

3. 国家层面的建设标准与省级层面的评价标准构成应用型本科院校的标准框架。国家层面重点管按应用型标准设置院校、管基本、管合格；地方政府层面主要管按照经济产业所需要的内涵建设、管引导、管提高、管特色。

（三）在学校层面上推动七项具体任务

1. 以产教融合、校企合作为轴心的基本路径。产教融合、校企合作后面还有句话产教深度融合、校企深度融合或深度合作。怎么才算深度融合？我理解，就是产教一体化，这才是产教融合的本质。应用型转型不是对专业设置的简单调整和现有人才培养模式的改进，产教融合也不是传统的校企合作，不是专业设置、教学内容与产业需求的简单结合，而是高等教育与产业之间的双向整合，也就是高校进入产业成为产业的一部分，让产业中的行业企业进入高校成为高校办学主体的一部分，当然，这里指的不是所有权，主要是指管理权。只有产教融合到位了，才能形成一批特色鲜明的高水平应用型大学。将产教融合作为轴心和基本路径，就是指打造高水平应用型大学的各项努力都要从这个原点出发，以此为结穴，始终坚持这个基本路径不跑偏。

2. 以产业学院、行业学院为试点的机制改革。那么，怎么来实现我们所要求的深度融合呢？从国外经验来看，产教融合有英国的“三明治”模式、日本的“产学合作”模式等，但怎样拿来改造呢？显然现在这一套办学体制和运行体制不够灵动，所以机制体制改革势在必行。但是体制机制改革又谈何容易！把长期形成的这一切推倒重来？显然不可能，怎么办？就目前实践来看，有两项机制改革措施较突出：一个是产业学院，一个是行业学院。产业学院、行业学院，称名不同，实际上大同小异，本质一致。产业学院由上而下推动，全国试点蜂起，广东省更为突出，以佛山科技学院为代表；行业学院源自常熟理工学院，阶段性成效可观。思路和做法上，两者都是在现有学科专业组织形式即校内二级学院基础上进行改造，平行组建产业或行业学院，形成产教融合为主导的新的运行机制。基本路径是同行业、企业联合形成一体化机制，实现双主体共建共管。

3. 以顶层设计、底层实施为出发点的重心下移。我们向来讲顶层设计，从治国理政到办学兴校，这成为定制。确实，没有顶层设计，遇事无所适从。前面指出过应用型本科顶层设计尚不完善，顶层设计包括不同层面，显然，学校建设高水平应用型大学首先要做好并且不断改进完善顶层设计。在这个问题上需要转换一下运行思路。顶层设计之所以问题多、不完善，根源在于底层实践基础薄弱。人才培养，根子在专业，全国现在有五六百个本科专业。我们应在现有顶层设计基础上，将重心下移，坚持从专业做起，将其数据化、结构化、动态过程化，形成以专业为单元的应用型人才培养模式。

4. 以再造流程、重构课程为内容的模式探索。所谓再造流程、重构课程，指的是

重新审视打破传统学科型人才培养的内容、结构和过程，按需要重组人才培养课程、结构和流程，最终建立以提高实践能力为引领的人才培养流程，进而形成产教融合、协同育人的人才培养模式，实现专业链与产业链、课程内容与职业标准、教学过程与生产过程对接。再宕开一层说，就是用应用型人才培养的观念、要求，重新审视人才培养的每一个环节、每一项制度，以形成全新的人才培养方案、课程体系、管理制度。

5. 以转移创新、项目合作为导向的应用研究。不同于传统研究型大学科研职能定位于以知识发现为目的的基础研究，应用型大学的研究职能定位为以知识应用为目的的技术研究和产品研发，其研究活动主要聚焦于生产生活实践的具体需求，并且更多侧重通过创新实现技术转移、开发和推广，其本质是运用知识解决问题的研究工作。

6. 以“双师双能”、实操平台为前提的重点保障。“双师双能型”的高水平师资队伍建设，是各院校最突出的短板。需要专门规划，形成有效政策体系，长期坚持。实操平台，指的是实验、实训、实习一揽子基础条件建设，作为应用型人才培养的重要保障，要有重点有节奏地完善起来。

7. 以营造环境、开放合作为推动的应用文化。鲜明的校园文化是一所大学成熟的标志，文化不能制造，需逐渐抟凝。作为高水平应用型大学，文化建设要以应用型文化为重点。这就需要透彻研究应用型文化有哪些基本要素，包含显在层面和精神层面，如何把它从校园软硬件整体以及每个局部细节上体现出来，在精神层面上提炼出来，这既是一个诉诸长远、值得用力投入的战略组成，也是高水平建设的题中应有之义。

我国高等教育现代化必须突破的六大难题

华南师范大学教育科学学院高教研究所　李盛兵*

摘　要：文章围绕“大成就”“新目标”和“老难题”，对我国高等教育现代化展开分析，提出高等教育现代化必须要突破行政化与法人化问题、融通问题、公益公平问题、评价问题、吸引国际人才问题和质量水平问题这六大难题。

关键词：高等教育　教育现代化

2019 年 2 月，中共中央、国务院发布《中国教育现代化 2035》，提出中国 2035 年要实现教育现代化。根据我国双百年目标，第二个一百年（2049 年）就是要实现国家现代化。因此，从这个意义上说，我国教育现代化实现的时间节点要先于社会现代化，符合我国一贯的教育优先发展战略和认识。不可否认，我国教育现代化前途会有很多曲折，会有很多很难攻克的课题和问题，本文尝试着去发现和回答这样一些问题，希望对大家有所启发。这里主要围绕以下九个字展开，它们是“大成就、新目标、老难题”。这些难题都是老问题，有些是三四十年，甚至五六十年都还没有解决的问题，这些问题值得我们沉下心来慢慢地、细细地推敲和解决。

一、大成就

在过去 70 年，中国获得了巨大的发展，无论是澳大利亚人、美国人、英国人，还是越南人、尼泊尔人，到中国来都深切感受到中国的巨大变化。这里简单展示一下几个关键指标发展的成就。

第一，从经济上看，中国国内生产总值（GDP）在世界排名居第二位。2018 年中国 GDP 为 13.6 万亿美元，美国 GDP 是 20.49 万亿美元，日本 GDP 是 4.97 万亿美元。这个数据说明中国成为世界经济第二。日本排名第三，德国第四名，我们超过第三名、第四名已经很多。外国有些知名智库分析预测，估计到 2025 或者 2030 年，中国 GDP 总数将会超过美国。这种变局和超越，将会对世界产生巨大影响和变革，中国文化、制度和模式与西方模式一起影响着世界。从人均 GDP 看，我国从 1978 年的 77 美元到 2018 年的 0.86 万美元，目前排名 74 位。但是与发达国家和地区相比，我们还有较大的差距。例如，美国人均 GDP 是 6 万美元，日本是 3.9 万美元，中国香港是 4.5 万美元。

第二，从人口变化来看，我国农村人口在减少，城市人口在不断增加，城镇化进程在加快。1978 年我国有 8 亿农民，占总人口的 92%，贫困农村人口为 7.7 亿。2018 年

---

* 作者简介：李盛兵，华南师范大学教育科学学院高教研究所所长，教授。

我国有5.6亿农民，占总人口的40%，贫困农村人口仅剩1 660万。我们的城市人口不仅获得了巨大的提高和发展，扶贫工作也取得了举世瞩目的成就。然而，从国际比较来看，我们还存在差距。美国农村人口为35万，占总人口的1%。日本农村人口为558万，占总人口的5%。我国现代化道路要从传统的农业社会走向工业社会和城市社会，因此，城镇化还在继续。

第三，从制造中国到创新中国，这既是一种巨大的认识上的转变，也是一个战略上的巨大转变。通常而言，如果一个国家要走向创新型国家，那么这个国家就离现代化不远了。近年来，我国无论是在政策，还是资金投入、人才培养与引进等方面都进行了重大的战略倾斜，在建设创新型经济、科技强国和高水平大学等方面成绩显著。

第四，我国实行了“一带一路”倡议，“一带一路”倡议最大突破就在于我们过去的国际化都是零星的，是一种帮助型的（指对第三世界国家），都是跟欧美型的。“一带一路”开辟了新时代的国际化，它不仅仅是对沿线国家的主动投资和建设，包括建学校，而且“一带一路”倡议将世界一百多个国家和组织都纳入到其中，使“一带一路”成为世界性的，包括发达国家如欧洲、北美、大洋洲的国家，也包括南美、亚洲、非洲的发展中国家，都在这一条道路上，在“一带一路”里。

第五，在教育上我国实现了九年义务教育，普及高中教育和高等教育。2019年中国高等教育入学率进入50%，高等教育从今年开始进入普及高等教育。作为一个现代化国家，必须要普及高等教育。在高等教育毛入学率方面，我国超过了中高收入国家，但还落后于经济合作与发展组织（OECD）国家和高收入国家，少数高校进入世界一流行列。在学生国际流动上，我国也处于世界前列。我国出国留学生数量居世界第一，2018年达到66万人。来华留学生数量居世界前五，有的说世界前三，有近50万人。

二、新目标

中共中央、国务院在《中国教育现代化2035》中提出，到2020年全面实现“十三五”发展目标，到2035年总体实现教育现代化，迈入教育强国行列，满足人才多样化的教育需求。高等教育现代化目标大致有以下几点。一是建成中国特色、世界一流的高等教育体系，高等教育竞争力明显提高；二是高等教育普及程度达到发达国家水平，毛入学率达到65%；三是更多的大学和学科进入世界一流行列，若干大学进入世界一流大学前列，一批学科进入世界一流学科前列；四是人民群众有更多机会接受高质量、可选择的高等教育；等等。

在这四个主要目标上，我们分析，毛入学率目标是很容易实现的，到2035年我国高等教育毛入学率估计能达到75%以上。例如《国家中长期教育改革和发展规划纲要（2010—2020年）》提出到2020年我国高等教育毛入学率要实现40%的目标，但是我国2019年就超过了50%，不仅提前五年完成，还超过10%。其他三个目标也是通过努力可以实现的，不过仍需要攻坚克难，通过改革开放与坚持不懈，解决那些长期存在制约我国高等教育高水平健康发展的老大难问题。

三、老难题

回顾新中国高等教育发展 70 年的历史，在传统文化和苏联高等教育制度的影响下，形成了一些我们长期没有解决的老难题。探讨这些问题是本报告的重点，以期引起学界和政府的重视。这里主要谈六大难题。

（一）行政化与法人化问题

我国政府对这个问题非常重视，一定要去行政化，搞法人化。行政化有两种：一种是政府与高校的关系问题，就是政府对高校行政干预过多。一种是学校内部的行政权力和学术权力的关系问题，行政权力取代学术权力。可以肯定地说，中国政府对中国高等教育的发展、对中国社会的现代化做出了巨大的贡献，因为没有政府的强力推动和引领，中国现代化是不可能实现的，所以政府的力量是社会现代化、教育现代化的根本动力。但是无论企业还是学校，都需要自主管理权。《中国教育现代化 2035》提出高校要自主办学，笔者认为高校至少要做到两点。一是减少文件，据说现在高等学校每年接收到各类政府部门文件 700 份以上，所以笔者提出 2035 目标，高校接到政府各部门的文件数在 100 份以下。这个目标有主观成分，但是应该是我国高等教育努力的方向，更何况中共中央、国务院也专门发文要求各部门减少会议和发文件。我们认为，高等教育界更应该如此。二是会议减少，无论是政府举办的会议还是学校举办的会议都要减少，会议假如说一年开 500 次，2035 年的目标就应该减少到 100 次。会议和文件数的减少，可以解放校长、院长和教师，使其更专心学校的发展和服务，提高学生的培养质量，多出高水平研究成果。

（二）融通问题

高等教育融通问题在各种政策文件中被提及，比如《国家中长期教育改革和发展规划纲要（2010—2020 年）》《中国教育现代化 2035》，但都是在谈普通教育和成人教育的融通问题。这里说的不是普通高校和成人高校的融通，而应该是普通高校内部的融通问题，如区域内和区域间转学校、转专业以及校内转专业等壁垒问题。校内转专业应该大量地放开，校外转学应该成为一种可能。其实中国和外国转校、转专业是容易的，但是国内高校之间是不容易的。这个壁垒必须打破，才能满足多样化的高等教育需求，有助于提高我国高等教育整体质量和水平。

（三）公益公平问题

公益是社会主义国家的特征。社会主义和资本主义最大的一个不同就是公益。教育是公益事业，包括高等教育，因此公益事业要减免学费、提高补助，要加强对学生的辅导，帮助他们渡过困难，跟上学习的步伐，促进其学业成功和心理健康。社会主义的高等教育，在未来现代化过程中要逐步降低学费和减免学费，而不是不断增加学费。况且，在世界范围内提供免费的高等教育已经成为一种新趋势。

（四）评价问题

评价问题是困扰中国高等教育的一个很大的难题，评价影响了高等教育质量，影响了高等教育行为。对高等教育评价改革的呼声不断，高校教师意见很大。教育部提出破

“五唯”（唯论文、唯帽子、唯职称、唯学办、唯奖项），然而收效甚微。评价问题很难解决，这里提出两个小建议：一是教学评价要严，现在我们说要办一流的本科教育，要给高校学生增负，增加毕业的难度，因此要加强对教师的教学方法、模式和结果的评价，让教师们能科学施教，专心教学，培养有质量的专业人才。二是减少科研评价，科研评价应该主要是针对研究型大学评价，一般性大学、高职科研评价可以停止了。

（五）吸引国际人才问题

美国现代化的成功除了其本身的很多优势之外，有一个优势就是将全球人才吸引到美国。人才强国就是如何将全球的人才吸引到中国，而不仅仅是将我们优秀的人才放出去，也不仅仅是将出国留学的一些人用高薪引进来。那么，如何吸引国际人才？国际经验告诉我们，只有大力发展留学生的研究生教育，才能有效吸引国际人才。国际留学生，特别是来自发达国家和发展中国家的优秀留学生和英才，我们要大力资助，让他们来中国攻读硕士学位，特别是博士学位，留下来为中国的科学研究、为中国的经济建设做出贡献。这一点我们要向“二战”后的美国学习。

（六）质量水平问题

前面说到的问题全部影响到高等教育的质量，包括人才培养的质量、科学研究的质量、社会服务的质量。质量问题有以下几点：一是中国高校大部分都是新校新教师，这是一个很大的问题，中国高等教育质量低跟这些大量的新校有关。教育部统计，2000年新成立的大学占中国本科高校70%，这些学校的教师特别是民办高校的教师大部分都是新教师、年轻教师。这个庞大的教师群体值得关注。二是传统的课堂如何现代化？课堂需要从传统走向现代。现在的形势是，“大学是新的，课堂教学是旧的”。教育部提倡以学生为中心的教学，我们认为这就是一种现代教学。可以说，不是以学生为中心的教学都是旧教学。三是重科研轻教学。要实行课堂的革命，以学生为中心、以学习为中心。大学教学是什么？大学教学就应该是探究性的、互动性的、项目式的和对话式的，而不是讲授式的教学。中国教育现代化必须走向小班教学，包括义务教育、基础教育。欧洲的标准是一个班24人，中国是40人。中国基础教育现代化，必然要求一个班级学生人数是24～25人。中国高等教育现代化，也应该在能力许可情况下走向小班教学，如果做不到就需要大班教学小组学习。

粤港澳大湾区高等教育发展与建议

华南理工大学公共政策研究院　李海滨*

摘　要：《粤港澳大湾区发展规划纲要》明确指出，大湾区要建设国际教育示范区，引进世界知名大学和特色学院，推进世界一流大学和一流学科建设。文章分析了粤港澳大湾区的高等教育发展现状，并从大学角色定位、人才培养、校企合作、政策改革等方面提出大湾区教育未来的发展方向与建议。

关键词：粤港澳大湾区　高等教育

粤港澳大湾区是以“9+2”的城市群来拓展经济发展新空间，领土占中国的0.6%，总人口约7 000万，占全国总人口的4.9%，是中国最大的区域性城市群。2018年粤港澳大湾区GDP约为1.6万亿美元，约占全国经济总量的12%。可以说，粤港澳大湾区拥有与纽约湾区、旧金山湾区、东京湾区并肩的发展潜力，是我国综合实力最强、开放程度最高、经济最具活力、最具发展潜力的区域之一。2019年2月中共中央、国务院印发了《粤港澳大湾区发展规划纲要》（以下简称《纲要》），明确指出：“到2035年，大湾区形成以创新为主要支撑的经济体系和发展模式，经济实力、科技实力大幅跃升，国际竞争力、影响力进一步增强。”同时《纲要》明确指出，支持“大湾区建设国际教育示范区，引进世界知名大学和特色学院，推进世界一流大学和一流学科建设”。

粤港澳大湾区2018年的GDP在四大湾区中排名第三，高于旧金山湾区（0.82万亿美元）。但从人均GDP（20 400万美元）来看，大湾区仍远低于其他三大湾区，与以高科技产业为主的旧金山湾区（105 300万美元）差距特别大。这在一定程度上反映了当前大湾区不少产业仍然是劳动力密集型，处于价值链较低端位置。但高校数量175所，在四大湾区中排名第二，说明大湾区有非常大的发展潜力。

一、粤港澳大湾区高等教育发展现状

广东、香港和澳门拥有丰富的高等教育资源，这为将粤港澳大湾区打造为国际教育示范区和全球科技创新中心提供了基础。截至2019年6月，粤港澳大湾区拥有高等院校175所，其中内地9个城市有143所，香港特区22所，澳门特区10所。就地理分布而言，广州、香港、澳门是整个粤港澳大湾区高等教育院校的集中点。从高等教育机构实力来看，粤港澳大湾区呈现出香港一枝独秀、澳门紧追其上、内地9市一览众山小的

* 作者简介：李海滨，华南理工大学公共政策研究院教授。

局面。具体来看，香港地区高等教育规模相对较小，却拥有绝对优质的高等教育资源，在国际上具有较高影响力。内地高等教育规模较大、学科比较齐全。粤港澳大湾区和中国内地长三角、京津冀相比，2019 年 QS 和泰晤士世界大学排名来看，大湾区名校数量领先于长三角和京津冀地区。从世界范围来看，上海交通大学发布的数据显示，四大湾区中粤港澳大湾区顶尖大学略微欠缺，其他层次分布较为均匀，梯队排列明显，有一定的潜力与其他湾区抗衡。

二、粤港澳大湾区高等教育的发展建议

依据《纲要》提出的发展目标，结合大湾区自身情况，参考相关国际经验，从多维度提出粤港澳大湾区教育未来发展方向与建议。

一是为了避免大湾区三地高等教育出现各自为政的现象，互相恶性竞争导致资源浪费，建议效仿香港，明确三地大学的角色定位，提倡各院校共展所长、特色发展，充分提高大湾区资源使用效率。香港大学教育资助委员会（以下简称教资会）2004 年 1 月发布的《香港高等教育：共展所长、与时俱进》报告指出，香港高等教育迈向卓越的关键在于各院校明确并努力发挥自身优势。香港教资会在具体政策实施过程中，无论是资助院校的选择、拟重点建设学科领域的遴选、经费拨付等都是激励院校明确发展定位，以谋求特色发展为核心，充分贯彻了其尽展所长、鼓励特色，把现有的优势学科发展成为卓越学科的基本战略思想，不同高校受资助的学科领域各有侧重。由于香港各大学在角色、功能、特色上都有着十分明晰的定位，且各大学都有独特的理念和使命追求，因而避免了各校的竞争。

二是在人才培养方面，可以效仿新加坡南洋理工大学，尽快调整学科结构，确保大学毕业生供给与湾区劳动力市场相匹配。从 2017 年大学毕业生就读的专业来看，广东省高校毕业生集中在管理、工程和文学等领域，香港大学毕业生主要集中在经济学、工商管理、工程和医学等领域，而澳门大学毕业生集中于社会科学、商业和法律等领域。随着数字经济的发展，信息传输、软件和信息技术服务业、租赁和商务服务业、批发和零售业、科学研究和技术服务以及文化、体育和娱乐业等“互联网 +”产业对人才的需求会大幅度增加。为了满足未来创新产业的需求，三地大学可以根据市场需求在学科建设上做出适当的调整。我们也可以效仿南洋理工大学的成功经验，在学生培养方面主要有三个指向，首先是课程建设中的专业指向，南洋理工大学与新加坡国内、国外 3 000多家企业和组织开展全日制课程项目合作，将企业的专业化发展需求带到课程设置中，将学生专业技能培训与市场发展有机融合。其次是在教学过程中的实践指向，主要体现在学校在教学内容设置中，抛弃了原本的本本主义和教条主义，增加了对学生实践能力的培养，并加强了学生在相关企业的实习经历，实现了知识和技能之间的双向转换。最后是学生交流中的国际化指向。新加坡本身市场发展有限，其人力资源的培养必须融入国家化市场需求当中。对此南洋理工大学增加校内留学生比例，带动本地学生的国际化意识，同时鼓励学生参加国际交流项目，并为优秀的学生提供奖学金，这使得南洋理工大学的培养既本地化又国际化，也为后期外来人才的引入和本地人才走出去的双向人才交流奠定了基础。

三是发挥湾区大学在各个领域的凝聚作用，充分挖掘他们在教育、研发和高端服务业方面的潜力。大力加强大学与产业界的关系，并建立有效的企业合作网络。粤港澳三地在地理位置上虽然比较靠近，但是三地的教育资源存在巨大差异，各个大学在相关领域优势也不一样。粤港澳大湾区应该充分挖掘这些高校在教育、研发和高端服务方面的潜力。在企业合作网络方面，可以借助各地的优势开展合作。由于香港机构的基础研究实力更适合湾区行业的创新需求，因此香港可以负责最初的研发阶段，而湾区内地 9 市专门负责商业化的后期阶段，这将是比较好的合作模式。比如深圳市大疆创新科技有限公司，它的成立是香港一所大学与深圳之间合作的突出例子。2006 年香港科技大学的一名毕业生及其导师开发第一代商用无人机，并成立了大疆公司，由于香港的高租金及营运成本，以及深圳有利的融资架构和产业政策，他们就将大疆公司搬到了深圳。

四是大湾区应该吸引大量人才，同时也要避免大湾区内部的人才大战。根据中国教育部公布的最新数据，尽管每年回国的中国留学人员越来越多，使中国成为世界上最主要的人才回流和人才环流的接纳国，但是目前大湾区在拥有全球人才资源方面仍然比较落后。香港科技劳动力只占总就业人数的 2.2%，而在 8.3 万名本地毕业生中只有一小部分人从事计算机相关行业。近几年深圳引进了 1.8 万名海外归国人员，也只有不到 15% 从事计算机输电网领域的工作。尽管当前中国对人才引进越来越重视，但与许多发达国家相比还有一些差距。2019 年全球人才指数报告指出，全球人才竞争力指数得分位居榜首的是瑞士，其次是新加坡和美国。前 25 名里欧洲占据 16 个，而中国仅排在第 42 位。我们可以学习和借鉴相关国家在吸引人才方面的成功经验，同时提升软件和配套扶持措施。要避免湾区内人才抢夺。

最后是借鉴欧盟经验，探索可能的政策改革。将三种不同的系统合在一个区域里是困难的，需要大量的政治意愿和资源。为了充分获益聚集效应，我们需要在“一国两制”框架内协调这些系统。虽然近年来三地建立了粤港、粤澳合作联席会议制度，相关职能部门也建立了沟通机制，成立了一批专责小组，形成了比较完善的跨界治理体系，但还是远远不够。欧盟国家间的高等教育合作经验值得我们借鉴。比如在国家层面，可以建立超区域教育行政机构，负责湾区高等教育合作的组织协调。可以设立粤港澳大湾区教育基金，用于粤港澳高等教育区的筹划与建设。尽可能使国民教育统一化，尽管有些困难。在地方层面，可以构建粤港澳高等教育区，湾区内高校间的学生学历互认，满足考核条件的情况下，三地学生就读选择自由、毕业生就业自由以及教员流动自由。粤港澳重点学科计划，三地高校中至少三所大学间联合开设高品质硕士/博士课程，目前已经开展。粤港澳合作研发策略，成立湾区科技研究委员会，进行跨境统筹创新研发活动。制订紧缺型高层次人才引进计划，明确区域人才需求，建立有竞争力的引才留才标准。

面向粤港澳大湾区，打造一流财经本科教育

广东财经大学　于海峰　梁宏中*

摘　要： 打造教育和人才培养高地，是粤港澳大湾区建设的重要任务。打造一流财经本科教育，培养一流财经本科人才，为大湾区建设提供智力支持和人力支撑，是大湾区高校面临的一项迫切任务。构建面向大湾区的一流本科教育，需要深刻把握大湾区建设对财经人才的新要求，紧密结合地方高校一流财经教育的基本特征和实现路径，坚持立德树人根本任务，抓牢教师、学生两个主体，重点推进专业、课程、人才培养体系、协同育人机制和创新创业教育建设五大工程，强化质量文化的保障作用。

关键词： 粤港澳大湾区　一流本科　财经教育　地方高校

粤港澳大湾区建设和产业发展离不开大批一流财经人才的支撑和保障。《粤港澳大湾区发展规划纲要》明确提出要“打造教育和人才高地”，促进大湾区发展。对接大湾区建设要求，打造一流财经本科教育，培养一流财经本科人才，为大湾区建设提供智力支持和人力支撑，是大湾区高校面临的重要课题。本文将首先分析地方高校一流财经本科教育的基本特征、实现路径，然后揭示粤港澳大湾区建设和发展对一流财经人才的新需求，最后以广东财经大学为例，阐述地方高校面向粤港澳大湾区打造一流财经本科教育的主要措施和经验。

一、地方高校一流财经本科教育的基本特征

2018 年 6 月 21 日，教育部长陈宝生在新时代全国高等学校本科教育工作会议上的讲话中，特别强调各类高校都要争创一流本科教育。一流本科教育不是一流大学的“专利”，没有固定模式，每种类型都可以产生一流本科教育。[①] 地方高校的一流财经本科教育具有与“双一流”高校不同的特征和规律，廓清这些特征和规律，从而采取符合自身实际和特色的建设措施，是地方高校打造一流财经本科教育的前提。

（一）服务区域经济社会发展的应用型人才培养目标地位

主动融入和服务区域经济社会发展是地方高校的根本使命。因此，地方高校的一流财经本科教育应当以培养适应区域经济社会发展需要的应用型人才为主要的人才培养目标。这是地方高校与大多数“双一流”高校的根本区别。地方高校培养的本科应用型人才应当是“厚基础、宽口径、重实践、擅创新、能发展”的人才，既有扎实的专业

* 作者简介：于海峰，广东财经大学校长，教授；梁宏中，广东财经大学教务处科长，助理研究员。

① 柳友荣．一流本科教育的“是”与“不是”［J］．重庆高教研究，2019（1）：32－34.

理论知识，也有卓越的实践应用能力，能在学术深造，特别是就业创业等不同方向上具有良好的发展能力。地方高校应当根据应用型人才培养的目标定位，确定相应的人才培养规格，构建人才培养体制机制和模式，打造师资队伍，配置教学资源。

（二）人文素养、实践应用能力和创新创业能力“三元并重”的人才培养规格

一流财经人才培养应当将人文素养、实践应用能力和创新创业能力作为培养规格的核心要素，摆在人才培养过程的突出位置，促进学生成人成才、立德立业。

财经应用型人才的职业特点与其他行业相比，最明显的差异在于他们需要在与他人密切的社会交往过程中完成各种经营管理工作。因此，人文素养的培育对一流财经人才而言非常重要。人文素养的内涵非常广泛，其中对财经人才而言最为重要的是思想品德和人际交流沟通能力两方面。财经人才需要有良好的思想道德、社会责任和职业道德，恪守社会主义核心价值观，坚持正确的义利观，在社会主义市场经济中诚实守信、合法经营，自觉抵制损害消费者利益、破坏市场经济秩序的活动。同时，财经人才需要具备良好的人际交流、沟通表达能力和团队协作精神，概括而言就是要情商好，能通过与他人的社会接触、交往顺利完成各项工作。

对应用型人才而言，实践应用和创新创业能力是必不可少的。具备在真实环境中运用所学知识和技能解决各种生产经营问题的实践应用能力，是应用型人才的基本要求。随着科技进步和市场竞争的发展，社会对创新创业能力的需要日益增长，创新创业能力培养成为高校的迫切任务。丰富的创造力是一流人才的核心品质，创造力教育是一流本科教育的显著标志。[①] 财经类应用型人才需要具有精湛的业务能力，能运用创新高效的方法解决各种实际问题。

（三）多元深度协同的人才培养主体

由于各种经营管理活动都是在人们的社会交往中完成的，其过程和结果具有不可复制性、不可控制性和多变性，对参与者和发生的自然、社会环境具有较强的状态依存性。财经应用型人才培养效果对真实社会环境的依赖性比其他学科都要强烈。财经应用型人才培养不能单纯依靠实验室和校内教育完成，需要将其实验实践放到广阔的社会天地中，通过真实社会环境才能有效塑造学生的素质和能力。因此，政府、行业组织、企业、科研院所等社会主体共同深度参与人才培养是财经应用型人才培养的关键因素。构建多主体深度参与的协同育人机制，将社会真实经营管理环境引入学校教育中，同时实施各种校外实践教学活动，使学生掌握解决真实社会经营管理问题的真才实学。

（四）高水平的人才培养质量

一流财经本科教育与普通财经本科教育的显著区别在于其卓越性。它是一种高水平的优质教育，但不是仅仅面向部分优秀学生的精英教育，是面向全体学生、促进全体学生高质量发展的卓越教育。学生的全面发展、个性化发展、终身发展是一流教育高水平人才培养质量的根本体现。作为一流教育的产出结果，学生的个体价值与社会价值将充

① 李硕豪. 论一流本科教育的基本特征［J］. 中国高教研究，2018（7）：12－16.

分实现，既在职业生涯发展中成为企业、行业骨干和领军人物，开创幸福美好的生活，更能成为促进国家经济社会发展和担当民族复兴大任的栋梁。

二、地方高校一流财经本科教育的实现路径

（一）对接区域经济社会发展，优化专业和课程体系

《教育部关于加快建设高水平本科教育　全面提高人才培养能力的意见》（教高〔2018〕2号）指出，专业是人才培养的基本单元，是建设高水平本科教育、培养一流人才的“四梁八柱”。地方高校建设一流财经本科教育，需要紧密对接区域经济社会发展，建设一流专业体系。首先，要根据区域产业结构升级调整和社会技术进步趋势，构建专业动态优化调整机制，设置适应战略性新兴产业发展要求的新专业或专业方向，淘汰社会需求不足的专业，并根据行业企业最新发展动态改造传统专业，使专业链与区域产业链、创新链和人才需求链无缝衔接。其次，要结合区域经济社会特点、学校办学历史与传统、财经教育特性打造专业品牌和特色，在实践教学、协同育人、创新创业教育等方面彰显办学优势，以特色建设推动一流专业建设。

课程是落实专业人才培养的基本单元。课程建设水平是决定专业水平的关键因素。首先，要根据区域经济社会发展优化课程体系。在保持学科知识完整性的同时，要对接行业企业需要设置课程和安排教学内容。其次，要深化教学方式改革，推进课堂教学革命。综合运用多种教学方式，培养学生的批判性思维、创新思维，着力增强学生运用所学知识解决问题的实践能力，提升课堂教学效果。尤其是要注重发挥人工智能、信息技术对课堂教学的促进作用，深入推动线上线下、课内课外相结合的混合式教学，从根本上改变“填鸭式”“被动接受型”的传统教学方式。

（二）构建以学生为中心的开放式人才培养体制

以学生为中心，构建涵盖人才培养全方位、全过程的开放式培养体制，打破不同专业、课程、学院之间，学校与社会之间的制度分隔，汇聚各种资源和力量，实现学生的全面发展、自主发展、多元发展。首先，要不断突破资源约束，深化学分制改革。增加开课教师和可选课程数量，不断拓宽学生选择空间，使学生能够根据自身兴趣爱好自主选择授课教师、修读课程和学业进度。要完善跨学科、跨专业选课机制，设置若干选修课程学分用于修读其他学科和专业课程，拓展学生知识面，促进交叉培养。其次，要完善转专业和辅修制度。根据学校办学条件设置有效运行的转专业制度，在资源和管理水平能够有效承受的前提下，尽量扩大学生转专业空间，使学生结合自身禀赋、意愿自主选择修读专业。另外，鼓励学生根据专业特点、学习情况、兴趣爱好辅修其他专业，并确保辅修课程与主修课程具有同等教学质量，开拓学生视野，促进复合型人才培养。再次，要构建多元主体协同育人机制。完善共建共享、互惠互利的校内外育人主体共同参与培养方案制定、教材与课程建设、教学指导、平台建设、质量评价等人才培养环节的制度，提升学生实践应用能力和创新创业能力。

（三）构建“一主多元”的人才培养模式体系

尽管培养应用型人才是地方高校本科教育的主要任务，但是，社会对应用型人才的

需求具有异质性，同时部分学生也存在升学深造的意愿。因此，要根据社会需要和学生发展的多样性，构建面向大部分学生的专业应用型人才培养模式为主体、多种培养模式并存的“一主多元”人才培养模式体系。对应用型人才培养而言，除了一般性的专业应用型人才培养外，还存在针对部分创新创业能力较强的学生的卓越应用型人才培养，针对部分计划出国深造或者涉外性较强的专业学生进行国际化应用型人才培养，针对产业学院、校企联合培养学生进行定制型人才培养等模式。同时，针对部分计划升学深造的学生，学校还可以构建旨在提升学生学术能力的拔尖创新人才培养模式，从而为学生进入国内外知名高校升学创造良好条件。

（四）培育具有一流教学能力的师资队伍

一流人才离不开一流教师的悉心指导和培养。具备一流教学能力的教师队伍是一流财经本科教育的建设主体。人才培养是高校和教师的首要任务，教师教书育人水平的高低则是影响人才培育水平的重要因素。当前，不少教师对本科教学投入不足、重视不足，是一流人才培养的重要制约因素。构建引导、指导、激励教师专注教学、潜心育人的体制机制，是打造一流教育的必要环节。首先，要健全本科教育教学奖励体系，完善人才培养各领域、各环节的奖励办法，并将教学工作绩效与绩效分配紧密关联，同时逐步实现教学工作与科研工作、教学成果与科研成果享受同等待遇。其次，要实施教师分类发展的职称评审和岗位评聘制度。按照教学为主、教学科研并重、科研为主等性质，分类制定职称评审和岗位聘用、考核评优标准和要求，明晰本科教育教学要求，使积极投身教学、奉献教学的教师工作有动力，发展有出路。最后，要完善教师教学发展培训与指导体系，利用教师发展中心等力量，通过入职培训、教学沙龙、专题讲座、访学研修、听课评课、教学竞赛等方式，帮助教师提高教学能力。

（五）培育“学生中心、产出导向、持续改进”的质量文化

一流教育的核心要义在于对高水平、高质量的价值追求。培育以提高人才培育质量为核心的质量文化，将持续提高人才培育质量内化为全体教职员工的行动指针，形成服务教学需要、服从教学需要的浓厚氛围，是一流教育的重要保障。质量文化要靠长期的宣传教育、校园文化、师生行为逐步塑造而成，也需要“标准—实施—监控—反馈—改进”各环节有机衔接的质量保障机制维护。

（六）投入充足的资源

一流教育需要有充足的资源投入作为有力支撑，因为一流教育需要的教学建设与改革、师资引进与培育、教学设施设备和场馆配置等都需要大量经费投入。不少地方高校经费紧张，来源渠道单一，成为阻碍一流教育建设的重要因素。在政府部门加大对高校的经费投入的同时，高校自身也应当积极筹集社会资金，扩大经费来源范围，并优先保障一流教育需要的资源投入。

三、粤港澳大湾区建设对一流财经本科教育的新要求

粤港澳大湾区充满活力的世界级城市群、具有全球影响力的国际科技创新中心、“一带一路”建设的重要支撑、内地与港澳深度合作示范区、宜居宜业宜游的优质生活圈的

战略定位，以及通过加快发展先进制造业、战略性新兴产业、现代服务业和海洋经济构建现代产业体系的重要任务，对大湾区内高校打造一流财经本科教育提出了新的要求。

（一）培养高素质应用型人才

《粤港澳大湾区发展规划纲要》指出，要“瞄准国际先进标准提高产业发展水平，促进产业优势互补、紧密协作、联动发展，培育若干世界级产业集群”；对在大湾区产业结构中占重要比重的现代服务业而言，要“聚焦服务业重点领域和发展短板，促进商务服务、流通服务等生产性服务业向专业化和价值链高端延伸发展，健康服务、家庭服务等生活性服务业向精细和高品质转变”。粤港澳大湾区的产业体系高级化，尤其是现代服务业的转型升级，将大大提高生产和服务劳动的技术和知识密集度。这种转变引致对具有高水平专业技能的高端人才的大量需求。对大湾区内的高校而言，应当主动适应并服务于这种需求变迁，着力为建设大湾区现代产业体系培养高素质人才。当然，高素质人才的需求类型是多样的。对财经类地方高校而言，着重面向现代服务业发展，培养高素质应用型人才是适应大湾区建设需要的重要战略任务。

（二）培养具有良好信息技术应用能力的人才

云计算、大数据、互联网等信息技术蓬勃发展，将大大促进传统经济的提质、增效、升级和引起商业模式大变革。① 如果不能紧紧抓住现代信息技术发展的契机，就不能有效促进产业升级。《粤港澳大湾区发展规划纲要》指出，要“积极发展数字经济和共享经济，促进经济转型升级和社会发展”，“推动数字创意在会展、电子商务、医疗卫生、教育服务、旅游休闲等领域应用”。为适应信息技术在各种产业中的普及应用，高校培养的人才需要具有良好的信息技术应用能力，熟练掌握本专业的技术软件和数据分析方法，能通过云计算、大数据、互联网、虚拟现实等信息技术手段解决各种经营管理问题。

（三）培养具有良好跨境合作能力的人才

大湾区建设将使粤港澳三地之间的跨境合作更加频繁和密切。尤其是金融、物流和贸易等行业，市场互联互通和跨境合作是大湾区现代服务业发展的重要任务。但是，由于粤港澳三地之间存在不少制度差异，不少产业的政策法规、管理机制、经营理念、营商模式、业务流程等均有较大差异性，急需大量熟悉三地语言文化、法律法规、商业运作模式的跨境合作人才，促进相互合作。广东高校应当通过开设新课程、改革现有课程教学内容等方式，使学生熟悉港澳地区经济社会文化制度，掌握与港澳地区政府部门、社会组织、企业开展跨境业务合作的知识和能力。

（四）培养国际化人才

粤港澳加强合作，共同参与“一带一路”建设，全面参与国际经济合作，携手开拓国际市场，深化与相关国家和地区基础设施互联互通、经贸合作及人文交流是大湾区建设的重要任务。大湾区作为“一带一路”建设重要支撑区的战略定位和任务，对大

---

① 王斯坦，王屹．新一代信息技术应用带给传统经济的机遇、挑战及政策建议［J］．经济研究参考，2015（31）：37-40，61.

湾区内高校加快国际化人才培养提出了新的要求。这种国际化人才需要有良好的外语水平，了解相关国家地区的社会文化，掌握跨文化沟通交际能力；同时具有国际视野，通晓相关行业的国际规则，熟悉相关行业的全球最新发展动态，能在涉外企业从事涉外工作，具有海外留学或实习经历则更好。

（五）培养创新创业人才

《粤港澳大湾区发展规划纲要》提出，要构建开放型区域协同创新共同体，打造高水平科技创新载体和平台，优化区域创新环境，将大湾区建设成为国际科技创新中心。科技创新将深入推动企业经营管理和商业模式变革。同时，研究表明，科技创新与创业之间有很强的相关性，存在一种耦合互动发展关系①。因此，大湾区建设需要培养大量具有良好创新创业意识、思维与能力的优秀人才，适应科技创新要求，引领、推动企业管理和商业模式创新变革。

四、面向粤港澳大湾区的一流财经本科教育探索与实践：以广东财经大学为例

广东财经大学于 1983 年 5 月设立，当时校名为广东财经学院；1985 年 6 月，更名为广东商学院；2013 年 6 月，更名为广东财经大学。经过 35 年的发展，学校已建设成为全日制本科生、硕士生 26 600 多人的省属重点院校，是广东和华南地区重要的经济、管理、法律人才培养、科学研究和社会服务基地。学校一直坚持“育人为本，全面发展；因材施教，学以致用”的人才培养理念，不断完善开放、协同、实用、有效的应用型人才培养模式，培养具有良好的思想道德、科学精神、人文素养、专业知识和国际视野，勇于开拓创新的应用型高级专门人才。近年来，学校对接粤港澳大湾区国家战略和广东经济社会发展，全方位、多层面、宽领域深化本科教育内涵建设与改革，构建“1251”一流财经教育新格局，即坚持一项根本任务——立德树人，抓牢教师、学生两个主体，重点推进专业、课程、人才培养体系，协同育人机制和创新创业教育建设五大工程，强化一个保障作用——质量文化，促进一流财经人才的供给能力全面跃升。

（一）落实立德树人根本任务，永葆人才培养的社会主义底色

学校坚持以立德树人为根本任务，着力培养思想政治素质和专业素质兼备的社会主义建设者和接班人。一是不断提高思政课程教学质量。制订思政课程提质行动计划，巩固马克思主义学院“第一学院”、思政课堂“第一课堂”地位。深化思政课程改革，充分发挥 Blackboard 平台、新媒体等网络手段的教学作用，开设思想政治综合实践课程，构建“课堂深学、网络辅学、实践促学”的思政课教学体系，提升课程教学效果。二是加强专业思政和课程思政。充分挖掘专业课程的德育内容、元素与资源，打造课程思政示范专业和示范课程、特色课堂、中华优秀传统文化、外国优秀文化、艺术教育、体育教育、法治精神等系列通识选修精品课程，构建德智体美劳全面培养的“大思政”

---

① 李娜娜，张宝建．科技创新与创业耦合协调关系研究：来自 25 个国家的经验证据［J］．经济问题，2017（12）：65－71.

课程格局。三是健全“三全育人”工作体系。坚持校党委书记、校长和学院党政一把手每学期讲授第一堂思政课制度，健全各级领导干部联系学生班级、社团和与学生“面对面”交流的制度，加强“易班”建设，实施“铸魂树人”工程和“青穗计划”。健全教师指导学生课外活动和竞赛的工作机制，制定“第二课堂成绩单”制度实施办法，整合三大课堂育人体系。实施学生工作书记带班制度，深入推进学生工作进社区和项目化管理，着力打造学生工作品牌。构建对特殊学生的学业、资助、心理、就业“四大帮扶”体系。建立少数民族学生专项帮扶系统，扎实做好少数民族学生管理和服务工作。

（二）抓牢教师、学生两个主体，确保人才培养的卓越本色

教师和学生是一流财经教育的两个关键主体。只有广大教师认真践行“以人为本”“育人为先”的理念，切实增加人才培养上的时间、精力投入，以一丝不苟的严谨态度对待人才培养工作，广大学生切实将学习摆在第一位置，勤奋学习、刻苦学习，回归学生本分，人才培养质量才有可能形成质的飞跃。

首先，要健全激励广大教师潜心育人的体制机制。一是加强师德师风建设。制定师德建设实施办法和考核办法，通过主题教育月、入职典礼、岗前培训、荣休仪式、师德师风表彰、青年教师暑期学校、教学竞赛和名师评选等多种形式，开展常态化的师德宣传教育活动。坚持将师德师风作为教师素质评价的第一标准，实施“一票否决制”，依法依规严肃惩处师德失范行为。二是健全激励体系。制定本科教育教学奖励办法，设立教学成果奖、教学质量工程奖、教学荣誉奖、指导课外活动与竞赛奖，增加奖励种类，扩大奖励范围，提高奖励力度。三是改革教师考核评价体系。坚持教授、副教授为本科生授课制度，对未完成教学工作量的降级聘任并扣减教学单位绩效奖励。完善职称评聘办法，强化教学质量在职称评聘中的刚性约束。完善绩效分配方案，健全教学单位和教师个人教学业绩与绩效工资紧密挂钩的分配制度。四是提升教师教育教学能力。实施教师教学能力提升工程，有效增强教师课堂教学能力、信息化教学能力、实践创新能力、国际化教学能力、科研促教学能力五大能力。

其次，要健全激励广大学生刻苦学习的体制机制。一是进一步深化完全学分制改革，落实学业导师制，建立健全学业预警机制，加强学习全过程的指导与帮扶。二是深化课程考核方式改革，形成能力与知识并重的多元化学业考核评价体系，逐步实现通识必修课、学科基础课教考分离全覆盖，推动与同类高校课程联考。三是严把学生毕业出口关，加强毕业论文从开题到答辩、成绩评定的全程管理，对学术不端行为的系统检测实现全覆盖。

（三）重点推进五大工程，淬炼人才培养的亮色特色

第一，打造“金专”。一是优化专业布局。对接粤港澳大湾区发展要求，通过新建、整合、置换、撤并等手段，构建与产业链紧密衔接的专业链。近年来，学校适应信息技术发展浪潮，新设了智能科学与大数据技术、大数据管理与应用等专业，并在金融、会计、经济统计学等专业设置相关课程，培育学生大数据技术应用能力；将公共事业管理专业置换为城市管理专业；在法学专业设置了粤港澳大湾区法务方向，培养熟悉粤港澳大湾区相关法律和政策，熟悉港澳基本法律体系的应用型、复合型、创新型高级

法律人才，并通过商法融合培养，提高财经类专业学生对大湾区法律制度的了解程度。今后，学校将针对大湾区产业发展要求，在金融学、物流管理、国际商务、国际经济与贸易等相关专业设置专业方向，增进学生的跨境合作知识与能力。二是提升专业建设质量。打好专业建设“三大攻坚战”。开展“达标建设”，组织全部专业对照国家专业认证标准开展自评自查，确保全面达成合格标准。开展“特色建设”，通过学科交叉融合、商法融合、产教融合、创新创业教育和人才培养国际化等途径，凸显专业特色与优势。以“一流建设”使部分优势专业跻身“双万”一流专业行列。

第二，锤炼“金课”。打造一流精品课程，从线下、线上、线上线下混合、虚拟仿真、社会实践五个维度构建国家、省、学校三级“金课”体系。围绕办学特色和人才培养目标定位，通过立项建设，培育一批德育美育、商法融合、创新创业、实验实践、双语全英特色课程。深化混合式教学改革，制定混合式教学管理办法，实施“互联网+”混合式教学示范工程，建设智慧教室，推动互联网、大数据、人工智能、虚拟现实等现代教育技术深度应用于课堂教学。积极参加粤港澳大湾区高校在线开放课程联盟合作，与大湾区高校共同制作优质在线开放课程，并建立健全校际学分认定机制，使学生共享大湾区高校优质课程资源。推进应用型课程建设与改造，引导各专业根据大湾区建设需要开发新课程，调整现有课程教学内容，并对一些与真实工作过程和工作岗位关联性较强的专业课程，按照工作过程逻辑重构课程内容和教学方式，以增强学生实践应用能力。

第三，健全“一主体三示范”的人才培养体系。专业应用型人才是学校人才培养的主体和基本形式。近年来，学校通过强化学生实践应用能力和创新创业能力培养，提升专业应用型的培养质量，并取得了明显成效。经管类跨专业综合实验教学和创新创业教育成果多次获得国家级、省级教学成果奖。今后，学校将按照“资源共享有效整合、教学科研紧密结合、协同创新产教融合”建设思路，持续推进经管类跨专业综合实验教学改革，打造专业应用型人才培养新优势。学校以“具有企业家精神和潜质的经济管理人才培养模式创新实验区”“企业国际化高级商务人才培养模式创新实验区”“国际会计（ACCA）人才培养省级创新实验区”3 个国家级、省级人才培养模式创新实验区为载体，大力培养具有良好企业家精神和素质、在毕业后能自主创业或较快成长为企业中高层管理骨干的卓越应用型人才。今后，学校将对接国家“六卓越一拔尖”计划2.0 和一流专业建设，制定新的建设方案，进一步深化卓越应用型人才培养模式改革。学校以金融学、国际商务、财务管理、法学 4 个中外联合人才培养项目为主要载体，开拓学生的国际视野，按照国际标准完整系统地打造涉外工作知识结构与能力体系，使学生具备全球复杂商业环境下的战略思维、统筹决策与创新创业能力，优良的英语语言运用能力和跨文化交流能力，培养国际化应用型人才。同时，学校还面向部分学术科研基础较好、具有国内外升学意愿的学生，建设经济学、管理学拔尖创新人才培养创新实验区，培养具有杰出创新能力和良好学术研究基础的拔尖创新人才。目前，2 个实验区已经完成建设方案和人才培养方案编制，并针对学生国内外升学需要，完善了数学、英语、政治等公共课和经管类学科基础课设置。

第四，完善协同育人机制。多元协同是学校的办学特色之一，也是应用型人才培养的关键因素，学校继续大力将协同育人推向纵深发展。一是完善协同育人组织。构建由校内外专家学者组成的协同育人工作指导委员会，积极与对口行企组建人才培养战略联盟。二是完善主要协同育人平台建设。继续推进学校与广东省政府、佛山市政府和佛山市三水区政府共建佛山校区工作。加快推进现代服务业产教融合综合实验实训中心建设。通过校内协同、与国内外及港澳台地区高校协同，建设若干卓越人才协同育人示范基地。三是推进国际化协同培养。充分借力国（境）外优质教育资源，与国（境）外知名院校共同实施双学位、交换生、海外实习实践交流等多层次、多形式的国际化教育项目，并通过人才培养模式的国际化助推课程建设、专业建设、师资建设和教学管理的国际化，全面提升有特色高水平财经大学的内涵式发展水平，实现具有海外学习经历的本科生占比不低于10%的目标。

第五，深化创新创业教育改革。学校一直注重创新创业教育，并构建了比较完善的顶层设计、体制机制、课程体系、项目体系、平台体系和管理体系，成效不断凸显。今后，学校将进一步贯彻落实《广东财经大学深化创新创业教育改革行动计划（2018—2020）》。围绕批创思维、创业思维、创新能力和创业实务加强创新创业通识类课程建设，聚焦文化创意、电子商务、数字经济、现代服务等领域加强创新创业专业类课程建设，完善课程体系。进一步提升国家级人才培养模式创新实验区的工商管理（创业管理方向）教育水平，办好创业投资辅修教育，培养能自主创业和具有较强实践管理能力的复合型拔尖创新创业人才。建设好创新创业服务中心，优化大学生创业引导基金运行机制，完善创新创业云平台建设，提升创新创业项目孵化服务工作水平。

（四）强化质量文化建设，确保人才培养的一流成色

一流教育应当有精益求精的质量文化，确保人才培养的一流质量。质量文化是质量保障体系的灵魂和先决条件。只有真正形成以人才培养为中心、不断提升人才培养质量的质量文化，才有可能优先配置教学资源，构建科学合理、执行有力的管理制度，最大化地满足人才培养需要。质量文化是一种对不断提升人才培养质量的思想认同、价值追求和行动自觉。质量文化建设首先要形成追求质量的浓厚校园文化氛围。要通过学习教育、典型宣传、表彰奖励、警戒惩治、环境熏陶等形式，构建常态化、长效化的校园质量文化建设机制，促进教职员工将提升人才培养质量内化为一切工作的价值追求。其次，要激发教学单位和教师的质量主体意识。实施教学单位教学管理目标考核、教学业绩奖励制度，探索教学单位教学状态评估和领导述职制度，实施教师教学质量全员、全面评价制度，健全教学激励体系。最后，要健全“目标—实施—检查评估—反馈—改进”的质量保障机制。明确质量标准，健全组织队伍，综合采用“内部质量控制＋行业标准引领＋政府评估引导＋国际权威机构认证”方式，保障人才培养质量。

应用型本科高校产教融合的理念与机制

广东技术师范大学职业教育研究院　黄崴*

摘　要：文章分析了应用型本科转型的含义，以及目前发展中存在的问题，介绍和归纳了美国、德国、日本发展应用型高校的经验。并提出：确立类型教育发展观，积极推进本科高校向应用型转变；确立系统开放观，建立国家高等教育资历标准框架；确立高端发展观，推进应用型本科教育为主，专业硕博一体化的教育体系；确立新型质量观，引导应用型本科转型发展；确立产教融合观，实现应用型高校的真正转型。

关键词：应用型本科　产教融合

我国高等教育分类发展已经形成基本态势，而这个态势不仅由于我们必须进行产教融合，或应用型本科、地方高校转型，还因为这是产业发展、经济发展的必然要求。本文谈三个方面的问题，一是应用型本科转型的含义和存在的问题，二是简要介绍国外有关情况，最后谈一点自己的看法。

从人才培养的性质和研究的性质来看，高等院校可以分为研究型大学、应用型大学和高职高专，这是全世界的共识，在西方发达国家表现得尤为明显。实际上 100 多年前，美国、欧洲的大学基本上都是这样的情况。欧美国家的工业化从 18 世纪就已经开始了，既需要对高深学科进行研究，又需要大量有高水平、高技能的人才。没有这些人才很难支撑制造业的工业化进展，所以他们需要大量的应用型人才培养，应用型人才的培养一定要靠应用型高校。现在在我国，这种情况也提上议事日程。2014 年，教育部提出我们的高校要有几百所转向地方本科高校，而中央办的一些高校也可能是应用型本科，这些普通本科高校就要转向应用型发展。

党中央和国务院对这个问题越来越重视，尤其是 2019 年以来，比如 2 月印发的《中国教育现代化 2035》，就提到分类建设一批世界一流高等院校，建立完善的高等学校分类发展政策体系，引导高等学校科学定位、特色发展，持续推动地方本科高等学校转型发展。同样在 2 月，国务院发布了《国家职业教育改革实施方案》。方案中提出，到 2022 年一大批普通本科高等学校向应用型转变。这是在职业教育实施方案里提出了应用型地方本科高校转型的问题，也就是说这部分高校应该成为大职业教育的重要组成部分，或者说顶端部分。我国在政策上基本形成了中职、高职、应用型本科、专业学位研究生教育的完整的现代大职业教育体系。这是各种有关政策文件推进的。这一类的高校在整个教育体系中，和研究型大学没有高低之分，只是在完成不同的使命。就像人类

* 作者简介：黄崴，广东技术师范大学副校级干部、职业教育研究院院长，教授。

社会需要各种职业，分成三大产业，按照产业发展的产业链链条，应该有产品研发、产品制造、产品流通、产品服务等一系列分工，所有分工都在这个链条中，都是必需的。

我国高等教育开始于19世纪的洋务运动。当时建立现代高等院校是为了富国强兵，但是由于我国当时正处于农业社会，三大产业中农业占主导，也由于持续的救亡图存，当时为数不多的高校后来走向了欧洲的办学模式，那就是欧洲德国洪堡大学办学之路，西南联大就是典型代表。新中国成立以后，我国曾经一直强调高等教育要和生产劳动、国民产业与国民经济发展密切结合在一起，但是因为我国产业发展，整体发展水平相对比较弱，因此我们的高等教育仍然以普通高校办学模式为主。世界高等教育体系中，我国的高等教育规模最大，原因在于社会经济发展到现在需要大量的高等教育人才、高技能人才、高水平人才。那我们的高等教育对整个经济发展、产业发展有没有起到支撑作用呢？现在看来起到了支撑作用，但是作用还不够，因此国家非常重视，高等教育从“211工程”开始，到“985工程”，到现在的“双一流”，目的就是要实现中华民族的振兴、实现中国梦。实际上我们的高等教育主体部分依然是按照普通高校办学模式，这样培养的人和实际需求是有很大差距的。正因为这样，国家再三强调高校要转型。

总而言之，从2014年开始，2015年全国各地都在进行试点，广东省2016年试点，我在岭南师范学院负责这一方面，我们也搞了一套制度。目前还有一些问题，产业怎么对接、观念怎么对接，都遇到很多阻力，包括思想的阻力、行动的阻力、体制的阻力，从而使地方普通高校转型遇到很多困难。但是现在我们一定要努力改变，因为转型是必然，是人类发展的必然、产业发展的必然，更重要的是中国发展的必然。

高校转型要借鉴国外的经验。美国有3 000多所高等院校，其中本科高校有2 000多所，社区学院有1 000多所，本科高校中又分为研究型大学、综合性大学、四年制学院。美国约有200所研究型大学，约700多所综合性大学，主要是公立的，更多是服务区域发展，而美国庞大的产业可以说与综合性大学直接相关，与1 000多所社区学院密切相关，社区学院培养的就是高技能的产业工人，对接都是非常严密的。德国在20世纪60年代为适应经济社会发展对高新技术人才的需求，创立科学技术大学，目前已经达到了231所，在德国教育体系中是非常重要的主体部分。日本也是如此，20世纪六七十年代兴起技术科学大学。这种类型的大学在招生、培养、办学方针方面紧密和产业进行结合，而且着力在工科进行培养，培养的是本硕博贯通，而且主要是应用型。

国外经验给我们的借鉴，一是开放性。美国的综合性大学是应用型本科的典型，为美国源源不断提供区域应用型人才的培养和应用研究，上接研究型大学，下衔社区学院、高中教育，横对生涯教育，全程终身教育。二是高端化。各国均建立了适合本国产业发展的典型模式，如美国在综合型大学与社会社区学院的衔接，以本科和硕士为主。德国以本科为主，日本的技术科学大学是本硕博一体化培养。三是法治化。各国的应用型高校都是依法建立的，招生、培养、产教融合等都有法可依。法律有强制性，政策有时候强制性不够，我国更多的是按照政策。四是国际化。重视国际化办学，开展国际工程认证，而且高等教育的质量保障也是通过认证方式等来解决。五是实践化。

最后针对应用型本科高校转型提出一些建议。一是确立类型教育发展观，积极推进本科高校向应用型转变。我国绝大多数高校都要向应用型转变，这是必然、必须的，应

用型本科是大职业教育的顶端部分。二是确立系统开放观，建立国家高等教育资历标准框架。高等教育和产业之间的隔阂很大，高等教育所谓研究型大学系统和应用型、职业性大学之间根本没有打通，而美国是打通的，职业教育里有一部分向上发展是可以进入哈佛大学读书，但是在我国不可能。如何打通高等教育之间的隔阂？就是要建立国家高等教育资历标准框架。如何让高等教育之间有一个很好的沟通？这就需要高等教育有统一的标准。三是确立高端发展观，推进应用型本科教育为主、专业硕博一体化的教育体系。四是确立新型质量观，引导应用型本科转型发展。应用型本科评价已经有自己的标准。要建立应用型本科评价标准，不仅仅是国内的，也要对接世界。五是确立产教融合观，实现应用型高校的真正转型。真正产教融合要靠前面四点，前面四点实现不了，后面这一点就实现不了。

（本文根据作者在第七届中国南方教育高峰年会上的发言整理，未经作者修改。）

公费定向师范生和广东乡村教育的未来

——基于岭南师范学院的调查数据

岭南师范学院　兰艳泽　刘惠卿　周明俊*

摘　要：本文基于岭南师范学院的公费定向师范生，回顾了公费师范生的发展溯源，对岭南师范学院公费定向师范生的调查数据进行分析，提出作为师范院校，一要重视对公费师范生教育信仰的培育，以使其养成坚定的职业理想，真正培养一批下得去的教师；二要对现行招生制度进行适度改革；三要重视公费定向师范生技能培养，要重视实践教学，真正培养一批教得好的教师；四要重视公费定向师范生学术能力的培养，真正培养一批有发展潜力的教师。

关键词：公费定向师范生　乡村教育

岭南师范学院是一所以师范教育见长、文理兼具的广东省属本科公办院校。2018年9月，岭南师范学院贯彻落实广东省在2018年出台的为粤东西北中小学培养一批高质量学前教育、小学全科教育和义务教育，特别是英体美三个方面紧缺学科教师的号召，招收了290名乡村教育的学生。这些学生入学以后，与湛江市教育局和学校签订一个服务协议，大学毕业以后他们会回到原来的乡镇从事中小学教师工作。2019年9月，这些学生入学整整一年了，他们来学校的时候是带着怎样的一种情怀？他们的学习态度、学习能力是怎样的？他们的品行和心智是怎样的？带着这样的问题，笔者在假期做了一个问卷调查。

本文包括三个方面的问题：一是对公费师范生的溯源做一个回顾；二是对岭南师范学院公费定向师范生的调查数据分析；三是一些建议。

我们作为师范院校，要记住这样一个始点。1897年4月，近代实业家盛宣怀创建了上海交通大学。他借用上海徐家汇的一处民房，创办了南洋工学师范院，据说这是我国历史上第一所师范院校，当时也是免费的。中国百年教师教育历程，从照搬外国模式到独具特色的中国模式，从封闭的师范教育体系演变发展成为今天开放的教师教育体系，经过了一个漫长的发展历程。

2018年广东省出台了关于广东省公费定向培养粤东西北中小学教师试点工作通知。按照这个通知，广东省从2018年开始招收公费师范生。在这之前教育部先在六所部属

* 作者简介：兰艳泽，岭南师范学院党委副书记、院长，教授；刘惠卿，岭南师范学院教务处处长，教授；周明俊，岭南师范学院招生与就业处科长。

师范大学开展公费师范生的教育，早于地方院校。从这个发展过程来看，师范生的培养从国家政策以及我国实际情况的发展历程，笔者认为有三个重要的特点：一是师范教育具有公共属性，这是非常明显的特征。二是建设稳定而开放的教师教育体系中，公费师范生在某种程度上起着稳定器的作用。因为公费师范生有职业的认同感，加上有协议的约束，因此他们具有相对的稳定性。三是省属和地方师范院校的师范生是改善边远和贫困地区农村中小学教育质量的主体，甚至对农村良风美俗和乡村振兴起着重要的促进作用。2007 年部属六所师范大学培养的一批批公费师范生，其中有 90% 的毕业生到了中国西部，也就是说这些师范生为中国西部教育贡献了力量。部属院校培养的公费师范生到县城一级、乡村一级是非常少的。因此省属院校和地方院校更多培养公费师范生，因为这些师范生就业选择面比较窄，所以他们到乡村去，到县城一级去做中小学教师的可能性比较大，这些人将会是乡村中小学教师的中坚力量。

我们对 290 名岭南师范学院公费师范生进行调查。入学时是 285 人，我们发出 285 份问卷，收回问卷 282 份，都是有效的。我们主要调查以下五个方面：学生的家庭状况、学习状况、生活状况、职业理想、人格和心智。在 282 份问卷中，男生占 38.65%，女生占 61.35%。覆盖了小学教育、特殊教育、中小学教育里的英体美，这些学生年龄普遍偏大，20 岁以上的学生占 54.26%，在 20 岁以下的学生中，18 岁以下的只有 0.35%，18 岁的占 3.90%，19 岁的占 41.49%。

经过调查可知，公费定向师范生大多没有接受过高等教育，大多是中小学毕业，这个比例占 71.98%，中专或者专科毕业的占 18.90%。这些学生的父母学历也是如此，父母的职业是在家务农或者外出打工的占 55.32%。家庭年平均收入低于 3 万元的占 54.97%，也就是说家庭收入都是比较低的。这些学生对自己的家庭经济状况有比较清醒的认识，70% 以上的学生认为自己的家庭有不同程度的困难。家庭教育的形式多样，其中民主型占 51.77%；24.47% 是放养型，就是没有人管他们；还有 16.00% 是压力型；其他分别是专制型和溺爱型，占比为 6.30% 和 1.60%。

学习状况出现“两高两低”的特点。两高就是专业认同度高、对专业学习积极性高。两低就是学术养成度低、对师范技能的关注度低。

生活状况，这些学生在生活开销方面都非常节约和谨慎，仅有 3.19% 的学生在附近的小饭馆吃过饭，在饭堂就餐的占 89.01%。他们的月平均消费，1 200 元以下的占 69.85%，这跟他们来自贫困家庭有直接关系。他们参加学校社团活动的比例不高，但动机明确，盲目性小。有 54.96% 的学生很少参加社团活动，这也是比较令人担心的，但是他们有着很好的同学关系。

职业理想，绝大多数是受家庭经济情况、父母建议和就业压力的影响来报公费师范生。他们对职业的认知程度浅，教师职业理想还不够坚定，对教师职业的认知也不深。在“你会不会终身从教”这个问题中，10.99% 回答“不会”，39.72% 回答“不清楚”，但是当我们再往下问，“当你服务期满了以后，你会不会还做老师”时，只有 14.54% 的人回答说“服务期满了终身从教”，有 82.98% 的学生说“服务期满了考虑清楚再定”。

在人格和心智方面，我们模仿了李克特 5 分量表的形式设计了 18 道题目，从人际

交往、做事态度、自我认同、抗压能力等四个方面进行调查，发现他们自我认同度不高、自信心不足、抗压能力不强。

将这些数据整理出来以后，我们是喜忧参半。这些孩子的勤奋努力、刻苦学习、坚韧的品格是他们基本的品行，但是他们自信心不足，也给我们带来了困惑；社团参与度不高，这对他们的职业素养养成有负面的影响。这些公费师范生将来绝大多数要到乡村去，要到一级乡镇去从事教师职业，他们能不能担当起广东乡村教师的大任、广东边远地区教师教育的大任，托起乡村教育的明天，作为师范院校，笔者认为应该从以下四个方面努力：一是要重视对公费师范生教育信仰的培育，以使其养成坚定的职业理想，真正培养一批下得去的教师。这种教育情怀的养成，岭南师范学院坚持援藏 30 多年，我们每年都有援藏学生，已经形成了一种品牌，曾经在《中国教育报》头版报道了学校的援藏项目。我们想通过这些实际所做的来对这些学生进行情怀的教育。二是要对现行招生制度进行适度改革，对公费定向师范生是否能够实行二次选拔，真正培养一批留得住的教师，比如加上面试环节。三是要重视公费定向师范生技能培养，这是高校的责任，要重视实践教学，真正培养一批教得好的教师。四是要重视公费定向师范生学术能力的培养，真正培养一批有发展的教师。我们深感任重道远，但是我们会努力。

面向教育现代化 2035 的粤港澳大湾区高等教育人才培养方案标准化研究

广州工商学院　邝邦洪*

摘　要：当前，《中国教育现代化 2035》与《加快推进教育现代化实施方案(2018—2022 年)》为新时代开启教育现代化建设指明了改革推进的方向。改革是推进教育现代化的根本动力，也是高等教育供给侧改革的一个本质要求，国家大力提倡并积极支持区域高等教育改革试验，以求探索新时代区域教育供给侧改革发展的新模式，这对于当前推动粤港澳大湾区高等教育合作发展，具有十分重大的时代意义。因此，本文基于应用型本科高等教育人才培养方案标准化视角，研究新时代中国教育现代化 2035 的粤港澳大湾区高等教育，以高等教育供给侧改革理论为指导，以人才培养方案标准差距模型为框架，考察了人才培养方案标准差距背后的重要原因，研究发现教学人才培养方案标准供给与实际产业标准需求的结构不匹配是人才培养方案标准差距的根本原因，从而印证了高等教育供给侧改革中强调的“结构性”失衡问题，即本科人才培养方案标准的“产出”与真正企业的“需求”不完全一致。基于发现，本文分析得出结论，并提出高等教育新时代教育现代化 2035 大湾区深度融合质量标准体系构建必须大力推广“产学研”创新模式，实现“官产学”之间的三重螺旋深度融合发展的建议。

关键词：高等教育创新　教育现代化 2035　粤港澳大湾区　人才培养　标准化研究

一、背景

在近代，人类社会相继步入了信息社会和知识经济社会这两个由信息和知识所衔接和互为表征的时代；而这两者的一个十分突出的共同特质，就是全球化（globalization）趋势，这一趋势具体反映并体现在人类社会的方方面面和各个特定领域，其中以经济领域价值链融合和文化互相影响与渗透等方面最为明显，越来越多的研究与数据表明，全球化和经济价值链融合（economic value-chain integration）已成为当今人类社会所面临的一个不可逆转的新时代趋势。

---

* 作者简介：邝邦洪，广州工商学院院长，教授。

本文系“广东普通高校创新团队项目（广东对外贸易高质量发展研究团队）”和“广东省国际贸易特色重点学科建设”的阶段性研究成果。

与此同时，伴随着经济与文化的一体化进程的不断推进与扩散，教育领域的产业化、国际化和全球化发展也日益彰显。许多教育与经济研究表明，这种教育全球一体化趋势主要的内置驱动力（built-in driving force）来自于经济价值链融合中经济商品与服务的跨国流动（这其中跨国公司发挥着主导作用），并以经济商品与服务为载体带动投资资金流（investment capital flow）、商品信息流（commodity information flow）、生产技术流（production technology flow）的跨国无形流动，这标志着世界各国之间面对教育一体化，在教育与培训方面的国际层面交流也变得日益频繁与常态化。在这一过程中，劳动力资源是各国与区域面对全球化的挑战和经济价值链融合的竞争的根本，而教育则是对劳动力资源的一种经济投入（economic investment），教育质量的好坏直接决定着一个国家与区域未来面对全球化的挑战和深度融入全球经济价值链的竞争力与最终业绩。因此，越来越多的国家与教育相关组织开始制定国家层面的面向中长期发展的高等教育改革和发展战略规划部署与纲要。

我国在2010年颁布了《国家中长期教育改革和发展规划纲要（2010—2020年）》（以下简称《发展规划纲要》）。在该规划纲要中，教育部门明确指出了我国的高等教育改革和战略发展的核心任务之一就是提高办学水平，走高质量发展道路。另外，值得关注的是，《发展规划纲要》还提出了一个重要要求，那就是要按照教育全球化的趋势，来制定教育国家标准。中共中央、国务院印发了《中国教育现代化2035》，中共中央办公厅、国务院办公厅印发了《加快推进教育现代化实施方案（2018—2022年）》，为新时代开启教育现代化建设指明了方向。改革是推进教育现代化的根本动力，国家将积极支持区域教育改革试验，探索新时代区域教育改革发展的新模式。推动粤港澳大湾区教育合作发展具有特殊意义。教育国家标准化进程同时标志着，进入教育新时代，我国的教育事业从义务教育普及这一规模扩张型发展模式逐渐开始转向和转型为内涵式高质量发展模式；与此相对应的国家高等教育改革的重心也逐渐开始转向和转型为提高我国高等教育质量方面，这一点在近期教育部强调的“提高大学本科教育质量”的方向上得到体现。

大学本科高等教育是我国提高公民自身素质、培养面向全球化的挑战和深度融入全球经济价值链竞争人才的一项大型长期奠基工程，因此，大学本科高等教育的质量不仅直接决定着我国企业微观层面参与深度融入全球经济价值链竞争的劳动力资源核心竞争力，也间接影响着国家创新创业以及经济的发展质量与水平。提高大学本科教育质量和教育国家标准化两者同时要求大学本科高等教育人才培养方案标准实现标准化，而国外发达国家与地区在面对同样问题时，是如何积极应对和有效处理的，又有哪些有益的先进经验符合我国高等教育特质而且值得我们教育界去借鉴、学习和效仿呢？这是一个值得探索的问题。

二、文献综述

（一）有关高等教育标准化研究现状

教育国家标准化一直以来是各国教育管理部门的关注焦点，从20世纪80年代末90年代初开始，以在英国倡导的输出式驱动（output drive）高等教育改革运动为标志，

教育国家标准化过程中开始注重高等教育人才培养方案标准化，高等教育中本科生学习业绩结果的衡量标准开始实行规范性标准（normative standard），以逐渐取代传统的依据高等教育中本科生为学业水平测试分数而制定的表现型标准（performative standard），“输出式驱动”高等教育改革也就意味着，高等教育质量标准的重心开始从本科教学内容转向本科学生学习结果产出。在英国倡导的“输出式驱动”高等教育改革运动之后，世界其他国家与区域的教育组织和教育管理机构纷纷效仿，开始研制适合本国特色和发展的各具异质性的高等教育本科学生人才培养质量标准。在这个高等教育质量标准化进程中，世界经济合作与发展组织（OECD）最早提出一个概念，即核心素养（key competences），用于衡量高等教育质量。

（二）有关高等教育人才培养与教学质量研究现状

国内外学者关于高等教育教学、人才培养和教育标准化框架展开广泛而丰富的研究。其中主要的研究成果集中在高等教育教学内容和教学方法创新两大方面，近年来，国内外的高等教育研究越来越重视高等教育教学科学和教育现代化技术推广，其中主要涉及的新问题可以归纳为以下几点：①高等教育质量与教学回归（Crosling G，Heagney M & Thomas L，2009；Stoller F，1995；W Pander，R Woodward，P Koc，2010）；②教育现代化技术参与可及性（Antonia Albani Jan L G Dietz，2007）；③大学高等教育资金治理（McKinney K，2013；Aleksander Aristovnik，Alka Obadic，2011）；④企业与高校合作（Leea K－J，Ohtab T，Kakehib K，2010；Madhu Singh，2009）。其中，近年来不少国外学者指出，要对高等教育教学进行质量评估，激励和奖励参与教学活动的教授（McKinney K，2013；Huber，M T，2010），以便将教学和研究带回平衡（Crosling G，Heagney M & Thomas L，2009；W Pander，R Woodward，P Koc，2010）。有学者提出将大学教学的价值观逐步回归到围绕教学发展支持计划。其中的教学计划也多涉及高校人才的培养路径研究，如通过对高等教育教学创新的教学奖励，包括教学评估、教学技术、教学支持服务或为制定人才培育方案而举办的教学座谈会（Banghong Kuang et，2017；Banbul S T，Sintayehu B A，2017；W Creswell，2012）。目前国外对于人才培养标准化研究的趋势可以总结为三个具体行动：人才培养支持方案、人才培养教学质量奖励和发展教学创新活动。M Khare（2014）对基于应用型人才培养的大学教学创新进行了探究，这些研究着眼于发展教学创新的成功实例研究，并归纳出应用型人才培养在创新发展背景下的作用。Banghong Kuang et（2017）、K Tobin（2012）从创新教育制度和创新文化的角度出发，探索基于提高人才培养教学质量教学法。K McKinney（2013）、F Stoller（1995）和W Creswell（2012）从大学教师的教学态度角度出发，对教师创新教学在人才培养和教育标准化中的作用进行研究，得出结论，教师要深入了解有关人才培养的创新机制和教学技术发展等问题。Andrijevskaja（2012）、P Pelletier（2009）专注于教学创新观念，并结合学生调查问卷的言语和评论得出结论，认为人才培养方案标准除了提供对主要教学创新的观点之外，还必须重视产学研合作，研究发现也验证了创造有利于产学研合作教学的制度政策和学术领导的重要性，强调了在大学进行研究活动是最重要的，而产学研合作的教育政策应该与教学同等地位。近年来国内学者十分关注高等教育的产学研合作的研究，中国职业技术教育课题组（2018）从新时代的大背景出

发，研究如何构建高质量、高水平的产教融合校企合作，并基于教育课题组的发现提出相关的推进策略。邝邦洪（2017）提出基于“五进”的民办高校人才培育思想与路径。吴玉鸣（2009）从官产学合作的角度出发研究高等教育知识溢出与区域专利创新业绩产出的关系。近年来也有国内学者从创新创业的角度出发研究大学人才培养（许星，2018；徐永力；2018；李伟东，2016）。以易露霞、尤彧聪（2017；2018）为代表的学者在他们的研究中认为商科高等教育院校要以校企合作为平台，以建立商科应用型人才培养团队为重点，建设一支教学水平高和创新意识强的商科高等教育师资队伍，更好地服务商科高等教育应用型人才培养。

（三）评述

基于以上的国内外关于高等教育标准化研究和高等教育人才培养与教学质量研究现状，我们发现，目前的国外研究文献集中于研究高等教育教学内容和教学方法创新。近年来，国内外的高等教育研究越来越重视高等教育教学科学和教育现代化技术推广，其中主要涉及的新问题可以归纳为高等教育质量与教学回归、教育现代化技术参与可及性、大学高等教育资金治理以及企业与高校合作等方面，国内学者对于高等教育的产学研合作的研究做了大量探索，这些都为本研究打下了基础。但是，结合粤港澳大湾区建设的高等教育研究尚处于起步阶段，而结合新时代中国教育现代化 2035 的高等教育研究较少，因此，本研究基于应用型本科高等教育人才培养方案标准化视角，研究新时代中国教育现代化 2035 的粤港澳大湾区高等教育，具有重要的现实参考意义和理论价值。

三、人才培养方案标准差距模型

（一）人才培养方案标准类型

本研究确定并相应归纳了五种类型的高等教育本科人才培养方案标准。在图 1 中提到本科人才培养方案标准差距模型。这些人才培养方案标准类型一共有五种：期望型本科人才培养方案标准、大纲型本科人才培养方案标准、已实现本科人才培养方案标准、已习得本科人才培养方案标准、潜在型本科人才培养方案标准。这五种类型的高等教育本科人才培养方案标准具体定义陈述如下。

1. 期望型本科人才培养方案标准定义：指的是包括社会、企业和产业界所期望的重要教学内容的一种人才培养方案标准。

2. 大纲型本科人才培养方案标准定义：指的是由教育专家和管理者共同制定并颁布的纳入纲领的权威性书面人才培养方案标准。

3. 已实现本科人才培养方案标准定义：指的是已实际交付和传授到在本科学习者的人才培养方案标准内容。

4. 已习得本科人才培养方案标准定义：指的是本科学习者真正学到的人才培养方案标准内容。

5. 潜在型本科人才培养方案标准定义：有学者将其称为看不见或隐藏的人才培养方案标准，指的是社会上不指望作为教学的内容。

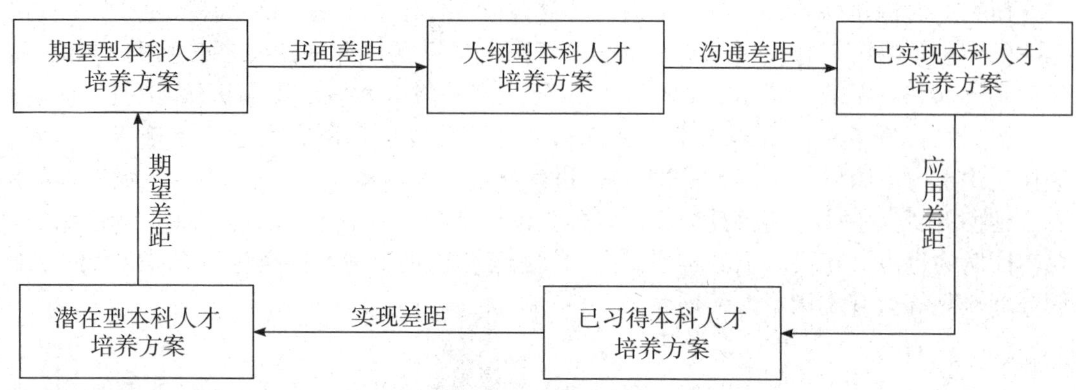

图 1　人才培养方案标准差距模型

（二）人才培养方案标准差距模型描述

本项研究通过定义和检查上述五种本科人才培养方案标准差距模型，在此基础上流程式研究中间五种本科人才培养方案标准在实际应用中的已经产生的本科人才培养方案标准差距。人才培养方案标准差距模型描述如下。

1. 书面差距。当有关教育权威和管理部门设计本科人才培养方案标准和大纲之后，便有下级部门负责印发、批准并以课本书面格式发布该本科人才培养方案标准和大纲。与此同时，因为在这种情况下，不同的意见已经总结并得以最终确定，导致那些之前不同意的意见（其中就包括了一些预期的内容）可能会在本科人才培养方案标准和大纲中丢失，从而产生了所谓的“书面差距”。

2. 沟通差距。当高校本科教师或高校本科教育服务终端提供者与高校本科学生或高校本科教育服务接收者进行相关互动、交流时，一些本科人才培养方案标准内容可能在本科学习过程中缺少或缺失。从信息符号学的角度看，在这个沟通过程里面，信息编码和信息解码方法可能不同，人才培养方案标准信息发送者和人才培养方案标准信息接收者之间出现信息不对称，也有学者认为这可能是由于一些沟通通道和课堂上的信息噪声等环境障碍导致，从而产生了所谓的“沟通差距”。

3. 应用差距。应用差距来自高校本科毕业生与工作现实要求之间的关系不匹配。当高校本科生或本科学习者真正从本科人才培养方案标准中学习时，他们所获得的学习成果、业绩和他们在进入真正的社会、企业与产业时意识到自己有效地获得工作和做工作的能力过程与雇主需求或期望有一定的差距。但是，在大多数情况下，刚刚毕业的大学生无法获得正确的工作经验与模式，这也体现在某些工作要求刚刚毕业的大学生必须先参加和完成一些基本的培训计划或需要在企业、产业继续深造。这是因为在现有的高等教育人才培养方案标准所决定的学习系统方法与实用的教育方向和专业之间存在一定的差异性，或是因为人才培养方案标准滞后于现有的企业、产业标准，从而产生了所谓的“应用差距”。

4. 实现差距。实现差距源于大学毕业生在获得一定的工作经验后，逐渐发现的隐藏的人才培养方案标准，然后从整体社会经验角度出发，可能会意识到人才培养方案标准相关教育制度与现实工作的标准差异。有学者认为这是因为有偏差的人才培养方案标

准内容设计和评估人才培养方案标准导致的所谓的“实现差距”。

5. 期望差距。实际上，学习者有一个学习期望过程。因此，个人价值观和学习者的信仰会出现隐藏和无意识发展，教师在执行教学人才培养方案标准时会无意识地、意外地影响到人才培养方案标准学习者的价值观，所以这种通常只会在脑海中提出的过程式人才培养方案标准与现实书面人才培养方案标准之间形成了所谓的“期望差距”。

（三）人才培养方案标准差距背后的重要原因

1. 本科大学生毕业后所进入的行业需求与其在本科人才培养方案标准所学内容的供给出现结构性不平衡。

2. 企业所进行的就业评估考核形式与在校时本科人才培养方案标准及考试标准不同。

3. 本科人才培养方案标准在解决课堂上的问题时，仍缺乏关于现实生活的适当信息来源。

4. 缺乏符合商业教育期待标准的适当专业知识和确切要求的人才培养方案标准。

5. 学生只学习大学的所有人才培养方案标准，而考试后却忘记了所学内容，这证明了起草和修改人才培养方案标准时缺乏注意力特质的培养。

四、结论和建议

本项研究基于以上五种本科人才培养方案标准和对应的人才培养方案标准差距，根据对差距产生的原因分析，得出结论和相应的建议如下。

（一）结论

现有的本科人才培养方案标准设计存在较大的改进空间，特别是在拟定人才培养方案标准差距方面，如何按照新时代面向中国高等教育现代化 2035 要求，缩小人才培养方案标准差距，有较大发展和改革空间。根据本文以上的模型分析，我们得出的结论是，本科人才培养方案标准基于期望型、大纲型、已实现、已习得以及潜在型这五个范畴所出现的书面差距、沟通差距、应用差距、实现差距以及期望差距等，其根本原因就是教学人才培养方案标准供给与实际产业标准需求的结构不匹配，这也印证了高等教育供给侧改革中强调的“结构性”失衡问题，即本科人才培养方案标准的“产出”与真正企业的“需求”不一致。因此，高等教育新时代教育现代化 2035 大湾区深度融合质量标准体系构建就必须大力推广“产学研”创新模式，实现产业、政府和大学之间的三重螺旋深度融合发展。

（二）建议

三重螺旋模型主要关注于“产学研”创新模式之间相互作用的政府、大学和产业，促进本科人才培养方案标准承载的知识的创造，转化和分配跨越产学研（industry-university research）三个实体的边界。面向中国高等教育现代化 2035 的粤港澳大湾区高等教育新模式，就是要大力推动高等教育供给侧改革，利用“产学研”创新模式从根本上解决“结构性”失衡问题，促成本科人才培养方案标准的“产出”与真正企业的“需求”一致。具体而言，教育现代化 2035 的粤港澳大湾区高等教育亟须由政府带动

产业发展研究项目和/或由公司资助的业务发展由大学承担进行，推进实现真正的“产学研”创新模式。此外，高等教育现代化 2035 的粤港澳大湾区高等教育在人才培养方案标准上要兼顾学生擅长学习的技能的同时，大力发展学生其他软技能，学生必须有足够的机会分享自己的文化、传统和思想，鼓励学生创新，对不符合社会期望的人才培养方案标准想法和各种知识有所挑战与创新。高等教育现代化在执行过程中除了解决课堂上的人才培养方案标准问题外，还要掌握各种信息的来源。这项研究通过绘制人才培养方案标准差距的理论模型，也指出了差距对于收集正确的意见会有所帮助，以满足社会的需求。在所有这些差距中，最相关的差距是人才培养方案标准设计有关的期望差距。所有类型的人才培养方案标准差距都可能不会或从来没有根除过，但管理者和执行者要尽可能最小化人才培养方案标准，缩小每个阶段的人才培养方案标准期望差距。

五、高等教育新时代教育现代化 2035 大湾区深度融合质量标准体系构建依据、原则与路径分析

（一）新时代教育现代化 2035 大湾区深度融合高等教育质量标准体系构建的基本依据

高等教育本科人才培养质量的提升是高等教育质量提高的关键，从大湾区层面上构建高质量人才培养质量标准，就必然要求制定面向新时代教育现代化 2035 高质量本科人才培养方案标准，这也是我国高等教育供给侧改革深入推进背景下高质量改革发展的一条创新驱动必经途径。大湾区深度融合高等教育质量标准体系必须与国家层面的标准保持高度的统一，必须在《中华人民共和国高等教育法》等国家政策法规的规定下开展，标准一定要符合国家层面的标准规范。其中，要坚持四个统一，发展性与稳定性相统一，多样性与选择性相统一，绝对性与相对性相统一，客观性与主观性相统一。

（二）基于系统工程学思维的教育现代化 2035 大湾区深度融合高等教育质量标准体系构建准则

1. 客观科学性准则（objective scientific criteria）。大湾区深度融合高等教育质量标准是一个基于我国国家宏观战略层面和区域发展中观层面的高等教育向导型质量标准，所以，客观科学性就必须是其标准制定所遵守的第一维度。具体来说就是标准的建设应该严格遵循客观科学的质量观、价值观，并以客观科学的发展观作为总的指导，标准的具体设置必须通过对我国教育法、体制、政策等进行认真、有效的研究分析，并在此基础上进行归纳总结，结合粤港澳大湾区高等教育的实际情况和特质，根据我国高等教育供给侧结构性改革的要求，面向新时代教育现代化 2035 实际构建出客观科学的标准，并坚持从教育供给侧发力，保证质量与结构平衡，促进标准在改革中可持续发展式地不断健全与完善，确保高等教育质量标准与时俱进，才能确保粤港澳大湾区在新时代教育现代化 2035 取得良好的成效。

2. 系统与平衡准则（system and balance criteria）。所谓系统与平衡准则，即要在完整、系统、全面与平衡的系统工程学理念以及供给侧理论的指导下，将本科高等教育的功能、目标等全部纳入到标准体系的构建过程中，才能从不同层面、维度与知度来指导

我国高等教育质量的建设方向。系统与平衡准则能够保证高等教育质量标准有助于高等教育本科学生对各个学科人才培养方案标准的知识能够系统完整的理解、掌握与精通。构成高等教育质量标准的过程、机制、评估标准也要根据系统与平衡准则来进行有效分析和建设。构成高等教育本科教学的各个教学资源要素与环节都是紧密联系、密不可分的辩证统一体，高等教育新时代教育现代化 2035 大湾区深度融合质量标准体系构建是一项系统工程。因此，必须按照系统工程学的视角来进行设置与审视，如大湾区各个教育参与主体的教学基础设施的建立、高等教育本科人才培养方案标准的设置、大湾区经济表征的大学校园文化建设等，面向新时代教育现代化 2035 实际构建出系统与平衡的标准，才能有助于整个大湾区的高等教育教学从供给侧保障出发，实现循序渐进、连贯性地进行。

3. 可操作性准则（operability criteria）。新时代教育现代化 2035 大湾区深度融合高等教育质量标准体系构建的制定要有其实际的意义，要依托于相应的教育法律环境，绝不能空想或是纸上谈兵，所以制定高等教育质量标准体系一定要具有高度可操作性和可行性，这样的标准才能保证得到执行，更重要的是，唯有执行的、实践的高等教育质量标准才是有教育价值和理论意义的标准。

参考文献

[1] BANGHONG K, LUXIA Y, YUCONGY. An empirical study on the mechanism of five-entry to college students innovation-entreprenurship intention [J]. Journal of education, management and computer science, 2017.

[2] BANBUL S T, SINTAYEHU B A. University-industry collaboration in curriculum development: analysis of banking and finance graduates' attributes from educators and industries perspective [J]. Education journal, 2017.

[3] KHARE M. Employment, employability and higher education in India: the missing links [J]. Higher education for the future, 2014 (1): 39 - 62.

[4] CRESWELL W. Educational research: planning, conducting, and evaluating quantitive and qualitative research [M]. 4th ed., Pearson education, Inc., 2012.

[5] CROSLING G, HEAGNEY M, THOMAS L. Improving student retention in higher education: improving teaching and learning [J]. Australian universities' review, 2009, 51 (2): 9 - 18.

[6] PELLETIER P. L'enseignementsuperieur: un milieu sous influences? [J]. Innovating in higher education, Paris: PUF, 2009.

[7] STOLLER F. Innovation in a non-traditional academic unit: the intensive english program [J]. Innovative higher education, 1995, 19 (3): 177 - 195.

[8] PANDER W, WOODWARD R, KOC P, et al. Knowledge-based entreprenuership in Poland [J]. Case network studies and analysis, 2010.

[9] LEEA K J, OHTAB T, KAKEHIB K. Formal boundary spanning by industry liaison offices and the changing pattern of university-industry cooperative research: the case of the university of Tokyo [J]. Technology analysis and strategic management, 2010, 22 (2): 189 - 206.

[10] MCKINNEY K. The scholarship of teaching and learning in and across the disciplines [M]. Bloomington: Indiana University Press, 2013.

[11] ANDRIJEVSKAJA J, VARBLANE U, MEST T. Knowledge-based entreprenuership in Estonia [J]. Case network studies and analysis, 2012.

[12] CRAMARENCO R E, GHEORGHIU R, TURLEA G, et al. Knowledge-based entreprenuership in Romania [J]. Ssrn electronic journal, 2010.

[13] ALEKSANDER A, ALKA O. The funding and efficiency of higher education in Croatia and Slovenia: a non-parametric comparison with EU and OECD countries [J]. Amfiteatru economic, 2011 (30): 362 - 376.

[14] ANTONIA A JAN L G. Benefits of enterprise ontology for the development of ICT-based value networks [J]. Software and data technologies, 2007.

[15] MADHU S. School enterprises: combining vocational learning with production [J]. Technical and vocational education and training, 2009.

[16] HUBER M T. Community-organizing for the scholarship of teaching and learning [J]. Transformative dialogues: teaching and learning journal, 2010.

[17] TOBIN K. Sociocultural perspectives on science education [M] //FRASER B J, et al. Second international handbook of science education, 2012: 3 - 17.

[18] 吴玉鸣. 官产学 R&D 合作、知识溢出与区域专利创新产出 [J]. 科学学研究, 2009 (10).

[19] 刘红. 新时代背景下产教融合校企合作的推进策略: 2018 中华职业教育社专家委员会会议观点综述 [J]. 中国职业技术教育, 2018 (13): 7 - 11.

[20] 易露霞, 尤彧聪. 基于体验模式的穗台高校人才培养交流合作模式研究 [J]. 改革与开放, 2018 (10): 101 - 103.

[21] 尤彧聪, 易露霞. 制度创新驱动下的我国民办高等教育分类管理研究 [J]. 高教研究与实践, 2017 (3): 23 - 28.

[22] 尤彧聪, 易露霞. 我国民办高等教育分类管理研究: 现状、目标和实现路径 [J]. 中国高等教育评估, 2017 (2): 37 - 42.

[23] 易露霞, 尤彧聪. 德国“二元制”教育模式对于我国民办教育基地“产学研合作”模式的启示 [J]. 民办教育研究, 2018 (1): 17 - 20.

[24] 许星. 论大学生创业活力的激发 [J]. 教育与职业, 2018 (20): 87 - 89.

[25] 徐永利. 创新创业人才培养的“五力”模式探索 [J]. 中国大学教学, 2018 (6): 81 - 85.

[26] 李伟东. 以特色模式推进高校创新创业教育的发展 [J]. 高等农业教育, 2016 (3): 20 - 23.

面向教育现代化2035的粤港澳大湾区高校与中小企业深度融合创新路径研究

广州工商学院　易露霞　尤彧聪*

摘　要：本文研究新时代中国教育现代化2035的粤港澳大湾区高等教育院校与中小企业深度融合创新路径，以高等教育供给侧改革理论为指导，以创新企业家精神导向模型为框架，以创新与中小企业（SMEs）为切入点，考察了高等教育资源大湾区集聚经济效应的重要原因以及高校与中小企业深度融合创新模式作用机理，研究发现高等教育资源大湾区集聚经济效应的这种规模经济效应主要有4类来源；高校与中小企业深度融合创新模式作用机理主要通过知识与信息外溢效应发挥集聚作用。基于发现本文分析得出结论，并提出面向2035教育现代化的大湾区高等教育建设必须大力发挥大湾区高校与中小型企业深度融合这一“社会组织”因素，并推动大湾区高校与中小型企业深度融合的建议。

关键词：高等教育创新　教育现代化2035　粤港澳大湾区　中小企业　创新路径

一、背景

当前，《中国教育现代化2035》与《加快推进教育现代化实施方案（2018—2022年）》为新时代开启教育现代化建设指明了改革推进的方向。改革是推进教育现代化的根本动力，也是高等教育供给侧改革的一个本质要求，国家大力提倡并积极支持区域高等教育改革试验，以求探索新时代区域教育供给侧改革发展的新模式，这对于当前推动粤港澳大湾区高等教育合作发展，具有十分重大的时代意义。

教育国家标准化进程同时标志着，进入教育新时代，我国的教育事业从义务教育普及这一规模扩张型发展模式逐渐开始转向和转型为内涵式高质量发展模式；与此相对应的国家高等教育改革的重心也逐渐开始转向和转型为提高我国大学高等教育质量方面，这一点在近期教育部强调的“提高大学本科教育质量”的方向上得到体现。

大学本科高等教育是我国提高公民自身素质、培养面向全球化的挑战和深度融入全球经济价值链竞争人才的一项大型长期奠基工程，因此，大学本科高等教育的质量不仅

* 作者简介：易露霞，广州工商学院副院长，教授；尤彧聪，广州工商学院副教授。

本文系“广东普通高校创新团队项目（广东对外贸易高质量发展研究团队）”和“广东省国际贸易特色重点学科建设”的阶段性研究成果。

直接决定着我国企业微观层面参与深度融入（deep integration）全球经济价值链竞争的劳动力资源核心竞争力，也间接影响着国家创新创业以及经济的发展质量与水平。提高大学本科教育质量以及教育国家标准化两者同时要求本科高等教育人才培养方案标准实现标准化，而国外发达国家与地区在面对同样问题时，是如何积极应对和有效处理的？又有哪些有益的先进经验符合我国高等教育特质而且值得我们教育界去借鉴、学习和效仿呢？这是一个值得探索的问题。

二、文献综述

（一）有关创新企业家精神导向理论

学者们对于创新企业家精神（innovative entrepreneurship）已经进行了大量的研究，主要集中于研究创新企业家精神的取向理论方法、实践和决策风格是如何实现公司创新绩效的等方面。创新企业家精神导向理论被认为是一种前沿的管理决策与战略选择过程，许多实证研究表明创新企业家精神可以帮助企业，特别是中小企业获得市场竞争力优势并被广泛接受为推动力创新表现（W M Roth & A Jornet，2017；D Bienknowskas & M Klofsten，2012；尤彧聪，易露霞，2017）。创新企业家精神导向理论特征也被许多学者认为是建立全球竞争力的一项重要资源优势（H Kaur & A Bains，2013；尤彧聪，易露霞，2017）。此外，创新企业家精神导向理论已被公认为在全球化和高度竞争中取得成功的载体市场（E Autio，G George & O Alexy，2011；许星，2018）。几项最新的研究发现，在同样条件的情况下，采用主动创新企业家精神导向理论策略的公司执行力比不采用的那些更好（Rasmussen & M Wright，2015；W M Roth & A Jornet，2017；D Bienknowskas & M Klofsten，2012）。作为企业情况发生变化，创新企业家精神导向理论帮助企业进行调整，保持他们的成长和生存能力。创新企业家精神导向理论的具体特点，如积极主动、创新、竞争力、积极性、自主性和承担风险可以帮助企业寻求可能的商机，例如新的利基市场，并寻求更多的资源（E Autio，G George & O Alexy，2011；李伟东，2016）。

（二）有关创新与中小企业研究

在当前商业环境中，竞争的动力是创新。在瞬息万变的世界中，经济社会对创新的需求日益增加。在许多方面，创新已成为经济管理中的一个重要的组织工具，利用创新驱动可以确保在当前商业环境中的企业，特别是中小企业有真正的竞争和进步机会。中小企业（SMEs）依然是经济发展存在的重要推动力和实现小型经济体工业化的主力军（E Autio，G George & O Alexy，2011；H Kaur & A Bains，2013；尤彧聪，易露霞，2017）。许多国内外的相关研究表明，各个国家与地区的中小企业一直处于创造就业、消除贫困和经济增长的前沿。根据 2018 年世界发展报告，以人为本的企业家精神，就在于创建可持续的工作机会并将为人们赶除贫穷等关键战略实施。在当前商业环境业务中，竞争环境的推动力就是创新驱动。新时代呼吁有效的创新驱动，才能跟上新时代商业环境的快速变化。通过快速变化适应这些不确定的环境，同时意味着采用具有高度异质性的方式，来开展处于不同级别组织的商业业务，其中也包括了创新技术发展和创新制度管理。创新的概念被尤彧聪、易露霞（2017）和 J Bowei（2016）认为是“实施新

的或显著改进产品或流程而实现全新营销或改革商业惯例中的一种组织方法”。

因此，创新对于所有企业家与参加者来说都是必不可少的，特别是发达国家和发展中国家的中小企业，当它们在处理不断变化的商业环境时，亟须适应不断变化具有高度异质性的市场趋势和前沿创新技术。创新因此被广泛认为是中小企业整体的最重要的一个竞争工具，创新可以促使中小公司企业最高效地在当今充满活力与紧张竞争的商业环境中取得成功。随着全球竞争的加剧和新的快速增长知识，中小企业的未来将取决于他们能否在自身商业业务的各个方面进行创新。创新的重要性甚至被视为中小企业的成员每一天组织定义他们的问题、回应不可预见的事件、解决方案的创建和发展新的方式和程序。这不仅仅有助于组织工作，还可以通过使用经验、技能、动力和知识，促使这些要素都转化为生产创新产品或服务（A A Oludele & C K Emili，2012；L Bozeic & E Rajh，2016；许星，2018；徐永力，2018；李伟东，2016）。在这方面，有学者认为，大多数的现代经济体追求进步的战略和政策来发展那些响应迅速、充满活力的中小企业部门（J K Tuffour，C Banor & E Akuffo，2015）。公司以及其他管理组织可以使用创新来确认应对市场挑战的关键决定（J K Tuffour & J A Boateng，2017）。目前，越来越多的国家与地区正在探索中小企业部门如何面向国家发展的一些非竞争优势部门并创造就业（A A Oludele & C K Emilie，2012；L Bozeic & E Rajh，2016）。这也要求通过刺激中小企业的创新，来实现非常重要的经济增长，并创造有利环境。

创新所创造的价值观具有促进领导采用新的做事方式的潜力，创造新的方式，以实现客户为中心的产品供给，最终增加有利于企业的经济和社会财富流程。因此，市场全球化和增加国际竞争力量的中小企业寻求新的创新模式。许多实证研究表明，创新业绩和中小企业的生存是相关的（J K Tuffour & J A Boateng，2017）。创新被视为确保竞争优势的至关重要因素，也是中小企业为了生存所长期推广的路径选择。

中小企业采用创新的经营方式的作用机理，在于在当今竞争日益激烈的环境中，中小企业面临的挑战不仅仅来自客户，同时来自于同行竞争对手、供应商的无情压力，如果降低价格就会直接导致利润萎缩（J K Tuffour，C Banor & E Akuffo，2015），因此，为了应对这种压力，中小企业需要而且只能通过创新这一路径来实现差异化战略产品生产与供给。从这个意义上说，创新对中小企业来说甚至可能比对大公司更为重要（J K Tuffour & J A Boateng，2017）。有学者从国家的发达度进行研究，认为尽管创新有这样的特点，由于中小企业在发达国家与发展中国家的商业环境情况不完全相同，具有高度异质性（heterogeneity），因此，发达国家的调查结果和政策不可能普遍化并适用于发展中国家（A A Oludele & C K Emilie，2012；L Bozeic & E Rajh，2016）。因为如果照搬的话可能会导致政策偏向和策略无效。

近年来国内学者十分关注高等教育的产学研合作的研究，中国职业技术教育课题组（2018）从新时代的大背景出发，研究如何构建高质量、高水平的产教融合校企合作，并基于教育课题组的发现提出相关的推进策略。邝邦洪（2017）提出基于“五进”的民办高校人才培育思想与路径。吴玉鸣（2009）从官产学合作的角度出发研究高等教育知识溢出与区域专利创新业绩产出的关系。近年来也有国内学者从创新创业的角度出发研究大学人才培养（许星，2018；徐永力，2018；李伟东，2016）。以易露霞、尤彧

聪（2017，2018）为代表的学者在研究中认为商科高等教育院校要以校企合作为平台，以建立商科应用型人才培养团队为重点，建设一支教学水平高和创新意识强的商科高等教育师资队伍，以便更好地服务商科高等教育应用型人才培养。

（三）评述

基于以上的国内外关于创新企业家精神和有关创新与中小企业（SMEs）研究现状，我们发现，目前的国外研究文献集中于研究创新企业家精神取向理论方法、实践和决策风格是如何实现公司创新绩效的。近年来，国内外的创新与中小企业研究越来越重视创新所创造的价值观，其中主要涉及的新问题可以归纳为创新的经营方式的作用机理现代化技术参与可及性等方面，这些都为本研究打下了基础。但是，结合粤港澳大湾区建设的创新与中小企业研究尚处于起步阶段，而结合新时代中国教育现代化 2035 的高校与中小企业深度融合创新路径较少。因此，本研究基于应用型本科高等教育人才培养方案标准化视角，研究新时代中国教育现代化 2035 的粤港澳大湾区高等教育高校与中小企业深度融合创新路径研究，具有重要的现实参考意义和理论价值。

三、高等教育资源大湾区集聚经济效应

（一）高等教育资源集聚经济

对于集聚经济（agglomeration economy）的定义，不同学者有不同的观点，而学界普遍认同的定义，一般是指微观企业所从事的生产经营活动在地理空间上出现了集聚，而这种集聚效应带来了一系列相应的经济效益和成本上的节约。有关集聚经济的研究文献本身就是一个涵盖内容十分广泛而丰富的概念研究。在目前现有的研究文献中，我们发现并归纳了不同的专家、学者对集聚经济这一个特殊的经济现象所做出的不同的见解与相关解释。从西方经济学角度来分析，集聚特指由一定经济主体从事的经济活动在地理空间上的一种群集现象表征，其内在推动力就是经济活动者为了获得某些优势经济条件或特定经济利益而做出的向某一个特定地理空间上的区域进行聚合或集合（aggregation or collection）的过程。Marshall（1890）指出，微观企业的经济活动的集聚从根本上讲，实际上是一种由于集聚而产生的“外部经济”效应，这种外部经济具体细分主要包括三个方面的内容效应：地方化的劳动力市场或劳动力池聚效应，专业化的劳动力资源要素所投入的产品产出，基于人力资本积累和面对面人际交流与商务沟通所长期逐渐积累而间接式引发的知识外溢三个效应。在马歇尔之后的另一个学者 Weber（1909）首先提出了“集聚经济”这一概念，Hoover（1937）又进一步梳理并归纳出了集聚经济运行模式所具备的三种基本规模经济形式，包括：微观企业层面的规模经济形式，即内部规模经济的本地（土）化经济；与地区产业规模相关的规模经济形式，即同一产业的不同微观生产企业集中在一个地方生产，从而伴随带来的经济效应；城市化经济，就是与整体地区区域经济规模相关的规模经济形式，即各种类型经济活动集聚在一个地方带来的经济效应。

（二）高等教育资源集聚经济效应来源

高等教育资源集聚经济效应的这种规模经济效应来源主要有 4 类。

1. 外部规模经济（external scale economy）。建立高等教育资源集聚经济效应模型较为简单的方法就是把马歇尔的外部规模经济概念直接引入到高等教育经济模型当中。在这种处理模式下，外部规模经济就没有进一步区分的必要，因为这种模型的主要策略是在高等教育生产函数中增加外部规模经济这一个变量因素。在很多最新的计量实证研究中，仍然直接地将外部规模经济视为一种最基本的高等教育经济集聚机制。

2. 知识外溢（knowledge spillover effect）。知识外溢效应是另外一股导致高等教育经济活动集聚的重要经济活动力量，其作用机理是地理空间集聚的高等教育经济个人与高等教育经济个人之间、高等学校与高等学校、生产企业与生产企业之间利用地理同一位置的便利，通过地理距离上面对面的人际交流来促进信息、知识、技术在集聚地理空间的自由流动，从而利用这种知识外溢效应达到提高地区生产率的功用。为了分析的方便，城市与区域经济学者（如 Jacobs et，1969；Teece et，1977 等）将信息知识分为可编码信息知识（codified information knowledge，CIK）和意会信息知识（tacit information knowledge，TIK）两大类信息知识。实际上，意会信息知识（TIK）是指那些不容易进行明确语言表达，存在较大的存储难度和转移障碍的信息知识，而面对面的人际交流和地理空间上的集中对于意会信息知识（TIK）的传播至关重要，正如 Feldman（1994）所做的知识经济隐喻指出“知识穿过走廊和街道要比跨越大陆和海洋容易得多”。同时，大量的计量经济实证研究也再次证实了空间地理集中对于知识信息溢出的重要性，比如 Jaffe 等人（1996）针对北美专利引用的情况、高校大学与科研机构的知识信息外溢等做出了一系列的实证研究，该研究结论验证了地理空间距离上的接近程度对于知识信息外溢发挥着显著重要的长期影响作用。Audretsch & Feldman（1996）的研究结论发现，知识信息外溢总是“很巧地”集中在新知识、新信息和/或新数据被创造或发现挖掘的地方。此外，Audretsch & Stephan（1996）对一些从事生物技术产业的核心技术研发人员的典型案例调查研究也同样证实了科学家、企业家等的地理空间距离集聚对知识信息外溢发挥着显著重要作用与影响。

3. 高等教育消费者多样性（higher education consumer diversity）。高等教育消费者的多样性偏好指的是这样一种经济情形，即当一个理性高等教育消费者所消费的教育商品（和/或教育服务）是多样化的种类而不是单一种类的时候，该教育商品和/或教育服务往往会给该理性教育消费者带来一种相对更高的教育效用（education utility），从克服边际效用递减规律角度看，实际上不同教育商品（和/或教育服务）之间所内置存在的替代效应抵消了边际效用递减，并最终很好地衡量了该理性教育消费者对高等教育多样性偏好的强度大小。Dixit & Stiglitz（1977）共同提出了著名的“D-S 垄断竞争模型”，该模型实现了将理性消费者的多样化偏好与理性生产厂商内部规模经济进行创新整合，纳入到一个统一的模型之中。基于该著名的“D-S 垄断竞争模型”，之后很多学者和经济学家将“D-S 垄断竞争模型”创新运用到城市与区域经济学学科领域，从而导致了将理性高等教育消费者的多样性偏好强度指标作为一个重要的区域高等教育集聚力量来考量。

4. 高等教育劳动力资源要素供需匹配（supply and demand matching of labor resource elements in higher education）。一般经济学的研究假定所有参与到经济活动中的劳动力资

源要素投入都是同质性的而不是异质性的，而近年来兴起的“新—新经济学”指出，在我们现实所处的经济社会当中，高等教育劳动力资源要素的人力资本水平和技术水平并不是同质性的而恰好是异质性的；与此同时，生产厂商对于不同异质性技术类型劳动力资源要素的需求也是不同的，具备很高的异质性。另一方面，因为高等教育劳动力资源要素市场存在信息不对称现象，所以生产厂商对高等教育劳动力资源要素的需求与高等教育劳动力资源要素的供给之间往往需要花费和经过一定时间和距离的搜寻过程才能实现真正的相互供需匹配。从区域经济学的角度出发，不难发现，高等教育劳动力资源要素和生产厂商在地理空间距离上的集聚形成，不仅最有利于提高高等教育劳动力资源要素供需匹配的频率与概率，还有助于改进相互供需匹配的成功效率。因此，高等教育劳动力资源要素市场的供需匹配是另外一个导致经济活动地理空间集聚的重要机制。实际上，劳动力供需匹配的基本思想与马歇尔提出的劳动力池聚效应是基本一致的。

（三）高校与中小企业深度融合创新模式作用机理

如图 1 所示，高校与中小企业深度融合创新模式作用机理主要通过知识与信息外溢效应发挥集聚作用。高校与中小企业深度融合创新模式结合点与集聚环节就在于创新绩效，而创新绩效的功能发挥很大程度上主要是依赖于信息、数据与知识要素。按照信息科学和符号学的理论，人类的知识与经济信息的核心点，就在于两者的共享性与创新属性，而这两者都具有十分强和显著的地理空间属性。其作用机理是地理空间集聚的高等教育经济个人与高等教育经济个人之间、高等学校与高等学校、生产企业与生产企业之间利用地理同一位置的便利，通过地理距离上面对面的人际交流来促进信息、知识、技术在集聚地理空间的自由流动，从而利用这种知识外溢效应达到提高地区生产率的功用。因此，接近对于共同所需要的要素资源的获取变得非常关键。如图 1 所示，在集聚效应下，高校与中小企业深度融合，对于获取本区域相对缄默的隐性知识，邻近的中小企业间通过与集聚的高校共同学习、数据分享和知识创造，而显著提升中小企业的创新能力。这种集聚效应下的高校知识流动频率和中小企业创新频率是有高度相关性的（You & Yi，2017；2018）。这种强大的知识与信息外溢（K & I Spillover）会驱使邻近的中小企业接近这个高校与中小企业深度融合创新模式产业群体，从而参与集体学习过程。从知识与信息外溢角度出发，也有学者提出另一个分析角度，认为高校与中小企业深度融合创新模式集聚是为了最大限度地接近全球网络，因此高校与中小企业多会选择集中在大都市和世界级湾区（Sassen，1991）。大都市和世界级湾区是信息交流、知识共享和数据挖掘中心，可以形成最有时效性的全球化知识网络。

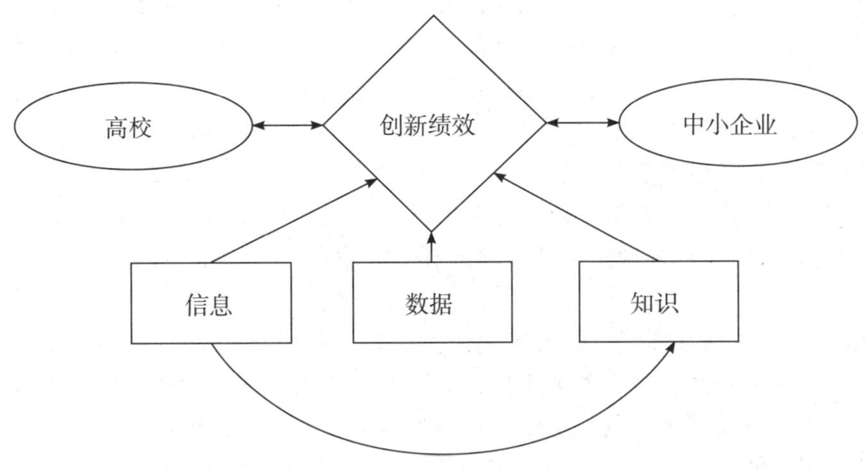

图 1　高校与中小企业深度融合创新模式作用机理图

四、结论与路径建议

基于实证结果与讨论，本文得出结论，面向 2035 教育现代化的大湾区高等教育建设必须大力发挥粤港澳大湾区高校与中小型企业深度融合这一“社会组织”因素，并推动大湾区高校与中小型企业深度融合，创新型参与融合到面向 2035 教育现代化的大湾区高等教育建设全过程，要以粤港澳大湾区产业需求特别是粤港澳大湾区高校所在经济区域的产业需求为导向，重视和坚持面向 2035 教育现代化的粤港澳大湾区高等教育建设的综合性、继承性和动态性。

基于以上实证分析与结论，可以得出高等教育学科建设大湾区高校与中小型企业深度融合创新驱动路径有以下三条。

一是面向 2035 教育现代化的大湾区高等教育与中小型企业深度融合创新应该以应用型创新人才培养为目标。高水平应用型本科大学面向 2035 教育现代化的大湾区高等教育所培养的创新型人才要直接为粤港澳大湾区生产生活一线服务，具有较强的创新思维和强烈的创业意愿。按照教育供给侧理论，应用型面向 2035 教育现代化的大湾区高等教育所“产出”的学生要有教育现代化学术知识、使用教育现代化技术和创新企业家精神导向禀赋三种能力，这样面向 2035 教育现代化的大湾区高等教育培养的大学生社会适应能力强，工作能力也强，才能积极主动地参与到大湾区高校与中小型企业深度融合中来。反过来来自大湾区高校与中小型企业深度融合中的本科毕业生实践能力的提高必然提高湾区高等学校的办学水平，以实现高水平应用型面向 2035 教育现代化的粤港澳大湾区高等教育与中小型企业深度融合创新的建设目的。

二是面向 2035 教育现代化的大湾区高等教育与中小型企业深度融合创新要形成突出实践能力培养的教育现代化教学体系。以应用型现代化教育为特征的粤港澳大湾区高校与中小型企业深度融合教学就是要打破原来的学科知识结构，逐步建立以面向 2035

教育现代化职业能力培养为主的大湾区高校与中小型企业深度融合教学体系，这样的大湾区高校与中小型企业深度融合模式才能使得本科毕业生能够胜任一些粤港澳大湾区产业基层实际工作的需要。另外，可以设置符合粤港澳大湾区区域经济社会发展需要的特色学科与专业，这是面向 2035 教育现代化的粤港澳大湾区高等教育与中小型企业深度融合创新建设与发展最重要的因素。一个学科的专业决定了面向 2035 教育现代化的大湾区高等教育与中小型企业深度融合创新的高水平人才培养结构，学科专业水平也直接影响应用型面向 2035 教育现代化的大湾区高等教育与中小型企业深度融合创新的人才培养质量。

三是面向 2035 教育现代化的粤港澳大湾区高等教育与中小型企业深度融合创新要以为地方区域经济社会发展服务为宗旨，面向社会所需要的行业产业或前沿科学来设置学科专业。粤港澳大湾区高校与中小型企业深度融合办学的目标定位要准确。要坚持培养高水平应用型创新人才，为地方区域社会经济的发展提供源源不断的应用型人才供给，大湾区高校与中小型企业深度融合“产学研融合”的创新科研成果为地方区域经济社会发展服务，最终实现面向 2035 教育现代化的粤港澳大湾区高等教育与中小型企业深度融合创新建设目标。面向中国高等教育现代化 2035 的粤港澳大湾区高等教育新模式，就是要大力推动高等教育供给侧改革，利用“产学研”创新模式从根本上解决“结构性”失衡问题，促成本科人才培养方案标准的“产出”与真正企业的“需求”一致。具体而言，教育现代化 2035 的粤港澳大湾区高等教育亟须由政府带动产业发展研究项目和/或由公司资助的业务发展由大学承担进行，推进实现真正的“产学研”创新模式。此外，高等教育现代化 2035 的粤港澳大湾区高等教育在人才培养方案标准上要兼顾学生擅长学习的技能和大力发展学生其他软技能，学生必须有足够的机会分享自己的文化、传统和思想，鼓励学生创新，对不符合社会期望的人才培养方案标准想法和各种知识有所挑战与创新。

参考文献

[1] ROTH W M, JORNET A. Understanding educational psychology [M]. Bern: Springer, 2017.

[2] BIENKNOWSKAS D, KLOFSTEN M. Creating entrepreneurial networks: academic entrepreneurship, mobility and collaboration during PHD education [J]. Higher education, 2012, 64 (2): 207-222.

[3] KAUR H, BAINS A. Understanding the concept of entrepreneur competency [J]. Journal of business management & social sciences research. 2013.

[4] AUTIO E, GEORGE G, ALEXY O. International entrepreneurship and capability development-qualitative evidence and future research directions [J]. Entrepreneurship theory and practice, 2011, 35 (1).

[5] RASMUSSEN, WRIGHT M. How can universities facilitate academic spin-offs: an entrepreneurship competence perspective [J]. Journal of technology transfer, 2015.

[6] BOWEI J. Study on improvement of entrepreneurship quality of college students based on ice-berg model [J]. Education review, 2016.

[7] OLUDELE A A, EMILIE C K. Regulation, awareness, compliance and SME performance in Cameroon's manufacturing and retail sectors [J]. International journal of social economics, 2012, 39 (12).

[8] TUFFOUR J K, BANOR C, AKUFFO E. Do leadership styles matter in microfinance performance? [J]. Journal of business research, 2015.

[9] TUFFOUR J K, BOATENG J A. Is working capital management important? [J]. Review of innovation and competitiveness, 2017.

[10] BOZEIC L, RAJH E. The factors constraining innovation performance of SMEs in Croatia [J]. Economic research, 2015, 29 (1).

[11] ANDRIJEVSKAJA, JANITA, VARBLANE, et al. Knowledge-based entreprenuership in Estonia [J]. Ssrn electronic journal, 2010.

[12] CRAMARENCO R E, GHEORGHIU R, TURLEA G. Knowledge-based entreprenuership in Romania [J]. Ssrn electronic journal, 2010.

[13] ALEKSANDER A, ALIA O. The Funding and efficiency of higher education in Croatia and Slovenia: a non-parametric comparison [J]. Amfiteatru economic, 2011 (30): 362 – 376.

[14] ANTONIA A, JAN L G. Benefits of enterprise ontology for the development of ICT-based value networks [J]. Software and data technologies, 2007.

[15] MADHU S. School Enterprises: combining vocational learning with production [J]. Technical and vocational education and training, 2009.

[16] HUBER M T. Community-organizing for the scholarship of teaching and learning [J]. Transformative dialogues: teaching and learning journal, 2010.

[17] TOBIN K. Sociocultural perspectives on science education [M] //Fraser B J, et al. Second international handbook of science education, 2012: 3 – 17.

[18] 吴玉鸣. 官产学 R&D 合作、知识溢出与区域专利创新产出 [J]. 科学学研究, 2009 (10).

[19] 刘红. 新时代背景下产教融合校企合作的推进策略: 2018 中华职业教育社专家委员会会议观点综述 [J]. 中国职业技术教育, 2018 (13): 7 – 11.

[20] 易露霞, 尤彧聪. 基于休验模式的穗台高校人才培养交流合作模式研究 [J]. 改革与开放, 2018 (10): 101 – 103.

[21] 尤彧聪, 易露霞. 制度创新驱动下的我国民办高等教育分类管理研究 [J]. 高教研究与实践, 2017 (3): 23 – 28.

[22] 尤彧聪, 易露霞. 我国民办高等教育分类管理研究: 现状、目标和实现路径 [J]. 中国高等教育评估, 2017 (2): 37 – 42.

[23] 易露霞, 尤彧聪. 德国“二元制”教育模式对于我国民办教育基地“产学研合作”模式的启示 [J]. 民办教育研究, 2018 (1): 17 – 20.

[24] 许星. 论大学生创业活力的激发 [J]. 教育与职业, 2018 (20): 87 – 89.

[25] 徐永利. 创新创业人才培养的“五力”模式探索 [J]. 中国大学教学, 2018 (6): 81 – 85.

[26] 李伟东. 以特色模式推进高校创新创业教育的发展 [J]. 高等农业教育, 2016 (3): 20 – 23.

面向 2035：粤港澳大湾区应用型高校合作发展的路径研究

广东科技学院　周二勇*

摘　要：面向 2035 教育现代化新浪潮，应用型高校将面临合作发展的新机遇，粤港澳大湾区将成为高等教育大融合大发展的前沿阵地。借鉴国际经验，瞄准中国 2035 教育现代化高教合作的定位，并设计切实可行的行动路径是本文研究的基本思路。从大湾区应用型高校的合作广度上看，应用型人才联合培养与合作办学已广泛存在，但从合作深度上看，联合培养模式过于单一，应用型学科体系尚不完善，高校智库联盟、智慧校园师资共享等方面还有所欠缺。要加快构建网络开放学习平台，构建应用型人才培养 3D 模式，完善现代化学科体系，共建高水平智库联盟，从而提升粤港澳大湾区应用型高校合作的深度，促进湾区教育现代化的升级发展。

关键词：教育现代化 2035　粤港澳大湾区　应用型高校　合作能力

一、面向教育现代化的国际经验与中国实践

教育强国乃中华民族百年之梦。1964 年，周恩来总理代表党中央国务院在政府工作报告中首次提出：20 世纪内把中国建设成为一个具有现代农业、现代工业、现代国防和现代科学技术的社会主义强国。1983 年，邓小平同志为北京景山学校题词“教育要面向现代化，面向世界，面向未来”。2019 年初，党中央印发《中国教育现代化 2035》提出：“到 2035 年总体实现教育现代化，迈入教育强国行列，推动我国成为学习大国、人力资源强国和人才强国，为到本世纪中叶建成富强民主文明和谐美丽的社会主义现代化强国奠定坚实基础”①。可以说，《中国教育现代化 2035》正式成为中国实现教育百年强国梦的里程碑式文件。“教育现代化”不仅为实践中国梦的行动指南，也是联合国教科文组织所倡导的教育可持续发展的全球化要求。

为迎接千禧年的世界变革，21 世纪初，美国开始寻求探索新的教育路径，并实施了“教育与学习可能性 2030”项目（education and learning possibilities by the year 2030），美国研究者在项目的调查中评估了未来教育和学习最可能实现的 19 种要素

---

* 作者简介：周二勇，广东科技学院副院长。

① 高书国.《中国教育现代化 2035》的四个里程碑[EB/OL].(2019－04－04)[2019－08－07]. http://www.jyb.cn/rmtzgjyb/201904/t20190404_222372.html.

（见图1）①。由此看出，网络17.0时代、整合性终身学习系统、即时学习、虚拟技术、信息化教学等要素成为实现未来教育发展的新方向。现代化教育图景逐渐清晰呈现。

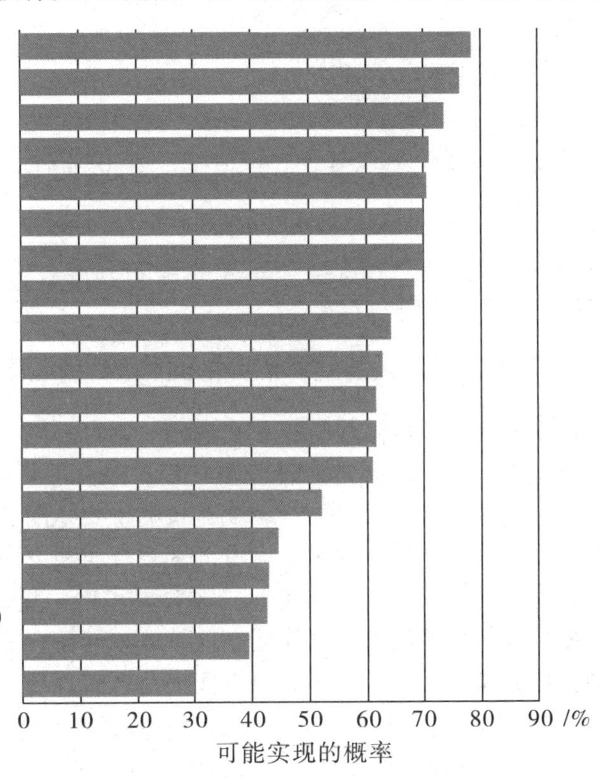

图1 "教育与学习的可能性2030"未来教育最可能实现的19种要素

2010年，欧盟制定"欧洲2020：智慧、可持续与包容性增长战略"（EUROPE 2020 a strategy for smart，sustainable and inclusive growth），提出"智慧增长""可持续增长""包容性增长"为未来欧洲经济发展的核心框架。2015年，联合国参与国一致通过《变革我们的世界：2030年可持续发展议程》，文件对2030年的教育提出了愿景并作为未来教育的行动指南，"教育2030"的概念被正式提出。基于此概念，全球对"未来教育"开始了广泛探讨。2019年初，中国印发《中国教育现代化2035》，中共中央办公厅、国务院办公厅同时印发《加快推进教育现代化实施方案（2018—2022年）》，中国政府正式吹响加快推进教育现代化的时代号角，作为一个负责任的大国，积极主动地兑现"全球可持续发展教育"的目标，对于国际社会早日实现2030教育目标在方法论和内容方面都具有重要的示范价值。从2006年美国提出的千禧年项目，到2019年中国推行2035教育现代化的发展目标，"教育现代化"从概念演进为真正的大国实践（见表1）②。

① Education and learning possibilities by the year 2030[EB/OL].[2019-08-07]. http://107.22.164.43/millennium/Education-2030.html.

② 顾明远，滕珺.《中国教育现代化2035》与全球可持续发展教育目标实现［J］.比较教育研究，2019（5）：3-9.

表1　全球教育现代化概念的生成与演进（2006—2019年）

时间	发起组织/国家	概念表述及项目内容
2006—2007年	美国	“教育与学习的可能性2030”项目
2010年6月	欧盟	《欧洲2020：智慧、可持续与包容性增长战略》
2015年9月	联合国参与国	《变革我们的世界：2030年可持续发展议程》
2015年11月	联合国教科文组织	《仁川宣言》《教育2030：行动框架》
2019年2月	中国	《中国教育现代化2035》

二、粤港澳大湾区教育现代化面临的新挑战

建设粤港澳大湾区是习近平亲自谋划、亲自部署、亲自推动的国家战略，是新时代推动形成我国全面开放新格局的重大举措，是推进“一国两制”事业发展的实践创新，是国家建设世界级城市群参与全球化竞争的重要空间载体。“教育现代化”对粤港澳大湾区教育合作提出了新的要求，激发湾区教育实践创新，在理论与实践上具有双重指导意义。教育的可持续发展要求实现“教育现代化”从世界走向湾区。面向2035教育现代化发展目标，粤港澳大湾区应用型高校该如何整合资源、加强合作，探索实现教育现代化的合作路径已为迫切之举，粤港澳大湾区教育现代化也面临着新的挑战。

（一）培养现代化应用型人才的新挑战

面向2035的中国教育现代化对高质量开发人力资源提出了新的要求。2018年全球人力资源竞争报告显示，中国在52个进入统计的国家中排位13名，预计到2020年左右，中国人力资源竞争力排名将进入世界前10。2035年，中国将成为人力资源最丰富、开发水平最高的国家之一。①

未来10～20年，粤港澳大湾区高等教育现代化发展面临着应用型人才培养的新挑战——教育尤其高等教育该如何满足区域现代化经济发展的需要。“现代化”发展对高等教育的人才支撑的能力提出了新的要求。教育现代化要求高等教育全面通力合作，大湾区经济发展在教育质量、科研创新、人才培养及教育国际化等方面显现出巨大需求。在“互联网+”与人工智能时代，高等教育要为大湾区经济做好人才支撑，必须加强湾区应用型高校合作办学、提高湾区应用型人才培养质量，加强教育合作能力建设，升级应用型人才培养模式，探索大湾区应用型人才培养合力发展的新路径。

（二）构建面向现代化应用型学科体系的新挑战

综观世界发达湾区和世界一流高校的人才培养，漠视学科建设的大学均无法走进先进之列。大学的学科建设直接决定了大学的科研能力与创新能力。人才培养基于课程、专业和学科的建设，面向2035教育现代化的新要求，加强学科建设，合作共建具有现

① 高书国.《中国教育现代化2035》的四个里程碑[EB/OL].(2019-04-04)[2019-08-07].http://www.jyb.cn/rmtzgjyb/201904/t20190404_222372.html.

代化特色的学科体系，是提高大湾区高校学科竞争力，提高应用型人才培养质量的关键。

创建世界领先学科，完善粤港澳大湾区人才培养体系。扎实基础、实现学科的立体化、多样化、国际化发展。面向全球、中国、大湾区未来的发展需求，要实现湾区竞争力及创新力的突破，必须立足现代化产业需求。进一步对接区域经济加速发展，推动人才培养模式转型升级，加快“互联网+”和人工智能的教育变革，完善应用型学科体系，提升教育质量是大湾区高校的重要使命。

（三）区域合力打造新型智库联盟的新挑战

大数据时代，数据的收集、分析不断地推动社会经济的发展，数据编织着各行各业甚至每个人的生活。大数据时代，不能忽视数据处理的重要载体与智能机构——智库。加强中国特色新型智库建设，不仅是国际决策科学发展的新趋势，更是国家治理体系和治理能力现代化的必然要求。① 根据2015全球智库报告的统计，全球近7 000家智库中，美国拥有1 835家智库，占全球近3成的比例。

从量上看，粤港澳大湾区三地智库与研究型机构有着良好的发展基础：体系初具规模，治理结构多样，服务形式多元，“湾区智库”数量正急速增长。但智库建设在大数据时代同样面临新的问题和挑战：主要表现为跨校联合机制不足，智库合作大多为内地高校和科研院所，粤港澳三地高校联合组建的智库尚不多见。数据共享需打破壁垒，建立湾区联合数据库，推动湾区高校合作，打造新型联合智库，健全人员流动机制，进一步促进成果转化和评价机制的一体化发展。②

三、路径设计：实现2035教育现代化的区域合作

在面向2035的教育现代化进程当中，应用型高校应立足区域经济发展，更多地支撑湾区建设，发挥大湾区教育现代化的引领功能，提供解决教育现代化问题的大湾区方案，通过大湾区应用型高校参与合作，共建2035教育现代化的可持续发展图景，体现出更大的历史担当。基于这些挑战，需要设计切实可行的行动路径，确立教育合作和人才培养新范式，立足产业，服务湾区，辐射全球。

（一）创新应用型人才培养范式

通过梳理湾区内应用型高校合作办学的现状发现，从合作的模式来看，无论本科“2+2”“3+1”联合学位培养项目，还是保荐研究生项目，或创办分校模式，从合作对象上看，湾区应用型高校的合作办学主要为高校间人才培养合作为主，与产业对接、与企业联合建设实验室，培养应用型人才的合作较少。高校单方负责教学课程与开办讲座，产学研互动水平低，师资不共用，企业无对接；从合作的专业上看，主要为政经法、语言、管理等人文社科领域。湾区应用型高校合作办学仍处于进一步发展的瓶颈期。③ 可以看出为应对“互联网+”与人工智能时代人才竞争软实力的要求，粤港澳大

① 翟博. 中国特色新型教育智库建设要有新视野［J］. 教育研究，2015（4）.

② 余晖. 协同共治：粤港澳大湾区高校智库发展机制创新［J］. 苏州大学学报（教育科学版），2019（2）：20－28.

③ 王坤. 大桥时代下珠港澳高等教育合作的对策研究［J］. 特区经济，2017（1）：18－22.

湾区应用型高校亟待开展应用型人才培养的多元合作。

基于此，我们提出升级应用型人才培养新范式、升级多元合作、协同创新发展的三维路径，全面提升粤港澳大湾区应用型高校的“立体”合作发展（见图2）。

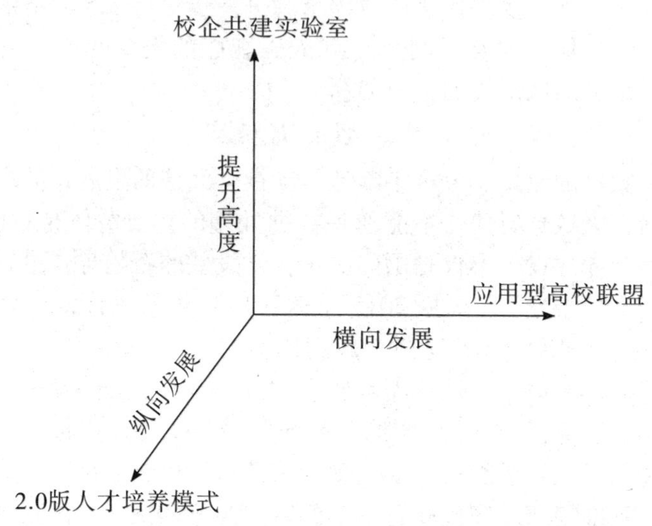

图2　粤港澳大湾区应用型高校合作发展三维模型

一维：纵向发展2.0版“2+X”人才培养模式。一方面，扩展应用型人才培养的参与方，不局限于三地高校，也包括湾区内面向互联网和人工智能数字产业现代化的诸多知名企业，包括VIVO、腾讯、华为等。另一方面，扩展应用型人才培养的专业，不局限于人文社科领域，更注重与新型产业对接，如“大数据与人工智能”专业、“网络空间安全”等。

二维：横向构建大湾区应用型高校协作联盟。目前大湾区内尚未形成“应用型高校自由协作联盟”，实现联盟内各高校进行人才培养自由对接，实现学科共建、师资共享的大联盟、大平台。

三维：校企共建研究实验室，提升应用型人才培养新高度。科研是推动粤港澳大湾区产业升级发展的关键力量，围绕现代化产业的重点发展领域，瞄准港澳各高校的优势专业、重点研究方向和技术知识转移的重点领域，出台优惠政策，联合共建国际高水平研究机构和实验。①

（二）共建面向现代化的学科体系

世界一流大学之所以一流，是因为其拥有若干同行公认、国际领先、优势突出的“王牌学科”，这些学科多以主干学科的形式存在。在人才培养和学术研究上，有力地支撑着大学的整体发展，使其居于先进之列。美国顶尖大学普遍拥有强有力的学科建设，模式一般为一个由主体学科、主干学科、强势学科、特色学科和支撑学科组成的学科体系（见图3）。主体学科为大学基础，主干学科是大学品牌，特色学科是大学的优

① 王坤．大桥时代下珠港澳高等教育合作的对策研究［J］．特区经济，2017（1）：18－22.

势。各学科之间互相联系、互为支撑。①

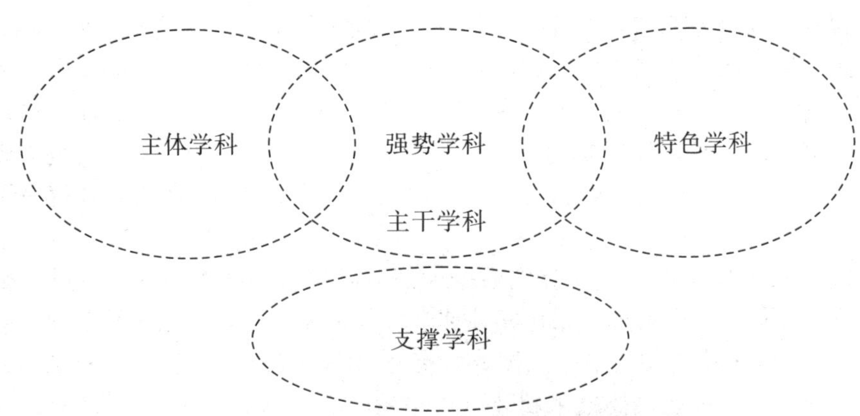

图3　美国顶尖大学学科体系图②

学科专业的水平决定了大学的发展水平，学科是大学的基础，应用型高校主要以建设应用学科为主。综观湾区，香港高等教育居于世界前列，也源于其多拥有自己的特色学科。香港科技大学擅理工，岭南大学专博雅，香港教育大学在教育学排名位居亚洲第二、世界第九。结合粤港澳大湾区的地缘，构建面向现代化的学科体系，是粤港澳大湾区应用型高校合作发展的新挑战、新机遇。

内地应用型高校还要适当地主动地“走出去”，推动与港澳应用型高校进行专业建设的深度合作，基于互联网学习，搭建应用型高校慕课（MOOC）平台，发挥各自优长，实现学科共建。在相同学科体系下建慕课师资库，实现资源共享，以符合大数据、互联网、人工智能新信息技术发展的教育现代化新要求。

学科建设耦合现代化湾区发展，专业设置符合学科建设要求，课程定位聚焦专业培养目标，依此行动逻辑共建应用型课程体系。依据企业要求制定专业培养目标，依据工作任务做好课程设计。在主干学科的基础上，注重应用学科体系的合作建设。

同时，进一步优化学科专业结构，提升大湾区应用型高校的内涵合作。在专业建设上符合大湾区新兴战略产业的发展要求，符合大湾区稀缺技能人才供给的需求，符合大数据、互联网、人工智能新信息技术发展的要求，聚焦国家重点发展五大战略领域，即信息技术产业、生物产业、高端装备与新材料产业、数字创新产业、绿色低碳产业。③以实现信息技术与人工智能的深度融合。

① 翟亚军，王战军. 理念与模式：关于世界一流大学学科建设的解读［J］. 清华大学教育研究，2009，30（1）：17－21.

② 翟亚军. 大学学科建设模式研究［M］. 北京：科学出版社，2011：53.

③ 刘献君. 应用型人才培养的观念与路径［J］. 中国高教研究，2018（10）：6－10.

（三）创设“高校联合智库网络”

高校智库是高校内部独立设置的、专门开展政策研究的学术研究组织。通过生产政策知识思想，培养政策研究人才。通过成果转化，影响政策的制定与实施。① 目前粤港澳大湾区由高校组建的联合智库相对稀缺，独立的高校智库研究成果难以辐射整个湾区。基于《粤港澳大湾区发展规划纲要》提出的智库合作要求：“支持内地与港澳智库加强合作，为大湾区发展提供智力支持。”可从三个层面进行“高校联合智库网络”的创设。

1. 高校学科与大湾区产业对接的数据采集。高校可围绕大湾区建设的重点产业进行联合数据库建设，联合智库可采用实体或非实体的组织形式，鼓励跨学科合作。

2. 借鉴“2011 协同创新中心”模式。支持粤港澳企业、高校、科研院所共建高水平的协同创新平台，推动科技成果转化。可借鉴“总—分”中心辐射构架，总中心设在高校，配有专职人员、经费和设施，作为联合智库的研究主力、数据中心和协调机构。分中心为联合智库在各地的分支，承担项目申报、数据收集和成果转化等工作，在总中心和各分中心之间开展实质性的分工合作，提供智力支持。②

3. 设立“智库研究基金”专项支持。设立粤港澳大湾区联合创新专项资金，就重大科研项目开展合作，允许相关资金在大湾区跨境使用。科研主管部门可以联合拨款，设立“粤港澳大湾区智库研究基金”。面向湾区各地高校开放年度基金项目的申请，引导高校智库研究大湾区互利合作的发展项目，遴选以服务湾区发展为导向的高校智库进行直接资助。③

未来，应改革高校智库治理模式，建立“多地联合智库”作为大湾区国际化创新平台的重要组成部分。加强智库合作，联合粤港澳大湾区三地高校与研究机构，打破壁垒，创设“高校联合智库网络”，以便实现人才共用、数据共享。

四、结语

面对 2035 教育现代化的发展新浪潮中的新挑战，粤港澳大湾区应用型高校要加快构建网络开放学习平台，构建应用型人才培养的新范式，完善现代化学科体系，共建高水平智库联盟。从而提升粤港澳大湾区应用型高校合作的深度，促进湾区教育现代化的升级发展。在找准自身发展定位的基础上，增强合作信心，促进相互信任，扩大合作机会，通过实质合作加强应用型人才培养能力建设，与粤港澳大湾区内的应用型人才培养利益相关者携手并进，共同面向 2035 教育现代化，以提高粤港澳大湾区教育合作发展的能力。

---

① 黎熙元，李萍．发挥高校智库的独特功能与优势［N］．中国社会科学报，2015－10－9．

②③ 余晖．协同共治：粤港澳大湾区高校智库发展机制创新［J］．苏州大学学报（教育科学版），2019（2）：20－28．

粤港澳大湾区建设背景下高等教育集群发展路径研究

广东食品药品职业学院　付晓春*

摘　要：伴随粤港澳大湾区建设发展新征程的开启，内地同香港、澳门互利合作的推进，势必加大对人才资源和智力支撑等方面的需求。在此背景下，粤港澳大湾区高等教育集群发展势在必行。比较国外湾区高等教育集群的经验与得失，探索具有湾区特色的人才培养模式，增强三地青年学子命运共同体的感召力、凝聚力，思考与深化三地高等教育的合作，不仅是港澳地区融入国家发展大局的迫切要求，也是我国高等教育走向世界的现实需要，更能为湾区建设提供基础性、持续性的动力源泉。

关键词：高校　粤港澳大湾区　高等教育　路径

粤港澳大湾区，既是党和国家事业发展的重大战略，也是新时代提出的新形势、新任务和新举措，由习近平总书记亲自谋划、部署和推动。得益于大湾区活跃的产业群和提供创新人才的高等教育集群，当前粤港澳大湾区的经济总量仅次于纽约、东京大湾区，跃居全球第三。虽然高水平大学云集粤港澳三地，但与世界一流湾区相比，高等教育发展水平与经济发展水平不相称的矛盾依然突出，粤港澳高水平大学集群发展的短板依然明显，发挥湾区高等教育集群作用，探索中国高等教育新模式意义重大。

一、粤港澳大湾区高等教育集群发展的相关内涵

（一）高等教育集群发展的概念

集群发展，最早来源于经济学领域，迈克尔·波特《国家竞争优势》对其进行了阐述，指集中于一定区域内，特定的产业或众多具有分工合作关系的不同规模等级的企业，与其发展有关的各种机构、组织等行为主体，通过紧密联系互动而形成的空间集聚现象。引入到教育学领域，形成高等教育集群发展理论，指集聚的高等教育机构与区域社会发展间的互动。区域社会为高等教育机构提供必要的发展条件、施加各种影响，高等教育机构为区域经济社会发展提供智力支持与技术服务。特定空间内高等教育机构数

* 作者简介：付晓春，广东食品药品职业学院高等职业教育研究所所长，教授。研究领域：高等职业教育学、心血管药理学。

量的多少直接反映的就是聚集程度和集群水平。① 国外高等教育集群发展的典型案例很多，以美国为例，该国高等教育集群发展已具备地理空间布局相对集中、空间转移形成区域分工、效益范围覆盖面合适的特点。国内贵州省在积极推进高等教育资源共享集群发展方面取得较好成效。建立旨在承担医药研究开发和产业化研究等相关工作的遵义医学院大学科技园，以遵义医学院为核心，贵州省中药民族药 2011 协同创新中心、院士工作站、遵义医药健康产业园区和遵义高新技术开发区等为平台，有效整合了高等教育优质资源，实现了集约化办学、资源共享。

（二）粤港澳大湾区高等教育现状

粤港澳大湾区是目前我国开放程度最高、经济活力最强的区域之一。虽然港澳与珠三角城市群间地方政府和民间的合作由来已久，但真正上升为国家战略发端于 2017 年。2017 年 7 月，由习近平总书记正式签署《深化粤港澳合作　推进大湾区建设框架协议》启动建设。党的十九大报告中强调，要支持香港、澳门融入国家发展大局，以粤港澳大湾区建设、粤港澳合作、泛珠三角区域合作等为重点，全面推进内地同香港、澳门互利合作。推进粤港澳大湾区建设，是以习近平为核心的党中央作出的重大决策。基于开放引领、创新驱动，优势互补、合作共赢，市场主导、政府推动，先行先试、重点突破，生态优先、绿色发展的合作原则，打造国际科技创新中心是其合作重点领域。

就粤港澳三地高等教育现状来说，由于地缘相近、人缘相亲及文化同源等因素，粤港澳三地的教育合作交流久已有之。② 但始终无法突破一些困局：一是与经济领域的合作相对比较薄弱。教育合作的周期长，见效慢，排他性强，覆盖面窄。仅中山大学、华南理工大学等少量高精尖大学能够与香港多所进入世界大学 100 强的高校开展合作和“平等”对话，且合作多是点对点，难以扩大范围、形成规模，与世界一流湾区高等教育合作发展程度差距较大。二是粤港澳三地分属不同政治制度，一国两制的底色能够助力三地保有各自发展特色，但对教育合作形成了一系列现实阻碍。类似广佛同城、广佛肇经济圈等经济领域的做法，由于缺乏合作机制，无法在教育领域施展作用。《粤港合作框架协议》和《粤澳合作框架协议》等文件协议虽早已有之，面对三地高等教育各自为战的局面，依然是束手无策。三是教育理念的差异是扭转三地高等教育合作现状的关键。依托社会主义制度的内地高校和长期施行西方高等教育理念的高校间，处于不同层面上的两种思维互动，需要付诸极大的努力方能相互读懂，其过程也显而易见的艰辛，更妄谈形成具体的高等教育框架协议。

（三）新时代需要粤港澳大湾区高等教育集群发展

走进新时代，推进粤港澳大湾区建设离不开高等教育集群发展。一方面，基于高等教育的培养人才、探索培养模式的本质功能需求，亟待高等教育集群以充分发挥粤港澳高等教育国际化程度高的优势，探索真正具有湾区特色的人才培养模式。另一方面，高等教育的受众群体是年轻人，亟须高等教育集群使粤港澳三地年轻人产生心灵连接，增

---

① 游鑫．美国高等教育区域集群发展的动因探讨：历史与组织的视角［J］．洛阳师范学院学报，2014（1）：7－11.

② 卢晓中．推动粤港澳大湾区教育合作发展的思考［J］．中国高教研究，2019（5）：54－57.

强命运共同体的凝聚力。有鉴于此，2019 年 2 月，中共中央、国务院印发《粤港澳大湾区发展规划纲要》，提出支持粤港澳高校合作办学、充分发挥粤港澳高校联盟作用；同年 2 月，中共中央、国务院颁发的《中国教育现代化 2035》进一步提出深化粤港澳高等教育合作交流，促进教育资源特别是高等教育相关的人才、科技、信息等要素在粤港澳大湾区高效流动。推动粤港澳大湾区高等教育质量的整体提升，打造以世界一流的科技基础设施和研究机构、世界一流的大学和学科群、世界一流的科技型企业、世界一流的创新创业人才队伍、世界一流的创新创业环境"五个世界一流"为特征的国际科技创新中心，粤港澳大湾区的高等教育必将大有可为。

二、粤港澳大湾区高等教育集群发展的意义重大

（一）实现高等教育强国目标的迫切需要

在 2016 年的高等教育改革创新座谈会上，李克强总理曾明确强调，教育是国家发展的基础，关系民族的未来，高水平教育是国家综合竞争力的重要体现。综观世界经济强国，其实也是教育强国。回顾中华文明几千年史，究其根本也源于重视教育。改革开放至今，坚持教育优先发展的策略，使我们构建起世界最大规模的高等教育，强力助推经济发展和社会进步。面对当前世界形势风云变幻和新一轮科技革命蓬勃兴起，教育要全面贯彻党的教育方针，培养中国特色社会主义事业建设者和接班人，在促进经济保持中高速增长、迈向中高端水平、跨越中等收入陷阱，实现全面建成小康社会的征程中担负更大责任、发挥支撑作用。党的第十七次全国代表大会明确提出高等教育强国的目标。2015 年 10 月，国务院印发的《统筹推进世界一流大学和一流学科建设总体方案》进一步明确了高等教育强国的任务。随着我国经济总量与质量及国际影响力的不断提升，高等教育内涵式发展各项政策措施的进一步落实，对高等教育建设投入力度的不断加大，高等教育质量稳步提高，高等教育规模跃居世界第一。我国高等教育对世界高等教育资源的吸附能力和影响力必将全面提高。而高等教育集群以其发展所产生的辐射范围，划分为国家高等教育中心、世界区域性高等教育中心和世界高等教育中心。[①] 推动粤港澳大湾区高等教育集群发展，打造国际化人才高地，通过集群发展建成世界区域性高等教育中心，不仅是深度参与全球化竞争和"一带一路"建设的迫切需要，是中国高等教育强国日标的迫切需要，更是实现我国高等教育强国的目标，进而成为世界高等教育第三中心的迫切需要。

（二）激发高等教育创新动能的中坚力量

人才是第一资源，创新是第一动能，更是推动国家发展和社会进步的不竭动力。在经济全球化浪潮席卷之下，世界各国的竞争，实际是创新的竞争。党中央坚持实施创新驱动发展战略，正是旨在发挥蕴藏在亿万民众中的创造力。而高等教育的任务正是围绕服务国家创新发展，促进大众创业、万众创新，培育更多创新型人才。在湾区经济以其独有的地缘优势，逐渐成为世界经济发展和创新的重要增长极的背景下，推动粤港澳大

① 赵庆年. 建设世界区域性高等教育中心［J］. 中国社会科学报，2019.

湾区高等教育集群发展，激发高等教育创新动能，打造国际一流湾区正当其时。粤港澳大湾区高等教育集群发展，推动高校间、校企间及科研院所间的交流合作，有利于促进高校之间的优势互补、资源共享，实现粤港澳大湾区高等教育综合实力的整体提升，有利于培养学生创新特别是原始创新意识，打牢知识根基，拓宽学术视野，推动科技创新。通过增强学生实践能力，培育工匠精神，践行知行合一，为学生提供动手机会，提高解决实际问题的能力，助力提升中国产品的质量。由此打造世界级先进制造业集群、高端服务业集群、优质金融服务业集群，才能使粤港澳大湾区形成以创新为引领的知识型经济体系和发展模式。

（三）助推港澳人心回归的必要手段

港澳与珠三角城市群的民间合作由来已久，直至 2017 年《政府工作报告》明确将“粤港澳大湾区”提升为国家战略。这既是充分发挥港澳高等教育国际化程度高的优势，探索具有湾区特色人才培养模式的需要，也是提升港澳学生国家意识和爱国精神，实现整体港澳人心回归的必要手段。习近平总书记在 2017 年庆祝香港回归祖国 20 周年大会上强调要特别关心香港青年问题，指出“要注重教育、加强引导，着力加强对青少年的爱国主义教育，关心、支持、帮助青少年健康成长”。高等教育面向的群体是年轻人，他们是国家的未来。高等教育集群可使粤港澳三地年轻人产生心灵连接，增强命运共同体的凝聚力。以澳门为例，从官私分校到实施全面普及教育体系，从等级教育到推进教育公平，尤其是高等教育实现了跨越性转型升级，由原有 4 所高校规模扩大为 10 所，研究生教育增长近 5 倍。粤港澳三地高等教育集群发展，为港澳青年进入广东和内地高校学习提供更多的机会，增加了他们留在内地实习、就业、创业的机会，缓解了港澳适龄青年大学入学率成倍增长的压力。以中华文化为主流、多元文化共存的区域文化和共享价值体系培养，有利于增强香港、澳门同胞的国家意识和爱国精神，有利于保持香港、澳门长期繁荣稳定，有利于促进港澳人心回归，从而实现中华民族伟大复兴。

三、粤港澳大湾区建设背景下高等教育集群发展的路径

2019 年 2 月，《粤港澳大湾区发展规划纲要》正式公布，明确要把粤港澳大湾区建设成为“富有活力和国际竞争力的一流湾区和世界级城市群，打造高质量发展的典范”等目标，力争到 2035 年，把粤港澳大湾区建设成为世界区域性高等教育中心和国际化教育高地。粤港澳大湾区建设背景下高等教育集群发展的蓝图正在展开。

（一）聚焦顶层设计发力

港澳地区由于历史原因，与内地实行的政治制度、经济制度、法律制度均有天壤之别，办学体制、教育制度、方针、培养目标等方面存在差异。广东高校基本都是政府举办的，主要由教育部、广东省、广东省教育厅主管。港澳的高校办学体制则比较多元。目前，香港特别行政区、澳门特别行政区的教育机构与内地教育机构合作办学均须参照 2003 年国务院颁布的《中华人民共和国中外合作办学条例》。三地协同发展不可避免有各种各样障碍需要尽快破解。粤港澳大湾区已具备国际水平的大学基础科研，在校企合作研发等方面也有一定的积累，但在各有发展理念和路径的环境下，诸多创新要素未能

产生更好的叠加效应。粤港澳大湾区建设背景下高等教育集群发展需要共同的目标和愿景，统领并实现理念交融，让高等教育集群更好地服务于世界高等教育第三中心的缔造。在优先发展高等教育，以此带动大湾区科技创新、助推经济社会发展的思路指引下，一方面，在《粤港澳大湾区发展规划纲要》的基础上，建立高层协调机构，自上而下地协同推进各项改革。另一方面，加强文件解读宣传工作。通过整合媒体资源，全方位多角度解读，使指令政策到达每一个人，在湾区内部从思想上形成共识，汇聚合力，朝着世界区域性高等教育中心的方向奋进。

（二）着力完善体制机制

高等教育的质量保障是实现粤港澳大湾区高等教育内部诚信、可比性及相互交流的基础。破解当前粤港澳高等教育合作存在的诸多体制机制障碍，为粤港澳大湾区高等教育集群发展提供政策与制度保障迫在眉睫。在欧洲政治经济的一体化进程中，以推进高等教育一体化而推行的《博洛尼亚宣言》为例。20世纪60年代，在世界高等教育国际化和欧洲跨文化学习研究风潮背景下，《博洛尼亚宣言》在意大利的博洛尼亚正式签订。在欧盟委员会的组织和指导下，“博洛尼亚进程”全力打造以目的性、合作性和国际性为特色的欧洲高等教育新体系。① 通过建立学历和资格互认制度、外部评价机制与学校内部保障体系、欧洲学分转换和累积制度等机制，打通了欧洲各国之间的制度通道，增强了欧洲高等教育的凝聚力和竞争力。加大对粤港澳合作办学及广东高校与国外高校合作办学的支持力度，对香港、澳门高校在广东合作办学提供政策支持。为粤港澳大湾区高等学校招生提供政策倾斜，增加港澳高校在粤招生指标，探索面向“一带一路”沿线国家组建粤港澳大湾区高校招生联盟。推动建立粤港澳大湾区学历及资格互认制度，推动粤港澳大湾区优质教师资源的共享，推动三地高校间优质课程资源的共享，促进粤港澳高校的校际合作。在科研经费使用和人员往来上提供便利，设立专项研究基金，开展有关项目研究，建设绿色通道，为粤港澳高校教师的学术互访提供便利。

（三）深化高校教育综合改革

推动粤港澳大湾区高等教育集群发展，亟须开辟一条超越现状的道路，全面深化高等教育综合改革，坚持内涵式发展必不可少。围绕湾区经济产业提供一流的研究支持和人才支撑是当前的紧迫任务，而不是紧盯各种大学排行榜和基本科学指标数据库（ESI）。美国的斯坦福大学在创办初期正是紧握产学研结合不放松，鼓励创业、包容失败，方能成就今日辉煌，创造“硅谷神话”。结合粤港澳三地优势特色，一方面，三地可共建研究中心和产学研用一体化创新中心。广东高校多元化的学科设置让港澳学生有更多人性化选择，港澳高等教育更具国际化、现代化和信息化特色，能够为粤港澳大湾区培养更多高素质的人才，发挥粤港澳三地在高等教育、基础研究、产业链等方面的各自优势，通过布局重大科技基础设施、实验装置和科研平台，建设粤港澳科技产业园、深港创新圈、创新合作基地，推动粤港澳联合创新和成果转化。另一方面，建立粤港澳大湾区教育科技信息服务与合作平台十分必要。粤港澳高等教育交流与合作的信息系统

① 徐辉．“博洛尼亚进程”的背景、历程及发展趋势［J］．高等教育研究，2009（7）：100.

不健全是制约高等教育集群发展的重要因素。面向三地介绍各自教育资源特色，提升对港澳国际学校、广东特色专业和国际考试服务、资格认证等服务质量，加大宣传推介力度。发挥粤港澳科技界联系广泛的优势，联合进行研发工作，推动高校科技成果转化。另外，依托粤港澳大湾区高等教育集群，助推与世界一流大学开展教育、科研和成果转化的合作，与粤港澳高科技企业建立战略联盟的实体联合研发机构，实现大学、企业、市场、资本的有效对接和良性互动。华南理工大学在推动产学研结合、支持师生创新创业等方面颇有“斯坦福模式”做法，对珠江三角洲制造业起到很好的支撑作用，值得借鉴。

综上所述，教育乃百年大计，着眼于粤港澳大湾区建设这一新时代国家重大战略实施，高等教育责无旁贷。教育合作发展是粤港澳大湾区教育建设的基本路向，也是高等教育集群发展的应有之义。粤港澳大湾区拥有全世界最好的创新环境和条件，三地高等教育只有确立湾区意识共识，构建集群发展共同体，打造与创业者、企业、政府形成良性循环的湾区高等教育新模式，才能共创高等教育新价值。

粤港澳大湾区高等教育合作的先锋和典范：北师港浸大的办学成就及其质量保障体系的建设

北京师范大学－香港浸会大学联合国际学院　李建会*

摘　要： 质量是大学教育的生命。中外合作大学的特色就是把中外大学先进的办学经验结合在一起，形成一个以质量为核心的新的质量保障体系。北京师范大学－香港浸会大学联合国际学院作为一所参照《中华人民共和国中外合作办学条例》举办的首所香港和内地合作的大学，自办学之初就把质量放在首位，形成了以两所母体大学的定期评审等机制为特色的外部保障体系，以及以学校自身特色的质量保障为内容的内部质量保障体系。两种质量保障机制相互结合，实现了学校办学质量水平和层次的提升，成为粤港澳大湾区高等教育合作的成功典范之一。

关键词： 质量保障体系　北师港浸大　中外合作大学　粤港澳大湾区

北京师范大学－香港浸会大学联合国际学院（以下简称“北师港浸大”，英文简称UIC）由北京师范大学和香港浸会大学于广东省珠海市携手创立于2005年，是内地与香港参照《中华人民共和国中外合作办学条例》合办的第一所大学，是粤港澳大湾区高等教育合作的先锋。下面在简单介绍北师港浸大的历史发展和办学成就的基础上，说明这套质量保障体系的内容。

一、北师港浸大的办学成就

质量是大学教育的生命线，中外合作大学的特色就是把中外大学先进的办学经验结合在一起，形成一个以质量为核心的新的质量保障体系。作为粤港澳大湾区合作的第一所大学，自成立之日起，就坚持把本科教育作为核心，把教学质量放在第一位，目标是把学校建成一所高品质、国际化、非营利和公益性的博雅型大学，为国家培养熟悉中国国情并具有国际视野的创新型、领袖型和服务型的高层次精英人才。

建校14年来，北师港浸大从无到有，从小到大，从弱到强，形成了一个拥有美丽的校园，800多名教职员工，6 000余名学生，全国招生地区全部实现一本招生（广东省还外加综合评价录取模式），本科、硕士、博士和博士后齐全，在国内外都有一定影响的博雅型大学，成为粤港澳大湾区高等教育合作的典范。

* 作者简介：李建会，现任北京师范大学－香港浸会大学联合国际学院教务长，北京师范大学博士生导师，教授。

回顾14年的办学历程，下面这些成就可以说是具有里程碑的意义：建校第三年（2008年），时任广东省委书记、中共中央政治局委员汪洋莅临视察，并对学校的办学成绩给予高度评价；办学第四年（2009年），一本招生扩大至16个省市自治区；办学第五年（2010年），北师港浸大诞生首位剑桥大学硕士，并迎来首批法国交换生；办学第六年（2011年），诞生首位牛津大学硕士，并与美国明尼苏达州私立大学协会（MPCC）签订“合作备忘录”；办学第七年（2012年），首次颁授荣誉院士，与珠海市政府、横琴新区建立战略合作关系；办学第八年（2013年），在广东省实施招生改革，采取多元化的招生录取模式，同时在全国其他招生地区全部实现了一本招生；办学第九年（2014年），新校园奠基；办学第十一年（2016年），获教育部批准正式开展研究生教育；办学第十二年（2017年），新校园正式启用，研究生院建立；办学第十四年（2019年），中国科学院院士汤涛教授担任北师港浸大第二任校长，珠海市迎来首个全日制工作的院士。

本科教育一直是北师港浸大的核心，14年来，本科教育的水平不断提升，毕业生质量不断提高。到2018年，北师港浸大的出国/出境深造毕业生有811人，占参加就业的毕业生总数的67.92%，其中有481名学生进入QS排名前百名的世界名校，占出国深造人数的近60%，名列广东省升学率的第一名。

北师港浸大之所以能在这么短的时间内取得这样的成就，一个主要的原因就是北师港浸大建立了一套有自己独特特征的教学质量保障体系。

二、北师港浸大的内部质量保障体系

北师港浸大的质量保障体系包括内部质量保障和外部质量保障两部分。内部质量保障包括独特的管理模式、国际化的师资队伍、严格的专业评审、博雅型的课程设计、高质量的生源、高品质的教学、以学生为本的导师关顾计划、丰富的校园文化，以及良好的条件支撑系统等。

（一）国际化的管理模式

大学的管理模式是高校人才培养质量保障的一个重要方面。北师港浸大实行的是国际上通行的校董会领导下的校长负责制。校董会由北京师范大学和香港浸会大学各5位代表组成。校董会一般情况下每学期召开一次会议，对学校发展中的重大问题进行审议，并做出决定。校长由校董会通过全球招聘任命，校长对学校的学术和行政事务负责。学校除了一般的学术和行政机构之外，还设有各种委员会，委员会一般由各个学科的教授组成。学校的重大事项一般都要通过各种委员会做出最终决定。其中教务议会和校务委员会是学校的两个最重要的委员会，分别审议学校的重大学术事务和行政事务。两个委员会下面设有与不同的学术和行政相关的各种委员会，比如教务议会下面设有学术发展委员会、质量保障委员会、研究生学习和科研委员会、学生纪律委员会、学生申诉委员会等，校务委员会下设学校健康和安全委员会、教师和职员事务委员会、行政事务执行委员会、财经委员会、信息技术委员会、国际事务委员会等。

（二）国际化的教师队伍

高水平的教师是教学质量保障的最重要因素，因此，北师港浸大非常重视教师队伍

的建设。北师港浸大按照香港浸会大学的标准及程序在全球招聘教师。学校现有师资来自30多个国家和地区，以教学为主，兼顾研究与服务。学校现有教职员工868人，其中教学人员428名。428名教师中，31%来自海外，34%来自港澳台地区，35%来自内地。讲师以上职称的教师大多是毕业于国外或香港名校的博士，尤其是新引进的专任教师。北师港浸大现有6 000名左右的在校生，因此，师生比例为1∶14，在国内属于较高的师生比。

（三）严格的、国际化的专业评审体系

专业是开展本科教育的学科平台。良好的专业可以吸引到更加优秀的生源。北师港浸大非常重视本科专业的建设，所有专业从计划建立到最终获批招生，都要经过严格的和国际化的专业评审。专业的发展首先由学部的专业规划团队提出新增专业计划，然后由学部的专业管理委员会讨论，再提交学部委员会讨论；通过后，上报学校的学术发展委员会讨论，发展委员会如果认为专业规划和建设可行，再报学校的质量保证委员会，对学科专业现有的师资和质量保障进行讨论，通过后，提交学校的教务议会讨论。教务议会通过后，提交香港浸会大学的质量保障委员会讨论表决，最后提交香港浸会大学教务议会讨论和表决。北师港浸大也需要把专业申请材料提交北京师范大学进行评审。如果两个母校通过，学校把相关学科的申请资料上报教育部评审和备案，备案通过后，该专业方可在全国招收学生。

（四）国际化的博雅型的课程结构

教学质量保障的核心部分是课程的设置和教学。北师港浸大根据香港浸会大学的课程标准，设置了以博雅教育理念为指导的课程结构。博雅教育的目标是培养既具有广博的知识、学问、能力，又具有良好的道德修养和服务意识，身体健康、人格完整的创新型、领袖型、服务型高层次人才。因此学校设计了专业教育与通识教育、全人教育以及国情国学教育相结合的课程体系。专业教育包括专业核心课程、专业选修课程和自由选修课程。专业核心课程42学分，专业选修课程18学分，主要学习专业的基础知识和专业发展的知识。自由选修课可以选择本专业的课程，也可以选择其他专业的课程。其中，如果自由选修课程和专业选修课程选择得当，学生除获得主修专业的证书之外，还可以获得一个辅修专业的学习证书。

国情国学教育目的是培养学生了解中国国情和中国传统文化，心系中华，胸怀世界。目前开设了中国传统思想的现代诠释、百年中国、中国文化经典解读、中国传统文化欣赏（音乐、诗歌等）等课程，另外还通过举办国庆国学研讨会、中华文化创意大赛、国情国学研习营、中华义理大讲堂等活动，增强学生对国情国学的了解。

全人教育（简称WPE），又称全面教育，关注每个学生的智力、道德、体能、社交、情感、审美和精神潜质的提升。旨在帮助学生塑造性格，广泛学习社会知识及技能，养成独立思考能力和解决个人问题的能力，形成崇高的道德意识和社会意识。通过设置一系列体验式学习模块来发展北师港浸大全人教育课程。主要课程包括体验拓展、情绪智能、体育文化、艺术体验、义工服务、环境意识和逆境管理等。每门课程1学分，学生需要选修4门课程。

（五）高质量的生源

高质量的生源是高质量人才培养的基础。吸引并招收高质量的生源对北师港浸大来说是头等大事。学校高度重视招生工作，校长亲自抓招生，全校教师参与招生。学校还通过各种形式（比如，举办全国各地重点中学校长论坛、家长论坛，全国重点地区和重点中学宣讲会等），建立遍布全国的招生网络。目前学校实现了在全国招生地区一本招生，在广东省实现了多元化的招生改革。广东省的考生一方面可通过参加自主招生考试，按照“631”的模式（高考成绩占 60%，自主招生考试成绩占 30%，高中学业成绩占 10%）报考，也可以通过提前批报考北师港浸大（考分须在高优线以上）。

（六）高品质的教学

高水平的学生培养是通过课程教学实现的，因此高品质的教学是北师港浸大教学质量保障的最核心的部分。北师港浸大全面实施了以成效为本的教与学（outcome-based teaching and learning，OBTL）以及标准参照的评价模式（criterion-referenced assessment，CRA）的教育改革，教学过程实现以“教师授课中心”到“学生学习中心”的过渡和转化。通过改革，学校课程设计、教学模式、评价标准实现了与香港乃至国际的接轨，增强了学校以及学生的国际竞争力。同时，在教学过程中大力调动师生互动积极性，使师生能随时了解自己在教与学中所处的阶段和预期目标，并做到及时调整改进；促使教师根据学生反馈的学习需求不断更新教学方法与教学内容，从而令课程教学设计更科学，学生的学习体验更多元化。

学校采用全英文教学，为了解决学生间的英语水平差异问题，使学生都得到全面的培养，英语语言中心采用多维立体的课程设置，按照学生英语学习能力和提升速度进行分类，并根据他们所分属的级别不同订制他们所属的级别英语课程。学生入学时统一参加英语级别测试，以测试结果作为分班依据。大学二年级以上学生以此前学期的英语成绩高低作为分班的依据，所有学生均统一编至小班教学。个别英语学习遇到障碍的学生可以通过英语语言中心组织的英语俱乐部活动，以及苗圃关顾计划在外籍助教的帮助下跨越障碍，排除学习和生活乃至心理方面遇到的困难。这些探索为学生英语学习与提高提供了多种途径和较大的发展空间。

为了更好地促进每位教师高质量的授课，学校每学期末安排全校性的网上教学质量评估（teaching & learning evaluation，TLE），了解学生对教师的教学能力、态度、责任心及教学方法优劣的看法，让教师了解学生的学习成效和反馈，评判教学成果是否达到预期学习目标。教师可查看其所授课程的评估结果，以便针对学生的意见反馈做出改进和优化其教学。系主任和院长亦会对本专业或本学部所有课程的评估结果进行审阅，与教师共同讨论相关问题，以提高教学质量。教学质量评估年度报告将详细分析学生反馈，其后分别呈递予北师港浸大及香港浸会大学教务议会审阅。同时，评估结果及教师的反馈将作为教职工绩效评估参考指标之一。此外，为进一步改善教学质量，各学部或教学单位会根据本部门情况组织期中教学评估，以帮助教师适时调整教学计划，促使学生的学习成效达到预期目标。

为培养学生的国家化视野，学校还通过国际交换生项目、国际暑期课程、海外实习等形式，使学生对国际上的高水平大学的教育有切身的了解。

（七）严格的教学管理

科学的教学管理是确保教学质量提升的重要保障。北师港浸大全面实行学分制，并采用平均绩点（GPA）的办法来评价学生的总体学习水平。平均绩点是学生成绩的总体指标，是体现学生学术表现的重要指标，还是学生考试获得的所有绩点总和除以所有应获学分总和所得的结果。学期平均绩点（sGPA）是某学期学生获得的学习成绩；累计平均绩点（cGPA）是学生大学期间，累计学习成绩的绩点总和除以累计应获学分总和的结果。平均绩点反映了学生的总体学业成绩。为了激发学生的学习积极性，北师港浸大的毕业要求和学位证书类别都与 GPA 挂钩。完成学校课程所要求学分，且累计学习成绩（cGPA）超过 1.67 的学生，可获得毕业证书；如果完成学校课程所要求学分，且累计学习成绩（cGPA）超过 2.0 的学生，可获得学士学位证书；GPA 在 3.6 ~ 4.0 之间，学生可获得甲等荣誉（first class honours）学位证书；如果 GPA 在 3.0 ~ 3.39 之间，学生可获得乙等一级荣誉（second class division Ⅰ honours）学位证书；如果 GPA 在 2.5 ~ 2.99 之间，学生可获得乙等二级荣誉（second class division Ⅱ honours）学位证书；如果 GPA 在 2.20 ~ 2.49 之间，学生可获得三等荣誉（third class honours）学位证书；如果 GPA 在 2.0 ~ 2.19 之间，学生可获得合格等级（pass）的学位证书。

在学习过程中，如果某个学生某一学期平均绩点（GPA）为 1.67 ~ 1.99 之间，则该学生会受到学术警告一次；如果某个学生某一学期的平均绩点（GPA）在 1.67 以下，则该学生会被做出留校察看的处理；如果某个学生连续两学期的平均绩点（GPA）低于 1.67，则该学生会受到勒令退学的处理。当然，以上处理条款，通常经由学校教务议会（senate）做出最终决定。

（八）导师关顾计划

学生是大学教育的核心。关爱学生，以学生为本是北师港浸大的重要指导思想。导师关顾计划就是体现这一思想的制度措施。导师关顾计划是新生开启与学校联系沟通的重要渠道，由导师（所在专业的教师）、朋辈导师（高年级学生）和组员（新生）三部分构成，每个小组 10 ~ 20 名组员。导师、朋辈导师对新生的生活、学习、心理、课外活动等方面给予关怀和辅导，帮助新生早日适应学校的国际化教育模式和学习生活环境。同时导师亦会分享他们的专业知识和宝贵经验，培养学生对专业的认识，以及推动其个人的成长。

（九）丰富多彩的校园文化

良好的校园文化不仅可以丰富学生的日常生活，而且为学生的学习提供良好的文化环境。北师港浸大非常重视校园文化建设，不仅由学生成立 60 多个学生兴趣社团（其中有 20 多个特色社团），而且定期开展多种学术和文化活动。各学部、全人教育办公室、通识教育办公室、英语语言中心、中国语言文化中心等机构定期或不定期举办各种学术活动和文体活动，四维教育协调处也经常举办创新创业大赛、高桌晚宴等活动。这些活动丰富了校园文化，使学生获得了很多课堂外的知识和能力。

（十）良好的条件支持

良好的办学条件是保障人才培养质量的重要方面。经过 14 年的发展，北师港浸大

不仅拥有了一个美丽的校园，而且办学条件显著改善。学校拥有藏书（尤其是外文藏书）丰富且学习环境良好的图书馆，拥有先进的教学实验室、电子教学平台，有良好的实习基地，有能容纳千人的大学会堂，有条件良好的恒温体育馆，有能举办各种学术和文艺活动的演艺厅等。学校的经费也优先支持教学。

三、北师港浸大的外部保障体系

北师港浸大不仅重视内部质量保障体系的建设，而且非常重视外部质量保障的建设。比如，两个母体学校会定期对学校整体的行政与教学质量进行评审；所有专业的设立要通过两个母体学校的专业审核；建立校外评审官制度，通过校外评审官对学校的教学质量提出意见建议；建立顾问委员会制度，让顾问委员会委员对学校的建设做出建议；此外，校友会和家长会也对学校的健康发展提供意见和建议。

（一）两个母体学校对学校整体的行政与教学的评审

北师港浸大自创办之初就完整地引入了香港浸会大学教学质量保证体系，对教学过程实行全程监控，以确保卓越的教学效果和质量。同时，香港浸会大学作为北师港浸大毕业生的学位颁授机构，定期对北师港浸大进行院校评审，以确保北师港浸大教学和行政的有效运作。自2005年UIC建校以来，至今已进行了六次的审核（2007年7月、2008年12月、2010年5月、2011年12月、2014年3月、2017年3月）。最新的评审在2019年9月启动。

为了全面有效地审核UIC的教学质量和行政效益，评审小组由香港浸会大学负责质量保证的副校长为主席，其他十多位成员包括香港浸会大学的教务长，香港浸会大学校内和来自海外的资深学者。评审小组严格按照香港浸会大学学术与管理的标准，对北师港浸大的教学与管理工作进行审查，以确保学术和管理标准的有效执行，并提出改善建议。

除了香港浸会大学定期对学校的教学质量进行评审之外，北京师范大学和香港浸会大学还联合对北师港浸大进行评审。联合评审范围结合香港大学教育资助委员会质素保证局评审指南及中国中外合作办学机构自我评估书，制定北师港浸大联合评审内容。评审双方结合国内国际标准，从不同视角共同对北师港浸大进行实地考察，沟通交流，对北师港浸大的特色和优势进行总结，同时指出办学过程中的不足，提出改进建议。

（二）所有专业的设立必须通过母体学校和教育部的审核

北师港浸大所有专业的设立除了学校内容的层层审批之外，还必须经香港浸会大学和北京师范大学的审批。比如，北师港浸大理工科技学部成立“数据科学与大数据技术”时，香港浸会大学2016年委派六位专家组成评审小组，对理工科技学部的“数据科学与大数据技术”专业的建设提案进行了评审。该小组成员包括四位来自中国香港、中国台湾、新加坡的学术专家和两位北师港浸大的校内专家。在为期两天半的评审过程中，评审小组分别与北师港浸大的学校管理层、理工科技学部院长、专业策划团队、学生、潜在用人单位等利益相关方进行会晤。同时，评审小组也对学部师生的科研能力、学术成果以及该专业为学生提供的学习环境进行了评估。综合以上各方面的评审结果，评审小组认为成立“数据科学与大数据技术”专业顺应了当下中国对数据科学家需求

激增的趋势，也对该专业清晰的目标设定表示认同，并认为数据科学与大数据技术的师资力量、办学条件等都达到了专业设置的标准。文化创意学部成立音乐表演专业时，北京师范大学委派专家小组对音乐表演专业设置的必要性和学科实力进行了为期两天的实地考察和评审。专家小组肯定了该专业设置的必要性，也肯定了学校在音乐教育方面已有的成就，同时也对今后专业的建设提出了中肯的意见和建议。

（三）校外评审官制度

为保证每个专业的教学水平和成果与香港浸会大学的教学质量标准保持一致，北师港浸大于2007—2008学年建立了校外评审官（external examiners，EEs）制度。在每个专业开设满三年开始，香港浸会大学将委派教员担任北师港浸大对应学部、教学部门或者课程的校外评审官。校外评审官职责包括：审查教学及评估材料；就复核考试评价情况提交书面报告；就荣誉学位分级的安排及不合格的个案进行仲裁；视实际情况，亲访北师港浸大与师生直接交流。经过多年实践，北师港浸大在学术质量保证方面取得诸多成果，获得香港浸会大学的认可和好评。从2010—2011学年，校外评审官制度由“全面审批模式”转为“复核模式”，即仅对教学考评情况做随机抽查复核，并就有关问题提出意见及建议，北师港浸大会做出针对性的回应，以确保教学质量达到更高的水平。

（四）顾问委员会

北师港浸大各学部均设立顾问委员会，由7～15名校内外成员组成。校外成员来自内地、香港、澳门、台湾等地区的政府和专业领域，而校内成员则为学部的教学成员，且不超过委员会总成员人数的1/3。为帮助学部了解社会需求和对学部未来发展做出规划，顾问委员会每年必须至少召开一次会议，内容包括：学部专业的目标、结构和内容，与学部相关的研究和咨询活动，市场需求和毕业生就业，学部及各专业的发展和管理所需的资源等。顾问委员会的意见和建议对学部了解社会需求、契合国家发展、提高办学质量具有非常重要的意义。

（五）校友会及家长会

北师港浸大非常重视校友对母校发展的意见，学校支持校友在各地成立校友会，并鼓励校友通过校友会对学校的发展建言献策。校友会职能主要包括：增进校友彼此的联系；了解校友彼此的动态；使校友们知悉母校的发展动向，为母校的建设和发展建言献策。

北师港浸大特别强调家庭、社会、学校、学生四维一体的教育。四维教育中，家长是非常重要的一环。为促进家长走进校园参与学生的教育，学校专门设立多个平台如家长网页、新生家长论坛、四维家长通讯、校长与家长见面会、家长联谊会等。通过这些平台，使家长和学校密切联系起来，家长的意见可通过多种途径反映到学校，以促进学校教育教学的改革。

四、结语

卓越的教学质量是北师港浸大一直追求的目标。北师港浸大过去十多年取得的巨大成就与其打造的严格的内部和外部质量保障体系是分不开的。相信在新任校长汤涛院士的带领下，北师港浸大能为国家培养出更多高质量、高层次的精英人才。

创新工科人才培养机制，助推教育现代化建设

——新工科人才培养协同与综合模式的探索

中山大学智能工程学院　蔡铭*

摘　要： 新工科建设中最关键的是人才培养模式的探索与实践。中山大学近年来全面布局、重点规划，大力发展新工科。其中以中山大学智能工程学院、航空航天学院、生物医学工程为代表的新工科学院围绕广东省加快转变教育发展方式，打造南方教育高地的战略目标，将教师的科研引导与学生的自主实验充分融合，建立教学资源优化、实践手段突出、实践基地丰富、学生主动学习、具有扎实理工科基础并与国际化企业实际相结合的新型工科培养环境，满足广东率先实现现代化和产业结构转型升级对新型工科人才的需求，成功地实践了新工科拔尖人才培养的新途径，形成了新工科协同与综合的人才培养创新模式，取得了良好的效果。

关键词： 新工科　人才培养模式　协同　综合

中山大学一直以来是文理医见长的学校，最近几年乃至近十年正大力发展工科。介绍分为四个部分：一是学校简介，着重中山大学工科发展情况；二是我们对新工科人才培养模式的探索；三是这种探索的效果和应用推广的情况；四是新工科探索的几点体会。

中山大学历史追溯可以从 1866 年博济医学院开始，1924 年成立国立广东大学，1926 年更名为中山大学。1999 年建设珠海校区，开始多校区办学，2001 年与中山医科大学合并，2004 年在广州大学城建立了大学城校区，2015 年开始建设深圳校区。一直到现在，中山大学形成了三校区、五校园的格局，其中广州校区以传统文理医优势学科为主要发展领域；珠海校区发展深海、深空、深地学科；深圳校区发展医科和新型工科。这样多校区格局，既为粤港澳大湾区输送了丰富的人才资源，同时也使中山大学获取了非常多的办学资源。

中山大学最明显的办学特色是综合性，学校现在共有 62 个学院、10 所附属医院，文理医工同步发展是最大特色，此外研究型、开展型也是中山大学办学的显著特点。这几年中山大学取得了一定的发展成果，特别是除了保持在教育部人文社科基金全国第二位和国家社科基金全国第三位的排名之外，国家自然基金也是连续三年排在全国第二位。19 个学科领域进入 ESI 世界前 1%，其中有两个学科进入 1‰，工科学科也已经接

* 作者简介：蔡铭，中山大学智能工程学院副院长（主持工作），教授。

近进入1‰，大约达到了90%，可见中山大学的工科近年发展的速度之快。中山大学的人才培养目标是德才兼备、领袖旗帜、家国情怀。德育与智育融合、学科与专业融合、本科生培养与研究生培养融合、第一课堂与第二课堂融合、科研与教学融合，这是中山大学人才培养一直坚持的“五个融合”，同时作为我校人才培养的基本理念和基本措施。中山大学工科的发展要追溯到曾任校长黄达人时期，他在2003年开始创办中山大学工学院；2005年理论与应用力学专业并入工学院；2007年能源与动力工程专业成立；2011年生物医学工程专业转入工学院开始招生；2015年中山大学决定大力发展新型工科，重新规划布局工科学院与专业；2017年，由工学院孵化成为智能工程学院、航空航天学院、生物医学工程学院，这三个新工科学院同时也是深圳校区新型工科建设的重要组成部分。

我们进行新工科人才培养模式的探索，就是基于这三个学院联合完成的成果。该成果形成了“新工科拔尖人才协同与综合培养模式的探索与实践”，目前已经获得广东省教学成果一等奖公示。此人才培养模式的主要内容是从中山大学多学科交叉综合性大学聚焦到新工科人才培养的综合和协同模式，着重在四个方面进行突破，使工科人才培养能够深化产学研的三维协同，能够加强学生、教师和工程师的三方联动，促进科学、人文和工程的交叉融合，并强调在人才培养过程中的体系化、科研化、信息化、国际化、实战化和个性化。

具体来说，是以问题导向梳理人才培养问题和解决方案。11个工科学院基本都是在近几年才开办的，所以比起传统的工科学院，它的底子比较薄，但同时也可以做比较好的顶层规划，使得工科发展能够迎合甚至主动引领整个科学技术的发展。面对大数据、大工程、大健康的新兴产业带来的新工科人才供给不足，我们做好顶层设计、明确定位。这几个专业都在创办时，就与传统专业设立的方向和定位有所不同，传统交通工程是以土木为主，但是我校的交通工程专业在2003年创办的时候就以智能交通、绿色交通为主要发展方向。理论与应用力学是传统专业，依靠航空航天、重大工程结构完成从理科到工科的转型。由于中山大学有很强的医科，生物医学工程专业在面向医院的医疗仪器、生物传感、生物材料时能够达到比较新的定位，也能够为专业的发展提供强大的新动力。专业定位好基因就好，整个人才培养体系才能够持续发展。

除了基因好，后天的多方协同和联动培养也十分重要。做好新工科人才培养平台，一定要将工科协同联动，产学研联合，还有学生、教师和工程师的三方联动充分结合。此外我们实行了工程硕士“双导师”制度，建立了43个高新企业实习基地、13个省部级实验室，同时聘请了55个名校外工程师/兼职教授对学生进行全面指导。学生大三升大四的时候都要进行生产实习，生产实习逐渐地成了一门课，学生不能自己找，必须在签了联合实习的基地里找，并且至少实习一个月，连暑假一起可以达到三个月。经过三个月的实习，我们发现学生在大四变得爱学习了，考研的学生和想读研的学生也越来越多。我们调查原因，第一是他们进入公司后经过1～3个月的实习，发现工作这件事和他们此前设想的不一样，他们认为自己理解掌握的理论知识无法应用到实际工作中。他们也发现本科生进入公司的起点相当低，做的很多工作都是重复性比较强的。因此燃起了学生继续深造的愿望。读研率每年以10%的幅度在递增，现在的读研比重已经达到

60%以上。我们也鼓励学生进入科研实验室，只要学生愿意，在大三、大四都可以加入，约有80%的本科生能够进入省部级重点实验室进行学习。

针对工科学生的科学基础较弱、人文知识较少，我们实施了交叉融合、六化并重的措施。借助中山大学强大的学科交叉资源，学校设立了通识课程，有核心通识课程和一般通识课程，共六个模块，我们挑选了和工科交叉的理、医、法、商等来丰富工科人才培养的内涵，促使学生的综合素质得到提高。

针对工科的教学实践理科化、形式较单一的特点，我们设计了一套工科实践教学体系，这个实践教学体系被称为渐进式分层实践教学体系。体系将实践课程分为3~4类，第一类是基础实验，以理、化、生、计算机为基础，主要给学生基本技能锻炼；第二类是专业实验，这是培养学生的专业技能；第三类是工程应用实验，让学生参与到行业应用中，提高他们的工程技能；第四类就是上面提到的鼓励学生进入科研实验室，提高他们的创新技能。以交通工程专业来说，我们建立了基础、综合、创新点线面结合的一套模式，通过基础的试验点，把它们串成综合试验线，再到最后让它们能够有一个创新的实验思维。根据这个思维，我们在去年申请成立了广东省交通工程实验示范中心。

中山大学工科教师工程项目尤其多，对于工科教师重项目轻教学的问题，怎么样使教师们能够回归到教学一直是我们探索的重点。为此我们采用了督导结合、营造氛围的措施。中山大学成立了一个非常强大的督导团，要求对所有的课程全覆盖。这个全覆盖指的是每一位教师教授的每一门课都必须有督导去听过，而且督导最主要的不在于督，而在于导。听课后一定要跟教师直接地沟通，讨论改进的方案。这是学校要做的。学院要做的第一项工作是将这个再扩展，让培养的每个环节都有引导，包括课堂的督导和第二课堂课程设计、毕业设计等。第二项工作是不仅仅评价教学工作量，还要评价教师的教学质量。通过学生的教学评价、督导的教学评价和第二课堂教学建设、教学成果来综合评价教师的教学质量。绩效不再是以学时定，而是以教学质量来定。同时倡导师德师风建设，使教师以育人为荣、以教好学生为荣，学生以学好为乐，这样才能有比较长效的机制。

在这样的措施下我们取得了一定的成果，以生物医学工程为例，三年来本科生发表SCI论文32篇，申请国家发明专利16项。每年拿到的国家级科学竞赛奖也在中山大学中名列前茅。我们创立的自有品牌的科技大赛也吸引了广东省很多高校前来参与，例如智能车挑战赛等。毕业生深造率得到提高，用人单位对毕业生的满意度也比较高，达到了98%。力学的读研比例达到了67.7%，交通工程今年的读研比例也接近75%。教学资源辐射与实验教学平台示范效应显著，成立了4个省级实验教学中心。我们也得到了一些教学论文和教学改革项目。

最后总结一下在工科人才培养方面的几点体会。我认为，要做好新工科人才培养，首要目标是定位为服务社会，因为新工科最终是要满足社会经济需求的，这样基因才会足够好；其次新工科人才培养应充分注重产学研结合、多学科交叉；此外，一定要注重工科中的实践教学环节；最后一定要营造良好的氛围，以督导为辅，更重要的是形成良好的人才培养氛围。

地方理工类高校新工科建设的改革与实践

——以东莞理工学院为例

东莞理工学院　马宏伟*

摘　要：新工科建设是新一轮科技革命和产业变革推动下高等工程教育改革的“中国方案”。地方理工科高校的新工科实践发展应确立服务区域产业创新、全面提升人才培养能力、构建大学发展新模式、打造高水平区域创新体系等目标价值。东莞理工学院通过“7 强化 +7 着力”的实践，探索了产学融合创新的地方高校新工科建设模式。

关键词：地方理工科高校　新工科建设　产学融合创新

新工科建设是科技革命、产业变革和新经济蓬勃发展对高校提出的新要求，更是中国由高等工程教育大国迈向高等工程教育强国的必然要求。两年以来，在教育部强有力推动下，新工科理论研究和实践扎实推进，新工科建设在专业、项目、高校和资源等方面进行了重点布局，取得了显著的阶段性成效。① 新工科建设既需要在宏观层面提供一种具有普适性的认识框架，以整体推进中国工程教育的改革发展，同时更要注重新工科建设的情境性，只有将新工科具体内涵的理解嵌入相应的区域需求和高校情境之中，探索新工科具体形态，才能切实推进新工科建设的纵深拓展。

地方理工类高校作为新工科建设的重要力量，亟须以新工科建设为契机，全面研判区域社会经济和产业发展对人才的新要求，以全面提升学校人才培养能力为核心点，主动对接区域经济社会发展需要和产业技术创新对人才的要求，大力推进和深化产教融合、校企合作、协同育人，深化人才培养体制机制等改革，切实提升人才培养能力，并以此来带动学校其他工作的改革创新。在推进新工科建设过程中，应坚持扎根地方，改变传统高校办学过程中所遵循的学科逻辑，切实以区域产业需求为导向，密切跟踪区域产业需求变化，革新办学理念、改进人才培养模式、优化体制机制，将服务、支撑乃至引领区域产业创新发展作为新工科建设的出发点和落脚点。

作为一所创建于 20 世纪 90 年代的地方理工类高校，东莞理工学院在办学过程中始

---

* 作者简介：马宏伟，东莞理工学院校长，教育部“长江学者”特聘教授，主要从事力学、高等工程教育等研究。

① 吴爱华，杨秋波，郝杰．以“新工科”建设引领高等教育创新变革［J］．高等工程教育研究，2019（1）：1－7．

终坚持改革创新，在工程教育改革方面进行了系列探索与实践，初步形成了“7 强化 + 7 着力”的产学融合创新模式。

一、强化需求导向，着力解决产业创新发展关键问题

服务区域产业创新发展需求是地方理工类高校新工科建设的鲜明导向。东莞理工学院位处广深港澳科技创新走廊核心节点，粤港澳大湾区的国家布局，中国散裂中子源、松山湖材料实验室等为代表的大科学装置平台，华为等代表的一批高科技企业及先进制造业集群为学校提供了“大湾区、大平台、大产业”的独特优势。

学校坚持以区域产业创新发展需求为导向，在办学理念、人才培养目标、学科专业设置、师资队伍建设等方面的改革中，始终遵循现代产业发展需求逻辑，聚焦解决产业创新发展关键问题、行业企业共性技术问题，全面推进教育教学改革创新。学校凝聚各方共识，以“支撑引领制造业创新发展”为办学使命，确立“以卓越的创新教育与实践造福社会”的价值追求，以“守正出新、登高致远”为核心战略思想，树立“知行合一、立德树人、追求卓越、创新实干”的人才培养理念，为新工科建设与改革提供了持续而强劲的内生动力。

二、强化整体推进，着力加快新型高水平理工科大学建设

建设新型高水平理工科大学是地方理工类高校新工科建设的核心目标。广东自 2015 年起，相继颁布了《中共广东省委、广东省人民政府关于加快建设创新驱动发展先行省的意见》（粤发〔2015〕10 号）和《关于加强工科大学和理工类学科建设服务创新发展的意见》（粤发〔2016〕1 号）等文件，在全国率先推进和实施高水平理工科大学建设战略，着力打造 7 所新型高水平理工科大学，切实改变广东整体高等教育发展水平尤其是高等工程教育实力与广东经济发展不相匹配的问题。

学校以建设高水平理工科大学为契机，深入落实和贯彻新工科建设理念，将建设新型高水平理工科大学作为学校推进新工科建设的核心目标，积极探索大学发展新模式。2015 年以来，先后组织编制《高水平理工科大学建设规划（2015—2020 年）》《高水平理工科大学建设战略构想（2018—2035 年）》《争创一流本科教育 2025 行动计划》等，进一步明晰学校办学定位，强化以新工科建设与发展为突破口和资源配置依据，着力打造“一流的应用型人才培养体系”“一流的教师队伍发展生态体系”“一流的科技成果全链转化体系”和“一流的智慧教育服务管理体系”，全面支撑新型高水平理工科大学建设。

三、强化重点突破，着力提升现代产业学院水平

新工科的成功实施，亟须重新设计一个能集成教育理念、教育内容、教育方法、管理制度体系和保障体系立体的、全面的、全新的平台。[①] 为打破传统遵循学科逻辑的二

---

① 叶民，孔寒冰，许星. 新工科实践路径探讨：基于扎根理论的 CDIO 转换平台建构［J］. 高等工程教育研究，2018（4）：11 – 17.

级学院建制模式桎梏，切实贴近和适应区域产业需求，全面推进新工科建设，迫切需要实施以产业需求为鲜明导向的新型组织建制模式。实践证明，现代产业学院已经成为地方理工类高校推进新工科建设的有效载体。

东莞理工学院自 2011 年起，将现代产业学院建设作为高等工程教育改革的突破口，已建成华为信息与网络技术学院、西门子智能制造学院等 7 个现代产业学院，通过企业资源三导入、专业建设五共同、实践教学四层次、学生发展三方向，成功探索了“三五四三”产教协同育人模式。现代产业学院建设，有力破解了地方高校新工科人才培养供给与产业需求脱节矛盾，实现了学校办学零距离与产业技术创新互动，使课程体系、教学内容、实践教学改革成为有源之水、有本之木，学生按照工程逻辑获得多元化学习体验，“双师双能型”师资队伍建设能够扎实生根，是学校人才培养链与地方产业链深度对接的关键纽带，成为学校全面深化教育综合改革的有力抓手。

四、强化学科支撑，着力打造特色学科专业集群

新型新兴学科专业集群是地方理工类高校新工科建设的基本支撑。学科专业是人才培养、科学研究和社会服务等活动开展的平台。随着新一轮科技革命和产业变革的加速推进，学科专业发展由分割独立转向跨界交叉融合成为新工科建设的基本要求。

东莞理工学院紧密对接区域先进制造业集群等新兴产业集群，通过打造龙头学科集群、培育新兴学科集群和发展特色学科集群等方式，构建了由智能制造、绿色低碳和创新服务为核心的三大学科集群，重点推进东莞理工学院—西门子智能制造创新中心、3D 打印与智能制造研究院、中子散射技术工程研究中心、环境生态工程技术研发中心等 11 个重大科技创新与学科交叉融合平台建设，组织“工业 4.0 行业应用解决方案”“面向 3C 行业的轻量级专用机器人及其控制系统”“金属材料增材制造装备”“工业控制网络安全”等一批产业核心技术攻关，开展“多物理谱仪”“非结构化环境下智能机器人应用技术”“地表水体水生态修复技术”等科技产业前沿项目研究，带动学科交叉融合，初步形成了支撑引领区域产业创新发展的新工科建设生态。

五、强化师资基础，着力建设“双师双能型”教师队伍

“双师双能型”师资队伍建设是地方理工类高校新工科建设的基础性工作。新工科建设需要在教学理念、课程体系、教学内容、过程质量等方面的综合推进，而这些最终取决于师资队伍水平。

东莞理工学院始终坚持人才强校战略，建立人才引进快速决策机制，按照“新工科—产业”矩阵分层分类设计了人才引进和培育计划、学科领军和骨干人才的校内外引育计划、产业精英人才与创新创业团队和校长特聘人才引育计划；建立人才特区—科技创新研究院，进驻东莞松山湖大学创新城，紧紧围绕智能制造领域新型学科专业群和重大项目、重大平台建设，改革人才聚集机制，面向国内外多渠道多方式引进既具有国际前沿核心技术又具备产业背景的复合型人才和团队，引导人才直接服务行业、企业，集聚支撑引领产业发展的核心战略资源；加强人才引育国际化，在加拿大温哥华设立东莞理工学院—溢思得瑞海外创新中心，在美国达拉斯设置海外高层次人才工作站；突出

能力导向，强调对产业技术升级的实际贡献，不断健全学校青年教学科研人才选聘和储备机制，初步构建了由师德师风长效机制、全过程培养培训体系、教育教学能力提升计划、人性化服务保障建设构成的“四位一体”高素质教师队伍发展生态体系。

六、强化评估考核，着力实施教育教学质量评价改革

教学质量评价改革是地方理工类高校新工科建设的关键抓手。全面推进新工科建设，主要目的是提升高等工程教育的整体质量。新工科建设背景下，教学质量的内涵是什么、如何评价教学质量等问题就成为深化工程教育教学质量改革的关键性问题之一。其中尤为关键的是推进评价标准创新，具体而言，新工科建设评价应改变传统的以论文发表、奖项级别、纵向课题经费等为核心指标的考核评价方式，应以服务区域重大战略需求、产业创新发展等为导向，以专利申请、成果转化、技术服务、横向经费等为关键指标，建立以“贡献度、满意度、认可度”为主要衡量标准的新评价体系。①

东莞理工学院高度重视教学质量评价改革，着力推进以服务支撑产业为导向的评价标准和评价方式改革。在科研管理上，为了提升服务支撑乃至引领区域产业发展的使命要求，学校逐步改变传统的单纯以发表《科学引文索引》（SCI）论文、基本科学指标数据库（ESI）排名等核心指标的考核标准，更为重视发明专利、服务企业技术创新的横向课题经费、科技成果转化等关键指标在评价中的权重；教学工作评价中，在审核评估强调的适应度、保障度、有效度、满意度基础上，构建了包括二级学院教学质量指数（TQI）和教师课程教学质量系数（CQI）的“两数”为核心的教学质量评价体系，坚持过程与结果相统一、定量与定性相结合，有力促进了学校教学质量的提升，推进了新工科建设的有序、高质量开展。

七、强化机制保障，着力落实政产学研用合作

政府主导、多主体协同的政产学研用合作机制是地方理工类高校新工科建设的有力保障。作为实施高等工程教育改革的重大举措，新工科建设需要政府、高校、企业、科研院所、行业等多元主体的共同参与，构建科学高效的协同机制，打造工程教育改革的价值共同体。

东莞理工学院坚持面向社会、开放合作，构建了具有“莞工特色”的政产学研用多主体参与的协同机制，有力保障了新工科建设的顺利开展。一是资源投入协同机制。在资源投入上，利用“三级办学、两级管理”办学体制的灵活性优势，在办学资金投入上，形成了由省市投入为主、学校自筹及校友捐助为辅的多元资金来源结构。二是人才培养协同机制。创建由政府、企业、行业等多元主体参与的专业建设委员会、教学指导委员会，在学科专业设置、人才培养方案制定、课程设置、教学方式、教学质量评价等方面，加强学校与其他主体合作，推进产学深度融合创新。三是科技创新协同机制。充分利用区域优质创新资源集聚优势，依托学校优势学科专业，创建了以东莞理工学院散裂中子源多物理谱仪、生态环境工程技术研发中心、激光先进智能制造工程技术中心

① 郑文. 广东特色新工科：背景、内涵与探索［J］. 高等工程教育研究，2018（4）：25-28.

等为代表的重大科技创新平台，大力推进科技协同创新，为区域产业创新发展提供强有力的人才支持和智力支撑。

八、存在的不足与进一步思考

新工科建设在取得明显成绩的同时，也存在专业建设与改革力度还不够、教师参与新工科建设动力还不足、产教协同机制还不完善等亟待解决的问题，亟须进一步开拓创新，深入探索更加科学合理的新工科建设之路。未来应紧扣新工科建设主线，加强工程教育改革创新，以新工科建设引领学校综合改革创新。

一是加强顶层设计，构建新工科建设价值共同体。紧紧围绕区域产业创新发展和高等教育版图调整的变革趋势，深刻把握新工科建设的目标内涵和功能定位，形成地方政府及其机构的行政链、产业和组织化公司的生产链及研究和学术制度组成的科技链的耦合协同机制和价值共识，构建互利共赢的新工科建设价值共同体。

二是把新工科建设作为学校创新发展的重要契机和打造一流本科教育的关键一招，围绕立德树人根本目标，根据学生配置资源，以人事体制机制改革为突破口，以改造升级传统专业、建设新型新兴专业为抓手，以现代产业学院内涵建设为载体，以新工科专业优质课程和教材建设为核心，以教师考核评价制度改革为保障，以实验教学改革为支撑，全面深化人才培养体制机制综合改革，着力推进新工科“学科—专业—课程”一体化建设，打造新工科建设与发展的良好生态。

三是推进治理体系和治理能力现代化，优化与完善适应新工科建设的体制机制。新工科建设是基于新产业、新技术、新模式、新业态快速发展，从理念、模式、结构、体系、质量等多方面进行的全面改革。高校应树立理性思维、综合性思维和复杂思维，协同推进学科专业布局调整的决策机制、人才引育和人事管理体制、绩效考核机制、教学运行与管理机制等综合改革，破除管理体制机制的突出瓶颈，推进治理现代化进程，为新工科建设提供强有力的制度保障。

四是对接区域现代产业体系布局，打造新型工科学院。地方理工类高校应紧密对接区域优势重点产业，优化调整学科专业结构，整合区域优质创新资源，在传统二级学院之外，建设一批面向产业技术创新需求的新型工科学院。以新工科建设的新理念、新标准、新模式、新方法推进人才培养机制改革，对标国际一流的工程教育质量标准，以便为区域创新体系建设提供有力的人才支撑。

五是应进一步推动企业积极参与新工科建设。要跨越高校、企业、政府之间的组织边界，切实寻求不同主体共同利益的兴奋点，构建协同创新的分工合作模式，尤其是激励和引导企业把行业技术标准及技术创新目标导入人才培养的全流程，在课程目标和教学评价标准的制定、教师工程能力培养提升方案制定、教学环节嵌入业界标准等之中发挥行业企业工程师、高级管理人员等指导、咨询、决策等作用。与此同时，地方政府要出台鼓励企业参与高校新工科建设的金融支持、税收优惠等专项政策，把企业技术改造升级与高校专业改造升级在政策上结合起来，切实打通“最后一公里”，真正把人才培养链和产业链、创新链结合起来，形成新工科建设的社会合力。

面向 2035 的高校“书院制”改革的探索与创新

广东工程职业技术学院　胡新*

摘　要：随着教育改革的深入和高校办学规模的扩大，高校的管理逐步走向现代化和规范化，一些高校已经或正在将管理模式由传统的管理转为“书院制”，并进行了有益的尝试和探索。高校“书院制”的模式与职能该如何定位是教育管理的新课题。“书院制”其本质是高校给予“书院”相当大的权力和自由，在遵循教育规律的前提下，围绕高校办学的总体要求，自主确立“书院”的管理，行使对教育资源的管理权。其职能主要包含贯彻实施、服务师生、协调关系和内部管理四方面职能。实行“书院制”后，高校的教育教学工作重心下移，其管理效能和优势得到充分显现：管理层次得到简化，行政权威得以强化，高校目标得到细化，内部管理得到协调，竞争意识得到加强。2019 年要在实践中大胆改革，不断创新，开创“书院制”教育模式的新局面。

关键词：“书院制”　探索与创新　高校　教育改革

一、前言

20 世纪 90 年代，随着中国改革开放大潮的迅猛发展，教育改革得到深入的发展。这些原因导致高校的办学规模不断扩大，特别是一些重点高校的规模办学更是突飞猛进，甚至一些普通高校的办学规模较以往有了很大的拓展。因此，高校的管理模式的变化被众多的高校提上重要的议事日程。一所高校要走向现代化和规范化，就得更新原有的管理理念，去借鉴高等院校实行的科学分层管理。于是一些高校尝试采用“书院制”这种模式，到现在已经过多轮的实践和摸索，初步形成“书院制”体系，积累了一定的“书院制”经验，使得教育教学水平和高校的教学质量得到很大程度的提升，“书院制有助于全面发展的优秀人才的培养”①。

虽然不少高校设立了“书院制”，但工作职责、权限、管理模式存在很大缺陷，没有做到真正地深入到学生教育第一线。但随着形势的飞速发展，高校的“书院制”管理也得到进一步完善，使之适应时代的潮流，焕发新的活力，需要在今后的实践中继续大胆改革，不断创新，开创“书院”管理的新局面。

---

* 作者简介：胡新，广东工程职业技术学院人文艺术学院教授，研究方向：教育管理。

① 孟彦，洪成文．我国大学书院制发展之思考［J］．高教探索，2017（3）：13－17.

二、高校“书院制”的创新探索

（一）对教师管理的创新

“书院”重视教师思想的提高。要育人，须先正己。不仅要正己，更该使自己的思想上升到一个更高的层次，也就是要树立科学的人生观，有献身教育的事业心和为国家培养合格人才的高度使命感。不仅对课堂的教学工作负责，还要对课外生活负责；不仅要对学生在校内负责，还要对学生毕业后的岁月负责。“书院”通过各种形式的培训学习，树立“师表”形象。有助于教师工作能力的提高，加深理解，凝聚人心，换来“人心归向，上下团结”的良好局面。只有具备良好的师德，教师才可能成为学生心中的榜样，才能影响教育好学生。

“书院”重视教师拓宽知识面。教师知识面越宽，思路越开阔，创造力就越强。因此，“书院”加强教师业务学习和教育理论的学习，鼓励教师通过自学、继续教育等多种渠道获取知识，拓展知识面。调动全体教师的积极性，实行全员管理，对教师的创新管理可以在“书院”的统一管理下创造性地开展。每位教师成为“书院”工作的管理者和决策者，增强教师的参与意识和主人翁意识。尊重每一位教师，为他们提供展示才华的机会，让他们都能享受成功的愉悦体验。“书院”应在高校的各项规章制度的基础上，广泛征求意见，再有针对性地细化各项制度，使制度科学化、人性化、具体化，更应具有可操作性。

（二）对学生管理的创新

“近年来，国内部分高校在传统学生教育管理模式的基础上开始推行书院制，师生互动则是书院制模式下贯穿课堂内外的重要内容。”① 对学生的管理工作是一项育人灵魂的启迪事业，这就要求管理者在管理过程中要有应对时代要求的科学态度，要有与时俱进的指导思想方针，要有不断创新的进取精神，要有“温柔而坚定”的先进管理理念，对“书院”学生的创新管理，才能适应新形势下学生的发展需求。“书院”在对学生的管理过程中，认真分析学生的差异性，针对不同特点的学生，采用不同的管理方法。在“书院”的日常管理过程中，要树立全员服务意识，建立一个完善的管理网络，教师、学生、家长为协助责任人的管理网络。学生管理工作应尽可能地做细、做实，以便能够及时了解学生的思想动态，发现学生所存在的问题，能够及时有效地处理问题，做到在“书院”内解决问题，让学生家长放心，让社会满意。上下团结，内外一心，全面掌控学生的各种状况，以实现“书院”的良好发展。开展系列活动，让学生在体验中健康成长，让学生以喜闻乐见的方式进行，以实现对学生的思想教育。既使学生学会了做人做事，又使学生学会了感恩，懂得了回报。他们在活动中既得到了锻炼，又在体验中明白是非道理。

营造和谐学习氛围，有利于陶冶学生的情操，净化学生的心灵，激励学生积极进

---

① 董卓宁，曾煜．多学科视角下的书院制师生互动研究［J］．黑龙江高教研究，2017（2）：98－100.

取、勤奋学习，引领学生全面发展，健康成长。对一名学生来说，优美的自然环境、整洁的教室学习环境、和谐的人际环境以及健康的舆论环境，能潜移默化地影响学生的情感、思维、行为、习惯以及气质的形成。“书院”尽量使学生在学习中明确学习的目的，端正学习态度，形成浓厚的学习氛围，创设良好的育人环境。学生互帮互学，可以在课堂上相互切磋，也可以在课余时间相互为师，相互激励。这样既增强了同学之间的合作意识，强化合作行为，提高了学习水平，又有利良好人际关系的建立。学生在这样的育人环境中生活、学习，定会身心愉悦，健康地成长。

（三）对学科建设的创新

面对新形势、新要求，“书院制”如何开拓创新学科建设，寻找一条具有现代特点、符合“书院”实际发展的新思路，提高“书院制”学科水平，是每个管理者必须面对而又亟须解决的问题。只有在管理理念、方法上不断创新，学科建设才能开创新的局面，才能形成自己的特色，符合时代的要求，适应新形势的需要，满足人民的愿望。随着教育改革的不断深入，学科建设的针对性、全面性越来越明显，当然对承担学科建设任务的教师的素质和能力的要求也就越来越高。所以，教师加强学习，以提高思想、学识、能力等方面的修养，来提高学科建设水平。

（四）对评价机制的创新

多年来对教师的评价基本上都是对教师教学分数的结果评价。随着时间的推移，特别是在教育改革后，这一评价的手段则相对被淡化。在新形势下变结果评价为过程评价，以实现对整个过程的监控和管理，“书院”在这方面做了创新和尝试。把师德评价的主动权给学生，让学生指出问题，帮助教师改正。这一评价方式一定程度上促进了教师的不断完善、不断成长。把教学评价的主动权给师生，让师生相互评议，共同提高。评价一位教师的教学水平的高低，不能由校长或“书院”领导说了算，更不能由某一教师或某一学生说了算。对教师的教学评价要做到公开、公平、公正。学生的评议重点应为：教师的教学态度是否认真，教学内容讲解是否清楚，教学方法是否新颖，教学语言是否好懂，反馈评价是否准时。教师的评议重点是：教学目标是否准确、教学内容是否恰当、教学设计是否合理、教学组织是否有序、学生状态是否积极、教学艺术是否精湛等。

“书院制背景下，学生评价制度创新应坚持强调整体。”① 为了实现对学生公平、全面、恰当的评价，促进学生全面发展，实现教育改革目标，保障学生身心健康成长，“书院”应变革传统评价，力求评价创新实用。变传统功利性评价为现代发展性评价，传统的学生评价唯分数论，评价标准用分数“过秤”，一味关注最终结果，忽视学生是发展中的人，造成评价氛围和人际关系紧张，导致学生畸形发展，迈向读死书的胡同，高分低能的人层出不穷，不利于学生的身心健康和后续发展，也不利于国家对创新型人才的需要。在“书院”提倡现代发展性的评价，以学生素质的可持续性提高为最终目

① 陈晓斌. 书院制背景下高校学生评价制度创新研究：以南京审计大学为例［J］. 南京审计大学学报，2017（2）：94－101.

的，学生是成长中的人，促进学生的全面健康发展。变固定模式化评价为形式多元立体评价，以往对学生的评价，常基于固定模式：评价形式在学期期末以家庭报告书呈现，形式单一。这样的评价既有失公允，又致使敷衍塞责，把对学生的评价搞成千人一面。评价内容以成绩为中心，忽视学生个体的差异发展。而实施多元立体评价，就可以扬长避短，对学生进行公平公正的评价。这种开放、平等、民主、协商的评价方式能让教师和家长更加了解学生，根据不同的情况采取不同的教育方式。在多元化评价中，学习成绩只作为评价的一部分，更多的则是关注学生待人处事、操作技能、行为习惯等综合能力的评价。

三、高校“书院制”管理的职能分析

“书院”是教育管理体系中的基础层，肩负着承上启下的管理重任。因此，“书院”的工作应围绕高校的计划，落实各项工作，“书院”有以下几个方面的主要职能。

（一）贯彻实施的职能

高校应认真贯彻落实党和国家的方针、政策，正确执行上级主管部门的决议和指示，全面实施教育管理；根据教育教学规律、社会的需要和高校的实际情况，组织制定高校发展的远景规划、近期目标、学年和学期各项工作计划以及各项工作指标并组织实施。职能部门把计划按照内容具体分解到“书院”，再由“书院”布置落实到教师和学生以及“书院”的所有教育活动之中。所以“书院”在这一过程中起了贯彻实施的作用，所贯彻实施的内容主要包含以下几个方面。

第一，高校的各项规章制度。高校的规章制度是根据高校的具体情况组织制定的。“书院”作为高校的基层组织，须遵守高校的各项规章制度。不管是在平时的管理中，还是在“书院”相关政策的制定中，都必须以不违背高校的规章制度为前提。

第二，校领导的指令。校领导是高校的决策者，经常参加上级主管部门的教育教学工作会议，带回上级主管部门的会议精神，有些会议是突然召开的，会议精神也是新的。在此形势下，校长以指令的形式把任务下放到“书院”，“书院”就应不折不扣去落实。

第三，“书院”本身的决议。“书院”会在一学期中开展多种类型的活动，这些活动往往是由“书院”拿出具体的方案，然后具体实施，如考试、运动会、才艺比赛、演讲比赛等。

（二）服务师生的职能

服务师生是“书院”工作的一项重要职能，也是“书院”的义务。在日常工作中，“书院”应深入到教师和学生中，及时了解教师的工作状况、思想动态，了解学生的学习情况。遇到问题，应尽力帮助他们把问题解决，使得他们能够无后顾之忧，全身心地投入到工作中去。

“书院”对师生的服务内容包括：为“书院”师生选择征订各种教辅资料，组织师生参加各种学习活动。为了提升教师的理论素养，可以定期组织教师聆听一些专家的讲座；为提高学生的实践能力，可以带领学生到业绩优秀的高校去学习、研讨，借鉴他们的成功经验；可以组织“书院”学生聆听成功者的报告，帮助他们学会做人、学会学

习。在教师的工作和学生的学习、生活过程中，一定会遇到很多的问题，如教师教具的配备、办公条件的改善、学生的伙食等。对于这些问题、意见、要求，要和他们一起考虑合理性，想方设法把问题处理好，使“书院”的广大师生满意。

（三）协调疏通的职能

由于“书院制”是高校部门管理横向的综合管理层，上达校领导，中达各职能部门，下传到各班级，和高校的各部门、班级就构成了立体管理。“书院”在日常的工作中，应该处理好以下几方面的关系。

首先，与各个职能部门的关系。“书院”在开展具体工作时，一定要取得各个职能部门的支持，多听听其建议，这是工作顺利开展的保证。“书院”在高校的各种规章制度下自主地开展工作，既要遵守执行各种规章制度，又要根据本“书院”的实际和特点制定出填补高校空白的措施和制度，做到“书院”和各个职能部门形成合力而齐抓共管，这样就会取得事半功倍的效果。当然，这样的关系协调，不能单靠“书院”去完成，也需要高校各职能部门的理解、配合。

其次，与教师的关系。在协调与教师的关系上，对教师除了工作的安排布置、管理监督、严格要求外，还要维护教师的根本利益。既要敢坚持原则，还要敢承担责任。在工作中，既不能被部分教师的意见所左右，又不能不顾及多数教师的正确建议和意见而一意孤行。

再次，与班级和同学的关系。班级是高校最基层的单位，是学习组织活动、开展教学、实施决策的基本组织实体。因为高校的一切管理的效果最终都要通过班级去体现，所以“书院”的管理要以班级管理为依托，以班级管理为核心，让班级去落实“书院”所布置的各项工作。“书院”对学生要关心其生活，多去听听他们的意见，还要给他们一些相对独立的自主权，更多地为他们着想，多为他们排忧解难，使他们能够和“书院”心往一处想，使得“书院”的各项工作能够顺利圆满地开展。

最后，与家长的关系。“书院制”一个重要的目的就是提高高校的竞争力，扩大其在社会上的影响。要实现这一目的，还要借助社会力量，特别是学生家长的力量去推动，对“书院”的工作起到很好的监督作用。“书院”在工作中也要尽可能去争取学生家长的理解、支持、配合，使得“书院”能够顺利地实现既定的目标。

（四）内部管理的职能

内部管理也是“书院”的最重要的职能，每一个“书院”都是一个窗口，其管理效果的好坏将直接影响高校的形象，严重的甚至影响到高校的社会信誉度。所以在“书院制”中，内部管理丝毫不能放松。其中既包含对“书院”事务的管理，更包含对人的管理，主要表现为以下几点。

第一，对教师的管理。“书院”对教师的管理，主要包括教师的聘任和课务的安排、教师的教育教学过程管理、对教师履行职责的督查、对师德师风的建设和团队意识的培养、对教师的业务能力的培养和提升等。

第二，对学生的管理。对学生的管理也是“书院制”中最烦琐的管理，管理内容包括以下几点：学生学习过程的管理，主要包括学生的学习状态、学生学业成绩的分析、学生自主学习时间的督促等；学生生活常规的管理，学生行为习惯的培养和思想品

德教育，主要包括对学生的养成教育、道德品德教育、纪律教育以及正确的价值取向教育等。

第三，对班级的管理，主要包含班风、学风建设，班级教育教学工作目标的管理，帮助其实现工作目标；做好班级与班级之间关系的协调工作，促进班级和谐发展。

第四，对“书院”本身的管理，主要包含细化教育教学工作目标，提出实现“书院”教育教学工作目标的具体措施。对“书院”进行阶段性督查，并做出总结。

四、高校“书院制”模式的优越性

实行“书院制”模式之后，“书院”的地位和作用在高校中不断得到彰显。高校的教育工作重心下移到“书院”。经过近几年的实践，“书院制”的效能和优势已得到充分显现。

（一）简化管理层次，提高管理效率

“书院制”模式与传统的教育管理模式相比，管理层次得到了简化。在管理过程中重心下移，政策的制定和方案的执行都融合在一个整体之中，摆脱了传统的教育管理模式所导致的脱节现象。把教学体系与教育体系合而为一，由“书院”统一布置、落实，克服了各自为政、各行其是的现象，使高校的教学和教育真正地相互关联，相互渗透，凝结成一条主线贯穿始终。管理的层次简化了，管理过程中的关系理顺了，当然有利于教育管理效率的提高。

实行“书院”的管理模式后，领导被下放到了“书院”，这就大大地缩短了领导和群众之间的距离，增加了接触的机会，便于领导了解下情，同样也便于教师反映意见，提出合理化的建议。在“书院”中，领导和普通的教师由于“书院”这一中间的特殊机制紧密地联系在一起，教师有什么意见能及时地反映给领导，有什么困难或问题也能得到最快的解决，有助于干群关系的改善，这就更好地落实了高校制定的目标、政策。

（二）细化工作目标，以小见大求真知

以育人为根本，以教学为中心，以质量为生命，面对全体学生，全面贯彻教育方针，是所有高校的共同目标。面对高校这样大的一个总体办学目标，该如何去实现呢?这就必须要对目标加以细化，加以分解，逐步地去落实。把总目标分解成多个细小的目标，下放到各个“书院”。各个“书院”再根据小目标制定相应的措施，寻求实现小目标的方法，以求“书院”目标的实现。如果各个“书院”的目标都能准时顺利地实现，那么高校的工作目标也就会顺利地实现。

随着教学教育改革的深入开展，高校的管理体系更体现其组织机构的严密性、目标行动的一致性、调节控制的全局性。对高校的领导来说可能会从中获取管理决策的新思想、新办法，“书院”的这种协调可以是随时、随地的。“书院”管理直接具体，尽量避免问题的扩大化，尽量使关系得到完美的协调，以促进“书院”内各项工作的有序开展。

（三）强化竞争意识，推进教育改革

竞争，对个人来说，给我们现实的追求目标，赋予我们一定的压力和动力，能最大限度地激发我们的潜能，提高我们的学习和工作效率，使自己在竞争中、比较中客观地评价

自己；对集体来说，能使我们的集体更有生气，更有活力，增添学习和生活的乐趣。

一个公平、有序的竞争局面对高校的改革推进定会有积极的作用。一般情况下，规模较大的高校都有若干个“书院”，在工作中谁也不甘落后，各个“书院”就像在一个个起跑线上的运动员，都去争先，为“书院”赢得荣誉，“庸者下，能者上”。这样在高校内部也就形成“书院”之间比、学、赶、超的良好竞争氛围，有助于高校改革的推进，也有助于教育管理水平的提升。

（四）实现三位一体，利于教育社会化

高校、家庭、社会教育“三位一体”是高校教育追求的目标之一，但是在以前的传统管理模式中，以学业的成绩为主要目标，以教学为主要载体，在这样的管理体制下，学生的学业成绩是第一位的，这导致高校、家庭与社会的“三位一体”的目标很难实现。高校教学管理要满足教师个性化要求，充分发挥教师在教学中的积极性和创新精神的一种管理方式。这种管理模式是以学科教师为中心的，其主要具有人本性、主体性、社会性三方面的特征。

“书院制”则以实现学生的全面发展为目标，改变了以前单纯重视学生学业成绩的做法，有利于学生德、智、体、美、劳全面发展；同时“书院”的模式极大地加快了青年教师的成长步伐，便于青年教师的成长。“书院”一手抓教学，一手抓德育；一手抓学生，一手抓家长；一手抓学生学习，一手抓社会实践。人性管理是把人的发展作为根本出发点，充分认识和把握人的本性，遵循人的认知规律，充分引导和满足人的正当需求，善于理解和把握人心，最终赢得人心，取得人的信任和管理的主动权，从而实现集体和个人的共同发展，这样就使得高校与家庭、社会达到了有机的结合，“三位一体”教育得以实现。

五、结语

“自2005年复旦大学启动书院制试点以来，十余年间我国内地越来越多的高校开始现代大学书院的实践探索。”[①] 在“书院制”探索的过程中，由于一些主、客观条件的约束，也出现了一些问题，诸如追求自身的短期效益和局部利益、违背教育规律等问题。正如那句格言所说：“发展中存在的问题，要在发展中解决。”高校教育是一种培养人的活动，人的潜力是无穷的，调动教师和学生的积极性，激活他们的潜能，使他们处于一种积极的状态，充分发挥“书院”师生的内在潜能和主动性、积极创造性，以求更好地达到目标。

---

① 何毅．现代大学制度视域下的大学书院制研究［J］．现代教育管理，2018（6）．

大思政背景下高校党建标准化考核机制设计与应用

佛山科学技术学院　曾峥　卢建红　戴潭棋*

摘　要：基于大思政背景下，各高校努力探索在党建工作中全面推进标准化建设，把标准化的思维理念嵌入党建工作中，高校党建工作重点是考核机制的设计与推行。设计了考核机制“三结合”方式：实行日常考核与年度考核相结合，组织考核与群众评价相结合，定性与定量考核相结合，分析了实施党建标准化考核机制设计的有效性与认可度，探讨了推进考核中遇到的操作上的难点；通过在佛山科学技术学院的应用，取得了初步成效。

关键词：标准化　高校党建　考核机制　应用

近年来，在全面从严治党的新形势下，各高校在推进基层党组织建设制度化、规范化和科学化进程中，积极创新，努力探索在党建工作中全面推进标准化建设，把标准化的思维理念嵌入党建工作中。佛山科学技术学院在探索党建工作标准化中，着力运用标准化“简化、统一、协同、优化”的原理，发挥其可复制、可推广的优势①，积极实践把党章党规和习近平系列重要讲话中对党员、干部和党建工作的要求，细化为各项工作标准和管理标准，以构建系统化的党建工作制度、规范化的党建工作程序、高效化的党建工作方法、精准化的党建工作考核机制，着力提升党建科学化水平，切实落实全面从严治党要求，较好地“以学习提升本领，以规范夯实基础，以创新塑造品牌，以改革突破难点，以党建促进高建，以高建带动全面”，实现高水平理工科大学建设中期考核优异成绩。通过一年多的党建标准化的实践探索，我们认为在标准化视阈下高校党建考核机制研究是重点，也是难点，需要在实践中不断加以调整与完善，从而真正达到标准化、规范化。

---

* 作者简介：曾峥，佛山科学技术学院党委书记、教授；卢建红，佛山科学技术学院党委组织部长、副研究员；戴潭棋，佛山科学技术学院教师。

① 中共国家标准委党组关于发布《国家标准化管理委员会机关全面从严治党标准体系》的通知[EB/OL].(2017-03-06)[2019-10-15]. http://www.sac.gov.cn/sjgdw/sytz/201703/t20170306_232759.htm.

一、基于标准化视阈下党建工作考核评价体系设计

高校党建工作考核是指依据一定的原则、标准、方法和程序，对高校党建工作的进展和成果及其工作价值进行评估、衡量、考核、判断的一种行为，其目的在于以考核促建设，以考核促改革，考核与建设相结合，重在建设。[①]

（一）考核体系设计依据与原则

党建工作标准化基于目标管理、运行机制标准化，主要工作内容是依据党章、《中华人民共和国高等教育法》、《中国共产党普通高等学校基层党组织工作条例》（以下简称《条例》）、《普通高等学校党建工作基本标准》（以下简称《标准》）中规定的党建工作内容，以及中央、教育部出台的关于高校党建工作的相关文件等，考核体系设计要按照标准引领、实事求是、公开公正、分类指导的原则。

（二）基于层次划分方法的分类考核

《标准》将高校党建工作体系构建分为党委对学校工作的领导、领导班子建设、党的总支支部建设、思想政治教育工作、组织机构和党务干部队伍建设六个体系。基于高校管理分层次，学校党委履行的党建责任制工作由主管部门牵头组织进行，校内也按分类指导的原则，分为二级党委及党支部两个层次。根据二级党委以及党支部不同的党建标准，分别设立考核内容不同、组织形式不一的党建工作考核机制，使各层次党建责任落实到位，检验标准化的工作成效。

（三）考核指标与维度观测点

根据分类指导设计思路，分二级党委和支部，考核指标体系不同，考核维度以及相应观测点也不同。

二级党组织考核分为 9 个一级指标，主要内容包括领导班子建设、思想政治建设、基层组织建设、党员队伍建设、党风廉洁建设、领导群团组织、统战及人才工作、党建工作保障体系建设和主要业绩及工作创新；分为 27 个二级指标，每个二级指标列出详细的考评内容、具体的评分标准、考评材料和分值。

党支部考核分为 6 个一级指标，主要内容包括履行党建主体责任、党支部建设、党员队伍建设、开展党内活动、规章制度建设、工作业绩及成效；分为 16 个二级指标，包括考评内容、具体的评分标准、考评材料和分值等。

明确考评内容、每项内容细化观测点，作为评分标准，并规定辅证材料，这样使得考评指标体系具有可操作性。

近期，我们组织了学校党务部门负责人、二级党委书记、教职工党支部书记对学校党建工作考核评价办法进行调查问卷，收到 88 份有效答卷，问卷反映情况如下：答卷人员中支部书记占 82.95%、副高职称以上人员占 59.10%，他们对学校基层党建工作考核评价实施办法非常了解和比较了解的达到 91.89%，认为二级党委党建考评非常合理和比较合理的达到 97.73%，认为党支部党建工作考评非常合理和比较合理的达到 93.18%，认为考核方式与评分标准可行和比较可行的达到 97.73%。

① 文毅．高校党建工作考核机制探讨［J］．陕西教育（高教），2018（6）：45－49.

二、“三结合”考核评价方式设计

在新时期的党建工作中必须以改革创新的精神，积极推动学校党的建设工作发展，并不断在党建工作考核机制方面努力创新。

学校基层党建工作考核评价要落实“围绕中心抓党建”，“把抓好党建作为最大政绩”的工作理念，以全面从严治党要求为主线，实行日常考核与年度考核相结合，组织考核与群众评价相结合，定性与定量考核相结合，从严从实进行考核。

（一）日常考核与年度考核有机结合

年度考核以党建述职评议考核方式进行，二级党委向学校党委述职、党支部向所在二级党委述职，述职内容按照考评指标体系逐一展开，也侧重于党建工作创新点与成效，以党建促进业务工作的情况，以党建保证改革有力推进的情况；同时也对两级书记责任清单分别述职考评。日常考核对于二级党委主要以组织部门牵头、各二级党委交叉进行的方式，按季度或不定期进行考评抽查；对于党支部，由所属二级党委组织进行，也可由学校随机抽查。譬如，日常检查支部规范化建设的问题，按照牢固树立党的一切工作到支部的鲜明导向，紧紧围绕“组织健全、制度完善、运行规范、档案齐备、阵地达标、作用突出”的工作目标，逐项进行对照检查。

（二）组织考核与群众评价有效结合

按照考评办法，采用先自评方式。由各二级党组织做好本单位党建工作的年度总结，对照考核指标体系和评分标准逐条逐项进行自评，填写《基层党组织党建工作年度自评表》，撰写自评报告，自我评价打分。同时，学校组成考核工作小组，进行实地测评考核。到各二级党组织通过群众满意度测评、现场查阅党建工作相关资料、组织座谈、个别访谈等方式，对基层党建工作进行专项检查，按照考核评价指标体系进行评分，评分结果纳入基层考核评价结果。群众参与在于满意度测评、座谈会和访谈，同时日常考核监督中，如果有群众投诉等，视有关情况给予减少分值处理。

（三）定性评价与定量分析相结合

党章党规党纪主要以定性方式规定各类主体“可为”还是“不可为”的问题，推进基层党建标准化工作则以定量方式来解决“如何为”的问题，能够有效提高师生党员、干部对党章党规党纪的执行力。① 充分运用标准化的优化原理，发挥标准化具有明确目标值和定量要求的优势，把有关高校基层党建工作的原则性要求尽可能明确为量化规定。譬如，可量化方面，三会一课次数、党委会或支部组织生活会次数、理论中心组学习次数、党员发展数尤其是高知人员发展情况、参加学校重要会议出勤率、党员信息化系统建设情况，等等。围绕基层党建工作构建定性和定量相结合的考核指标体系，用标准将党建考核内容精细化，考核体系标准化。运用标准化的协同原理，用标准将党建工作与中心工作协调统一起来，促进二者深度融合，使党建效能达到最优化，使党建和业务协同推进。

---

① 黄乐富．“标准化”在高校基层党建质量提升中的作用探析［J］．标准科学，2018（6）：129.

三、考核评价的难点与成效

学校通过推进党建标准化工作，用考核体系标准评价学校基层党建工作成果、党建过程和规范，切实促使基层党建工作落实到位，同时促进高建工作不断提升。从学校党务部门负责人、二级党委书记、教职工党支部书记88份问卷调查可见，对所在单位党组织发挥作用的总体评价好和较好的达到94.32%，对身边党员发挥作用的评价好和较好的达到98.86%。但在具体操作上，也提出难点，亟待在实践中不断探索完善。主要体现在以下几点。

一是日常考核核查与年终实地考核相结合方面，日常考核与年终考核相结合的做法既有效解决了因听取汇报多、实地查看少和年底工作忙、时间紧造成的考核不充分问题，又避免了因个别基层党组织在年底“突击”、虚报材料造成的考核结果不实现象。在问卷中对于考核测评难点问题，有85.23%认为聚集于党建与业务工作如何结合不易把握的问题；有71.59%认为量化考核不好掌握，日常考核不定期，各二级党委把握容易造成标准不一等问题。

二是组织考核与群众评价相结合方面，二级党委、党支部的自评、考核工作组现场核查、年度考核述职等方式，体现组织考核的严肃性，对于群众评价，一方面在于到各二级党委测评时全体教职工及学生代表参与，群众满意度的调查；另一方面，通过发放测评表，教师、学生对基层党建考核打分，这样也有利于检验建设服务型党组织的成效。在问卷调查中也有部分提出群众满意度测评各二级党委分头进行，各二级党委师生对于党建考核办法理解程度不同，对于考核指标把握及观测维度掌握不同，提出了把握标准不同，群众评价可能难以完全客观、公正以及兼顾平衡等问题。

调查问卷反映的确实也是标准化、规范化党建工作推进过程中的难点，从理论到实践环节操作层面把握的重点，需要在实践中不断加以细化与完善。

四、标准化考核应用中注意的问题

“不断提高党的建设质量”是中国特色社会主义进入新时代条件下党对自身建设的新要求新思路，体现了以习近平为核心的党中央全面从严管党治党的鲜明态度、坚定决心和使命担当。高校基层党组织从提升党的建设质量出发，利用好标准化手段和工具，开展以标准化促进基层党建质量提升的探索和实践，为高校党建工作在实践中的改革创新拓展了空间。①

（一）把学校中心工作与攻坚克难任务完成情况作为党建工作考核的重要成效，解决党建与业务融合的问题

把党的建设责任制同学校发展的中心工作结合起来，一并部署、落实、检查、考核。在指标体系中二级党委第9个一级指标“主要业绩及工作创新”，观测点把党建工作与党的中心工作相融合作为重点；在党支部第6个一级指标“工作业绩及成效”中

---

① 王红艳. 高校基层党建工作责任制及考核评价体系研究［J］. 教育教学论坛，2017（29）：11－13.

两个二级指标"工作成效和推动发展"，评分观测点有"党支部战斗堡垒作用强，在本单位教学科研管理服务等工作中成绩显著，取得突破性成果和成绩，促进中心工作的发展"等方面，具体考核中细化有关量化要求。考核评价是风向标，在标准化党建工作中考核凸显党建与业务中心工作的融合，较好解决党建与业务"两张皮"情况。

（二）列出清单，表格量化，重视日常核查

标准引领，以责任清单、成效清单、问题清单、整改清单进一步强化党建工作。以二级党委书记责任清单、支部书记责任清单明晰二级党委书记的谋划领导责任和支部书记的贯彻落实责任。从责任清单看主体责任和"一岗双责"落实情况；从成效清单核查任务完成情况，看相关指标完成和党建重点工作推进程度与成效；从问题清单看突出问题是否找准，是否回避弱化[①]；从整改清单重点达到以评促建作用，对于日常核查发现问题应列入整改清单中，做出整改计划。

（三）实施信息化党建，促进标准化考核提升

在信息化背景下，党建工作依托信息化开展多种创新探索，近几年党员管理信息系统建立健全，使得党建基础性工作在系统中有所体现，目前有待于进一步推进，包括党员信息及时更新与补充，党员学习情况、奖惩情况，各支部"三会一课"等情况都需要的管理平台中及时录入与更新。在标准化党建考核中，借助于信息化，能较好实施定性分析与定量评价的有机结合，从而促进党建工作标准化、规范化、品牌化和信息化。

高校党建工作是学校工作的重要组成部分，在大思政背景下，如何利用好党建标准化，促进师生思想政治工作全面提升显得尤为重要。通过基于标准化视阈下开展党建考核工作，进一步扎实推进学校党建职责具体化、党建工作规范化、组织生活制度化、服务活动精准化，使高校党建工作与思政工作融合更为紧密。

---

① 洪承义. 关于基层党建述职评议考核工作的思考［J］. 党建研究，2016（8）：31－35.

基于强调实践教学类工科课程的高校青年教师教学能力培养

——以工程测量课程教学为例

深圳大学土木与交通工程学院　蒋志律　李伟文　刘军　丁小波　王险峰*

摘　要：伴随着中国高等教育事业的跨越式发展，青年教师的教学能力培养逐渐成为高校教学水平提高的关键。普通高校工科类基础核心课程大多强调实践教学环节，对青年教师指导实践的技巧和水平有较高的要求。本文以土木工程专业核心基础课“工程测量”为例，探讨新时代下强调实践教学环节的这类课程所面临的挑战、青年任课教师教学现状及提升青年教师教学能力的主要途径。

关键词：实践教学　工程测量　高校青年教师　教学能力培养

一、新时代下工程测量教学的挑战

“工程测量”是土木工程、工程管理及交通工程等工科专业的一门重要的专业基础课，是将测绘学的基本理论、技术和方法结合土木工程建设自身特点发展起来的一门应用学科，具有理论性与实践性、基础知识与能力培养兼备并重的特点。“工程测量”课程的目的是培养学生实践动手操作能力以及测图、用图等基本技能，为学生毕业后从事土木工程勘察、设计、施工等工作做好准备。随着现代技术的快速发展，测绘科技已迈入数字化、信息化和智能化的时代，测量仪器设备大量更新，测绘方法发生了革命性的变化①，传统的教学方法面临着新的挑战，需要与时俱进以适应新的时代。

（一）教学设备和教学内容与新时代的要求脱节

在测绘发展过程中，测绘仪器设备发展和进步起到重要的作用，所以必须将新仪器

---

* 作者简介：蒋志律，深圳大学土木与交通工程学院助理教授；李伟文，深圳大学土木与交通工程学院教授、学院党委书记；刘军，深圳大学土木与交通工程学院副教授；丁小波，深圳大学土木与交通工程学院讲师；王险峰，深圳大学土木与交通工程学院副教授。

本文系2017年广东省本科高校高等教育教学改革项目（教改项目）“强化实践与创新技能的‘工程测量’教学新模式”；2018年广东省本科高校教学质量与教学改革工程立项建设项目（“质量工程”项目）。教学团队——深圳大学土木工程测量教学团队。

① 覃锋．应用型本科高校《测量学》教学内容更新优化的探讨［J］．高教学刊，2017（20）：52-53.

设备的理论知识和应用的内容融入教学中。[①] 但是，目前高校测量实验室普遍存在测量仪器设备陈旧和老化等现象，多数还是传统的水准仪和经纬仪，未能与实际工程进行有效衔接，造成教学与实际相脱离的现象。基于16所高校的统计结果[②]表明，有6所高校没有配备全站仪，有4所高校的全站仪数量少于6台，台套数明显不足。教材内容陈旧、落后，课堂教学内容在很大程度上与实际工程内容脱节，已经难以适应现代建筑施工发展的需要。目前大多数教材仍然重点介绍微倾式水准仪，而这种传统水准仪在施工现场已被淘汰，作为主流的电子水准仪却极少或小篇幅介绍。课堂教学中对于现代测量技术所涉及的仪器设备如数字一体化测图技术、全球导航卫星系统（GNSS）、无人机测绘等内容介绍较少。若将这些当前测绘生产活动正在普遍使用或大力发展的现代测绘技术融入课堂学习中，无疑能够帮助学生在将来的工作岗位中做好各项准备工作，激发学生的学习热情，也可以为新仪器设备和新技术的广泛应用提供有力的保障。

（二）课堂教学方式须适应新时代教学改革

“工程测量”课程的教学一般由课堂学习、课内实验和综合实习三部分组成，其中课堂学习和课内实验往往交叉进行，共同组成课程学习环节，而综合实习一般放在课程结束后进行。《高等学校土木工程本科指导性专业规范》建议的学时安排为课程学习182学时，综合实习2周。[③] 工程测量的基础知识涉及大量概念，同时理论知识又成为随后的实践环节的重要基础。在有限的学时里，既要让学生掌握工程测量的基本理论，又要让学生具备实际操作的能力，还要让学生了解测量新技术和新仪器，这对任课教师提出了较大的挑战。由于学时偏少，学生在课内实验阶段未能熟练掌握仪器的使用，最终在大比例尺地形图测绘综合实习的表现也欠佳，时有发现学生在数据处理和报告撰写方面存在诸多的问题。为解决这些问题，教师须优化教学内容，合理运用教学手段，着力提高课堂效率，充分利用各种资源，改进实践教学模式，鼓励科学创新，促进土木工程专业工程测量的教学改革。

（三）培养适应新时代的教师队伍

由于测绘技术的快速发展，部分教师的知识储备急需更新丰富，尤其是青年教师的业务素质。现今是信息爆炸的时代，学生已有多种渠道获得相关领域的知识，相应的视野也在不断地扩展。而教师若不及时更新知识，提高专业业务素质，则在课堂上传授的内容就会较为陈旧古板，也不容易调动学生听课的积极性。“工程测量”又是一门非常注重实践的课程，教师需要时常与相关企业联系，甚至亲自在现场学习，才能真正提高讲课水平。青年教师作为教师队伍中最有活力的组成部分，对提高整体教学水平将会起到重要的作用。因此，学校应建立合理的培养制度，充分利用资源条件，尽快提高青年

---

① 卢成江，卢书楠．土木工程专业《测量学》教学改革实践探讨［J］．中国新技术新产品，2009（10）：227.

② 曾文海，周洪兵，袁波等．省级专业评估视角下的工程测量课程教学改革：以辽宁省工程管理专业为例［J］．测绘通报，2017（7）：147－151.

③ 高等学校土木工程学科专业指导委员会．高等学校土木工程本科指导性专业规范［M］．北京：中国建筑工业出版社，2011.

教师的教学理论与实践水平，同时鼓励他们为教学组发展创新的教学模式和教学方法。下文将就这一方面着重探讨高校青年教师教学能力培养的问题。

二、青年教师教学现状

伴随着中国高等教育规模的日渐扩大和跨越式发展，大量刚毕业的青年硕士、博士加入到高校师资队伍中，青年师资队伍逐年扩增，使得青年教师成为高校教师队伍的主力军。因此，高校人才培养的质量高低很大程度上取决于青年教师的教学能力，青年教师教学能力的培养与提升成为高校工作的重点。青年教师具有思维活跃、精力充沛、学习能力强的特点，并且普遍拥有高学历，理论基础扎实，熟悉专业的热点与前沿。总体而言，高校青年教师为整个教学队伍的发展起了积极的作用，具备成为一名优秀教师并承担教学改革任务的潜能。但是，青年教师教学能力的培养也存在一些问题，主要表现在以下几个方面。

（一）“重科研轻教学”倾向明显

由于目前我国高校的职称评审指标体系存在一定的“重科研而轻教学”的倾向，对青年教师在发表论文、研究项目、出版著作等科研成果指标上给予了过大压力，而忽视了青年教师对教学付出的努力以及相应的教学成果的肯定。对于一些科研任务较重的专业学科，这种现实利益的诱导使许多青年教师选择花费大部分精力在科研工作上，而对教学工作只是抱着敷衍了事的态度，目标仅是基本完成教学任务，有的甚至排斥教学工作。刚毕业的青年教师对教师职责缺乏深刻的认识，教学态度出现偏差，工作责任心不强。这种倾向将严重阻碍高校教学质量的提高，不利于青年教师自身教学能力的提升，使青年教师的教学能力培养缺乏实施的可行性，并成为一纸空谈。若放之不管，终将造成恶性循环，无法实现高校教师队伍整体的可持续发展。

（二）各项教学技能有待提高

新入职的青年教师主要为各学科专业毕业的应届研究生，他们在某一研究领域有丰富的知识和经验。但是，从学生转型走向讲台，不仅需要有理论知识，也需要有传授知识给学生的能力。大部分青年教师不是师范学院出身，无相关教学经验，缺乏教学技能的磨炼和教学实践经验，主要体现在以下三个方面。

1. 教案设计。“台上一分钟，台下十年功”，一堂课是否精彩，取决于课前准备是否充分，其中教案的设计更是关键。由于刚入职的青年教师在经过简单的岗前培训后，可能就要承担大量的教学任务，同时又有科研任务和学院公共事务等，这导致他们没有很多时间在课前设计课堂教学，在课堂上往往是随意讲课，未能很好地控制讲课节奏，把握好授课时间，教学语言的组织欠缺技巧，思路不连贯。在课堂教学结束后，也没有及时地总结教学经验教训，相应地调整教学方法。特别是对于“工程测量”这类理论与实践结合紧密的课程，若不能有效地进行课堂组织，很难让学生完全掌握知识点并能应用到实际操作中。

2. 多媒体教学手段。青年教师一般都能熟练地掌握计算机操作，能够充分利用集声音、图像、视频和文字等媒体为一体的多媒体教学手段。然而，青年教师有盲目使用的现象，过分地依赖多媒体，对传统的板书手段不屑一顾或者板书杂乱无章，导致学生

难以跟上教师的思路，知识掌握情况较差。① 青年教师在制作课件时，倾向于把书上内容简单地搬到屏幕上，将多媒体作为一种偷懒的手段。对于“工程测量”教学，多媒体手段的有效使用，能非常好地展示测量仪器的构造、工作原理和方法等。在较为理论的公式推导上，如误差传播定律的讲解，正确地使用板书手段能帮助学生更好地理解基本原理。

3. 语言表达能力。刚毕业的青年教师在研究生期间更多的是在科研方法、论文写作上的锻炼，口头表达也只是在课题组汇报或者专业会议上有所训练。然而，研究报告与课堂教学在语言表达上又有很大的不同。大部分青年教师基本是照本宣科，“满堂灌”的现象比较普遍。对于教学的重难点，无法用深入浅出的语言使学生理解和掌握，课堂上师生之间也缺乏良好的互动。有部分青年教师可能存在发音吐字不清晰、说话速度过快的现象，缺乏激情和必要的抑扬顿挫，使课堂显得枯燥乏味。对于“工程测量”这类工科专业基础课，采用通俗易懂、形象生动的语言将略显枯燥的知识点传授给学生确实需要大量的教学经验，对于青年教师也是一大挑战。

（三）职业道德观念淡薄

高校青年教师心理困惑突出，承担来自各方面的压力。在教学方面，需要花费时间和精力学习新的课程、搜集资料，编写课程讲义和教学课件；在科研方面，考虑到职称晋升问题，青年教师必须准备申报科研项目，整理成果发表论文，但往往由于经验不足、学术积累不够而感到力不从心；在生活方面，青年教师的薪酬不高，但同时又面临着组建家庭、养育子女、赡养父母等各种生活和经济压力。若没有处理好这些心理困惑，将导致青年教师的师德观念淡薄、奉献精神欠缺，无法全身心投入教学工作中。

三、青年教师教学能力培养途径

青年教师的教学能力培养是提升高校教学水平和落实教学改革的关键所在之一。根据以上高校青年教师教学现状的分析，应针对青年教师教学能力提升问题，发展多途径的培养机制，完善相关教学制度和职称晋升条例，提供积极良好的教学环境，从而推动高校教学的改革和发展。基于“工程测量”这类工科应用型课程，须采用多种方法和途径提升青年教师的教学能力。

（一）树立正确的师德观念

对于青年教师的培养，首先要让其认识到由学生向教师身份角色的转换，尽快适应教学岗位，树立正确的教育观念，在思想上认识到教师职业的神圣荣誉感，具备爱岗敬业的职业素养。青年教师在入职后有必要首先进行岗前培训，加强师德修养的学习，掌握新的教学方法、技能，为将来真正走上讲台做好充分的准备。通过“高等教育法规”“高等教育学”“高等教育心理学”“高等学校教师职业道德修养”等课程的学习，青年教师初步了解了高校教师的职责和基本教学技能，并建立正确的道德观、价值观。拥

① 李辉，刘婧，韩利华. 试论高校青年教师教学能力的培养与提升［J］. 教育与职业，2015（11）：66－67.

有了正确的师德观念，青年教师在将来面对职称评定或经济压力时，能够学会正确取舍，并能够逐步通过教书育人获取人生成就感。

（二）完善青年教师教学能力培养机制

高校应重视青年教师教育教学能力的培养，在政策上制定并切实落实合适的培养计划。以笔者所在的深圳大学为例，针对青年教师，制定了青年教师教学能力培养“薪火计划”。在准备阶段，学院导师团为青年教师选派导师，导师团组织听课，汇总青年教师存在的问题，提出改进意见，导师制定青年教师培养计划。之后，导师按培养计划在教学能力、师德师风、研究能力及实践能力等方面对青年教师进行培养指导。在培养期间，导师团组织听课，填写“听课评议表”，导师对青年教师的培养进展情况做小结报告。在为期 1～2 年的培养期之后，导师和青年教师共同填写“结题书”，并通过学院导师团和学校的考核。导师培养青年教师的工作经历及青年教师的培养考核情况将作为导师和青年教师年度考核评优的参考。具体的青年教师培养机制可包含以下内容。

1. 建立青年教师导师制。青年教师导师制是指由高校中教学表现优秀、教学经验丰富的教师对青年教师进行一对一指导的制度，是新时期的“传、帮、带”。在师德师风方面，导师帮助青年教师树立正确的世界观、人生观和价值观，热爱教育事业，遵守教师职业道德规范，教书育人、为人师表、爱岗敬业、勤奋工作。在课程教学方面，导师根据青年教师的知识结构和所承担的教学任务，制订培养计划，从教学准备、教学设计、教学内容、教学方法、教学技巧、教学调控、教学创新、实践能力等各个环节进行指导，检查青年教师备课情况。对于“工程测量”而言，由于教学知识点众多，很多青年教师在初期上课时不容易抓住重难点，这时教学经验丰富的导师通过指导能够使青年教师少走弯路，尽快找到适合自身的有效的教学模式和方法。青年教师须安排一学期听导师的课，并做好听课笔记，导师也须听青年教师独立授课不少于 4 课时。在“工程测量”教学时，以工程应用为目的，可适当进行内容优化。重要的概念和原理包括工程测量的概况、水准测量的原理与方法、角度和距离测量的原理与方法、导线测量的概念和方法、地形图的应用和施工测量等，这些内容需要着重讲授。同时，导师可以指导青年教师压缩一些相对过时的内容，代之以与现代工程接轨的测绘新技术与新方法。

2. 多渠道、多形式学习。在学校层面，组织多种形式的学习活动，提升青年教师教学能力。例如，采用集中培训、讲座、观摩、微课教学等方式，通过青年教师教改教研培养项目、讲课竞赛、海外跟教计划、师道论坛、师术讲座、师学课堂和师说茶会等多种渠道，从不同方面培养和造就一支具有良好的职业素养、业务精湛、教学水平高、教学效果好、创新能力强的青年教师队伍。学校也可以组织一些在全国大型讲课比赛中获奖的教师的教学示范课，为青年教师树立正确的教学模范，并逐步向优秀教师靠拢。在“工程测量”教学组层面，可鼓励青年教师利用假期参与实际工程项目挂职锻炼，并给予一定的经济补贴，以此尽快提高青年教师的实践水平，使青年教师的知识结构有显著提高。教学组内开展教师互听课学习制度，并且每次听课后要对主讲教师的优点和缺点进行点评。同时可对课程教案、PPT 课件、教学模式等方面组织教学交流活动，提出提高教学方法的有效措施。这样使青年教师尽快融入教学组中，虚心学习老教师的讲课经验，提高和改进教学方法。

3. 以科研促教学。由于现代测绘技术不断地高速发展，现有的课本内容相对于实际工程应用较为滞后。这时若能将最前沿的科研成果引入到课堂内容上来，会在很大程度上活跃课堂，激发学生的创新创造能力。青年教师在科研工作上思维活跃，具有较大的激情和动力。为了提高高校的教学质量，可鼓励青年教师在一部分科研项目研究方向上进行微调，提高科研与教学的关联性，强化科研及其成果服务于专业教学的理念。同时，高校也应相应地为青年教师提供科研活动与教学活动结合紧密的配套项目，加大对青年教师教学科研课题的经费投入。通过科研与教学相结合的方式，不仅可以解决青年教师科研压力大的问题，也可以提高他们的教学能力，促进教学改革。为了规范化和有效推进“以科研促教学”的模式，学校甚至可以将其纳入教师职称评聘的指标体系。

（三）激励青年教师的教学热情

从青年教师的需求出发，调动青年教师对于教学的积极性、主动性和创造性。高校管理者要从思想上予以重视，关心和尊重青年教师，根据“以人为本”的基本理念，制定出适合学校实际、能最大限度激发青年教师工作积极性的激励政策，注重青年教师的培训工作，最大化地帮助青年教师提高教学能力。首先，高校应给予青年教师继续深造学习的机会，以多种形式的培训来满足青年教师的发展需要。另外，高校应在公正公平的原则上建立合理的教师绩效评价体系，薪酬的多少应更多地与工作业绩挂钩，从而最大限度地调动青年教师的工作积极性。举办青年教师教学的基本功大赛也能在一定程度上调动青年教师在教学上的积极性，从而掌握更多的课堂教学技能，改进教学方法，达到提高教学水平的目的。为了体现青年教师教学水平，可将教学比赛评分标准分为教学设计、课堂教学和教学反思三部分，综合评分选出优秀的青年教师。对于获奖的青年教师给予一定的奖金，同时作为职称评定、优秀教师评选等的有力支撑。

充分调动青年教师的创新思维，鼓励他们申报教研项目，引入新的教学手段，提高课堂效率。例如，青年教师可在综合实习的基础上，指导学生申报科学创新类项目，利用已学的测量知识和新型的测量技术在校园开展新建建筑物的变形测量。青年教师往往具有更高的学习热情，能较快地吸收和利用先进的教学理念和教学工具，如思维导图的利用、大数据在课堂上的应用、“翻转课堂”教学模式等。青年教师也可利用自己的科研能力，基于先进的建筑信息模型技术（BIM）和虚拟现实技术（VR），构建工程测量仿真实训平台，将学生带入实际情境，直观动态地展示现场施工测量的全过程。在这一过程中，青年教师将会对课程的教学内容有更深一步的理解，也增加了有效的教学手段，使学生以人机互动的方式更快地熟悉测量流程。

四、结语

青年教师作为教师队伍中最有活力的组成部分，对提高整体教学水平将会起到重要的作用。以“工程测量”课程为例，为了使青年教师更快地具备教授这类实践性与理论性兼备的专业基础课的能力，须从学校和教学组层次建立多种青年教师培养途径，造就一支具备正确的师德观念、良好的职业素养、教学水平高、创新能力强的青年教师队伍。

对我国金融科技本科专业设置的理论分析

北京大学教育学院　曹帆　蒋承*

摘　要：我国目前金融科技人才缺口超过150万，面对行业处于高速发展状态、专业人才极为稀缺的严峻挑战，我国高校金融科技本科专业的建设却刚刚起步，还存在师资匮乏、学科基础薄弱、校企合作模式不成熟等核心问题。本文系统性整理了跨学科专业设置相关概念、课程设置、学生管理等核心问题，总结了中外各高校的经验与发展现状，分析了其专业设置的基础与障碍，以期对即将进行金融科技专业建设的高校提供理论层面的参考，发挥实践层面的借鉴和指导作用。总而言之，金融科技专业作为新兴、前沿的跨学科专业，其建设需要以充分的前期调研、深厚的学科积淀、成熟的办学思路和坚实的外部资源支撑等条件为基础。

关键词：金融科技　专业设置　人才培养

一、金融科技本科专业发展的背景与历程

国际人力招聘公司 Michael Page（中国）在《2017 中国薪资和就业报告》① 中指出，我国金融科技人才缺口达150万，而基于行业高速发展状态以及报告中涉及调研广度的局限性，实际数字远不止150万。各企业的人才争夺战开展正酣，而高校人才培养却出现严重的供需偏离表现。我国各高校虽然已充分认识到金融科技专业人才供不应求的现状并积极开展学科建设，但新兴专业的建设需要以充分的前期调研、深厚的学科积淀、成熟的办学思路和坚实的外部资源支撑等条件为基础，各高校的金融科技专业建设之路可谓任重道远。

根据我国教育部官网公布的《2017 年度普通高等学校本科专业备案和审批结果》②和《2018 年度普通高等学校本科专业备案和审批结果》③ 显示，目前我国共有五所普

* 作者简介：曹帆，北京大学教育学院博士研究生，深圳大学南特商学院教师；蒋承，北京大学教育学院副教授、博士生导师。

① 2017 中国薪资和就业报告［R］. 国际人力招聘公司 Michael Page（中国），2018.

② 教育部关于公布 2017 年度普通高等学校本科专业备案和审批结果的通知［EB/OL］.（2018－03－21）［2019－10－15］. http://www.moe.gov.cn/srcsite/A08/moe_1034/s4930/201803/t20180321_330874.html.

③ 教育部关于公布 2018 年度普通高等学校本科专业备案和审批结果的通知［EB/OL］.（2019－03－25）［2019－10－15］. http://www.moe.gov.cn/srcsite/A08/moe_1034/s4930/201903/t20190329_376012.html.

通高等学校成功获批金融科技本科专业，该专业均属于经济学门类，学制四年，毕业时授予经济学学士学位。其中，2017 年度新增审批一个金融科技本科专业，由上海立信会计金融学院申报，该校成为全国第一所成功获批金融科技本科专业的高校；2018 年度有四所高校新增备案金融科技本科专业，四所高校分别为中央财经大学、山东工商学院、三亚学院和西华大学。2018 年，深圳大学高等研究院组建了第一个金融科技实验班，经二次面试选拔了 58 名已被深圳大学录取的本科生进入实验班，由于专业申报工作尚在进行中，第一批实验班毕业生将获得金融学学士（金融学专业）和工学学士（计算机科学与技术专业）双学位。

香港中文大学在 2017 年开设了金融科技学工程学士学位课程，这也是全球首个开设金融科技本科学位的大学。另外，香港科技大学和香港中文大学都将于 2019 年招收第一批金融科技专业硕士研究生。香港科技大学金融科技理学硕士的优势是跨专业整合资源，结合商学院、工程学院和理学院三个学院的师资与核心课程，核心课程包括企业融资、投资分析、金融技术监管与合规、金融科技人工智能、区块链和数据挖掘等。香港中文大学金融科技硕士专业的优势是产学研深度结合，可以为学生安排为期 12 周以上的实习，实习公司包括京东金融、微众银行和汇丰银行等企业以及香港金融管理局、证券及期货事务监察委员会和保险业监督委员会等金融监管机构。两所学校的专业设置突出体现了金融科技专业的跨学科特点以及职业（社会中心）属性，由于是硕士学历水平，课程的难度相较内地高校金融科技本科专业的课程会更高，录取条件中对于本科专业是否有金融专业或计算机专业背景也有一定要求。

以上数所高校是我国开设金融科技专业的第一批高校，其毕业生将成为首批进入金融科技领域的专业化人才，肩负着推动行业发展、成为行业领军人的重任和希望。而成功申报金融科技专业仅是这些高校开展工作的第一步，如何真正培养出与市场需求相匹配、理论与实践能力并重、具有创新能力的拔尖人才才是对这些高校的真正挑战。

欧美国家相较我国更早设立了金融科技专业。英国的帝国理工学院、爱丁堡大学、斯克莱德大学和伦敦国王学院等高校均已开展金融科技类专业的高等教育。美国宾夕法尼亚大学沃顿商学院、麻省理工学院、纽约大学、卡耐基梅隆大学等国外顶尖大学近两年逐步开设金融科技相关课程。应美国金融业界对金融科技专业人才的巨大需求，纽约大学商学院在 MBA 下专门开设了金融科技方向。除了传统的金融学和金融工程课程外，MBA 金融科技方向课程大体上包括了大数据处理与分析、人工智能、云计算、机器学习、区块链，以及金融科技在风险管理、个人金融、信贷等各金融领域的应用。因为金融科技专业培养的是应用型、复合型高素质人才，所以开设金融科技专业需要商学院、计算机学院和工程学院协作办学。

基于金融科技专业的“新”与“交叉”的特点，首先厘清该专业的核心概念、学科归属、课程设置以及学生管理等内在逻辑，才能更有效地分析和讨论金融科技专业设置、建设与发展的基础与障碍。

二、金融科技专业的基本特征

（一）概念界定

什么是金融科技？近年来，“金融科技”（FinTech）概念在全球范围内迅速兴起，普遍认同的说法是由金融（finance）与科技（technology）两个词组合而来。由于其涉及的学科和应用的领域较广，外沿也较模糊，因此学术界对其具体概念和分类还在探索阶段，尚无较为权威和统一的说法。

2016 年 3 月，全球金融治理的牵头机构——金融稳定理事会发布了《金融科技的描述与分析框架报告》，第一次在国际组织层面对金融科技做出了初步定义，即金融科技是指通过技术手段推动金融创新，形成对金融市场、机构及金融服务产生重大影响的业务模式、技术应用以及流程和产品（FSB，2016）。

易宪容（2017）提出：“金融科技就是在大数据的背景下，利用现代科技（比如新的支付方式、人工智能、数字化货币、区块链、生物识别等）掌握对信用进行识别、获得、评估、量化的新的工具与方式，以便全面提升对信用风险定价的能力，从而让金融市场的信用基础、信用关系、信用媒介及信用担保方式等都发生根本性的变化，并由此打造出新的金融业态、新的金融科技市场、新的商业模式。”① 李文红和蒋则沈（2017）认为：“在实践中，金融科技的具体含义在不同背景下也存在差异。有时是指对现行金融业务的数字化或电子化，如网上银行、手机银行等；有时是指可以应用于金融领域的各类新技术，如分布式账户、云计算、大数据等；有时则指希望涉足金融领域、与现有金融机构形成合作或竞争关系的科技企业或电信运营商。总体来看，金融科技可分为支付结算、存贷款与资本筹集、投资管理、市场设施四类。”②

虽然学术界对“金融科技”概念的界定一直没有得到统一，但目前为止，对其核心思想的把握不断趋于一致。本文认为，金融科技概念的核心是以大数据、云计算、区块链和人工智能等科学技术为手段，广泛应用于金融创新、金融服务和金融监管等业务形态与金融领域，对传统金融业态进行不断创新与变革的业务模式。

（二）学科归属

我国高等学校本科教育专业设置按学科门类、学科大类（一级学科）、专业（二级学科）三个层次来设置。

金融科技专业是典型的跨学科专业，是经济学、金融学与理学、工程学、计算机科学等一级学科相结合的文理交叉学科。传统的金融学专业被归于人文（Liberal and Arts）学科，这也是目前我国大多数高校对金融学教育的定位。近年来，国内一些顶尖的大学对现代金融学专业有了新的认识和定位：现代金融学专业越来越向着理学（Science）方向发展，因此金融学专业的方向设置也向自然科学方向转移。

① 易宪容. 金融科技的内涵、实质及未来发展：基于金融理论的一般性分析［J］. 江海学刊，2017（2）：13－20.

② 李文红，蒋则沈. 金融科技（FinTech）发展与监管：一个监管者的视角［M］//黄卓，王海明，沈艳，等. 金融科技的中国时代：数字金融12讲. 北京：中国人民大学出版社，2017.

从专业归属门类角度来看，目前我国开设金融科技专业的五所学校均将其划分为经济学门类，而上文提到的香港科技大学与香港中文大学目前开设的金融科技硕士专业则被划分为理学门类。由此可见，由于金融科技专业的跨学科属性，其学科归属尚未形成共识，学校需根据专业定位来对专业的文理属性进行清晰的规划。同时，专业课程设置需与学科划分相匹配，不能片面追求大而广，而应追求精而专。

（三）课程设置

卢晓东、陈孝戴（2002）提出“专业”是课程的一种组织形式。学生学完所包含的全部课程，就可以形成一定的知识与能力结构，获得专业毕业证书。① 由此可见，课程是专业的核心和灵魂。学生学完金融科技专业的课程后，目标是掌握现代金融学、计算机、网络、大数据的基本理论和基本知识，具备处理全球投资业务的基本能力，了解金融科技领域的最新进展和技术状况，同时熟悉全球金融一体化背景下金融科技行业的法规与政策。课程设置的合理性与有效性要求高校厘清该专业设置的内外部逻辑，对中外各高校同类专业的课程设置进行深度调研，方能构建合理的课程体系。

就目前开设金融科技专业的高校分析，以深圳大学金融科技本科班的核心课程为例，为培养熟悉金融业务、互联网技术和数据分析技术的应用型、复合型高素质专业人才，课程涵盖通识平台课（大学英语、政治理论及其他公共课）、综合素养课（文学、法学等）、基础课（高等数学、经济学、管理学等）、专业课（金融类、计算机类、金融科技综合应用类等3个子模块）4大模块。具体包括微观经济学、宏观经济学、金融计量方法、公司金融、投资管理、金融市场与机构、金融风险管理、程序设计基础、面向对象程序设计、数据库系统、数据结构与算法、人工智能与机器学习、大数据计算原理与技术、金融科技的监管与法律政策、金融科技应用前沿等。课程设计充分考虑到本科阶段学生的知识基础与理解能力，架构相对合理。

以香港科技大学的金融科技硕士专业为例，核心课程包括企业金融、数据分析、金融数据挖掘、金融科技规则与合规、金融科技基础和投资分析等。选修课程包括商学院的课程：加密数字货币、区域链以及相关应用，金融科技经济学，金融科技创业创新，金融科技算法交易，金融分析统计学，金融科技与大数据金融分析；工学院的课程：金融科技决策分析、金融科技最优化、替代性金融技术与分析；理学院的课程：金融科技数学基础、统计机器学习、金融统计方法等。可以看出金融科技硕士专业的课程比本科专业的课程难度与宽度明显提升，应用类课程的技术类别也更加细化，如加密数字货币、区域链以及相关应用，替代性金融技术与分析。学生可以根据自身兴趣与能力来选择更加精准的方向，对日后就业与研究工作产生更加有效的影响。

（四）学生管理

跨学科专业对传统的学院制学生管理体系提出了新的要求，由于专业课程由两个或两个以上学院的课程组成，学生有机会与不同学院的老师、同学接触与交流。为促进学生文理渗透、专业互补，国内很多高校探索性地进行书院制管理模式，打破学科与专业

---

① 卢晓东，陈孝戴．高等学校“专业”内涵研究［J］．教育研究，2002（7）：47－52.

的壁垒，鼓励不同专业背景的学生混合住宿、互相学习交流，建设学习生活社区，在传授专业知识的同时，打通中国传统文化中的文、史、哲，进而融汇人文科学和自然科学。以深圳大学为例，金融科技实验班开设初始，学生专业教学及学术研究属于商学院，而课外活动及人格养成属于高等研究院。北京大学元培学院的学生管理模式也异曲同工，学生不再固定专业身份，而是按大类招生与培养，颠覆了传统的本科教育组织模式。随着创新战略型产业与专业的诞生与发展，高等教育的组织模式也必然不断革新，如此才能培养出真正的拔尖创新型、跨学科人才。

三、金融科技专业的设置基础

（一）产学研深度结合

以全国第一所成功获批金融科技专业的上海立信会计金融学院为例，该学院采用和美国新泽西理工学院、慧科集团共建共管的中外合作办学模式共同建设该新兴专业，是典型的产学研结合模式。在师资配备上，外方教师将讲授 1/3 以上的课程（包括 1/3 以上的核心课程），外方教师人数占 1/3 以上。毕业生可同时获得上海立信会计金融学院与美国新泽西理工学院双学士学位。由此可见，该专业的教学开展很大程度上尚依赖于外方合作高校的师资，而外方课程在本土的教学效果尚有待检验。

以深圳大学为例，金融科技实验班依托深大—微众金融科技研究院，整合了深圳大学深圳南特商学院与腾讯微众银行的学术与企业资源，由腾讯微众银行每年设立奖学金并对金融科技相关研究课题项目进行资助，同时向金融科技班的学生提供企业参访与企业实习的机会，联结了产学研结合的桥梁与纽带，使金融科技班培养出的学生具有金融科技领域最前沿的实践经验，以保证输出的学生能与就业市场深度接轨。金融产业与科技产业是深圳市的两大支柱产业，也是深圳市经济发展的驱动力，为满足金融科技类创新型、战略型产业发展对人才供给的迫切需求，广东省高校金融科技专业的开设可谓顺理成章、势在必行。

香港要保持全球金融中心的地位，金融科技领域人才的输送极为关键。因此香港中文大学金融科技硕士专业的建设得到了诸多业界知名公司的支持，包括京东金融、汇丰银行等企业，以及香港金融管理局、证券及期货事务监察委员会和保险业监督委员会等金融监管机构均提供了实习岗位。相较内地高校较为浅层的产学研结合模式，香港地区的校企合作模式更为成熟，企业对于专业对口人才的引进力度更大，一年的学制也有效提高了具备行业经验的从业人员报考的概率。

（二）跨学科专业的优势

跨学科专业的增设一方面来源于市场的引导与调节作用，另一方面也源于以知识组合为基础的学科系统的自主协调作用。市场经济的背景、科学技术的发展以及创新人才的培养要求高校转变对“专业”内涵的理解与认识，同时，学科系统自身不断拓展和持续深化，当单一的专业无法满足教学与科研的要求以及市场对人才的需求时，跨学科专业的产生便成为必然。

“互联网 + 金融 + 科技”复合型人才，在全国范围内的从业规模预计在 2024 年时将快速增长至 435 万人。因此，金融科技专业的增设将适应当代科学技术的迅速发展，

人类知识积累、更新突飞猛进的时代要求；有利于培养知识面广，素质、知识、技能有机构成的新型人才；同时有利于学科专业优化，不断推进学科建设。

四、当前金融科技专业设置的主要障碍

（一）跨学科专业设置的制度和文化障碍

就制度而言，跨学科专业设置的核心障碍体现在传统意义上学科专业部门创造既定利益的大学组织模式。这种组织模式在行政管理、人才培养及资源配置等方面对跨学科专业设置存在一定的阻力作用。①

虽然目前我国高校在名义上存在一定数量的跨学科专业，但如果从知识体系和教学管理组织体系等方面深入考察，其与真正的“跨学科”还有一定距离。② 大学中牢固的学科制度结构和不同学科之间的文化差异与冲突，使得学科之间的跨越与交叉既存在着来自学科制度方面的障碍与阻力，也存在着来自学科文化方面的冲突与困境，从而导致跨学科专业设置在高校中步履维艰。跨学科专业不只是名字上的叠加或者不同专业课程的叠加，而应是在理清两个专业的内在逻辑后，重新组织和构建的课程体系。高校应避免过度以市场为导向增设专业，而应首先从自身办学能力与学科群建设的角度出发，理性地增设新专业。

（二）跨学科教师胜任力问题

跨学科专业的产生自然培养了一批跨学科教师，跨学科教师群体形成了非完全共同利益群体，群体中存在合作博弈关系。跨学科教师合作，一方面，有助于激发与强化教师发展意愿，提高教师个体反思能力，促进教学质量提高；另一方面，由于金融科技类课程目前尚无统一教材及教学标准，教师授课的自主性与灵活性较强，因此容易产生跨学科教师的教学理念冲突、目标冲突、规章和程序冲突等问题。高校需认识到并深入思考跨学科教师的管理协调问题与胜任力评价问题，从管理制度和激励政策等方面给予相应的配合，打破学科中心主义，激发跨学科教师团队的协同创新能力。

总之，在金融科技人才需求不断增长的前景下，我国高校金融科技本科专业的建设将逐渐成为教育研究和实践的讨论热点。本研究通过梳理目前中外高校金融科技专业的专业设置情况，总结出各高校在金融科技专业的学科归属、课程设置、师资构成以及产学研结合程度等方面均有较大的差异，反映出高校对于该专业设置的内外部逻辑的理解有着较大差异。本文还根据目前几所大学开设金融科技专业的具体情况，针对专业的设置基础与主要发展方向提出了若干建议。我们认为，新兴专业的建设要求学校对专业定位、培养方案、课程设置、实践教学体系构建以及学生管理等方面有科学的认知，进行深入的调研和反复论证，同时应具备丰富的金融科技领域社会资源作为支撑，扎根产学研结合模式，使毕业生进入人力市场后经得住用人单位与技术应用市场的双重考验。最后，一个需要说明的情况是，由于大部分高校均在 2019 年秋季或之后开始招生，目前

---

① 刘海涛．高等学校跨学科专业设置：逻辑、困境与对策［J］．江苏高教，2018（2）：6－11.

② 张泽懿，卢晓东．中美理科本科专业设置比较研究［J］．高等理科教育，2014（2）：61－87.

对于学生培养和教学效果均无法验证，也无从判断各高校课程设置的合理性和有效性。希望本文的整理与分析可以对即将设置金融科技专业的高校提供一些理论层面的参考，在金融科技专业的前期调研阶段与建设阶段发挥一定的借鉴作用。

参考文献

[1] 张敏峰. 经济新常态、金融科技与地方高校金融专业人才培养创新 [J]. 金融理论与教学，2018 (1)：91－94.

[2] 贺建清. 金融科技：发展、影响与监管 [J]. 金融发展研究，2017 (6)：54－61.

[3] 许国英. 浅谈跨学科交叉培养模式的优势与构建 [J]. 广东行政学院学报，2002，14 (3)：90－92.

[4] 张荣华. 高师跨学科教师教育课程改革策略 [J]. 教师教育研究，2011，23 (4)：38－43.

[5] 刘培红，曹立娅. 合作博弈的跨学科教师合作教学研究 [J]. 天津大学学报（社会科学版），2010，12 (4)：348－351.

[6] 胡舒予，黄明. 互联网金融课程建设与人才培养模式的思考 [J]. 吉林广播电视大学学报，2019，205 (1)：5－6.

[7] 唐恩林，华小全. 科技金融视角下金融工程专业“四实一体”实践教学体系的构建 [J]. 淮南师范学院学报，2016 (4)：135－138.

工匠精神融入工科生创新技能培养的探索

华南师范大学　李英哲*

摘　要：《中国制造2025》国家发展战略的提出对高校工科生培养提出了新的要求，高校教育应当承担起培养符合时代要求的创新技能人才的责任，着力培养学生精益求精、追求卓越的创新意识和能力。本文针对工科生创新技能培养在课程设置、评价体系、平台搭建、动手实践等方面存在的不足进行探讨，希望将“工匠精神”更好地融入工科生创新技能培养过程之中，增强学生的创新技能，促进我国制造业由“中国制造”向“中国创造”的转型发展。

关键词：工匠精神　创新技能　工科生　人才培养

党的十九大报告中强调要“建设知识型、技能型、创新型劳动者大军，弘扬劳模精神和工匠精神”。显然，想要实现更好更快的发展，人才驱动才是根本所在，人才是技术创新、建设强国的第一资源。走好人才推动发展的道路就要求各高校着力培养具有较好学科基础、较强实践能力、较高综合素质和国际竞争力的工匠型创新人才。从教育供给的角度来看，在工科教育领域，我国已经开展了大规模的高等院校工科类教育，2018年工科在校生人数占高等教育入学总人数的1/3，但据预测到2025年，新一代信息技术产业人才短缺将达到950万，电力设备人才短缺将达到900多万。造成这种差距的主要原因在于工科人才“供给”与“需求”不匹配，现阶段大多工科学生缺乏一定自主研发创新能力及对于国家发展的责任感和使命感，因此，要将工匠精神融入工科生创新技能培养的过程中，积极探索和培养富有时代特点的、具有工匠精神的、有担当有作为的“新工科”创新技能人才，积极探索高校工科生内涵式发展的有效路径。

一、创新技能型人才需要工匠精神

“工匠精神”一词最早由著名企业家、教育家聂圣哲教授提出，2016年李克强总理将其写入政府报告中，便掀起了社会各界的讨论热潮，2019年政府工作报告中再次提出要大力弘扬工匠精神。关于工匠精神，各界学者从其价值、精神、行为、态度等方面进行了不同的阐述。虽然表达方式各有不同，但对工匠精神的本质认识是一致的。工匠精神作为一种职业精神，包含着精益求精、追求品质、敢于创新、甘于奉献的精神品质。要弘扬工匠精神就必须抓住其核心，不断地推进自身在专业内的发展，锐意进取、追求卓越、坚持创新。可以说工匠精神在一定程度上影响着“中国制造”到“中国创

* 作者简介：李英哲，华南师范大学公共管理学院全日制研究生。

造”的进程，作为中国制造的支撑力量，高等教育工科创新技能人才的培养必须融入工匠精神。

（一）工匠精神是创新技能人才培养的文化基石

提到工匠其实并不陌生，我国历史上也从不缺乏能工巧匠，无论是春秋战国的鲁班、三国时期的诸葛亮还是绘制《江山万里图》的赵黻都可以称得上是各行各业的工匠典范，而工匠精神也就在这历史进程中逐渐形成。庄子创作的寓言故事《庖丁解牛》可以算得上是最早对工匠精神的文本表述。从庖丁初解牛之时，“所见无非牛者”到三年后“未尝见全牛也”再到“神遇而不以目视，官知止而神欲行”，描述了庖丁精益求精、追求卓越的过程，而其“刀十九年矣，所解数千牛矣，刀刃若新发于硎”更是体现出了其技艺的精湛。“庖丁解牛”展现出来的精益求精与善于思考、敢于创新是对工匠精神的完美诠释。精益求精在于其反复练习“奏刀騞然，莫不中音”，创新在于其敢于寻求事物发展的规律，冲破原有束缚，创新技能达到新的高度。

创新是工匠精神的重要组成部分。无论是庖丁解牛还是《江山万里图》，我们记住他们绝不是不断重复操作的练习过程，而是他们在这个过程中不断创新、不断创造带来的令人震惊的作品。在现代社会，经济科技高速发展的新时代，仅仅是单纯地重复某项工作不叫工匠精神，那只能是机器，只有具有创新意义，将工匠精神融入全面创新的各项领域之中，培养更多的创新技能人才，我们才能更好地大踏步前进。

（二）创新技能人才是工匠精神的实践传承人

恩格斯说：“劳动使人成为人，并且推动人类文明不断演进。”人是社会发展的主体，尽管工匠精神可以通过政策倡导等各种途径进行宣传，但最终还是要归结到人，要靠人来实践和传承。习近平总书记指出：“创新之道，唯在得人，得人之要，必广其途以储之。”科技创新发展的关键就在于创新技能型人才的培养，创新思维和技能不是与生俱来的，是学校后期培养出来的。创新技能的培养是一个漫长的系统工程，不可能一蹴而就，这就需要在培养的过程中坚持精进系统的原则，将工匠精神真正地融入其中。

当前高校工科生创新技能培养的过程存在的不是“硬件”问题，而更多的是“态度”问题。相比德国、日本这些发达国家，国内工科生培养依旧注重书本知识专业学习，学生也大多抱着同样的心态来面对工科的学习，这就直接导致了工科生缺乏创新和实践能力。为什么现在外国人眼中的“中国制造”很多时候是“在中国制造”？导致中国制造与日本、德国制造最大的差距其实就在于是否具有工匠精神，是否在继承中华五千年文明智慧的基础上开拓进取、发展创新。要想更好地继承与创新，工科生的培养就必须在不断地实践、坚持和探索中追求卓越，培养出具备工匠精神的创新技能人才。

二、工匠精神融入创新技能培养面临的问题

根据教育部《高等工程教育的未来——对高等教育未来的战略思考》报告显示，目前我国本科共开设工科专业 31 个大类、201 种专业，全国布点 18 600 多个，90% 以上的高等院校开设了工科类专业，工科类毕业生占全世界总数的 1/3 以上，已形成了世界上最大的工科类教育供给体系。但我国工科类毕业生国际竞争力仍处于中等水平，高

端创新制造业对于工科毕业生的需求缺口依然很大，供需尚不平衡。这说明我国是工科类教育大国但不是教育强国，在工科学生创新技能培养等方面仍有不足。

（一）培养目标不够明确

高等教育工科培养目标是具有实际应用能力的工程管理和工作人员。然而各高校在制定培养目标时，更看中其课程的实用性和一些相关能力的培养，往往忽略了工匠精神这一核心方面的表达。众多高校定位培养应用型的工科人才，却忽略了本科生与中职生的区别，本科生除了要具备基本的动手能力之外，自主学习和创新能力也是必不可少的，特别是工匠精神的融入更应该成为高校制定培养目标时所考虑的重要因素。

（二）课程设置不够完整

目前国内普通高校工科课程依旧以书本为主要参考，灌输式教学作为主导，课程设置方面只重视基础知识的教学，忽略了对于学生创新方面的引导。只是单纯地将书本知识灌输给学生，并不在意学生的接受情况，导致学生毕业后到企业依旧无所适从，甚至不如技校毕业生受欢迎。

工科课程的设置缺乏创新性课程，更不见有关于工匠精神的相关内容，先进技术往往与课程脱节，学生所学课程老旧，不能满足对社会先进制造业的发展需求。同时由于工科课程设置过多，又缺乏具体操作，加之难度相对较大，很多学生渐渐地丧失了对于工科学习的兴趣，更不要说创新研究了。

（三）实践教学时长不足

我国高等教育工科生的培养多年来一直存在着重理论轻实践的问题，本科生缺少真正到企业去学习实践的经历，有些学校甚至连毕业实习都没有，而大多数学习实习时间在8～10周，实践教学时间严重缺乏。近年来高等教育工科生一直强调动手能力，引进德国师徒制的教学，大力开展校企结合，但大多数依旧停留在研究层面，真正用于培养本科生的时间很少，更加忽视本科生的创新能力和工匠精神的培养。

（四）创新氛围不够浓厚

当下高校在营造校园文化时更注重例如学习氛围、多样发展、团队协作等方面，对于工匠精神的弘扬以及创新氛围的营造仍有不足。虽然国家大力支持高校学生创新创业，定期举办“挑战杯”“互联网＋”等创新类项目，但参赛作品中真正由本科生创新创造的好作品却是凤毛麟角，大多数学生组队参赛只是为了一张证书或者评奖时的加分，比赛结束了不论成绩如何便不再理会，缺乏继续修改、不断钻研的工匠精神和创新能力，只是顾及眼前。甚至有些指导教师教会学生的不是精益求精的学术信仰而是急功近利的浮夸心态，整个高校缺乏对于工匠精神的崇尚和创新氛围的营造。

（五）评价体系不够严谨

当下，高校对于工科生创新技能缺乏系统合理的评价体系，许多教师对于学生的评定依旧停留在考试的分数上。对于奖学金的评定除了硬生生的成绩，也只是加入了学生干部实践经历、文体活动等的参考，却很少提及创新技能的评定。虽然很多学校在奖学金设置时都会设立科技创新标兵，但其衡量指标也只是靠竞赛加分等来判断，忽视了工匠精神融入其中的重要性。

三、工匠精神融入工科生创新技能培养的策略

社会是不断进步的，知识技能的先进性也是相对的，不可能一劳永逸，但是无论在哪个行业做什么工作，工匠精神都是必不可少的，在工匠精神的指引下精益求精，追求创新的能力是不可缺少的。因此，对于工科生创新技能的培养，应该加强对工匠精神的重视，从课程设置、平台建设、实践锻炼、评价保障、思想引导等多方面着手，让工匠精神真正融入工科生创新技能培养的全过程中，培养更多具有工匠精神的新时代创新技能型人才。

（一）优化课程体系，构建学生敢想敢做的新型课堂

课堂教学内容及方式方法的改革是教育改革的重点内容，也是培养创新人才的关键所在。一方面，课堂教学内容要与实际紧密联系，不能只停留在书本知识，应该与实际应用结合起来，这样才能保证学生毕业时知识技能不过时；另一方面，必须注重授课的方式方法，要将工匠精神融入课堂教学中，鼓励学生在课堂上敢于质疑，勇于提问，善于创新。清华大学李稻葵教授曾在采访中指出哈佛大学学生和国内学生最大的区别就在于他们“敢讲敢‘忽悠’”。哈佛大学的学生敢于在课堂上提出各种问题，或者表达自己天马行空的想法，也许他一开始什么都不懂，但是就是抱着打破砂锅问到底的精神一次次地向着问题进军，一点点地解决自己的困惑，最后成为行业精英。中国课堂多年来还是未能彻底改变教师至上的局面，很多时候学生不敢问，害怕老师批评，怕自己的问题太低级，因此不愿问、不想问，最后导致中国学生丧失了创新思考和不断钻研的精神品质。大学期间的学习依旧像是等待喂食而不是主动找食，也就决定了很多人毕业等于失业。因此应该将工匠精神真正融入创新培养的课堂目标、内容中去，选派具有工匠精神的教师来进行授课，用其言行来推动学生发展，同时要鼓励教师建立开放式课堂，翻转课堂，鼓励学生勇于提问，培养学生自主创新的学习意识。

（二）搭建多样平台，打造学生匠心独运的创新技能

重视第二课堂，以学生社团为主要依托，通过新老交替、师带徒、科创中心、科研论坛等形式开展各项创新活动。举办各类“跨学科、多领域”的技能创新竞赛，依托国家“挑战杯”“互联网 +”等比赛，推进学生自主创新。通过设立学校具体科研立项活动，让更多的学生参与到具体的项目中去，在项目中对学生实施“细、小、微”的具体化指导，培养学生追求卓越的创新科研精神，以及敢于面对挑战和失败的勇气。同时请相关企业专家进校园担任企业导师，让学生在校内外固化项目操作中不断地去发现问题、提出问题、解决问题。

（三）强化实践技能，磨炼学生精益求精的工匠品质

“纸上得来终觉浅，绝知此事要躬行。”高校工科生的培养要更多地加强实践课程的设置。把握校企结合的培养模式，让学生真正到企业去进行顶岗实习、跟班学习，以技能实训、专业实习为载体，以强化职业技能为目标，在实践的过程中贯穿工匠精神，通过具体的学习激发学生的创新潜能。引进“双师型”教师，加强学校、企业、社会的多方联系，加快推进产教融合，打通创新技能培养通道，让工匠精神充分融入工科生

创新技能培养过程之中，有效提高工科生创新人才培养质量。

（四）完善评价体系，培养学生勇者无畏的创造精神

评价体系决定着学生的发展方向，评价体系如何规定，学生便会追随去做。《华盛顿协议》与国际工程教育质量标准提出本科毕业生要“掌握基本的创新方法，具有追求创新的态度和意识”。因此对于工科生创新人才的培养，我们除了注重终结性评价，更要看重形成性评价。针对不同的专业，制定具有先进性、科学性、创新性的学生培养评价指标，并将工匠精神的各项指标纳入考核之中，构建更有利于学生创新发展的评价体系，引导和激励学生逐步形成敢于创新、开拓进取的精神品质。

（五）重视文化建设，营造学生尊崇工匠的学习氛围

校园文化建设在人才培养的过程中起到潜移默化的作用，营造浓厚的尊崇工匠的校园氛围，有利于学生产生共鸣。高校应在图书馆、宣传栏、校道等场所宣传中融入工匠精神的元素。开展企业家进校园活动，邀请大国工匠们到校园来开展讲座，让学生们与工匠们面对面交流。利用开学典礼、年级大会等活动集中学习，通过互联网自媒体技术开展各类宣传学习活动，如通过微信公众平台进行宣传，组织观看《大国工匠》纪录片等。尽管这种宣传教育引导有时候也需要某种“灌输”，但要遵循规律、创新方式，“因事而化、因时而进、因势而新”，让学生真正感受到榜样的力量。

四、结语

培育具有工匠精神的创新技能型人才已经成为高等院校的新时代使命。工匠精神的培育不是一蹴而就的，需要一个漫长系统的过程。工匠精神不是抽象的而是具体的，可以概括为踏实、实干、创新、精益求精，因此工匠精神不是大国工匠们特有的，而是可以普遍化的，贯穿于各个领域的。因此高校创新技能教育要始终贯穿工匠精神，把精益求精、追求卓越的精神品质融入教育教学当中，理论联系实际，鼓励学生在实践中创新，只有在不断的实践中才能体现出工匠精神，才能不断地发现问题、解决问题。

参考文献

[1] 习近平. 决胜全面建成小康社会　夺取新时代中国特色社会主义伟大胜利：在中国共产党第十九次全国代表大会上的报告[EB/OL].（2018－10－27）[2019－10－15]. http://www.gov.cn/zhuanti/2017－10/27/content_5234876.htm.

[2] 习近平. 在中国科学院第十九次院士大会、中国工程院第十四次院士大会上的讲话[N]. 人民日报，2018－05－29（2）.

[3] 李克强. 政府工作报告：2018 年 3 月 5 日在第十三届全国人民代表大会第一次会议上[EB/OL].（2018－03－23）[2018－09－21]. http://www.gov.cn/guowuguan/2018－03/22/content_5276608.htm.

[4] 付守永. 工匠精神：国家战略行动路线图[M]. 北京：北京大学出版社，2018.

[5] 教育部高等教育教学评估中心. 面对中国制造 2025，工程教育准备好了吗？——《中国工程教育质量报告》解读[EB/OL].（2017－10－16）[2018－06－14]. http://edu.people.com.cn/n1/2017/1016/c367001－29588555.html.

[6] 习近平：把思想政治工作贯穿教育教学全过程［EB/OL］.（2016－12－08）［2018－10－15］. http://news. xinhuanet. com/politics/2016－12/08/c_1120082577. htm?from = groupmessage&isappinstalled =0.

[7] 莫俊峰. 工匠精神融入高职院校大学生思想政治教育路径研究［J］. 北京教育（德育），2018（11）：41－44.

面向2035：民办高校现代化建设的若干思考

广州大学松田学院　李江凌*

摘　要：2035年民办高校现代化建设总的目标是将民办高校建设成为地方性、应用型、职业型的高水平民办高校。为实现这个目标，应完成学习、贯彻习近平新时代中国特色社会主义思想，建立高水平的人才培养体系，建立促进学生学习与发展的教育教学制度，建立创新创业教育与实践教学体系，提高科研服务社会的能力，建设高水平专业化教师队伍，实现信息技术与教育教学的深度融合，开创教育对外开放新格局，建立科学的内部管理体制等九大主要任务。为了实现民办高校现代化建设目标和完成主要的建设任务，拟遵循统筹规划、做好顶层设计，统一指挥、协同推进，重点突破、解决阻碍发展的主要问题等建设路径。

关键词：2035年　民办高校　现代化建设

《中国教育现代化2035》和《加快推进教育现代化实施方案（2018—2022年）》（以下简称《实施方案》）的出台，是中国特色社会主义进入新时代，党中央、国务院作出的重大战略部署，是贯彻落实党的十九大精神和全国教育大会精神，加快教育现代化的重要举措。2035年是我国基本实现社会主义现代化的重要时间节点，党中央、国务院“面向2035”目标描绘好教育发展的远景蓝图，为新时代开启教育现代化建设新征程指明方向，培养造就新一代社会主义建设者和接班人，具有重要的现实意义和深远的历史意义。民办高校作为广东高等教育体系的重要组成部分，理应对此作出积极响应，在《中国教育现代化2035》和《实施方案》的指引下，努力谋划自己的现代化建设方案，以实现民办高校现代化的目标。本文从微观角度，即从民办高校个体的角度，对民办高校现代化建设提出自己的肤浅看法。

一、民办高校现代化建设的总体目标

民办高校现代化建设总体目标，应坚持大力促进民办高校的内涵发展，努力推进改革创新、功能完善，制度合理、开放合作，到2035年，把民办高校建设成为地方性、应用型、职业型的高水平民办高校，为培养社会主义现代化的建设人才、促进社会发展做出更大的贡献。

---

* 作者简介：李江凌，哲学博士，三级教授，原岭南师范学院党委常委、副校长，现任广州大学松田学院副校长。

（一）发展定位

我国民办高校应将自己的办学定位于地方性、应用型、职业型的高水平民办高校。我国的民办高校崛起于 20 世纪 80 年代改革开放之初，自 21 世纪以来获得了快速发展，有效弥补了公办教育资源的不足。但较之于公办高等教育，民办高校存在着办学起点低、规模小、层次低、实力弱等缺点。迄今为止，仅有五所民办高校获得了硕士学位授予权，尚无可与公办名校并驾齐驱的民办名校。此外，我国民办高校主要是靠学费支撑办学，走的是一条以学养学的发展道路，经费缺、来源少、保障不力，也制约了民办高校的发展。因此，民办高校的现代化建设定位，要立足于学校自身的办学实际条件，去谋划学校的建设定位，着眼于地方性、应用型、职业型的高水平民办高校。所谓地方性，即学校的办学定位于服务学校所在地方、区域社会经济、政治、文化的发展；所谓应用型，即学校的人才培养类型定位于应用型，为地方、区域社会发展培养中高端应用型、技术型人才；所谓职业型，即学校的学科、专业设置对接地方、区域的具体产业、行业的需求，按其所要求的职业道德、知识能力、综合素质，去设计人才培养规格、培养方案、培养模式及质量评估标准；所谓高水平，即力争达到同类学校的一流水平，成为在国内、国际具有一定知名度的品牌民办高校。

（二）改革创新

通过改革创新，探索和践行教育新理念、新制度、新内容、新方法、新手段，达到提高人才培养质量的最终目的。顺应移动互联网、大数据、人工智能和智能增强技术等迅猛发展的时代潮流，以高等教育信息化促进先进教学内容与方法的融合，打破传统教育制度、形式、机构、空间和时间边界，构建智慧校园，拓展无边界高等教育。培养数量充足、素质精良、适应地方、区域社会发展需要的应用型、技术型人才。

（三）功能完善

根据时代需要，调整、改变陈旧过时的功能，培育和创造新的功能要素，切实增强和发挥民办高校的人才培养、科学研究、服务社会、文化传承的功能。民办高校尤其要注重增强人才培养和服务社会的功能。在人才培养方面，突出以学生发展为核心的教育理念，改变知识本位，尤其是专业知识本位的狭窄单一教育观，注重终身学习和泛在学习，提供多样化的学习机会和多元学习空间；在服务社会方面，既要重视服务经济发展的作用，也要强调促进社会政治、文化发展等功能。

（四）制度合理

依据《中华人民共和国高等教育法》《中华人民共和国民办教育促进法》，建立科学的内部管理体制，形成合理的内部管理机制，使学校举办者与管理者、上级与下级、部门与部门、行政与教学之间的关系达到和谐状态，使人和物的要素发挥出最高效率。

（五）开放合作

坚持开放、包容、合作、共享的办学理念，根据民办高校现代化建设发展战略需要和人才培养需要，建立高等教育协作网络，即校企合作、校地合作、校校合作、国际合作的联盟，形成多区域、多类型、多层次教育协作网络。

二、广东民办高校现代化建设的主要任务

为实现2035年民办高校现代化建设目标，民办高校拟应完成九大主要任务。

（一）学习、贯彻习近平新时代中国特色社会主义思想

把学习、贯彻习近平新时代中国特色社会主义思想作为首要任务。将习近平新时代中国特色社会主义思想贯穿到民办高校教育改革发展全过程，落实到民办高校教育现代化建设各个方面各个环节，以此推动民办高校现代化建设的进程。将习近平新时代中国特色社会主义思想融入民办高校思想政治教育全过程，推动习近平新时代中国特色社会主义思想进教材进课堂进头脑。

（二）建立高水平的人才培养体系

全面落实立德树人根本任务，广泛开展理想信念教育，厚植爱国主义情怀，加强品德修养，增长知识见识，培养奋斗精神，不断提高学生的思想水平、政治觉悟、道德品质、文化素养、专业知识、职业技能。增强学生的综合素质，强化学校体育工作，加强和改进学校美育，弘扬劳动精神，强化实践动手能力、合作能力、创新能力的培养。完善教育质量标准体系，制定覆盖全学段、体现世界先进水平的教育质量标准，促进学生德、智、体、美、劳全面发展，成为社会主义现代化事业的接班人和建设者。

（三）建立促进学生学习与发展的教育教学制度

推动树立以学生为中心的现代人才培养理念，建立促进学生学习与发展的教育教学制度。推进观念更新，树立以学生为中心的现代教育观，确立学生在教育中的主体地位与作用，形成和推进“以学（学生、学习）为中心”的教育教学观，建立“以学为中心”的教育教学模式；改革教育教学过程，创新教育教学方式方法，改善课堂教学，运用现代信息技术支持个性化、多样化学习，提高学生个体及整体的学习质量与效率，促进学生的终身学习和全面发展，实现创新人才培养目标；优化课程结构，推进产教融合、校企合作、学工结合，推进专业设置与产业需求对接、课程内容与职业标准对接、教学过程与生产过程对接、学历证书与职业资格证书对接，努力构建联结知识世界与现实社会、通识素养与专业知识技能融为一体的应用型、职业化人才培养课程体系；推进多元评价，努力建设以“学”为中心、注重学习过程和结果的教育质量评价体系。顺应高等教育国际化发展趋势，注重国际合作及跨国家互认学历的国际认证标准和程序；强调教育评价的多元主体参与，鼓励第三方及专业力量介入，将评价结果用于发现和诊断教育问题，改进和提高教育质量；优化教育环境，注重学校的软环境和内涵建设，以校园精神文化作为软环境建设的核心，树立良好的校风、学风和教风，倡导丰富健康的社团文化，努力打造自由、平等、安全和友好的学习环境和学生成长空间，形成更具支持性的学习生态和校园文化氛围，激励学生自主、合作、创新性学习。

（四）建立创新创业教育与实践教学体系

加强系统筹划，将创新创业教育融入学科专业与课程建设，推动创新创业教育融入教育全过程，建立理念先进、梯度有序、制度完备、可持续发展的创新创业教育与实践体系，培养全体学生的创新创业意识、精神与能力，促进特殊群体的创新创业人才脱颖

而出，服务大众创业、万众创新的社会需求；建设高水平的创新创业学院，实施多类型创业教育项目，提供必修、选修、网络、实战、国际等课程群，培养高素质的创新创业教育师资队伍，探索创新创业教学方法改革，形成学生乐学、善学的创新创业学习环境；构建创业教育协作网络，推动高校与企业、社会组织、国际机构开展创业教育跨界、跨校、跨域合作，鼓励校友支持高校创业教育，形成创新创业教育合力。

（五）提高科研服务社会的能力

民办高校要以服务地方、区域社会发展需求为重点，努力提升科技创新能力和科技服务能力，在创新驱动转型发展战略中做出较大贡献。要持续增加对科研的投入，组建优秀的科研团队，引导民办高校与企业、科研院所等通过多种形式开展产学研用协同研发；要面向地方、区域社会发展的现实需求，着力于解决社会发展的重大理论和现实问题，解决产业、行业，尤其是微小企业的问题；努力建设一批具有较高水平的哲学社会科学研究创新平台和咨询智库；完善科研评价机制，建立以创新质量和社会贡献为导向的科研成果考核评估体系，提升民办高校学术研究成果质量；改革科研管理体制，营造支持激励创新的良好环境；促进成果转化，构建高效科技成果转化体系，提升创新驱动需要的科研服务能力。

（六）建设高水平专业化教师队伍

民办高校教师是民办高校现代化建设的核心力量，是直接影响民办高校现代化实现程度的关键因素。要坚持把教师队伍建设作为基础工作，创新高校人事管理与评价制度，按照专业化标准，深化教师聘用、考核、评价、激励机制改革，全面提升高校教师的专业素养及育人能力，建设高素质专业化创新型教师队伍；要采取有效措施，汇聚一批具有一流水平的优秀教师，造就一批学术领军人物，培养一批中青年学术带头人，建设一批勇于创新、追求卓越的教学科研团队。大幅度提升具有博士学位、海外留学或工作经历的教师和外籍教师的比例。大幅度提升来自业界的实践型、技能型教师比例，建立一支具有较高教育教学水平和专业技能的“双师型”教师队伍；强化系统培养，将教师发展纳入学校发展总体规划，建立专业化、制度化、常态化的教师发展体系。抓好“教师发展中心”建设，完善教师发展机制，创新教师培训模式，推进教师培训、教学咨询、质量评价等工作的常态化、制度化，努力造就一支师德高尚、业务精湛、充满活力的高素质专业化教师队伍；抓好制度建设，创新人事管理和薪酬分配方式，切实提高民办高校教职人员待遇及职业荣誉，使之达到甚至超过公办高校教师待遇，以吸引、留住人才，保持民办高校教师队伍的稳定性。

（七）实现信息技术与教育教学的深度融合

加快信息化时代教育变革，以信息化推进教育现代化，在信息技术与高等教育的深度融合中，创新教学、科研、管理和社会服务，优化高等教育资源配置与利用方式，形成智能增强型高等教育发展模式。完善和提升信息化基础设施建设，服务智慧教育。普及数字化学习，建设全面性、普及性的在线开放课程，建设数字化教与学工具，实现物理学习空间与虚拟学习空间的无缝对接，建成以学生学习为中心，融数字化学习资源、数字化学习工具、交互工具、实验设备等学习资源为一体的泛在学习空间，为学生提供

个性化学习服务；促进信息技术与教学融合，创新人才培养模式，建设智慧学习技术，助力教师提升互动教学、研究性教学、混合式教学、跨校合作教学能力，对学生进行针对性、个性化教学；借助社会力量和教学联盟体系，建立以学习者为中心的网络化、个性化、终身化的教育体系；以信息化提升高等教育决策与管理水平，促进高等教育管理体制改革。

（八）开创教育对外开放新格局

坚持开放、包容、合作、共享的办学理念，促进更加广泛的开放与合作，开创教育对外开放新格局。建立高等教育协作网络，开展校企合作、校地合作、校校合作，形成多区域、多类型、多层次教育协作网络，充分发挥教育联盟的作用，探索高校相互承认特定课程学分、科研成果分享转化等方面的合作交流；加强国际教育及科研领域合作，积极服务"一带一路"建设。吸引海外大学出资共同办学，建设具有国际化特色的民办高校；引入海外大学优势和特色学科、专业，联合共建适应地方、区域建设需要的优势学科、专业、实验室和研究中心；开展与海外大学之间的教师互派、学生互换、学分互认和学位互授联授。吸引世界高水平的专家学者来校从事教学、科研和管理工作，引进境外优秀教材，支持优秀学生进入国外大学学习，开展外国学生来华留学项目。加强内地与港澳台地区的高等教育交流和学术合作。

（九）建立科学的内部管理体制

依据《中华人民共和国高等教育法》《中华人民共和国民办教育促进法》，建立科学的内部管理体制，形成合理的内部管理机制，使学校举办者与管理者、上级与下级、部门与部门、行政与教学之间的关系达到和谐状态，最大限度地减少内耗，使人和物的要素发挥出最高效率。建立现代产权制度，夯实科学管理体制的基础；依法依规治校，完善董事会治理模式；要加强校长团队建设，提升决策执行力；建立专业化委员会，实现民主化、高效化管理；推行目标考核管理，实施绩效分配制度；发挥党的政治领导核心作用，增强教职员工的凝聚力；加强现代信息化技术，提高应用现代化信息技术手段进行教育教学管理的能力；推动社会参与教育治理常态化，建立健全社会参与学校管理和教育评价监管机制。

三、民办高校现代化建设的路径

为了实现2035年民办高校现代化建设目标和完成相应的建设任务，民办高校拟采用如下建设路径。

（一）统筹规划，做好顶层设计

从2020年算起，离2035年尚有15年时间，即三个五年计划的时间。民办高校要高度重视五年规划的制订工作。从现在起，就要认真组织力量，围绕2035教育现代化目标，做好三个五年计划具体的奋斗目标；制订好"十四五"期间教育发展规划及相应的"十四五"期间行动计划，把五年的奋斗目标分解为每年的具体工作任务，落实到具体部门、具体责任人。

（二）统一指挥，协同推进

将推进民办高校现代化建设作为学校最为重要的工作。要将推进这一工作作为促进

学校发展的主要动力，融入学校工作的各环节，贯穿人才培养全过程，形成董事会、学校领导层、各机关处室、各二级学院系部协同推进的工作格局。上下联动、协同行动、创造条件，切实按照五年规划和五年行动计划的部署，共同推进民办高校现代化建设。

（三）重点突破，解决阻碍发展的主要问题

为了实现民办高校现代化建设目标，当前需要重点解决阻碍民办高校发展的几个主要问题。一是实力弱、特色逊，导致竞争力不强。我国民办高校办学历史短、规模小，实力较弱，至今尚无可与公办名校并驾齐驱的民办名校；且民办高校普遍存在学科、专业设置与公办高校同质化问题，特色不明显。二是经费缺、来源少，导致发展后劲不足。民办高校目前走以学养学的发展道路，主要是靠学费支撑办学。国家和政府部门对民办高校虽有资助，但非常有限，跟公办高校相比不可同日而语。资金短缺，导致保障不力，严重影响了民办高校的发展。三是待遇低、不稳定，导致师资队伍状况堪忧。相对于公办高校，民办高校的教师经济待遇低，职业荣誉感弱，难以吸引高学历、高职称的年轻教师入职。现有年轻教师一旦学历和职称有所进步，即想方设法辞职调离，极大影响了教师队伍的高水平建设。四是体制阻、管理乱，导致问题丛生。学校未能真正做到依法依规治校，举办者未能根据学校章程规定的权限和程序参与学校的办学和管理，内部管理体制不顺畅、管理职权界限不明确，导致出现诸多问题。

总之，我国教育现代化建设的号角已经吹响，方向已经明确，教育领域千舟进发、势不可挡！民办高校理应顺势而为、攻坚克难、迎头赶上，方能独立于世界教育之林，为我国的教育事业、为中国现代化建设事业做出更大的贡献。

应用型民办高校一流本科教育改革与实践研究

——以广东技术师范大学天河学院为例

广东技术师范大学天河学院　谭海鸥　张世梅*

摘　要： 民办高校是我国高等教育的重要组成部分，全国现有750多所，占全国高校总数近1/3。民办高校大多属于应用型的地方高校，探索面向2035的民办高校一流本科教育，应树立先进的教育理念、营造浓郁的学术氛围、明确改革的目标和任务，形成知行合一、因材施教、交叉融合、个性发展、协同创新的办学理念，实现培养高素质的应用型、复合型、创新型的一流本科人才。

关键词： 民办高校　应用型　一流本科　一流人才

党的十九大报告提出，优先发展教育事业，建设教育强国是中华民族伟大复兴的基础工程，必须把教育事业放在优先发展的位置，加快教育现代化，办好人民满意的教育。习近平总书记在全国教育大会上指出："新时代新形势，改革开放和社会主义现代化建设、促进人的全面发展和社会全面进步对教育和学习提出了新的更高的要求。"中共中央、国务院颁布实施《中国教育现代化2035》，为高等教育改革和发展提出了奋斗目标，指明了前进方向。

面向2035，民办高校如何推进教育现代化建设，紧跟时代发展的步伐，关键是在转型发展中，推进一流本科教育。随着科学技术的突飞猛进和知识经济的迅速崛起，知识信息传播手段在空间和时间上都发生了巨大变化，知识更新周期缩短，社会职业流动性加快。根据麦肯锡（McKinsey & Co.）2017年发布的研究报告，"到2030年，中国可能有1.61亿至2.81亿个工作岗位因数字化和自动化而消失，同时宏观因素可能催生1.76亿至2.53亿个新工作岗位"①。劳动力市场的急剧变化将大大增加对教育结构的弹性要求和从业者的灵活性、适应性要求。因此，为了适应2035年我国经济社会发展需要，民办高等本科院校必须在教学观念、内容、方法和目标上不断创新，以完成培养高素质的应用型、技术技能型人才的使命。

---

* 作者简介：谭海鸥，广东技术师范大学天河学院副校长，教授，研究方向：高等教育管理和数学理论；张世梅，广东技术师范大学天河学院教授，研究方向：高等教育管理和思政教育。

① 面向2035年的高等教育发展战略目标，如何实现？[EB/OL].(2019-01-08)[2019-10-15]. https://www.thepaper.cn/newsDetail_forward_2828380.

一、更新办学理念，形成新的全方位育人体系

理念是支撑学校健康发展的纲领性文件，是引领学校建设的指导性原则。2019 年 5 月，广东技术师范大学天河学院召开教学科研工作会议，校长提出实施“12345”的工作思路：即坚持一个中心、实现两个转变、构建三个体系、取得四个突破、形成五个特色的发展思路和办学理念。坚持“一个中心”：就是坚持以培养高素质应用型人才为中心。实现“两个转变”：就是人才培养从单纯的知识传授向知识能力素质全面发展的转变；科学研究从单一的以发表论文为主向以成果转化落地应用为主的转变。构建“三个体系”：就是以提升人才培养质量为目标，构建学科建设、专业建设、课程建设为载体的教学建设体系；以培养学生创新创业意识和实践能力为目标，构建校企合作为依托的实践实训体系；以培养跨学科跨专业的复合型人才为目标，构建全面学分制、大类招生，第一、二课堂深度融合的交叉人才培养体系。取得“四个突破”：就是在应用型人才培养的思想观念、制度保障、质量监控方面有所突破；在构建广东经济社会发展急需的“新工科”学科专业集群方面有所突破；在组建产业学院、探索“产学深度融合、校企协同培养”的应用型人才培养模式和运行机制方面有所突破；在培育胜任课程教学改革、实践实训强化、成果转化应用的双师型队伍建设方面有所突破。形成“五个特色”：就是以立德树人为根本，以课程思政改革为主线，形成全员、全方位、全过程的育人特色；以面向未来社会需要的数字化能力和实践应用能力为主的人才培养特色；以完善学分制为主体的教学管理制度，形成与应用型人才培养相适应的教学运行与管理特色；以校本研究和应用研究为基础，构建“新工科”强势专业集群和多学科协调发展的学科专业特色；以校园美育和学科竞赛为抓手，以足球运动为优势项目，健全体育俱乐部和文艺社团，形成独特标识的校园文化特色。“12345”的发展思路正是顺应时代发展趋势，全面推进地方民办本科院校向应用型转变的重要举措和战略决策。

二、加快民办高校教育现代化，建设一流的应用型本科教育

任何现代化都是一场变革运动，而这种变革运动的标志是越来越符合社会发展规律，越来越适应时代的要求，越来越达到理想的状态。[①] 不具备这种特征的变革可能就是折腾，当然就不能叫作现代化。大学教育现代化就是符合高等教育发展规律和人才成长规律，能够满足经济社会发展需求和个人发展需要。建设一流的本科教育、培养一流的本科人才理应是教育现代化的重要内容。

（一）转变观念，形成共识，树立应用型人才培养理念

民办高校要通过组织广大教师认真学习习近平总书记关于教育工作的系列重要讲话和教育部、省教育厅关于加强本科教学、提升本科人才培养质量的系列文件精神，深入开展教育思想的学习和讨论，以“立德树人”为根本，牢固树立应用型人才培养的理念。要通过“走出去、请进来”的方式，深入了解社会及企业对应用型人才培养知识、

---

① 肖建彬．高等教育向美国学习什么［M］．广州：广东高等教育出版社，2018：273－279.

能力及素质方面的需求，了解专家学者对应用型人才培养的理论思考与见解，了解兄弟院校在应用型人才培养方面好的做法及经验，努力实现广大师生教育思想观念上的转变，把学校教学科研工作真正转到服务地方经济社会发展上来，转到产教融合、校企合作上来，转到培养应用型技术技能型人才上来，转到增强学生就业创业能力上来。

（二）积极探索应用型人才培养模式

民办高校要在准确把握应用型人才培养的目标规格的基础上，细化各专业人才培养的知识结构、能力培养和素质形成的具体要求，科学设计并积极探索达到这些要求的方法和途径。一是要以修订各专业人才培养方案为引领，逐步完善应用型人才培养的理论课程体系、实验实训教学体系和工程实践体系。二是要大胆探索学科与行业、专业与产业、课程与岗位对接的有效途径，实现学科专业与产业链、价值链、创新链的紧密对接和深度融合。三是要持续做好引企住校、引工程师住校的校企双主体育人模式，实现多种途径和形式的应用型人才培养新模式。

（三）加大产教融合、校企合作力度，为培养学生“双创”意识和工程实践能力搭建平台

民办高校要切实加强与地方政府、行业协会、产业园及行业龙头企业的联系，按照“互惠互利，合作共赢”的原则和“五个共同”（即共同制定人才培养方案、共同实施课程教学、共同建设实验实习基地、共同实施实践教学过程、共同做好毕业生的毕业论文或毕业设计）的思路，积极探索组建与专业密切结合的产业学院。建立一批多元多样的校内外实习基地，以满足各类实习实训环节的需要，提高实习基地的利用率。把学生的毕业论文或毕业设计与生产实践相结合，聘请一批企业管理及工程技术人员担任学生企业实习的指导教师或论文指导教师，真枪真刀地解决企业生产过程中的技术难题和社会实践中的实际问题，促进学生更早地认识社会、了解社会、融入社会，为走向社会奠定良好的基础。

（四）加大教学基本建设的力度

按照“新国标”的要求，民办高校要加大专业建设的力度，重点是通过引进与提高相结合的方式加强专业师资队伍建设，经过3～5年的努力，使学校所有专业的师资队伍结构基本满足“新国标”的要求。有序推进工程教育专业认证的试点工作。通过建立和完善对大纲、教材、课件、课堂讲授、辅导答疑及考试评价等环节的质量标准，加大课程建设力度，打造一批“金课”和在线开放课程。加强“双师双能型”教师队伍建设，有计划地选送教师到重点实验室、龙头企业挂职锻炼，带任务进修培训，在实践中锻炼成长。建立并实施青年教师助教制度，促进教师职业生涯良性发展。

（五）以产学研结合为突破口，提升学校服务地方经济社会及产业发展的能力

一是要积极组织教师申报各级各类以应用型为主的纵向课题，以研促教。二是要引导和组织教师真正走出校门，与地方政府、各产业协会、产业园区以及企事业单位建立密切联系，从地方经济社会发展和产业升级改造中寻找机会和承担课题，鼓励教师与企业工程技术人员共同申报课题，以研促学。三是要鼓励和组织学生参与教师的科研课

题，实现教师科研活动与学生“双创”精神培养和课外科技的有机结合，以研促创。通过课题研究提升教师科研水平与能力，形成科研团队和打造科研平台，从而提升学校服务地方经济社会及产业发展的能力。

（六）逐步构建具有应用型本科高校特色的学科建设体系

以省级重点学科建设为引领，逐步形成以校级重点学科、重点扶持学科和重点研究方向为主体的学科建设体系。学校每一个学科都有学科建设的任务，每一位教师都有开展科学研究或教育教学研究的义务。各专业学院要根据地方经济社会发展及产业升级改造的需求，结合自身师资队伍的特点，逐步形成较为稳定的学科研究方向，并以此搭建科研平台和组建科研团队。以省级工程中心为依托，整合校内校外的力量，按照学科交叉融合的原则，由四个工科类学院和广州园大智能设备有限公司合作组建科技开发团队，逐步形成具有学校特色的工业机器人集成与应用工程技术研究中心。

三、发挥民办高校体制机制优势，建设一流的应用型本科人才

（一）转变教学方式，创造多维学习环境

科技的进步，特别是人工智能的影响，将使教师的角色发生变化，转变成学习的引导者、启发者和组织者，而不再是知识的提供者。所以我们的“教”将会产生巨大变化。同时，学生的角色也将发生变化，转变成知识的主动搜集者、问题的提出者，主动式学习越来越普遍。因此，在大学的教育过程中，除了传统的课堂教学外，还要强化课外学习、社会学习、企业学习、网上学习、工作室学习等丰富的学习途径，学校要在时间、空间、地点、领域等多维度提供支持，并创造条件培养学生自主学习的能力。引导学生学会预测、预见、构想未来事物发展变化的方向和速度，增强学生学习的自主性与创造性。

（二）应对科技进步和职业变换，增强学生的适应性和灵活性

为适应科技进步和职业变换加快的新时代，需要改革专业设置，创新教学方法，不断更新教学内容，加强那些概括性强、适应面广、具有普遍意义的基础理论以及基本知识和技能的学科，增强学生对科技新发展的反应能力和创造潜力。要不断拓宽学习领域，形成灵活充实的课程体系，而且要促进文科、理科、工科等领域的相互交叉与结合，以增加学生的适应性和灵活性。

（三）注重学生个性发展，因材施教，使每个学生的创新潜力都得到充分发挥

培养造就大批具有创造性和进取精神的人才，需要增强学生学习的自主权和教学制度的灵活性，运用新的科学技术手段，不断改进教学方法，并使学生在选科、选课、转专业等方面有更大的自由度，使教学计划更有弹性，使教学内容更加丰富充实和多样化。

（四）彻底改变封闭式的教育教学思想，树立开放办学的新理念，进一步强化同企业和社会各方面的合作

一方面，要通过教学、科研和各种形式的社会服务，参与社会经济与文化的发展；

另一方面，要充分利用公共设施和社会服务机构及生产部门，鼓励学生在学习过程中参与社会实践，了解社会需求，加强学校与社会、理论与实际的联系。同时，学校还要使社会各界更有效地利用其所提供的多种多样的学习机会，不断进行知识更新，把大学办成终身学习的基地。

（五）加快信息化建设的步伐，不断提高学生的信息化素养

信息化是提高民办高校教育质量、实现教育现代化的重要推动力量。信息化不是简单地在办学过程中的信息技术应用，而是深层次的、信息技术支撑下的教育系统的结构性变革。科学技术的进步是没有止境的，因此我们的教育教学方式的变革也是没有止境的。就目前和未来十几年而言，提高学生的信息素质，提高学生获取知识信息的质量与效率将具有决定性意义。我们必须加快构建和完善校园网络化、数字化、个性化、智能化、终身化的教育教学体系，推动民办高校的组织形式、学习方式、管理方式、评价方式的不断改革和创新。在当今的信息时代和网络社会中，要不断强化学生认知规律和教学行为的研究，引导学生在学期间就要适应这个新的信息化时代对未来人才的要求。

（六）持续深化体制机制改革，提高民办高校综合实力和竞争力

就西方国家而言，美国的大学之所以比欧洲大陆的大学更富有活力和竞争力的主要原因在于体制和机制。我国作为一个经济社会正处在转型过程中的国家，原有的体制机制仍然在一定程度上束缚着高等院校的活力。为此，民办高校面向2035年的战略任务之一就是要持续推动并完成体制机制改革攻坚任务，加快构建与新时代中国特色社会主义发展相适应的体制机制。一是创新人才培养机制，不同层次不同类型的高等学校要探索适应自身特点的办学模式和人才培养方式，着重培养适应社会需要的创新型、复合型、应用型的各级各类人才。二是建立健全随着经济社会发展变化而不断进行学科设置和专业类型动态调整机制，与时俱进地不断更新课程体系，完善学分制，形成更加灵活的学习制度。三是深化科研体制改革，建立健全教学与科研有机结合的制度安排，以高水平的科学研究支撑高质量的人才培养，深入推进高等院校与科研机构和企业协同育人的体制机制。四是要持续改进民办高校的管理方式，完善依法自主办学机制，在教育教学、科学研究、人事财务等各方面切实扩大和落实办学自主权，同时强化民办高校的社会责任，完善评估机制，建立完善的中国特色社会主义的现代大学制度。

综上所述，民办高校通过转型发展强化一流的本科教育，培养一流的本科人才，重在专业建设上突出应用，在课程设置上体现特色，在教学体系上强化实践，在人才培养模式上坚持产教融合，在教学方式上立足知识、能力、素质的综合应用，培养创新型、复合型、技术技能型的高素质应用型人才，推动一流本科教育健康发展。

民办本科院校毕业生就业与招生状况分析

——以广东培正学院为例

广东培正学院　骆乐生*

摘　要： 就业质量对社会、国家和家庭的影响至深，招生工作是民办高校发展的生命线，提高招生与就业工作质量是民办高校内涵式发展的迫切需要。近5年来，广东培正学院初次就业率保证在93%以上，高出全省高校平均数；专业对口率和平均薪酬均保持上升趋势。

关键词： 民办本科院校　就业招生　依存关系　联动机制　运行效率

一、就业与招生工作对于民办院校的重要意义

（一）就业质量对社会稳定、国家富强、家庭幸福有着重要影响

就业工作是民生工程，它不仅是学生、家长、政府、社会始终关注的焦点问题，更是学校开拓优质生源市场、检验人才培养质量、提升服务社会能力、加强外部形象建设等工作的主要抓手。习近平总书记的重要讲话、李克强总理的《政府工作报告》都多次提到必须重视就业工作。国务院每年均召开全国普通高校毕业生就业创业工作电视电话会议。2018 年国务院就业创业工作电视电话会议强调，要全面贯彻党的十九大精神，以习近平新时代中国特色社会主义思想为指导，全面落实党中央、国务院关于高校毕业生就业创业工作的决策部署和李克强总理重要批示精神，部署做好高校毕业生就业创业工作。广东省委、省政府也高度重视就业工作，强调坚持把高校毕业生就业摆在就业工作首位，全力做好广东省高校毕业生就业创业工作，为全省实现“四个走在全国前列”提供基础性和战略性人力资源支撑。

（二）招生工作是民办高校发展的生命线

招生工作之所以是民办高校发展的生命线，是因为生源质量是学校办学质量的有力保障。从另一角度看，办学质量的口碑好，又有助于招生。再说，对于民办高校而言，学费是最主要的收入来源，招生数量的稳定和扩大，既决定学校的良性运营，也为学校的发展提供最有力保障。随着社会发展和高等考试改革的纵深推进，民办高校生源之争，特别是优势生源之争势必愈演愈烈。数年之后，经过招考大洗牌，某些专业甚至部

---

* 作者简介：骆乐生，广东培正学院招生就业办主任，助理研究员。

分高校退出历史舞台也将是十分有可能的。

（三）提高招生与就业工作质量是民办高校内涵式发展的迫切需要

招生与就业，对于本科院校而言，看似相隔4年，但有着密切的相互制约、相互影响的关系。研究招生与就业工作如何相互促进，其中探索招生与就业联动机制，就有着重要的现实意义，是学校内涵式发展与专业建设的迫切需要。

二、近5年来广东培正学院毕业生就业与招生现状及二者之关系

（一）就业质量的重要指标

1. 就业率。就业率是应届毕业生就业人数与毕业生人数的比率，直接反映毕业生充分就业的水平、学校人才培养的水平与社会竞争力。

2. 薪酬水平。薪酬水平是毕业生在就业岗位从事相关工作的薪酬高低状况，它反映出学校培养的毕业生的外部竞争力。

3. 专业对口率。专业对口率直接反映学校教育（专业设置）与社会需求的适应程度。

4. 就业满意度。毕业生就业满意度是高校毕业生就业质量的一个重要衡量指标，一直以来都是学校开展就业创业指导服务工作的重要参考因素，更是学校人才培养方案制订、完善的重要依据。

5. 自主创业。因应国家“大众创业、万众创新”的号召，大学生自主创业比例是就业质量重要的考量指标，反映学校创新创业教育的水平。

（二）招生质量的重要指标

1. 第一志愿比率。考生填报高考志愿时有多个学校志愿可供选择，其中第一志愿最重要，考生第一志愿报考某一学校的比率直接反映考生对该校的认可度。

2. 录取分数。录取分数指学校录取考生的最低分数，与同批次、同类院校比较，分数越高，生源质量越好，反映学校的办学水平相对同类院校要好。

3. 报到率。报到率指实际报到人数与录取人数的比例，报到率高证明考生就读意愿高；报到率低证明学生被动录取比例高，间接反映考生对学校的认可度低。

（三）就业质量的现状分析

1. 广东省高校与广东培正学院毕业生初次就业率。近5年来，广东省高校毕业生初次就业率呈现整体下降趋势。广东培正学院近5年平均初次就业率则保持在93%以上，其中，2018年高出广东省平均数0.73%（见图1）。

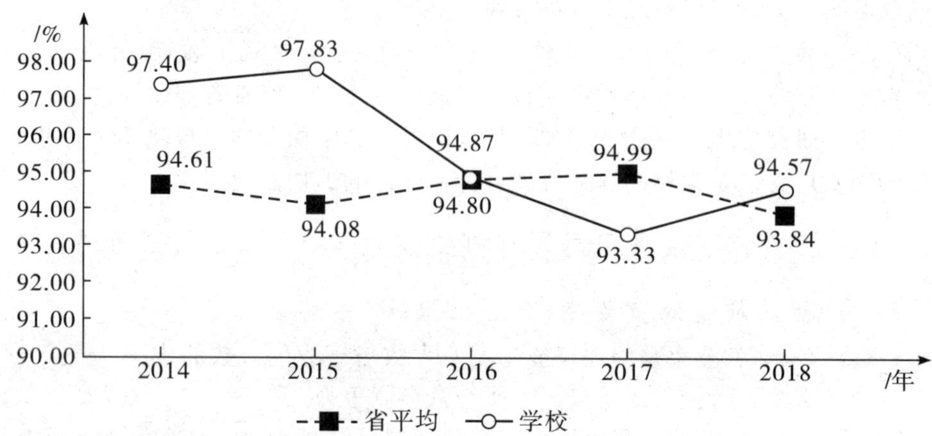

图 1　近 5 年广东省高校毕业生平均初次就业率与广东培正学院毕业生初次就业率走势图

2. 广东培正学院专业对口率。近 5 年来，广东培正学院学生专业对口率呈现上升趋势，特别是近两年的增幅显著，2018 年比 2014 年增幅约为 30%（见图 2）。

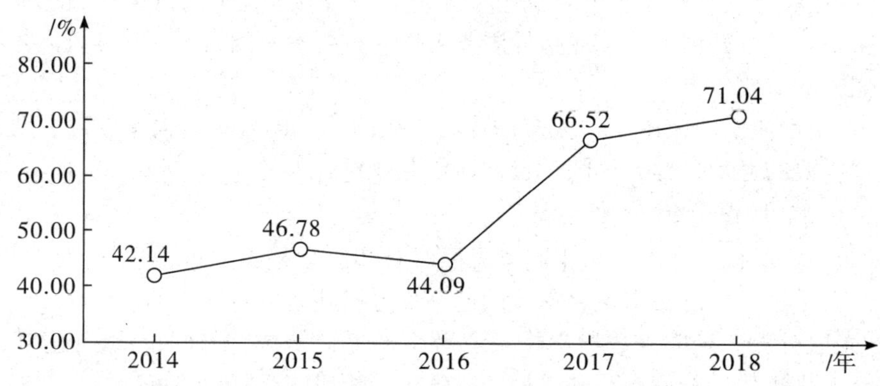

图 2　近 5 年广东培正学院毕业生专业对口率走势图

3. 广东培正学院毕业生平均薪酬。近 5 年来，广东培正学院毕业生的平均薪酬呈现上升趋势（见图 3）。特别是近两年的增幅显著，2018 年比 2014 年增幅 56% 左右，2018 年比 2017 年增幅 9% 左右。

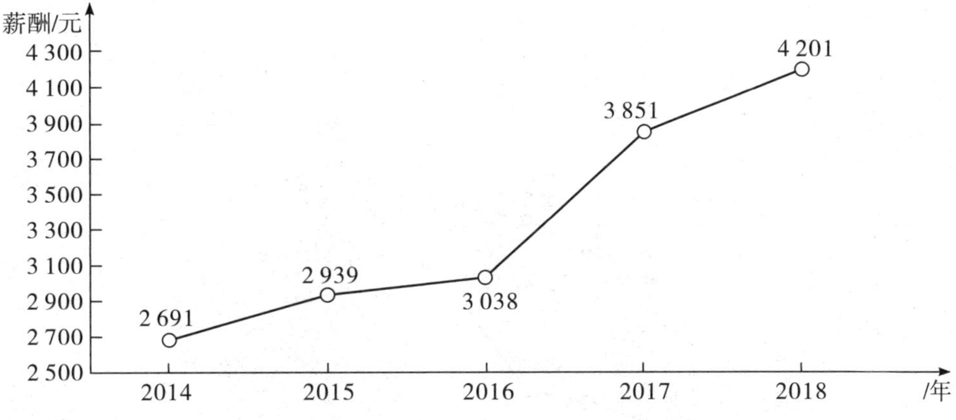

图 3　近 5 年广东培正学院毕业生平均薪酬走势图

（四）招生质量的现状分析

1. 2005—2015 年第一志愿填报数、录取数及报到人数（见图 4、图 5）。

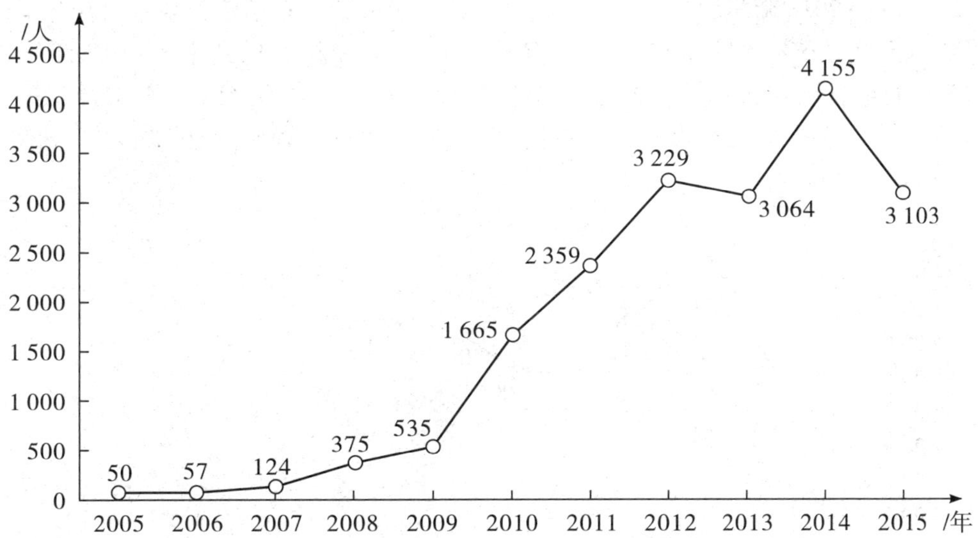

图 4　2005—2015 年广东培正学院本省生源第一志愿填报人数折线图（不含专插本）

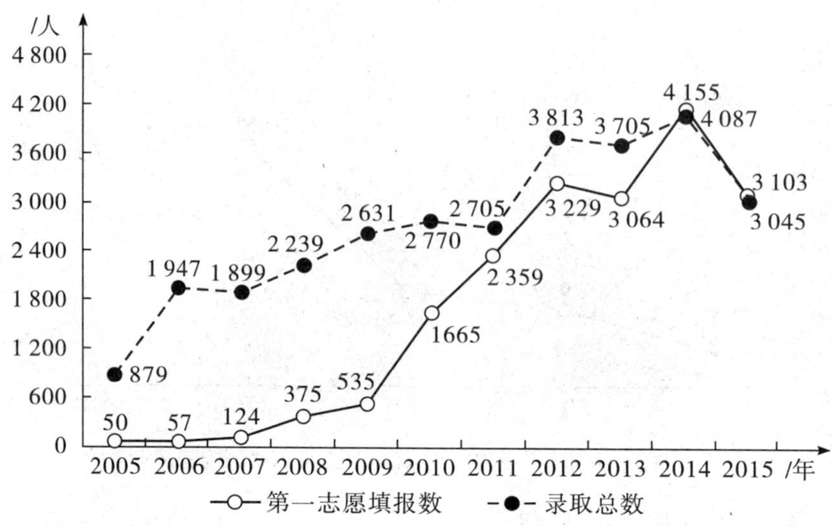

图5　2005—2015年广东培正学院本省生源第一志愿填报数与录取数折线图（不含专插本）

2. 2005—2018年本科招生录取报到率。近5年来，广东培正学院本科招生录取平均报到率为90.76%（见图6）。2018年广东培正学院新生报到率较2017年下降了2.30%，而全省同类民办（含独立）本科院校亦同比下降1.90%，平均报到率只有89.29%，广东培正学院稍低于平均水平，但比省内民办本科院校（7所）平均报到率87.84%高出1.01%。

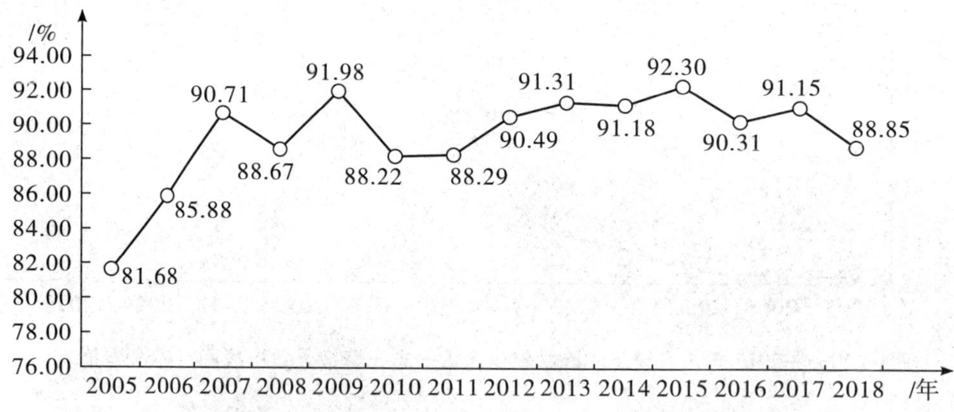

图6　2005—2018年广东培正学院新生报到率走势图

3. 2005—2018年录取分数线与广东最低控制线比照。从图7、图8可见，自2005年以来，广东培正学院招生录取分数除文科于2011年高出省控制线4分外，文理两类的招生在2014年之前，都低于省批次最低控制线（图表中的“0”横线），即需要降分录取；从2014年起至2018年，则连续年年超过省批次最低控制线。由此可见，广东培正学院生源质量呈上升趋势。

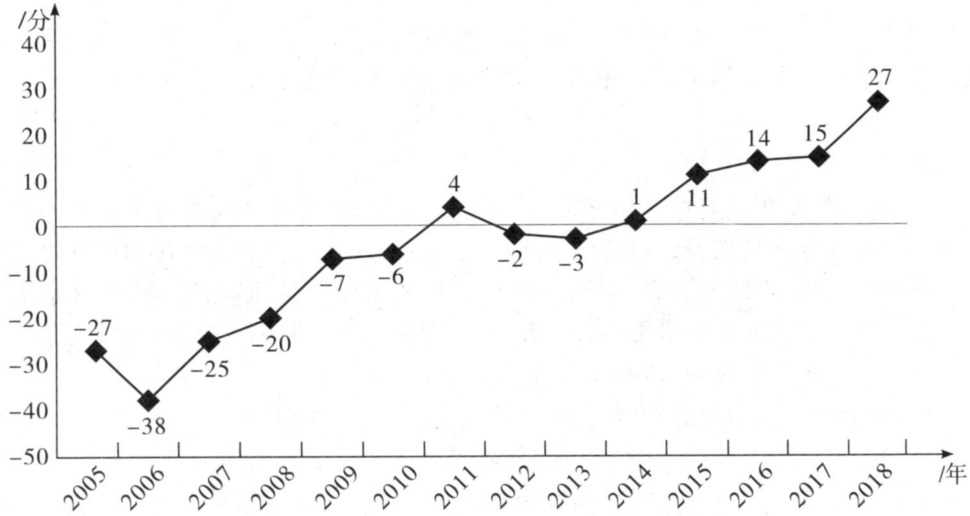

图 7　2005—2018 年广东培正学院文科录取分数线与广东最低控制线差额走势图

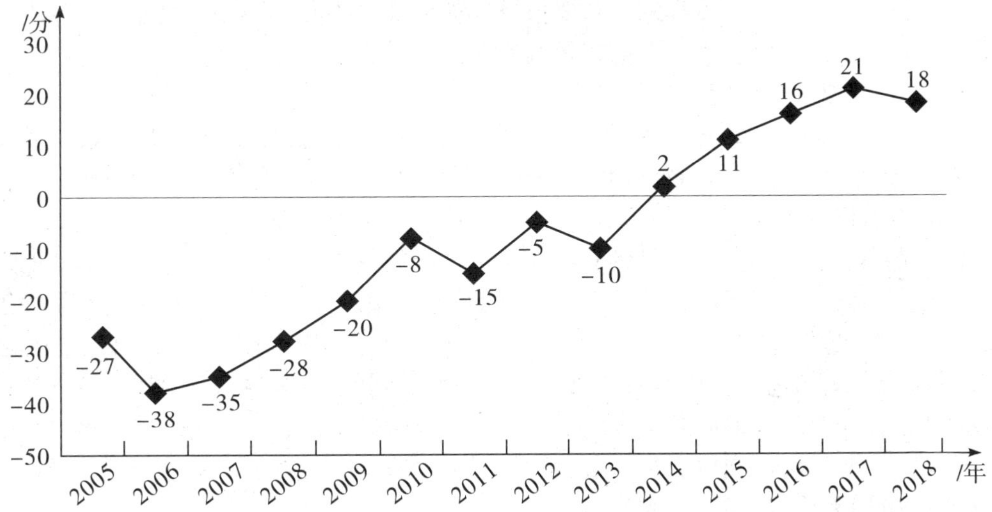

图 8　2005—2018 年广东培正学院理科录取分数线与广东最低控制线差额走势图

综上，广东培正学院近年就业质量与招生质量的数据分析可见：

1. 办学水平与办学质量不断上升。近年来，广东培正学院就业率保持在高位，专业对口率、薪酬水平不断提高，招生的第一志愿率、录取分数也在逐年上升。如此现象充分证明就业与招生是此消彼长的，就业好，招生就好；同时也证明学校的办学水平与办学质量在不断提升。

2. 社会大环境对就业与招生有直接影响。近两年广东培正学院新生的报到率与就业率有所下降。这与近年来的大环境密切相关。近几年来，国家的发展速度有所减慢，国家的经济大环境由高速增长转到经济新常态，即中高速度增长，因此就业的岗位有所减少，从而造成就业率有所降低；从招生的角度来看，由于办学成本不断上升，主要是

人才成本和教学场地、教学仪器设备成本上升，导致学费有所上升（民办学校的主要收入来源于学费，办学成本增加，学费自然水涨船高，不然无法保证教学正常运转）。学费增加，经济大环境偏弱，交不起学费的学生比例必然增加，从而导致报到率有所下降。

（五）就业与招生的依存关系分析

1. 就业与招生相互促进、相互影响。高校通过招考方式录取具有一定素养的高规格人才，通过几年在校培养，最终的目的必须以就业为导向，把人才输送到社会各行各业、各条战线去从事经营管理、社会生产。学生的就业率最重要的影响因素是培养过程，但生源质量是就业率的重要保障。相应地，用人单位对毕业生的满意度、学生发展的整体水平，将潜移默化地影响新一轮的考生报考。

2. 就业影响招生专业的设置与招生计划的核定。

（1）高校的主要功能之一是为社会培养需要的人才，各专业毕业生的就业率、就业质量反映了学校人才培养的成效与社会的需求度。高校必须根据就业的情况来设置招生的专业，确定各专业的招生规模。

（2）高校毕业生就业工作考评已经成为评价高校政绩、办学水平和教育质量的重要因素，也是高校制定招生计划的重要依据。教育部要将高校毕业生就业率与年度招生计划适度挂钩，调减就业率低的高校及其专业的招生名额。

3. 就业与招生有可能错位或滞后。

（1）招生时热门，就业时可能变冷门。高校往往根据国家或地方经济紧缺或发展重点来进行专业设置，从而制订相应的招生计划，经过 4 年的培养，到学生毕业时，此类人才的需求极有可能减少，高校培养的“产品”因此会“滞销”。

（2）高等教育已进入大众化阶段，毕业生“产能过剩”。国家鼓励高校提高毛入学率，各高校趁此东风不断扩大办学规模，特别是民办高校，必须达到一定的办学规模才能保证学校的正常运行。经历了几年的高校学习生涯，毕业生都自认为是“天之骄子”，实则他们并未意识到整个社会接受高等教育的同龄人群已接近 50%。高等教育大众化带来的后果是培养的同质化，数量巨大的毕业生进入市场后，用人单位难以全部满足大学生自以为匹配的岗位需求。最后的结果是，高校不断扩招，就业大军不断增加，就业压力不断增强，且难以调和。

三、消除就业与招生相互不利影响的对策

（一）围绕国家战略与广东地方经济发展战略规划专业建设

就本科院校而言，招生与就业相隔 4 年，热门专业在招生时比较火爆，但到这些学生毕业时有可能社会上的人才需求已饱和，如何处理 4 年滞后的影响，关键是学校要了解经济发展的脉搏，做好专业建设与发展规划。

1. 从国家重点发展战略看，如“一带一路”、重点产业、重点项目、重点区域发展等方面均有明确定位，学校应根据国家的发展战略，重点建设相关专业，以适应国家发展的需求。

2. 从服务地方经济看，国家为粤港澳大湾区做出的规划，既是国家战略，也是地

方经济发展的规划，地方高校应当为地方经济服务。就广东培正学院来说，应依赖建校20多年来偏重商科的办学优势，把服务地方经济的现代服务业方面作为专业建设的重点发展方向。

3. 从学科发展看，服务地方经济应当注重学科的综合性。广东培正学院建校之初校名为“民办培正商学院”，偏重文科，而学生创新创业则更多地依赖理工科，因此学校在理工科方面需要适度发展，增加社会需求量较大的理工类专业，培养应用型技能技术人才。

（二）完善招生工作与就业工作联动机制

1. 坚持进行就业三大调查、新生入学调查和开展毕业生就业质量跟踪调查。

（1）学校每年制定招生计划时应充分考虑毕业生就业情况，将各院系、各专业毕业生就业数量与就业质量的相关情况，作为制订招生计划的依据之一，将招生计划与专业设置、就业工作紧密联系，使招生计划更能反映和满足社会发展和企业用人需求，使专业结构与布局更加合理。

（2）以社会用人需求对学校招生计划为指引，根据社会对专业人才需求量、就业创业工作开展实际情况，以及近3年来就业数据的统计，发现英语、商务英语、会计学、国际经济与贸易等专业的就业率持续走高，据此调整招生计划。

（3）为落实广东省人才结构需求调整的有关政策，加强理工科建设，应逐步扩大计算机科学与技术、网络工程、数字媒体技术、应用心理学、应用统计学等理工科专业招生人数，并不断加强上述专业建设的力度。

2. 不断完善教学—招生—就业创业—校友联动机制。

（1）巩固健全学校近年来致力于构建的“教学、招生、就业创业、校友”四位一体联动机制，定期召开联动会议，共同搭建高素质应用型育人平台。通过深入分析、研究近年来毕业生就业状况和用人单位满意度调查，据此适时调整专业招生计划分配方案，适当增设与社会经济发展密切相关的新专业；根据社会经济发展需求和企业用人需求，适时调整专业培养方案，优化课程建设，有针对性地解决教学过程中存在的问题；加大对学生专业素养、创新能力、实践能力的培养，完善学科专业建设，加强实践实习基地的建设，以及搭建学校与企业交流的平台，促进学生与企业的双向交流。

（2）将第一课堂、第二课堂乃至第三课堂融为一体，构建有效的实践教学体系，搭建多元化的教育平台，形成多元化的人才培养链条。根据《普通高等学校本科专业类教学质量国家标准》《广东培正学院本科培养方案修订与管理办法》，参考教育部审核评估专家对学校专业建设提出的意见及建议，组织修（制）订专业培养方案，实现“四位一体”链条效能的发挥；认真贯彻落实《广东省教育厅关于学习贯彻教育部“新时代高等学校本科教育工作会议”精神的通知》《广东培正学院本科教学工作审核评估整改工作方案》等文件精神，在依托教师资源的同时，将优质资源和新的教学模式引入课堂，推动学校课程建设与课堂教学改革；通过引进和自主开发在线开放课程，推进教学模式与方法改革，实现“以教为主”向“以学为主”、以课堂教学为主向课内外结合、以结果评价为主向结果过程相结合评价的三大转变，促进《广东培正学院在线开放课程建设实施方案》的制定和实施；充分发掘整合校友资源，将校友纳入联动机制

范畴，邀请校友以校友及实践家双重身份，多角度参与学校人才培养模式改革。

（3）制定完善“两个方案”，加强“五基础”就业制度建设，即建立毕业生就业工作制度、毕业生跟踪调查制度、就业创业工作例会制度、就业专员工作制度、就业情况通报制度、就业联动会议制度、院系招生计划奖惩制度等。并且定期、不定期召开相关联动协调会，研讨解决招生计划、专业建设、人才培养相互制衡、相互促进等相关问题。

（三）就业工作前置，精准、精心做好就业服务工作

1. 着重培养学生正确的就业导向意识。通过各类活动，部门、院系结合，帮助学生树立理性的就业意识，引导学生精准就业，鼓励和引导毕业生到中小微企业就业，到基层、边远地区就业，到西部地区建功立业，到部队接受锻炼等。

2. 优化基础性服务工作。编撰、完善相关就业指导手册，如《就业须知》《毕业生资源信息简章》及《招生就业简报》等，加强线上、线下就业指导与服务，线上加强就业网及微信公众号发文的管理，扩大手续及服务内容的宣传，简化手续办理的流程化；进一步优化毕业生三大调查实施方案，利用微信公众号的问卷调查功能收集、统计数据，在问卷的设计、数据统计分析等方面力求做到更科学、更合理；加强对就业工作人员、学生的培训指导。

3. 就业指导服务工作实现信息化。要通过多种途径拓展学生的就业市场，对各方面来源的就业信息，进行信息化处理，提供给学生；还要推进校企合作，作为拓宽学生就业范围的重要渠道。

4. 进行毕业生就业质量跟踪调查。

（1）短期就业质量跟踪调查：进行毕业生毕业半年后至 1 年的就业质量跟踪调查，检验学生离校后短期的就业质量。

（2）开展中长期就业质量跟踪调查：进行学生毕业 3 ~ 5 年后就业质量跟踪调查，为学校内涵发展、专业建设、提高教学质量、提高教学管理水平提供决策参考。

（四）做好有关宣传工作

学生的入学和毕业，都需要进行大量的宣传。招生宣传、招生手段创新，信息化、正面宣传利于增强学校的社会影响力。

1. 做好专业发展和招生规模规划。根据学校的规划和办学条件，结合地方经济发展需要，做好未来专业发展规划、生源数量分析以及招生规模规划。

2. 加强招生宣传策略研究。进行电话咨询技巧、网络客服技巧、现场咨询技巧、优劣专业互补宣传技巧等的研究，扩大招生宣传成效。

3. 多渠道、多角度进行招生宣传。

（1）除传统招生咨询会、报纸杂志、网络宣传、招生学校走访等方式以外，要更加注重从学生的角度进行宣传，以在校的社团、协会等，从学生的角度正面宣传学校，更容易触动学生的报考意愿，改变以往只从学校角度进行宣传的方式。

（2）加强与省内各地区招办、普通高中学校的联系，提高学校生源质量。

（3）充分利用自媒体和网络宣传的方式，突出学生课外实践活动和各院系的专业师资、科研，以内涵式发展为突破口，用具体事实和集中论点为基础，有针对性地强化

宣传效果。

（4）扩大招生宣传志愿者团队，协助开展招生宣传工作，以学生团队为主体试点，开展回访高中母校活动。通过活动为学生提供一个锻炼自我、提高自身综合素质、展现培正学子活力的平台，提高学校在省内高中的影响力。

（5）进一步提高服务质量。对已报考学生投以更多的人文关怀，提高报到率。通过招生微信、微博等平台，以图例、动漫等形式给学生提供指引及温馨提示；通过微信、微博、电话客服，耐心解答学生的问题，切实给学生提供帮助，以体现学校的人文关怀。

4. 做好应届毕业生的推介宣传工作。生源质量和教学培养质量的提高，并不等于“出口”质量的提高，在人才市场，往往“酒香也怕巷子深”，因此，加大就业宣传是十分必要的。一直以来，广东培正学院注重毕业生就业的推介宣传工作，特别是近年来不断拓宽推介渠道，打造多种推介平台，通过微信公众号、就业网、宣传栏等，发布就业政策、招聘资讯、就业程序、就业力提升等信息，线上、线下为学生提供帮助，替学生解忧排惑；此外，还坚持走出去——寻访优质企业，请进来——邀请企业来校宣讲、招聘，以及通过大型公益招聘会、网络招聘会、专场（专业）招聘会、企业参观走访等多种方式，尽最大能力为学生提供充足的工作、实践、实习机会。多种推介平台和方式，收到了良好的宣传效果，保证了培正学子超过93%的就业率及近年来的上升趋势，从而促进了学校办学的良性发展。

关于高校教师教学评价的一些思考

——以中山大学新华学院为例

中山大学新华学院　陈宝琪　李倩*

摘　要：构建合理、有效的高校教师教学评价办法是保障教学水平、提升人才培养质量的重要举措。以中山大学新华学院为例，我们考虑将教师教学评价办法分为学生评价、督导评价、院系教学评价和教学管理部门评价四个部分，通过融入多方面的评价结果对教师的教学水平和教学质量给予综合、客观的评价，以评促改，提升评价指标的效用，并最终促进教学工作更好地开展。

关键词：高校教师　教学评价　多元化　课程评价

课堂教学是教学环节的主要组成部分，高质量的教师队伍是保障教学质量的重要因素，而构建科学、合理的高校教师教学评价办法是加强学校管理、促进学校发展、引导教师队伍不断提升的重要举措，也是促进高校教师进行教学改革、提升人才培养质量的有效途径。① 有效的教学评价能对教师的教学行为进行良性引导，使其教学行为更加符合教学规律，也更加符合高校发展的需求。② 高校教师教学评价是否公允，直接影响到教学质量保障体系的科学构建和有效落实，最终将会影响教师队伍的建设和人才培养的质量。

为积极响应《中国教育现代化 2035》建设的宏伟蓝图，努力提升人才培养与创新能力，建设高素质专业化创新型人才队伍，提升高等教育竞争力，我们着力于加强教师教学评价管理，促进教师教学水平的自我改进和教师专业的发展。我们调研了广东省内 27 所本科高校发现，现行的教师教学评价办法存在着种种缺陷而亟待改进，下面谈谈我们的一些想法，以求更多同行的批评指正。

一、构建多元化的教师教学质量评价方式

长期以来，部分高校的教学评价基本上是依据学期末的学生网上评教。这种单一的评价依据往往会由于学生的自我意识、个人情感，以及班级班风、学风的差异而使评价

---

* 作者简介：陈宝琪，中山大学新华学院助理研究员，研究方向：教学质量监控；李倩，中山大学新华学院教师。

① 俞佳君．以学习为中心：高校教学评价的新范式［J］．高教探索，2016（11）：11－15.

② 卢婧．我国高校教学评价的现状及未来发展［J］．黑龙江高教研究，2018，36（10）：83－86.

结果出现较大的差距，对教师的评价往往掺杂了过多的随性因素或应付成分，难以做到客观公正①，导致部分教师因评教结果受到委屈，打击教师的积极性，进而可能会出现教师为评教而教学、学生为成绩而评教的现象，在一定程度上滋生学生和教师相互取悦的成分。广大师生对教学评价必须多元化的呼声越来越强烈。对于多元化的教学评价，我们的想法是把它分为四个部分：学生评价、督导评价、院系教学评价和教学管理部门评价，通过融入多方面的评价结果对教师的教学水平和教学质量给予综合、客观的评价。

一般情况下教师教学评价的得分是这四个部分的综合，比例如下：学生评价占30%，督导评价占20%，院系教学评价占40%，教学管理部门评价占10%。各部分比例的设置主要出于以下考虑：学生是课堂教学的受众，需重视学生评价在教师教学评价中的权重，故其所占比例设置为30%；督导在一个学期可能只是听某位教师的一次课，并不能充分了解和反映该教师该门课程的总体讲课水平，权重过大可能会失之偏颇，故权重设置为20%；而最了解教师教学水平的还是院系的领导小组，权重过小不利于发挥院系的作用和积极性，建议院系权重为40%；管理部门评价主要是对教师的教学行为规范进行评价，是对其他三种评价方式的补充，故权重设置为10%。

在评价体系中增加督导评教，大家基本上已经取得了共识，需要着重讨论的是院系教学评价和教学管理部门评价。

1. 院系教学评价。院系对教师的教学评价，包括课程教学的各个环节以及教学的各个方面，主要含教学活动的参与、学生毕业论文（设计）的指导等，评价表中包括“课堂教学”“课外辅导”“教学活动的参与”“学生毕业论文（设计）的指导”4个一级指标，下设13个二级指标（见表1）。

表1　任课教师院系教学评价表

一级指标	评价内容	教师自评	院系评分	参考材料
课堂教学	1. 教书育人，有教学热情与专业精神			学期中学生对教师的形成性评价、院系负责人及同行“听课记录表”、学生网上评教对任课教师反馈情况记录、教学座谈会学生对教师评价的记录等
	2. 备课充分，授课认真，教学内容设计充分，重点突出，教学方法得当			
	3. 学生到课率高，师生互动的课堂气氛较好，能有效管控课堂秩序			
	4. 课后能根据同行或学生的反馈进行较为深刻的自我教学反思			

① 刘勇. 试论我国高校教师教学评价体系重构［J］. 黑龙江高教研究，2016（1）：59-61.

续上表

一级指标	评价内容	教师自评	院系评分	参考材料
课外辅导	5. 为学生提供丰富有效的学习资源			“课程教学电子资源提供情况登记表”等
	6. 对学生各种作业、考核以及各种教学建议有及时的反馈			学期中学生对教师的形成性评价，用微信、邮件等方式与学生进行教学互动的记录
教学活动的参与	7. 参加各种教学活动，如集体备课、优质课程观摩、教学研讨会等			各种活动记录
	8. 完成课程教学、毕业论文（设计）指导除外的各种教学任务			
学生毕业论文（设计）的指导	9. 对学生的研究有明确的进度要求及落实措施，检查到位			“毕业论文（设计）指导情况登记表”
	10. 对毕业论文（设计）进行严格审查，提出具体建议，并追踪学生的修改结果			
	11. 全过程指导认真、解答及时并有详细的记录			
学生毕业论文（设计）的指导（无承担指导任务的助教）	12. 参加院系召开的论文（设计）工作的相关活动并承担一定的工作			
	13. 协助论文（设计）指导教师指导学生毕业论文（设计）			
合计				

注：承担学生毕业论文（设计）指导任务的教师评 9 ~ 11 项；无承担指导任务的助教评 12 ~ 13 项。

学期中学生对教师的形成性评价可以作为院系对教师的教学评价的依据之一。为什么要增加学期中形成性评教？因为教评的真正意义，不是专门为了测量，更多的是为了改进，是通过教学评价来改进教师在教学中的各种问题，所以教评的本质应该是通过师生过程性的互动实现教师的成长。学期中进行形成性评教能让教师根据反馈意见及时修改教学计划和教学方法，学生能更直观地感受到评教的意义，也更能调动他们的积极性；而期末进行的评教，教师依据评教的结果进行教改也是下学期的事情，对这学期选

修了这门课的学生而言，期末评教对改进任课教师本学期的教学没有太多意义，所以学生没有那么积极地进行评教非常好理解。

为了更好地促进教学，促进师生的良性互动，与期末学生评教不同的是，学期中的形成性评教的评价问卷应该是开放式的，侧重于询问学生在整个教学过程中的体验及改进意见，比如，教师教学突出的优点是什么？你对教学内容的选择与编排有什么意见和建议？你对教学方法与手段的看法如何？你对课程的课堂设计、组织与管理有什么意见和建议？等等。在形成性教学评价中，对学生是否提交意见不做强制要求，学生有话则长，无话则短，某些方面没有意见就不用提。考虑到学校课程开设的前两周是选课周，因此将形成性评价的时间设置在3～11周。在这个时间段内，学生可随时针对课程教学提交意见，且不限次数，教师也可随时上网查看学生的意见。形成性评价仅要求学生提交意见，不设等级评分，因为其主要目的是让教师关注并重视学生所反映的教学意见，并以此改进教学。

除了对课堂教学的评价，我们还考虑增加对毕业论文指导的教学评价。近年中山大学新华学院毕业论文质量的提升一直不尽如人意，这与缺少指导毕业论文的教学评价并使之纳入人事决策有一定的关系。学校教务处早就有较为完善的毕业论文写作过程的指导要求，近两年又施行了专家组对毕业论文的普查制度，这些举措为学校今后施行毕业论文指导的教学评价奠定了很好的基础。需要强调的是，在未来毕业论文指导的教学评价中，必须把学生毕业论文是否具有学术性、创新性、应用价值等作为重要的、核心的评价指标。近年来，学校的教学督导和教师在评审本科毕业论文时不断指出，虽然论文的写作规范和专业性得到了重视，但普遍忽视了较之更重要的元素——学术性，这种现象必将导致学生在进行毕业论文撰写时出现偏差。例如，对于一些教学研究型高校的本科生甚至研究生都难以研究透彻的理论，只因其具有较强的专业性而被作为学生的论文选题，在研究过程中学生未达到应有的文献阅读量，缺乏基础理论、专业知识、研究能力和创新能力，最终所撰写的论文必然十分空洞，缺乏学术性。

最后，之所以设置教师自评环节，是因为教学评价要从教师的角度，督促教师自我评价、自我分析、自我反思，不断改进教学。教师自我评价有利于形成民主的教育教学评价氛围。①

2．教学管理部门评价。为什么要增加教学管理部门的检查性评价？我们考虑涉及课程教学的教风的考察、课程材料的考察、考试环节的考察等，学生无法完成或无法独立完成。比如目前施行的《中山大学新华学院理论课程教学质量学生评估指标》中“教学态度”的二级指标“遵纪守时，不随意调停课”，实际教师调停课的原因很多，让学生作出教师的调停课是否“随意”的判断实为强人所难。又如，考试环节（包括出题、改卷、成绩录入反馈等）是课程教学的重要环节，而它的进行是在学生期末评教之后，所以学生无法对其好坏进行评判。这部分学生无法完成或无法独立完成的评教内容，大多与教学管理部门有密切的关系，为了全面公正地评价课程教学，有必要设定管理部门的检查性评教。

① 武洋．民办高校教师教学评价的现状及对策研究［D］．大连：辽宁师范大学，2015：28.

管理部门的检查性评教的分数比重可占整个教学评价体系的 10%。为了便于操作，可用扣分的形式计算，如对随意调停课，无教学大纲和教学进度表，教学进度表交发滞后，上课迟到早退，考试试题有泄题嫌疑或出题极不合理，不按时登录考试成绩等现象，将酌情扣分，直至 10 分扣完为止。

表 2　任课教师教学管理部门评价表

序号	扣分项目	教师实际情况记录［由院系记录］	教务处审核最终扣分
1	无教学大纲和教学进度表		
2	教学进度表等教学材料提交滞后		
3	考试试题出题极不合理		
4	无充分理由不完成学校规定的监考等教学任务		
5	不按时登录考试成绩		
6	其他		
总分 10 分，扣除　　分，实际得分　　分。			

二、以学习者为中心设置课程教学质量评价指标体系

课程教学质量评价指标体系是学生评价和督导评价的主要依据。因此，除了现行的教师教学质量评价方式需要向多元化改进，课程教学质量评价指标体系也同样需要完善。

教育部长陈宝生在《人民日报》撰文，吹响了“课堂革命”的号角，指明“始终坚持以学习者为中心”的基本原则。以此对照学校的课程教学质量评价指标体系，尚有一些值得完善之处。结合学校实际，并借鉴部分高校的优秀案例，以理论课程学生评价为例，我们认为可设置 4 个一级指标，即：教学态度、教学内容、教学方法及效果、学习支持与反馈。

我们把学校原有评价指标体系中的“教学方法”和“教学效果”两个一级指标合并为“教学方法及效果”，因为从学习者的角度上看，方法与效果是紧密联系在一起的。任何教学方法都有可能成功或失败，无法单从采用某种教学方法而不考虑教学效果来判断教学的优劣。

“学习支持与反馈”一级指标的设置主要是出于这样的考虑：教育部长陈宝生号召“课堂革命”，提到了杜郎口中学、派尼小学、兖州一中、昌乐二中等学校的教改并指出，“这些模式的共同点都遵循了预习、展示、反馈三个基本的教学流程和教学模块”。陈部长提到的案例虽然都是中小学，但实际上大学本科教学更加需要遵循预习、展示和

反馈三个基本的教学流程，把课堂还给学生。[①] 大学本科教学与中小学教学的一个显著区别是，它的周学时不能排得太满，以便于课内向课外的延伸。当今“互联网+”的时代，学生课外移动学习方式更加便捷、多样，使我们轻松实现线上与课堂深度融合的混合式课堂教学，它为我们施行课内向课外延伸，有效地遵循预习、展示和反馈三环节，提供了极大的保障。

在“学习支持与反馈”这个一级指标下，可设“创造条件提高学生的自学能力，帮助学生学好课程，提供丰富有效的学习资源”“对各种作业、考核以及学生的各种教学建议有及时反馈”这两个二级指标。“创造条件提高学生的自学能力，帮助学生学好课程，提供丰富有效的学习资源”，包括为达到教学目的而提供的学习资源，如文字性的各种参考资料、多媒体课件等，以及不是为教学目的而提供但被发现具有一定教育利用价值的学习资源，如电子报刊、软件工具及网上信息资料等。“对各种作业、考核以及学生的各种教学建议有及时反馈”的一个主要方面便是前文“学期中过程性教学评价”提到的学生网上即时性教学建议，兼顾教师自评和学生评价（见表3）。

表3　理论课程教学质量学生评价表

一级指标	评价内容	优	良	中	差
		91～100分	76～90分	61～75分	60分以下
教学态度（20%）	1. 教书育人，有教学热情与专业精神				
	2. 教态大方，衣着举止得体，能有效管控课堂秩序				
教学内容（30%）	3. 授课纲目/框架明晰，层次清楚				
	4. 概念/理论/原理讲解清晰、深入浅出，教学导入得当，前后内容连贯				
	5. 教学内容充实，进度合理，重点突出、难点透彻，符合相关专业特点与学生接受能力				
教学方法及效果（30%）	6. 因材施教，注重启发思维和创新意识的培养，师生互动效果好，能激发学习兴趣和学习动力				
	7. 逻辑清楚，表述流畅，语速适中，发音清楚				
	8. 教学媒体（板书、PPT、直观教具等）和现代教学方法（翻转课堂、以问题为导向的教学方法等）使用恰当、效果好				

① 张立福. 通过预习、反馈、展示把课堂还给学生［J］. 长春教育学院学报，2015，31（13）：126－127.

续上表

<table>
<tr><td rowspan="2">一级指标</td><td rowspan="2">评价内容</td><td>优</td><td>良</td><td>中</td><td>差</td></tr>
<tr><td>91～100 分</td><td>76～90 分</td><td>61～75 分</td><td>60 分以下</td></tr>
<tr><td rowspan="2">学习支持与反馈（20%）</td><td>9. 创造条件提高学生的自学能力，帮助学生学好课程，提供丰富有效的学习资源</td><td rowspan="2"></td><td rowspan="2"></td><td rowspan="2"></td><td rowspan="2"></td></tr>
<tr><td>10. 对各种作业、考核以及学生的各种教学建议有及时反馈</td></tr>
<tr><td colspan="6">意见与建议：</td></tr>
</table>

三、关于总体教学评价的总结与展望

总体教学评价包括对常规性教学工作的评价和对非常规性教学工作的评价。常规性的教学工作主要有课程教学和毕业论文指导，本文讨论的正是对常规性教学工作的质量评价；非常规性的教学工作主要有参与教改项目、发表教学研究论文、指导学生学科竞赛、指导学生发表科研论文、指导学生发明专利等。

总体教学评价可以用作人事决策的依据，包括学期末或学年末的绩效考核、晋升职称、评奖评优等。多年来，非常规性教学评价在高校各项人事决策尤其是院级教学名师、十佳教师、百名骨干教师等评选活动中占有重要的位置，其评价结果直观有效，奖励机制也是立竿见影，较好地体现了它的价值；而常规性教学评价更多地停留在表面，难以触及教师利益的根本，在各种人事决策中，往往难以发挥应有的价值，以至于被视为鸡肋。

部分高校以往的常规性教学评价，主要是计算教师所授各门课程的课程质量学生评价的平均分，由于作为基础的单门课程评价方式的单一性以及评价指标不尽完善，这样的评价结果也就难以做到客观公允。我们要改变这种现状，首要任务是在每个学期的课程评价中使其评价方式以及评价指标更加科学合理；此外，还必须有毕业前学生对四年所学课程的回顾性评价。在以学生为中心的教学评价中，“学习成果”是一个重要的评价指标。对于“学习成果”的评价，不少同仁都提到“学生从课程学到了什么”“课程结束几年后学生还记得哪些有价值的东西”这两个实际而又重要的问题。因而对总体教学评价中的课程评价，我们应该增加毕业前学生在校时的学习体验以及对课程的教学评价。这一教学评价可集中安排在毕业前学生在校人数较多的时间（毕业答辩、拍毕业照等），通过发放调查问卷的方式进行。问卷的内容相对集中，如：课程让你收获到的专业知识，课程对你的伦理道德和专业精神的提高，课程对你的分析能力的提高，课程对你的创新能力的提高，课程对你的团队合作和沟通能力的提高，课程对你的终身学习能力的提高，专业开设课程与行业需求的匹配度，自身水平与岗位需求的匹配度等。

一份教师教学评价办法的作用不仅在于“评”，更重要的是“以评促改”“评改结合”，教学评价结果的分析和反馈是教学评价的真正意义所在，也是保障评价持续进行的重要动力。[①] 通过及时有效的反馈环节，不断进行反思和调整，更好地指导今后的教学工作。高校应建立相应的管理小组，使教师与学生、督导、院系以及管理部门之间更好地沟通与反馈，有评有改，提升评价指标的效用，并最终促进教学工作更好地开展。

拥有一个公平合理的教师教学评价制度，也是高校职称晋升制度去除三唯标准（即唯学历、唯资历、唯论文）的路径之一。我们希望通过合理的教师教学评价，进一步提升教师的教学能力，进而提升高校的人才培养质量，为国家培养出德智体美劳全面发展的社会主义接班人。

① 武洋. 民办高校教师教学评价的现状及对策研究［D］. 大连：辽宁师范大学，2015：28.

肩负新使命　探索新路径
加快推进新时代教育现代化

——第七届中国南方教育高峰年会闭幕词

广东省教育研究院院长、党委书记　汤贞敏

（2019 年 9 月 22 日）

第七届中国南方教育高峰年会即将落下帷幕。在这一天半时间里，峰会组织了 2 场综合论坛，以及基础教育、职业教育和培训、高等教育 3 场平行论坛。峰会上，有 45 位专家学者和各级各类学校负责人发表主旨演讲与主题演讲，不少参会者与主题演讲嘉宾对话研讨。峰会还汇集了 91 篇论文。经过大家共同努力，峰会各项议程圆满完成。在此，我谨代表峰会主办方，向出席峰会的各位领导、各位专家学者、各位来宾和媒体人士，以及为峰会成功举办付出辛勤劳动的会务组全体人员表示衷心的感谢！

围绕峰会主题，中共广东省委教育工委书记、广东省教育厅厅长景李虎紧扣贯彻落实习近平总书记在全国教育大会的讲话精神和对广东提出的“四个走在全国前列”、当好“两个重要窗口”的要求，以及建设粤港澳大湾区、支持深圳建设中国特色社会主义先行示范区等重大战略部署，提出作为国之大计、党之大计的教育必须充分发挥战略支撑作用，从时代使命、独特定位、着力方向、改革重点等方面阐述了广东推进教育现代化的一系列思想观点。与会专家学者、学校负责人和论文作者对面向 2035 推进基础教育、职业教育、高等教育、终身教育和教育治理现代化积极建言献策。

根据研讨交流情况，我从三个方面对本届峰会做简要总结。

第一，深刻认清教育现代化面临的新形势。党的十九大作出“中国特色社会主义进入了新时代，这是我国发展新的历史方位”“我国社会主要矛盾已经转化为人民日益增长的美好生活需要和不平衡不充分的发展之间的矛盾”等重大战略判断，而新时代的“总任务是实现社会主义现代化和中华民族伟大复兴”。大家认为，建设教育强国是中华民族伟大复兴的基础工程，教育现代化既是社会主义现代化和中华民族伟大复兴的战略支撑，也是社会主义现代化和中华民族伟大复兴的重大标志，我们必须深刻认清教育现代化 2035 所面临的新形势。

一是经济格局调整对教育总体发展提出新要求。世界经济相互依存、相互渗透程度不断加深，经济全球化迈入再平衡进程。我国经济发展向形态更高级、分工更优化、结构更合理的阶段演化。面对经济发展新常态，构建开放型经济新体制，推动形成现代化经济体系，实现新旧发展动力转换，促进经济结构调整和产业升级，必须抓住机遇、超前布局，形成充满活力、富有效率、更加开放、有利于科学发展的教育体制机制，办出

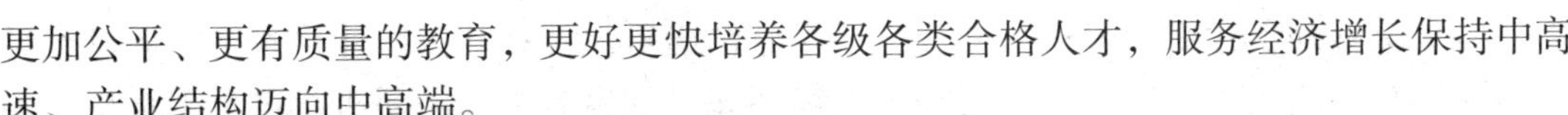

更加公平、更有质量的教育，更好更快培养各级各类合格人才，服务经济增长保持中高速、产业结构迈向中高端。

二是科技创新发展对教育内容手段提出新考验。新一轮科技革命和产业变革正在孕育兴起，世界主要创新型国家和地区纷纷深化创新驱动发展，大数据、人工智能、量子计算、3D 打印等一系列重大颠覆性技术创新正在创造新产业、新业态、新模式，对生产生活方式带来前所未有的深刻影响。这对教育的革命性影响日趋显现，我们必须更加积极主动地变革教育内容和方式手段，更好更快培养大批拔尖创新人才，提升全民科学素质。叶文梓、周文港、赵敏、郑洪光、陈建邦、李海滨等专家学者对推动粤港澳大湾区教育合作发展、融入"一带一路"国际合作、打造国际科技创新中心、变革教育内容和手段等提出了不少对策建议，值得我们深思和实践。

三是文化传承创新对教育示范引领提出新愿景。当今世界思想文化交流频繁，文化在增强国家综合实力和国际竞争力中的地位和作用更加凸显。中华优秀传统文化延续着我们国家和民族的精神血脉，社会主义核心价值观继承了中华优秀传统文化，体现了时代精神。我们要充分发挥教育主阵地主渠道作用，把社会主义核心价值观循序渐进地渗透到各级各类学校教育教学和办学活动之中，立德树人，助力全民族形成共同理想信念和道德规范，使全体人民拥有共同价值追求。张锦庭校长和有关论文作者在传统文化与现代教育有机结合上分享了宝贵的思想观点和实践经验。

四是人口分布变化对教育布局结构提出新挑战。我国人口总规模将在 2030 年前达到峰值，以人为核心的新型城镇化水平持续提高，城镇特别是城市人口集聚度不断增强。这需要科学稳妥做好各级各类学校布局规划、基础设施建设、优质教育资源配置，尤其要调整优化城乡基础教育布局、完善现代职业教育体系、提升高等教育结构科学化水平，使优质教育资源惠及全体人民。

五是多元主体参与对教育治理转型提出新诉求。随着经济社会发展和人民生活水平提高，教育相关方参与意识和表达意愿日渐增强。不少专家学者指出，必须加快促进传统教育管理向现代教育治理转变，改革政府职能，提高政府效能；激发学校办学活力，增强学校自我激励、自我约束、自我管理、自我提高能力；鼓励支持社会力量参与教育治理和公共服务，调动各方面推进教育现代化的积极性、主动性、创造性；推进教育"管、办、评"分离，深化教育"放、管、服"改革，更加明晰家庭、学校、政府、社会之间的权责关系，构建相关方良性互动机制，形成相向而行的教育合力。

第二，全面理解教育现代化的新使命。大家认为，教育现代化能使我们不断接近实现社会主义现代化和中华民族伟大复兴的目标，也让我们更有信心、更有能力实现这个宏伟目标，这是教育现代化的新使命。

一是教育现代化必须以习近平新时代中国特色社会主义思想为根本遵循。大家认为，"培养什么人、怎样培养人、为谁培养人"始终是教育现代化的根本问题，必须围绕这个根本问题深入开展理论研究和实践探索。要坚持以习近平新时代中国特色社会主义思想为指导，深入学习贯彻习近平总书记关于教育的重要论述，在教育现代化实践中融会贯通、全面落实，确保新时代教育现代化沿着正确的方向不断前进，立德树人，培养担当民族复兴大任的时代新人。盘健、曹群在这方面谈了不少创新观点和实践体会。

二是教育现代化必须为化解社会主要矛盾作出重大贡献。我国社会主要矛盾已经转化为人民日益增长的美好生活需要和不平衡不充分的发展之间的矛盾。这个关系全局的历史性转化，呼唤在深化改革发展的基础上，抓住人民群众最关心最直接最现实的利益问题，在改革中健全体制机制、促进公平，在发展中补齐短板、推进基本公共服务均等化，更好满足人民群众在经济、政治、文化、社会、生态等方面日益增长的需要，更好推动人的全面发展和社会全面进步。大家认为，必须加快教育现代化，完善基本公共教育服务体系，不断满足人民群众日益增长的优质教育需求，更好更快形成雄厚的人力资源优势和强大的人才资源优势，为破解经济社会发展不平衡不充分问题贡献巨大力量。

三是教育现代化必须坚定落实新发展理念和系列重大发展战略。创新、协调、绿色、开放、共享的发展理念集中体现了我国的发展思路、发展方向和发展着力点，要大力实施科教兴国战略、人才强国战略、创新驱动发展战略、乡村振兴战略、区域协调发展战略、可持续发展战略和军民融合发展战略。大家认为，要加快教育现代化，使之与建设粤港澳大湾区、支持深圳建设中国特色社会主义先行示范区的要求相契合相匹配。加快教育现代化，就要遵循教育规律，持续扩大教育投入，注重师资队伍建设，培养造就宏大的高素质人才队伍，让各级各类人才的创造活力竞相迸发、聪明才智充分涌流，成为实现社会主义现代化和中华民族伟大复兴的重要战略资源和强大支撑。

四是教育现代化必须有更高远的历史站位。面对新时代新任务新要求，必须清醒认识到，虽然我国教育领域综合改革持续深化，教育事业发展各项重大部署有力推进，已成为名副其实的教育大国，初步走出了中国特色教育发展道路，但是离教育强国和经济社会转型发展要求以及人民日益增长的美好生活需要还有很大差距。发展是第一要务、人才是第一资源、创新是第一动力，必须建立健全中国特色世界一流教育体系，使教育同党和国家事业发展要求相适应、同人民群众期待相契合、同我国综合国力和国际地位相匹配。孙霄兵教授指出，面向 2035 的教育现代化必然是中国与世界其他国家和地区教育更深入交流、更紧密合作的状态；高书国研究员关于中国基础教育现代化问题的分析同样是站位高、视野宽、见解深刻。

第三，积极探索教育现代化的新路径。大家认为，面向 2035 的教育现代化没有前车之鉴，也没有固定路径，必须结合世情、国情、教情，在实践中大胆创新、积极探索、不断前行。

一是通过系统谋划达致统筹推进。要注重提升教育现代化系统性、整体性、协同性，形成以国家和各省份规划为统领，专项规划、区域规划、地方规划、年度计划等为支撑的教育现代化规划体系，统筹推进教育优质化、均衡化、多样化、特色化、信息化、法治化和国际化，不断提升教育质量和效益。景李虎厅长对在国家重大战略部署下系统谋划、统筹推进教育现代化提出了不少代表广东的思想观点，值得我们深入思考、转化运用。有论者指出，广东应主动适应“一带一路”、粤港澳大湾区、自由贸易试验区、国家科技产业创新中心建设和粤东西北振兴发展要求，按照全省一盘棋的思路，调整优化全省教育资源布局，提升珠江三角洲地区带动粤东西北地区教育现代化贡献度，促进区域、城乡教育协调发展，加快形成全省教育一体化发展新格局。

二是通过创新引领实行重点突破。要聚焦教育现代化重点领域和关键环节，以创新理念、创新思路、创新举措、创新办法开辟教育现代化新阶段、新格局、新境界，着重深化办学体制创新、管理体制创新、育人体制创新、考试招生制度创新、质量水平评价创新、保障体制创新、教师队伍建设创新、现代学校制度创新，破除一切落后思想观念和不合时宜体制机制束缚，为推进教育现代化提供持久动力。坚持守正出新，回归以人为本、尊重科学、遵循规律、促进人自由而全面发展的教育本质，积极营造传承优秀教育文化、更新教育观念、建立现代教育制度、开发现代教育内容、推行现代教育方式方法、采用现代教育技术手段的良好环境和氛围，为教育现代化健康发展提供科学的思想理论指引和充足的物质技术条件。

三是通过问题导向做到精准发力。要准确把握新时代教育现代化的主要矛盾和矛盾的主要方面，瞄准突出困难问题和主要薄弱环节，夯实发展基础，补齐要素短板。加大财政投入力度，扩增普惠性幼儿园，合理优化幼儿园布局，破解“入园难”“入园贵”问题。缩小城乡、区域、校际义务教育发展水平差距，解决城镇学校、义务教育学校、普通高中“大班额”和教师结构性缺编问题。深化职业教育改革，拓宽中职—高职—应用型本科—专业研究生教育人才培养通道，促进职业教育与产业深度融合，推进职业院校与行业企业紧密合作。加快构建促进高等教育分类分层发展的政策框架，发展一流应用型本科教育，推行专业认证，提高人才培养质量和国际化水平，提升重大科研创新成果转化率和产业化率，增强服务创新驱动发展和经济转型升级的能力。魏中林、刘文清、于海峰、马宏伟、黄崴、郑文、潘秉匡、刘康宁、黎国喜、欧阳河、查吉德、劳汉生、漆军、杜怡萍、蔡铭等专家学者分别围绕上述有关问题做了精彩演讲。加强各级各类教育管理队伍、教师队伍、科研队伍建设，加快师范教育，实现高素质、专业化、创新型要求，是加快教育现代化的基础性工作，必须引起高度重视。兰艳泽、李子建、邱洁莹、李树英等专家学者在这方面的阐述十分深刻。还有，搭建精准有效的教育资源平台和教育管理平台，解决教育信息化不平衡不充分和教学、管理效率不够高的问题，也是教育现代化的题中之义。罗文、张立云、徐勇群、金磊、刘彦等在这方面的精彩阐述，相信大家受益匪浅。

四是通过因地制宜实现分类实施。要优化教育资源区域布局、城乡布局、校际布局。王学男、朱爱国、石灯明等专家学者论述了乡村振兴、振兴乡村教育等话题。杨定邦、陈敬濂等分享了各自在香港、澳门的实践探索和发展愿景。有论者以广东为例，指出应分类指导珠江三角洲地区、粤东西北地区高校推进教育现代化。新增教育资源着重向粤东西北地区倾斜，不断缩小与珠江三角洲地区教育发展水平差距。也有论者提出，广东高校要以“冲一流、补短板、强特色”为抓手，着力建设一流大学和学科，积极改善粤东西北地区和珠江三角洲地区非核心区域本科学校、职业院校的办学条件、办学质量和办学水平，推进理工类高校和行业高校特色发展。

各位嘉宾，各位朋友！教育现代化是未竟之功，只有进行时，需要家庭、学校、政府、社会各界齐心协力共同推进。峰会上的热烈讨论和交流探讨，为面向 2035 的教育现代化如何把握新时代历史方位、如何实现新使命、如何走出新路径提供了新的理论认识，展现了新的发展思维，贡献了新的精神动力，这将有助于我们深入思考和探究全国

及区域面向 2035 的教育现代化问题。在峰会即将落幕之际，我代表组委会再次向大家表示衷心感谢，感谢大家对本届峰会和广东教育现代化的关心和支持！

第七届中国南方教育高峰年会圆满闭幕。值此新中国成立 70 周年之际，我提请大家起立，高唱《我和我的祖国》，用我们的心声、歌声庆贺新中国成立 70 周年！

面向 2035 的教育现代化：新时代 · 新使命 · 新路径

——第七届中国南方教育高峰年会综述

广东省教育研究院　田锋　蔡炜*

2019 年 9 月 21—22 日，由广东省教育厅指导、广东省教育研究院主办的第七届中国南方教育高峰年会在广州召开。出席峰会的有广东省人民政府副秘书长陈岸明，中国教育发展战略学会执行会长孙霄兵，中国教育学会副秘书长高书国，中共广东省委教育工委书记、广东省教育厅厅长景李虎，中共广东省委教育工委副书记、广东省教育厅副厅长邢锋，广东省高等教育学会会长魏中林，广东省教育研究院院长、党委书记汤贞敏，香港高等教育评议会秘书长周文港等。来自全国各地特别是粤港澳的 300 多位知名专家学者、教育行政部门负责人、教育科研机构负责人、大中小学校长教师代表和论文作者代表、行业企业负责人，围绕“面向 2035 的教育现代化：新时代 · 新使命 · 新路径”这个主题深入研讨交流。峰会设 2 场综合论坛，以及基础教育、职业教育和培训、高等教育 3 场平行论坛，汇集优秀论文 91 篇，发表主旨演讲和主题演讲 45 人，有近 60 人次与主题演讲嘉宾对话研讨。现将峰会主要思想观点综述如下。

一、面向 2035 加快推进教育现代化

（一）确立新时代教育现代化方向与路径

顺利推进新时代教育现代化的前提是确立教育现代化的正确方向与路径。景李虎在主旨演讲中指出，广东加快推进教育现代化，一要全面贯彻落实全国教育大会精神，准确把握推进教育现代化的前进方向；二要服务“四个走在全国前列”、当好“两个重要窗口”，准确把握加快推进广东教育现代化的时代使命；三要立足建设粤港澳大湾区战略部署，准确把握加快推进广东教育现代化的独特定位；四要支持深圳建设中国特色社会主义先行示范区，精准选择加快推进教育现代化的着力点、突破点。景李虎强调，广东“四个走在全国前列”、当好“两个重要窗口”和建设粤港澳大湾区、支持深圳建设中国特色社会主义先行示范区，是习近平总书记、党中央对广东的要求，为广东推进教育现代化指明了方向和道路。面对新时代新任务新要求，广东必将把握新形势、勇挑新重担，使教育现代化同广东经济社会高质量发展的要求相适应，同广东人民群众对美好

---

* 作者简介：田锋，广东省教育研究院高等教育研究室副研究员；蔡炜，广东省教育研究院办公室（党委办公室）助理研究员，博士。

生活的向往相契合，同广东的综合实力和地位相匹配，为我国全面实现教育现代化作出广东应有的贡献。

汤贞敏表示，教育现代化是中华民族伟大复兴的基础工程，教育现代化既是社会主义现代化和中华民族伟大复兴的战略支撑，又是社会主义现代化和中华民族伟大复兴的重大标志。他概括大家在研讨中形成的共识，认为推进教育现代化、建设教育强国，首先要深刻认识教育现代化面临的新形势，包括经济格局调整对教育总体发展提出新要求、科技创新发展对教育内容手段提出新考验、文化传承创新对教育示范引领提出新愿景、人口分布变化对教育布局结构提出新挑战、多元主体参与对教育治理转型提出新诉求；其次，要全面理解教育现代化的新使命，包括教育现代化必须以习近平新时代中国特色社会主义思想为根本遵循，必须为化解社会主要矛盾作出重大贡献，必须坚定落实新发展理念和系列重大发展战略，必须有更高远的历史站位；最后，要积极探索教育现代化的新路径，包括通过系统谋划达致统筹推进，通过创新引领实行重点突破，通过问题导向做到精准发力，通过因地制宜实现分类实施。

（二）构建新时代教育对外开放合作新格局

新中国成立 70 年来的教育对外开放合作取得显著成绩。面对新时代推进教育现代化，要加快构建教育对外开放合作新格局。孙霄兵认为，一要坚持把走中国特色社会主义教育发展道路作为基本指导思想，二要坚持把服务国家经济社会建设和教育改革发展作为根本动力，三要坚持把服务国际国内两个大局、“引进来”与“走出去”相结合作为基本途径，四要坚持把培养优秀人才作为核心任务，五要坚持把建立健全法律法规政策作为坚实保障。他还认为，积极推动我国教育对外开放合作，除了法律政策文本的贯彻实施，更要从实践方面来创新，一要扩大国际教育合作深度和范围；二要深化中外合作办学与企业的合作，实现中外合作办学制度创新；三要创新对外开放教育新机制；四要实施地方教育对外开放合作机制。

关于推进粤港澳大湾区教育合作发展，香港高等教育评议会秘书长周文港博士认为，第一，要推动香港高等教育向内地延伸，这不但可以为国家培养新型人才，也可以直接或间接为香港带来有形和无形的好处。第二，要加大向全球吸引教育、科技人才力度，不拘一格用好人才。第三，高校要加强政产研合作，从纯学术转移到加强科研成果转化应用、提升服务社会的功能。第四，要重视职业训练，更新职业训练内容以服务科技创新产业发展。第五，推动科研国际化，不能只从大学才开始，STEM 教育要从娃娃抓起。第六，放宽香港高校招收内地本科生数目限制，促进高等教育发展，打造大湾区人才高地，促进国际化。第七，要发挥人才、资金作用，准确预测未来需要，利用强而有力的公共政策和高等教育政策，引领大湾区乃至整个中国以高等教育为核心的科技创新高质量发展。

深圳市教育科学研究院院长叶文梓研究员认为，深圳作为建设中国特色社会主义先行示范区，教育做到先行先试，一要切实加强党对教育的全面领导，并与尊重教育规律结合起来；二要加强学习和研究，不断促进思想解放，思想越解放行动越有力量，变革就越有成效；三要聚焦教育体制改革和制度变革，做到制度废除、优化、完善与创新相结合，着力深化办学体制、管理体制改革，推动多元主体办学和学校依法自治。

中国教育学会副秘书长高书国提出，要发展世界先进水平的现代化基础教育，一要整体提升基础教育现代化发展理念；二要转变基础教育发展思路、发展模式和评价方式，充分借鉴世界先进地区包括港澳台的经验，实现理念创新、制度创新和实践创新；三要建设一支具世界水平的现代化基础教育教师队伍；四要推进育人模式改革；五要积极参与国际教育测评。

（三）强化新时代信息技术对教育现代化的支撑作用

教育技术与教育教学、教育决策、教育治理深度融合，必将对教育现代化产生深远影响。腾讯公司腾讯云教育总监徐勇群认为，面对教育信息化2.0时代，推动教育数据治理，必须在平台层面取得突破，应该有总体架构设计，应该是可演进、可迭代的数据治理系统化设计。网易有道运营副总裁金磊介绍了有道教育在互联网领域的布局情况，通过推介新的更好用的系统，使整个教学过程变得更加数字化和电子化，教师与学生一起贡献他们的知识和学习过程，学习前主要是大数据协助制订教学计划，学习中可以结合自主组卷高效批改，学习之后可以进行学生分级并根据薄弱环节进行针对性练习。拓维信息副董事长、海云天科技CEO、深圳市教育大数据应用技术工程实验室主任刘彦提出，智慧校园是目前和未来一段时间校园信息化的高级发展阶段，主要依托物联网、云计算、大数据、人工智能等新技术，通过技术的构建对教育环境进行智慧化改造，对教育服务进行智慧化提升，对教育资源进行智慧化整合，对教育管理进行智慧化提高，必能对教育现代化发挥重要支撑作用。

二、面向2035打造优质基础教育

（一）大力振兴乡村教育刻不容缓

中国特色社会主义进入新时代，我国社会主要矛盾已转化为人民日益增长的美好生活需要和不平衡不充分的发展之间的矛盾。我国城乡差别大，目前的乡村教育远远不能满足人民的需要。湖北省教育科学研究院战略规划研究室主任朱爱国教授提出，一要培育乡村教育振兴的新动能；二要着眼城乡教育一体化发展布局，着力补齐乡村教育短板，建构乡村教育振兴新生态；三要着眼经济社会协调发展全局，汇聚多方力量，开创乡村教育振兴新格局。乡村教师队伍水平对于振兴乡村教育具有举足轻重的作用。湖南省教育科学研究院院长石灯明认为，现代化乡村教师队伍建设的目标及内容就是培养他们爱教育、爱乡村、爱儿童的核心素养，具体举措包括树立现代教育理念、构建现代培养体系、建立健全政策支撑体系等。广东省教育研究院基础教育研究室副主任姚铁洁和詹春青助理研究员提出“互联网+教育”精准扶贫促进薄弱学校发展的实现路径，一是精准构建教育扶贫共同体，二是精准识别学校发展需求，三是精准实施学校供给措施，四是精准评价学校改进成效。

（二）扎实推进粤港澳大湾区基础教育合作发展

华南师范大学公共管理学院赵敏教授建议，构建大湾区教师教育合作平台与联动机制，形成开放灵活的协同体系；拓宽大湾区青少年交流的内容与形式，形成常态化协同机制；完善大湾区基础教育体制协同，形成制度合力；积极培育大湾区基础教育第三方

评价机构。澳门中华教育会理事长郑洪光认为，大湾区教育合作发展有利于澳门教育优势发挥和传播，也有利于澳门走出生态困境，获得更大的发展空间，系统更加健康。未来大湾区的教育合作，一定要打破现有生态系统限定，实现师资、学生等在大湾区内无障碍流动。澳门广大中学校长陈建邦认为，大湾区教育界任重道远，须乘东风启航扬帆合作发展，把握新时代新使命就是培养德才兼备的科技创新人才，新路径就是加强大湾区学校交流合作，构建高素质专业化创新型教师队伍，实现共同发展。深圳大学陆春萍教授和李臣之教授提出了构建大湾区公民教育与社群认同的思路，即通过共同的善美德正义促进共同利益和群体归属感，建立有人情味的公共生活，营造持久具有创新活力的共同体。新时代的中国，一切形式的公民教育，终须放置到促进国家治理体系和治理能力现代化的视野中。广州大学李家新博士建议借助新媒体技术，逐步建立大湾区教育资源共享平台、教学合作探索平台、社情文化体验平台、师生深度交流平台。

（三）以教育信息化助推基础教育创新发展

信息技术的广泛运用直接推动了基础教育创新发展，同时也促使了基础教育新样态的产生。云南省教育科学研究院院长罗文认为，以互联网、大数据、人工智能为代表的新技术在教育领域的应用，正在推动教育理论体系的重构和研究范式的转型，深刻改变教育的育人方式和发展方式，加快教育系统的创新发展。珠海市教育研究中心副主任张立云以珠海的实践经验表明技术创新正在推动教育向智慧化迈进。华南师范大学附属小学校长张锦庭介绍华南师大附小坚持传统文化与现代教育有机结合的经验。香港资优教育教师协会主席杨定邦介绍香港新高中课程的创新和特色。澳门培正中学校长陈敬濂介绍澳门培正中学秉承创新的传统，立足教育为公、其命维新的理念，发挥自身优势，利用大数据透过 STEM 课程、AI 课程等建设，实现个性化教育。广东省教育研究院基础教育质量监测室耿丹青助理研究员和教育评估室副主任许世红研究员从完善校本评价方法体系、搭建智慧教育软硬件设施、探索产学研用一体化机制、提升师生信息化能力素养四个方面提出智慧教育背景下实施校本评价的策略。

（四）建设基础教育高素质专业化创新型教师队伍

基础教育现代化，离不开一支高素质专业化创新型教师队伍。湖南省教育科学研究院院长石灯明建议，各省特别是中西部各省要大力加强基础教育教师队伍建设，使基础教育教师队伍留得住并努力实现本土化、乡村化、特色化。香港教育大学副校长李子建教授认为，高素质教师团队的持续发展是实现教育现代化的重要条件，教师要有很灵活的设计，从教学方法、教材运用以至学生的学习活动及体验，教师都要善于设计；教师与学校建立伙伴关系，实现由教师主导的创新、跨国、跨学科、横向技能和知识转让；教师需要普及共通技能及机会并能进行本地与环球的对话；教师的教学研究要基于研究实证及反思。香港粉岭救恩书院校长邱洁莹认为，建设高素质专业化教师队伍要由中层领导开始，通过建立制度、提升专业化能力及营造学校文化，让中层领导成为专业化创新型教师，促进学校发展，提升全体教师的专业能力，使整个学校教师团队成为高素质专业化创新型的教师队伍。广州市南方人力资源评价中心有限公司副总经理邓仕平经济师提出高素质专业化创新型教师队伍建设改革思路，一是完善新时代教师选拔任用制度，严把入口关；二是完善新时代师范院校及师范专业设置机制，严把培养关；三是建

立健全新时代教师队伍建设的动态管理机制。广东省教育研究院教学教材研究室鲍银霞研究员认为，新时代基础教育教研员的使命与担当包括：全面理解国家教育大政方针，做教育政策的宣传者；助力缩小课程落差，做课程实施的护航者；深入开展教学研究，做教学创新的先行者；指导日常教学活动，做教师发展的引领者；切实开展教学评价，做教学质量的监控者。

三、面向2035构建现代职业教育和培训体系

（一）职业教育和培训的定位、行动目标与路径

推进职业教育现代化，必须清醒把握职业教育的类型定位。2019年国务院颁发的《国家职业教育改革实施方案》开篇就提出："职业教育和普通教育是两种不同教育类型，具有同等重要地位。"广东省教育研究院职业教育研究室副主任杜怡萍研究员认为，将职业教育作为一种教育类型，是历史发展的必然，更是新时代赋予职业教育的历史使命，对职业教育改革发展具有重要意义。职业教育是以培养高素质劳动者和技术技能人才为目标定位的，兼具职业属性和教育属性的跨界性质，发挥着学历教育和职业培训并举的功能，具有内部衔接、外部对接的现代职业教育体系结构，这是它能够成为一种教育类型的内涵特征。

新时代的职业教育和培训该怎样发挥功能作用？广东省教育研究院副院长李海东教授在总结各位专家学者的演讲时认为，要服务产业、先行先试，改革课程、提高内涵，建设职教强省，立足湾区、走向世界。而职业教育要发展，必须坚持产教融合、校企合作的实施路径。湖南省教育科学研究院职业与成人教育研究所、高等教育研究所原所长欧阳河研究员认为，产教融合是产业与教育融为一体，其基本标志是产生新的产教融合体，但不要把校企合作、产教结合当作融合。他还具体提出了精准推进、制度创新、技术进步、重心下移等推进产教融合的策略。

（二）职业教育和培训要强化落实立德树人根本任务

时代在变化，但是职业教育和培训立德树人的初心不能改。广州番禺职业技术学院马克思主义学院院长曹群教授指出，面向2035职业教育思政课的使命就是立德树人，要坚持党对思政课建设的全面领导，把加强和改进思政课建设摆在突出位置；坚持思政课建设与党的创新理论武装同步推进，全面推动习近平新时代中国特色社会主义思想进教材进课堂进学生头脑，把社会主义核心价值观贯穿国民教育全过程；通过全方位育人、全员育人、全程育人，开创思想政治教育教学改革创新大局。广东岭南职业技术学院院长劳汉生教授从"树人"的角度提出，培养学生的创新创业能力是学校育人工作的核心，体制机制改革是保障，人才培养模式改革是关键。他还认为，职业院校要围绕紧密与产业园区合作、建立"双院长"制、建立寻求合伙人为中心的体制机制，通过产教融合、校企合作、工学结合深化人才培养模式改革。中国教育科学研究院教育发展与改革研究所所长吴霓研究员和《新教育》杂志编辑部主任王学男博士认为，乡村振兴战略是国家战略，乡村振兴的关键是乡村人才队伍培养与建设的可持续，需要打造一支懂农业、爱农村、爱农民的"三农"工作队伍。一要加快发展农村职业教育，有效促进"三农"工作队伍建设与持续发展；二要深入推进继续教育，建立并完善多层次、

精准化、可持续的“三农”工作队伍培养体系；三要大力发展面向“三农”的高等教育，培养高质量、专业化的应用研究型人才。与此相结合，完善制度建设，注重建立农村实用人才培训基地，强化机制创新、平台建设与宣传引领。

（三）建立完善面向未来的资历框架

无论是现在还是未来，社会变革对教育需求都愈加强烈，信息技术革命促进了教育变革，学习型社会正在建立。人们学习的途径、方式已突破学校教育的时空限制，学习成果如何累积？普通教育、职业教育、培训及工作经历等各种类教育如何打通？不同区域的教育如粤港澳大湾区三地的课程学分怎样互认？这些问题解决的最为根本方案就是要建立“资历框架”。据统计，在“一带一路”沿线的65个国家中，58个国家建立了终身教育资历框架，占总数的89%。这表明“一带一路”国家已经广泛推行终身教育资历框架。

如何推进资历框架建立和运用，三位专家做了很好的阐释。广东开放大学（广东理工职业学院）校（院）长刘文清教授介绍了基于广东终身教育的广东教育资历框架，一人一账号记录学习成果“学分银行”的建立，以及通过资历框架的运用助推职业教育发展。香港职业训练局高峰进修学院院长潘秉匡教授介绍了香港通过资历框架建立四通八达的学习通道，例如香港中三（也就是初中毕业）毕业生进入到职业训练局接受职业教育，可以读到硕士，并且香港与内地、国外教育建立了非常多的交流衔接通道。广东机电职业技术学院副院长漆军教授认为，运用资历框架（母标准）在机械制造行业建立人才能力标准，进而在职业院校基于能力标准编制课程标准以及评估标准，这是职业教育的专业人才培养方案设计及实施的基本范式。

（四）提升职业教育和培训的区域与院校治理水平

随着时代发展，职业教育和培训的区域与院校治理水平需要相应地获得提升。中山市教育和体育局副局长黎国喜认为，尽管中山市在现代学徒制、中高职衔接、国外应用科技大学引进等领域做了大量工作，但还远远不够。随着经济快速发展，人口红利、资源红利和改革红利有可能弱化，未来经济高质量发展要依靠技术红利、技工红利和新改革红利，各区域要高度重视职业教育和培训的发展与治理。职业院校要抓住契机，走出校园，将职业培训作为学校的主要功能之一。广州市教育研究院副院长查吉德研究员通过对高职院校内部治理结构现状的调查，提出提高高职院校治理水平的路径，一是要实行扁平化管理，扩大二级教学单位自主权；二是要完善沟通交流机制，推动全口径信息有效流动；三是要继续完善制度体系，重点推进考核评价制度建设。云南省高等教育评估中心副主任刘康宁分析了高等职业教育区域办学分化、不同办学主体办学水平分化、办学条件不足等问题，提出应更加重视建立“内部”和“外部”质量保障系统，提高职业院校治理水平。

四、面向2035发展一流高等教育

（一）加快推进粤港澳大湾区高等教育合作发展

推动粤港澳大湾区发展对于湾区内的高等教育发展是难得的历史性机遇。建设国际

一流湾区、打造世界级城市群，必须有一流高等教育集群、一流学科集群支撑。广东省教育厅高等教育处处长郑文教授认为，作为大湾区高等教育的重要组成部分，深圳高等教育已经有良好的发展基础，而且也有足够雄厚的财力、产业支撑，应按照先行示范区的定位和使命要求而改革发展，更需要在办学理念、管理体制等方面持续创新。一是持续创新高等教育发展理念。二是持续创新高等教育管理体制。三是持续创新高等教育评价体系。他建议中央在这方面给深圳更多立法方面的支持。华南理工大学公共政策研究院李海滨教授通过翔实的数据分析，对粤港澳大湾区高等教育发展提出了建设性意见和建议。一是明确大湾区内大学的角色定位，提倡各院校共展所长、特色发展，提高大湾区高等教育资源使用效率。二是在人才培养方面，尽快调整学科专业结构，确保大学毕业生供给与大湾区劳动力市场相匹配。三是发挥大湾区大学在各个领域的凝聚作用，充分挖掘在教育、研发和高端服务业方面的潜力。四是大湾区应该面向全球吸引大量人才，同时要避免大湾区内部人才大战。五是借鉴欧盟经验，在“一国两制”框架内探索可能的高等教育政策改革。北京师范大学—香港浸会大学联合国际学院教务长李建会教授认为，该校是粤港澳大湾区高等教育合作的成功典范之一，自办学之初就把质量放在首位，形成了以两所母体大学的定期评审为特色的外部保障体系，以及学校特色内部质量保障体系。两种质量保障机制相互结合，实现了该校办学质量水平和层次的提升。广东科技学院副院长周二勇认为，要加快构建网络开放学习平台，构建应用型人才培养3D模式，完善现代化学科体系，共建高水平智库联盟，从而提升粤港澳大湾区应用型高校合作的深度，促进大湾区教育现代化升级发展。

（二）着力推动地方普通高校向应用型本科转变

一流的应用型本科教育是高等教育现代化的重要组成部分。魏中林认为，一流应用型本科教育要坚持一个总体目标，建立两极标准框架，推动七项具体任务落实。其中总体目标是中国特色、世界一流。两级标准框架即国家层面上要凝练核心要素形成具有宏观指导作用的国家标准，省级层面要形成具体标准体系。具体任务包括坚持以产教融合、校企合作为轴心的基本路径；推进以产业学院、行业学院为试点的机制改革；强化以顶层设计、底层实施为出发的重心下移；重视以再造流程、重构课程为内容的模式探索；立足以转移创新、项目合作为导向的应用研究；完善以“双师双能”、实操平台为前提的重点保障；形成以营造环境、开放合作为推动的应用文化。

近年来，广东地方高校在打造一流应用型本科教育方面大胆探索，在实践中取得较好效果，同时也有理论与实践反思。广东财经大学校长于海峰教授介绍了该校贯彻全国教育大会精神、培育新时代一流财经人才的探索与实践。措施包括：强调立德树人，培养社会主义建设者和接班人；全面加强党的领导，为一流人才培养提供根本保证；坚持为党育人、为国育才的正确方向；坚持德智体美劳全面发展，培养高素质的以德为先的一流财经人才；注重内涵建设和改革创新，着力提升一流财经人才培养质量，重点加强专业建设、课程建设、教学体制模式改革创新等。佛山科学技术学院创业学院院长盘健教授基于该校易班“大思政”育人体系的深入实践认为，依托易班解决了大思政教育资源不足的问题，搭建了现代化互动教育教学平台，解决了如何检验思政教育教学成效

的问题。

广东技术师范大学副校级干部、职业教育研究院院长黄崴教授深刻分析了应用型本科高校在开展产教融合过程中面临的主要问题，并提出推进产教融合的五大理念与机制，一是确立类型教育发展观，积极推进本科高校向应用型转变；二是确立系统开放观，建立国家高等教育资历标准框架；三是确立高端发展观，推进应用型本科教育为主、专业硕博一体化教育体系；四是确立新型质量观，引导本科转型发展，建立应用型本科评价标准；五是确立产教融合观，实现本科高校真正转型。他同时指出，产业学院按照市场化运营，可能是一条很好的道路，这样就有市场驱动，还有保证产业可持续发展，这需要通过地方性法规政策来调整。东莞理工学院院长马宏伟教授基于近年来该校在产业学院建设方面的经验体会提出，现代产业学院应以区域现代产业集群或者特定产业行业发展需求为导向，以培养高素质工程科技人才为目标，以产业技术创新为牵引，以创新资源集聚为支撑，与龙头骨干企业等多元主体共建共管，实现协同育人、协同科研。

（三）面向未来深化高等教育改革

与会专家学者对面向 2035 深化高等教育改革充满信心，他们的演讲聚焦于人才培养这个中心任务的全面落实。华南师范大学教育科学学院高等教育研究所所长李盛兵教授认为，中华人民共和国成立 70 年来，高等教育发展取得了巨大成就。为了实现高等教育现代化，必须突破六大难题：行政化与法人化问题、融通问题、公益公平问题、评价问题、吸引国际人才问题、质量水平问题。他认为，前五大难题最终都会影响到质量水平问题，提高高等教育的质量水平急不可待。另外，他还提出，目前的中国高校大部分是新校新教师，大学是新的而课堂教学是旧的，并且部分学校重科研轻教学现象仍然存在，要实现课堂教学革命，则要建立以学生为中心的现代教学，教学应该是探究性的、互动性的、项目式的和对话式的，而不是讲授式的教学。澳门城市大学教务长、教育学院院长李树英教授针对当前大学教学改革的痛点认为，时代改变了，教师角色也需要发生改变，大学课堂教学改革和创新已变得迫不及待。教师的传统角色是讲堂上的圣者，现在要变成学生学习的指引者，从讲堂上走下来，在学生旁边帮助他们学习、促进他们学习。他同时针对现在部分大学里课堂教学的沉闷状况，提出可根据学校实际情况，尝试采取大班教学、小班辅导的形式加以解决。

中山大学智能工程学院副院长蔡铭教授认为，要做好新工科人才培养，首先要定位服务社会，即新工科最终要满足经济社会发展需求；其次，要开拓产学研结合、多学科交叉新工科人才培养模式，实现协同融合；最后，要注重工科实践教学环节，强化学生实践能力和创新精神培养。岭南师范学院党委副书记、院长兰艳泽教授基于岭南师范学院的调查数据，分析了公费定向师范生的现状，并对广东师范教育的未来发展提出了建设性意见，一是要重视对公费师范生教育信仰的培育，以使其养成坚定的职业理想，真正培养一批下得去的教师；二是要对现行招生制度进行适度改革，对公费定向师范生实行二次选拔，真正培养一批留得住、用得上的教师；三是要重视公费定向师范生技能培养，重视实践教学，真正培养一批教得好的老师；四是要重视公费定向师范生学术能力培养，使他们有发展潜力。广东省教育研究院高等教育研究室王志强副研究员认为，一

流专业建设的主要路径是提升优势特色专业发展水平、开办新兴交叉专业、改造提升传统落后专业。广东技术师范大学天河学院副院长谭海鸥教授提出，民办高校一流本科教育应树立先进的教育理念、营造浓郁的学术氛围、明确改革的目标和任务，形成知行合一、因材施教、交叉融合、个性发展、协同创新的办学理念和培养理念，实现培养高素质应用型、复合型、创新型一流本科人才。

后　记

2019 年，我们展望中国教育现代化 2035，共同研讨教育现代化的新时代·新使命·新路径。

经过一天半的时间，第七届中国南方教育高峰年会圆满完成各项议程。这是一场论教育、瞻全局，谋国计、问民生，探路径、求发展，担责任、寻未来的智慧与豪情交融的学术盛会。来自全国各地包括港澳地区的 300 多位知名专家学者、大学校长、教育研究机构负责人、中小学负责人、行业企业负责人、论文作者代表参加峰会。峰会设 2 场综合论坛和基础教育、职业教育与培训、高等教育 3 场平行论坛，45 位专家学者发表主题演讲，近 60 人次与主题演讲嘉宾对话研讨，汇集专家主题报告和论文 91 篇。为更好地宣传推广这些成果，与社会各界分享专家学者们的智慧精华，我们将峰会论文和演讲整理结集为《南方教育评论——2019 中国南方教育高峰年会思维盛宴》一书，由广东高等教育出版社出版。

本届峰会成功举办，得到了中共广东省委教育工委、广东省教育厅的指导和高度重视，得到了中国教育科学研究院、中国教育发展战略学会、湖北省教育科学研究院、湖南省教育科学研究院、云南省教育科学研究院等教育科研机构，中山大学、华南师范大学、华南理工大学、暨南大学、香港教育大学、香港岭南大学、澳门城市大学等近百所高等学校，广东省各地级以上市教育局、教育教学研究机构、大中小学（幼儿园），以及香港职业训练局、香港资优教育教师协会、香港粉岭救恩书院、澳门中华教育会、澳门培正中学、澳门广大中学等港澳地区教育机构和学校，以及腾讯、网易、拓维信息股份有限公司、深圳市海云天科技股份有限公司、同方知网（北京）技术有限公司广东分公司等单位的积极参与。光明日报、中国教育报、中国社会科学报、南方日报、广州日报、羊城晚报、信息时报、南方都市报、新快报、新华网、中新网、网易广东、广东电视台、广东网络广播电视台、南方+、广东省教育厅微信公众号、广东省教育研究院微信公众号、广东高教学会微信公众号、广东教育杂志社等省内外媒体对本届峰会做了广泛的宣传报道。广东高等教育出版社为本书出版提供了周到的服务。在此，一并致以衷心的感谢！

丰硕的成果坚定了我们继续办好中国南方教育高峰年会的信心。我们将深入总结经验、健全规范，开拓创新、形成特色，期待着这个峰会成为国内外创新教育思想、共建教育理想、同圆教育梦想的崭新舞台。

《南方教育评论——2019 中国南方教育
高峰年会思维盛宴》编委会
2019 年 12 月